고전, 무조건 이기는 3단 감상법

고전시가 비책

고전시가 패턴화 Top Secret

교재 개발에 도움을 주신 선생님들께 깊은 감사를 드립니다.

내용 검토진

강수진 전남 목포	강영애 경기 고양	강원국 광주광역시	강지수 부산	강희수 경기 성남	고민석 전북 전주
고운비 전북 군산	구해수 경기 파주	김건용 서울 성북	김광철 광주광역시	김나경 경기 과천	김명선 경기 시흥
김민영 서울 성북	김선황 경남 창원	김영대 경기 수원	김예곤 전북 전주	김예사 제주	김은옥 서울 강남
김은지 서울 강북	김정옥 전남 남악	김정욱 경기 용인	김종극 경북 경산	김종덕 광주광역시	김지은 인천 논현
김채연 경기 김포	김현철 경기 수원	김혜정 부산	노현선 경기 김포	마 미 경기 화성	문소영 경남 김해
박석희 전북 군산	박세진 서울 강서	박수영 서울 은평	박수인 경기 고양	박윤선 광주광역시	박은정 서울 강동
박정임 부산	박하섬 경남 양산	박향화 경기 안산	박현정 서울 동대문	박호현 대구	백승재 경남 김해
성태진 강원 태백	송진호 경남 진주	송화진 경남 김해	신영수 서울 광진	신혜영 부산 동구	신혜원 경기 군포
안려인 경기 안산	안정광 전남 순천	안혜지 부산	우제성 경기 오산	유미정 경기 안양	윤기한 전남 나주
윤성은 서울 서대문	윤인희 서울 강동	윤희정 충북 청주	이강국 경기 평택	이경원 충북 청주	이근배 대전
이기연 강원 원주	이동익 전북 전주	이미옥 경기 부천	이상명 인천	이 섭 경기 여주	이수진 경기 광주
이승우 경북 포항	이애리 경남 거제	이영지 경기 안양	이정선 서울 은평	이지훈 전북 전주	이지희 서울 강남
이현숙 대구	이홍진 서울 성북	이흥중 부산	임승언 전북 전주	임지혜 경남 거제	장기윤 경북 구미
장수진 충북 청주	장지연 강원 원주	전혜숙 대전	전희재 경기 용인	정미정 경기 고양	정서은 부산 동래
정세영 베트남 호찌민시	정은지 광주광역시	정정철 경남 함안	정지윤 전북 전주	정필모 서울 서대문	정해연 전남 순천
조동윤 경북 고령	조승연 대전	조아라 부산	조은예 전남 순천	조혜정 경기 용인	조효준 충남 천안
지상훈 대구	채송화 제주	천은경 부산	최문자 전북 전주	최보나 서울 은평	최보린 서울 은평
최인우 광주광역시	최홍민 경기 평택	표윤경 서울 중랑	하 랑 서울 송파	하영아 경남 김해	한광희 세종
한봉교 서울 성북	한신영 충남	한정원 울산	함영훈 경북 구미	홍선희 인천	

디자인 자문단

강수진 목포	강영애 일산	강지수 부산	강혜진 부산	고운비 군산	구민경 대구
구해수 파주	김경주 순천, 여수	김라희 부천	김미란 김해	김수경 서울	김수진 노원
김예사 제주	김옥경 원주	김은지 서울	김정욱 용인 수지	김종덕 광주	김지영 대구
김현철 수원	김형준 서초	김혜정 부산	노현선 김포	문동열 강릉	문소영 김해
민순기 파주	박가연 부산	박세진 서울	박윤선 광주	박정임 부산	박종승 경남
박혜선 안동	박호현 대구	백승재 김해	백지은 대구	서가영 대치, 분당	설고은 경북
신경애 대구	신새희 수원	신영수 서울	신혜원 군포	안혜지 부산	양정환 제주
오은정 서울	우승완 성북	우제성 오산	유진아 대구	유희복 서울	윤장원 청주
이강국 평택	이기록 부산	이기연 원주	이미옥 부천	이성훈 경기	이애리 거제
이여진 경기	이윤지 의정부	이지은 부산	이지희 서울	이현숙 대구	이흥중 부산 사하
임승언 전북	장연희 대구	장진호 부산	전현주 경남	정미정 고양	정미정 대구
정재현 은평	정정철 경남	정지환 서울	조아라 부산	조효준 천안	주이회 양산
채송화 제주	채재준 용인 수지	천은경 부산	최인우 광주	최정호 울산	허혜지 서울
한광희 세종	한남수 진주	한봉교 성북	함영훈 구미	홍경원 성북	

★ 어렵게만 느껴지는 고전시가 영역만을 집중 공략한 고전시가 특화 프리미엄 교재!

★ 꼭 알아야 할 고전시가 최다 작품, 내신과 수능을 동시에 대비하는 문항을 한 권에 담은 교재!

★ 감상 패턴 포인트로 고전시가 문해력을 올리는 체계적 교재!

1단계 작품 읽기

고전시가를 공부하는 방법은!

하나 단계를 밟아 가며 차근차근 체계적으로 학습한다!

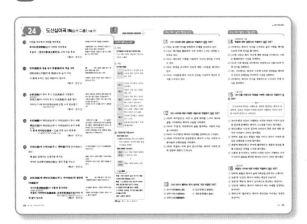

단계 》 작품 읽기 → 현대어 풀이로 이해하기 → 문해력 UP 감상 패턴으로 작품 익히기 → 내신과 수능을 대비하는 실전 문항 풀기

둘 감상 필수 개념을 패턴화하여 작품의 포인트를 집중 훈련한다!

고전시가 필수 개념 요소인 '화자', '표현'의 포인트와 내신&수능 기출에서 뽑은 포인트를 모든 작품에 패턴화하여 고전시가 문해력 높이기

고전시가 필수&낯선 작품 최다 수록
기출 및 교과서 수록 작품을 면밀하게 분석하여 꼭 알아야 할 고전시가 필수 작품을 수록하였습니다.

어려운 시어의 뜻풀이
어려운 시어는 바로 아래에 뜻풀이를 제시함으로써 작품을 읽는 데 도움이 되도록 하였습니다.

스스로 시를 해석해 보는 현대어 풀이
현대어 풀이 중간 중간에 제시된 괄호에 직접 답안을 넣어 보며 작품의 내용을 스스로 이해할 수 있도록 하였습니다.

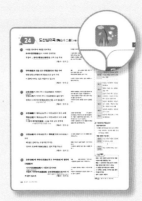

[주제 아이콘]
고전시가 대표 주제 12개를 선정하고 아이콘으로 시각화하여 작품별 주제를 이미지로 기억할 수 있도록 하였습니다.

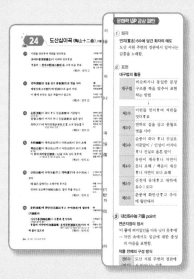

문해력 UP 감상 패턴

고전시가를 감상하는 데에 꼭 필요한 개념인 '화자'
와 '표현'을 모든 작품에 패턴화하여 설명하였습니
다. 또한 내신과 수능 기출에서 뽑은 작품의 중요 포
인트 내용을 내신&수능 기출 point로 패턴화하여 중
요한 내용을 학습할 수 있도록 하였습니다.

패턴 ❶ 화자

작가의 대리인인 작품 속 화자를 이해하여 작가가
말하고자 하는 바가 무엇인지를 알 수 있도록 하였
습니다.

패턴 ❷ 표현

고전시가 작품에서 관습적으로 나타나는 표현법을
학습함으로써 작품이 상징하는 바를 알고 이를 통해
작품을 효과적으로 감상할 수 있습니다.

패턴 ❸ 내신&수능 기출 point

내신과 수능 문항에서 다루어지는 작품의 주요 포인
트를 통해 좀 더 깊이 있게 작품을 감상할 수 있습
니다.

내신 대비 실력 향상 문항

작품의 내용을 잘 이해했는지를 확실하게 평가할 수
있는 내신형 기본 문항을 통해 고전시가 감상 실력
을 탄탄하게 다질 수 있도록 하였습니다.

수능 대비 필수 기출 문항

수능과 평가원 모의평가, 교육청 학력평가에서 출제
된 기출 문제 또는 기출을 변형한 연계 문제를 수록
하였습니다. 좀 더 고난도 유형 문항을 풀어봄으로
써 어떠한 시험에도 대비할 수 있도록 하였습니다.

[정답과 해설]

자세한 정답&오답 해설을 통해 학생 스스로도 문제
를 확실하게 이해하고 해결할 수 있도록 하였습니
다.

Ⅳ 시조·가사 (조선 후기)

덧붙이는 작품

경기체가

언해

악장

민요

잡가

index

작품

아이콘으로 쉽게 기억하는
고전 시가 주제 12

상고시대

──● B.C. 2333년
고조선 건국

삼국시대

──● 676년
삼국통일

통일신라

고려

──● 1170년
무신의 난

──● 1392년
조선 건국

조선전기

고대가요

개념 고대 부족 국가 시대에서 삼국 시대 초기까지 향찰로 표기된 향가가 발생하기 이전에 불린 노래를 통틀어 이르는 말로, 원시 종합 예술의 형태를 띤 집단 서사적 내용에서부터 개인적이고 서정적인 내용의 시가까지를 의미한다.

특징 4구체의 한역시, 우리말 노래 등의 형태로 전해지나, 구비 전승되다가 후대에 문자로 기록된 것이므로 원래의 형태를 정확하게 알기 어렵다.

향가

개념 본래 신라 시대에 가창된 우리말 노래를 의미했지만, 오늘날에는 한자의 음과 뜻을 빌려 문장을 우리말로 적는 향찰로 표기한 우리 고유의 시가를 말한다.

특징 4구체 향가, 8구체 향가, 10구체 향가가 있다.

한시

개념 한문으로 창작된 정형시로, 원래 중국의 전통시이지만 한글 창제 이전에 우리나라 사람이 지었거나 한문을 주로 사용하던 상류 계층이 지은 한시는 우리 문학으로 포함한다.

특징 형식이 비교적 자유로운 당나라 이전의 한시 형식인 고체시와 당나라 때부터 발달하여 엄격한 규칙을 중시하는 근체시로 나누어진다.

고려가요

개념 향가의 쇠퇴 후 고려의 귀족층이 한문학으로 문단을 이끌어 가자 평민층에 새로이 나타나 널리 향유된 노래로, '고려속요', '여요', '장가(長歌)'라고도 한다.

특징 율격이 고정된 것은 아니지만 대체로 3·3·2조의 3음보 율격이 많이 나타나는 분절체이고, 독특한 후렴구가 발달하였다.

고전시가 필수 어휘 ❶

01 가시다 》 바뀌다, 변하다
예 님 향한 일편단심이야 가실 줄이 있으랴(임을 향한 일편단심이야 변할 수가 있으랴?) – 단심가

02 ᄀ름, 가람 》 강
예 나라히 파망(破亡)ᄒ니 뫼콰 ᄀ름쑨 잇고(나라가 망하니 산과 강만 있고) – 춘망

03 강호 》 강과 호수, 자연
예 강호(江湖)에 봄이 드니 미친 흥(興)이 절로 난다(자연에 봄이 찾아오니 깊은 흥이 절로 난다.) – 강호사시가

04 고인(古人) 》 학문과 덕이 높은 성현
예 고인(古人)도 날 몯 보고 나도 고인(古人) 몯 뵈(옛 성현 나를 보지 못하고 나도 성현을 보지 못하네.) – 도산십이곡

05 괴다 》 사랑하다
예 나 ᄒ나 졈어 잇고 님 ᄒ나 날 괴시니(나 하나 젊어 있고 임 하나 날 사랑하시니) – 사미인곡

06 구비구비, 구뷔구뷔, 굽의굽의 》 굽이굽이
예 천년(千年) 노룡(老龍)이 구비구비 서려 이셔(천년 노룡이 굽이굽이 서려 있어) – 관동별곡

07 ᄀ, ᄀ, 굿 》 끝
예 바횟긋 믉ᄀ의 슬ᄏ지 노니노라(바위 끝 물가에서 실컷 노니노라.) – 만흥

08 기픠 》 깊이
예 강호(江湖)에 겨울이 드니 눈 기픠 자히 남다(강호(자연)에 겨울이 찾아오니 쌓인 눈의 깊이가 한 자가 넘는다.) – 강호사시가

09 나리다 》 흘러내리다
예 선인교(仙人橋) 나린 물이 자하동(紫霞洞)에 흘너 드러(선인교 아래 흘러내리는 물이 자하동으로 흘러들어) – 정도전의 시조

10 나조희 》 저녁에
예 아ᄎ미 낫브거니 나조희라 슬흘소냐(아침에도 부족한데 저녁이라고 싫을쏘냐?) – 면앙정가

I

고대가요 · 향가
한시 · 고려가요

가 **공무도하가(公無渡河歌)** 문학교과서

公無渡河 공 무 도 하	㉠임아 그 ⓐ물을 건너지 마오
公竟渡河 공 경 도 하	임은 끝내 그 ⓑ물을 건너셨네
墮河而死 타 하 이 사	ⓒ물에 빠져 돌아가시니
當奈公何 당 내 공 하	가신 임을 어찌할꼬

– 백수 광부의 아내

나 **정읍사(井邑詞)** 국어교과서 문학교과서

둘하 노피곰 도드샤

어긔야 ㉡머리곰 비취오시라
　　　　　멀리멀리

어긔야 어강됴리

아으 다롱디리

㉢저재 녀러 신고요

어긔야 ㉣즌 딕롤 드딕욜셰라
　　　위험한 곳   디딜까 두렵습니다

어긔야 어강됴리

㉤어느이다 노코시라

어긔야 내 가논 딕 졈그롤셰라

어긔야 어강됴리

아으 다롱디리

– 어느 행상인의 아내

달님이시여 (❶　　　　) 돋으시어

멀리멀리 비춰 주소서.

(❷　　　　)에 가 계신가요?

위험한 곳을 디딜까 두렵습니다.

어느 곳에든 (짐을) 놓으십시오.

내(임, 우리) 길이 저물까 두렵습니다.

❖ **'공무도하가'의 배경 설화**
고조선 때 뱃사공 곽리자고가 배를 손질하고 있었는데, 머리가 하얗게 센 미친 사람[백수광부(白首狂夫)]이 머리를 풀고 술병을 든 채 강물을 건너가려 하였다. 그의 아내가 뒤따르며 만류했으나, 결국 그는 물에 빠져 죽고 말았다. 이에 그의 아내는 노래를 지어 부른 후, 자신도 남편을 따라 물에 빠져 죽었다. 곽리자고가 집으로 돌아와 아내인 여옥에게 이 이야기를 하며 그 노래를 들려주자, 여옥이 슬퍼하며 공후를 타면서 그 노래를 불렀다.

❖ **'정읍사'의 배경 설화**
정읍에 살고 있는 한 행상인이 행상을 나가 오래도록 돌아오지 않으므로, 그의 아내가 산에 올라가 달에게 남편의 안녕을 기원하며 이 노래를 불렀다. 돌아오지 않는 남편을 하염없이 기다리던 그의 아내는 결국 산 위에 망부석(望夫石)이 되어 남았다고 한다.(망부석 설화)

작품 정리

㉮ 공무도하가
주제 임을 잃은 슬픔
특징 ① 현전하는 시가 중 가장 오래됨.
　　　② 집단 가요에서 개인 서정시로 넘어가는 단계의 가요임.
　　　③ 전통적인 '한'의 정서가 드러남.
성격 체념적, 애상적

㉯ 정읍사
주제 행상 나간 남편의 무사 귀환 기원
특징 ① 현전하는 유일한 백제 가요임.
　　　② 국문으로 기록된 가장 오래된 노래임.
　　　③ 후렴구를 제외하면 시조의 형식을 지님.
성격 서정적, 기원적, 여성적

문해력 UP 감상 패턴

① 화자
화자의 상황
(가) 화자인 아내는 물을 건너가려는 임을 말리지만 결국 임은 물을 건너다 빠져 죽음.
(나) 아내가 행상 나간 남편이 돌아오기를 기다리고 있음.

② 표현
(가) 돈호법과 직서법 사용

돈호법	임아
직서법	그 물을 건너지 마오

→ 임을 애타게 부르며 임을 말리는 절박한 심정을 나타냄.

(나) 여음구 사용
'어긔야', '어긔야 어강됴리', '아으 다롱디리'의 반복
→ 운율을 형성함.

③ 내신&수능 기출 point
(가) '물'의 의미
• 1행: 임에 대한 화자의 충만한 사랑
• 2행: 임과 화자의 이별
• 3행: 임의 죽음

(나) '내 가논 딕'의 의미
① 아내의 마중 길
② 남편의 귀갓길
③ 부부의 인생길

현풀 정답 ❶ 높이높이 ❷ 행상, 시장

01 (가)에 나타나는 화자의 정서 변화로 가장 적절한 것은?

① 애원 – 초조 – 슬픔 – 체념

② 초조 – 체념 – 탄식 – 소망

③ 애원 – 슬픔 – 소망 – 체념

④ 당부 – 체념 – 안타까움 – 소망

⑤ 위협 – 슬픔 – 안타까움 – 탄식

02 (나)의 '달'에 대한 설명으로 가장 적절한 것은?

① 화자가 소망하는 밝은 미래를 상징하는 대상이다.

② 화자의 간절한 소망을 이루어 줄 수 있는 대상이다.

③ 남편은 화자에게 인생의 길잡이였음을 암시하는 소재이다.

④ 아름다웠던 화자의 추억을 떠오르게 하는 회상의 매개체이다.

⑤ 화자와 남편이 이상적으로 생각하는 세계를 주관하는 존재이다.

03 ㉠~㉤에 대해 이해한 내용으로 적절하지 않은 것은?

① ㉠: 화자가 호소하는 대상으로, 상황에 대해 공감대를 형성하고 있다.

② ㉡: 남편이 안전하기를 바라는 화자의 간절한 소망이 표현되어 있다.

③ ㉢: 시적 대상인 화자의 남편이 부재하게 된 이유를 짐작할 수 있다.

④ ㉣: 남편이 위험에 처하지 않기를 바라는 화자의 염려와 걱정이 드러나 있다.

⑤ ㉤: 오직 남편이 안전하게 돌아오기만을 바라는 화자의 마음을 드러내고 있다.

04 기출 연계
(가), (나)에 대한 설명으로 적절한 것은?

① (가)에서는 반어법을 사용하여 화자의 감정을 극대화하여 표현하고 있다.

② (나)에서는 설의법을 사용하여 화자의 생각을 강조하여 제시하고 있다.

③ (나)에서는 돈호법을 사용하여 청자를 작품 표면에 직접적으로 노출하고 있다.

④ (가), (나) 모두 대구법을 사용하여 시상을 리듬감 있게 전개하고 있다.

⑤ (가), (나) 모두 역설법을 사용하여 화자의 정서 변화를 효과적으로 부각하고 있다.

05 기출 연계
〈보기〉를 참고하여 (가)의 ⓐ~ⓒ에 대해 이해한 내용으로 적절하지 않은 것은?

> ─── 보기 ───
> 시가(詩歌)에 사용되는 시어들은 같은 시어라 하더라도 맥락에 따라 다른 정서와 상징을 내포하고 있을 때가 있다. '공무도하가'의 경우에도 반복적으로 등장하는 '물'이라는 시어는 다양한 정서와 의미를 내포하고 있으므로 맥락에 따라 이를 분석하고 이해하는 노력은 작품을 감상하는 또 다른 즐거움을 준다.

① ⓐ에는 상대가 '물'을 건너지 않기를 바라는 화자의 사랑이 담겨 있다.

② ⓑ는 결국 '물'을 건넌 임과 단절되었다는 점에서 이별을 의미한다.

③ ⓒ는 임이 '물'을 건너다 죽었음을 노래하는 것에서 죽음의 이미지를 떠올리게 한다.

④ ⓐ, ⓒ는 죽음은 누구나 필연적으로 마주할 수밖에 없다는 점에서 운명을 암시한다.

⑤ ⓑ, ⓒ는 불행한 결말을 맞이하게 하는 매개체로서 부정적 이미지를 내포하고 있다.

구지가·해가

가 구지가(龜旨歌) 문학교과서

거북아 거북아

머리를 내밀어라
<small>우두머리, 임금, 생명</small>

만일 내밀지 않으면

구워 먹으리

– 작자 미상

나 해가(海歌)

거북아 거북아 수로를 내놓아라
<small>수로 부인</small>

남의 아내 앗았으니 그 죄가 얼마나 큰가

네 만약 거스르고 내놓지 않는다면

그물로 너를 잡아서 구워 먹으리라

– 작자 미상

1 화자

(가), (나) 화자의 태도

	위협
(가)	구워 먹으리
(나)	구워 먹으리라

→ '거북'을 위협함.

2 표현

(가) 돈호법, 가정법 사용

돈호법	거북아 거북아
가정법	만일 내밀지 않으면

(나) 돈호법, 설의법, 가정법 사용

돈호법	거북아 거북아
설의법	남의 아내 앗았으니 그 죄가 얼마나 큰가
가정법	네 만약 거스르고 내놓지 않는다면

❖ '구지가'의 배경 설화
옛날 구지봉이란 산에서 모습은 보이지 않고 이상한 소리만 들리는데 "황천께서 내게 명령하시기를 이곳에서 나라를 새롭게 하여 왕이 되라고 하셨다. 내가 일부러 이곳에 내려왔으니 너희들은 마땅히 산꼭대기에서 흙을 파면서 노래를 부르고 춤을 추어서 나를 맞이하도록 하여라."라고 말하였다. 이에 구간(추장)과 마을 사람들이 땅에 엎드려 정성껏 빌고 '구지가'를 부르며 춤을 추었다. 10여 일 후에 황금알 여섯이 내려와 사람으로 변하였는데, 그중 처음으로 나온 사람이 수로, 그가 세운 나라를 가락국이라 했다.

❖ '해가'의 배경 설화
신라 성덕왕 때에 순정공이 강릉 태수로 부임하는 도중 임해정이란 곳에서 점심을 먹고 있었는데, 불현듯 해룡(海龍)이 나타나 그의 아내 수로 부인을 바닷속으로 납치해 갔다. 공이 어찌할 바를 모르고 있는데 한 노인이 나타나 "옛날 말에 여러 사람의 입은 쇠도 녹인다 하니 바닷속의 생물인들 어찌 이를 두려워하지 않겠소? 경내의 백성을 모아 노래를 지어 부르고 막대로 언덕을 치면 부인을 찾을 수 있을 것이오."라고 하였다. 이에 공이 그 노인의 말대로 하였더니 용이 부인을 도로 내놓았다 한다.

작품 정리

가 구지가
주제 새로운 생명(왕)의 강림 기원
특징 ① 현전하는 가장 오래된 집단 무가
　　 ② 주술적 성격을 지닌 노동요
성격 주술적, 집단적

나 해가
주제 수로 부인의 무사 귀환 기원
특징 '구지가'와 내용과 형식이 유사하여 '구지가'가 오랜 세월 구비 전승되었음을 보여 줌.
성격 주술적, 집단적

3 내신&수능 기출 point

주술적 구조에 따른 시상 전개
(가) 부름 → 명령 → 가정 → 위협
(나) 부름과 명령 → 상대의 죄에 대한 지적 → 가정 → 위협

01 (가), (나)의 내용을 고려하여 〈보기〉와 같이 시적 구조를 분석할 때, ⓐ, ⓑ에 들어갈 말로 가장 적절한 것은?

─── 보기 ───

(가) 부름 – 명령 – [ⓐ] – [ⓑ]
(나) 부름 – 지적 – [ⓐ] – [ⓑ]

	ⓐ	ⓑ		ⓐ	ⓑ
①	가정,	위협	②	위협,	실행
③	가정,	체념	④	위협,	애원
⑤	애원,	체념			

02 (가), (나)의 '거북'에 대한 설명으로 가장 적절한 것은?

① (가)의 '거북'과 (나)의 '거북'은 모두 화자가 소망하는 공간으로 이끌어 주는 존재이다.
② (가)의 '거북'과 (나)의 '거북'은 모두 화자가 원하는 바를 들어줄 수 있다고 믿는 존재이다.
③ (가)의 '거북'과 (나)의 '거북'은 모두 화자에게 영험한 능력과 지위를 부여해 주는 존재이다.
④ (가)의 '거북'은 바다에 사는 생명체 그 자체이고, (나)의 거북은 신이한 능력을 지닌 초월적 존재이다.
⑤ (가)의 '거북'은 화자가 자신의 감정을 전가하는 존재이고, (나)의 '거북'은 화자와 대상의 관계를 이어 주는 존재이다.

03 (가), (나)의 공통점으로 가장 적절한 것은?

① 다양한 비유를 통해 대상을 인상적으로 표현하고 있다.
② 시어의 반복과 변주를 통해 화자의 정서 변화를 보여 주고 있다.
③ 대상과의 대화를 통해 상호 간에 정서적 일체감을 표출하고 있다.
④ 의문형 문장을 사용하여 화자가 궁금해하는 것을 강조하고 있다.
⑤ 직설적이며 명령적인 화법을 사용하여 주제 의식을 드러내고 있다.

04 기출 연계
〈보기〉를 참고할 때, (가), (나)를 비교하여 이해한 내용으로 적절하지 **않은** 것은?

─── 보기 ───

'해가'는 '구지가'보다 700년 이후에 불린 가요로 두 작품은 내용과 주제가 유사하다. 학자들은 '해가'를 '구지가'가 전승되는 과정에서 개작된 것으로 이해하기도 한다.

① (가)에서의 주술 대상을 (나)에도 그대로 사용하고 있다.
② (가)에서 대상을 부르면서 노래를 시작하는 방식을 (나)에서도 그대로 사용하고 있다.
③ (가)에 비해 (나)에서는 창작 동기가 되는 상황을 구체적으로 진술하고 있다.
④ (가)와 달리 (나)에서는 대상을 위협하기 위한 도구를 통해 상대를 압박하고 있다.
⑤ (나)와 달리 (가)에는 대상이 잘못했을 때 치러야 하는 대가를 분명하게 제시하고 있다.

05 기출 연계
〈보기〉를 통해 (가)를 이해한 내용으로 적절하지 **않은** 것은?

─── 보기 ───

선생님: 이 작품은 배경 설화를 어떻게 이해하느냐에 따라 임금을 맞이하는 노래, 노동요, 잡귀를 쫓는 주문 등 다양한 해석이 가능합니다. 배경 설화의 내용은 이렇습니다. "옛날 구지봉에서 '황천께서 내게 명령하시기를 이곳에서 나라를 새롭게 세워 왕이 되라고 하셨으니 너희들은 산꼭대기에서 흙을 파면서 노래를 부르고 춤을 추어서 나를 맞이하도록 해라.'라는 소리가 들렸다. 이에 구간 등이 흙을 파서 모으며 '구지가'를 노래하고 춤추었다. 10여 일 후 황금알 여섯이 내려와 사람이 되었는데 그중에 처음 나온 사람이 수로이고, 그가 세운 나라가 가락국이다."

① 하늘의 뜻을 따라 가락국을 세운 이야기라는 점을 고려하면, (가)는 가락국의 건국 신화라 볼 수도 있군.
② 구지봉에서 흙을 파면서 노래를 부르라고 한 점을 고려하면, (가)는 노동요의 성격이 있다고 할 수 있군.
③ 황금알에서 수로라는 왕이 탄생했다는 내용을 고려하면, (가)에 나오는 '머리'는 왕을 말하는 것이라 할 수 있군.
④ 구간 등의 개인이 노래하고 춤추었다는 점을 고려하면, (가)는 개인적 서정시의 성격의 작품이라 할 수 있군.
⑤ 구간 등이 명령받은 대로 거북을 구워 먹겠다고 하며 노래를 불렀다는 점을 고려하면, (가)는 소망의 간절함을 드러낸 화법이라고 볼 수 있군.

가 제망매가(祭亡妹歌) [국어교과서] [문학교과서]

生死路隱	생사(生死) 길은
생사 로 은	삶과 죽음의 갈림길
此矣有阿米次肹伊遣	이에 있으매 죽고
차 의유 아 미 차 힐 이 견	
吾隱去內如辭叱都	나는 간다 말도
오은 거 내 여 사 질 도	
毛如云遣去內尼叱古	못 이르고 갔나이까
모 여 운 견 거 내 니 질 고	
於內秋察早隱風未	어느 가을 ㉠이른 바람에
어 내 추 찰 조 은 풍 미	
此矣彼矣浮良落尸葉如	여기 저기 ㉡떨어지는 잎과 같이
차 의 피 의 부 량 락 시 엽 여	
一等隱枝良出古	한 가지에 나고
일 등 은 지 량 출 고	
去奴隱處毛冬乎丁	간 곳을 모르옴이여
거 노 은 처 모 동 호 정	
阿也彌陀刹良逢乎吾	아 정토(淨土)에서 만날 나
아 야 미 타 찰 량 봉 호 오	
道修良待是古如	도(道)를 닦아 기다리고자 하노라
도 수 량 대 시 고 여	

– 월명사(김준영 해독)

나 찬기파랑가(讚耆婆郎歌) [문학교과서]

咽嗚爾處米	창문을 열고 바라보니
열 오 이 처 미	
露曉邪隱月羅理	㉢화양창 밝은 달 밑에
로 효 사 은 월 라 리	
白雲音逐干浮去隱安支下	흰 구름조차 떠가는 안쪽에서도
백 운 음 축 간 부 거 은 안 지 하	
沙是八陵隱汀理也中	㉣물 푸른 강속에서도
사 시 팔 릉 은 정 리 야 중	
耆郎矣皃史是史藪邪	기랑(耆郎)의 얼굴 보는 듯하다
기 랑 의 모 사 시 사 수 사	
逸烏川理叱磧惡希	금호강 언저리에
일 오 천 리 질 적 오 희	
郎也持以支如賜烏隱	랑과 친히 다니는 이여
랑 야 지 이 지 여 사 오 은	
心未際叱肹逐內良齊	고상한 맘 자취를 본받자구나
심 미 제 질 힐 축 내 량 제	
阿耶栢史叱枝次高支好	아아 송백의 높은 가지
아 야 백 사 질 지 차 고 지 호	
雪是毛冬乃乎尸花判也	㉤눈 서리 이겨 내듯 으뜸가는 그 맘이여
설 시 모 동 내 호 시 화 판 야	

– 충담사(정렬모 해독)

❖ '제망매가'의 배경 설화
월명사가 일찍 죽은 누이를 위하여 재(齋)를 올리던 중 자신이 지은 이 노래를 부르자 홀연히 광풍이 일어 지전(돈 모양으로 오린 종이)을 서쪽으로 날려 보내 없어지게 했다고 한다.

작품 정리

가 제망매가
주제 죽은 누이에 대한 추모
특징 정제되고 세련된 표현 기교와 비유적 표현이 사용됨.
성격 추모적, 애상적, 서정적, 불교적

나 찬기파랑가
주제 기파랑의 고매한 인품에 대한 찬양
특징 ① 고도의 비유와 상징이 나타남.
   ② 대상의 특성을 자연물을 통해 구체적으로 제시함.
성격 예찬적, 추모적, 서정적

문해력 UP 감상 패턴

1 화자

화자의 상황
(가) 화자가 죽은 누이를 위해 제사를 지내며 누이를 추모함.
(나) 기파랑을 추모하고 예찬함.

2 표현

(가), (나)의 영탄적 표현

(가) 아 정토에서 ~ 기다리고자 하노라
고조된 화자의 정서를 드러냄.

(나) 아아 송백의 ~ 그 맘이여
기파랑에 대한 추모의 감정을 표출함.

3 내신&수능 기출 point

(가), (나) 10구체 향가의 특징
• '기 – 서 – 결'의 3단 구성
• 낙구 첫머리에 감탄사를 활용하여 시상을 전환함.

시어의 상징적 의미
(가)

이른 바람	누이의 요절
떨어지는 잎	죽은 누이
한 가지	같은 부모

(나)

달	광명과 염원
물 푸른 강속	맑고 깨끗한 모습
송백의 높은 가지	고결한 절개

01 (가), (나)의 공통점으로 가장 적절한 것은?

① 대구를 활용하여 운율을 형성하고 있다.
② 대비를 통해 화자의 상황을 드러내고 있다.
③ 자연물을 통한 비유적 표현을 활용하고 있다.
④ 대상에 감정을 이입하여 화자의 정서를 드러내고 있다.
⑤ 다양한 색채 이미지를 통해 시적 분위기를 형성하고 있다.

02 (가)의 '바람', '잎'과 〈보기〉의 밑줄 친 시어들을 비교하여 이해한 내용으로 적절하지 <u>않은</u> 것은?

> ─ 보기 ─
>
> [A] 간밤에 부던 바람 만정 도화(桃花) 다 지겠다
>   아이는 비를 들어 쓸려고 하는구나
>   낙화인들 꽃이 아니랴 쓸어 무엇 하리오   – 작자 미상
>
> [B] 바람 불어 쓰러진 나무 비 온다 싹이 나며
>   임 그려 든 병이 약 먹다 나을쏘냐
>   저 임아 널로 든 병이니 네 고칠까 하노라   – 작자 미상

① (가)의 '바람'과 달리 [A]의 '바람'은 화자의 시련을 상징한다.
② (가)의 '바람'과 [B]의 '바람'은 어떤 결과를 가져오는 원인으로 작용한다.
③ (가)의 '잎'과 달리 [A]의 '도화'는 화자의 감회와 흥취를 부각한다.
④ (가)의 '잎'과 달리 [B]의 '나무'는 화자 자신을 비유한다.
⑤ (가)의 '잎', [A]의 '도화', [B]의 '나무'는 수동성을 함축한다.

03 ㉠~㉤에 대한 설명으로 적절하지 <u>않은</u> 것은?

① ㉠ : 이른 나이에 죽은 누이의 상황을 암시하고 있다.
② ㉡ : 하강적 이미지를 통해 누이의 죽음을 드러내고 있다.
③ ㉢ : 달의 이미지를 통해 기파랑의 고결함을 강조하고 있다.
④ ㉣ : 맑고 깨끗한 물의 이미지를 통해 기파랑의 성품을 드러내고 있다.
⑤ ㉤ : 하얀 눈의 이미지를 활용하여 기파랑의 순수함을 제시하고 있다.

04 기출 연계
(가), (나)에 대한 설명으로 가장 적절한 것은?

① (가)는 (나)와 달리 계절에 따른 정서 변화를 드러내고 있다.
② (가)는 (나)와 달리 대상에 대한 예찬적 태도를 드러내고 있다.
③ (나)는 (가)와 달리 슬픔을 종교적으로 승화하고 있다.
④ (나)는 (가)와 달리 명령적 어조를 활용하여 화자의 의지를 표현하고 있다.
⑤ (가), (나) 모두 대상의 부재로 인해 촉발된 화자의 정서를 제시하고 있다.

05 기출 연계
〈보기〉의 빈칸에 들어갈 말로 가장 적절한 것은?

> ─ 보기 ─
>
> 선생님 : 시조의 발생은 10구체 향가로부터 비롯되었다는 주장이 있습니다. 고려가요에 밀려났던 10구체 향가가 잠복기를 거쳐 시조의 형식으로 계승되었다고 보는 것이죠. 이 주장의 첫 번째 근거는 10구체 향가가 내용상 3단 구성을 취한다는 점이고요. 두 번째 근거는 아래 시조 작품의 밑줄 그은 부분과 (가), (나)를 비교해서 살펴보면 그 특징을 알 수 있듯이 (   )을 꼽고 있습니다.
>
> 서까래 기나 짧으나 기둥이 기우나 트나
> 수간모옥(數間茅屋)을 작은 줄 웃지 마라
> <u>어즈버</u> 만산 나월이 다 내 것인가 하노라 〈제8수〉
>   – 신흠, '방옹시여'

① 엄격한 음보율을 통해 리듬감을 형성한다는 점
② 자연물을 활용하여 인간사를 표현하고 있다는 점
③ 낙구 첫머리의 감탄사를 통해 시상을 집중시킨다는 점
④ 낙구의 글자 수를 동일하게 해 시상을 마무리한다는 점
⑤ 작품의 끝부분에 후렴구를 삽입하여 통일성을 부여한다는 점

04 혜성가·서동요

가 혜성가(彗星歌)

舊理東尸汀叱乾達婆矣
구 리 동 시 정 질 건 달 바 의

遊鳥隱城叱肹良望良古
유 오 은 성 질 혜 랑 망 량 고

倭理叱軍置來叱多
왜 리 질 군 치 래 질 다

烽燒邪隱邊也藪耶
봉 소 사 은 변 야 수 야

三花矣岳音見賜鳥尸聞古
삼 화 의 악 음 견 사 오 시 문 고

月置八切爾數於將來尸波衣
월 치 팔 절 이 수 어 장 래 시 파 의

道尸掃尸星利望良古
도 시 소 시 성 리 망 량 고

彗星也白反也人是有叱多
혜 성 야 백 반 야 인 시 유 질 다

後句達阿羅浮去伊叱等邪
후 구 달 아 라 부 거 이 질 등 사

此也友物北所音叱彗叱只有叱故
차 야 우 물 북 소 음 질 혜 질 지 유 질 고

옛날 동쪽 물가

건달바의 놀은 성(城)을 바라보고

일본군(日本軍)이 왔다고

봉화(烽火) 올린 변방(邊方)이였어라

세 화랑(花郞)의 산(山) 구경하심을 듣고

달도 부지런히 밝히는 바에

길 쓸 별을 바라보고

혜성(彗星)이여 **사뢴 사람**이 있다

아 인도(引導)하러 떠가더라

이 무슨 **혜성**일고

– 융천사(김준영 해독)

나 서동요(薯童謠)

善化公主主隱
선 화 공 주 주 은

㉠他密只嫁良置㉡古
타 밀 지 가 랑 치   고

薯童房乙
서 동 방 을

㉢夜矣卯乙㉣抱遣㉤去如
야 의 묘 을   포 견   거 여

선화 공주(善化公主)님은

남 그윽이 얼아 두고

마동방을,

밤에 몰래 안고 가다

– 서동(김준영 해독)

❖ '혜성가'의 배경 설화
세 화랑의 무리가 풍악산(금강산)으로 놀러 가려고 했다. 그때 혜성이 별자리 중의 하나인 심대성(心大星)을 범하였다. 화랑들은 이를 의아스럽게 생각하고 그 유람을 포기하였다. 이때에 융천사가 노래를 지어 부르자 별의 괴변은 즉시 사라지고, 마침 신라 땅에 상륙했던 왜구가 제 나라로 돌아가니 도리어 경사가 되었다. 임금이 기뻐하여 화랑들을 보내어 풍악에서 놀게 했다.

❖ '서동요'의 배경 설화
백제 제30대 무왕(武王)의 이름은 장(璋)이다. 과부인 어머니와 연못의 용 사이에서 태어났는데, 어려서부터 마를 캐어 생활해 '서동(薯童)'이라 불리었다. 그는 신라 진평왕의 딸인 선화 공주가 아름답다는 소문을 듣고 몰래 경주로 들어가서 '서동요'를 지어 아이들로 하여금 부르게 하였다. 노래가 경주에 널리 퍼져 대궐까지 전해지자 진평왕은 공주를 귀양 보낼 수밖에 없었다. 그러자 미리 기다리고 있던 서동이 결국 그녀를 아내로 맞이하였다. 서동은 공주를 통해 자신이 마를 캐던 뒷산에 있는 금 무더기가 보배라는 것을 알고, 그 금으로 인심을 얻어 뒷날 백제의 왕이 되었다.

작품 정리

가 혜성가

주제 혜성의 변괴를 없애고 왜군의 침략을 막음.
특징 ① 최초의 10구체 향가로 알려짐.
② 왜적이 물러가기를 바라는 주술적 목적의 노래임.
성격 주술적

나 서동요

주제 ① 표면적 주제: 선화 공주와 서동의 은밀한 사랑
② 이면적 주제: 선화 공주에 대한 서동의 연모
특징 ① 직설적이고 노골적인 표현을 사용함.
② 민요가 향가로 정착된 작품으로 동요의 성격을 지님.
③ 현전하는 향가 중 가장 오래된 작품임.
성격 민요적, 참요적

문해력 UP 감상 패턴

1 화자

화자의 의도
(가) 왕권을 위협하는 일이 없으며 일본군도 침범하는 일이 없기를 바람.
(나) 선화 공주가 자신과 남몰래 사랑을 나누고 있다고 말하며 선화 공주에 대한 애정을 표현함.

2 표현

(가) 의미의 전환
흉조로 여겨지던 혜성의 관습적 의미를 버리고 흉조를 극복하려 함으로써 현실 문제를 해결.

(나) 주객 전도의 발상

실제		표현
서동이 선화 공주를 좋아함.	→ 전도	선화 공주가 서동을 밤에 몰래 안고 가다. → 선화 공주가 서동을 좋아하는 것으로 표현함.

3 내신&수능 기출 point

(가) 주술적 성격

일본군	→	건달바가 놀던 성
혜성	→	길 쓸 별

불길한 징조	긍정적 대상

→ 혜성을 불길한 징조가 아닌 긍정적 대상으로 치환시킴으로써 위기를 극복하기를 바라는 주술적 목적을 드러냄.

(나) 참요적 성격

참요 (讖謠)	시대적 상황이나 정치적 징후 등 앞으로의 일을 예언하는 성격의 민요

↓

아직 일어나지 않은 서동과 선화 공주와의 혼인을 예언함.

내신 대비 실력 향상 문항

01 (가), (나)를 비교한 내용으로 적절하지 <u>않</u>은 것은?

① (가)는 (나)와 달리 다른 사람의 말을 인용하고 있다.
② (가)는 (나)와 달리 3단 구성으로 시상을 전개하고 있다.
③ (가)는 (나)와 달리 감탄사를 통해 시상을 전환시키고 있다.
④ (나)는 (가)와 달리 4구체 향가의 형식을 취하고 있다.
⑤ (나)는 (가)와 달리 비유적 표현으로 주제를 형상화하고 있다.

02 〈보기〉를 참고하여 (나)를 감상한 내용으로 적절하지 <u>않</u>은 것은?

— 보기 —

백제의 무왕은 어렸을 때 마[薯]를 캐어 팔아서 살았으므로 사람들이 서동이라 불렀다. 그는 신라 진평왕의 셋째 공주인 선화가 아름답다는 소문을 듣고, 아이들에게 마[薯]를 주어 친해진 뒤 이 노래를 지어 부르게 했는데, 마침내 노래가 대궐에까지 들어갔다. 이로 인해 공주는 유배를 가게 되었고, 귀양지로 가는 공주를 서동이 도중에 맞이하여 아내로 삼았다.

① 처음에는 동요처럼 부른 노래이겠군.
② 작품 속 인물들은 모두 당시에 실존했던 인물이있군.
③ 서동이 선화 공주에게 구애하기 위해 부른 노래이군.
④ 서동의 행위에 대한 선화 공주의 내적 갈등을 그리고 있군.
⑤ 작품 내용이 후에 실제로 이루어졌으므로 예언적 성격을 지닌 노래라 볼 수 있겠군.

03 ㉠~㉤ 중, 〈보기〉의 ⓐ와 관련이 있는 것은?

— 보기 —

향가를 표기한 수단인 '향찰'은 한자의 음과 뜻을 빌려 우리말을 표기하였다. 실질적인 의미를 지닌 부분은 뜻을 이용하여 표기하고, ⓐ조사나 어미와 같이 문법 관계를 나타내는 부분은 음을 이용하여 표기하였다.

善	化	公	主	主	隱
착할	될	공평할	임	임	숨을
선	화	공	주	주	은

① ㉠: 他 남 타
② ㉡: 古 옛 고
③ ㉢: 夜 밤 야
④ ㉣: 抱 안을 포
⑤ ㉤: 去 갈 거

수능 대비 필수 기출 문항

04 기출 연계

〈보기〉를 바탕으로 (가)를 이해한 내용으로 적절하지 <u>않</u>은 것은?

— 보기 —

세 화랑의 무리가 풍악산으로 놀러 가려고 했다. 그때 혜성이 별자리 중의 하나인 심대성(心大星)을 범하였다. 화랑들은 이를 의아스럽게 생각하고 유람을 포기하였다. 이때 융천사가 노래를 지어 부르자 별의 괴변은 사라지고, 마침 신라 땅에 상륙했던 왜구가 제 나라로 돌아가니 도리어 경사가 되었다. 임금이 기뻐하여 화랑들을 풍악에서 놀게 했다.

① 왜적을 물리친 '세 화랑'의 공적을 예찬하려는 의도이군.
② '달'은 산 구경 온 세 화랑을 반기는 역할을 하는 대상이군.
③ 다른 사람들과 달리 융천사는 혜성을 '길 쓸 별'로 여기고 있군.
④ '사뢴 사람'은 혜성을 불길한 징조라고 여기는 사람이군.
⑤ 융천사는 '혜성'이 없다고 선언함으로써 상황을 전환시키려 한 것이군.

05 기출 연계

(나)와 〈보기〉를 비교한 내용으로 적절하지 <u>않</u>은 것은?

— 보기 —

임아 그 물을 건너지 마오
임은 끝내 그 물을 건너셨네
물에 빠져 돌아가시니
가신 임을 어찌할꼬

– 백수 광부의 아내, '공무도하가'

① (나)와 달리 〈보기〉는 자연물에 상징적 의미를 부여하고 있다.
② (나)와 달리 〈보기〉는 말을 건네는 형식을 활용하여 시상을 전개하고 있다.
③ 〈보기〉와 달리 (나)는 주체와 객체가 전도된 표현을 활용하고 있다.
④ 〈보기〉와 달리 (나)는 사랑의 시련에 대한 개인의 정서를 드러내고 있다.
⑤ 〈보기〉와 달리 (나)는 3인칭으로 이야기를 전달하는 형식을 취하고 있다.

보리타작 – 타맥행·만보

가 보리타작 – 타맥행(打麥行) 문학교과서

新篘濁酒如湩白
신 추 탁 주 여 동 백

大碗麥飯高一尺
대 완 맥 반 고 일 척

飯罷取耞登場立
반 파 취 가 등 장 립

雙肩漆澤翻日赤
쌍 견 칠 택 번 일 적

呼邪作聲擧趾齊
호 야 작 성 거 지 제

須臾麥穗都狼藉
수 유 맥 수 도 랑 자

雜歌互答聲轉高
잡 가 호 답 성 전 고

但見屋角紛飛麥
단 견 옥 각 분 비 맥

觀其氣色樂莫樂
관 기 기 색 락 막 락

了不以心爲形役
료 불 이 심 위 형 역

樂園樂郊不遠有
락 원 락 교 불 원 유

何苦去作風塵客
하 고 거 작 풍 진 객

[A]
┌ 새로 거른 막걸리 젖빛으로 뽀얗고
│ ⓐ큰 사발에 **보리밥** 고봉으로 담았네
│ 다 먹은 뒤 도리깨 쥐고 **마당**에 내려서니
└ ⓑ햇볕에 그을린 어깨에 윤기가 흐르네
  곡식의 낟알을 떠는 데 쓰는 농기구

[B]
┌ '허이' 소리 하며 발맞춰 타작하니
│ 금세 보리 나락 온 마당에 그득하네
│ **앞소리 뒷소리** 한데 섞여 높아지니
└ 보리 쭉정이 용마루 끝까지 날리네

[C]
┌ 그 모습 보노라니 즐겁기 그지없어
└ 몸이 바라는 잇속을 벗어난 마음이러니

[D]
┌ ㉠기쁨 가득한 곳이 먼 데 있지 않은데
└ ⓒ무얼 바라 **이곳저곳 떠도는가**

– 정약용(김정훈 해독)

나 만보(晚步) 문학교과서

苦忘亂抽書
고 망 난 추 서

散漫還復整
산 만 환 부 정

曜靈忽西頹 / 江光搖林影
요 령 홀 서 퇴   강 광 요 림 영

扶筇下中庭 / 矯首望雲嶺
부 공 하 중 정   교 수 망 운 령

漠漠炊烟生 / 蕭蕭原野冷
막 막 취 연 생   소 소 원 야 랭

田家近秋穫 / 喜色動臼井
전 가 근 추 확   희 색 동 구 정

鴉還天機熟
아 환 천 기 숙

鷺立風標逈
노 립 풍 표 형

我生獨何爲 / 宿願久相梗
아 생 독 하 위   숙 원 구 상 경

無人語此懷 / 瑤琴彈夜靜
무 인 어 차 회   요 금 탄 야 정

잊기를 자주 하여 어지러이 뽑아 놓은 책들

흩어진 걸 다시 또 정리하자니

ⓓ해는 문득 서쪽으로 기울고 / 강 위에 숲 그림자 흔들린다

막대 짚고 마당 가운데 내려서서 / 고개 들어 구름 낀 고개 바라보니

아득히 밥 짓는 연기가 피어나고 / 쓸쓸한 들판은 서늘하구나

농삿집 가을걷이 가까워지니 / 절구질 우물가에 기쁜 빛 돌아

갈까마귀 돌아오니 절기가 무르익고

해오라기 서 있는 모습 우뚝하고 횐하다

내 인생은 홀로 무얼 하는 것인지 / ㉡숙원이 오래도록 풀리질 않네

이 회포 털어놓을 사람 아무도 없어 / ⓔ거문고만 둥둥 탄다 고요한 밤에

– 이황

작품 정리

가 보리타작 – 타맥행
주제 농민들의 건강한 노동을 통해 얻은 깨달음
특징 ① 선경 후정을 통해 시상을 전개함.
② 보리타작을 하는 농민들에 대한 묘사가 두드러짐.
성격 사실적, 묘사적, 반성적

나 만보
주제 숙원을 이루지 못한 것에 대한 성찰과 회한
특징 가을 풍경과 자신의 처지를 대조함.
성격 성찰적

문해력 UP 감상 패턴

1 화자

(가) 화자의 태도

관찰 (1~8구)	보리타작하는 농민들의 건강한 모습
인식 (9~10구)	몸과 마음이 합일된 농민들의 건강한 노동의 즐거움
반성 (11~12구)	벼슬길을 좇았던 자신의 삶 반성

(나) 화자의 정서
자연과 대비되는 자신의 모습을 보며 학문적으로 아무것도 이룬 것이 없는 상황에 대한 안타까움과 탄식

2 표현

(가) 농민의 삶이 드러나는 시어
'막걸리', '보리밥', '도리깨', '보리 나락', '보리 쭉정이'

(나) 대조적 상황 제시

농촌의 풍경	화자의 처지
수확의 기쁨을 누리는 농촌의 분위기와 자연의 성숙하고 당당한 모습	학문적 숙원을 이루지 못하고 늙어 가는 화자의 회한과 안타까움

3 내신&수능 기출 point

시상 전개 방식

(가)

선경	보리타작의 흥겨운 분위기 묘사
후정	농민들의 삶에 대한 예찬과 화자의 지난 삶에 대한 반성

(나)

선경	가을 저녁의 경관
후정	자신의 인생에 대한 회한

01 (가)의 ㉠과 (나)의 ㉡에 대한 설명으로 적절한 것은?

① ㉠은 ㉡과 달리 화자가 과거에 경험한 것이다.

② ㉠은 ㉡과 달리 화자가 찾으려 노력하는 것이다.

③ ㉡은 ㉠과 달리 화자가 우연하게 발견한 것이다.

④ ㉡은 ㉠과 달리 화자가 계속 지니고 있던 것이다.

⑤ ㉡은 ㉠과 달리 화자가 회의를 품고 있던 것이다.

02 (가)와 〈보기〉를 비교한 내용으로 적절하지 <u>않은</u> 것은?

─ 보기 ─

보리밥 풋나물을 알마초 먹은 후(後)에
바위 끝 물가에 슬카지 노니노라
그 남은 여나믄 일이야 부럴 줄이 이시랴 〈제2수〉
─ 윤선도, '만흥'

① (가)와 〈보기〉의 '보리밥'은 모두 현실에 만족하는 삶의 모습을 표현한 것이군.

② (가)의 '마당'은 노동의 공간이고, 〈보기〉의 '물가'는 풍류의 공간이군.

③ (가)의 '앞소리 뒷소리'에서는 흥겨움이, 〈보기〉의 '노니노라'에서는 여유로움이 느껴지는군.

④ (가)의 '이곳저곳'과 〈보기〉의 '여나믄 일'은 모두 화자가 이루고자 하는 목표를 나타내는군.

⑤ (가)의 '떠도는가'와 〈보기〉의 '부럴 줄이 이시랴'는 세속적 가치에 대한 화자의 생각을 드러낸 것이군.

03 ⓐ~ⓔ에 대한 설명으로 적절하지 <u>않은</u> 것은?

① ⓐ: 농민과 어울리는 일상적인 소재를 사용하여 농민들의 삶의 모습을 묘사하고 있다.

② ⓑ: 시각적 이미지를 통해 고된 농민의 삶을 생생하게 형상화하고 있다.

③ ⓒ: 의문형 표현을 통해 대상에 대한 화자의 부정적 인식을 강조하고 있다.

④ ⓓ: 시간적 배경을 제시하여 시적 상황과 성찰적 분위기를 드러내고 있다.

⑤ ⓔ: 어순의 도치를 통해 여운을 남기며 안타까움의 정서를 부각시키고 있다.

04 기출 연계
(가), (나)의 공통점으로 적절한 것은?

① 인간과 자연의 대비를 통해 부조리한 세태를 비판하고 있다.

② 대상과의 교감을 통해 현실의 고통을 극복하는 과정을 그리고 있다.

③ 일상적 경험을 바탕으로 화자의 삶에 대한 성찰을 드러내고 있다.

④ 자연물에 인격을 부여함으로써 대상과의 합일에 대한 의지를 드러내고 있다.

⑤ 과거와 현재를 비교하면서 현재에서 벗어나고자 하는 화자의 소망을 표출하고 있다.

05 기출 연계
(가)의 [A]~[D]에 대한 설명으로 적절하지 <u>않은</u> 것은?

① [A]는 보리타작을 시작하기 전의 상황을 묘사하고 있다.

② [B]는 농민들이 서로 협력하여 노동하는 장면을 형상화하고 있다.

③ [C]는 [A], [B]에서 주목한 농민들의 모습에서 정신적 의미를 이끌어 내고 있다.

④ [D]에는 [A]~[C]를 통해 얻은 깨달음이 화자의 삶과 연계되어 진술되고 있다.

⑤ [A]~[D]에는 지난날에 얽매이지 않는 삶을 살려는 화자의 의지가 제시되고 있다.

06 기출 연계
(나)의 시상 전개의 특징으로 가장 적절한 것은?

① 처음과 끝이 상응하는 방식으로 안정감을 부여하고 있다.

② 시어를 점층적으로 반복하여 고조되는 감정을 나타내고 있다.

③ 외부 세계와 내면을 대비해 가며 화자의 정서를 부각하고 있다.

④ 계절의 흐름에 따라 변화하는 풍경을 실감 나게 묘사하고 있다.

⑤ 영탄과 격정의 어조를 교차해 가며 화자의 처지를 드러내고 있다.

가 송인(送人) 국어교과서 문학교과서

雨歇長堤草色多
우 헐 장 제 초 색 다

送君南浦動悲歌
송 군 남 포 동 비 가

大同江水何時盡
대 동 강 수 하 시 진

別淚年年添綠波
별 루 년 년 첨 록 파

[A] ┌ 비 갠 긴 둑에 **풀빛**이 고운
　└ 남포에서 임 보내며 슬픈 노래 부르네
　　　남대동강의 포구

[B] ┌ ㉠**대동강 물**이야 언제나 마르려나
　└ **이별 눈물** 해마다 푸른 물결 보태나니

　　　　　　　　　　　　　　　　　　　－ 정지상

나 동곡칠가(同谷七歌) 4 문학교과서

有妹有妹在鍾離 / 良人早歿諸孤癡
유 매 유 매 재 종 리　양 인 조 몰 제 고 치

長淮浪高蛟龍怒
장 회 랑 고 교 룡 노

十年不見來何時
십 년 불 견 내 하 시

扁舟欲往箭滿眼
편 주 욕 왕 전 만 안

杳杳南國多旌旗
묘 묘 남 국 다 정 기

嗚呼四歌兮歌四奏
오 호 사 가 혜 가 사 주

竹林猿爲我啼清晝
죽 림 원 위 아 제 청 주

누이여 **종리 고을**의 누이여 / 남편 잃고 자식들 모두 어리네
　　　　중국 지명
㉡**회수** 파도 드높고 **교룡**은 성내니
　　　　　상상의 동물
못 본 지 **십 년** 어느 때나 만나랴

배로 가려 해도 **화살**이 눈앞에 날고

남국에까지 **군대 깃발** 펄렁이누나

[C] ┌ 아아 네 번째 노래 네 번째 연주하매
　└ 죽림의 **원숭이**도 맑은 대낮에 우네

　　　　　　　　　　　　　　　　　　　－ 두보

다 춘망사(春望詞) 문학교과서

風花日將老
풍 화 일 장 로

佳期猶渺渺
가 기 유 묘 묘

不結同心人 / 空結同心草
불 결 동 심 인　공 결 동 심 초

[D] ┌ **꽃잎**은 하염없이 ⓐ**바람**에 지고
　└ 만날 날은 아득타 기약이 없네

무어라 맘과 맘은 맺지 못하고 / 한갓되이 풀잎만 맺으려는고
　　　　　　　　　　　　　　헛되이, 보람 없이

　　　　　　　　　　　　　　　　　　　－ 설도

라 설중방우인불우(雪中訪友人不遇) 문학교과서

雪色白於紙
설 색 백 어 지

舉鞭書姓字
거 편 서 성 자

莫教風掃地 / 好待主人至
막 교 풍 소 지　호 대 주 인 지

[E] ┌ **눈빛**이 **종이**보다 더욱 희길래
　└ 채찍 들어 내 이름을 그 위에 썼지

ⓑ**바람**아 불어서 땅 쓸지 마라 / 주인이 올 때까지 기다려 주렴

　　　　　　　　　　　　　　　　　　　－ 이규보

작품 정리

⑦ 송인
주제 이별의 정한
특징 자연 현상과 인간사를 대조함.
성격 송별시, 서정적, 애상적

⑨ 춘망사
주제 사랑하는 이와 함께하지 못하는 슬픔과 그리움
특징 자연물을 통해 화자의 정서를 전달함.
성격 서정적, 애상적

⑧ 동곡칠가 4
주제 누이에 대한 그리움
특징 영탄적 어조와 감정 이입이 나타남.
성격 서정적, 애상적

⑩ 설중방우인불우
주제 친구를 만나지 못한 아쉬움
특징 시각적 심상과 의인법이 사용됨.
성격 서정적, 풍류적

문해력 UP 감상 패턴

① 화자

화자의 태도 및 정서
(가) 대동강 가에서 임과 헤어지며 슬픈 이별의 눈물을 흘림.
(나) 전란으로 인해 만나지 못하는 누이를 그리워하며 슬픔에 잠김.
(다) 시간이 흘러도 임과 서로의 마음을 맺기 어려운 현실에 슬퍼함.
(라) 친구를 만나지 못한 아쉬운 마음에 눈 위에 자신의 이름을 써서 남김.

② 표현

사용된 표현 방법
(가) ① 자연 현상과 인간사가 시각적·청각적 이미지를 통해 대비됨.
② 설의법, 과장법, 도치법 등을 통해 이별의 정한이 극대화됨.
(나) ① 영탄법, 은유법, 설의법, 돈호법 등을 통해 시상을 전개함.
② 화자의 감정이 이입된 자연물을 통해 정서를 드러냄.
(다) ① 절제된 언어로 애상적 정조를 표현함.
② '꽃잎', '풀잎' 등 자연물을 통해 정서를 드러냄.
(라) ① 소재의 유사성을 근거로 행동이 유발됨.
② 명령형 어미를 통해 정서를 드러냄.

③ 내신&수능 기출 point

화자의 정서와 자연물의 관계

(가)	변함없이 아름다운 자연의 모습이 화자의 슬픈 정서를 대조적으로 부각시킴.
(나)	자연물에 화자의 슬픈 감정이 이입되어 드러남.
(다)	자연물을 통해 애상적 분위기를 조성함.
(라)	자연물을 이용하여 화자의 마음을 전하고자 함.

→ (가)~(라) 모두 자연물을 통해 화자의 정서가 부각되고 표현됨.

01 (가)~(라)의 표현상 특징으로 적절하지 <u>않은</u> 것은?

① (가), (나)는 의문형 진술을 통해 시적 의미를 드러내고 있다.

② (가), (라)는 과장된 표현을 통해 화자가 처한 상황을 강조하고 있다.

③ (나), (라)는 시적 대상을 부르는 말을 통해 화자의 내면을 드러내고 있다.

④ (나)는 (가), (라)와 달리 감탄사를 통해 시적 분위기를 고조하고 있다.

⑤ (가), (다), (라)는 (나)와 달리 도입부의 시각적 심상을 통해 시상을 불러일으키고 있다.

02 (가)의 ㉠과 (나)의 ㉡에 대한 설명으로 적절하지 <u>않은</u> 것은?

① ㉠은 화자와 임의 이별이 이루어지고 있는 공간이다.

② ㉡은 화자와 누이의 사이를 가로막고 있는 공간이다.

③ ㉠은 임과 헤어진 화자가 건널 수밖에 없는 공간이다.

④ ㉡은 누이를 만나기 위해 화자가 건너가고 싶은 공간이다.

⑤ ㉠, ㉡ 모두 슬픔과 안타까움을 불러일으키는 공간이다.

03 (다)의 ⓐ와 (라)의 ⓑ에 대한 설명으로 가장 적절한 것은?

① ⓐ는 ⓑ와 달리 화자의 소망을 방해하고 있다.

② ⓐ는 ⓑ와 달리 화자의 운명을 매개하고 있다.

③ ⓑ는 ⓐ와 달리 화자의 처지와 동일시되고 있다.

④ ⓑ는 ⓐ와 달리 화자에게 청자로 의인화되고 있다.

⑤ ⓐ, ⓑ 모두 화자에게 절망적으로 인식되고 있다.

04 기출 연계
(나)와 〈보기〉를 비교하여 감상한 내용으로 적절하지 <u>않은</u> 것은?

> ─── 보기 ───
>
> 봄에 와 있는 만 리 밖의 나그네는
> 난이 그치거든 어느 해에 돌아갈 것인가
> 강성의 기러기가
> 높이 똑바로 북쪽으로 날아가니 애를 끊는구나
>
> – 두보, '귀안'

① (나)의 '누이'는 화자가 그리워하는 대상으로, 〈보기〉의 '나그네'는 화자 자신을 가리키는 시어로 볼 수 있군.

② (나)의 '종리 고을'과 같이 화자가 그리워하며 가고자 하는 곳이 〈보기〉에서는 '북쪽'임을 알 수 있군.

③ (나)의 '교룡'은 부정적 상황을 비유한 시어로, 〈보기〉의 '기러기'는 화자의 처지를 비유한 시어로 볼 수 있군.

④ (나)의 '십 년'은 구체적인 이별 기간을 나타낸 시어로, 〈보기〉의 '만 리'는 정서적 거리감을 표현한 시어로 볼 수 있군.

⑤ 〈보기〉의 '난'과 같은 시적 상황이 (나)에서는 '화살'과 '군대 깃발'로 형상화되어 있다고 볼 수 있군.

05 기출 연계
〈보기〉를 바탕으로 [A]~[E]를 감상한 내용으로 적절하지 <u>않은</u> 것은?

> ─── 보기 ───
>
> 한시에 등장하는 자연은 인간의 불완전성에 대비되는 완전성의 존재이지만, 한시의 화자는 이러한 자연과 일체화되는 체험을 하거나 자신의 정서를 자연물에 투영시키기도 한다. 또 한시의 자연은 화자에게 위안을 주거나 특별한 흥취를 불러일으키며 때로는 애상적 분위기를 조성하거나 화자의 정서를 전달하는 매개가 되기도 한다.

① [A]의 '고운' 빛깔의 '풀빛'은 이별의 슬픔을 겪고 있는 인간의 유한성과 대비되는 완전성의 존재로 볼 수 있겠군.

② [B]의 마르지 않는 '대동강 물'은 '이별 눈물'을 흘리는 화자와 일체화되는 체험을 하게 되는 존재로 볼 수 있군.

③ [C]의 '원숭이'는 누이를 그리는 노래를 거듭해서 연주하고 있는 화자에게 위안이 되어 주는 존재로 볼 수 있겠군.

④ [D]의 '꽃잎'은 기약 없이 임을 기다리는 화자의 처지를 부각하며 애상적 분위기를 조성하는 존재로 볼 수 있군.

⑤ [E]의 '종이'보다 흰 '눈빛'은 친구를 만나지 못한 화자의 아쉬운 마음을 전달하는 매개가 되는 존재로 볼 수 있군.

가 유객(有客) 평가원모평

有客清平寺 유 객 청 평 사	청평사의 ㉠나그네
春山任意遊 춘 산 임 의 유	봄 산을 마음대로 노니네
鳥啼孤塔靜 조 제 고 탑 정	고요한 외로운 탑에 산새 지저귀고
花落小溪流 화 락 소 계 류	흐르는 작은 내에 꽃잎 떨어지네
佳茶知時秀 가 채 지 시 수	좋은 나물은 때 알아 돋아나고
香菌過雨柔 향 균 과 우 유	㉡향기로운 버섯은 비 맞아 부드럽네
行吟入仙洞 행 음 입 선 동	시 읊조리며 신선 골짝 들어서니
消我百年愁 소 아 백 년 수	나의 백 년 근심 사라지네 – 김시습

나 제가야산독서당(題伽倻山讀書堂) 문학교과서

狂奔疊石吼重巒 광 분 첩 석 후 중 만	첩첩한 돌 사이로 미친 듯 내뿜어 겹겹 봉우리에 울리니
人語難分咫尺間 인 어 난 분 지 척 간	사람 말소리야 지척에서도 분간하기 어렵네 아주 가까운 거리
常恐是非聲到耳 상 공 시 비 성 도 이	항상 ㉢시비하는 소리 귀에 들릴까 두려워하기에
故教流水盡籠山 고 교 류 수 진 롱 산	일부러 흐르는 ⓐ물로 하여금 온 산을 둘러싸게 했네 – 최치원

다 야와송시유감(夜臥誦詩有感) 교육청학평

枕上得詩吟不輟 침 상 득 시 음 부 철	베개 베고 시를 얻어 계속 읊조리자니 뜻을 음미하면서 낮은 목소리로 시를 읊자니
羸驂伏櫪更長鳴 리 참 복 력 경 장 명	마구간의 **마른 말**도 더욱 길게 우는구나
夜深纖月初生影 야 심 섬 월 초 생 영	㉣밤 깊어 **초승달**은 그림자를 만들고
山靜寒松自作聲 산 정 한 송 자 작 성	고요한 산 **찬 솔**도 절로 소리 내누나
老婢撥灰明兀兀 로 비 발 회 명 올 올	늙은 종이 **재**를 털자 등불은 밝아지고
孺人挹酒勸卿卿 유 인 읍 주 권 경 경	**아내**는 ⓑ술을 퍼 와 내게 권해 따라 주네
醉來捉被還高臥 취 래 착 피 환 고 와	얼큰해져 이불 덮고 다시 높이 누웠자니
未覺胸中有不平 미 각 흉 중 유 불 평	㉤가슴속에 불평 있음 깨닫지 못하겠네 – 박은

작품 정리

가 유객
주제 자연 속에서 정화하는 속세의 걱정
특징 선경 후정과 대구의 구성을 취함.
성격 감각적, 영탄적

나 제가야산독서당
주제 산속에 은둔하고 싶은 마음
특징 대립적 구조를 활용하여 주제를 형상화함.
성격 상징적

다 야와송시유감
주제 시와 술로 근심을 달래는 불우한 처지
특징 자연물과 교감하고 있는 문학적 상상력이 드러남.
성격 애상적

문해력 UP 감상 패턴

1 화자

화자의 태도
(가) 자연 속에 묻혀서 유유자적하게 살아감.
(나) 속세와 단절하고 자연 속에서 은둔하려 함.
(다) 술로 현실의 고통을 달래 보려고 애씀.

2 표현

(가) 감각적 표현
'산새 지저귀고', '꽃잎 떨어지네', '향기로운 버섯', '부드럽네'
→ 감각적 표현을 활용하여 봄 산의 아름다움과 풍요로움을 드러냄.

(나) 부정적 인식 표현
'사람 말소리', '시비하는 소리'
→ 화자가 부정적으로 여기는 '속세에 사는 사람들의 말소리'를 의미함.

(다) 시적 배경 조성
'마른 말', '초승달', '찬 솔'
→ 쓸쓸한 시적 배경을 조성하여 화자의 마음을 간접적으로 암시함.

3 내신&수능 기출 point

(가) 핵심 어구
'나의 백 년 근심 사라지네'
→ 세속과 벗어나 한가로움 속에 여유를 찾고자 하는 화자의 태도가 드러남.

(나) 물소리와 세상의 소리 대비

물소리
긍정적 대상으로 인간의 소리를 가려 줌.

↕

세상의 소리
부정적 대상으로 화자가 자기 귀에 들릴까 두려워함.

(다) 핵심 시어 '술'
화자의 근심을 잊게 해 주는 소재로, 화자의 현실적 고통을 달래 줌.

01 (가)~(다)에 대한 설명으로 가장 적절한 것은?

① (가)는 속세의 근심에서 벗어나지 못함이 드러나 있다.
② (나)는 속세에 나가 출세를 하고자 하는 소망이 담겨 있다.
③ (다)는 과거 행적에 대한 화자의 자기반성이 드러나 있다.
④ (가)~(다) 모두 화자가 잊거나 멀리하고자 하는 바가 드러나 있다.
⑤ (가)~(다) 모두 자연 속에서의 삶에 대한 부정적 감정이 드러나 있다.

02 (나)에 대한 설명으로 가장 적절한 것은?

① 도치를 통해 대상이 지닌 의미를 표현하고 있다.
② 대소석 상황을 동해 화자의 저지를 드러내고 있다.
③ 시간의 흐름에 따라 사물의 속성을 부각하고 있다.
④ 계절적 배경을 통해 이미지를 선명하게 그려 내고 있다.
⑤ 단정적 어조로 세상과 단절하려는 의지를 직접적으로 표현하고 있다.

03 ㉠~㉤에 대해 이해한 내용으로 적절하지 않은 것은?

① ㉠: 자연 속에서 유유자적하는 시적 화자를 나타내는군.
② ㉡: 자연의 질서에 따라 자라는 생명으로 후각적 심상이 드러나는군.
③ ㉢: 화자가 세상과 단절하려는 이유라고 볼 수 있겠군.
④ ㉣: 신비롭고 묘한 시적 분위기를 형성하고 있군.
⑤ ㉤: 현실의 고통을 술로 달래고 있음을 알 수 있군.

04 기출 연계
(가)에 대한 설명으로 가장 적절한 것은?

① 자연물의 속성에 주목하여 교훈적 의미를 전달하고 있다.
② 설의적 표현을 통해 추구하고자 하는 삶의 태도를 제시하고 있다.
③ 먼 경치에서부터 가까운 곳으로 시선을 옮기며 심리의 변화를 드러내고 있다.
④ 화자가 자신을 객관화하는 표현을 내세워 내적 갈등에 대한 공감을 유도하고 있다.
⑤ 계절을 드러내는 시어를 사용하여 시기에 부합하는 자연의 모습을 구체화하고 있다.

05 기출 연계
〈보기〉의 밑줄 친 '교감'에 해당하는 내용을 (다)에서 찾는다고 할 때 적절하지 않은 것은?

─ 보기 ─

우리는 끊임없이 다른 대상과 관계를 맺으며 살아간다. 문학 작품에서 대상을 인지하는 주체는 교감을 통해 대상이 자신의 행동에 반응한다고 느끼기도 하고, 대상에 보편적 속성 이상의 새로운 의미를 부여하기도 한다. 이때 대상은 사람뿐만 아니라 사물일 수도 있는데, 그 기저에는 모든 만물과 교감이 가능하다는 문학적 상상력이 존재한다.

① 마른 말　　② 초승달　　③ 찬 솔
④ 재　　　　⑤ 아내

06 기출 연계
ⓐ, ⓑ를 비교한 내용으로 가장 적절한 것은?

① ⓐ는 화자를 안심하게 하는, ⓑ는 화자에게 불안감을 주는 대상이다.
② ⓐ는 속세와의 단절감을 느끼게 하는, ⓑ는 화자의 근심을 잊게 하는 대상이다.
③ ⓐ는 화자의 방황하는 삶의 태도를, ⓑ는 화자의 유유자적하는 삶의 태도를 드러내는 대상이다.
④ ⓐ, ⓑ 모두 화자가 경외감을 가지고 바라보는 대상이다.
⑤ ⓐ, ⓑ 모두 화자가 현실에 대응하는 자세를 성찰하도록 이끄는 대상이다.

가시리 · 서경별곡

가 가시리 〔평가원모평〕 〔국어교과서〕

가시리 가시리잇고 나는 / **브리고** 가시리잇고 나는

위 증즐가 대평셩디(大平盛代)

가시렵니까? 가시렵니까? / (나를) 버리고 가시렵니까?

날러는 엇디 살라 ᄒ고 / **브리고** 가시리잇고 나는

위 증즐가 대평셩디(大平盛代)

나더러는 어찌 살라 하고 / (나를) 버리고 가시렵니까?

잡ᄉ와 두어리마ᄂᆞᆫ / **선ᄒ면 아니 올셰라**
붙잡아서   서운하면

위 증즐가 대평셩디(大平盛代)

(임을) 붙잡아 둘 일이지마는 / 서운하면 아니 오실까 두렵습니다.

셜온 님 보내ᅌᆞ노니 나는 / 가시는 듯 도셔 오쇼셔 나는

위 증즐가 대평셩디(大平盛代)

(❶   )을 보내 드리오니 / 가시자마자 곧 (떠날 때와 같이) 돌아서 오소서.

– 작자 미상

나 서경별곡(西京別曲) 〔평가원모평〕 〔문학교과서〕

서경(西京)이 아즐가 서경(西京)이 셔울히마르는

위 두어렁셩 두어렁셩 다링디리

서경(평양)이 서경이 서울이지마는

닷곤ᄃᆡ 아즐가 닷곤ᄃᆡ 쇼셩경 고외마른
닦은 곳, 낡은 것을 고친 곳   사랑하지마는

위 두어렁셩 두어렁셩 다링디리

(삶의 터전을) 닦은 곳인 닦은 곳인 작은 서울을 사랑하지마는

여ᄒᆡ므론 아즐가 여ᄒᆡ므론 질삼 뵈 ᄇ리시고

위 두어렁셩 두어렁셩 다링디리

(임과) 이별하기보다는 이별하기보다는 (❷   )를 버리고서라도

괴시란ᄃᆡ 아즐가 괴시란ᄃᆡ 우러곰 좃니노이다

위 두어렁셩 두어렁셩 다링디리 〈제1연〉

사랑만 해 주신다면 사랑만 해 주신다면 울면서 따르겠습니다.

[A]

구스리 아즐가 구스리 바회예 디신들

위 두어렁셩 두어렁셩 다링디리

구슬이 구슬이 바위 위에 (❸   )

긴힛ᄯᆫ 아즐가 긴힛ᄯᆫ 그츠리잇가 나는

위 두어렁셩 두어렁셩 다링디리

끈이야 끈이야 (❹   )?

즈믄 ᄒᆡ를 아즐가 즈믄 ᄒᆡ를 외오곰 녀신들

위 두어렁셩 두어렁셩 다링디리

(임과 헤어져) 천 년을 천 년을 홀로 살아간들

신(信)잇든 아즐가 신(信)잇든 그츠리잇가 나는

위 두어렁셩 두어렁셩 다링디리 〈제2연〉

(사랑하는 임을) 믿는 마음이야 믿는 마음이야 끊어지겠습니까?

– 작자 미상

문해력 UP 감상 패턴

1 화자

이별에 대한 화자의 태도

(가)

이별을 어쩔 수 없이 받아들이고 재회를 기약함.

(나)

이별을 거부하는 적극성을 보임.

2 표현

후렴구의 반복

(가)	위 증즐가 대평셩디
(나)	위 두어렁셩 두어렁셩 다링디리

3 내신&수능 기출 point

고전시가의 이별가의 흐름

유리왕의 '황조가' → '가시리', '서경별곡', 정지상의 '송인' → 황진이의 시조 → '아리랑'

작품 정리

가 가시리

주제 이별의 정한

특징 우리 민족의 전통적 정서인 '이별의 정한'을 잘 드러냄.

성격 애상적, 서정적

나 서경별곡

주제 이별의 정한

특징 ① 반복법과 설의법을 사용하여 의미를 강조함.
② 함축적 시어를 통해 화자의 정서를 강조함.

성격 애상적, 서정적

현품 정답 ❶ 서러운 임 ❷ 길쌈하던 베 ❸ 떨어진들 ❹ 끊어지겠습니까

01 (가), (나)에 대한 공통적인 설명으로 적절한 것은?

① 열거법을 사용하여 시의 리듬감을 높이고 있다.
② 자연물에 감정을 이입하여 주제 의식을 강조하고 있다.
③ 감탄사를 사용하여 부정적 현실 인식을 드러내고 있다.
④ 의문형 문장을 활용하여 화자의 태도를 나타내고 있다.
⑤ 배경을 묘사한 후 그에 대한 화자의 정서를 드러내고 있다.

02 (가)의 시어에 대한 설명으로 적절하지 않은 것은?

① 'ᄇ리고'의 주체는 임으로, 화자가 애원하는 이유가 된다.
② '엇디 살라 ᄒ고'의 주체는 임을 떠나보내며 한탄하는 화자이다.
③ '잡ᄉ와 두어리마ᄂᆞᄂᆞᆫ'의 주체는 화자로, 임을 붙잡고 싶지만 잡지 못하는 화자의 마음을 드러내고 있다.
④ '보내ᄋᆸ노니'의 주체는 임으로, 곧 돌아오기를 바라는 화자의 마음이 담겨 있다.
⑤ '도셔 오쇼셔'의 주체는 임으로, 화자의 소망을 직접적으로 표현하고 있다.

03 (나)와 〈보기〉의 공통점으로 가장 적절한 것은?

> ─ 보기 ─
> 임아 그 물을 건너지 마오
> 임은 끝내 그 물을 건너셨네
> 물에 빠져 돌아가시니
> 가신 임을 어찌할꼬
> ─ 백수 광부의 아내, '공무도하가'

① 이별의 정한을 노래하고 있다.
② 임과의 사별을 소재로 삼고 있다.
③ 임에 대한 영원한 믿음을 강조하고 있다.
④ 여음구를 활용하여 운율을 조성하고 있다.
⑤ 현실의 고통을 이겨 내려는 적극적 의지를 드러내고 있다.

04 〈보기〉를 바탕으로 (가)를 감상한 내용으로 적절하지 않은 것은?

> ─ 보기 ─
> '가시리'의 특징
> • 3음보를 기본 율격으로 하여 리듬감을 형성함.
> • 음악적 효과를 높여 주는 역할을 하는 후렴구를 반복함.
> • 자신에게 닥친 부당한 상황을 어쩔 수 없이 받아들이는 데서 오는 한(恨)의 정서가 나타남.
> • 이별의 상황에 적극적으로 대응하지 못하고 체념하는 소극적인 화자의 태도가 담겨 있음.

① '가시리 가시리잇고'에서 3·3·2조의 3음보 율격을 확인할 수 있군.
② '위 증즐가 대평셩ᄃᆡ'는 음악적 효과를 높이는 후렴구이군.
③ '날러는 엇디 살라 ᄒ고'는 임을 붙잡지 못하고 체념한 심정이 드러나 있군.
④ '선ᄒ면 아니 올셰라'에는 이별의 상황에 소극적으로 대응하는 이유가 드러나 있군.
⑤ '셜온 님 보내ᄋᆸ노니'에는 어쩔 수 없이 이별을 받아들이는 한의 정서가 담겨 있군.

05 〈보기〉를 참고할 때 (나)의 [A]와 〈보기〉의 [B]를 비교하여 이해한 내용으로 적절하지 않은 것은?

> ─ 보기 ─
> '서경별곡'의 2연에서 여음구를 제외한 부분은 당시 유행하던 민요의 모티프를 수용한 것으로, '정석가'에도 나타난다. 이제현도 당시 유행한 민요를 다음과 같이 한시로 옮긴 적이 있다.
> [B]
> 비록 구슬이 바위에 떨어져도　　縱然巖石落珠璣
> 끈은 진실로 끊어질 때 없으리　　纓縷固應無斷時
> 낭군과 천 년을 이별한다고 해도　與郎千載相離別
> 한 점 붉은 마음이야 어찌 바뀌리오　一點丹心何改移

① [A], [B]를 보니 여음구의 사용 여부에 차이가 있군.
② [A], [B]를 보니 동일한 모티프가 서로 다른 형식의 작품으로 수용되었군.
③ [A], [B] 모두에서 변하지 않는 마음을 소중한 가치로 여기는 화자의 태도가 나타나는군.
④ [A]에서는 '신'을, [B]에서는 '붉은 마음'을 굳건한 '바위'로 형상화하였군.
⑤ [A], [B]에서 '구슬'은 변할 수 있는 것을, '긴'이나 '끈'은 변하지 않는 것을 비유하는 소재로 활용하였군.

[A]
덕(德)으란 곰비예 받줍고 복(福)으란 림비예 받줍고
　　　　　뒤, 뒷잔, 신령　　　　　　앞, 앞잔, 임금
덕(德)이여 복(福)이라 호늘 나수라 오소이다
　　　　　　　　　　　드리러, 진상하러
[B]-아으 동동(動動)다리 〈서사〉

덕은 뒤(신령)에 바치옵고 복은 앞(임금)에 바치옵고
덕이며 복이라 하는 것을 드리러 오십시오.

정월(正月)ㅅ 나릿므른 아으 어져 녹져 ㅎ논딕
누릿 가온딕 나곤 몸하 ㅎ올로 녈셔
　세상　가운데　　　　　　　지내는구나, 살아가는구나
아으 동동(動動)다리 〈정월령〉

정월의 (❶　　　　)은 아아 얼고 녹고 하는데
세상 가운데 태어나고는 이 몸은 홀로 살아가네.

이월(二月)ㅅ 보로매 아으 ⓐ노피 현 등(燈)ㅅ블 다호라
　　　　　　보름　　　　　　켠, 매달린　　　　같구나
만인(萬人) 비취실 즈싀샷다
아으 동동(動動)다리 〈이월령〉

이월 보름에 아아 높이 켠 등불 같구나.
모든 사람을 비추실 (❷　　　)이시다.

삼월(三月) 나며 개(開)혼 아으 ⓑ만춘(滿春) 둘욋고지여
　　　　　　　피어난　　　　　　늦봄　　진달래꽃
ᄂᆞ미 브롤 즈슬 디녀 나샷다
　　　　지녀
아으 동동(動動)다리 〈삼월령〉

삼월 지나며 피어난 아아 늦봄의 진달래꽃이여.
남들이 (❸　　　) 모습을 지녀 나셨다.

사월(四月) 아니 니저 아으 오실셔 곳고리새여
므슴다 녹사(錄事)니믄 녯 나를 닛고신뎌
아으 동동(動動)다리 〈사월령〉

사월 아니 잊어 아아 오시는구나 꾀꼬리 새여.
무슨 일로 녹사님은 옛 나를 잊고 계시는가.

[C]
오월(五月) 오 일(五日)애 아으 수릿날 아춤 약(藥)은
　　　　　　　　　　　　　　　단옷날
즈믄 힐 장존(長存)ㅎ샬 약(藥)이라 받줍노이다
천(千)
아으 동동(動動)다리 〈오월령〉

오월 오 일에 아아 단옷날 아침 약은
천년토록 오래 사실 약이라 바치옵니다.

문해력 UP 감상 패턴

① 화자

화자의 정서

임에 대한 송축과 예찬
• 임의 덕과 복을 기원함.(서사)
• 임의 높은 인품을 예찬함.(이월령)
• 임의 아름다움을 예찬함.(삼월령)
• 임의 장수를 기원함.(오월령)

임에 대한 원망과 한스러움
• 임 없이 홀로 살아가는 처지를 한탄함.(정월령)
• 오지 않는 임을 원망함.(사월령)
• 버림받은 자신의 처지를 한탄함.(시월령)
• 임을 여의고 홀로 살아가는 자신의 처지를 슬퍼함.(십일월령)
• 다른 사람과 인연을 맺게 된 기구한 운명을 한탄함.(십이월령)

임에 대한 그리움
• 버림받았음에도 임을 따르고자 함.(유월령)
• 임과 함께 지내고자 하는 소원을 빎.(칠월령)
• 임 없는 한가위에 쓸쓸함을 느끼며 임을 그리워함.(팔월령)
• 황화꽃을 보니 그리운 임의 부재가 더욱 크게 느껴짐.(구월령)

② 표현

사물에 빗댄 표현

노피 현 등ㅅ블	임의 인품을 등불에 빗대어 표현함.
만춘 둘욋 고지	임의 아름다움을 늦봄의 진달래꽃에 빗대어 표현함.

③ 내신&수능 기출 point

'아춤 약'의 의미

임의 장수를 위해 바치고자 하는 것으로 임에 대한 화자의 사랑을 상징함.

작품 정리

주제 임(임금)에 대한 송축과 연모의 정
특징 ① 월령체 노래로, 서사와 월별로 연을 구분한 12연의 본사로 구성됨.
② 각 달의 세시 풍속이나 계절적 특징을 소재로 하여 애절한 정서를 노래함.
성격 서정적, 연가적, 민요적

현풀 정답 ❶ 냇물 ❷ 모습 ❸ 부러워할

01 윗글에 대한 설명으로 가장 적절한 것은?

① 어조의 전환을 통해 화자의 심리를 드러내고 있다.

② 자연의 순환적 질서를 바탕으로 시상을 전개하고 있다.

③ 과거와 현재의 대비를 통해 화자의 상실감을 부각하고 있다.

④ 시간 경과에 따른 화자의 현실 인식의 변화를 그려 내고 있다.

⑤ 해학적 표현을 활용하여 대상에 대한 풍자적 태도를 드러내고 있다.

02 윗글의 표현상 특징으로 적절하지 <u>않은</u> 것은?

① 유사한 형식의 어절을 반복하여 운율을 형성하고 있다.

② 영탄적 어조를 활용하여 화자의 정서를 드러내고 있다.

③ 반어법을 사용하여 화자의 처지와 심정을 강조하고 있다.

④ 대비되는 시어를 활용하여 화자가 처한 상황을 강조하고 있다.

⑤ 특정 소재를 활용하여 시적 대상에 대한 화자의 사랑을 드러내고 있다.

03 ⓐ, ⓑ에 대한 설명으로 가장 적절한 것은?

① ⓐ는 계절적 특성과, ⓑ는 세시 풍속과 관련을 맺고 있다.

② ⓐ는 현실에 존재하는 외적 대상인 반면, ⓑ는 화자의 마음속에 존재하는 내적 대상이다.

③ ⓐ는 ⓑ와 달리 작품의 공간적 배경을 알려 주는 역할을 한다.

④ ⓑ는 ⓐ와 달리 화자의 부정적 정서를 유발하고 있다.

⑤ ⓐ, ⓑ 모두 화자가 시적 대상을 떠올리게 하는 역할을 한다.

04 기출 연계

윗글에 대해 이해한 내용으로 가장 적절한 것은?

① 대상이 부재하는 상황이 드러나 있군.

② 임이 처한 참담한 생활상이 나타나 있군.

③ 자연에 대한 예찬을 목적으로 하고 있군.

④ 임과의 재회에 대한 확신이 드러나 있군.

⑤ 상대에 대한 연민의 정서가 노출되어 있군.

05 기출 연계

〈보기〉를 참고하여 [A]~[C]를 이해한 내용으로 가장 적절한 것은?

> ─ 보기 ─
>
> '동동'은 민간의 노래가 궁중악으로 정제되어 편입되는 과정에서 변화를 겪은 것으로 추정된다. 우선, 작품의 특정 부분에 긴밀한 유기적 관계를 맺을 수 있는 형식적 장치를 마련하여 한 작품이 구성될 때 ㉮작품 전체에 통일성을 부여하는 기능을 더하였다. 그리고 궁중 연회를 고려하여 ㉯작품의 주제 의식과는 어울리지 않는 송축의 내용을 담거나 ㉰화자의 상황과 동떨어진 시어를 붙이기도 하였다.

① [A]는 ㉮의 예로 볼 수 있다.

② [B]는 ㉯의 예로 볼 수 있다.

③ [C]의 '아으'는 ㉰의 예로 볼 수 없다.

④ [A]는 [C]와 달리 ㉰의 예로 볼 수 있다.

⑤ [A]의 '받줍고'와 [C]의 '받줍노이다'는 ㉮의 예로 볼 수 있다.

06 기출 연계

윗글을 감상하는 방법에 대해 토의한 내용으로 적절하지 <u>않은</u> 것은?

① 시간과 공간의 변화에 따른 화자의 상황 변화를 점검하면서 주제를 파악해야 해.

② 작품에 드러난 세시 풍속에 초점을 맞추어 민속학적 입장에서 접근하는 것도 의의가 있을 것 같아.

③ 궁중 의식에 사용되었다는 점이 노래의 내용과 형식에 어떤 변화를 주었는지 생각해 보는 건 어떨까?

④ 다른 속요들과 달리 월령체 형식을 지니고 있다는 점을 고려하여 다른 월령체 작품과 비교해서 감상하는 게 좋겠어.

⑤ 시상의 흐름이 일관되지 않고 화자의 정서가 각 연마다 다르다는 점을 염두에 두고 작품을 감상해야 할 것 같아.

유월(六月)ㅅ 보로매 아으 별해 ㅂ룐 빗 다호라
_{벼랑에}
도라보실 니믈 젹곰 좃니노이다
_{좇아가옵니다, 따르옵니다}
아으 동동(動動)다리 〈유월령〉

칠월(七月)ㅅ 보로매 아으 **백종(百種) 배(排)**ᄒ야 두고
_{'백중날'을 달리 이르는 말. 여기서는 백중날 차리는 온갖 음식을 말함} _{차려}
니믈 흔ᄃᆡ 녀가져 원(願)을 비ᅀᆞᆸ노이다
_{지내고자, 살아가고자} _{비옵니다}
아으 동동(動動)다리 〈칠월령〉

팔월(八月)ㅅ 보로ᄆᆞᆫ 아으 **가배(嘉俳)** 나리마른
_{한가위, 추석}
니믈 뫼셔 녀곤 오늘낤 가배(嘉俳)샷다
아으 동동(動動)다리 〈팔월령〉

구월(九月) 구 일(九日)애 아으 약(藥)이라 먹논
황화(黃花)고지 안해 드니 새셔 가만ᄒᆞ얘라
_{노란 국화꽃}
아으 동동(動動)다리 〈구월령〉

시월(十月)애 아으 져미연 ㅂ룻 다호라
_{저민, 잘게 썬 보리수나무}
것거 ㅂ리신 후(後)에 디니실 흔 부니 업스샷다
_{지니실}
아으 동동(動動)다리 〈시월령〉

십일월(十一月)ㅅ 봉당 자리예 아으 **한삼(汗衫)** 두퍼 누워
_{홑적삼} _{덮어}
슬ᄒᆞᆯ ᄉᆞ라온뎌 고우닐 스싀옴 녈셔
아으 동동(動動)다리 〈십일월령〉

십이월(十二月)ㅅ 분디남ᄀᆞ로 갓곤 아으 나ᅀᆞᆯ **반(盤)**잇 져 다
호라
_{분지나무, 산초나무} _{진상할, 차려 올릴}
니믜 알ᄑᆡ 드러 얼이노니 소니 가재다 므르ᅀᆞᆸ노이다
_{손님이}
아으 동동(動動)다리 〈십이월령〉

유월 보름에 아아 벼랑에 (❶　　　) 빗과 같구나.
돌아보실 임을 조금 따르겠습니다.

칠월 보름에 아아 여러 가지 제물을 벌여 놓고
임과 (❷　　　) 지내고자 소원을 비옵니다.

팔월 보름은 아아 한가위지만
임을 모시고 지내야만 오늘이 한가위구나.

구월 구 일에 아아 약이라고 먹는
노란 국화꽃이 안에 드니 초가집이 고요하구나.

시월에 아아 잘게 썬 보리수나무 같구나.
꺾어 버리신 후에 지니실 한 분이 없으시구나.

십일월 봉당 자리에 아아 홑적삼을 덮고 누우니
(❸　　　) 되살아나네. 고운 임 여의고 살아가는구나.

십이월 분지나무로 깎은 아아 차려 올릴 소반의 (❹　　　) 같구나.
임의 앞에 들어 가지런히 놓으니 손님이 가져다가 뭅니다.

---

07 다음은 고려가요의 특징에 관한 내용이다. 윗글을 바탕으로 할 때 ⓐ~ⓔ에 들어갈 말로 적절하지 <u>않은</u> 것은?

> 고려가요란 고려 시대에 평민들이 부르던 노래로 민요적 성격이 강한 서정 가요를 말한다. 이 노래들은 다양한 성격과 모습을 가지고 있지만 (ⓐ)이/가 존재한다는 공통점을 지닌다. 이는 '동동'의 (ⓑ), '청산별곡'의 '얄리얄리 얄라셩 얄라리 얄라'처럼 음악에 맞춰 흥을 돋우면서 한 편의 노래로서 형식적 (ⓒ)을/를 갖추기 위한 장치이다. 또한 작품 전체의 구성상 (ⓓ)(이)라는 특징을 지닌다. 이는 여러 덩어리로 나뉘어져 있다는 것인데, 이러한 구조는 연을 거듭하면서 얼마든지 길어질 수 있다. 제재로는 남녀 간의 애정에 관한 것이 많으며, '동동' 또한 임에 대한 변치 않는 사랑과 (ⓔ)을/를 노래하고 있다.

① ⓐ: 후렴구   ② ⓑ: 아으 동동다리
③ ⓒ: 다양성   ④ ⓓ: 분절체
⑤ ⓔ: 그리움

08 윗글을 이해한 내용으로 적절하지 <u>않은</u> 것은?

① 〈유월령〉과 〈칠월령〉은 임에 대한 화자의 변함없는 사랑을 보여 주고 있다는 점에서 공통점을 지닌다.
② 〈칠월령〉과 〈팔월령〉은 임과 함께 지내고자 하는 화자의 소망이 드러난다는 점에서 공통점을 지닌다.
③ 〈팔월령〉과 〈구월령〉은 임의 부재로 인한 화자의 쓸쓸함이 드러난다는 점에서 공통점을 지닌다.
④ 〈시월령〉과 〈십일월령〉은 외로운 화자의 처지가 드러난다는 점에서 공통점을 지닌다.
⑤ 〈십일월령〉과 〈십이월령〉은 임의 사랑을 얻기 위해 노력하는 화자의 모습이 그려지고 있다는 점에서 공통점을 지닌다.

09 윗글의 시어가 지닌 기능을 〈보기〉에서 골라 짝지은 것으로 가장 적절한 것은?

> ── 보기 ──
> ㄱ. 화자의 정서를 직접적으로 드러낸다.
> ㄴ. 시적 대상에 대한 화자의 사랑을 상징한다.
> ㄷ. 작품의 공간적 또는 시간적 배경을 나타낸다.

① ㄱ - 가배   ② ㄱ - 한삼   ③ ㄴ - 백종
④ ㄷ - 슬홀   ⑤ ㄷ - 반잇 져

10 기출 연계
윗글과 〈보기〉의 공통점으로 가장 적절한 것은?

> ── 보기 ──
> 임이 오마 하거늘 저녁밥을 일찍 지어 먹고
> 중문(中門) 나서 대문(大門) 나가 지방 위에 올라가 앉아 손을 이마에 대고 오는가 가는가 건넌산 바라보니 거머희뜩 서 있거늘 저것이 임이로구나. 버선을 벗어 품에 품고 신 벗어 손에 쥐고, 곰비임비 임비곰비 천방지방 지방천방 진 데 마른 데를 가리지 말고 워렁퉁탕 건너가서 정(情)엣말 하려 하고 곁눈으로 흘깃 보니 작년 칠월 사흗날 껍질 벗긴 주추리 삼대가 살뜰히도 날 속였구나.
> 모쳐라 밤이기에 망정이지 행여나 낮이런들 남 웃길 뻔하였어라
> ─ 작자 미상

① 화자의 낙천적 성격이 드러나 있다.
② 대상에 대한 애틋한 마음이 드러나 있다.
③ 자연과 어울리려 하는 화자의 모습이 담겨 있다.
④ 대상의 신분을 알 수 있는 소재가 제시되어 있다.
⑤ 임을 기다리는 화자의 행동이 과장적으로 묘사되어 있다.

11 기출 연계
윗글과 〈보기〉를 비교하여 감상한 내용으로 적절하지 <u>않은</u> 것은?

> ── 보기 ──
> 창(窓) 밖이 어른어른커늘 임만 여겨 펄떡 뛰어 뚝 나서 보니
> 임은 아니 오고 으스름 달빛에 열 구름 날 속였고나
> 맞초아 밤일세망정 행여 낮이런들 남 우일 뻔하여라
> ─ 작자 미상

① 윗글과 〈보기〉 모두 임에 대한 그리움을 드러내고 있다.
② 윗글과 〈보기〉 모두 시련 극복의 의지를 나타내고 있다.
③ 윗글과 〈보기〉 모두 화자의 바람이 좌절된 상황을 그리고 있다.
④ 〈보기〉는 윗글과 달리 화자의 행동을 의태어로 묘사하고 있다.
⑤ 〈보기〉는 윗글과 달리 화자의 처지를 해학적으로 표현하고 있다.

살어리 살어리랏다 청산(靑山)애 살어리랏다

멀위랑 ᄃᆞ래랑 먹고 청산(靑山)애 살어리랏다
머루와 달래

㉠얄리얄리 얄랑셩 얄라리 얄라

살겠노라, 살겠노라, 청산에서 살겠노라.

머루랑 다래랑 먹고 청산에서 살겠노라.

우러라 우러라 새여 자고 니러 우러라 새여
울어라, 우는구나   일어나다

ⓐ널라와 시름 한 나도 자고 니러 우니로라

얄리얄리 얄라셩 얄라리 얄라

우는구나, 우는구나, 새여, 자고 일어나 우는구나 새여.

너보다 근심이 많은 나도 자고 일어나 울며 지내노라.

가던 새 가던 새 본다 믈 아래 가던 새 본다

ⓑ잉 무든 장글란 가지고 믈 아래 가던 새 본다

얄리얄리 얄라셩 얄라리 얄라

가던 새 가던 새 본다. (❶   ) 아래로 가던 새 본다.

이끼 묻은 연장을 가지고 (❶   ) 아래로 가던 새 본다.

ⓒ이링공 뎌링공 ᄒᆞ야 나즈란 디내와숀뎌
이럭저럭   지내왔구나

오리도 가리도 업슨 바므란 ᄯᅩ 엇디 호리라

얄리얄리 얄라셩 얄라리 얄라

이럭저럭하여 낮은 지내 왔으나

올 사람도 갈 사람도 없는 밤은 또 어찌하리오.

어듸라 더디던 ㉤돌코 ⓓ누리라 마치던 돌코

믜리도 괴리도 업시 마자셔 우니노라

얄리얄리 얄라셩 얄라리 얄라

어디에 (❷   ) 돌인가? 누구를 맞히려던 돌인가?

미워할 사람도 사랑할 사람도 없이 (돌)에 맞아서 울고 있노라.

살어리 살어리랏다 바ᄅᆞ래 살어리랏다

ᄂᆞᄆᆞ자기 구조개랑 먹고 바ᄅᆞ래 살어리랏다

얄리얄리 얄라셩 얄라리 얄라

살겠노라, 살겠노라, 바다에서 살겠노라.

해초랑 굴이랑 조개를 먹고 바다에서 살겠노라.

가다가 가다가 드로라 에졍지 가다가 드로라
외딴 부엌   들었노라

사ᄉᆞ미 짒대예 올아셔 ᄒᆡ금(奚琴)을 혀거를 드로라
사슴이

얄리얄리 얄라셩 얄라리 얄라

가다가 가다가 듣노라. 외딴 부엌을 지나가다가 듣노라.

사슴이 장대에 올라가서 (❸   ) 켜는 것을 듣노라.

가다니 빅브른 도긔 ㉠설진 강수를 비조라
배부른 독에   독한 술

ⓔ조롱곳 누로기 ᄆᆡ와 잡ᄉᆞ와니 내 엇디 ᄒᆞ리잇고
조롱박꽃 모양의 누룩이   매운 향기로 (나를) 붙잡으니

얄리얄리 얄라셩 얄라리 얄라

가더니 배가 불룩한 독에 독한 술을 빚는구나.

조롱박꽃 같은 누룩이 매워 나를 붙잡으니 나인들 어찌하리오.

문해력 UP 감상 패턴

① 화자

화자의 상황 및 태도

고려 시대 평민

- 삶의 터전을 잃고 떠돌아다니는 유랑민
- 삶의 고뇌에 좌절하는 지식인
- 임을 잃은 슬픔에 괴로운 사람

이상향에 대한 동경

- 청산, 바다: 현실 도피처, 자연에 대한 동경, 지향하는 공간

체념적 태도

- '내 엇디 ᄒᆞ리잇고': 현실의 문제를 수용할 수밖에 없음.

② 표현

후렴구

- 흥을 돋우고 리듬감 형성
- 'ㄹ, ㅇ'의 반복으로 경쾌한 느낌
  → 내용과 상반되는 분위기 형성
- 구조적 통일성과 안정감 획득
- 각 연을 분절하는 효과

③ 내신&수능 기출 point

'청산'과 '바다'의 의미

- 화자가 현재 머무는 공간: 원래 머물렀던 곳을 떠나 새로운 삶의 터전을 찾음. 적극적으로 현실에 대처하는 상황
- 화자가 현재 머물고 있지 않는 공간: 현실 도피로 속세를 벗어나 이상향을 소망하는 상황

작품 정리

주제 삶의 터전을 잃은 유랑민의 비애

특징 ① 대구법, 상징법, 감정 이입법, 등을 활용함.

② 5, 6연의 순서가 뒤바뀐 것으로 보기도 함.('청산 노래'(1~4연)와 '바다 노래'(5~6연)가 대칭하는 구조)

성격 상징적, 비애적, 체념적

현풀 정답 ❶ 물 ❷ 던지던 ❸ 해금을

01 윗글에 대한 설명으로 적절하지 않은 것은?

① A-A-B-A의 구조를 통해 운율감을 형성하고 있다.
② 각 연마다 핵심적인 중심 소재가 유기적으로 연결되어 있다.
③ 후렴구의 리듬감은 화자의 지배적 정서와 상반되고 있다.
④ 상징적 시어를 활용하여 시의 의미를 효과적으로 전달하고 있다.
⑤ 통사 구조의 반복으로 전후반 내용이 대칭적 구조를 취하고 있다.

02 〈보기〉를 읽고 ㉠에 대해 이해한 내용으로 가장 적절한 것은?

─ 보기 ─

고려 말에는 몽고의 횡포, 왜구의 잦은 침입, 고려 척신들의 토지 침탈 등 내우외환(內憂外患)이 가중되었다. 민중들은 이러한 괴로운 현실에서 벗어나길 소망했지만 이루어지기 힘든 상황이었다. 결국 이러한 민중들의 삶의 모습이 현실 도피적이거나 체념적 정서로 작품에 나타났다.

① 무신 정권의 호연지기를 표출하는 방법이다.
② 퇴폐적 권력층의 행태를 비판하고자 하는 의도이다.
③ 민중들의 현실적 괴로움과 시름을 덜기 위한 수단이다.
④ 피폐한 민중들의 모습을 역설적으로 보여 주는 행위이다.
⑤ 자연의 아름다움에 취하고 싶어 하는 소망을 드러낸 것이다.

03 ⓐ~ⓔ의 의미로 가장 적절한 것은?

① ⓐ: 가볍게 날아서
② ⓑ: 물 먹어 무거운
③ ⓒ: 이럭저럭
④ ⓓ: 누구에게나 좋은
⑤ ⓔ: 조롱꽃으로 누룩을 빚어

04 기출 연계
㉠의 기능에 대한 설명으로 가장 적절한 것은?

① 화자의 정서를 집약적으로 드러낸다.
② 음악적 효과로 시적 의미를 전환하여 확장한다.
③ 반복을 바탕으로 시 전체가 통일감을 갖도록 한다.
④ 시상을 매듭지으며 각 단계의 의미에 긴밀히 대응한다.
⑤ 연과 연의 관계를 분명히 해 시상을 자연스럽게 연결한다.

05 기출 연계
㉣와 〈보기〉의 ㉤에 대한 설명으로 가장 적절한 것은?

─ 보기 ─

꽃은 무슨 일로 피면서 쉬이 지고
풀은 어이하여 푸르는 듯 누르나니
아마도 변치 않는 건 ㉤바위뿐인가 하노라 〈제3수〉

─ 윤선도, '오우가'

① ㉣, ㉤ 모두 자아 성찰의 매개체이다.
② ㉣, ㉤ 모두 감정이 이입된 소재이다.
③ ㉣는 설움을, ㉤는 흠모의 감정을 유발한다.
④ ㉣는 수용해야 할, ㉤는 극복해야 할 대상이다.
⑤ ㉣는 초월적 힘을, ㉤는 세속적 권력을 상징한다.

06 기출 연계
윗글의 시어를 참고하여 시조 짓기를 한다고 할 때, 〈조건〉을 가장 잘 반영하고 있는 것은?

─ 조건 ─

• 윗글의 주제를 살리되, 화자의 체념적 태도를 드러낼 것
• 감각적 이미지를 드러낼 것

① 청산에 날아드는 새들을 바라보니 / 두고 온 고향 생각 눈물이 절로 나네 / 언제쯤 고향 산천을 다시 밟아 볼까
② 이끼 낀 쟁기를 어깨에 둘러메고 / 석양이 질 때까지 논밭을 갈고 있네 / 자연의 한가로운 삶 부러울 것 없노라
③ 청산에 살겠노라 바다에 살겠노라 / 산나물 캐어 먹고 굴 조개 잡으면서 / 내 꿈을 펼칠 수 있는 새 세계를 찾으리
④ 이럭저럭 한낮은 보낼 수 있겠는데 / 떠난 임 생각에 밤은 어찌 지내는가 / 임 생각에 눈물짓는 나 새조차 따라 우네
⑤ 조롱꽃 누룩 냄새 매웁기가 그지없어 / 시름 많은 날 잡으니 아니 먹고 어찌하랴 / 청산을 찾던 나그네 꿈을 접어 버리네

11 정석가 (鄭石歌)_작자 미상

평가원모평 | 문학교과서

Ⓐ딩아 돌하 당금(當今)에 계샹이다

딩아 돌하 당금(當今)에 계샹이다

션왕셩딕(先王聖代)예 노니ᄋ와지이다

Ⓑ삭삭기 셰몰애 별헤 나ᄂ

삭삭기 셰몰애 별헤 나ᄂ

구은 밤 닷 되를 심고이다
구운 밤   심습니다

Ⓒ그 바미 우미 도다 삭나거시아
         싹이 나야만

그 바미 우미 도다 삭나거시아

유덕(有德)ᄒ신 님믈 여히ᄋ와지이다

옥(玉)으로 련(蓮)ㅅ고즐 사교이다

옥(玉)으로 련(蓮)ㅅ고즐 사교이다

바회 우희 졉듀(接柱)ᄒ요이다
바위 위에

Ⓓ그 고지 삼동(三同)이 퓌거시아
   그 꽃이   피어야만

그 고지 삼동(三同)이 퓌거시아

유덕(有德)ᄒ신 님 여히ᄋ와지이다

므쇠로 텰릭을 몰아 나ᄂ
        철릭. 옛 무관의 공복(公服) 이름

므쇠로 텰릭을 몰아 나ᄂ

텰ᄉ(鐵絲)로 주롬 바고이다
철사   주름

Ⓔ그 오시 다 헐어시아 / 그 오시 다 헐어시아
   옷이   헐어야(만)

유덕(有德)ᄒ신 님 여히ᄋ와지이다

므쇠로 한 쇼를 디여다가 / 므쇠로 한 쇼를 디여다가
           황소, 큰 소

텰슈산(鐵樹山)애 노호이다
             놓습니다

Ⓕ그 쇠 텰초(鐵草)를 머거아 / 그 쇠 텰초(鐵草)를 머거아
          철로 된 풀

유덕(有德)ᄒ신 님 여히ᄋ와지이다

구스리 ⓐ바회예 ⓑ디신ᄃᆯ / 구스리 바회예 디신ᄃᆯ
구슬이

ⓒ긴힛ᄃᆞᆫ 그츠리잇가 / ⓓ즈믄 ᄒᆡ를 외오곰 녀신ᄃᆯ
                               홀로, 외로이

ⓔ즈믄 ᄒᆡ를 외오곰 녀신ᄃᆯ / 신(信)ᄃᆞᆫ 그츠리잇가

징이여 돌이여 (임금님이) 지금에 계십니다.
징이여 돌이여 (임금님이) 지금에 계십니다.
태평성대에 노닐고 싶습니다.

바삭바삭 소리가 나는 (❶   )로 된 벼랑에
바삭바삭 소리가 나는 (❶   )로 된 벼랑에
구운 밤 다섯 되를 심습니다.

그 밤이 움이 돋아 싹이 나야만

그 밤이 움이 돋아 싹이 나야만

덕망이 높으신 우리 임과 이별하고 싶습니다.

옥으로 연꽃을 새깁니다.

옥으로 연꽃을 새깁니다.

(그것을) 바위 위에 접붙입니다.

그 꽃이 (❷   )이 피어야만

그 꽃이 (❷   )이 피어야만

덕망이 높으신 우리 임과 이별하고 싶습니다.

(❸   )로 철릭을 재단하여

(❸   )로 철릭을 재단하여

철사로 주름을 박습니다.

그 옷이 다 헐어야만
그 옷이 다 헐어야만
덕망이 높으신 우리 임과 이별하고 싶습니다.

무쇠로 큰 소를 만들어서
무쇠로 큰 소를 만들어서
철로 된 나무가 있는 산에 갖다 놓습니다.
그 소가 철로 된 풀을 먹어야만
그 소가 철로 된 풀을 먹어야만
덕망이 높으신 우리 임과 이별하고 싶습니다.

구슬이 바위에 떨어진들
구슬이 바위에 떨어진들
(❹   ) 끊어지겠습니까?
천 년을 외로이 살아간다 하더라도
천 년을 외로이 살아간다 하더라도
믿음이야 끊어지겠습니까?

문해력 UP 감상 패턴

1 화자
화자의 태도

송축적 태도(1연)
태평성대를 송축함.

영원한 사랑 기원(2~5연)
불가능한 상황을 설정해 놓고 그러한 상황이 실현되었을 때 임과 이별하겠다는 것은, 절대로 임과 헤어질 수 없다는 간절한 소망의 반어적 표현임.

임에 대한 믿음 다짐(6연)
임에 대한 믿음을 비유적 표현으로 강조함.('서경별곡'의 2연과 유사)

2 표현
'정석'이라는 제목의 의미(추측)
- '징'과 '돌'은 악기의 이름으로, '정석'은 그 악기를 의인화한 것
- 악기에서 나오는 소리 '딩'·'동' 소리를 구음으로 나타낸 것

3 내신&수능 기출 point
불가능한 상황 설정
임과의 사랑이 영원하기를 바라는 심정을 불가능한 상황을 설정하고 반어적으로 표현함.

작품 정리

주제 ① 임(임금)에 대한 영원한 사랑
② 태평성대의 기원
특징 ① 한 연에 두 번씩 되풀이되는 2구를 통해 감정을 강조함.
② 불가능한 상황의 설정을 통해 영원한 사랑을 노래함.
성격 서정적, 민요적

현풀 정답 ❶ 모래 ❷ 세 묶음 ❸ 무쇠 ❹ 끈이야

01 윗글을 고려가요로 추정할 수 있는 결정적인 근거로 볼 수 없는 것은?

① 후렴구를 사용한다.
② 3음보 율격을 지닌다.
③ 6연의 분절체 형식이다.
④ 임과의 변함없는 사랑을 노래한다.
⑤ 동일한 구절이 다른 고려가요에도 나타난다.

02 〈보기〉의 밑줄 친 설명과 관련이 있는 부분으로 가장 적절한 것은?

─ 보기 ─

속요(고려가요)는 장가의 형식으로 평민들 사이에 구전되어 오다가, 조선 시대에 들어와서 한글이 창제된 후, 성종 때에 '악학궤범(樂學軌範)', '악장가사(樂章歌詞)', '시용향악보(時用鄕樂譜)' 등에 실리게 된다. 대부분 평민들이 향유하던 것이었기에 작가도 알려져 있지 않은데, 궁중악으로 편입되면서 개작되어 국가의 안녕을 도모하고 위엄을 높이기 위해 송축적 내용이 추가되기도 한 것으로 보인다.

① 1연　　② 2연　　③ 4연　　④ 5연　　⑤ 6연

03 〈보기〉의 ㉠~㉣ 중, 윗글에 대한 설명으로 적절한 것끼리 묶인 것은?

─ 보기 ─

㉠ 상황을 가정하여 화자의 의지를 강조하고 있다.
㉡ 감각의 전이를 통해 시상을 보다 효과적으로 전개하고 있다.
㉢ 동일한 시행을 반복 사용하여 시적 운율감을 형성하고 있다.
㉣ 다양한 자연물에 감정을 이입하여 전달 효과를 높이고 있다.

① ㉠, ㉡　　　② ㉠, ㉢　　　③ ㉡, ㉢
④ ㉡, ㉣　　　⑤ ㉢, ㉣

04 기출 연계
Ⓐ~Ⓕ 중, 〈보기〉의 발상과 유사한 것을 모두 고른 것은?

─ 보기 ─

나무를 깎아 작은 닭 한 마리 만들어
젓가락으로 집어다가 벽 위에 앉혀 놓았네
이 닭이 꼬끼오 꼬끼오 시간을 알리면
어머님 얼굴이 그제서야 서산에 지는 해처럼 되리

– 문충, '오관산'

① Ⓐ, Ⓑ　　　　　　② Ⓑ, Ⓒ, Ⓓ
③ Ⓐ, Ⓑ, Ⓒ, Ⓓ　　　④ Ⓒ, Ⓓ, Ⓔ, Ⓕ
⑤ Ⓑ, Ⓒ, Ⓓ, Ⓔ, Ⓕ

05 기출 연계
ⓐ~ⓔ 중, 〈보기〉 ㉮의 의미와 가장 가까운 것은?

─ 보기 ─

궁중 연회에서 사랑 노래가 많이 불린 것은 사랑 노래가 잔치 분위기와 어울리면서도 남녀 간의 사랑을 ㉮군신 간의 충의로 의미를 확장할 수 있었기 때문이다. 민간에서 널리 불린 '정석가'가 궁중 연회의 노래로 정착된 것도 이런 맥락이다.

① ⓐ　　② ⓑ　　③ ⓒ　　④ ⓓ　　⑤ ⓔ

06 기출 연계
〈보기〉를 참고하여 윗글을 감상한 내용으로 적절하지 않은 것은?

─ 보기 ─

'정석가'는 서사 – 본사 – 결사의 구조로 이루어져 있다. 서사에서는 나라의 안녕을 기원하고 있고, 본사에서는 화자의 마음을 반어적으로 드러내고 있는데, 동일한 발상의 기법을 쓰면서도 생성과 소멸의 시어들을 대칭적으로 사용하고 있다. 결사에서는 상징적 시어를 통해 대상과의 인연을 강조하고 있다.

① 1연의 '션왕셩디예 노니ᄋᆞ와지이다'는 나라의 안녕과 태평성대를 기원하는 내용과 관련이 있다.
② 2~5연의 '유덕ᄒᆞ신 님 여히ᄋᆞ와지이다'는 임과의 이별을 받아들이는 화자의 마음을 반어적으로 표현하고 있다.
③ 2~5연은 모두 현실에서 일어날 수 없는 불가능한 상황을 가정하고 있다는 점에서 발상의 기법이 동일하다.
④ 2, 3연의 '삭나거시아', '퓌거시아'와 4, 5연의 '헐어시아', '머거아'는 생성과 소멸의 대칭 관계를 이룬다.
⑤ 6연의 '긴'이라는 시어를 통해 대상과의 인연이 영원할 것임을 강조하고 있다.

조선
전기

1392년
조선 건국

1443년
훈민정음 창제

1453년
계유정난
(단종 폐위)

1592년
임진왜란

조선
후기

1636년
병자호란

시조

개념 고려 중엽에 발생하여 고려 말엽에 완성된 정형시로 현대까지 이어진 민족 문학 갈래이다. '단가(短歌)', '신조(新調)', '가요(歌謠)' 등으로 불려오다가, 조선 영조 때 가객 이세춘에 의해 '시절가조(時節歌調)', 즉 '시조(時調)'라고 불리게 되었다. 처음에는 신흥 사대부들이 유교적 이념을 표출하기 위한 목적으로 창작하여 향유하다가 점차 향유층이 확대되어 국민 문학으로 승화되었다.

특징 ① 3장 6구 45자 내외가 일반적인 평시조의 형식이며 각 장은 3·4조 또는 4·4조의 음수율, 4음보가 기본이며 1, 2음절의 가감이 가능하다.
② 종장의 첫 음보는 3음절로 고정되어 있는 형식적 제약이 있다.

종류 ① 평시조: 3장 6구 45자 내외의 글자로 구성된 정형시이다. 평시조가 한 수로 되어 있으면 '단형시조'라고 하고, 2수 이상이 모여 한 작품을 이루면 '연시조'라고 한다.
② 엇시조: 평시조의 형식에서 종장의 첫 구절을 제외하고 어느 한 구절이 평시조보다 길어지는 형태이다.
③ 사설시조: 평시조의 형식에서 두 구절 이상이 길어지는 형태이다. 엇시조와 마찬가지로 길어지는 구절의 글자 수는 10자 이상이다.

의의 우리나라 고유의 정형시 형태이며, 현대 시조로 계승되었다.

고전시가 필수 어휘 ❷

21 됴다 》 좋다
예 일이 됴흔 세계(世界) 눔대되 다 뵈고져(이리 좋은 세상 남에게 다 보이고 싶구나.) – 관동별곡

22 두견화 》 진달래
예 송간 세로(松間細路)에 두견화(杜鵑花)룰 부치 들고(소나무 사이 난 좁은 길에 진달래꽃을 붙들고) – 상춘곡

23 민양 》 매양, 매 때마다
예 흔 소틔 밥 먹으며 민양의 회회(恢恢)ᄒ랴(한 솥에 밥 먹으며 매양 다투기만 하면 되겠느냐?) – 고공가

24 머흘다 》 험하다
예 세사(世事)는 구름이라 머흘도 머흘시고(세상일은 구름과 같아서 험하기도 험하구나.) – 성산별곡

25 모쳐라 》 마침
예 모쳐라 놀낸 낼식만정 에헐질 번 ᄒ과라(마침 날랜 나이기에 망정이지 다쳐서 멍이 들 뻔하였구나.) – 작자 미상의 시조

26 모쳠 》 초가집 처마
예 모쳠(茅簷) 비쵠 ᄒ룰 옥누(玉樓)의 올리고져(초가집 처마에 비친 햇볕을 임 계신 궁궐에 올리고 싶다.) – 사미인곡

27 무슴, 므스 》 무슨
예 여름날 길고 길 제 구진비는 므스 일고(여름날 길고 긴 때 굳은비는 무슨 일이고) – 규원가

28 ᄆᆞ올, ᄆᆞ올 》 마을
예 물ᄀᆞᆫ ᄀᆞ룹 흔 고비 ᄆᆞᄋᆞᆯ홀 아니 흐르느니(맑은 강 한 굽이가 마을을 안아 흐르니) – 강촌

29 바롤 》 바다
예 살어리 살어리랏다 바ᄅᆞ래 살어리랏다(살겠노라 살겠노라. 바다에서 살겠노라.) – 청산별곡

30 백구(白鷗), 빅구 》 갈매기
예 어와 져 백구(白鷗)야 므슴 슈고 ᄒᆞ느슨다(어와 저 갈매기야 무슨 수고 하느냐?) – 율리유곡

시조 복합

12 동지ㅅ돌 기나긴 밤을~ 외

가 동지(冬至)ㅅ돌 기나긴 밤을 한 허리를 버혀 내여

춘풍(春風) 니불 아릭 서리서리 너헛다가
봄바람처럼 따뜻한 이불   뱀 따위가 몸을 똬리처럼 둥그렇게 감고 있는 모양

어론 님 오신 날 밤이여든 구뷔구뷔 펴리라
여러 굽이로 구부러지는 모양

– 황진이

동짓달 기나긴 밤의 한가운데를 베어 내어
봄바람처럼 따뜻한 이불 아래에 서리서리 넣어 두었다가
(❶   )이 오시는 날 밤이면 굽이굽이 펴리라.

나 묏버들 갈히 것거 보내노라 님의손딕

자시는 창(窓) 밧긔 심거 두고 보쇼셔

밤비예 새닙곳 나거든 날인가도 너기쇼셔

– 홍랑

묏버들 가려 꺾어 보내노라 임에게
주무시는 (❷   ) 심어 두고 보소서.
밤비에 새잎이 나거든 나인가 여기소서.

다 어져 내 일이야 그릴 줄을 모로ᄃ냐

이시라 ᄒ더면 가랴마ᄂ 제 구틱야

보내고 그리ᄂ 정(情)은 나도 몰라 ᄒ노라

– 황진이

아! 내가 한 일이(후회스럽구나.) 이렇게도 (❸   ) 줄을 몰랐더냐? 있으라 했더라면 떠나려 했겠느냐마는 제 굳이
보내고 그리워하는 마음은 나도 모르겠구나.

작품 정리

가 동지ㅅ돌 기나긴 밤을
주제 임을 기다리는 간절한 그리움
특징 ① 추상적 개념을 구체적 사물로 표현함. ② 우리말의 묘미를 잘 살림.
성격 감상적, 낭만적, 연정가

나 묏버들 갈히 것거
주제 임에게 보내는 사랑
특징 청순가련하고 섬세한 여인의 이미지가 두드러짐.
성격 애상적, 여성적, 연정가

다 어져 내 일이야
주제 이별의 정한과 그리움
특징 도치법과 행간 걸침의 수법을 통해 화자의 정서를 드러냄.
성격 감상적, 애상적, 여성적, 연정가

문해력 UP 감상 패턴

① 화자

화자가 처한 상황
(가) 사랑하는 임과 헤어져 임을 그리워함.
(나) 사랑하는 임을 멀리 떠나 보냄.
(다) 떠난 임을 그리워하며 붙잡지 않은 것을 후회함.

② 표현

(가) 대조적 표현과 음성 상징어

서리서리 너헛다가	↔	구뷔구뷔 펴리라

→ 임과 함께하고픈 화자의 정서를 강조하고 우리말 의태어를 절묘하게 구사함.

(나) 자연물의 활용
'묏버들'
→ 화자의 분신으로 활용함.

(다) '제 구틱야'의 중의적 해석

도치법	제 구틱야 가랴마ᄂ → 주체가 '임'이 됨.
행간 걸침	가랴마ᄂ / 제 구틱야 보내고 → 주체가 '나'가 됨.

③ 내신&수능 기출 point

(가) 추상적 개념의 구체화

추상적 개념	→	구체화

밤 (시간)	→	버혀 내여 너헛다가 펴리라

(나) '묏버들'의 기능

화자	→	묏버들	→	임

‖
• 화자의 심경을 말해 주는 대상
• 임을 그리워하는 화자의 분신

(다) 감탄사의 사용
'어져'
→ 떠나는 임을 붙잡지 않은 것에 대한 후회의 감정을 함축적으로 드러냄.

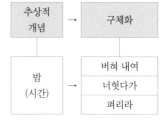
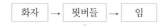

현품 정답 ❶ 정든 임 ❷ 창문 밖에 ❸ 그리워할

01 (가)~(다)에 대한 설명으로 적절하지 않은 것은?

① (가): 음성 상징어를 활용하여 우리말의 묘미를 살리고 있다.

② (나): 특정 어미를 반복하여 화자의 간절함을 표현하고 있다.

③ (나): 자연물을 활용하여 대상에 대한 화자의 정성을 드러내고 있다.

④ (다): 명령형 어조를 활용하여 대상의 행동 변화를 촉구하고 있다.

⑤ (다): 감탄사를 활용하여 자신의 행위에 대한 후회의 정서를 나타내고 있다.

02 (가)와 〈보기〉에서 공통적으로 활용된 발상 및 표현 방법으로 가장 적절한 것은?

─ 보기 ─

전원(田園)에 나믄 흥(興)을 전나귀에 모도 싯고
계산(溪山) 니근 길로 흥치며 도라와서
아희 금서(琴書)를 다스려라 나믄 희를 보내리라
                                    - 김천택

① 생략을 통해 여운을 형성하고 있다.

② 시적 의미를 점층적으로 확대하고 있다.

③ 연쇄의 기법으로 앞뒤의 의미를 연결하고 있다.

④ 추상적 개념을 구체적 사물로 형상화하고 있다.

⑤ 화자의 감정을 사물에 이입하여 표현하고 있다.

03 〈보기〉의 ⓐ~ⓔ 중, (나)의 '묏버들'과 유사한 의미를 갖는 시어는?

─ 보기 ─

ⓐ동풍이 건듯 불어 적설을 헤쳐 내니
창밖에 심은 매화 두세 가지 피었어라
가뜩 냉담한데 ⓑ암향(暗香)은 무슨 일고
황혼에 ⓒ달이 좇아 베개 맡에 비치니
흐느끼는 듯 반기는 듯 임이신가 아니신가
저 ⓓ매화 꺾어 내어 임 계신 데 보내고져
ⓔ임이 너를 보고 어떻다 여기실고
                              - 정철, '사미인곡'

① ⓐ   ② ⓑ   ③ ⓒ   ④ ⓓ   ⑤ ⓔ

04 기출 연계
(가)~(다)의 공통점으로 가장 적절한 것은?

① 부정적인 현실을 비판하고 있다.

② 세속적인 삶과 거리를 두고 있다.

③ 임에 대한 그리움의 정서를 담고 있다.

④ 이별로 인한 삶의 무상감이 나타나고 있다.

⑤ 힘든 상황을 낙천적인 자세로 극복하고 있다.

05 기출 연계
(가), (다)에 대해 이해한 내용으로 적절하지 않은 것은?

① (가)의 '동지ㅅ돌 기나긴 밤'은 긴 밤을 베어 내어 임이 오신 날에 이어 붙이는 행위를 통해 임과 함께 있는 시간을 연장하고 싶은 화자의 심정을 담아내고 있다.

② (가)의 '춘풍 니불 아릐 서리서리 너헛다가'는 임에 대한 연정을 임에게 들키고 싶지 않은 화자의 자존심을 드러내고 있다.

③ (다)의 '어져 내 일이야 그릴 줄을 모로두냐'는 영탄과 의문형 표현을 활용하여 화자의 복잡한 심경을 드러내고 있다.

④ (다)의 '제 구퇴야'는 행농의 수체를 숭의적으로 표현하여 화자의 회한을 나타내고 있다.

⑤ (다)의 '보내고 그리는 정'은 화자의 행위와 심리를 대비시켜 임을 그리워하는 화자의 모습을 드러내고 있다.

06 기출 연계
(나)의 시어 가운데 〈보기〉의 밑줄 친 말과 대응할 수 있는 것은?

─ 보기 ─

안녕, 친구야.

네가 전학 간 지도 일 년이 지났구나. 그곳에서 좋은 친구들 만나 잘 지내는지 모르겠다. 너와 함께했던 시간들이 내 기억 속에 오롯이 남아 있단다. 보고 싶구나, 친구야. 내 마음을 편지와 함께 이 테이프에 담아 보낸다. 테이프에 녹음한 노래를 들으면서 나를 떠올릴 수 있도록 말이지. 다가오는 겨울 방학에는 너를 만나러 갈 계획이다. 너를 다시 만날 날이 무척 기다려지는구나.

① 묏버들   ② 님   ③ 창(窓)   ④ 밧긔   ⑤ 밤비

문학교과서

가 수양산(首陽山) ᄇ라보며 **이제(夷齊)**를 한(恨)ᄒ노라

　　주려 주글진들 **채미(採薇)**도 ᄒᄂ 것가

　　비록애 ㉠**푸새**엣 거신들 긔 뉘 ᄯᅡ헤 낫ᄃ니

　　　　　　　　　　　　　　　　　– 성삼문

> 수양산 바라보면서 백이와 숙제를 한
> 탄하노라.
> 차라리 굶주려 죽을지언정 고사리를
> 뜯어 먹어서야 되겠는가?
> 비록 산에 자라는 풀이라 하더라도 그
> 것이 누구의 땅에서 났는가?

국어교과서

나 이 몸이 **주거 가셔** 무어시 될꼬 하니

　　㉡**봉래산(蓬萊山)** 제일봉(第一峯)에 **낙락장송(落落長松)**

되야 이셔

　　㉢**백설(白雪)**이 만건곤(滿乾坤)ᄒᆯ 제 **독야청청(獨也青**
青)ᄒ리라

　　　　　　　　　　　　　　　　　– 성삼문

> 이 몸이 (❶　　　　) 무엇이 될 것인
> 가 생각해 보니
> 봉래산 제일 높은 봉우리에 낙락장송
> 이 되었다가
>
> 흰 눈이 온 세상을 뒤덮을 때 홀로 푸
> 르리라.

국어교과서

다 ㉣**눈** 마ᄌ **휘여진** ㉤**디**를 뉘라셔 굽다턴고

　　구블 **절(節)**이면 눈 속에 프를소냐

　　아마도 세한 고절(歲寒孤節)은 **너ᄲᅮᆫ**인가 ᄒ노라
　　　　　　한겨울 추위도 이겨 내는 높은 절개

　　　　　　　　　　　　　　　　　– 원천석

> 눈을 맞아 휘어진 (❷　　　　)를 누
> 가 굽었다고 하던가.
> 굽힐 (❸　　　　)라면 눈 속에서도
> 어찌 푸르겠는가.
> 아마도 한겨울의 추위를 이겨 내는 절
> 개를 가진 것은 너뿐인가 하노라.

작품 정리

가 수양산 ᄇ라보며
주제 죽음을 각오한 굳은 지조와 절개
특징 ① 중의법, 설의법을 이용하여 일반적 상식을 뒤집어 표현함.
　　　② 백이와 숙제의 고사를 활용하여 화자의 절개를 부각시킴.
성격 지사적, 풍자적, 비판적

나 이 몸이 주거 가셔
주제 죽어서도 변할 수 없는 굳은 절개
특징 비유와 상징을 통해 주제를 부각함.
성격 의지적, 지사적, 절의적

다 눈 마ᄌ 휘여진
주제 고려 왕조에 대한 굳은 지조
특징 비유와 상징, 설의법, 의인법을 사용하여 굳은 의지를 나타냄.
성격 절의적, 의지적

문해력 UP 감상 패턴

① 화자

화자의 태도
(가) 절개를 지키지 못하는 이들을 비
　　판함.
(나) 소나무의 이미지를 활용하여 단
　　종에 대한 지조를 드러냄.
(다) 대나무의 이미지를 활용하여 고
　　려 왕조에 대한 지조를 드러냄.

② 표현

(가) 설의적 표현
'주려 주글진들 채미도 ᄒᄂ 것가'
→ '이제'에 대한 비판을 드러내며 화
　자의 지조를 부각함.

우의적 표현
(나) '낙락장송'
→ 전통적으로 충절을 상징하는 '소나
　무'의 이미지를 통해 수양 대군의
　왕위 찬탈을 부정하는 화자의 신
　념을 우의적으로 표현함.

(다) '디'
→ 지조와 절개를 상징하는 '대나무'
　의 이미지를 통해 고려 왕조에 대
　한 충절을 우의적으로 표현함.

③ 내신&수능 기출 point

(가) 시어의 중의적 의미

수양산	① 백이와 숙제가 숨어 살 던 산 ② 수양 대군
채미	① 고사리를 캠. ② 수양 대군이 주는 녹을 받음.

(나) 시어의 상징적 의미

백설	왕위를 찬탈한 수양 대군 일파
	↕
낙락장송	충신의 지조와 절개

(다) 시어의 상징적 의미

눈	새 왕조에 협력하기를 강 요하는 무리(이성계 일 파)의 압력
디	고려에 대한 절의를 지키 는 충신(화자)

현풀 정답 ❶ 죽어 가서 ❷ 대나무 ❸ 절개

01 (가)~(다)의 공통점으로 가장 적절한 것은?

① 우의적 표현을 통해 주제를 형상화하고 있다.
② 대상에 인격을 부여하여 시상을 전개하고 있다.
③ 설의법을 활용하여 화자의 정서를 드러내고 있다.
④ 공감각적 이미지를 통해 시적 분위기를 형성하고 있다.
⑤ 역설적 표현을 통해 화자의 극복 의지를 부각하고 있다.

02 〈보기〉를 참고하여 (가), (나)를 감상한 내용으로 적절하지 않은 것은?

─ 보기 ─

1453년 계유정난을 일으켜 정권을 잡은 수양 대군(훗날 세조)은 어린 조카인 단종을 위협하여 왕위를 찬탈한다. 당시 조정의 대신 대다수는 수양 대군의 권력에 무릎을 꿇었으나 성삼문은 단종 복위 운동을 계획하다 실패한다. 수양 대군은 성삼문을 회유하려 했으나 그는 끝까지 저항하다 죽음을 맞는다.

① (가)의 '수양산'은 수양 대군을 상징한다고 볼 수 있겠군.
② (가)의 '채미'는 수양 대군에 무릎 꿇고 그가 주는 녹을 받는 행위를 의미하겠군.
③ (나)의 '주거 가셔'는 충의를 지키기 위해 죽음을 각오한 화자의 굳은 의지를 표현한 것이군.
④ (나)의 '낙락장송'은 단종에 대한 충의를 지키는 화자의 태도를 상징하겠군.
⑤ (나)의 '독야청청'은 홀로 충절을 지키는 상황에 놓인 화자의 외로움을 표출한 것이군.

03 ㉠~㉤ 중, 〈보기〉의 밑줄 친 '솔'의 의미와 가장 유사한 것은?

─ 보기 ─

더우면 꽃 피고 추우면 잎 지거늘
솔아 너는 어찌 눈서리를 모르느냐
구천(九泉)에 뿌리 곧은 줄을 글로 하여 아노라 〈제4수〉
　　　　　　　　　　　　　　　　　　　　　– 윤선도, '오우가'

① ㉠　　② ㉡　　③ ㉢　　④ ㉣　　⑤ ㉤

04 기출 연계
〈보기〉를 바탕으로 (가)를 이해한 내용으로 적절하지 않은 것은?

─ 보기 ─

백이(伯夷)와 숙제(叔齊)는 은나라의 제후국 고죽국(孤竹國)의 두 왕자였는데 선왕 사망 후 서로 후계자가 되기를 거부하다 나라를 떠난다. 이후 주나라 무왕은 선왕의 상중임에도 불구하고 은나라를 침공, 멸망시킨다. 이에 이제는 "아버지의 상중에 전쟁을 일으키는 것은 효가 아니며, 신하가 주군을 주살하는 것은 인이 아니다."라며 주나라의 곡식을 거부하고 수양산에 들어가 고사리만을 먹고 살다가 굶어 죽는다.

① '수양산'은 '이제'가 지조를 지키기 위해 선택한 공간이군.
② 화자는 산에 숨어 버린 '이제'의 소극적인 태도를 비판하고 있군.
③ 화자는 자신과 '이제'의 비교를 통해 자신의 충절을 강조하고 있군.
④ 화자는 '주려 주글진들' 지조를 지키는 것을 더 중요하게 생각하고 있군.
⑤ 화자는 '푸새'도 주나라에서 난 것임을 지적하고 있군.

05 기출 연계
〈보기〉를 참고하여 (다)를 감상한 내용으로 적절하지 않은 것은?

─ 보기 ─

(다)의 작가 원천석은 고려 말의 학자이자 문인이다. 이성계가 새로운 왕조를 세우려 하자, 고려의 신하들은 그에게 협력하는 사람과 격렬하게 저항하는 사람으로 나뉘었다. 이 상황에서 작가는 새 왕조에 반대하여 치악산에 은거했다. 조선 건국 후 태종이 즉위해 여러 차례 벼슬을 내리며 그를 불렀으나 끝내 응하지 않았다. (다)는 이런 상황을 반영하고 있다.

① 초장의 '눈'은 새로운 왕조에 협력을 강요하는 세력을 의미한다고 볼 수 있겠군.
② 초장의 '휘여진'은 이성계 세력에 강력하게 맞서지 않고 은거한 작가의 삶과 관련된다고 볼 수 있겠군.
③ 중장의 '절'은 고려의 신하로서 새 왕조에 반대하고 끝내 벼슬을 거절한 것과 관련된다고 볼 수 있겠군.
④ 중장의 '눈 속에 프를소냐'는 새 왕조에 협력하는 사람들에 대한 원망이 담겨 있다고 볼 수 있겠군.
⑤ 종장의 '너'는 조선의 건국 과정에서 보여 준 작가의 태도와 유사한 특성을 가지고 있다고 볼 수 있겠군.

 이화에 월백하고~ 외

가 `평가원모평` `국어교과서` `문학교과서`

ⓐ**이화(梨花)**에 월ⓑ**백(月白)**하고 **은한(銀漢)**이 ⓒ**삼경**
  은하수
(三更)인 제

일지춘심(一枝春心)을 ⓓ**자규(子規)**야 알랴마는
       두견새

다정(多情)도 병(病)인 양하여 **잠 못 들어 하노라**

– 이조년

하얀 배꽃에 달빛이 환히 비치고 은하수는 자정을 알리는 때

배꽃 가지에 어려 있는 봄날의 정서를 두견새가 알고 우는 것이겠냐마는 (❶   )이 많은 것도 병인 것 같아서 잠을 이루지 못하는구나.

나 `문학교과서`

백설(白雪)이 즈**자진** 골에 **구루미** 머흐레라
      녹아 없어진

㉠**반가온 매화(梅花)**는 어닉 곳에 픠엿눈고

석양(夕陽)에 홀로 셔 이셔 갈 곳 몰라 ᄒ노라

– 이색

백설이 녹아 없어진 골짜기에 (❷   )이 험하구나.
(나를) 반겨 줄 매화는 어느 곳에 피어 있는가?
석양에 홀로 서서 갈 곳을 몰라 하노라.

다 `문학교과서`

춘산(春山)에 눈 노기는 ᄇ람 건**듯** 불고 간 딕 업다
              잠깐

져근덧 비러다가 ᄆ**리** 우희 불니고져
        머리   위에

귀 밋틱 ᄒ**리** 무근 셔리를 녹여 볼가 ᄒ노라
         밑에

– 우탁

봄 산에 눈 녹인 바람이 잠깐 불고 간 곳 없다.
(그 바람을) 잠깐 (❸   ) 머리 위에 불게 하고 싶구나.
귀 밑에 여러 해 묵은 서리(백발)를 (검게 되도록) 녹여 볼까 하노라.

작품 정리

가 이화에 월백하고
주제 봄밤에 느끼는 애상감
특징 ① 감각적 심상의 조화를 통해 화자의 정서를 드러냄.
② 선경 후정을 통해 시상을 전개함.
③ 객관적 상관물을 통해 화자의 정서를 표현함.
성격 애상적, 감각적

나 백설이 즈자진 골에
주제 기울어 가는 고려 왕조에 대한 우국충정
특징 ① 당시 시대 상황을 자연물에 빗대어 화자의 심정을 드러냄.
② 맥수지탄의 정서가 드러남.
성격 우의적, 우국적

다 춘산에 눈 노기는 ᄇ람
주제 늙음에 대한 한탄
특징 ① 추상적 이미지를 구체화함.
② 색채 이미지를 활용한 참신한 비유가 드러남.
성격 탄로가, 비유적, 달관적

1 화자

화자의 태도
(가) 달빛이 밝은 봄날의 한밤중에 애상감을 느낌.
(나) 고려의 유신인 화자가 기울어가는 고려 왕조에 대한 안타까움을 드러냄.
(다) 늙음을 한탄하면서도 인생에 대해 달관적 태도를 보임.

2 표현

(가) 시각적 심상과 청각적 심상

시각적 심상	이화, 월백, 은한
청각적 심상	자규

(나) 영탄적 표현
'갈 곳 몰라 ᄒ노라'
→ 고려의 멸망으로 인한 화자의 애타는 심정을 강조함.

(다) 추상적 이미지의 구체화

추상적 이미지	구체화
젊음	춘산
늙음 →	눈, 서리
늙음을 극복하려는 의지	ᄇ람

3 내신&수능 기출 point

(가) 시간적 배경
'이화', '월백', '삼경'
→ 달빛이 밝은 봄날의 한밤중

(나) 시어의 대조적 의미

백설	매화
고려의 유신	우국지사

↕
구름
조선의 신흥 세력

(다) 문학사적 의의
시조의 내용상으로 구분할 때 탄로가(嘆老歌)의 효시에 해당한다고 볼 수 있음.

`현풀 정답` ❶ 정 ❷ 구름 ❸ 빌려다가

01 (가)의 ⓐ~ⓓ를 통해 드러내고자 하는 바로 가장 적절한 것은?

① 따뜻한 느낌을 전달하고 있다.
② 절망적 상황을 환기하고 있다.
③ 애상적 정서를 드러내고 있다.
④ 순수한 이미지를 제시하고 있다.
⑤ 조용한 분위기를 조성하고 있다.

02 (나)의 ㉠이 의미하는 바를 한자 성어로 표현할 때 가장 적절한 것은?

① 경국지색(傾國之色)　② 막역지우(莫逆之友)
③ 양상군자(梁上君子)　④ 우국지사(憂國之士)
⑤ 군계일학(群鷄一鶴)

03 (다)와 〈보기〉를 감상한 내용으로 적절하지 <u>않은</u> 것은?

─── 보기 ───
한 손에 막대 잡고 또 한 손에 가석 쥐고
늙는 길 가석로 막고 오는 백발 막대로 치려터니
백발이 제 먼저 알고 즈럼길노 오더라
　　　　　　　　　　　　　　　　　　－ 우탁

① (다)와 〈보기〉 모두 늙음에 대한 한탄을 드러내고 있다.
② (다)는 〈보기〉와 달리 자연 현상을 활용하여 자신의 소망을 드러내고 있다.
③ (다)는 〈보기〉와 달리 늙음에 대한 한탄과 젊음의 회고적 심정을 표현하고 있다.
④ 〈보기〉는 (다)와 달리 늙음을 의인화하여 익살스럽게 표현하고 있다.
⑤ 〈보기〉는 (다)와 달리 늙음이 오는 것을 막기 위한 구체적인 행동을 보여 주고 있다.

04 기출 연계
(가)~(다)에 대한 설명으로 가장 적절한 것은?

① (가)와 달리 (나), (다)는 풍자의 기법을 사용하여 비판 의식을 강조하고 있다.
② (나)와 달리 (가), (다)는 색채 이미지를 통해 시적 상황을 제시하고 있다.
③ (다)와 달리 (가), (나)는 청각적 심상을 활용하여 생동감 있게 표현하고 있다.
④ (가)~(다) 모두 계절감을 드러내는 소재를 활용하여 시적 분위기를 조성하고 있다.
⑤ (가)~(다) 모두 특정한 대상에게 말을 건네는 방식을 통해 친근감을 드러내고 있다.

05 기출 연계
(가)에 대해 이해한 내용으로 적절하지 <u>않은</u> 것은?

① 밝은 달빛을 받는 '이화'에서 환기된 화자의 정서가 '자규'를 통해 심화되고 있다.
② '월백'의 이미지를 통해 화자의 결백함을 드러내고 있다.
③ '은한'이 기우는 '삼경'은 화자가 봄밤의 정서를 느끼기에 적합한 배경으로 작용하고 있다.
④ '자규' 소리를 통해 느낀 '다정'에는 애상의 정서가 스며들어 있음을 알 수 있다.
⑤ '잠'에 들지 못하고 있다는 것을 통해 화자가 자신의 감정을 주체하지 못하고 있음을 알 수 있다.

06 기출 연계
〈보기〉를 통해 (나)를 이해한 내용으로 가장 적절한 것은?

─── 보기 ───
(나)는 고려의 유신인 이색이 기울어져 가는 고려에 대해 안타까운 마음에서 부른 시조이다. 이 작품에서 화자는 고려에서 조선으로 이행하는 전환기에 고뇌하는 지식인의 모습으로 나타난다.

① '백설'은 위기에 빠진 고려 왕조를 걱정하는 평민층을 말하는 것이군.
② '즈자진 골'은 간신배로 가득 찬 고려 조정을 나타내는군.
③ '구루미'는 고려를 무너뜨리고 새로운 왕조를 일으킨 조선의 신흥 세력을 의미하는군.
④ '매화'가 어느 곳에 피어 있느냐는 질문을 통해 신흥 세력을 찾아내려는 의지를 보이는군.
⑤ '석양'은 고려에서 조선으로 이행하는 과정에서 고뇌하는 지식인을 비유하는군.

가 교육청학평

㉠청춘 소년드라 백발노인 웃지마라

㉡공번된 하놀아릭 넨들 얼마 져머시리
　　치우침이 없는

우리도 소년행락(少年行樂)이 어제론듯 ᄒᆞ여라

– 작자 미상

젊은 소년들아 노인을 비웃지 마라.

공평한 하늘 아래 너희인들 항상 젊겠느냐.

우리도 (❶　　　　　)이 어제인 듯하구나.

나 교육청학평

늙기 셜은 줄을 모로고나 늙거는가
　　　　　　　모르고서

㉢춘광(春光) 덧업서 백발이 결노 난다

㉣그러나 소년쩍 ᄆᆞ음은 감(減)홈이 업세라

– 김삼현

늙기 서러운 줄을 모르고서 늙었는가.

춘광이 덧없어서 백발이 저절로 난다.

그러나 소년 때 마음은 (❷　　　　　) 없구나.

다 교육청학평

세월이 여류(如流)ᄒᆞ니 백발이 결노 난다
　　物의 흐름과 같으니

㉤쎕고 쏘 쎕아 졈고져 ᄒᆞ는 쯧은

북당(北堂)에 유친(有親)ᄒᆞ오시니 그를 두려 ᄒᆞ노라
　　어머니께서 살아 계시니

– 김진태

세월이 흐르는 물 같으니 백발이 저절로 난다.

뽑고 또 뽑아 (❸　　　　　) 하는 뜻은

북당에 어머니께서 살아 계시니 그것을 두려워하기 때문이도다.

문해력 UP 감상 패턴

1 화자

화자의 태도

(가) 젊은 소년들에게도 세월이 공평하게 흐른다는 자연의 이치를 말하며 대상을 설득함.

(나) 늙어 버린 현재의 육신과 소년 시절의 마음을 대비하여 늙어서도 소년 시절과 같은 젊은 마음으로 살 수 있다는 태도를 보임.

(다) 자식이 늙어 가는 모습을 보고 마음 아파할 어머니를 위해 흰머리를 뽑는 효심을 드러냄.

2 표현

타자 또는 자연물을 통한 늙음에 대한 표현

(가) '청춘 소년'

→ 젊은 사람들에게 항상 젊지 않을 것이라고 말하며 노인을 비웃지 말라고 설득함.

(나) '춘광 덧업서'

→ 봄철의 볕이 덧없어 백발이 저절로 난다고 하며 늙음에 대해 표현함.

(다) '세월이 여류ᄒᆞ니'

→ 세월이 흐르는 물과 같아 백발이 저절로 난다고 하며 늙음을 표현함.

3 내신&수능 기출 point

(가) 경로사상

'청춘 소년드라 백발노인 웃지마라'

→ 젊은이들에게 노인을 비웃지 마라며 노인을 공경할 것을 드러냄.

(나) 늙음에 대한 정서

'소년쩍 ᄆᆞ음은 감홈이 업세라'

→ 늙어도 마음은 아직 소년임을 드러냄.

(다) 효의 정서

> 흰머리를 뽑고 또 뽑음.
> ↓
> 어머니에게 자식의 늙은 모습을 보여드리는 것을 두려워함.

작품 정리

㉮ 청춘 소년드라

주제 늙음에 대한 한탄, 경로사상 고취

특징 ① 대화체를 사용하여 시상을 전개함.
　　　② 명령형을 사용하여 가르침을 줌.

성격 설득적, 교훈적, 권계적

㉯ 늙기 셜은 줄을

주제 늙음에 대한 한탄

특징 ① 대조를 통해 주제 의식을 부각함.
　　　② 영탄적 어조로 정서를 드러냄.

성격 희망적

㉰ 세월이 여류ᄒᆞ니

주제 어머니에게 늙음을 보이기 싫은 효심

특징 직유법을 통해 세월이 빨리 흘러감을 표현함.

성격 교훈적, 유교적

현풀 정답 ❶ 젊은 시절의 즐거움 ❷ 줄어든 적이 ❸ 젊어지고자

01 (가)~(다)의 공통점으로 가장 적절한 것은?

① 대화체를 사용하여 친근한 분위기를 조성하고 있다.

② 시어나 시구를 반복하여 주제 의식을 강조하고 있다.

③ 영탄적 어조를 사용하여 화자의 정서를 드러내고 있다.

④ 역설적 상황 설정으로 화자가 처한 상황을 부각하고 있다.

⑤ 반어적 수법으로 화자가 지닌 소망의 간절함을 표현하고 있다.

02 (다)를 시상의 흐름을 고려하여 이해한 내용으로 가장 적절한 것은?

① 화자가 초장에서 제시한 상황은 노모의 젊은 시절의 모습을 연상하게 한다.

② 화자가 초장에서 드러낸 감정은 세월의 흐름에 따른 무상감에서 비롯된 것이다.

③ 화자는 중장에서 드러낸 자신의 뜻을 종장에서 인정받고 싶어 한다.

④ 화자가 중장에서 한 행위는 노모의 걱정을 덜어 드리기 위한 효심에 기인한 것이다.

⑤ 화자는 종장에서 어머니에게 자신이 가지고 있는 젊음에 대한 열망을 토로하고 있다.

03 ㉠~㉤에 대한 설명으로 적절하지 않은 것은?

① ㉠: 노인들을 비웃고 멸시하는 풍조에 대한 화자의 비판 의식과 이를 극복하겠다는 의지를 드러내고 있다.

② ㉡: 세월의 흐름은 공평하여 누구나 늙을 수밖에 없다는 자연의 이치에 대한 화자의 생각을 드러내고 있다.

③ ㉢: 덧없이 흘러가는 세월에 나이가 든 자신의 모습을 인지한 화자의 상황을 드러내고 있다.

④ ㉣: 나이와 관계없이 화자 자신의 마음만은 젊었을 때와 같음을 드러내고 있다.

⑤ ㉤: 늙어 감에 따른 외모의 변화를 감추기 위한 반복적인 행동을 구체적으로 드러내고 있다.

04 기출 연계
(가)~(다)를 〈보기〉의 ⓐ에 따라 감상한 내용으로 가장 적절한 것은?

┌─ 보기 ─
　시조는 자연물과 타자를 통해 화자의 정서와 태도를 표현한다. 단 이때 타자에는 타자화된 자아도 포함된다. 자연물과 타자를 세계로, 화자를 자아로 규정하고 ⓐ'세계와 자아와의 관계'를 중심으로 감상할 수 있다.
└─

① (가)에서 '하늘'은 모두에게 공평하게 대한다는 점에서 화자와의 차이점이 드러나 세계와 자아의 이질성이 나타나고 있군.

② (가)에서 '소년'은 '소년행락'의 시절이 유한하다는 점에서 화자와의 유사점이, '소년행락'의 시절을 현재 누리고 있다는 점에서 화자와의 차이점이 드러나 세계와 자아의 동질성과 이질성이 함께 나타나고 있군.

③ (나)에서 '춘광'은 따뜻함을 준다는 점에서 화자와의 유사점이, 'ᄆᆞᆷ'은 불변하다는 점에서 화자와의 차이점이 드러나 세계와 자아의 동질성과 이질성이 함께 나타나고 있군.

④ (나)에서 '백발'은 시나브로 온다는 점에서 화자의 'ᄆᆞᆷ'과 유사점이 드러나 세계와 자아의 동질성이 나타나고 있군.

⑤ (다)에서 '유신'은 나이가 들어가고 있다는 점에서 화자와의 유사점이, '백발'이 있다는 점에서 화자와의 차이점이 드러나 세계와 자아의 동질성과 이질성이 함께 나타나고 있군.

05 교육청학평 기출
〈보기〉를 바탕으로 (다)를 감상한 내용으로 적절하지 않은 것은?

┌─ 보기 ─
　(다)의 화자는 늙음의 문제를 자신의 어머니와 관련지어 인식하는데, 자신보다는 북당에 계신 어머니의 마음을 먼저 생각하며 효를 실천하는 화자의 성숙한 태도를 드러내고 있다.
└─

① '세월이 여류ᄒᆞ니'를 보면 화자가 나이를 먹게 된 원인을 알 수 있겠군.

② '백발이 절노 난다'를 보면 화자가 어머니에 대한 근심 때문에 늙었음을 알 수 있겠군.

③ '쏍고 쏘 쏅아'를 보면 화자가 효를 실천하고자 반복적인 행위를 하고 있음을 알 수 있겠군.

④ '졈고져 ᄒᆞᄂᆞᆫ 뜻은'을 보면 화자가 어머니를 배려하고자 하는 성숙한 태도를 가지고 있음을 알 수 있겠군.

⑤ '북당에 유친ᄒᆞ오시니'를 보면 화자가 봉양하는 어머니가 계신 장소를 알 수 있겠군.

가 _{문학교과서}

㉠**백구(白鷗)** l 야 말 무러보쟈 놀라지 마라스라

명구승지(名區勝地)를 어듸어듸 브렷드니
경치가 좋기로 이름난 곳   벌려 있더냐

날드려 자세(仔細)히 닐러든 **네와 게 가** 놀리라
나에게

– 김천택

흰 (❶   )야, 말 물어보자. 놀라지 마려무나.
산수 경치 좋기로 이름난 곳이 어디 어디에 있더냐?
나에게 자세히 말해 주면 너와 거기에 가서 놀리라.

나 _{평가원모평} _{교육청학평} _{문학교과서}

산슈 간(山水間) 바회 아래 뛰집을 짓노라 ᄒ니

그 모론 놈들은 운는다 ᄒ다마ᄂᆞ는

어리고 햐암의 뜻의ᄂᆞ 내 분(分)인가 ᄒ노라 〈제1수〉

산과 시내 사이 바위 아래에 초가집을 지으려 하니,
나의 뜻을 모르는 사람들은 비웃는다고 한다마ᄂᆞ는
어리석고 (❷   )인 내 생각에는 이것이 내 분수인가 하노라.

다

잔 들고 혼자 안자 ㉡**먼 뫼**흘 ᄇᆞ라보니

그리던 임이 오다 반가옴이 이리ᄒᆞ랴

말씀도 우움도 아녀도 몬내 됴하ᄒᆞ노라 〈제3수〉

– 윤선도, '만흥'

술잔을 들고 혼자 앉아서 먼 산을 바라보니
그립던 임이 온다고 한들 반가움이 이보다 더하겠는가?
산이 말씀하거나 웃음을 짓지도 않건만 (나는 산을 즐기는 일을) 몬내 (❸   ).

작품 정리

가 백구 l 야 말 무러보쟈

주제 자연과 하나가 되고 싶은 마음
특징 ① 대화체를 사용하여 자연에 동화하고 싶은 화자의 정서를 드러냄.
② 자연물을 의인화하여 시상을 전개함.
성격 한정가, 풍류적, 자연 친화적

나 다 만흥 〈제1수〉〈제3수〉

주제 ① 안분지족하는 삶에 대한 만족감 ② 자연과 물아일체된 삶의 즐거움
특징 ① 화자와 다른 사람의 대비를 통해 화자가 지향하는 바를 드러냄.
② 임과 '뫼'의 대비를 통해 자연에 동화된 경지를 드러냄.
성격 한정가, 자연 친화적

문해력 UP 감상 패턴

1 화자

화자의 태도 및 정서
(가) 어디든 갈 수 있는 '백구'에게 명구 승지를 물어봄으로써 아름다운 자연에서 살고 싶은 소망을 드러냄.
(나) 자연에 묻혀 분수에 만족하는 삶을 추구함.
(다) 그리워하던 임보다 말과 웃음 없는 '뫼'를 더 반가워하며 교감함.

2 표현

(가) 시상 전개

화자
↓ 질문을 함.
백구 — 의인화된 대상, 자연 친화적인 대상

(나), (다) 사용된 표현법
(나) 자연을 대유하는 '산슈'와 안분지족을 뜻하는 '뛰집'을 통해 화자가 추구하는 삶을 드러냄.
(다) '반가옴이 이리ᄒᆞ랴'라는 설의적 표현을 통해 화자가 지향하는 바를 드러냄.

3 내신&수능 기출 point

(가) '백구'의 기능

백구 → 화자를 자연으로 인도하는 존재, 화자가 동화되고자 하는 대상

(나), (다) 소재의 의미와 화자의 지향

	자연	세속
(나)	산슈, 뛰집	그 모론 놈들
(다)	먼 뫼	그리던 임

세속을 벗어나 자연에 동화되는 삶을 추구함.

현풀 정답 ❶ 갈매기 ❷ 시골뜨기 ❸ 좋아하노라

01 (가)~(다)의 표현상 특징으로 적절하지 않은 것은?

① (가), (다) 모두 대상의 속성을 다양한 시각으로 묘사한다.
② (나), (다) 모두 대비적 설정을 통해 화자가 지향하는 가치를 드러낸다.
③ (나)와 달리 (다)는 설의적인 표현으로 화자의 정서를 드러낸다.
④ (나)와 달리 (가)는 질문을 통해 화자의 심정을 효과적으로 드러낸다.
⑤ (다)와 달리 (가)는 대상에게 말을 건네는 어조로 화자의 생각을 전달한다.

02 (나)와 〈보기〉를 비교한 내용으로 적절하지 않은 것은?

> ─ 보기 ─
>
> 이런들 엇더호며 져런들 엇더호료
> 초야우생(草野愚生)이 이러타 엇더호료
> 호믈며 천석고황(泉石膏肓)을 고쳐 므슴호료 〈제1수〉
> 　　　　　　　　　　　　　　　 – 이황, '도산십이곡'

① (나)에서 '산슈 간 바회 아래' 살아가는 화자의 태도가 〈보기〉에서는 '천석고황'이라는 말로 표현되고 있군.
② (나)의 '뛰집'에 만족하는 삶의 자세와 〈보기〉의 '이런들 엇더호며 져런들 엇더호료'에서 나타나는 삶의 자세는 서로 추구하는 가치가 비슷하겠군.
③ (나)의 '그 모론 늠들'로 지칭된 사람들과 〈보기〉의 '초야우생'은 서로 다른 가치관을 가진 사람들로 볼 수 있겠군.
④ (나)에서 '어리고 햐암'이라고 표현된 존재가 〈보기〉에서는 작품의 표면에 나타나지 않는다고 볼 수 있겠군.
⑤ (나)의 '내 분인가 호노라'에서 화자의 신념이 드러난다면, 〈보기〉에서는 '고쳐 므슴호료'에서 화자의 신념이 강조된다고 볼 수 있겠군.

03 ㉠, ㉡에 대해 이해한 내용으로 적절하지 않은 것은?

① ㉠은 화자를 인도해 줄 수 있는 대상이다.
② ㉡은 화자가 반가움을 느끼는 대상이다.
③ ㉠은 아름다운 곳을 알 것으로 기대되는 대상이다.
④ ㉡은 화자의 풍류적 태도와 조응하는 대상이다.
⑤ ㉠, ㉡ 모두 화자와 물아일체가 이루어지고 있는 대상이다.

04 기출 연계
〈보기〉를 참고하여 (가)~(다)를 감상한 내용으로 적절하지 않은 것은?

> ─ 보기 ─
>
> 문학 작품에서 화자가 자기와 외부 세계를 상호적으로 대비하여 양자에 대한 새로운 해석을 통해 의미를 생성하는 경우가 있다. 이 경우 자기가 외부 세계를 바라보는 관점에 따라 둘 사이의 거리가 가까워져 친화적 관계가 형성되기도 하고, 반대로 그 거리가 드러나 소원한 관계가 부각되기도 한다.

① (가)는 '백구'에게 '네'와 함께 놀겠다고 화자가 말을 건넴으로써, 자기와 외부 세계인 '백구' 사이에 친화적 관계가 형성된다.
② (가)는 '명구승지'가 어디어디에 있느냐고 물으면서 '게 가 놀고자' 하는 화자의 생각을 제시함으로써, 자기와 외부 세계인 '명구승지' 사이에 친화적 관계가 형성된다.
③ (나)는 '산슈 간'에 '뛰집'을 짓고 사는 삶을 화자가 '내 분'으로 생각함으로써, 자기와 외부 세계인 '산슈' 사이에 친화적 관계가 형성된다.
④ (나)는 화자의 마음과 이에 공감하지 못하는 '그 모론 늠들'의 생각을 병치함으로써, 자기와 외부 세계인 '그 모론 늠들' 사이에 소원한 관계가 부각된다.
⑤ (다)는 '임'보다 더한 감흥을 불러일으키는 '뫼'의 의미를 부각함으로써, 자기와 외부 세계인 '임' 사이에 소원한 관계가 강조된다.

05 기출 연계
(나), (다)의 시상 전개에 대한 설명으로 가장 적절한 것은?

① (나)에서는 풍류성이 드러나는 소재로, (다)에서는 일상성이 강화된 소재로 시상이 시작된다.
② (나)에서의 현재 상황에 대한 만족감이 (다)에서 현재 상황에 대한 회의로 시상이 전환된다.
③ (나)에서는 대상과의 교감을 통해서, (다)에서는 대상과의 비교를 통해서 시상이 마무리된다.
④ (나)는 화자에 대한 긍정적 평가로부터, (다)는 대상에 대한 긍정적 평가로 시상이 전개된다.
⑤ (나)는 경험적 성격과 연결된 공간으로부터, (다)는 구체성이 드러나는 행위로부터 시상이 전개된다.

평가원모평

가 동창이 밝았느냐 노고지리 우지진다
　　　　　　　　　종달새

　소 칠 아이는 **상기** 아니 일었느냐
　　　　　　　아직

　재 너머 **사래 긴 밭**을 언제 갈려 하나니

　　　　　　　　　　　　　　　　　　　　－ 남구만

동쪽의 창이 밝았느냐 종달새가 우짖
는다.
소를 먹이는 아이는 아직도 일어나지
않았느냐?
(❶　　　　) 너머 이랑 긴 밭을 언제
갈려고 하느냐?

문학교과서

나 곡구롱(谷口哢) 우는 소리에 낮줌 씌여 이러 보니

　덕은아들 글 니르고 며늘아지(阿只) 뵈 쯔는듸 **어린 손**
　작은 아들

　자(孫子)는 **곳노리**한다

　㉠**맛초아 지어미 술 걸으며 맛보라고 하더라**
　　　때마침　　아내

　　　　　　　　　　　　　　　　　　　　－ 오경화

꾀꼬리 우는 소리에 낮잠을 깨어 일어
나 보니
작은 아들은 글을 읽고, 며느리는 베
를 짜고 있는데, 어린 손자는 (❷　　)
를 한다.
때마침 아내는 술 거르면서 맛보라고
하더라.

문학교과서

다 고인(古人)도 날 몯 보고 나도 고인 몯 뵈

　고인을 몯 뵈도 **녀든 길** 알픽 잇닋

　녀든 길 알픽 잇거든 아니 녀고 엇멸고 〈제9수〉

　　　　　　　　　　　　　　　　－ 이황, '도산십이곡'

옛 성현도 나를 못 보고 나도 옛 성현
을 못 뵙고.
성현을 못 뵈어도 (그분들이) 가던 길
이 앞에 있네.
학문의 길이 앞에 있는데 아니 (❸　　)
어찌할 것인가?

작품 정리

가 동창이 밝았느냐
주제 근면한 노동 생활을 권함.
특징 농촌의 아침 풍경을 여유 있고 친근감 있게 묘사함.
성격 교훈적, 사실적

나 곡구롱 우는 소리에
주제 전원에서의 평화로운 삶
특징 열거법을 활용하여 가족의 일상 모습을 표현함.
성격 전원적, 일상적, 사실적

다 도산십이곡 〈제9수〉
주제 성현들의 삶을 따르려는 의지
특징 연쇄적 표현을 사용하여 화자가 지향하는 가치를 드러냄.
성격 교훈적

문해력 UP 감상 패턴

① 화자

화자의 태도 및 정서

(가) 친근한 어조로 근면하고 성실한
삶을 권장함.
(나) 평화로운 전원생활과 가정생활 가
운데 느끼는 만족감을 드러냄.
(다) 성현의 뜻을 따라 학문 수양에 정
진하겠다는 다짐을 드러냄.

② 표현

주된 표현법

(가) ① 대화체의 진술을 통해 화자의
생각을 드러냄. ② 시각적·청각
적 이미지를 통해 시적 배경을 제
시함.
(나) ① 평화롭고 정겨운 삶의 모습을
형상화함. ② 유사한 정서를 불러
일으키는 대상들을 열거함. ③ 청
각적 심상을 통해 시적 분위기를
조성함.
(다) ① 연쇄법과 설의법을 통해 화자
가 지향하는 삶을 부각함. ② 대
구법을 통해 시적 상황을 효과적
으로 드러냄.

③ 내신&수능 기출 point

(가), (나) '전원'의 의미

	전원
(가)	부지런히 생활하며 때맞춰 농사를 지어야 하는 노동의 공간
(나)	가족들과 함께 한가하고 여유롭게 지내는 자족적 공간

(다) '고인'의 기능

고인	→	만날 수는 없지만 화자에게 '녀든 길'을 제시하며 화자를 인도하는 존재로, 화자가 궁극적으로 지향하는 대상

현풀 정답 ❶ 고개 ❷ 꽃놀이 ❸ 가고

01 (가)~(다)에 대한 설명으로 가장 적절한 것은?

① (가)는 원경에서 근경으로, (나), (다)는 근경에서 원경으로 시선이 이동하고 있다.

② (가), (나)는 대화체의 어조가, (다)는 독백체의 어조가 주로 사용되고 있다.

③ (가)와 달리 (나), (다)는 화자의 심경 변화에 따라 시상이 전개되고 있다.

④ (나)와 달리 (가), (다)는 청각적 이미지를 통해 시적 형상화가 이루어지고 있다.

⑤ (다)와 달리 (가), (나)는 계절적 배경을 통해 시적 분위기가 형성되고 있다.

02 (다)와 〈보기〉에 대한 설명으로 적절하지 <u>않은</u> 것은?

> ─ 보기 ─
>
> 당시(當時)예 녀든 길흘 몃 히롤 ㅂ려두고
> 어듸 가 ᄃ니다가 이제아 도라온고
> 이제아 도라오나니 년 ᄃ ᄆ음 마로리 〈제10수〉
>
> ─ 이황, '도산십이곡'

① (다)는 유사한 문장 구조를 활용하여 운율감을 형성하고 있다.

② 〈보기〉는 시간과 관련된 표현을 활용하여 상황 변화의 기점을 강조하고 있다.

③ (다), 〈보기〉 모두 의문형 어구를 활용하여 화자의 태도를 드러내고 있다.

④ (다), 〈보기〉 모두 부정 표현을 사용하여 반성하는 자세를 드러내고 있다.

⑤ (다), 〈보기〉 모두 앞 구절의 일부를 다음 구절에서 반복하여 내용을 연결하고 있다.

03 시상 전개와 화자의 정서를 고려할 때, ㉠의 상황과 관련이 가장 깊은 것은?

① 설상가상(雪上加霜) ② 부화뇌동(附和雷同)

③ 아전인수(我田引水) ④ 금상첨화(錦上添花)

⑤ 산해진미(山海珍味)

04 기출 연계
(가)~(다)에 나타나는 소재에 대해 이해한 내용으로 적절한 것은?

① (가)의 '노고지리'는 '아이'가 일어나는 걸 방해하는 장애물에 해당한다.

② (나)의 '곡구롱 우는 소릐'는 화자의 애상적 정서가 이입된 대상이다.

③ (나)의 '곳노릐'는 '어린 손자'의 관조적 태도를 부각시키는 소재이다.

④ (다)의 '고인'은 화자가 실천을 통해 궁극적으로 닮고자 하는 목표이다.

⑤ (다)의 '녀든 길'은 '고인'이 걸어간 길로 이제는 찾을 수 없는 세계이다.

05 기출 연계
〈보기〉를 바탕으로 (가)를 감상한 내용으로 적절하지 <u>않</u>은 것은?

> ─ 보기 ─
>
> 남구만의 '동창이 밝았느냐'는 전원생활의 풍경을 노래한 작품이지만, 그 이면에서 조선 후기 숙종조의 어지러운 현실에 대한 비판적 태도를 발견하기도 한다. 즉 임금 곁에서 권력 다툼에 혈안이 된 조정 중신들의 행태를 비판하며, 올바른 목민관의 자세로 산적한 정치 현안에 관심을 가질 것을 촉구하는 내용으로 보기도 하는 것이다.

① '동창이 밝았느냐'에서 해가 뜨는 풍경을 이야기하는 것은, '해'가 임금을 상징하는 소재로 사용되는 경향과 관련이 있겠군.

② 시끄럽고 부정적인 느낌이 드는 '우지진다'로 소리를 표현한 것을 볼 때, '노고지리'는 서로 다투기만 하는 조정의 중신들을 의미한다고 볼 수 있겠군.

③ '소 칠 아이'는 목동을 가리키므로 백성을 이끄는 목민관을 비유적으로 표현한 것으로 이해할 수 있겠군.

④ '상기 아니 일었느냐'는 어서 일어날 것을 재촉하는 말이므로 정치 현안에 대한 관심과 문제 해결이 필요함을 촉구하는 말로 이해할 수 있겠군.

⑤ '사래 긴 밭'은 화자가 강조하는 대상이므로 숙종조의 어지러운 정치 현실 속 전원생활의 풍경을 표현한 것으로 볼 수 있겠군.

가 [수능]

청초(靑草) 우거진 골에 자느냐 누웠느냐

홍안(紅顔)을 어디 두고 백골(白骨)만 묻혔느냐

잔(盞) 잡아 권(勸)할 이 없으니 그를 슬허ᄒᆞ노라

– 임제

(❶)이 무성한 골짜기에 자느냐, 누워 있느냐?
젊은 시절의 아름다운 얼굴은 어디에 두고 백골만 묻혀 있느냐?
(이제) 술잔을 잡아 권할 사람이 없으니 그것을 슬퍼하노라.

나 [평가원모평]

㉠재 위에 우뚝 선 ㉡소나무 ㉢ᄇᆞ람 불 적마다 흔덕흔덕
높은 산의 고개

㉣개울에 섰는 ㉤버들 무슨 일 조츠셔 흔들흔들

임 그려 우는 눈물은 옳거니와 입ᄒᆞ고 코는 어이 무슨

일 조차서 후루룩 비쥭 ᄒᆞ나니

– 작자 미상

고개 위에 우뚝 선 소나무 바람이 불 때마다 흔들흔들
개울에 서 있는 버드나무 무슨 일 때문에 흔들흔들
임을 그리며 우는 눈물은 옳거니와 입하고 코는 무슨 일 때문에 후루룩 삐죽 하는가.

다 [평가원모평]

ⓐ청천(靑天)에 떠서 울고 가는 외기러기 날지 말고 ᄂᆡ

말 들어

ⓑ한양성 내에 잠간 들러 부듸 ᄂᆡ 말 잊지 말고 웨웨텨

불러 이르기를 ⓒ월황혼 계워 갈 제 적막 공규(空閨)에 던

져진 듯 홀로 안져 님 그려 ᄎᆞ마 못 살네라 ᄒᆞ고 부듸 한

말을 전ᄒᆞ여 쥬렴

우리도 임 보러 ⓓ밧비 ᄀᆞ옵는 길이오매 ⓔ전홀동 말동

ᄒᆞ여라

– 작자 미상

청천에 떠서 울고 가는 외기러기 날지 말고 내 말 들어
한양성 안에 잠깐 들러 부디 내 말 잊지 말고 외쳐 불러 이르기를 (❷) 깊어 갈 때 적막한 (❸)에 던져진 듯 혼자 앉아 임 그리워 차마 못 살겠네 하고 부디 한 말을 전하여 주렴.
우리도 임 보러 바삐 가는 길이어서 전할 듯 말 듯하다네.

작품 정리

가 청초 우거진 골에

주제 임의 죽음에 대한 애도
특징 ① 대비적 의미의 시어를 활용하여 인생무상의 정서를 드러냄.
　　　② 화자의 슬픔을 직접적으로 드러냄.
성격 애상적, 회고적

나 재 위에 우뚝 선

주제 헤어진 임에 대한 그리움과 슬픔
특징 ① 음성 상징어를 통해 대상의 모습과 화자의 정서를 드러냄.
　　　② 울고 있는 화자의 모습을 해학적으로 드러냄.
성격 해학적

다 청천에 떠서 울고 가는

주제 임을 그리워하는 마음, 임을 만나지 못하는 안타까움
특징 ① 대상을 의인화하여 임을 그리워하는 마음을 드러냄.
　　　② 대화 형식을 통해 임을 만날 수 없는 안타까움을 강조함.
성격 연정가

문해력 UP 감상 패턴

① 화자

(가) 화자의 상황
황진이의 무덤에서 인생의 덧없음을 느낌.

(나) 화자와 객관적 상관물

소나무, 버들	=	화자

↓

- 울고 있는 화자의 모습
- 화자의 심경을 드러내는 대상

(다) 화자와 외기러기와의 대화

화자		외기러기
자신의 소식을 임에게 전해 달라고 함.	⇄	화자의 부탁을 들어주기 어려움.

화자와 임의 만남이 실현되기 어려움을 드러냄.

② 표현

(가) 대비적 시어
'홍안'과 '백골'이라는 대비적 시어를 제시하여, 황진이의 죽음에 대한 안타까운 심정을 드러냄.

(나) 재미있는 표현
'후루룩 비쥭'인다며, 자신의 모습을 재미있게 표현하여 자연스럽게 웃음을 유발함.

(다) '외기러기'의 의인화
의인화된 '외기러기'와의 대화를 통해 임을 만날 수 없는 안타까움을 강조함.

③ 내신&수능 기출 point

(가) 의문형 종결 어미의 사용
'–느냐'와 같이 의문형 어미를 반복적으로 사용하여, 대상의 부재에 대한 안타까움을 강조함.

(나) 해학미
'후루룩 비쥭 하나니'와 같이 웃음을 유발하는 표현으로 임과의 이별로 인한 슬픔을 극복함.

(다) '공규'의 의미
화자의 외로운 처지를 드러내는 공간적 배경으로, 화자는 적막한 공규에서 홀로 앉아 임을 그리워함.

현풀 정답 ❶ 푸른 풀 ❷ 달 뜬 저녁 ❸ 빈방

01 (가)에 대한 설명으로 적절한 것은?

① 대비적 시어를 활용하여 화자의 슬픔을 강조하고 있다.
② 동일한 시어를 반복하여 화자의 무상감을 부각하고 있다.
③ 역설적 표현을 사용하여 화자의 비판적 태도를 드러내고 있다.
④ 물음의 형식을 통해 화자가 깨달음을 얻는 과정을 나타내고 있다.
⑤ 상승과 하강의 이미지를 통해 화자에게 닥친 위기감을 고조시키고 있다.

02 (나)의 ㉠~㉤ 중, 화자와 대응되는 시어끼리 묶은 것은?

① ㉠, ㉡
② ㉡, ㉤
③ ㉢, ㉣
④ ㉠, ㉢, ㉣
⑤ ㉡, ㉣, ㉤

03 (다)의 ⓐ~ⓔ의 의미로 적절하지 않은 것은?

① ⓐ : 푸른 하늘에 떠서 울고 가는
② ⓑ : 한양성 안에 잠깐 들러
③ ⓒ : 달 뜬 저녁이 깊어 갈 때
④ ⓓ : 바삐 가는 길
⑤ ⓔ : 전하고 또 전하고

04 기출 연계
(가)~(다)의 공통점으로 가장 적절한 것은?

① 대상의 부재에서 느끼는 안타까움이 드러나 있다.
② 화자의 궁핍한 처지로 인한 좌절감이 표출되어 있다.
③ 예기치 않은 이별로 인한 서러운 심정이 나타나 있다.
④ 거스를 수 없는 자연의 섭리에 대한 경외감이 드러나 있다.
⑤ 화자 자신의 이념과 배치되는 현실에서 느끼는 실망감이 표출되어 있다.

05 기출 연계
(나), (다)에 대한 설명으로 가장 적절한 것은?

① (나)에서는 원근을 나타내는 지시어를 사용하여 화자의 시선에 포착된 대상의 움직임을 드러내고 있다.
② (나)에서는 자연적 배경과 관련된 시어를 활용하여 시간에 따라 달라지는 화자의 정서를 드러내고 있다.
③ (다)에서는 화자가 제삼자와 더불어 임과의 추억을 회상하며 임을 기다리는 마음을 드러내고 있다.
④ (다)에서는 의인화된 자연물을 통해 자신의 처지를 임에게 알리고자 하는 화자의 마음을 드러내고 있다.
⑤ (나), (다) 모두 임이 거주하는 공간의 특징을 묘사하여 화자의 고독감을 드러내고 있다.

06 기출 연계
〈보기〉는 (나)에 대한 감상이다. 빈칸에 들어갈 말을 차례대로 배열한 것은?

─── 보기 ───

두 대상을 발음이 비슷한 (　　　　)로 표현하여 움직이는 모습의 (　　　　)을/를 드러내었다.

① 의성어, 유사성
② 의성어, 차이
③ 의태어, 유사성
④ 의태어, 차이
⑤ 관용어, 차이

가 평가원모평 교육청학평 국어교과서 문학교과서

임이 오마 하거늘 ㉠**저녁밥**을 일찍 지어 먹고

중문(中門) 나서 대문(大門) 나가 지방 위에 올라가 앉아
문지방 – 문턱

손을 이마에 대고 오는가 가는가 ㉡**건넌 산** 바라보니 **거**

머희뜩 서 있거늘 저것이 임이로구나 버선을 벗어 품에 품
검은빛과 흰빛이 뒤섞인 모양

고 신 벗어 손에 쥐고 곰비임비 임비곰비 천방지방 지방
거듭 쌓이거나 앞뒤로 계속하여   몹시 급하게 허둥대는 모양

천방 ㉢진 데 마른 데를 가리지 말고 **워렁퉁탕** 건너가서

㉣정(情)엣말 하려 하고 곁눈으로 흘깃 보니 작년 칠월 사
정겨운 말

흗날 껍질 벗긴 ㉤**주추리 삼대**가 살뜰히도 날 속였구나.
삼의 줄기

　모처라 **밤**이기에 망정이지 행여나 낮이런들 남 웃길 **뻔**

하였어라

　　　　　　　　　　　　　　　　　　　　　　　　– 작자 미상

임이 온다 하여 저녁밥을 일찍 지어 먹고
중문을 나와 대문으로 나가 문지방 위에 올라가 앉아서 손을 이마에 대고 임이 오는가 가는가 건너편 산을 바라보니, 검은색과 흰색이 뒤섞인 것이 서 있기에 저것이야말로 임이로구나, 버선을 벗어 품에 품고 신 벗어 손에 쥐고 엎치락뒤치락 허둥거리며, 진 곳 마른 곳을 가리지 않고 우당탕퉁탕 건너가서, 정이 넘치는 말을 하려고 곁눈으로 흘깃 보니, 작년 칠월 사흘날에 껍질 벗긴 삼의 줄기가 알뜰히도 나를 속였구나.

(**❶**) 밤이기에 망정이지 행여나 낮이었으면 남 웃길 뻔했구나.

나 평가원모평 문학교과서

어이 못 오던다 무슨 일로 못 오던다

　너 오는 길 위에 무쇠로 성(城)을 쌓고 성 안에 담 쌓고

담 안에란 집을 짓고 집 안에란 뒤주 놓고 뒤주 안에 궤를
쌀 따위의 곡식을 담아 두는 세간의 하나

놓고 궤 안에 너를 결박ᄒᆞ여 놓고 쌍비목 외걸새에 용거북
쌍으로 된 문고리를 거는 쇠

ᄌᆞ물쇠로 수기수기 ᄌᆞᆷ갓더냐 네 어이 그리 아니 오던다

　ᄒᆞᆫ 둘이 셜흔 ᄂᆞ리여니 날 보라 올 하루 업스랴

　　　　　　　　　　　　　　　　　　　　　　　　– 작자 미상

어찌하여 못 오던가, 무슨 일로 못 오던가?
너 오는 길 위에 무쇠로 성을 쌓고, 성 안에 담을 쌓고, 담 안에 집을 짓고, 집 안에 뒤주를 놓고, 뒤주 안에 궤짝을 놓고, 궤짝 안에 너를 결박하여 놓고 쌍배목, 외걸쇠, 용거북 자물쇠로 (**❷**) 잠가 두었느냐? 너 어째서 그렇게 오지 않느냐?

한 달이 (**❸**)인데 나를 보러 올 하루가 없단 말인가?

다 교육청학평

달아 붉은 달아 임의 창전(窓前) 빗친 달아

　쏫 갓흔 우리 임이 안졋더냐 누엇더냐

　져 달아 네 본 ᄃᆡ로 일너라 소식이나

　　　　　　　　　　　　　　　　　　　　　　　　– 작자 미상

달아 밝은 달아 임의 창문 앞에 비친 달아.
(**❹**) 우리 임이 앉았느냐 누웠느냐?
저 달아 네 본 대로 일러다오 소식이나.

작품 정리

㉮ 임이 오마 하거늘
주제 임에 대한 기다림
특징 의성어와 의태어를 사용한 과장된 행동 묘사로 임에 대한 화자의 그리움을 드러냄.
성격 해학적, 과장적

㉯ 어이 못 오던다
주제 임을 기다리는 안타까운 마음
특징 연쇄법, 열거법 등을 사용하여 임을 기다리는 화자의 마음을 다채롭게 표현함.
성격 해학적, 과장적

㉰ 달아 붉은 달아
주제 임의 소식에 대한 기다림
특징 반복법과 도치법을 사용하여 화자의 마음을 강조함.
성격 연정가

▶ 문해력 UP 감상 패턴 ◀

① 화자

화자의 상황과 정서

(가)
임이 돌아오기를 간절하게 기다리고 있음.

(나)
돌아오지 않는 임에 대한 그리움과 원망의 정서를 드러냄.

(다)
임의 소식에 대한 궁금증을 자연물을 활용하여 표현함.

② 표현

(가) 음성 상징어의 사용
• '곰비임비 임비곰비 천방지방 지방천방', '워렁퉁탕'
→ 음성 상징어를 사용하여 화자의 행동을 과장되게 묘사함.

(나) 열거법, 점강법의 사용
'성, 담, 집, 뒤주, 궤, ᄌᆞ물쇠'
→ 다양한 소재를 임이 오지 못하게 하는 장애물로 설정하여 열거함.
→ 큰 것에서부터 점차 작게 점강적으로 표현함.

(다) 시어의 반복
'달'의 반복
→ 시어를 반복하여 리듬감을 조성함.

③ 내신&수능 기출 point

(가) 해학미
임에 대한 절실한 그리움 때문에 앞뒤 생각할 겨를도 없이 한 행동이 독자에게 웃음을 선사함.

(나) 다양한 표현 기법
과장법, 열거법, 연쇄법 등을 사용하여 임이 화자에게 돌아오지 못하는 이유를 제시하고, 임을 기다리는 답답하고 안타까운 마음을 드러냄.

(다) 도치법
도치법을 활용하여 임의 소식을 기다리는 화자의 마음을 강조함.

현풀 정답 ❶ 때마침 ❷ 꼭꼭 ❸ 서른 날 ❹ 꽃 같은

01 (가)~(다)의 화자가 지닌 공통적인 정서로 가장 적절한 것은?

① 임을 여읜 슬픔
② 임에 대한 원망
③ 임에 대한 존경심
④ 임을 향한 그리움
⑤ 임에 대한 미안함

02 (가)의 ⊙~⑩ 중, 〈보기〉의 밑줄 친 시어와 대응되는 시어로 적절한 것은?

─ 보기 ─

무음이 어린 후(後) ㅣ 니 ᄒᆞ는 일이 다 어리다
만중운산(萬重雲山)에 어늬 님 오리마는
지ᄂᆞ 닙 부ᄂᆞ 바람에 힝여 귄가 ᄒᆞ노라

– 서경덕

① ⊙　② ⓒ　③ ⓔ　④ ⓖ　⑤ ⑩

03 (나)와 〈보기〉를 비교한 내용으로 적절하지 않은 것은?

─ 보기 ─

천상의 견우직녀(牽牛織女) 은하수 막혔어도
칠월 칠석(七月七夕) 일 년 일도(一年一度) 실기(失期)치 않거든
우리 임 가신 후는 무슨 약수(弱水) 가렸관대
오거나 가거나 소식조차 그쳤는고

– 허난설헌, '규원가'

① (나), 〈보기〉 모두 만남을 방해받는 상황을 표현하고 있다.
② (나), 〈보기〉 모두 화자의 탄식을 의문형 진술로 표현하고 있다.
③ (나), 〈보기〉 모두 상대방에 대한 기다림의 정서를 표현하고 있다.
④ (나)는 유사한 형식의 어구를, 〈보기〉는 유사한 문장의 반복을 통해 운율감을 주고 있다.
⑤ (나)는 말을 연쇄적으로 이어 가는, 〈보기〉는 다른 이와 화자의 처지를 대비하는 표현을 사용하고 있다.

04 기출 연계
(나), (다)에 대한 설명으로 가장 적절한 것은?

① (나)에서는 화자가 처한 상황의 책임을 화자 자신에게 돌리며 자책하는 마음을 드러내고 있다.
② (나)에서는 임이 장애물을 극복하고 화자를 찾아오기에는 하루라는 시간이 짧음에 대한 안타까움을 드러내고 있다.
③ (다)에서는 의인화된 자연물을 통해 임의 소식을 궁금해하는 화자의 마음을 드러내고 있다.
④ (다)에서는 화자가 제삼자와 함께 지나간 일을 생각하며 임을 그리워하는 마음을 드러내고 있다.
⑤ (나), (다) 모두 임이 머물고 있는 곳에 대한 묘사를 통해 화자의 쓸쓸함을 드러내고 있다.

05 평가원모평 기출
〈보기〉를 참고할 때, (가)에 대해 이해한 내용으로 가장 적절한 것은?

─ 보기 ─

사설시조에서의 해학성은 독자가 화자와 거리를 두되 관용의 시선을 보내는 데서 발생한다. 화자의 착각, 실수, 급한 행동과 그로 인한 낭패가 웃음을 유발하지만 독자는 그런 행동을 할 수밖에 없는 화자의 행동 이면에 있는 절실함, 진지함, 진솔함, 애틋함, 간절함을 느끼면서 화자와 공감하는 마음을 갖게 되는 것이다.

① 화자가 '저녁밥'을 짓다가 임이 온다는 소식을 듣고 혼잣말하는 모습에서 독자는 웃음 지으면서도 그 속에 담긴 진솔함을 공감한다.
② 화자가 집 안 마당에서 서성대며 '건넌 산'을 느긋하게 바라보는 모습에서 독자는 웃음 지으면서도 그 속에 담긴 애틋함을 공감한다.
③ 화자가 임이라 여긴 '거머희뜩'한 것을 향해 '워렁퉁탕' 건너가는 모습에서 독자는 웃음 지으면서도 그 속에 담긴 절실함을 공감한다.
④ 화자가 처음 보는 '삼대'를 임으로 착각하여 임을 원망하는 모습에서 독자는 웃음 지으면서도 그 속에 담긴 간절함을 수용한다.
⑤ 화자가 임이 오지 못하게 된 이유를 '밤' 탓으로 돌리는 모습에서 독자는 웃음 지으면서도 그 속에 담긴 진지함을 수용한다.

가 문학교과서

창(窓) 내고쟈 창(窓)을 내고쟈 이내 가슴에 창(窓) 내고쟈

고모장지 셰살장지 들장지 열장지 암돌져귀 수돌져귀

비목걸새 크나큰 쟝도리로 둑닥 바가(박아) 이내 가슴에 창(窓)

내고쟈

잇다감(이따금) 하 답답홀 제면 여다져(여닫아) 볼가 ᄒ노라

— 작자 미상

창 내고 싶구나. 창을 내고 싶구나. 이
내 가슴에 창을 내고 싶구나.
고모장지 세살장지 들장지 열장지 암
톨쩌귀 수톨쩌귀 배목걸쇠 크나큰 장
도리로 뚝딱 박아 이내 가슴에 창을
내고 싶구나.

이따금 (❶　　　) 답답할 때면 여
닫아 볼까 하노라.

나 문학교과서

한숨아 셰한숨아 네 어닌 틈으로 드러온다(들어오느냐)

고모장즈 셰슬장즈 가로다지 여다지 암돌져귀 수돌져

귀 비목걸새 뚝닥 박고 용(龍) 거북 즈물쇠로 수기수기 추

엿는듸 병풍(屛風)이라 덜컥 져븐 족자(簇子)ㅣ라 딕딕글

몬다(말았으냐) 네 어닌 틈으로 드러온다

어인지 너 온 날 밤이면 좀 못 드러 ᄒ노라

— 작자 미상

한숨아 (❷　　　) 한숨아 네 어느
틈으로 들어오느냐?
고모장지 세살장지 가로닫이 여닫이
암톨쩌귀 수톨쩌귀 배목걸쇠 뚝딱 박
고 용 거북 자물쇠로 (❸　　　) 채
웠는데 병풍처럼 덜컥 접고 족자처럼
데굴데굴 말았느냐 네 어느 틈으로 들
어오느냐?

어쩐지 너 온 날 밤이면 잠 못 들어 하
노라.

다 문학교과서

나모도 바히돌도 업슨 뫼헤(산에) 매게 쏘친(쫓기는) 가토리(까투리/암꿩) 안과

대천(大川) 바다 한가온대 일천 석(一千石) 시른 빈에 노

도 일코 닷도 일코 농총도 근코 돗대도 것고 치도 싸지고

브람 부러 물결치고 안개 뒤섯계 즈자진 날에 갈 길은 천

리만리(千里萬里) 나믄듸(남았는데) 사면(四面)이 거머어득(검어 어둑하게) 져믓(저물어) 천

지 적막(天地寂寞) 가치노을 썻는듸 수적(水賊)(해적) 만난 도사

공(都沙工)의 안과

엇그제 님 여흰(여읜, 이별한) 내 안히야 엇다가 ᄀ을ᄒ리오

— 작자 미상

나무도 바윗돌도 없는 산에 매에게 쫓
기는 까투리의 마음과
넓은 바다 한가운데 일천 석을 실은
배가 노도 잃고 닻도 잃고 돛줄도 끊
어지고 돛대도 꺾어지고 키도 빠지고
바람 불어 물결치고 안개 뒤섞여 자욱
한 날에 갈 길은 천리만리 남았는데
사방이 검어 어둑하게 저물어 천지는
적막하고 사나운 파도는 이는데 해적
만난 도사공의 마음과

엊그제 임과 이별한 내 마음이야 어디
에다가 (❹　　　)?

작품 정리

② 창 내고쟈 창을 내고쟈
주제 삶의 답답함에서 벗어나고 싶은 소망
특징 ① 일상적 소재들과 생활 언어를 활용하여 생활 감정을 진솔하게 표현함.
② 마음에 창을 낸다는 기발한 발상을 통해 의미를 극적으로 전달함.
성격 해학적, 의지적, 구체적

④ 한숨아 셰한숨아
주제 삶의 시름으로부터 벗어나고 싶은 마음
특징 한숨을 의인화하여 삶의 애환을 해학적으로 표현함.
성격 해학적, 구체적

⑤ 나모도 바히돌도 업슨
주제 임과 이별한 암담함과 절망감
특징 ① 이별의 슬픔을 절박한 상황에 처한 까투리와 도사공의 처지와 견주어 부각함.
② 극한의 상황을 다소 과장하여 표현함으로써 슬픔 속에서도 해학성이 유발됨.
성격 해학적, 과장적, 구체적

문해력 UP 감상 패턴

① 화자

(가) 화자의 바람

| 가슴에 창을 내고 싶음. | → | 온갖 종류의 창을 다 내고 싶음. | → | 답답할 때 여닫고 싶음. |

(나) 화자의 상황

외부에서 한숨이 들어옴.
↓
갖가지 도구를 이용해 한숨이 들어오지 못하게 막으려 했으나 실패함.
↓
한숨 때문인지 잠을 이루지 못함.

(다) 화자의 상황
임과 이별 후 비할 데 없는 절망에 빠져 있음.

② 표현

(가) 반복법의 사용
'창 내고쟈 창을 내고쟈 이내 가슴에 창 내고쟈'
→ 반복법(aaba 구조)을 사용하여 답답함을 해소하고자 하는 화자의 소망을 강조함.

(나) 열거법의 사용
'고모장즈 ~ 추엿는듸'
→ 열거법을 사용하여 시름으로부터 벗어나고 싶은 화자의 마음을 강조함.

(다) 열거법, 점층법의 사용
'대천 바다 ~ 도사공의 안과'
→ 열거법과 점층법을 활용하여 대상이 처한 부정적 상황을 강조함.

③ 내신&수능 기출 point

(가) '창'의 의미
답답한 심정을 해소하기 위한 수단

(나) '한숨'의 의인화
'한숨'을 의인화하여 삶의 애환을 해학적으로 표현함.

(다) '까투리'와 '도사공'의 역할
절체절명의 위기에 처한 까투리와 도사공의 심정과 화자의 심정을 비교함으로써 화자의 절망감을 강조함.

현풀 정답 ❶ 너무 ❷ 가는 ❸ 꼭꼭 ❹ 비교하리오

01 (가)∼(다)에 대한 설명으로 가장 적절한 것은?

① (가)∼(다) 모두 앞날에 대한 기대감이 드러나 있다.
② (가)∼(다) 모두 부정적 현실에 대한 풍자가 드러나 있다.
③ (가), (나)는 현재의 처지를 개선하고자 하는 태도가 드러나 있다.
④ (가), (다)는 대상의 부재에서 느끼는 정서가 드러나 있다.
⑤ (나), (다)는 대상과의 교감을 통해 현실의 고통을 해소하는 모습이 드러나 있다.

02 〈보기〉를 참고하여 (가)∼(다)를 감상한 내용으로 적절하지 <u>않은</u> 것은?

> ─ 보기 ─
>
> 사설시조란 3장 6구 45자 내외라는 평시조의 단조로운 운율에서 벗어나 두 구 이상이 각각 그 자수가 10자 이상으로 늘어난 것을 말한다. 형식은 일반적으로 초장·종장이 짧고, 중장이 대중없이 길며, 종장의 첫 구만 3자로 고정되어 겨우 시조의 형태를 지니는 것과, 3장 중에서 2장이 여느 시조보다 긴 것이 있다. 평시조는 양반 사대부들의 한정·애정·탈속의 내용이 많은데, 사설시조는 평시조에서 추구하던 우아미와 숭고미 대신 골계미를 추구하였으며, 격식에 구애받지 않고 서민 감정을 솔직히 표현하려 하였다.

① (가), (나)는 상황을 장황하게 늘어놓아 골계미를 형성하고 있군.
② (나), (다)는 양반의 생활과 관련된 소재를 활용하여 우아미와 골계미를 동시에 추구하고 있군.
③ (가)∼(다)는 일상생활에서 비롯된 서민 감정을 솔직하게 표현하고 있군.
④ (가)∼(다)는 종장의 첫 마디가 3자로 고정되는 시조의 형식을 지키고 있군.
⑤ (가)∼(다)는 두 구 이상이 10자 이상으로 늘어나 있으므로 사설시조에 해당하겠군.

03 (다)의 표현상 특징으로 적절하지 <u>않은</u> 것은?

① 비교법을 활용하여 주제 의식을 부각하고 있다.
② 점층법을 활용하여 시적 상황을 강조하고 있다.
③ 설의법을 활용하여 화자의 심정을 강조하고 있다.
④ 과장법을 활용하여 작품에 해학성을 부여하고 있다.
⑤ 역설법을 활용하여 화자의 깨달음을 제시하고 있다.

04 기출 연계
(가)∼(다)의 공통점으로 가장 적절한 것은?

① 음성 상징어를 사용하여 생동감을 부여하고 있다.
② 일상적 소재들을 열거하여 장면을 구체화하고 있다.
③ 대화의 방식을 활용하여 주제 의식을 부각하고 있다.
④ 계절감을 나타낸 어휘를 사용하여 정서를 드러내고 있다.
⑤ 과거와 현재를 대비하여 과거에 대한 그리움을 드러내고 있다.

05 기출 연계
(가), (나)를 이해한 내용으로 적절하지 <u>않은</u> 것은?

① (가), (나) 모두 동일한 시구의 반복을 통해 의미를 강조하고 있다.
② (가), (나) 모두 창의 종류와 창과 관련된 소재를 구체적으로 제시하고 있다.
③ (가)는 (나)와 달리 어조의 전환을 통해 화자의 상황 변화를 드러내고 있다.
④ (나)의 화자는 (가)와 달리 근심이 외부에서 마음으로 들어오는 것이라 여기고 있다.
⑤ (가)의 화자는 창을 열기 위한 목적의 행위를 하고 있고, (나)의 화자는 창을 막기 위한 목적의 행위를 하고 있다.

06 기출 연계
(다)와 〈보기〉를 비교한 내용으로 가장 적절한 것은?

> ─ 보기 ─
>
> 두터비 파리를 물고 두엄 우희 치다라 안자
> 것넌 산 바라보니 백송골(白松鶻)이 떠 잇거늘 가슴이 금즉하여 풀덕 뛰여 내닷다가 두엄 아래 잣바지거고
> 모쳐라 날낸 낼싀만정 에헐질 번 하괘라
> ─ 작자 미상

① (다)의 '도사공'과 〈보기〉의 '백송골'은 모두 화자와 동일시되는 대상이다.
② (다)는 '도사공'의 외양이, 〈보기〉는 '두터비'의 행위가 묘사되고 있다.
③ (다)의 종장에는 화자의 발화가, 〈보기〉의 종장에는 대상의 발화가 제시되어 있다.
④ (다)의 '뫼'와 〈보기〉의 '산'은 모두 대상이 위기에 처하는 상황이 펼쳐지는 공간이다.
⑤ (다)의 '가토리'와 〈보기〉의 '두터비'는 모두 화자가 비판적으로 인식하고 있는 대상이다.

시조

21 나의 미평ᄒᆞᆫ 뜻을~ 외

교육청학평

가

㉠나의 미평(未平)ᄒᆞᆫ 뜻을 일월(日月)께 뭇ᄌᆞᆸᄂᆞ니 (뜻 / 물으니)
구만 리(九萬里) 장천(長天)에 무스 일 ᄇᆡ얏바셔 (멀고 넓은 하늘)
㉡주색(酒色)에 못 슬믠 이 몸을 수이 늙게 ᄒᆞᄂᆞᆫ고 (쉽게)

– 작자 미상

나의 (❶) 뜻을 일월께 물으니
아득히 멀고 넓은 하늘에 무슨 일로 바빠서
술 마시고 사랑하는 일에 (❷) 이 몸을 쉽게 늙게 하는고?

교육청학평

나

ᄀᆞᆯ 때는 청산이러니 올 때 보니 황산이로다 (갈 때는)
㉢산천도 변ᄒᆞ거든 낸들 아니 늙을쇼냐
㉣두어라 져리 될 인생이니 아니 놀고 어이리

– 김득연

갈 때는 청산이더니 올 때 보니 황산이로다.
산천도 (❸) 나인들 아니 늙을소냐?
두어라 저리 될 인생이니 아니 놀고 어이하리?

평가원모평 교육청학평

다

동풍이 건듯 부러 적설(積雪)을 다 노기니 (봄바람)
㉤사면(四面) 청산이 녜 얼골 나노ᄆᆡ라
귀밋테 ᄒᆡ무근 서리는 녹을 줄을 모른다 〈제16수〉 (해묵은, 오래된)

– 김광욱, '율리유곡'

봄바람이 슬쩍 불어 쌓인 눈을 다 녹이니
사방의 청산이 (❹) 얼굴을 나타내는구나.
귀밑의 해묵은 서리는 녹을 줄을 모르는구나.

작품 정리

가 나의 미평ᄒᆞᆫ 뜻을

주제 인간의 유한한 삶에 대한 안타까움
특징 ① 무한히 지속되는 자연물을 통해 늙음에 대한 안타까움을 표현함.
② 질문의 형식으로 주제 의식을 나타냄.
성격 탄로가, 대조적

나 ᄀᆞᆯ 때는 청산이러니

주제 늙음에 대한 안타까움과 이를 달관하고자 하는 태도
특징 ① 색채 이미지를 활용하여 자연의 변화를 표현함.
② 자연의 변화와 인간의 늙음을 동일시하여 이를 자연의 섭리로 수용하는 태도를 드러냄.
성격 탄로가

다 율리유곡 〈제16수〉

주제 늙음에 대한 한탄
특징 ① 순환하는 자연과의 대비를 통해 늙음에 대한 한탄을 드러냄.
② 기발한 발상을 통해 의미를 전달함.
성격 탄로가, 대조적

문해력 UP 감상 패턴

1 화자

(가) 화자의 상황 및 정서

상황	일월에게 무슨 일로 자신을 쉬이 늙게 하냐는 질문을 던짐.
정서	한탄과 원망

(나) 화자의 상황

갈 때는 푸르렀던 산이 올 때는 단풍 든 누런 산으로 바뀌어 있음.
↓
푸른 잎이 낙엽이 되듯, 자신 또한 늙어 갈 수밖에 없음을 깨달음.
↓
어차피 늙을 것이라면 이를 잊고 더욱 현재의 삶을 즐기리라 마음먹음.

(다) 화자의 상황

자연
봄바람이 불어 쌓인 눈을 녹이니 청산이 다시 드러남.

↓

화자
귀밑의 흰머리는 사라지지 않음.

2 표현

(가) 질문의 형식
'~ 이 몸을 수이 늙게 ᄒᆞᄂᆞᆫ고'
→ 질문의 형식을 활용하여 늙음에 대한 안타까움을 드러냄.

(나) 설의적 표현
'~ 아니 놀고 어이리'
→ 설의적 표현을 활용하여 달관적 태도를 드러냄.

(다) 영탄적 어조
'~ 나노ᄆᆡ라', '~ 녹을 줄을 모른다'
→ 영탄적 어조를 활용하여 자연과의 대비를 드러냄.

3 내신&수능 기출 point

(가) '일월'과 '장천'의 상징적 의미
무한히 지속되는 존재로 유한한 인간 존재와 대비를 이룸.

(나) '산천'의 기능
변화하는 존재로, 화자가 자신의 늙음을 수용하게 되는 계기가 됨.

(다) '청산'의 기능
순환되는 존재로, 화자가 자신의 늙음을 서글프게 느끼는 계기가 됨.

현풀 정답 ❶ 불평스러운 ❷ 싫지 않은 ❸ 변하거늘 ❹ 옛

01 (가)~(다)에 대한 설명으로 적절하지 <u>않은</u> 것은?

① (가)는 청자를 설정하여 화자의 심경을 토로하고 있다.

② (나)는 말의 차례를 바꾸어 시적 긴장감을 부여하고 있다.

③ (다)는 영탄적 어조를 통해 화자의 생각을 표현하고 있다.

④ (가), (나)는 의문 형식으로 화자의 정서를 강조하고 있다.

⑤ (나), (다)는 대구를 통해 대상 간의 차이를 드러내고 있다.

02 〈보기〉는 (가)~(다)에 대한 설명이다. 빈칸에 들어갈 말로 가장 적절한 것은?

┌─────── 보기 ───────┐

(가) ~ (다)는 [   ]를 표현하고 있다. (가)는 무한히 지속되는 자연물에 늙음에 대한 안타까움을 토로하며 풍류를 계속 즐기고 싶은 화자의 마음을 드러내고, (나)는 자연의 변화에 인간의 노화를 견주어 표현하며 인생을 즐기려는 화자의 태도를 보여 준다. (다)는 순환하는 자연과는 다른 화자의 모습을 통해 늙음에 대한 한탄을 드러낸다.

└────────────────────┘

① 자연물을 끌어들여서 늙음에 대한 정서와 태도

② 자연물을 활용하여 자신의 삶에 대한 반성적 태도

③ 자연 친화적인 자세를 바탕으로 풍류를 추구하는 태도

④ 자연물과의 비교를 통해 삶의 영원성을 추구하는 태도

⑤ 자연의 이치에 대한 깨달음을 통해 노화를 수용하는 태도

03 (다)와 〈보기〉를 비교한 내용으로 적절하지 <u>않은</u> 것은?

┌─────── 보기 ───────┐

춘산(春山)에 눈 녹인 바람 건듯 불고 간 곳 업다

져근덧 비러다가 마리 우희 불니고져

귀 밋틱 히 묵은 서리를 녹여 볼가 하노라   – 우탁

└────────────────────┘

① (다)의 '동풍'과 〈보기〉의 '춘산'을 통해 계절의 변화를 짐작할 수 있군.

② (다)는 〈보기〉와 달리 늙음에서 오는 삶의 고달픔을 직접적으로 드러내고 있군.

③ 〈보기〉는 (다)와 달리 늙음에 대한 체념에 그치지 않고 이에 의지적으로 대응하고 있군.

④ (다)와 〈보기〉 모두 대상 간의 유사성을 활용해 화자의 마음을 비유적으로 제시하고 있군.

⑤ (다)와 〈보기〉 모두 흰색과 푸른색의 대비를 통해 주제 의식을 효과적으로 드러내고 있군.

04 기출 연계

(가)~(다)를 〈보기 1〉의 세계와 자아의 관계에 따라 감상한 내용으로 적절한 것을 〈보기 2〉에서 있는 대로 고른 것은?

┌─────── 보기 1 ───────┐

자연물을 세계로, 화자를 자아로 본다면 세계와 자아의 관계는 다음과 같이 나눌 수 있다. 자연물을 통해 화자와의 차이점을 드러내는 경우는 세계와 자아의 이질성에, 화자와의 유사점을 드러내는 경우는 세계와 자아의 동질성에 주목한 것이다. 또 자연물을 통해 화자와의 차이점과 유사점을 함께 드러내는 경우는 세계와 자아의 이질성과 동질성을 모두 고려한 것이다.

└──────────────────────┘

┌─────── 보기 2 ───────┐

ㄱ. (가)에서 '일월'은 화자의 짧은 인생과 차이점이 드러나 세계와 자아의 이질성이 나타나고 있군.

ㄴ. (가)에서 '장천'은 화자의 분주한 생활과 유사점이 드러나 세계와 자아의 동질성이 나타나고 있군.

ㄷ. (나)에서 '청산'은 '황산'으로의 변화를 통해 화자와 유사점이 드러나 세계와 자아의 동질성이 나타나고 있군.

ㄹ. (다)에서 '적설'은 '동풍'이 불기 전에는 화자와의 유사점이, 불고 난 후에는 화자와의 차이점이 드러나 세계와 자아의 동질성과 이질성이 함께 나타나고 있군.

└──────────────────────┘

① ㄱ, ㄴ   ② ㄴ, ㄷ   ③ ㄱ, ㄴ, ㄷ

④ ㄱ, ㄷ, ㄹ   ⑤ ㄴ, ㄷ, ㄹ

05 교육청학평 기출

산천과 서리의 공통점으로 가장 적절한 것은?

① 화자의 자존감을 회복시켜 주는 대상이다.

② 화자의 의지로 변화시킬 수 있는 대상이다.

③ 화자가 세월의 흐름을 확인할 수 있는 대상이다.

④ 화자와 타인과의 관계를 개선시켜 주는 대상이다.

⑤ 화자에 대한 타인들의 시선을 변하게 만든 대상이다.

06 기출 연계

㉠~㉤에 대한 설명으로 적절하지 <u>않은</u> 것은?

① ㉠: 덧없이 흘러가는 세월을 멈추고자 천지신명에게 기원하는 화자의 모습이 드러나고 있다.

② ㉡: 유한한 삶을 안타까워하는 화자의 마음이 드러나 있다.

③ ㉢: 세월의 흐름은 공평하여 누구나 늙을 수밖에 없다는 자연의 이치에 대한 화자의 생각이 드러나고 있다.

④ ㉣: 노년을 자연의 섭리로 받아들이고 삶을 즐김으로써 서글픔을 달래려는 화자의 태도가 드러나고 있다.

⑤ ㉤: 청산에 쌓였던 눈이 녹아 푸르름이 드러난 것을 젊음을 되찾은 것처럼 인지하는 화자의 모습이 드러나고 있다.

가 _{교육청학평}

돌 쓰쟈 빅 쎠나니 인제 가면 언졔 오리

만경창파에 ㉠가는 듯 도라옴식

밤중만 ㉡지국총 소릭에 익긋는 듯 ᄒᆞ여라

– 작자 미상

달 뜨자 배 떠나니 이제 가면 언제 올까?
(❶   )에 가는 듯 돌아오소서.
한밤중에 (❷   )에 애끊어질 듯하구나.

나 _{교육청학평}

객창(客窓) 돗는 달의 ㉢두견이만 우지진다
_{나그네가 머무는 방의 창문} _{접동새, 소쩍새, 자규}

엇그제 님 여히고 ㉣ᄒᆞ믈며 객리로다

밤즁만 난간에 의지ᄒᆞ야 지는 달만

– 작자 미상

나그네가 거처하는 방 창문 사이로 돋는 달에 두견이만 우짖는다.
엊그제 임과 헤어지고 하물며 낯선 곳에 있구나.
한밤중에 난간에 의지하여 지는 달만 (바라보고 있구나)

다 _{교육청학평}

주렴에 빗쵠 달과 멀리 오는 옥적(玉笛) 소릭
_{구슬 따위를 꿰어 만든 발}

천수만한(千愁萬恨)을 ㉤네 어이 도도는다

천리(千里)에 님 이별ᄒᆞ고 잠 못 드러 ᄒᆞ노라

– 작자 미상

주렴에 비친 달과 멀리 오는 옥피리 소리
이것저것 슬퍼하고 원망함을 네 어찌 (❸   ).
천 리에 임과 이별하고 잠 못 들어 하노라.

작품 정리

가 돌 쓰쟈 빅 쎠나니
주제 이별의 슬픔과 임과의 재회 소망
특징 청각적 심상을 활용하여 화자의 정서를 드러냄.
성격 애상적, 감각적

나 객창 돗는 달의
주제 이별의 정한과 쓸쓸함
특징 ① 자연물에 이별의 슬픈 정서가 이입됨.
② 청각적 심상을 활용하여 화자의 정서를 드러냄.
③ 시간의 경과가 나타남.
성격 애상적, 낭만적, 감각적

다 주렴에 빗쵠 달과
주제 이별의 정한
특징 시각적, 청각적 심상을 활용하여 화자의 정서를 드러냄.
성격 비유적, 애상적, 낭만적

문해력 UP 감상 패턴

1 화자

화자의 태도
(가) 임을 멀리 떠나보내며 안타까워함.
(나) 낯선 곳에서 최근에 헤어진 임을 그리워함.
(다) 임과 이별하고 멀리서 잠 못 이루며 임을 그리워함.

2 표현

(가) 설의적 표현
'인제 가면 언제 오리'
→ 이별의 안타까움이 드러남.

(나) 설상가상의 상황 표현
'엇그제 님 여히고 ᄒᆞ믈며 객리로다'
→ 이별의 슬픔에 객지에서 홀로 있는 쓸쓸함까지 더해짐.

(다) 정서 환기
'천수만한을 네 어이 도도는다'
→ 외로움, 그리움 등의 정서를 환기함.

3 내신&수능 기출 point
'달'의 기능

달	
(가)	이별의 시간적 배경으로 이별하는 상황을 형상화하는 데 활용되는 소재
(나)	이미 발생한 이별의 상황에서 화자의 수심과 임에 대한 그리움의 정서를 불러일으키는 요인
(다)	감각적 이미지 '옥적 소리'와 정서적으로 연결되어 임과 이별한 화자의 수심(천수만한)을 유발하는 소재

현풀 정답 ❶ 한없이 넓고 넓은 바다 ❷ 노 젓는 소리 ❸ 돋우느냐

01 (가)~(다)를 바탕으로 〈보기〉의 밑줄 친 '달'에 대해 이해한 내용으로 적절하지 <u>않은</u> 것은?

─ 보기 ─

가련하다 누대 위에서 배회하는 달은
헤어진 이의 경대를 비추고 있으니
주렴 사이에는 걷어도 사라지지 않고
다듬잇돌 위에는 털어도 다시 오네
이제 서로 달을 바라보아도 서로 들을 길은 없으니
달빛 좇아 흘러가 임을 비춰 보리라   ─ 장약허, '춘강화월야'

① (가)의 '달'과 달리 이별한 이후의 상실감을 형상화하고 있어.
② (나)의 '달'과 같이 화자의 정서를 불러일으키고 있어.
③ (나)의 '달'과 같이 낯선 곳에 있는 화자를 위로해 주고 있어.
④ (다)의 '달'과 달리 상상력을 통해 임과 화자를 이어 주는 역할을 하고 있어.
⑤ (다)의 '달'과 같이 이별한 상황에서 화자의 수심을 불러일으키는 요인으로 작용하고 있어.

02 (다)와 〈보기〉의 공통점으로 적절하지 않은 것은?

─ 보기 ─

천만리(千萬里) 머나먼 길히 고은 님 여희옵고
니 무음 둘 디 업서 냇그에 안자시니
뎌 믈도 내 온 곳호여 우러 밤길 녜놋다   ─ 왕방연

① 자연물에 인격을 부여하는 표현 기법을 사용하였다.
② 이별한 슬픔의 깊이를 심리적 거리감을 통해 극대화하였다.
③ 임과 이별한 상황을 수량화된 표현을 활용해 강조하였다.
④ 자조적 어조를 통해 과거의 행동에 대한 화자의 자책감을 드러내었다.
⑤ 시간적 배경을 알 수 있는 시어를 통해 애상적인 분위기를 조성하였다.

03 ㉠~㉤에 대해 이해한 내용으로 적절하지 않은 것은?

① ㉠: 이별의 슬픔을 전제한 화자의 소망을 드러내는군.
② ㉡: 애절한 정서의 감각적 이미지화가 나타나는군.
③ ㉢: 자연물에 화자 자신의 감정이 투영되었군.
④ ㉣: 화자의 처지에서 비롯된 안타까움이 드러나는군.
⑤ ㉤: 과거 일에 대한 성찰과 후회가 나타나는군.

04 기출 연계
(가)~(다)의 '달'을 이해한 내용으로 적절한 것은?

① (가)의 '달'은 화자의 마음이 투영된 것으로, 서로 떨어져 있는 임과 화자를 이어 주는 매개물로 볼 수 있겠군.
② (가)의 '달'은 화자의 질투를 유발하는 대상으로, 임이 사랑을 찾아 자신과 헤어지는 시간적 배경으로 볼 수 있겠군.
③ (나)의 '달'은 화자가 궁금한 점을 묻는 상대로, 임의 사정을 화자에게 알려 줄 수 있는 전달자로 볼 수 있겠군.
④ (나)의 '달'은 화자가 타향에서 바라보는 것으로, '두견이'와 정서적으로 연결되어 화자의 정한을 돕고 있다고 볼 수 있겠군.
⑤ (다)의 '달'은 화자의 내면을 빗대어 표현한 것으로, '옥적'과 어울려 임을 위한 화자의 정성을 강조한다고 볼 수 있겠군.

05 교육청학평 기출
(나), (다)에 대한 설명으로 가장 적절한 것은?

① (나)와 달리 (다)는 연쇄와 반복을 통해 운율을 형성하고 있다.
② (다)와 달리 (나)는 특정한 소재를 활용하여 시간의 경과를 드러내고 있다.
③ (나)는 원경에서 근경으로, (다)는 근경에서 원경으로 화자의 시선이 이동되고 있다.
④ (나), (다)는 모두 대상과의 재회를 확신하며 고통을 견디는 모습이 나타나 있다.
⑤ (나), (다)는 모두 종장의 마지막 구절을 불완전하게 종결하여 시적 여운을 주고 있다.

06 기출 연계
〈보기〉의 ⓐ~ⓔ 중, (가)~(다)에서 찾을 수 있는 것만 묶은 것은?

─ 보기 ─

시조는 형식적 제한이 견고해 최소한의 표현으로 최대한의 의사를 전달해야 하고 주관적인 내용에 대해 공감을 얻어야 하므로, 관습적인 발상과 표현을 사용하는 경우가 있다. 애정 시조에 나타나는 이러한 발상과 표현에는 ⓐ이별과 관련하여 화자의 정서를 드러내는 청각적 심상을 활용하는 것, ⓑ의인화된 사물에 이별의 책임을 전가하는 것, ⓒ수(數)를 통해 감정의 깊이를 드러내는 것, ⓓ이별한 후의 심적 고통을 불면의 상황으로 나타내는 것, ⓔ아름다움을 상징하는 사물에 임을 빗대어 표현하는 것 등이 있다.

① ⓐ, ⓑ   ② ⓐ, ⓒ, ⓓ   ③ ⓐ, ⓑ, ⓒ, ⓔ
④ ⓐ, ⓒ, ⓓ, ⓔ ⑤ ⓑ, ⓒ, ⓓ, ⓔ

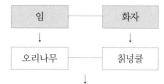

가 님으람 회양(淮陽) 금성(金城) 오리나무가 되고 나는 삼사
임 = 임금
월 칡넝쿨이 되야

　그 나무에 그 칡이 납거미 나비 감듯 이리로 츤츤 저리
로 츤츤 외오 풀러 올히 감아 얼거져 틀어져 밑부터 끝까
　왼쪽으로　　　오른쪽으로
지 조금도 빈틈업시 찬찬 굽의 나게 휘휘 감겨 ㉠주야 장
　　　　　　　굽어지게
상(晝夜長常) 뒤트러져 감겨 잇셔
밤낮으로 계속하여 언제나

　　동(冬)섯달 바람비 눈서리를 아무리 맞즌들 떨어질 줄
동지섣달: 동짓달(음력 11월) + 섣달(음력 12월) - 한겨울
이시랴
　　　　　　　　　　　　　　　　　　　　　　　- 이정보

임은 회양 금성 오리나무가 되고 나는
삼사월 칡넝쿨이 되어
　그 나무에 그 칡이 납거미가 나비를
감듯 (❶　　　　　) 왼쪽 풀러 오른쪽
감아 얽히고 틀어져 밑부터 끝까지 조
금도 빈틈없이 찬찬 굽어지게 휘휘 감
겨서 밤낮으로 계속 뒤틀어져 감겨 있
어
　동지섣달 바람비 눈서리를 아무리 맞
더라도 떨어질 줄 있겠는가?

나 ㉡개를 여라믄이나 기르되 요 개같이 얄미우랴
열이 조금 넘는 정도
　미운 임 오며는 꼬리를 홰홰 치며 뛰락 내리 뛰락 반겨
서 내닫고 고운 임 오며는 뒷발을 버둥버둥 므르락 나으락
　　　　　　　　　　　　　　　　　　물러섰다가 나아갔다가
캉캉 짖어서 돌아가게 한다

　쉰밥이 그릇그릇 난들 너 먹일 줄이 이시랴　- 작자 미상

개를 열 넘는 정도로 기르지만 이 개
같이 얄밉겠는가?
　미운 임이 오면 꼬리를 홰홰 치며
(❷　　　　　) 반겨서 달려가고 고운
임 오면 뒷발을 버둥버둥 물러섰다가
나아갔다가 캉캉 짖어서 돌아가게 한다.
　쉰밥이 그릇그릇 남아도 너 먹일 일이
있겠느냐?

다 ㉢바람도 쉬어 넘고 구름이라도 쉬어 넘는 고개
　산진이 수진이 해동청 보라매라도 다 쉬어 넘는 고봉 장
성령 고개
　그 너머 임이 왔다 하면 ㉣나는 한 번도 아니 쉬어 넘을
까 하노라
　　　　　　　　　　　　　　　　　　　　　　　- 작자 미상

바람도 쉬면서 넘고 구름이라도 쉬면
서 넘는 고개
산에서 자란 매나, 집에서 길들인 매
나, 송골매, 보라매라도 다 쉬면서 넘
는 높은 봉우리 장성령 고개
　그 너머 임이 왔다고 하면 나는 한 번
도 아니 쉬고 (단숨에) 넘을까 하노라.

라 이화우(梨花雨) 흩뿌릴 제 울며 잡고 **이별한 임**
　추풍낙엽(秋風落葉)에 저도 나를 생각하는가
가을바람에 떨어지는 잎
　㉤천 리(千里)에 **외로운 꿈**만 오락가락 하는구나
　　　　　　　　　　　　　　　　　　　　　　　- 계랑

(❸　　　　　) 흩뿌려질 때 울며 잡고
이별한 임
가을바람에 낙엽 떨어질 때 저도 나를
생각할까?
천 리 머나먼 길에 외로운 꿈만 오락
가락하는구나.

작품 정리

㉮ 님으람 회양 금성 오리나무가
주제 임과 영원히 함께하고 싶은 마음
특징 ① 화자의 소망과 의지를 자연물의 모습에 빗댐.
　　② 열거와 반복, 점층을 통해 화자의 정서를 드러냄.
성격 의지적

㉯ 개를 여라믄이나 기르되
주제 임에 대한 간절한 기다림
특징 의성어나, 의태어 등 음성 상징어를 사용함.
성격 해학적

㉰ 바람도 쉬어 넘고
주제 임을 만나고 싶은 애타는 마음
특징 ① 열거, 의인, 반복, 가정 등의 표현법을 활용함.
　　② 구체적 지명을 사용함.
성격 의지적

㉱ 이화우 흩뿌릴 제
주제 이별한 임에 대한 그리움
특징 ① 계절적 이미지와 시간의 변화를 활용함.
　　② 하강의 이미지가 나타남.
성격 애상적, 감상적

문해력 UP 감상 패턴

1 화자

화자의 태도 및 정서
(가) 임과 떨어지지 않고 항상 함께 있
　　기를 바람.
(나) 임이 오기를 기다림.
(다) 넘어가기 어려운 고개를 임이 오
　　면 한 번도 쉬지 않고 넘어가겠다
　　는 사랑에 대한 적극적인 의지를
　　보임.
(라) 임과 헤어진 후 임을 그리워함.

2 표현

(가) 변신 모티프 활용

임	화자
↓	↓
오리나무	칡넝쿨

↓

칡넝쿨이 오리나무를 감는 모양을
묘사하여 임과 함께하고 싶은 마음
을 드러냄.

(나) 해학적 묘사
'미운 임 오며는 ~ 돌아가게 한다'
→ 개의 얄미운 행동을 묘사함.

(다) 점층법의 사용
바람도 쉬어 넘고 → 구름도 쉬어 넘
고 → 여러 매들도 쉬어 넘는 고개:
고개의 험준함을 강조함.

**(라) 시간적, 공간적 거리감 공존으로
심리적 거리감 심화**
• '이화우', '추풍낙엽'
→ 봄과 가을의(임과 헤어진 뒤의)
　시간적 거리감
• '천 리'
→ 임과 화자 사이에 놓여 있는 공간
　적 거리감

3 내신&수능 기출 point

평시조와 사설시조의 특징

평시조	초기에 등장한 시조 형식, 3장 6구 45자 내외의 형식 → (라)
사설시조	조선 후기에 등장한 시조 형식, 초장과 중장이 길어짐, 향유층이 평민 및 여성으로 확대됨. → (가), (나), (다)

현풀 정답 ❶ 이리로 칭칭 저리로 칭칭 ❷ 뛰어올
랐다 내려 뛰었다 ❸ 배꽃이 비처럼

01 (가)~(라)의 공통점으로 가장 적절한 것은?

① 파격적인 형식의 사설체로 자유로운 문학 양식이다.
② 자신의 감정을 절제하면서도 풍류적인 운치가 있다.
③ 종장의 첫 어절이 3음절로 고정이 되는 특성을 지닌다.
④ 산문 정신을 기반으로 등장하여 대체로 중장이 길다.
⑤ 사회 현실에 대한 비판을 주제로 한 사실적인 내용이다.

02 (라)에 대해 이해한 내용으로 적절하지 않은 것은?

① '이화우'와 '추풍낙엽'은 떨어지는 배꽃과 나뭇잎을 통해 하강의 이미지를 형성하고 있어.
② '이화우'에서 '추풍낙엽'으로의 전개를 통해 화자가 임과 이별한 세월이 오래되었음을 알 수 있어.
③ '이별한 임'과 '저'는 동일한 인물로 화자의 그리움의 대상 이라고 할 수 있어.
④ '천 리'는 이별한 임과 화자 사이의 정서적 거리감을 나타 내고 있어.
⑤ '외로운 꿈'은 떠나간 임을 잊고자 하는 화자의 쓸쓸한 심 리를 암시하고 있어.

03 문맥상 ㉠~㉤에 대한 설명으로 적절하지 않은 것은?

① ㉠: 화자의 간절한 마음을 비유적인 장면을 연출하여 드 러내고 있다.
② ㉡: 화자의 직설적 감정 표출로 시상 전개에 궁금증을 유 발하고 있다.
③ ㉢: 대조되는 장면을 초점화하여 짜임새 있는 의미 구조 를 이루고 있다.
④ ㉣: 임과의 재회에 대한 반가움을 과장적인 표현으로 강 조하고 있다.
⑤ ㉤: 임과의 재회에 대한 절망적 인식을 공간적 거리로 표 현하고 있다.

04 기출연계 (가)~(라)에 대한 설명으로 가장 적절한 것은?

① (가), (나)는 대조를 통해 이별의 정서를 드러내고 있다.
② (가), (다)는 시간의 흐름에 따라 시상을 전개하고 있다.
③ (가), (다)는 (라)보다 화자의 적극적인 의지를 드러내고 있다.
④ (나), (라)는 (가)에 비해 계절감이 부각되고 있다.
⑤ (가)~(다)의 화자는 모두 임과의 재회를 소망하고 있다.

05 기출 연계 (나)와 〈보기〉를 비교한 내용으로 가장 적절한 것은?

> ─── 보기 ───
>
> 댁들에 동난지이 사오 저 장수야 네 황화 그 무엇이라 웨 는다 사자
> 　외골 내육(外骨內肉), 양목(兩目)이 상천(上天), 전행 후행 (前行後行), 소(小)아리 팔족(八足), 대(大)아리 이족(二足), 청장(淸醬) 아스슥 하는 동난지이 사오
> 　장수야 하 거복이 웨지 말고 게젓이라 하렴은
>
> 　　　　　　　　　　　　　　　　　　 – 작자 미상

① (나)와 〈보기〉 모두 해학적 표현을 통해 이별의 슬픔을 무 마시키고 있다.
② (나)와 〈보기〉 모두 자연물에 화자 자신의 잘못에 대한 책 임을 전가시키고 있다.
③ (나)와 〈보기〉 모두 음성 상징어를 활용하여 대상을 생동 감 있게 표현하고 있다.
④ (나)와 달리 〈보기〉는 사랑하는 대상에 대한 그리움의 정 서가 주를 이루고 있다.
⑤ (나)와 달리 〈보기〉는 평시조의 형식에서 벗어나 중장이 길어진 형식을 보여 주고 있다.

조선 전기의 시조

특징 ① 고려 말에 형태가 갖추어진 시조는 조선 초기에 들어 양반 사대부의 새로운 문학 양식으로 확고한 자리를 차지하게 되었는데, 이는 시조의 간결함이 유학자들의 검소함과 담백한 정서를 표현하는 데 적절하였기 때문이다.
② 조선 전기 시조는 평시조인 단형시조, 연시조가 주류를 형성하였으며, 한때 고려 유신들의 회고가류가 창작되기도 하였다.

내용 유학자들의 검소함과 담백한 정서, 충의 사상, 자연관 등의 내용을 주로 담고 있다.

가사

개념 고려 말에서 조선 초에 형태를 갖추고, 고려 후기에서 조선 후기까지 주로 사대부들이 창작하여 부른 운문과 산문의 중간 형태를 띤 조선 시대의 대표 시가 장르이다.

특징 ① 3(4)·4조의 연속체, 4음보로 되어 있고, 마지막 행은 대체로 시조 종장의 율격과 일치한다.
② 조선 전기에는 양반 사대부 계층을 중심으로 자연 속에서 유유자적하는 심정, 임금에 대한 연모의 정, 기행을 통해 얻은 견문 등이 주된 내용이었고, 평민, 부녀자로 작가층이 확대된 조선 후기에는 평민들의 생활을 사실적으로 표현한 작품도 등장하였다.

의의 시조와 함께 조선 시대 전반에 걸쳐 모든 계층이 향유한 문학 양식이며 형식은 운문이지만 다양한 산문적 내용을 담고 있기 때문에 시가 문학에서 산문 문학으로 넘어가는 과도기적 장르로 평가받는다.

고전시가 필수 어휘 ❸

41 수이 》 쉽게, 빨리
예 다른 히 수이 디여 긴 밤을 고초 안쟈(짧은 겨울 해가 이내 지고 긴 밤을 꼿꼿이 앉아) – 사미인곡

42 수품, 슈품 》 솜씨
예 슈품(手品)은 코니와 제도(制度)ㄷ 줄시고(솜씨는 물론이고 격식도 갖추었구나.) – 사미인곡

43 슬ㅋ장, 슬ㅋ지 》 실컷, 마음껏
예 무음의 머근 말솜 슬ㅋ장 솗쟈 ㅎ니(마음속에 품은 생각을 실컷 사뢰려고 하였더니) – 속미인곡

44 실솔(蟋蟀) 》 귀뚜라미
예 가을 달 방에 들고 실솔(蟋蟀)이 상(床)에 울 제(가을 달빛 방에 비치고 귀뚜라미 침상에서 울 때) – 규원가

45 아치고절 》 '매화'를 이르는 말
예 아마도 아치고절(雅致高節)은 너뿐인가 ㅎ노라(아마도 맑은 운치와 높은 절개를 지닌 것은 오직 너뿐인가 하노라.) – 매화사

46 은 》 마음
예 져 물도 뇌 은 굿ㅎ여 우러 밤길 녜놋다(저 시냇물도 내 마음 같아서 울면서 밤길을 흘러가는구나.) – 왕방연의 시조

47 야광명월(夜光明月) 》 밤에 밝게 빛나는 달
예 야광명월(夜光明月)이 밤인들 어두우랴(한밤중 빛나는 달이 밤이라고 어둡겠는가?) – 고공답주인가

48 어리다 》 어리석다
예 무음이 어린 후(後)ㅣ니 ㅎ는 일이 다 어리다(마음이 어리석으니 하는 일이 다 어리석다.) – 서경덕의 시조

49 어엿브다 》 불쌍하다, 가엾다
예 어엿불사 편편 고봉이 갈 바 업서 하놋다(불쌍하구나, 훨훨 나는 외로운 봉황이 갈 곳이 없어 하는구나.) – 병산육곡

50 얼우다 》 얼리다, 얼게 하다
예 아무리 얼우려 허인들 봄뜻이야 아슬소냐(아무리 얼리려고 한들 봄뜻이야 빼앗을쏘냐?) – 매화사

시조 · 가사
(조선 전기)

도산십이곡(陶山十二曲)_이황 (1)

가 이런들 엇더ᄒ며 져런들 엇더ᄒ료

초야우생(草野愚生)이 이러타 엇더ᄒ료

ᄒ믈며 ㉠천석고황(泉石膏肓)을 고쳐 므슴 ᄒ료

〈제1수: 언지 1〉

이런들 어떠하며 저런들 어떠하랴?
시골에 묻혀 사는 어리석은 사람이 이렇게 산다고 해서 어떠하랴?
하물며 자연을 사랑하고 즐기는 마음을 고쳐 무엇 하랴?

나 연하(煙霞)로 집을 삼고 풍월(風月)로 벗을 사마

태평성대(太平聖代)에 병(病)으로 늘거 가네

이 즁에 ᄇ라는 일은 허믈이나 업고쟈

〈제2수: 언지 2〉

(❶   )와 노을로 집을 삼고 바람과 달로 벗을 삼아
태평성대에 병으로 늙어 가네.

이러한 가운데 바라는 일은 허물이나 없었으면 한다.

다 순풍(淳風)이 죽다 ᄒ니 진실(眞實)로 거즛말이
순박한 풍속

인성(人性)이 어지다 ᄒ니 진실(眞實)로 올흔 말이

천하(天下)에 허다영재(許多英才)를 소겨 말ᄉᆷᄒᆯ가
수많은 뛰어난 인재

〈제3수: 언지 3〉

예부터 내려오는 순박하고 좋은 풍속이 죽었다 하는 말이 진실로 거짓말이로구나.
사람의 성품이 어질다 하는 말이 진실로 옳은 말이로구나.
천하에 허다한 영재를 속여서 말씀할까?

라 유란(幽蘭)이 재곡(在谷)ᄒ니 자연(自然)이 듯디 죠해

백운(白雲)이 재산(在山)ᄒ니 자연(自然)이 보디 죠해
흰 구름

이 즁에 피미일인(彼美一人)을 더옥 닛디 못ᄒ애
저 아름다운 한 사람. 곧 임금을 가리킴.

〈제4수: 언지 4〉

그윽한 향기의 (❷   )가 골짜기에 피었으니 자연이란 것이 듣기가 좋구나.
흰 구름이 산봉우리에 걸려 있으니 자연이란 것이 보기가 좋구나.
이러한 가운데에서 저 한 아름다운 분(임금)을 더욱 잊지 못하는구나.

마 산전(山前)에 유대(有臺)ᄒ고 대하(臺下)에 유수(有水) ㅣ 로다

ᄯᅢ 많은 갈매기는 오명가명 ᄒ거든

엇더타 교교백구(皎皎白駒)는 멀리 ᄆᆞᆷ 두는고

〈제5수: 언지 5〉

산 앞에 대(臺)가 있고 대 아래에 물이 흐르는구나.
떼를 지어서 갈매기들은 오락가락하는데
어찌하여 새하얀 말은 멀리 마음을 두는가.

바 춘풍(春風)에 화만산(花滿山)ᄒ고 추야(秋夜)에 월만대(月滿臺)라

사시가흥(四時佳興)이 사ᄅᆷ과 ᄒᆞᆫ가지라
사계절의 즐거운 흥취

ᄒ믈며 어약연비(魚躍鳶飛) 운영천광(雲影天光)이야 어찌 끝이 있으리
구름이 그늘을 짓고 하늘의 빛이 빛나다는 뜻

〈제6수: 언지 6〉

(❸   )에 산에 꽃이 가득 피고, 가을밤에 달빛이 대에 가득하구나.
사계절의 흥취는 사람과 마찬가지로다.
하물며 천지만물의 오묘한 조화가 어느 끝이 있을까?

문해력 UP 감상 패턴

① 화자

언지(言志) 6수에 담긴 화자의 태도
도산 서원 주변의 경관에서 일어나는 감흥을 노래함.

② 표현

대구법의 활용

대구법	비슷하거나 동일한 문장 구조를 짝을 맞추어 표현하는 방법

↓

제1수	이런들 엇더ᄒ며 져런들 엇더ᄒ료
제2수	연하로 집을 삼고 풍월로 벗을 사마
제3수	순풍이 죽다 ᄒ니 진실로 거즛말이 / 인성이 어지다 ᄒ니 진실로 올흔 말이
제4수	유란이 재곡ᄒ니 자연이 듯디 죠해 / 백운이 재산ᄒ니 자연이 보디 죠해
제5수	산전에 유대ᄒ고 대하에 유수 ㅣ 로다
제6수	춘풍에 화만산ᄒ고 추야에 월만대라

③ 내신&수능 기출 point

연군지정의 정서
'이 즁에 피미일인을 더옥 닛디 못ᄒ애'
→ 자연 속에서도 임금에 대한 충성의 마음을 표현함.

작품 전체의 구성 방식

전6수 (언지)	도산 서원 주변의 경관에서 일어나는 감흥

+

후6수 (언학)	학문 수양에 임하는 심경

작품 정리

주제 자연 친화적 삶의 추구와 학문 수양에 대한 변함없는 의지
특징 ① 도학자의 자연 관조적 자세와 학문 정진에 대한 의지가 나타남.
② 생경한 한자어를 많이 사용함.
③ 반복법, 설의법, 대구법 등을 통해 주제를 부각함.
성격 교훈적, 예찬적

현풀 정답 ❶ 안개 ❷ 난초 ❸ 봄바람

01 (가)~(마)에 대한 설명으로 적절하지 않은 것은?

① (가)는 유사한 어미를 반복하여 주제를 강조하고 있다.

② (나)는 대구법을 활용하여 자연 속에서 느끼는 정취를 드러내고 있다.

③ (다)는 대조적인 어휘를 사용하여 자신의 판단을 드러내고 있다.

④ (라)는 풍경을 묘사하며 임금에 대한 그리움을 제시하고 있다.

⑤ (마)는 자연물에 화자 자신의 감정을 이입하여 애상적 정서를 드러내고 있다.

02 (라)~(바)에 대해 이해한 내용으로 적절하지 않은 것은?

① (라)의 '피미일인'은 자연 속 삶에 회의를 느끼며 세속적 삶을 그리워하는 화자의 모습을 나타낸다.

② (마)의 'ᄆᆞᄋᆞᆷ'은 자연에서의 삶을 멀리하는 사람의 마음을 나타낸다.

③ (바)의 '사시가흥'은 화자의 자연애를 집약적으로 드러낸다.

④ (바)의 '어약연비'와 '운영천광'은 화자가 느끼는 자연의 아름다움과 조화로움을 나타낸다.

⑤ (바)의 '흥플며~어찌 끝이 있으리'에는 화자의 자연에 대한 감탄과 예찬이 드러난다.

03 ㉠과 의미가 통하는 한자 성어로 가장 적절한 것은?

① 만시지탄(晩時之歎)　　② 입신양명(立身揚名)

③ 양두구육(羊頭狗肉)　　④ 권토중래(捲土重來)

⑤ 연하고질(煙霞痼疾)

04 교육청학평 기출
윗글에 대한 설명으로 적절하지 않은 것은?

① (가)에서는 화자가 자신을 드러내고 삶의 지향을 제시함으로써 주제 의식을 환기한다.

② (나)에 나타난 화자 자신에 대한 관심을 (다)에서는 사회로 확대하면서 시상을 전개한다.

③ (다)의 시적 대상을 (라)에서도 반복적으로 다룸으로써 주제 의식을 강화한다.

④ (라), (마)에서는 화자의 시선에 포착된 장면들을 배치하여 공간의 입체감을 부각하며 시상을 심화한다.

⑤ (바)에서는 화자의 인식을 점층적으로 드러내어 주제 의식을 집약한다.

05 기출 연계
〈보기〉를 바탕으로 윗글을 이해한 내용으로 적절하지 않은 것은?

> ───── 보기 ─────
>
> '도산십이곡'에서는 조화로운 자연과 합일하는 화자가 등장하며, 강호는 자연의 이치와 인간이 지향하는 이치가 일치된 이상적 공간으로 나타난다.

① '초야우생'은 인간이 지향하는 이치와 자연의 이치가 일치된 공간에 존재하는 화자가 스스로를 이르는 말이겠군.

② '천석고황'은 이상적 공간에 다다르지 못한 것에 대한 화자의 아쉬움이 나타난 말이겠군.

③ '연하로 집을 삼고 풍월로 벗을 사마'는 화자가 자연과 합일된 상태임을 드러낸 말이겠군.

④ '춘풍에 화만산ᄒᆞ고 추야에 월만대라'는 계절의 양상을 통해 조화로운 자연을 드러낸 말이겠군.

⑤ '사롬과 ᄒᆞᆫ가지라'는 자연의 이치와 인간이 지향하는 이치가 다르지 않음을 확인한 화자의 인식이 나타난 말이겠군.

06 기출 연계
윗글의 시어에 대한 이해로 적절하지 않은 것은?

① '연하'와 '풍월'은 화자가 삶에 자족감을 갖게 하는 소재이다.

② '순풍'과 '인성'은 화자가 바라는 세상의 모습이다.

③ '유란'과 '백운'은 화자가 심미적으로 완상하는 대상이다.

④ '산전'과 '대하'는 화자가 피하고자 하는 속세를 상징하는 표지이다.

⑤ '화만산'과 '월만대'는 화자의 충만감을 자아내는 정경의 표상이다.

24 도산십이곡 (2)

가
천운대(天雲臺) 도라 드러 완락재(玩樂齋) 소쇄(瀟灑)ᄒᆞᆫ듸
_{도산 서원에 있는 누대의 이름}　　　　　　　　　_{기운이 맑고 깨끗한데}
만권생애(萬券生涯)로 낙사(樂事)ㅣ 무궁(無窮)ᄒᆞ얘라
　㉠이 듕에 왕래풍류(往來風流)를 닐러 므슴ᄒᆞᆯ고
　　　　　　　　　　　　　　　〈제7수: 언학 1〉

천운대를 돌아 들어간 곳에 있는 완락재는 깨끗한 곳이니,
많은 (❶　　　　　)을 읽으며 일생을 보내는 즐거움이 끝이 없어라.
이런 가운데 이따금 바깥을 거니는 재미를 말해 무엇하겠는가?

나
뇌정(雷霆)이 파산(破山)ᄒᆞ야도 농자(聾者)는 몯 듣ᄂᆞ니
백일(白日)이 중천(中天)ᄒᆞ야도 고자(瞽者)는 몯 보ᄂᆞ니
　㉡우리는 이목총명(耳目聰明) 남자로 농고(聾瞽)ᄀᆞ디
마로리　　　　　　　　　　　　〈제8수: 언학 2〉

천둥과 벼락이 산을 깨뜨릴 듯이 심하게 울어도 귀먹은 자는 못 듣네.
밝은 해가 하늘 높이 올라도 눈먼 자는 보지 못하네.
우리는 귀와 눈이 밝은 남자로서 귀먹은 자와 눈먼 자와 같아지지 말아야 하리.

다
고인(古人)도 날 몯 보고 나도 고인 몯 뵈
　㉢고인을 몯 뵈도 녀든 길 알ᄑᆡ 잇ᄂᆡ
녀든 길 알ᄑᆡ 잇거든 **아니 녀고 엇뎔고**
　　　　　　　　　　　　　　　〈제9수: 언학 3〉

옛 성현도 나를 못 보고 나도 옛 성현을 못 뵙고.
성현을 못 뵈어도 (그분들이) 가던 길이 앞에 있네.
(❷　　　　　)이 앞에 있는데 아니 가고 어찌할 것인가?

라
㉣당시(當時)예 녀든 길흘 몃 ᄒᆡ를 ᄇᆞ려두고
어듸 가 ᄃᆞ니다가 이제아 도라온고
이제아 도라오나니 **년 ᄃᆡ 무ᅀᆞᆷ 마로리**
　　　　　　　　　　　　　　　〈제10수: 언학 4〉

그 당시에 학문에 뜻을 세우고 행하던 길을 몇 해나 버려두고
어디에 가서 다니다가 이제서야 돌아왔는가?
이제라도 돌아왔으니 다른 데에 마음을 두지 말으리.

마
청산(青山)은 엇뎨ᄒᆞ야 만고(萬古)애 프르르며
유수(流水)는 엇뎨ᄒᆞ야 주야(晝夜)애 긋디 아니ᄂᆞᆫ고
우리도 **그치디 마라 만고상청(萬古常青)**호리라
　　　　　　　　　　　　　　　〈제11수: 언학 5〉

청산은 어찌하여 항상 푸르며,
흐르는 (❸　　　　　)은 어찌하여 밤낮으로 그치지를 아니하는가?
우리도 저 물과 같이 그치지 말아서 영원히 높고 푸르게 살아가리라.

바
우부(愚夫)도 알며 ᄒᆞ거니 긔 아니 쉬운가
_{어리석은 사람}
　㉤성인(聖人)도 몯다 ᄒᆞ시니 긔 아니 어려운가
쉽거나 어렵거나 듕에 **늙ᄂᆞᆫ 주를** 몰래라
　　　　　　　　　　　　　　　〈제12수: 언학 6〉

어리석은 이도 알며 하니 그 아니 쉬운가?
성인도 못다 하니 그 아니 어려운가?
쉽거나 어렵거나 간에 늙어 가는 줄을 모르노라.

문해력 UP 감상 패턴

① 화자

언학(言學) 6수에 담긴 화자의 태도
자연에 묻혀 학문에 정진하는 일을 즐거워함.

② 표현

연쇄법의 활용

연쇄법	앞 구절의 끝 어구를 다음 구절의 첫머리에 이어받아 이미지나 심상을 강조하는 표현 방법

↓

제9수	고인도 날 몯 보고 나도 고인 몯 뵈 ↓ 고인을 몯 뵈도 녀든 길 알ᄑᆡ 잇ᄂᆡ ↓ 녀든 길 알ᄑᆡ 잇거든 아니 녀고 엇뎔고
제10수	어듸 가 ᄃᆞ니다가 이제아 도라온고 ↓ 이제아 도라오나니 년 ᄃᆡ 무ᅀᆞᆷ 마로리

③ 내신&수능 기출 point

대비를 활용한 삶에 대한 반성

녀든 길		년 ᄃᆡ
학문 수양의 길	↔	벼슬길

↓

학문과 자기 수양에 힘쓰던 길을 버려두고 벼슬살이를 했던 자신의 과거를 반성하는 태도를 보임.

자연물을 통해 표현한 학문 수양의 의지

청산 유수	불변성과 영원성

↓

만고상청호리라

불변성과 영원성을 지닌 자연과 같이 구준히 학문 수양에 정진하겠다는 의지를 드러냄.

현풀 정답　❶ 책 ❷ 학문의 길 ❸ 물

07 (가)~(마)에 대한 설명으로 적절하지 **않은** 것은?

① (가): 구체적 장소를 제시하여 자신이 은거하고 있는 공간을 밝히고 있다.

② (나): 대구적 표현을 통해 자연 속에서 풍류를 즐기는 자신의 처지에 대한 자부심을 드러내고 있다.

③ (다): 연쇄법을 활용하여 학문 수양에 대한 의지를 드러내고 있다.

④ (라): 의지를 나타내는 어미를 통해 화자가 지향하는 바를 제시하고 있다.

⑤ (마): 자연물을 활용하여 학문에 대한 화자의 태도를 드러내고 있다.

08 윗글과 〈보기〉를 비교한 내용으로 적절하지 **않은** 것은?

─ 보기 ─

고산구곡담(高山九曲潭)을 사름이 모로더니
주모복거(誅茅卜居)하니 벗님늬 다 오신다
어즈버 무이를 상상하고 학주자(學朱子)를 하리라 〈제1수〉
– 이이, '고산구곡가'

① 윗글과 〈보기〉 모두 학문 수양에 대한 화자의 의지를 드러내고 있다.

② 윗글과 달리 〈보기〉는 감탄사를 통해 시상을 전환하고 있다.

③ 윗글과 달리 〈보기〉는 화자가 공부하는 학문을 직접적으로 제시하고 있다.

④ 윗글과 달리 〈보기〉는 화자가 따르고자 하는 성현의 이름을 제시하고 있다.

⑤ 윗글과 달리 〈보기〉는 속세와 자연과의 대비를 통해 현실 비판의 의도를 드러내고 있다.

09 ㉠~㉤에 대해 이해한 내용으로 적절하지 **않은** 것은?

① ㉠: 학문에 전념하다 생긴 여가 중 풍류를 즐기는 모습을 나타내고 있군.

② ㉡: 학문 수양을 통해 세상의 이치를 깨닫고자 하는 의지가 엿보이는군.

③ ㉢: 성현들의 뜻은 책에 담겨 있다는 인식이 드러나 있군.

④ ㉣: 학문 추구의 길을 버릴 수밖에 없었던 구체적 사유를 밝히고 있군.

⑤ ㉤: 진리를 추구하기 위해 꾸준히 노력하는 일의 어려움을 표현한 것이군.

10 기출 연계
윗글의 표현상 특징으로 적절한 것은?

① 반어적 표현으로 주제 의식을 강조하고 있다.

② 대화 형식을 통해 화자의 생각을 보여 주고 있다.

③ 감정 이입을 통해 정적인 분위기를 만들어 내고 있다.

④ 의문형 어구를 반복하여 심리적 갈등을 드러내고 있다.

⑤ 자연물의 속성에 빗대어 화자의 의지를 드러내고 있다.

11 기출 연계
윗글을 읽고 감상한 내용으로 적절하지 **않은** 것은?

① (가)의 '낙사ㅣ 무궁'에 드러난 자족적 태도는 (바)의 '늙는 주를' 모르고 학문을 추구하는 모습과 자연스럽게 연결되는군.

② (다)의 '아니 녀고 엇뎔고'는 (마)의 '만고상청'하는 것과 연관이 있겠군.

③ (라)의 '녠 듸 므음 마로리'는 (다)의 '고인'의 뜻을 따르겠다는 의지를 보여 주는 것이군.

④ (마)에서 말하는 '그치디 마라'의 내용은 (가)의 '만권생애'와도 관련되겠군.

⑤ (바)의 '우부'와 (나)의 '농고'는 학문의 즐거움을 알지 못하는 사람들에 대한 비판적 시각이 담겨 있군.

12 교육청학평 기출
〈보기〉를 참고하여, (마)에 대해 이해한 내용으로 적절하지 **않은** 것은?

─ 보기 ─

사대부에게 있어 자연은 질서와 조화를 이룬 아름다움의 공간이자 완상의 대상이었다. 또한 자연은 영원불변한 우주 만물의 보편타당한 이치이자 인간이 지향해야 할 대상으로서의 천리(天理)가 구현된 관념적 공간이었다. 따라서 자연의 본성을 궁구하는 것은 이를 통해 자연에서 발견한 천리를 인간의 현실에서도 실현하기 위한 노력이었다.

① '청산', '유수'는 모두 인간이 지향해야 할 대상으로서의 천리를 연상시키는 소재라 할 수 있다.

② '만고애 프르르며', '주야애 긋디 아니는고'는 '청산'과 '유수'를 통해 드러난 보편타당한 이치의 속성으로 볼 수 있다.

③ 초, 중장은 인간의 현실에서 천리를 구현하는 과정에서 겪게 되는 어려움에 대한 한탄을 표현한 것으로 볼 수 있다.

④ 종장에서 '청산'과 '유수'의 속성을 '우리'와 관련된 것으로 재진술한 것은, 자연에 구현된 천리를 인간이 추구해야 할 이치로 보는 시각을 드러낸 것으로 볼 수 있다.

⑤ 종장은 자연을 닮고자 하는 노력을 통해 현실 속에서 천리를 구현하고자 하는 태도를 드러낸 것으로 볼 수 있다.

수능 ↩

강호(江湖)에 봄이 드니 미친 ㉠흥(興)이 절로 난다
탁료계변(濁醪溪邊)에 금린어(錦鱗魚)가 안주로다
이 몸이 한가(閑暇)하옴도 역군은(亦君恩)이샷다 〈제1수〉

강호에 봄이 찾아오니 깊은 흥이 절로 난다.
(❶   )를 마시며 노는 시냇가에 싱싱한 물고기가 안주로다.
이 몸이 한가롭게 지내는 것도 역시 임금님의 은혜이시도다.

강호에 여름이 드니 초당(草堂)에 ㉡일이 업다
유신(有信)한 강파(江波)는 ㉢보내나니 바람이로다
　　　　강의 물결
이 몸이 서늘하옴도 역군은이샷다 〈제2수〉

강호에 여름이 찾아오니 (❷   )에 할 일이 없다.
믿음직스러운 강의 물결은 보내는 것이 바람이로다.
이 몸이 시원하게 지내는 것도 역시 임금님의 은혜이시도다.

강호에 가을이 드니 ㉣고기마다 살쪄 있다
소정(小艇)에 그물 실어 흘리띄워 던져두고
이 몸이 소일(消日)하옴도 역군은이샷다 〈제3수〉

강호에 가을이 찾아오니 물고기마다 살이 올라 있다.
작은 (❸   )에 그물을 실어 물결 따라 흐르도록 띄워 던져두고
이 몸이 소일하며 지내는 것도 역시 임금님의 은혜이시도다.

강호에 겨울이 드니 눈 깊이 한 자가 넘네
삿갓 빗기 쓰고 ㉤누역으로 옷을 삼아
　　비스듬히
이 몸이 춥지 아니하옴도 역군은이샷다 〈제4수〉

강호에 겨울이 찾아오니 쌓인 눈의 깊이가 한 자가 넘네.
삿갓을 비스듬히 쓰고 (❹   )를 둘러 입어 덧옷을 삼으니
이 몸이 추위를 모르고 지내는 것도 역시 임금님의 은혜이시도다.

① 화자

계절에 따라 자연을 즐기는 삶

춘사	봄	시냇가에서 물고기를 안주 삼아 탁주를 마시는 흥겨움
하사	여름	시원한 강바람이 불어오는 초당에 앉아 더위를 잊고 지내는 한가로움
추사	가을	강가에 배를 띄워 놓고 고기잡이를 하는 즐거움
동사	겨울	삿갓과 도롱이로 추위를 막을 수 있는 행복함

② 표현

형식의 통일
각 연마다 형식을 통일하여 주제를 효과적으로 드러냄.

> 강호에 (㉮)이 드니 (㉯)
> (㉰)
> 이 몸이 (㉱)하옴도 역군은이샷다

㉮: 계절
㉯: 계절에 따른 풍취
㉰: 계절에 따른 구체적인 생활 모습
㉱: 계절마다의 생활 모습

③ 내신&수능 기출 point

화자의 유교적 가치관
'역군은이샷다'
→ 자연을 벗 삼아 유유자적하면서도 그것이 임금의 은혜로 가능하다고 노래함으로써 충의 사상을 드러냄.

화자의 태도

> '탁료계변에 금린어가 안주로다',
> '삿갓 빗기 쓰고 누역으로 옷을 삼아'
> ↓
> 안빈낙도(安貧樂道),
> 안분지족(安分知足)

작품 정리

주제 자연을 벗 삼아 즐기며 임금의 은혜에 감사함.
특징 ① 계절에 따라 한 수씩 읊음.
② 각 연마다 초장과 종장의 형식을 통일하여 주제를 효과적으로 드러냄.
성격 풍류적, 전원적, 강호 한정가

현풀 정답 ❶ 막걸리 ❷ 초가(집) ❸ 배 ❹ 도롱이

01 윗글의 표현상 특징으로 적절하지 <u>않은</u> 것은?

① 사계절의 흐름을 연시조 형식으로 표현하고 있다.

② 대유법을 사용하여 대상의 속성을 전달하고 있다.

③ 동일한 후렴구로 임금에 대한 충성심을 드러내고 있다.

④ 형식적 통일성을 통해 주제를 효과적으로 나타내고 있다.

⑤ 자연물에 인격을 부여하여 자연과 하나된 삶을 노래하고 있다.

02 〈보기〉의 ㉮~㉺에 들어갈 말에 대한 설명으로 적절하지 <u>않은</u> 것은?

┌─ 보기 ─┐

강호에 (　㉮　)이 드니 (　　　　㉯　　　　)

(　　　　　　㉰　　　　　　)

이 몸이 (　㉱　)하옴도 (　　　　㉲　　　　)

└──────┘

① ㉮에는 사계절의 명칭이 제시되어 있다.

② ㉯에는 ㉮에 따른 계절의 모습이나 흥취가 드러나 있다.

③ ㉰에는 ㉯의 구체적인 내용이 제시되어 있다.

④ ㉱에는 ㉯에 대한 화자의 심리가 드러나 있다.

⑤ ㉲에는 ㉱를 가능하게 한 임금에 대한 충의가 드러나 있다.

03 ㉠~㉢ 중, 〈보기〉의 밑줄 친 부분과 유사한 화자의 태도가 드러나는 것은?

┌─ 보기 ─┐

짚방석(方席) 내지 마라 <u>낙엽(落葉)엔들 못 앉으랴</u>

솔불 혀지 마라 어제 진 달 돋아온다

아희야 박주산채(薄酒山菜)일망정 없다 말고 내어라

　　　　　　　　　　　　　　　　　　– 한호

└──────┘

① ㉠　　② ㉡　　③ ㉢　　④ ㉣　　⑤ ㉤

04 〈보기〉는 윗글의 글쓴이가 창작을 위해 세운 계획을 가상적으로 구성한 것이다. 〈제1수〉~〈제4수〉에 공통적으로 반영된 것만을 있는 대로 고른 것은?

수능 기출

┌─ 보기 ─┐

ㄱ. 각 수 초장의 전반부에는 계절적 배경을 제시하며 시상의 단서를 드러내야겠군.

ㄴ. 각 수 초장의 후반부에서는 내면적 감흥을 구체적 사물을 통해 표현해야겠군.

ㄷ. 각 수 중장에서는 주변의 자연 풍광을 묘사하여 내가 즐기고 있는 삶의 모습을 제시해야겠군.

ㄹ. 각 수 종장의 마지막 어절에는 동일한 시어를 배치하여 전체적 통일성을 확보해야겠군.

└──────┘

① ㄱ, ㄴ　　② ㄱ, ㄹ　　③ ㄴ, ㄷ

④ ㄱ, ㄷ, ㄹ　　⑤ ㄴ, ㄷ, ㄹ

05 〈보기〉를 참고하여, 윗글에 대해 학생들이 이해한 내용으로 적절하지 <u>않은</u> 것은?

기출 연계

┌─ 보기 ─┐

'강호사시가'는 유교적 이상이 현실화된 시기에 지은 것으로, 화자의 공적인 삶과 사적인 삶의 조화와 함께 개인의 평안한 삶을 가능하게 한 임금의 치적에 대한 감사가 나타나 있다.

└──────┘

① 각 수의 초장과 중장은 주로 화자의 사적인 삶의 모습을 그리고 있는 것이군.

② 각 수 종장의 '이 몸이 ~하옴도'는 사적인 삶의 모습을 압축하여 제시한 것이라 할 수 있군.

③ 각 수 종장의 '역군은이샷다'는 신하라는 공적인 삶과 관련지어 한 말이라 할 수 있군.

④ 화자는 걱정이나 탈 없이 만족스럽게 살아가는 삶을 가능하게 한 임금의 은혜에 대해 감사하고 있군.

⑤ 화자의 공적인 삶이 사적인 삶과 조화를 이루게 된 이유는 유교적 이상을 현실화하기 위한 화자의 노력 때문이군.

06 윗글에 대한 감상으로 적절한 것은?

기출 연계

① 대조적인 상황을 설정하여 정서를 잘 드러내고 있어.

② 색채의 대비를 통해 대상을 선명하게 드러내고 있어.

③ 세월의 흐름에 따른 자연의 순환 원리를 밝히고 있어.

④ 한가로운 듯 보이지만 이면에는 삶의 고통이 깔려 있어.

⑤ 계절의 변화에 따른 운치 있는 생활 모습이 나타나 있어.

가

고산구곡담(高山九曲潭)을 사룸이 모로더니

주모복거(誅茅卜居)ᄒ니 **벗님**ᄂᆡ 다 오신다
풀을 베어 내고 집을 지어 살 곳을 정함

어즈버 **무이를 상상ᄒ고 학주자(學朱子)**를 ᄒ리라

〈제1수〉

고산의 아홉 굽이 계곡의 아름다움을
사람들이 모르더니
내가 터를 닦아 집을 짓고 살게 되니
벗들이 찾아오는구나.
아, 무이산을 생각하고 주자를 배우리
라.

나

일곡은 어딕미오 관암에 ᄒᆡ 비췬다

평무(平蕪)에 ᄂᆡ 거드니 **원산(遠山)**이 그림이로다

송간(松間)에 녹준을 노코 벗 오는 양 보노라 〈제2수〉
좋은 술잔 또는 술동이

일곡은 어디인가? 관암에 해가 비친
다.
잡초가 무성한 들판에 안개가 걷히니
원산의 경치가 그림 같구나.
소나무 사이에 술통을 놓고 벗이 찾아
온 것처럼 바라보노라.

다

오곡은 어딕미오 **은병(隱屛)이 보기 됴타**

수변(水邊) 정사는 소쇄홈도 ᄀᆞᆮ이 업다
물이 있는 곳의 가장자리   기운이 맑고 깨끗함

이 중에 **강학(講學)도 ᄒ려니와 영월음풍**ᄒ리라 〈제6수〉

오곡은 어디인가? 으슥한 병풍처럼 둘러
있는 절벽이 보기 좋구나.
물가에 세워진 정사는 맑고 깨끗하기가 한
이 없다.
이 가운데서 학문 연구도 하려니와 자연
을 시로 짓고 읊으면서 풍류를 즐기리라.

라

육곡은 어딕미오 조협(釣峽)에 물이 넙다

㉠ **나와 고기야 뉘야 더욱 즐기는고**

황혼(黃昏)에 낙대를 메고 대월귀를 ᄒ노라 〈제7수〉
달을 데리고 함께 집으로 돌아감

육곡은 어디인가? (❶   )하기 좋
은 골짜기에 물이 넓구나.
나와 물고기는 어느 쪽이 더 즐거운가?

날이 저물면 낚시대를 메고 달과 함께 집
으로 돌아오노라.

마

칠곡은 어딕미오 풍암(楓巖)에 추색(秋色)이 됴타

청상(淸霜)이 엷게 치니 절벽(絕壁)이 금수(錦繡)로다
맑은 서리   수놓은 비단

한암(寒巖)에 혼자 안자셔 집을 잊고 잇노라 〈제8수〉

칠곡은 어디인가? 단풍으로 둘러싸인
바위에 (❷   )빛이 좋다.
맑은 서리가 엷게 내리니 절벽이 수놓
은 비단이로구나.
차가운 바위에 혼자 앉아서 속세의 일
을 잊어버렸노라.

바

팔곡은 어딕미오 금탄(琴灘)에 돌이 붉다

옥진 금휘(玉軫金徽)로 수삼곡(數三曲)을 노는말이,
좋은 거문고

고조(古調)를 알 이 업스니 혼ᄌ 즐겨 ᄒ노라 〈제9수〉
옛 곡조

팔곡은 어디인가? 악기를 연주하는
시냇가에 달이 밝구나.
좋은 거문고로 몇 곡을 연주하였으나,

옛 곡조를 알 사람이 없으니 혼자 즐
기고 있노라.

사

구곡은 어딕미오 문산(文山)에 세모(歲暮)커다

기암괴석(奇巖怪石)이 눈 속에 뭇쳣셰라
기이하게 생긴 바위와 괴상하게 생긴 돌

유인(遊人)은 오지 아니ᄒ고 볼 것 업다 ᄒ더라

〈제10수〉

구곡은 어디인가? 문산에 한 해가 저
물고 있구나.
기암괴석이 눈 속에 (❸   ).

사람들은 와 보지도 않고 볼 것이 없
다고 하더라.

문해력 UP 감상 패턴

1 화자

화자의 태도

고산구곡의 아름다움을 예찬하고 그
곳의 아름다움을 알지 못하는 사람들
에 대해 안타까워함.

2 표현

〈제2수〉∼〈제10수〉까지 동일한 형식
을 반복함으로써 형식적 통일성을 부
여함.

• 자문자답 방식 의 반복	∼곡은 어딕미오
• 특정 문장 구 조의 반복	(지명)에 ∼다
감탄형 종결 어 미의 반복	-노라, -더라, -로다

3 내신&수능 기출 point

자연을 바라보는 두 가지 관점

작품 정리

주제 고산구곡의 아름다운 정경 예찬
과 학문의 즐거움
특징 ① 제재가 되는 장소와 자연 경
치를 제시함.
② 생경한 한자어를 통해 자연의 모습
을 구체적으로 묘사함.
성격 교훈적, 예찬적

현풀 정답 ❶ 낚시(질) ❷ 가을 ❸ 묻혔구나

01 윗글에 대한 설명으로 가장 적절한 것은?

① 역설법을 활용하여 내적 갈등을 드러내고 있다.
② 대상에 감정을 이입하여 친근감을 부여하고 있다.
③ 공간의 속성을 활용하여 주제 의식을 부각하고 있다.
④ 자연물에 인격을 부여하여 애상적 분위기를 형성하고 있다.
⑤ 역동적 이미지를 통해 대상을 생동감 있게 표현하고 있다.

02 〈보기〉의 빈칸에 들어갈 내용으로 적절하지 않은 것은?

┌─ 보기 ─┐
선생님: '고산구곡가'는 〈제1수〉를 제외한 나머지 수들은 모두
　일정한 형식을 반복하면서 운율감과 통일감을 얻고 있습니
　다. 그러면 어떤 규칙들이 반복되고 있는지 살펴볼까요?
학생들: [　　　　　　　]이/가 반복되고 있습니다.
└─────┘

① 초장에 '어드미오'와 같이 묻는 형식
② 종장의 첫머리에 '어즈버'와 같은 감탄사
③ 초장에 '~에 ~다'와 같이 동일한 문장 구조
④ 종장의 첫 음보에 '황혼에'와 같은 3음절로 된 구
⑤ 종장의 끝부분에 '-노라'와 같은 감탄형 종결 표현

03 〈보기〉를 참고하여 윗글을 이해한 내용으로 적절하지 않은 것은?

┌─ 보기 ─┐
　이 작품은 작가가 벼슬에서 물러나 황해도 해주 석담에서
은병정사를 짓고 후학 양성에 힘쓸 때에 주자의 '무이도가'를
본떠 지었다고 알려져 있다. 각 수의 초장에 실제 지명을 배
치하고 이를 통해 풍경을 즐기는 장소이자 학문을 수양하는
공간인 자연의 모습을 드러낸다.
└─────┘

① '무이를 상상ᄒ고'에서 작가가 주자의 '무이도가'를 본떠 지었다는 것을 알 수 있군.
② '원산이 그림이로다'에서 풍경을 즐기는 장소로서의 자연에 대한 작가의 인식을 드러내고 있군.
③ '은병이 보기 됴타'에서 은병정사를 지은 작가가 작품에 실제 지명을 배치하고 있다는 사실을 알 수 있군.
④ '강학도 ᄒ려니와'에서 자연 속에서 학문을 수양하겠다는 의지를 보이고 있군.
⑤ '유인은 오지 아니ᄒ고'에서 벼슬에서 물러난 작가의 외로움을 드러내고 있군.

04 기출 연계
〈보기〉를 활용하여 윗글을 탐구한 내용으로 적절하지 않은 것은?

┌─ 보기 ─┐
　이이의 생애를 기록한 연보에는, 그가 고산구곡에 정사를
건립한 일이 주자가 무이구곡의 은병에서 후학을 양성한 것
을 본받았다는 점과 '고산구곡가'의 창작 이후 이곳을 찾는
이들이 더 많아졌다는 사실이 기록되어 있다. 한편 그가 고
산구곡의 곳곳에서 지인들과 교유한 경험을 소개한 '송애기'
에는 욕심 없는 마음으로 자연과 인간이 별개가 아님을 느끼
고, 자연으로부터 마음을 바르게 하는 도리를 찾으면 군자의
참된 즐거움을 누릴 수 있다는 그의 생각이 나타나 있다.
└─────┘

① 고산구곡은 작가와 '벗님'들의 교유 장소로도 활용되었음을 추리할 수 있겠군.
② '학주자'를 하려는 작가의 선택에 대한 사람들의 긍정적 반응을 추측할 수 있겠군.
③ '은병'은 주자를 학문적으로 계승하기 위해 선택된 공간이기도 했음을 짐작할 수 있겠군.
④ '강학'과 '영월음풍'은 모순 없이 서로 어울릴 수 있는 행위임을 유추할 수 있겠군.
⑤ '기암괴석'을 덮은 '눈'에서 자연과 합일을 이루려는 인간의 의지를 엿볼 수 있겠군.

05 기출 연계
윗글의 ㉠과 〈보기〉의 ⓐ를 비교하여 이해한 내용으로 가장 적절한 것은?

┌─ 보기 ─┐
청약립(靑蒻笠)은 써 잇노라 녹사의(綠蓑衣) 가져오냐
지국총 지국총 어사와
ⓐ무심(無心)한 백구(白鷗)는 내 좃는가 제 좃는가 〈하사 2〉
　　　　　　　　　　　　　　　　　　 – 윤선도, '어부사시사'
└─────┘

① ㉠은 화자가 동경하는 세계를 제시하고 있으며, ⓐ는 화자가 비판적으로 바라보는 세계를 드러내고 있다.
② ㉠은 화자의 정서를 대상에 투영하여 드러내고 있으며, ⓐ는 대상과 화자를 대조하여 정서를 부각하고 있다.
③ ㉠, ⓐ 모두 화자가 자연에서 느끼는 감흥을 드러내고 있다.
④ ㉠, ⓐ 모두 자신의 궁핍한 처지로 인한 좌절감을 표출하고 있다.
⑤ ㉠, ⓐ 모두 거스를 수 없는 자연의 섭리에 대한 경외감을 형상화하고 있다.

ⓐ사람 사람마다 이 말삼 드러사라

ⓑ이 말삼 아니면 **사람이라도 사람 아니니**

이 말삼 잇디 말고 배우고야 마로리이다 〈제1수〉
　　　잊지

사람 사람마다 이 말씀 들으십시오.

이 말씀이 아니면 사람이라도 사람 아니니

이 말씀 잊지 않고 배우고야 말 것입니다.

㉠아바님 날 나흐시고 어마님 날 기르시니

부모(父母)곧 아니시면 내 몸이 업실랏다

이 덕(德)을 갚흐려 하니 하늘 가이 업스샷다 〈제2수〉

아버님이 나를 낳으시고 어머님이 나를 기르시니

부모님이 아니시면 내 몸이 없었을 것입니다.

이 덕을 갚으려 하니 하늘같이 끝이 없습니다.

종과 주인과를 뉘라셔 삼기신고
신하　임금

벌과 개미가 이 뜻을 몬져 아니

ⓒ한 마암애 두 뜻 업시 속이지나 마옵사이다 〈제3수〉

종과 주인의 구별을 누가 생겨나게 하였는가?

벌과 개미가 이 뜻을 먼저 아는구나.

한 (❶　　　)에 두 뜻을 가지는 일이 없도록 속이지나 마십시오.

지아비 밭 갈라 간 데 밥고리 이고 가
남편　　　　　　　　　밥 담은 광주리

㉡반상을 들오되 눈썹에 마초이다
밥상

진실로 고마오시니 ⓓ손이시나 다르실가 〈제4수〉

남편이 밭 갈러 간 곳에 밥 담은 광주리를 이고 가서

밥상을 들되 눈썹 높이까지 들어 바칩니다.

진실로 고마운 분이시니 (❷　　　)과 다르겠습니까?

형님 자신 **젖**을 내 조처 먹나이다
　　　　　　　좇아, 따라서

어와 우리 **아우**야 어마님 너 사랑이야

형제(兄弟)가 불화(不和)하면 **개돼지**라 하리라 〈제5수〉

형님 잡수신 젖을 내가 따라 먹습니다.

아아, 우리 아우야, 너는 어머니의 사랑이야.

형제간에 화목하지 못하면 개, 돼지라 할 것입니다.

늙은이는 부모 같고 **어른**은 **형** 같으니

ⓔ같은데 불공(不恭)하면 어디가 다를고

나이가 많으시거든 절하고야 마로리이다 〈제6수〉

노인은 부모 같고 어른은 형 같으니

(이와) 같은데 (❸　　　)하지 않으면 (짐승과) 어디가 다르겠습니까?

나이가 많으시면 절하고야 말겠습니다.

문해력 UP 감상 패턴

1 화자

화자의 태도

백성들에게 지켜야 할 유교적 도리를 알려 주고자 함.

→ 설교적 어조로 훈계적인 태도를 보임.

2 표현

비유적 의미

종과 주인	신하와 임금
벌과 개미	엄격한 상하 질서를 지닌 존재로, 인간이 지켜야 할 도리를 강조하는 대상
개와 돼지	부도덕한 사람

3 내신&수능 기출 point

오륜의 교훈 강조

제2수	부자유친: 부모님의 은혜
제3수	군신유의: 임금에 대한 충성
제4수	부부유별: 남편을 섬기는 도리
제5수	형제우애: 형제간의 불화 경계
제6수	장유유서: 웃어른에 대한 아랫사람의 도리

작품 정리

주제 삼강오륜의 교훈

특징 ① 청자를 백성으로 하여 설교조의 어조를 사용함.

② 비유를 통해 시적 의미를 효과적으로 드러냄.

성격 교훈적, 계몽적, 유교적

현풀 정답 ❶ 마음 ❷ 손님 ❸ 공경

01 〈보기〉를 참고하여, 윗글의 내용을 아래의 표와 같이 작성했다고 할 때 적절하지 않은 것은?

— 보기 —

이 작품은 여섯 수로 구성된 연시조로 삼강오륜의 유교 사상을 시조로 표현한 교훈적이고 계도적인 작품이다.

	오륜(五倫)	오륜가
①	부자유친(아버지와 아들 사이의 도리는 친애에 있음.)	〈제2수〉
②	군신유의(임금과 신하 사이의 도리는 의리에 있음.)	〈제3수〉
③	부부유별(남편과 아내 사이의 도리는 서로 침범하지 않음에 있음.)	〈제4수〉
④	붕우유신(벗과 벗 사이의 도리는 믿음에 있음.)	〈제5수〉
⑤	장유유서(어른과 어린이 사이의 도리는 엄격한 차례가 있고 복종해야 할 질서가 있음.)	〈제6수〉

02 ㉠, ㉡에 해당하는 한자 성어로 가장 적절한 것은?

	㉠	㉡
①	가빈친로(家貧親老)	금란지교(金蘭之交)
②	결초보은(結草報恩)	백아절현(伯牙絕絃)
③	부생모육(父生母育)	거안제미(擧案齊眉)
④	양지지효(養志之孝)	후생가외(後生可畏)
⑤	반포지효(反哺之孝)	금슬지락(琴瑟之樂)

03 ⓐ~ⓔ에 대한 설명으로 적절하지 않은 것은?

① ⓐ: 교화해야 하는 대상이 모든 백성임을 드러내고 있다.
② ⓑ: 교화해야 하는 이유는 사람답게 살기 위함임을 말하고 있다.
③ ⓒ: 일편단심으로 임금을 섬길 것을 강조하고 있다.
④ ⓓ: 남편은 일정한 거리를 두고 공경해야 함을 말하고 있다.
⑤ ⓔ: 어른을 부모나 형을 공경하듯 하지 않으면 짐승과 같다고 말하고 있다.

04 기출 연계
윗글에 사용한 표현 방법으로 적절하지 않은 것은?

① 대구의 형식을 통해 운율감을 형성하고 있다.
② 설교적 어조로 교화의 의지를 표출하고 있다.
③ 설의법을 사용하여 주제 의식을 강조하고 있다.
④ 자연물의 속성을 통해 화자의 생각을 표현하고 있다.
⑤ 불가능한 상황을 설정하여 교훈적 내용을 제시하고 있다.

05 평가원모평 기출
〈보기〉를 바탕으로 윗글을 감상한 내용으로 적절하지 않은 것은?

— 보기 —

교훈적 내용의 시조에는 설득력을 높이기 위한 몇 가지 특징적인 표현 전략이 있다. 우선 윤리적 덕목을 실천해야 하는 인물을 화자로 설정하여 대화 형식을 취하는 경우가 있다. 또한 비유나 상징, 유추, 다른 인물이나 사물과의 대비 등을 통해 화자가 개인 윤리는 물론 가정과 사회의 윤리를 실천하는 주체로서 추구해야 하는 가치를 정당화하기도 한다.

① 〈제3수〉에서는 '벌과 개미'의 생태로부터 윤리적 실천의 주체가 추구해야 하는 가치를 유추하고 있다.
② 〈제4수〉에서는 화자로 내세운 '지아비'와 지어미의 문답 방식을 통해 아내가 추구해야 할 윤리적 가치를 정당화하고 있다.
③ 〈제5수〉에서 어머니의 '젖'은 어머니의 사랑을 상징하는 표현으로서, '형님'과 '아우'가 이를 화제로 삼아 대화를 나누는 형식을 취하고 있다.
④ 〈제5수〉의 '개돼지'는 〈제1수〉의 '사람이라도 사람 아니니'의 의미를 비유적으로 표현한 것으로서 화자가 추구하는 가치를 따르는 윤리적 주체와 대비되고 있다.
⑤ 〈제6수〉에서 '부모'와 '형'은, 〈제2수〉의 '부모'와 〈제5수〉의 '형님'과는 달리, '늙은이'와 '어른'에 빗대어져 쓰임으로써 사회 윤리가 가정 윤리와 연결되어 있음을 보여 주고 있다.

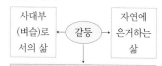

생평(生平)에 원ᄒᆞᄂᆞ니 다만 충효(忠孝)뿐이로다

이 두 일 말면 금수(禽獸)ㅣ나 다르리야

마음에 ᄒᆞ고져 ᄒᆞ야 십재황황(十載遑遑)ᄒᆞ노라 〈제1수〉
급한 마음에 십 년을 허둥지둥함

평생에 원하는 것은 다만 충과 효뿐이로다.
이 두 일을 하지 않으면 (❶   )과 다를쏘냐?
마음에 (이 두 일) 하고자 하여 십 년을 허둥대며 다녔노라.

계교(計校) 이렇더니 공명(功名)이 늦었어라
견주어 헤아림

부급동남(負笈東南) ᄒᆞ야 여공불급(如恐不及) ᄒᆞᄂᆞᆫ 뜻을
책을 짊어지고 여기저기 다니면서 열심히 공부함 - 공명을 이루기 위한 노력

세월이 물 흐르듯 ᄒᆞ니 못 이룰까 ᄒᆞ야라 〈제2수〉

남과 견주어 헤아림이 이렇더니 공명이 늦었구나.
책을 지고 스승을 찾아다니며 열심히 공부해도 미치지 못할까 마음을 졸이는 것은 / 세월이 물 흐르는 듯하니 못 이룰까 하노라.

강호(江湖)에 놀자 ᄒᆞ니 성주(聖主)를 버리겠고

성주를 섬기자 ᄒᆞ니 소락(所樂)에 어긋나네

호온자 기로(岐路)에 서서 갈 데 몰라 ᄒᆞ노라 〈제4수〉

(❷   )에서 놀자 하니 임금을 저버리겠고
임금을 섬기자 하니 (내가) 즐기는 것에 어긋나는구나.
혼자 갈림길에 서서 갈 곳 몰라 하노라.

출(出)ᄒᆞ면 (㉠   ) 처(處)ᄒᆞ면 조월경운(釣月耕雲)
달을 낚고 구름을 경작한다는 뜻 - 자연을 벗 삼아 지냄

명철군자(明哲君子)는 이룰사 즐기ᄂᆞ니

하물며 부귀(富貴) 위기(危機)ㅣ라 빈천거(貧賤居)를 ᄒᆞ
오리라   〈제8수〉

(벼슬길에) 나아가면 임금을 섬기며 백성을 윤택하게 하고 (자연에) 머물면 달빛 아래 고기를 낚고 구름 속에서 경작하네. / 현명하고 사리에 밝은 군자는 이럴수록 (자연을) 즐기니 / 하물며 부귀에는 위기가 있으니 가난한 삶을 살리라.

행장유도(行藏有道)ᄒᆞ니 버리면 구태 구ᄒᆞ랴
쓰이면 세상에 나아가 도(道)를 행하고 버려지면 은둔하는 것을 자신의 상황에 따라 알맞게 함

산지남(山之南) 수지북(水之北) 병들고 늙은 나를

뉘라서 회보미방(懷寶迷邦) ᄒᆞ니 오라 말라 ᄒᆞᄂᆞ뇨
어지러운 나라를 지킬 보물을 가짐
〈제16수〉

나아감과 물러남에도 도가 있으니 버리면 구태여 (벼슬을) 구하겠느냐?
산 남쪽 물 북쪽에서 병들고 늙은 나를
누가 나라 구할 보물 가졌다고 (나를) 오라 말라 하겠느냐?

성현(聖賢)의 가신 길이 만고(萬古)에 ᄒᆞᆫ 가지라

은(隱)커나 현(見)커나 도(道)ㅣ어찌 다르리
세상에 나아감

일도(一道)ㅣ오 다르지 아니커니 아무 덴들 어떠리
〈제17수〉

성현이 가신 길이 만고에 한 가지라.
은둔해 있든 벼슬을 하든 도가 어찌 다르겠느냐?
도가 (❸   )로 다르지 않으니 아무 곳인들 어떠하리.

문해력 UP 감상 패턴

1 화자

화자의 태도

| 사대부 (벼슬)로서의 삶 | 갈등 | 자연에 은거하는 삶 |

속세에 대한 미련을 버리고 자연에서의 삶을 선택함.

2 표현

대유법의 활용

| 강호에 놀자 ᄒᆞ니 성주를 버리겠고 |
↓
| 강호 | 자연을 의미함. |
| 성주 | 속세를 의미함. |

설의법의 활용
'오라 말라 ᄒᆞᄂᆞ뇨', '도ㅣ어찌 다르리'
→ 벼슬에 나아가지 않고 자연 속에서의 삶을 살겠다는 뜻을 강조함.

3 내신&수능 기출 point

사대부로서의 의식 반영
화자는 벼슬길과 자연에서의 삶에서 갈등하다가 결국 자연에서의 삶을 선택하는데, 이러한 갈등에서 유교적 가치(충효)를 외면할 수 없는 사대부로서의 의식이 드러남.

작품 정리

주제 유교적 깨달음과 자연에서 은거하는 삶의 즐거움
특징 유교적 이념과 강호 한정 사이의 갈등이 잘 드러남
성격 유교적, 교훈적, 은일적

현풀 정답 ❶ 짐승 ❷ 자연 ❸ 한 가지

01 윗글의 화자에 대한 설명으로 가장 적절한 것은?

① 국가의 미래에 대한 긍정적 전망을 가졌다.
② 성현이 살아온 것과 다른 삶을 꿈꾸고 있다.
③ 자신의 삶을 돌아보며 만족스런 평가를 했다.
④ 공명을 이루는 삶에 최상의 가치를 부여했다.
⑤ 자신이 지향할 삶을 고민하며 내적 갈등을 겪었다.

02 윗글을 감상한 내용으로 적절하지 <u>않은</u> 것은?

① 화자는 십 년 동안 충효를 이루기 위해 노력을 하였군.
② 화자는 인간됨의 요소를 충효를 지향하는 것에서 찾고 있군.
③ 화자는 강호 한정과 충을 양립할 수 없는 것으로 여기고 있군.
④ 화자는 부귀를 지향하는 삶은 위기를 가져온다고 생각하고 있군.
⑤ 화자는 행장유도하는 삶이 도에 어긋난다고 여기며 거부하고 있군.

03 〈보기〉의 밑줄 친 부분을 참고할 때 ㉠에 들어갈 말로 가장 적절한 것은?

┌─── 보기 ───
│ 조선 시대 선비들은 관직에 나아가면 임금에게 충을 다하며 백성을 잘 다스리고, 물러나면 자연으로 돌아가 안빈낙도하는 것을 이상적인 삶의 모습으로 생각하였다.
└─────

① 강호가도(江湖歌道)   ② 반면교사(反面敎師)
③ 상부상조(相扶相助)   ④ 읍참마속(泣斬馬謖)
⑤ 치군택민(致君澤民)

04 평가원모평 기출
윗글에 대한 설명으로 적절하지 <u>않은</u> 것은?

① 〈제2수〉의 '부급동남'은 〈제4수〉의 '성주를 섬기'기 위해 화자가 행한 일이다.
② 〈제2수〉의 '공명'을 이루기 위해 화자는 〈제17수〉의 '성현의 가신 길'을 따르고자 한다.
③ 〈제4수〉의 '강호'를 화자가 선택한 이유 중 하나는 〈제8수〉의 '부귀 위기'이다.
④ 〈제4수〉의 '기로'가 〈제17수〉의 '일도'로 나타난 데에서 화자의 내적 갈등이 해소되었음을 알 수 있다.
⑤ 〈제8수〉의 '빈천거를 ᄒ'면서도 화자는 〈제17수〉의 '도'를 실천할 수 있다고 생각한다.

05 평가원모평 기출
〈보기〉를 통해 윗글을 감상한 내용으로 적절하지 <u>않은</u> 것은?

┌─── 보기 ───
│ 조선 시대에 과거 급제는 개인이 입신양명하는 길이자 부모에게 효도하고, 임금을 보필할 수 있는 주된 통로였다. 권호문 역시 이를 위해 과거에 여러 번 응시하였으나 뜻을 이루지 못했다. 모친 사후, "뜻을 얻으면 그 은택을 백성들에게 베풀고, 뜻을 얻지 못하면 자신을 수양한다."라는 유교적 출처관(出處觀)에 따라 은자로서의 삶을 살아가던 그는 42세 이후 줄곧 조정에 천거되어 정치 현실로 나올 것을 권유받았으나 매번 이를 거절했다. '한거십팔곡'에는 권호문의 이러한 삶과 생각이 반영되어 있는 것으로 보인다.
└─────

① 〈제1수〉의 '충효'는 화자가 이루고자 했던 삶의 덕목으로 볼 수 있겠군.
② 〈제1수〉에서 화자가 '십재황황'하는 모습은 과거에 여러 차례 응시했으나 급제하지 못했기 때문으로 볼 수 있겠군.
③ 〈제16수〉의 '행장유도ᄒ니'는 화자가 유교적 출처관을 따르고 있음을 보여 주는 것이라고 할 수 있겠군.
④ 〈제16수〉의 '병들고 늙은 나를'은 화자가 정치 현실로 나오라는 권유를 거절하는 표면적 이유라고 할 수 있겠군.
⑤ 〈제16수〉의 '회보미방'은 조정의 권유에 대한 화자의 답변으로 볼 수 있겠군.

사시가(四時歌)_황희

교육청학평

㉠강호(江湖)에 봄이 드니 이 몸이 일이 하다

나는 그물 깁고 아희는 밧츨 가니

뒷 뫼히 움이 튼 약초를 언지 캐려 ᄒᄂ니 〈제1수〉

자연에 봄이 드니 이 몸이 일이 많다.

나는 그물을 꿰매고 아이는 (❶   ) 가니

뒷산에 피어나는 약초를 언제 캐려 하는가?

문해력 UP 감상 패턴

① 화자

화자가 느낀 사계절의 분위기

봄	할 일이 많아 분주함.
여름	여유로움.
가을	풍요롭고 흥취가 있음.
겨울	눈이 많이 내린 적막함

삿갓에 도롱이 닙고 세우중(細雨中)에 호미 메고

산전(山田)을 홋매다가 ㉡녹음(綠陰)에 누어시니
　　　　김매다가
목동이 우양(牛羊)을 모라다가 잠든 나를 깨우는구나

〈제2수〉

삿갓에 (❷   ) 입고 가랑비에 호미를 메고

산에 있는 밭을 이리저리 매다가 푸른 숲에 누워 있으니

목동이 소와 양을 몰다가 잠든 나를 깨우는구나.

② 표현

계절을 암시하는 시어

움이 튼	→	봄
녹음	→	여름
벼 벤 그루터기	→	가을
눈 깁픈	→	겨울

　㉢대초볼 불근 골에 밤은 어이 뜻드르며

[A] 벼 벤 그루터기에 게는 어이 ᄂ리ᄂ고

　㉣술 닉쟈 체쟝수 도라가니 아니 먹고 어이리

〈제3수〉

대추가 붉게 익은 골짜기에 밤은 어찌 (❸   )

벼 벤 그루터기에 게는 어찌 내려오는가?

술 익자 체장수 지나가니 아니 먹고 어찌하겠는가?

③ 내신&수능 기출 point

향토적 소재 사용

약초, 삿갓, 도롱이, 호미, 산전, 우양, 체장수 등의 향토적인 소재를 사용해 시적 정황을 드러냄.

'강호'의 성격

〈제1수〉	분주한 일상의 공간, 노동의 공간
〈제2수〉	노동의 공간 + 여유로움의 공간
〈제3수〉	풍요롭고 흥겨운 공간
〈제4수〉	풍류의 공간

뫼혀는 ㉤새가 긋고 들히ᄂ 갈 이 업다

외로온 비에 삿갓 쓴 져 ⓐ늙은이

낙딕에 재미가 깁도다 눈 깁픈 줄 아ᄂ가 〈제4수〉
　낚시질

산에는 새가 그치고 들에는 가는 이가 없구나.

외로운 배에 삿갓 쓴 저 노인

낚시 재미가 깊도다, 눈 깊은 줄은 아는가?

작품 정리

주제 사계절 자연의 모습을 즐기는 풍류

특징 ① 계절의 흐름에 따른 시상 전개가 나타남.

② 의인법을 활용하여 자연의 풍요로움을 보여 줌.

③ 영탄법, 설의법을 활용하여 정서를 강조함.

성격 풍류적, 전원적, 낭만적

현풀 정답 ❶ 밭을 ❷ 비옷 ❸ 떨어지며

01 윗글의 특징으로 가장 적절한 것은?

① 강호에 사는 삶에 대한 만족감을 드러내고 있다.
② 근경에서 원경으로 이동하며 대상을 제시하고 있다.
③ 유교적 사상을 드러냄으로써 백성을 교화하고 있다.
④ 상황을 과장되게 묘사하여 자신감을 부각하고 있다.
⑤ 중국 고사를 인용함으로써 주제 의식을 강조하고 있다.

02 [A]와 〈보기〉를 비교하여 감상한 내용으로 가장 적절한 것은?

─ 보기 ─
강호에 가을이 드니 고기마다 살쪄 있다
소정(小艇)에 그물 실어 흘리띄워 던져 두고
이 몸이 소일(消日)하옴도 역군은이샷다 〈제3수〉
─ 맹사성, '강호사시가'

① [A]는 〈보기〉와 달리 계절을 명시적으로 제시하며 계절의 특징을 드러내고 있다.
② [A]는 〈보기〉와 달리 힘든 노동이 아닌 풍류를 즐기는 모습을 구체적으로 보여 주고 있다.
③ 〈보기〉는 [A]와 달리 화자가 누리는 모든 것이 임금의 은혜라는 점을 표현하고 있다.
④ 〈보기〉는 [A]와 달리 가을의 풍요로움과 여유로움보다 안빈낙도하는 삶에 집중하고 있다.
⑤ 〈보기〉는 [A]와 달리 화자가 한가로운 생활에서 벗어나 임금의 은혜를 다시 입기를 소망하고 있다.

03 ㉠~㉤에 대해 감상한 내용으로 적절하지 않은 것은?

① ㉠: 단순히 강과 호수가 아닌 자연을 말하고 있는 것이군.
② ㉡: 계절적 배경이 여름이라는 것을 짐작하게 해 주는군.
③ ㉢: 무르익은 가을 농촌의 정취를 느끼게 해 주는군.
④ ㉣: 강호에 사는 사람이 즐기는 풍류를 연상하게 하는군.
⑤ ㉤: 벼슬에서 물러나니 발길을 끊는 사람들의 행태를 비유하는군.

[04~05] 〈보기〉를 읽고 물음에 답하시오.

─ 보기 ─
양파(陽坡)의 풀이 기니 봄빗치 느저 있다
소원(小園) 도화(桃花)는 밤 비에 다 피거다
아히야 쇼 됴히 먹여 논밭 갈게 ᄒ야라 〈제2수: 춘〉

잔화(殘花) 다 딘 후에 녹음이 기퍼 간다
백일(白日) 고촌(孤村)에 낮닭의 소릭로다
아히야 계면조 불러라 긴 조롬 씌오쟈 〈제3수: 하〉

흰 이슬 서리 되니 ᄀ을히 느저 잇다
긴 들 황운(黃雲)이 ᄒᆞᆫ 빛이 피었구나
아히야 비존 술 걸러라 추흥(秋興) 계워 ᄒᆞ노라 〈제5수: 추〉

북풍이 노피 부니 앞 뫼헤 눈이 딘다
모첨(茅簷) 찬 빗치 석양이 거에로다
아히야 콩 죽 니것ᄂᆞ냐 먹고 자려 ᄒᆞ로라 〈제7수: 동〉

이바 ⓑ아히둘아 새해 온다 즐겨 마라
헌ᄉᆞ한 세월이 소년(少年) 앗아 가ᄂᆞ니라
우리도 새해 즐겨ᄒᆞ다가 이 백발이 되얏노라 〈제9수: 제석〉
─ 신계영, '전원사시가'

04 윗글과 〈보기〉의 표현상 공통점으로 가장 적절한 것은?
교육청학평 기출

① 부르는 말을 활용하여 화자의 감정을 고조하고 있다.
② 영탄적 표현을 사용하여 화자의 정서를 드러내고 있다.
③ 상승 이미지를 반복하여 화자의 의지를 나타내고 있다.
④ 점층적 표현을 사용하여 화자의 태도를 부각하고 있다.
⑤ 음성 상징어를 활용하여 화자의 상황을 구체화하고 있다.

05 윗글의 ⓐ와 〈보기〉의 ⓑ에 대한 설명으로 가장 적절한 것은?
교육청학평 기출

① ⓐ, ⓑ 모두 화자와 상반된 태도를 취하는 대상이다.
② ⓐ, ⓑ 모두 화자가 추구하는 바를 이루어 주는 대상이다.
③ ⓐ, ⓑ 모두 화자의 관점에서 볼 때 현재 상황을 즐기고 있는 대상이다.
④ ⓐ는 화자가 과거를 돌아보게 하는 대상이고 ⓑ는 화자가 미래를 예측하게 하는 대상이다.
⑤ ⓐ는 화자에게 부정적 인식을 심어 주는 대상이고 ⓑ는 화자에게 긍정적 인식을 심어 주는 대상이다.

이 중에 시름없으니 어부(漁父)의 생애로다

ⓐ 일엽편주를 ⓑ 만경파(萬頃波)에 띄워 두고

㉠ 인세(人世)를 다 잊었거니 날 가는 줄을 아는가
　　속세

〈제1수〉

이 (세상살이) 중에 근심 걱정 없는 것이 어부의 삶이로다.
(❶　　　　)를 넓은 바다에 띄워 두고
인간 세상의 일을 다 잊었으니 세월 가는 줄을 알겠는가?

㉡ 굽어보면 천심 녹수 돌아보니 만첩청산
　　　 깊고 푸른 물　　　　　 첩첩이 쌓인 푸른 산
ⓒ 십장 홍진(十丈紅塵)이 얼마나 가렸는가

강호에 월백(月白)하거든 더욱 무심(無心)하여라

〈제2수〉

굽어보면 천 길이나 되는 푸른 물, 돌아보면 첩첩이 쌓인 푸른 산
열 길이나 되는 붉은 먼지(어지러운 세상사)가 얼마나 가려 있는가?
강호에 달이 밝으니 (속세에 대한 마음이) 더욱 무심하구나.

㉢ 청하(靑荷)에 밥을 싸고 녹류(綠柳)에 고기 꿰어
　　 연잎　　　　　　 버들가지
ⓓ 노적 화총(蘆荻花叢)에 배 매어 두고

ⓔ 일반 청의미(一般淸意味)를 어느 분이 아실까 〈제3수〉

연잎에 밥을 싸고 버들가지에 물고기를 꿰어
갈대꽃과 억새풀이 가득한 곳에 배를 매어 두고
자연의 (❷　　　　)를 어느 분이 아시겠는가?

㉣ 산두(山頭)에 한운(閑雲) 일고 수중(水中)에 백구(白鷗) 난다

무심코 다정한 것 이 두 것이로다
　사심이 없이
㉤ 일생에 시름을 잊고 너를 좇아 놀리라 〈제4수〉

산봉우리에 한가로운 구름이 일고 물 위에 흰 (❸　　　　)가 날고 있네.

아무 욕심 없이 다정한 것이 이 두 가지로다.
한평생 근심 걱정을 잊고 너희와 함께 지내리라.

［A］
　┌ 장안(長安)을 돌아보니 북궐(北闕)이 천 리(千里)로다
　│　한양
　│ 어주(魚舟)에 누워 있은들 니즌 스치 있으랴
　└ 두어라 내 시름 아니라 제세현(濟世賢)이 없겠느냐

〈제5수〉

멀리 서울을 돌아보니 경복궁이 천 리로다.
고깃배에 누워 있은들 (나랏일을) 잊은 적이 있으랴?
두어라, 나의 걱정이 아니다. 세상을 건져 낼 위인이 없겠느냐?

문해력 UP 감상 패턴

1 화자

화자의 내적 갈등

강호 한정
• 〈제1수〉: 인간 세상을 잊은 삶
• 〈제2수〉: 세속적 욕망이 없는 유유자적한 삶
• 〈제3~4수〉: 자연 속에서 욕심이나 근심없이 한가롭게 지내는 삶

↕

속세에 대한 미련
〈제5수〉 세상일에 대한 근심과 염려

2 표현

대립적 관계

자연
'강호' – 시름이 없는 곳, 긍정적인 공간

↕

속세
'인세', '십장 홍진' – 시름이 있는 곳, 부정적인 공간

3 내신&수능 기출 point

'어부'의 의미

화자 ＝ 어부

화자는 자신을 '어부'로 설정하여 자연을 벗하며 유유자적하는 한가로운 생활을 노래하고 있음. 여기에서 '어부'는 물고기를 잡는 일을 직업으로 하는 사람이 아니라, 속세를 벗어나 강호에서 한정을 즐기거나 물고기를 낚는 즐거움을 추구하는 사람을 나타냄.

작품 정리

주제 자연에 묻혀 사는 어부의 한가로운 생활
특징 ① 상투적인 한자어를 많이 사용함.
② 정경 묘사가 추상적임.
성격 자연 친화적, 풍류적

현품 정답 ❶ 작은 배 ❷ 참된 의미 ❸ 갈매기

내신 대비 실력 향상 문항

01 윗글에 대한 설명으로 적절하지 <u>않은</u> 것은?

① 구조가 같은 문장을 짝지어 운율감을 형성하고 있다.

② 영탄적 어조를 사용하여 화자의 감정을 강조하고 있다.

③ 설의적 표현을 통해 화자의 태도를 효과적으로 나타내고 있다.

④ 주로 청각적 이미지를 활용하여 화자의 상황을 부각하고 있다.

⑤ 색채 이미지를 활용하여 화자가 있는 공간을 인상적으로 나타내고 있다.

02 [A]를 통해 화자의 생각을 추측한 내용으로 가장 적절한 것은?

① 제세현에게 모든 일을 맡겼기에 현실에 대한 관심을 끊을 수 있었군.

② 어주에 누워서 시름한 것은 장안에서 억지로 떠나온 억울함 때문이군.

③ 자연 속에서 한가롭게 살면서도 속세를 생각하는 의식을 보이고 있군.

④ 잊은 적이 없는 제세현과 자신을 동일시하며 장안으로의 복귀를 소망하고 있군.

⑤ 북궐에서 천 리를 떠나온 것은 세상으로 돌아가지 않겠다는 의지를 드러낸 것이군.

03 ⓐ~ⓔ의 뜻풀이로 적절하지 <u>않은</u> 것은?

① ⓐ: 한쪽으로 치우친 배

② ⓑ: 한없이 넓고 넓은 바다

③ ⓒ: 열 길이나 되는 속세의 먼지

④ ⓓ: 갈대와 억새풀의 덤불

⑤ ⓔ: 자연이 주는 참된 맛

수능 대비 필수 기출 문항

04 기출 연계
윗글의 '월백'에 대한 설명으로 가장 적절한 것은?

① 화자는 달을 대화 상대이면서 위안의 대상으로 여기고 있다.

② 화자는 달에 인격을 부여하여 달밤 정경을 묘사하고 있다.

③ 화자는 밝은 달을 바라보며 자연에서 무심한 삶을 살겠다는 마음을 드러내고 있다.

④ 화자는 시간의 흐름에 따라 하얗게 변하는 달의 특성을 활용하여 계절의 변화를 나타내고 있다.

⑤ 화자는 세상을 비추는 달과 자신을 동일시하며 인간 세계에 의미 있는 존재가 되고 싶다는 의지를 드러내고 있다.

05 기출 연계
〈보기〉를 바탕으로 윗글을 감상한 내용으로 적절하지 <u>않</u>은 것은?

─ 보기 ─

이 작품은 자연 속에서의 소박하고 한가로운 삶을 통해 운치 있는 정서를 드러내고 있다. 이때 '어부'를 통해 당시 양반들이 즐긴 풍류의 일면을 엿볼 수 있다.

① '어부'는 강호에서의 삶에 자족감을 표출하고 있군.

② '어부'는 '인세'의 시름을 잊고 한가로움을 추구하려 하는군.

③ '녹류에 고기 꿰어'에는 어부의 삶과 관련된 행위를 통해 유유자적한 삶이 나타나고 있군.

④ '일엽편주'는 화자가 화려함을 추구하지 않고 자연 속에서의 소박한 풍류를 즐기고 있음을 보여 주는군.

⑤ 화자는 '어부'가 되어 고기를 잡으며 생계를 이어 가지만 정치 현실에서 벗어나 여유만은 잃지 않으려 하는군.

06 기출 연계
㉠~㉤에 대한 설명으로 적절하지 <u>않은</u> 것은?

① ㉠: 화자가 지닌 '인세'와 '날'에 대한 부정적 인식을 설의적 표현으로 드러내고 있다.

② ㉡: '천'과 '만'이라는 구체적 숫자를 통해 화자가 대상에 가지는 심리적인 인식을 표현하고 있다.

③ ㉢: 대구를 통해 자연 속에서 살아가는 화자의 삶의 일면을 구체적으로 보여 주고 있다.

④ ㉣: 자연 경물의 모습을 감각적으로 제시함으로써 한적한 분위기를 조성하고 있다.

⑤ ㉤: 자연 경물을 '너'로 지칭하여 관계를 맺음으로써 이들과 동화하려는 의지를 표출하고 있다.

[A]
강호(江湖)애 병이 깊어 듀님(竹林)의 누엇더니
관동(關東) 팔백 리에 **방면**을 맛디시니
　　　　　　　관찰사의 소임
어와 셩은(聖恩)이야 가디록 망극하다
연츄문 드리다라 경회 남문 바라보며
하직하고 믈너나니 옥졀이 앞에 셧다
　　　　　　　　　관찰사의 신표

[B]
평구역 말을 가라 흑슈로 도라드니
셤강은 어듸메오 티악이 여긔로다
쇼양강 나린 믈이 어드러로 든단 말고
고신거국(孤臣去國)에 **백발**도 하도 할샤

[C]
동주 밤 계오 새와 북관뎡에 올나하니
　　　　　　　　　　　　　 오르니
삼각산 제일봉이 하마면 뵈리로다
궁왕(弓王) **대궐 터**희 **오쟉**이 지지괴니
천고 **흥망**을 아는다 모르는다

[D]
회양 녜 일홈이 마초아 가틀시고
급댱유 풍채를 고텨 아니 볼 게이고

[E]
영듕(營中)이 무사하고 시절이 삼월인 제
화천 시내길히 풍악(楓岳)으로 버더 잇다
　　　　　금강산의 가을 이름
행장을 다 떨치고 **석경**(石逕)의 막대 디퍼
　　　　　여행 채비
백천동 겯에 두고 만폭동(萬瀑洞) 드러가니
은(銀) 가튼 무지게 옥(玉) 가튼 룡의 초리
셧돌며 뿜는 소리 십 리의 자자시니
들을 제는 우레러니 보니는 눈이로다. 〈중략〉

정양사 진혈대 고텨 올나 안즌마리
　　　　　　　　　앉으니
여산 진면목이 여긔야 다 뵈는구나
어와 조화옹이 헌사토 헌사할샤
　　　　　　야단스럽기도 야단스럽구나

[가]
날거든 뛰디 마나 셧거든 솟디 마나
부용(芙蓉)을 고잣는 듯 **백옥**(白玉)을 믓것는 듯
　　　연꽃
동명(東溟)을 박차는 듯 **북극**(北極)을 괴왓는 듯
　　동해 바다

놉흘시고 **망고대** 외로올샤 **혈망봉**이
하늘의 추미러 므스 일을 사로려
천만겁(千萬劫) 디나도록 **구필 줄 모르느냐**
어와 너여이고 너 가트니 또 잇는가

자연을 사랑하는 마음이 병처럼 깊어 대숲에 누웠더니
(임금께서) 팔백 리나 되는 관동 지방 관찰사 직분을 맡겨 주시니,
아아, 임금의 은혜야말로 갈수록 끝이 없다.
(경복궁 서문) 연추문으로 달려 들어가 경회루 남문을 바라보며,
(임금께) 하직하고 물러나니 관찰사의 신표인 옥절이 앞에 있다.
평구역에서 말을 갈아타고 흑수로 돌아드니,
섬강은 어디인가? 치악산이 여기로구나.
소양강에서 흘러내리는 물이 어디로 흘러든다는 말인가?
임금 곁을 떠나는 외로운 신하가 걱정이 많기도 많구나.
동주에서 밤을 겨우 새워 북관정에 오르니,
(임금 계신 한양의) 삼각산 제일 높은 봉우리가 웬만하면 보일 것도 같구나.
(옛날 태봉국) 궁예 왕의 대궐 터였던 곳에 (❶　　　　)가 지저귀거니,
(한 나라)의 흥하고 망함을 알고 우는가, 모르고 우는가? / (회양이라는 이곳의 이름이 중국 한나라) 회양의 옛날 이름과 공교롭게도 같구나.
(한나라 회양 태수로 선정을 베풀었다는) 급장유의 풍채를 다시 아니 볼 수 있는가? / 감영 안이 별일 없고 시절이 3월인 때에,
화천의 시냇길이 풍악으로 뻗어 있다.

행장을 간편히 하고 돌길에 지팡이를 짚고,
백천동을 지나서 만폭동 계곡으로 들어가니,
은 같은 무지개, 옥 같은 용의 꼬리처럼
폭포가 섞어 돌며 내뿜는 소리가 십 리 밖까지 퍼졌으니,
(멀리서) 들을 때에는 우렛소리 같더니 (가까이서) 보니 눈과 같구나.
정양사 진헐대에 다시 올라 앉으니,

(중국의) 여산의 참모습이 여기서야 다 보이는구나.
아아, (❷　　　　)의 솜씨가 야단스럽기도 야단스럽구나.
나는 듯하면서 뛰는 듯하고, 서 있는 듯하면서 솟은 듯하여 변화무쌍하구나.
연꽃을 꽂아 놓은 듯, 백옥을 묶어 놓은 듯,
동해를 박차는 듯, 북극을 괴어 놓은 듯하구나.
높기도 높은 망고대, 외롭기도 외로운 혈망봉이
하늘에 치밀어 무슨 일을 아뢰려고
(❸　　　　)이 지나도록 굽힐 줄을 모르는가? / 아아, 너로구나, 너같이 높은 지조를 지닌 것이 또 있겠는가?

01 윗글의 표현상 특징으로 적절하지 <u>않은</u> 것은?

① 대구의 방식을 활용하여 리듬감을 부여하고 있다.
② 대상을 점층적으로 강조하여 시적 긴장감을 높이고 있다.
③ 감각적 심상을 사용하여 대상을 생동감 있게 묘사하고 있다.
④ 비유의 방식을 사용하여 대상이 지닌 속성을 부각하고 있다.
⑤ 영탄법을 사용하여 화자의 감정을 직접적으로 표출하고 있다.

02 〈보기〉는 윗글의 뒷부분이다. 윗글을 바탕으로 〈보기〉의 밑줄 친 부분을 이해한 내용으로 가장 적절한 것은?

> ─ 보기 ─
>
> 왕정(王程)이 유한하고 풍경이 못 슬믜니
> <u>유회(幽懷)도 하도 할샤 객수(客愁)도 둘 듸 없다</u>
>   나그네의 시름

① 관원의 여정에 놋 미지는 풍성 내문에 괴로워힌디.
② 관원으로서의 도리를 생각하며 빨리 돌아가려 한다.
③ 위정자의 책임과 풍경 사이에서 갈등을 느낀다.
④ 금강산의 풍경에 사로잡힌 자신의 상황을 수용한다.
⑤ 관원의 여정이 유한할 수밖에 없는 원인을 발견한다.

03 [A]~[E]에 대한 감상으로 적절하지 <u>않은</u> 것은?

① [A]: '방면'은 자연에 묻혀 있던 화자가 성은에 감격하여 새로운 공간으로 이동하게 되는 계기로 작용하는군.
② [B]: '백발'은 한양에서 멀어지는 상황에 따른 화자의 심리적 상태를 비유한 소재이군.
③ [C]: '오작'만이 지저귀는 '대궐 터'는 옛날 번성했던 모습과 대비되어 화자에게 무상감을 느끼게 하는군.
④ [D]: 화자는 '회양'이 급장유가 선정을 베풀었던 곳의 지명과 같다는 점을 떠올리며 선정의 포부를 다지고 있군.
⑤ [E]: '석경'은 화자가 관찰사로서 해결해야 할 과제가 많음을 상징하여 선정에 대한 의지를 드러내고 있군.

04 기출 연계
〈보기〉를 바탕으로 윗글을 감상한 내용으로 적절하지 <u>않</u>은 것은?

> ─ 보기 ─
>
> 관직에 나가지 못했거나 물러난 후에 창작된 다른 고전시가와 달리, '관동별곡'은 화자가 관직에 임명된 후부터 작품의 내용이 전개된다. 이로 인해 이 작품에는 자연을 소통의 대상으로 여기며 신선처럼 자연을 즐기는 도교적 가치관과 더불어, 올바른 신하의 도리와 위정자로서 지녀야 할 연군지정, 우국지정 등의 유교적 가치관이 함께 나타난다.

① '쇼양강'에서 흘러내린 물이 어디로 가느냐고 묻는 것은, 한양의 임금을 그리워하는 마음이 간접적으로 드러난 연군지정의 태도로 볼 수 있겠군.
② 화자 자신을 '고신'으로 이야기하면서 '백발'이 많아진다고 표현한 것은, 자신이 조정을 떠난 사이에 벌어질 일들을 걱정하는 우국지정의 태도로 볼 수 있겠군.
③ 한양에 있는 '삼각산 제일봉'이 웬만하면 보일 것 같다고 말하는 것은, 부임지로 가는 중에도 끊이지 않는 임금에 대한 그리움을 강조한 표현으로 볼 수 있겠군.
④ '궁왕 대궐 터'에서 '오작'에게 '흥망'을 묻는 것은, 자연을 서로 교감할 수 있는 소통의 대상으로 생각하는 화자의 가치관이 드러난 것으로 볼 수 있겠군.
⑤ '망고대'와 '혈망봉'의 높고 우뚝한 모습을 '구필 줄 모르느냐'며 감탄하는 것은, 신선처럼 자연을 즐기고자 하는 도교적 가치관이 드러난 것으로 볼 수 있겠군.

05 평가원모평 기출
[가]를 이해한 내용으로 적절하지 <u>않은</u> 것은?

① 봉우리를 '동명'을 박차고 '북극'을 받치는 듯한 모습에 빗대어 대상의 웅장한 느낌을 표현하였다.
② 봉우리를 '백옥', '동명'과 같은 무생물에 빗대어 대상에서 느낄 수 있는 자연의 영속성을 표현하였다.
③ 봉우리를 '부용'을 꽂고 '백옥'을 묶은 듯한 시각적 형상으로 묘사하여 대상의 아름다움을 표현하였다.
④ '날거든 뛰디 마나 섯거든 솟디 마나'와 같이 행위를 부각하는 대구를 통해 봉우리의 역동적인 느낌을 표현하였다.
⑤ '고잣는 듯', '박차는 듯'과 같이 상태나 동작을 보여 주는 유사한 통사 구조의 나열을 통해 봉우리의 다채로운 면모를 표현하였다.

개심대 고텨 올나 **즁향셩** 바라보며

만이쳔봉을 녁녁(歷歷)히 혀여 하니

봉마다 맷쳐 잇고 긋마다 서린 긔운

맑거든 조티 마나 조커든 맑디 마나

뎌 긔운 흐터 내야 인걸을 만들고쟈

형용도 그지업고 톄셰(體勢)도 하도 할샤

천지 삼기실 제 **자연이 되**연마는

생겨날, 만들어짐　저절로

이제 와 보게 되니 유정(有情)도 유졍할샤

비로봉 샹샹두(上上頭)의 올라 보니 그 뉘신고

동산(東山) 태산(泰山)이 어느야 놉돗던고

공자가 오른 중국의 높은 산

㉠노국(魯國) 조븐 줄도 우리는 모르거든

넙거나 넙은 천하 엇디하야 젹닷 말고

㉡어와 뎌 디위를 어이하면 알 거이고

오르디 못하거니 나려가미 고이할가

원통골 가는 길로 사자봉을 차자가니

좁은 길

그 알픠 너러바회 **화룡쇼** 되어셰라

천 년 노룡(老龍)이 구비구비 서려 이셔

주야의 흘녀 내여 창해(滄海)예 니어시니

㉢풍운(風雲)을 언제 어더 **삼일우(三日雨)**를 디련느냐

음애예 이온 플을 다 살와 내여스라

그늘진 벼랑에 시든 풀

㉣마하연 묘길상 안문재 너머 디여

[A]
— 외나모 써근 다리 **불졍대** 올나하니

　천심(千尋) 절벽을 반공애 셰여 두고

　은하수 한 구비를 촌촌이 버혀 내여

— **실가티** 플텨 이셔 **베가티** 거러시니

도경(圖經) 열두 구비 내 보매는 여러히라

산수를 그림으로 설명한 책

이젹션 이제 이셔 고텨 의논하게 되면

당나라 시인 이백

여산(廬山)이 여긔도곤 낫단 말 못하려니

여기보다

산듕(山中)을 매양 보랴 **동해**로 가쟈스라

㉤남여완보(籃輿緩步)하야 산영누의 올나하니

영롱(玲瓏) 벽계(碧溪)와 수셩(數聲) 뎨됴(啼鳥)는 니별(離別)

을 원(怨)하는 듯 / 졍긔(旌旗)를 떨치니 오색이 넘노는 듯

원망하는 듯

고각(鼓角)을 섯부니 해운이 다 것는 듯

북과 나발

개심대에 다시 올라 중향성을 바라보
며
일만 이천 봉을 똑똑히 헤아려 보니,

봉마다 맺혀 있고 끝마다 서려 있는
기운
맑거든 깨끗하지나 말지, 깨끗하거든
맑지나 말지,
저 (맑고 깨끗한) (❶ 　　　　)을 흩
어 내어 뛰어난 인재를 만들고 싶구나.
(산의) 생김새도 끝이 없고, 형세도 다
양하기도 하구나.
천지가 생겨날 때에 (만 이천 봉이) 저
절로 이루어진 것이지만
이제 와 보게 되니 (조물주의) 뜻이 있
기도 있구나.
(금강산 가장 높은 봉우리인) 비로봉 꼭
대기에 올라 본 사람이 그 누구인가?
동산과 태산 중 어느 것이 (비로봉보
다) 높던가?
(공자가 태어난) 노나라가 좁은 줄도
우리는 모르거든
(하물며) 넓고도 넓은 천하를 (공자는)
어찌하여 작다고 했는가?
아아, (공자의 높고 넓은) 저 경지를
어찌하면 알 수 있겠는가?
오르지 못하는데 내려감이 이상할까?

원통골의 좁은 길로 사자봉을 찾아가
니
그 앞의 (❷ 　　　　)가 화룡소가 되
었구나.
천 년 묵은 늙은 용이 굽이굽이 서려
있는 것같이
밤낮으로 물이 흘러내려 넓은 바다까
지 이어 있으니
(저 용은) 바람과 구름을 언제 얻어 흡
족한 비를 내리려 하느냐?
그늘진 벼랑에 시든 풀들을 다 살려
내려무나.
마하연, 묘길상, 안문재를 넘어 내려
가
외나무 썩은 다리를 건너 불정대에 오
르니,
천 길이나 되는 절벽을 공중에 세워
두고
은하수 큰 굽이를 마디마디 잘라 내어

실같이 풀어서 베처럼 걸어 놓았으니,

도경에는 열두 굽이라 하였으나, 내가
보기에는 그보다 더 많아 보이는구나.
(만일 당나라 시인인) 이백이 지금 있
어서 다시 의논하게 된다면
(이백이 노래했던) 여산 폭포가 여기
보다 낫다는 말은 못하리라.
산중(금강산)의 경치만 계속 보겠는
가? (이제는) 동해로 가자꾸나.
뚜껑이 없는 가마를 타고 천천히 산영
루에 오르니 / 눈부시게 반짝이는 푸
른 시냇물과 갖가지 소리로 우짖는 새
는 (나와의) (❸ 　　　　)을 원망하는
듯하며 / 깃발을 휘날리니 오색이 넘실거
리는 듯하며, / 북과 나발을 섞어 부니
바다의 구름이 다 걷히는 듯하다.

---

1 화자

화자의 정서 및 태도

연군지정	• 쇼양강 나린 믈이 어드 러로 든단 말고 • 삼각산 제일봉이 하마 면 뵈리로다
우국지정	• 고신거국에 백발도 하 도 할샤 • 뎌 긔운 흐터 내야 인 걸을 만들고쟈
선정에의 포부	• 급장유 풍채를 고텨 아 니 볼 게이고 • 음애예 이온 플을 다 살와 내여스라

2 표현

감정 이입과 주객전도의 표현

영롱 벽계와 수셩 뎨됴는 니별을 원 하는 듯

↓

• 금강산을 떠나 동해로 가는 화자
의 아쉬운 감정을, '영롱 벽계'와
'수셩 뎨됴'에 이입하여 표현함.
• 이별을 아쉬워하는 것은 화자인데
'영롱 벽계'와 '수셩 뎨됴'가 이별
을 원망한다고 하며 주체와 객체
가 뒤바뀐 주객전도의 표현을 함.

3 내신&수능 기출 point

'면앙정가'의 영향

송순, '면앙정가'
넙거든 기노라 프르거든 희지 마니 (넓거든 길지 말거나 푸르거든 희지 말거나)

↓

정철, '관동별곡'
• 날거든 뛰디 마나 섯거든 솟디 마 나 • 맑거든 조티 마나 조커든 맑디 마 나

06 윗글에 대한 설명으로 적절하지 않은 것은?

① 여정에 따라 내용이 전개되는 기행 가사이다.
② 형식상 운문이나 내용상 산문의 성격을 지닌다.
③ 나랏일을 걱정하는 우국지정의 사상이 드러난다.
④ 우리말의 아름다움을 잘 살린 가사 문학의 백미이다.
⑤ 조선 시대 민중들의 진솔한 생활 감정을 노래하고 있다.

07 윗글에 대해 이해한 내용으로 가장 적절한 것은?

① '개심대'와 '비로봉'에서 화자의 내적 갈등이 고조되고 있군.
② '개심대'에서는 선경 후정의 방식으로 화자가 바라본 풍경과 그에 대한 감흥이 서술되고 있군.
③ '화룡소'에서는 화자의 시선이 원경에서 근경으로 이동하며 대상의 특징을 묘사하고 있군.
④ '화룡소'에서 '불정대'까지의 이동 경로를 드러내지 않아 시상이 빠르게 전개되고 있군.
⑤ '불정대'에서 '동해'로 이동하면서 자연에 대한 화자의 이중적 태도를 보여 주고 있군.

08 〈보기〉는 윗글의 다른 부분이다. [A]와 〈보기〉를 비교한 내용으로 가장 적절한 것은?

> **보기**
>
> 천근(天根)을 못내 보와 망양정(望洋亭)에 올은말이
> 바다 밧근 하늘이니 하놀 밧근 므서신고
> 굿득 노흔 고래 뉘라셔 놀내관티
> 블거니 쑴거니 어즈러이 구는디고
> 은산(銀山)을 것거 내여 육합(六合)의 느리는 듯
> 오월(五月) 장천(長天)의 백설(白雪)은 므스 일고

① [A]와 〈보기〉 모두 자연이 시간의 흐름에 따라 변화하는 모습을 표현하고 있다.
② [A]와 〈보기〉 모두 인간의 접근을 허용하지 않는 자연의 냉혹함을 드러내고 있다.
③ [A]는 자연물이 생성된 과정을, 〈보기〉는 자연물의 움직임을 비유적으로 표현하고 있다.
④ [A]에서는 자연의 모습을 관조하고 있고, 〈보기〉에서는 자연을 통해 자신을 반성하고 있다.
⑤ [A]는 지상의 자연물을 천문 현상에 비유하고, 〈보기〉는 천문 현상을 지상의 자연물에 비유하고 있다.

09 기출 연계
〈보기〉를 바탕으로 윗글을 감상한 내용으로 적절하지 않은 것은?

> **보기**
>
> 조선의 사대부들은 자연에 하늘의 이치[天理]가 구현된 것으로 보았으며, 그들 중 대부분은 자연의 미를 관념적으로 형상화하였다. 한편 '관동별곡'의 작가는 자연의 미를 현실에서 발견하여 사실감 있게 묘사함으로써 그들과의 차별성을 드러내었다. 또한 그는 자연을 바라보며 사회적 책무를 떠올리고 자연에 투사된 이상적 인간상을 모색하기도 하였다.

① '개심대'에서 '뎌 긔운 흐터 내야 인걸을 만들'겠다는 의지를 드러낸 것은, 작가가 자연을 바라보며 자신의 사회적 책무를 인식하고 있음을 보여 주는군.
② '중향성'을 바라보며 천지가 '자연이 되'었다고 본 것은, 자연의 미는 하늘의 이치가 구현된 인간 사회의 영향을 받는다고 생각하는 작가의 인식을 보여 주는군.
③ '화룡소'에서 굽이굽이 서려 있는 '천 년 노룡'을 '삼일우'를 내릴 존재로 본 것은 작가가 지향하는 이상적 인간상을 자연에 투사한 것이군.
④ '불정대'에서 본 폭포의 아름다움을 '실'이나 '베'와 같은 구체적 사물을 활용하여 표현한 것은, 자연을 사실감 있게 나타내려는 작가의 태도를 반영한 것이군.
⑤ '불정대'에서 본 풍경을 이백의 '여산'과 비교하며 우리 자연의 아름다움을 강조한 것은, 관념이 아닌 현실에서 아름다움을 발견하는 작가의 차별성을 보여 주는군.

10 수능 기출
㉠~㉤에 대해 이해한 내용으로 가장 적절한 것은?

① ㉠: 여행에 대한 경륜과 많은 지식을 가지고 있음을 반어적으로 표현하고 있다.
② ㉡: 정치적 포부를 펼칠 만큼 높은 지위에 이르지 못한 데 대한 불만을 우회적으로 드러내고 있다.
③ ㉢: 자신에게 험난한 역경이 다가오고 있음을 자연현상에 비유하여 표현하고 있다.
④ ㉣: 거쳐 온 곳을 열거하면서 행위를 나타내는 서술어를 최소화하여 여정을 압축적으로 표현하고 있다.
⑤ ㉤: 이동하는 모습을 과장되게 묘사하여 자신의 권위를 강조하고 있다.

이 몸 삼기실 제 님을 조차 삼기시니
　　　　　생겨날, 태어날

ᄒᆞᆼ싱 **연분(緣分)**이며 하ᄂᆞᆯ 모ᄅᆞᆯ 일이런가
한평생 인연

나 ᄒᆞ나 **졈어 잇고** 님 ᄒᆞ나 날 괴시니
　　　　오직　　　　　　　　　사랑하시니

이 ᄆᆞᆷ 이 ᄉᆞ랑 견졸 ᄃᆡ **노여** 업다
　　　　　　　비교할 데가 전혀

평싱(平生)애 원(願)ᄒᆞ요ᄃᆡ ᄒᆞᆫᄃᆡ 녜쟈 ᄒᆞ얏더니

늙거야 므스 일로 외오 두고 그리ᄂᆞᆫ고

엇그제 님을 뫼셔 광한뎐(廣寒殿)의 올낫더니

그 더ᄃᆡ 엇디ᄒᆞ야 하계(下界)예 ᄂᆞ려오니

올 저긔 비슨 머리 헛틀언 디 **삼 년**일쇠

연지분(臙脂粉) 잇ᄂᆞ마ᄂᆞᆫ 눌 위ᄒᆞ야 고이 홀고

ᄆᆞ음의 ᄆᆡ친 실음 텹텹(疊疊)이 ᄡᅡ혀 이셔

짓ᄂᆞ니 한숨이오 디ᄂᆞ니 눈믈이라
　　　　　　　떨어지는 것은

인싱(人生)은 유혼(有限)ᄒᆞᆫ ᄃᆡ 시름도 그지업다

무심(無心)ᄒᆞᆫ 셰월(歲月)은 믈 흐ᄅᆞᆺ 흐ᄂᆞᆫ고야

염냥(炎凉)이 ᄣᆡ를 아라 **가는 ᄃᆞᆺ 고텨** 오니
더위와 추위

듯거니 보거니 늣길 일도 하도 할샤

동풍이 건듯 부러 **젹셜(積雪)**을 헤텨 내니
　　　　　　쌓인 눈

창(窓) 밧긔 심근 미화(梅花) 두세 가지 픠여셰라

ᄀᆞᆺ득 닝담(冷淡)ᄒᆞᆫ ᄃᆡ 암향(暗香)은 **므스** 일고

황혼의 ⓐ ᄃᆞᆯ이 조차 벼마ᄐᆡ 빗최니

늣기는 ᄃᆞᆺ 반기는 ᄃᆞᆺ **님이신가** 아니신가

뎌 ⓑ**미화(梅花)** 것거 내여 님 겨신 ᄃᆡ 보내오져

ⓒ님이 너를 보고 엇더타 너기실고

ⓒ옷 디고 새닙 나니 녹음(綠陰)이 ᄭᆞᆯ렷ᄂᆞᆫᄃᆡ

ⓒ나위(羅幃) 젹막ᄒᆞ고 슈막(繡幕)이 뷔여 잇다
　　　얇은 비단으로 만든 휘장　　수놓은 장막

부용(芙蓉)을 거더 노코 공작(孔雀)을 둘러 두니
연꽃 무늬 휘장　　　　　공작을 수놓은 병풍

ᄀᆞᆺ득 시름 한ᄃᆡ 날은 엇디 기돗던고
　　　　　많은데

ⓒ원앙금(鴛鴦錦) 버혀 노코 오ᄉᆡᆨ션(五色線) 플텨내여
원앙새를 수놓은 비단

금자히 견화이셔 님의 옷 지어 내니
재단해서

ⓒ슈품(手品)은 ᄏᆞ니와 제도(制度)도 ᄀᆞ줄시고
솜씨

이 몸이 태어날 때 임을 따라 태어났으니

한평생 인연임을 하늘이 (어찌) 모를 일이던가?

나는 오직 젊어 있고 임은 오직 나만을 사랑하시니

이 마음과 이 사랑을 비교할 데가 전혀 없다.

평생에 원하기를 임과 함께 살아가고자 하였더니

늙어서 무슨 일로 외로이 떨어져 그리워하는가?

엊그제까지만 해도 임을 모시고 광한전에 올라 있었는데,

그동안에 어찌하여 속세에 내려왔느냐.

내려올 때 빗은 머리가 헝클어진 지도 삼 년이구나.

연지분이 있지마는 누구를 위하여 곱게 단장할 것인가?

마음에 맺힌 시름이 겹겹이 쌓여 있어,

짓는 것은 한숨이요, 떨어지는 것은 눈물이라.

인생은 유한한데 시름은 끝이 없다.

무심한 세월은 물 흐르듯 흘러가는구나.

더위와 추위가 (계절이) 바뀔 때를 알아 지나갔다가 다시 돌아오니

듣고 보고 하는 가운데 느낄 일이 많기도 (❶　　　　).

봄바람이 문득 불어 쌓인 눈을 헤쳐 내니

창밖에 심은 매화가 두세 가지 피었구나.

가뜩이나 날이 쌀쌀한데 매화의 그윽한 향기는 무슨 일인가?

황혼에 달이 따라와 베갯머리에 비치니

흐느껴 우는 듯도 하고 반가워하는 듯도 하니 (이 달이 바로) 임이신가, 아니신가?

저 (❷　　　　)를 꺾어 내어 임 계신 곳에 보내고 싶구나.

임께서 너를 보고 어떻다 생각하실까?

꽃이 지고 새 잎이 나니 녹음이 우거졌는데,

비단 휘장은 쓸쓸히 걸렸고, 수놓은 장막 안이 텅 비어 쓸쓸하다.

연꽃 무늬 휘장을 걷어 놓고 공작을 수놓은 병풍을 둘러 두니,

가뜩이나 시름은 많은데 날은 어찌 이리도 길단 말인가?

원앙새를 수놓은 비단을 잘라 놓고 오색실을 풀어내어

금으로 만든 자로 재단해서 (❸　　　　)을 만들어 내니,

솜씨는 물론이거니와 격식도 잘 갖추었구나.

문해력 UP 감상 패턴

① 화자

화자의 처지 변화

- 임을 따라 태어남.
- '광한뎐'에서 임을 모심.
↓
- '하계(인간 세계, 전라남도 창평)'로 내려옴.
- 세월만 무심히 흐름.

→ 관직에서 물러난 작가 정철이 임금(선조)을 사랑하는 임에, 자신을 하늘에서 임을 모시다가 인간 세상에 떨어진 선녀에 빗대어 노래함.

② 표현

시어의 의미

달	임을 떠오르게 하는 자연물
매화	임에 대한 화자의 그리움과 충정
옷	임에 대한 화자의 정성

③ 내신&수능 기출 point

사상적 배경

유교	임금을 향한 '충'을 중시함.
불교	윤회 사상을 바탕으로 변함 없는 일편단심을 드러냄.
도교	화자를 천상에서 버림받아 인간 세계로 내려온 여인으로 설정함.

작품 정리

주제 연군의 정
특징 ① 뛰어난 우리말 구사와 세련된 표현을 사용함.
② 여성 화자의 목소리로 노래함.
③ 비유와 상징을 활용하여 문학성을 높임.
성격 충신연주지사, 서정적

현풀 정답 ❶ 많구나 ❷ 매화 ❸ 임의 옷

01 윗글의 표현상 특징으로 가장 적절한 것은?

① 고사를 활용하여 풍자의 효과를 높이고 있다.

② 색채의 대비를 활용하여 시적 긴장감을 고조시키고 있다.

③ 사물을 다양한 관점에서 묘사하여 생동감을 자아내고 있다.

④ 설의적 표현을 사용하여 정서를 효과적으로 드러내고 있다.

⑤ 상승과 하강의 심상을 반복하여 대상을 구체적으로 표현하고 있다.

02 윗글과 〈보기〉에 대한 설명으로 가장 적절한 것은?

─ 보기 ─

창 밧긔 워석버석 님이신가 이러 보니
혜란 혜경(蕙蘭蹊徑)에 낙엽은 므스 일고
어즈버 유한훈 간장(肝腸)이 다 끈칠까 ㅎ노라 〈제19수〉
— 신흠, '방옹시여'

① 윗글의 '노어'와 〈보기〉의 '다'라는 수식어는 모두 임에 대한 원망의 정서를 강조하기 위해 사용된 것이다.

② 윗글의 'ㅎᄂ고야'와 〈보기〉의 'ㅎ노라'는 모두 화자의 의지를 단정적인 종결형으로 나타낸 것이다.

③ 윗글의 '므스 일고'와 〈보기〉의 '므스 일고'는 모두 뜻밖의 대상과 마주하게 된 반가움을 영탄적 어조로 표현한 것이다.

④ 윗글의 '님이신가'와 〈보기〉의 '님이신가'는 모두 임을 만나고 싶은 간절함을 독백적 어조로 드러낸 것이다.

⑤ 윗글의 '미화'와 〈보기〉의 '혜란'은 모두 화자와 동일시되는 자연물로 의인화하여 나타낸 것이다.

03 ㉠~㉤에 대해 이해한 내용으로 적절하지 않은 것은?

① ㉠: 의문형 진술로 화자의 만족감을 드러내고 있다.

② ㉡: 시간의 흐름으로 계절적 배경을 나타내고 있다.

③ ㉢: 쓸쓸한 배경으로 외로운 처지를 드러내고 있다.

④ ㉣: 옷 짓는 과정으로 지극한 정성을 표현하고 있다.

⑤ ㉤: 결과물에 대한 반응으로 자부심을 나타내고 있다.

04 〈보기〉를 바탕으로 윗글을 감상한 내용으로 적절하지 않은 것은?

─ 보기 ─

이 작품에는 천상의 시간과 지상의 시간이 모두 나타난다. 천상에서는 지상과 달리 생로병사의 과정 없이 끝없는 사랑이 지속된다. 이러한 시간적 질서는 지상에 내려온 화자를 힘겹게 하는데, 이 과정에서 화자는 지상의 물리적 시간을 심리적으로 변형하여 자신의 심경을 드러낸다.

① 임과의 '연분'을 '하늘'과 연결 짓는 것은, 임과의 사랑이 천상의 시간 질서처럼 이어지기를 바라는 마음이 반영된 것이라 볼 수 있겠어.

② '졈어 잇고'와 '늙거야'를 통해 화자가 천상의 시간에서 벗어나 지상의 시간으로 편입되었음을 알 수 있겠어.

③ '삼 년' 전을 '엇그제'로 인식하는 것에서, 임과 함께한 기억이 아직도 선명하게 남아 있어 지상의 물리적 시간이 심리적으로 압축되어 나타나고 있음을 알 수 있겠어.

④ '인성은 유훈'과 '무심훈 셰월'을 통해 지상의 시간적 질서에 따라 소망을 이룰 수 있는 시간이 줄고 있는 것에 대한 불안한 마음을 엿볼 수 있겠어.

⑤ '염냥'이 '가는 듯 고텨' 온다는 인식에서, 임과의 관계 단절에 따른 절망감으로 인해 지상의 물리적 시간이 심리적으로 지연되어 나타나고 있음을 알 수 있겠어.

05 ⓐ, ⓑ에 대한 설명으로 가장 적절한 것은?

① ⓐ는 대상과의 단절에 대한 두려움을, ⓑ는 대상과의 관계 형성에 대한 소망을 반영한다.

② ⓐ는 화자가 도달하고자 하는 목표를 상징하는 소재, ⓑ는 화자의 심리적 방황을 유발하는 소재이다.

③ ⓐ는 화자에게 부재하는 대상을 떠오르게 하는 자연물, ⓑ는 대상에 대한 화자의 마음을 전달하는 자연물이다.

④ ⓐ, ⓑ 모두 현실에서 겪어야 할 외부적 시련을 상징한다.

⑤ ⓐ, ⓑ 모두 부정적 상황에 대해 체념하는 화자의 현재 모습을 나타낸다.

산호슈 지게 우히 빅옥함의 다마 두고

님의게 보내오려 님 겨신 디 브라보니

산인가 **구롬**인가 머흐도 머흘시고

천 리 만 리 길히 뉘라셔 츳자갈고

니거든 여러 두고 **날인가 반기실가**

ᄒᆞᄅᆞ밤 서리김의 기러기 우러 녤 제

위루(危樓)에 혼자 올나 ⓐ슈정렴(水晶簾) 거든 말이
〔수정 구슬을 꿰어 만든 발〕

동산(東山)의 ᄃᆞᆯ이 나고 북극(北極)의 별이 뵈니

님이신가 반기니 눈믈이 절로 난다

　　┌ **청광(淸光)**을 쥐여 내여 봉황누(鳳凰樓)의 븟티고져
　　│　　　　　　　　　　　〔임금이 있는 대궐〕
[A]　│ 누(樓) 우히 거러 두고 **팔황(八荒)**의 다 비최여
　　│　　　　　　　　　　〔온 세상〕
　　└ 심산궁곡(深山窮谷) 졈낫ᄀᆞ티 밍그쇼셔

건곤(乾坤)이 폐ᄉᆡᆨ(閉塞)ᄒᆞ야 빅셜이 ᄒᆞᆫ 빗친 제
〔하늘과 땅〕
사ᄅᆞᆷ은 ᄏᆞ니와 ᄂᆞᆶ새도 긋처 잇다

　　┌ **쇼상남반(瀟湘南畔)**도 치오미 이러커든
　　│
　　│ **옥누고쳐(玉樓高處)**야 더옥 닐너 므슴ᄒᆞ리
[B]　│
　　│ **양츈(陽春)**을 부쳐 내여 님 겨신 디 쏘이고져
　　│
　　└ **모쳠(茅簷)** 비친 히ᄅᆞᆯ **옥누(玉樓)**의 올리고져

ⓑ홍샹(紅裳)을 니믜ᄎᆞ고 ⓒ취슈(翠袖)를 반만 거더

일모슈듁(日暮脩竹)의 헴가림도 하도 할샤
　　　　　　〔여러 가지 생각〕
다ᄅᆞᆫ 히 수이 디여 긴 밤을 고초 안자
〔짧은〕　　　　　　　　　　　〔꼿꼿이〕
ⓓ청등(靑燈) 거른 겻틔 ⓔ뎐공후(鈿箜篌) 노하 두고
〔푸른 비단으로 싼 초롱불〕
ᄭᅮᆷ의나 님을 보려 ᄐᆞᆨ 밧고 비겨시니

앙금(鴦衾)도 초도 출샤 이 밤은 언제 샐고

　　┌ ᄒᆞᄅᆞ도 **열두 째** ᄒᆞᆫ ᄃᆞᆯ도 **셜흔 날**
　　│
　　│ 져근덧 싱각 마라 이 **시름** 닛쟈 ᄒᆞ니
　　│　　〔잠깐 동안〕
　　│ ᄆᆞ음의 미쳐 이셔 **골슈(骨髓)**의 ᄭᅦ텨시니
　　│　　　　　　　　　〔뼛속〕　　〔사무쳐 있으니〕
　　│ **편쟉(扁鵲)**이 열히 오다 **이 병을 엇디ᄒᆞ리**
⑦　│ 〔중국 춘추 시대의 명의〕
　　│ 어와 내 병이야 이 님의 타시로다
　　│
　　│ 출하리 싀여디여 **범나븨** 되오리라
　　│
　　│ 곳나모 가지마다 간 디 **죡죡** 안니다가
　　│　　　　　　　　　　　〔가는 곳마다〕〔앉아 다니다가〕
　　└ **향 므틴 ᄂᆞᆯ애**로 님의 오시 올므리라
　　　　　　〔날개〕

산호수로 만든 지게 위에 백옥함에 (옷을) 담아 두고,

임에게 보내려고 임 계신 곳을 바라보니,

산인지 구름인지 험하기도 험하구나.

천 리 만 리나 되는 먼 길을 누가 찾아갈까?

가거든 (이 함을) 열어 놓고 나를 보신 듯이 반가워하실까?

하룻밤 사이 서리 내릴 무렵에 기러기가 울며 날아갈 때

높은 누각에 혼자 올라 수정으로 만든 발을 걷으니

동산에 달이 떠오르고 북극성이 보이므로

임이신가 하여 반가워하니 눈물이 절로 난다.

맑은 (❶　　　)을 쥐어 내어 임 계신 궁궐에 부쳐 보내고 싶구나.

(그러면 임께서는 그것을) 누각 위에 걸어 두고 온 세상을 다 비추어

깊은 산골까지도 대낮같이 환하게 만드소서.

하늘과 땅이 생기가 막히고 흰 눈으로 온통 덮여 있을 때,

사람은 물론이고 날아다니는 새도 자취를 감추었도다.

소상강 남쪽 언덕같이 따뜻하다는 이곳(전남 창평)도 추위가 이와 같거늘 임 계신 북쪽이야 더욱 말해 무엇하랴?

따뜻한 봄볕을 가져다 임 계신 궁궐에 올리고 싶구나.

초가집 처마에 비친 따뜻한 햇볕을 임 계신 궁궐에 올리고 싶구나.

(❷　　　)를 여미며 입고 푸른 소매를 반쯤 걷어

해가 저물 무렵에 긴 대나무에 기대어 서니 생각이 많기도 많구나.

짧은 (겨울) 해가 이내 넘어가고 긴 밤을 꼿꼿이 앉아

청사초롱을 걸어 둔 옆에 자개로 수놓은 공후를 놓아두고

꿈에서라도 임을 보려고 턱을 괴고 기대어 있으니

원앙새를 수놓은 이불이 차기도 차구나, 이 밤은 언제나 샐 것인가?

하루도 열두 때, 한 달도 서른 날

잠시라도 임 생각을 말고 이 시름을 잊으려 하여도

마음속에 맺혀 있어 뼛속까지 사무쳤으니,

편작과 같은 명의가 열 명이 온다 한들 이 병을 어떻게 하리?

아아, 내 병이야 임의 탓이로다.

차라리 죽어서 (❸　　　)가 되리라.

(그리하여) 꽃나무 가지마다 가는 곳마다 앉아 있다가

향기 묻은 날개로 임의 옷에 옮기고 싶구나.

문해력 UP 감상 패턴

① 화자

여성 화자를 설정한 이유

| 여성 화자 | → | • 섬세한 정서 표현에 유리함.
• 보편적인 공감 유도가 가능함. |

→ 임과 이별한 후 홀로 지내는 외로움과 그리움, 사랑의 마음을 효과적으로 드러내기 위해서는 남성의 목소리보다 여성의 목소리가 더 적절하다고 판단한 작가의 의도가 반영됨.

② 표현

'본사'의 시상 전개 방식

봄	임에 대한 변함없는 충절
여름	임에 대한 애틋한 사랑과 정성
가을	선정을 갈망하는 충정
겨울	임에 대한 염려

③ 내신&수능 기출 point

'범나븨'의 의미

| 범나븨 | → | • 화자의 분신과 같은 존재
• 죽어서라도 임을 따르고자 하는 화자의 마음이 투영된 존재 |

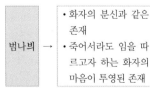

현풀 정답 ❶ 달빛 ❷ 붉은 치마 ❸ 호랑나비

06 윗글의 표현상 특징으로 가장 적절한 것은?

① 세시 풍속과 관련하여 내용을 전개하고 있다.

② 대상에 감정을 이입하여 화자의 심리 상태를 드러내고 있다.

③ 현재와 과거를 대비하여 미래에 대한 전망을 제시하고 있다.

④ 설의적 표현을 통해 현실에 대한 비판적 태도를 나타내고 있다.

⑤ 시간의 흐름을 바탕으로 대상에 대한 화자의 태도 변화를 보여 주고 있다.

07 〈보기〉를 바탕으로 [A], [B]를 이해한 내용으로 적절하지 않은 것은?

─ 보기 ─

이 작품은 충신연주지사의 대표작으로 화자가 과열된 붕당 정치로 인해 중앙 정계에서 물러나 전라도 창평에 머물던 상황에서 지은 것이다. 비록 관직에서 물러났지만 임금을 걱정하는 마음과 임금이 선정을 베풀어 주기를 바라는 마음을 노래하고 있으며, 아울러 은거지에 있는 자신이 잊혀지지 않기를 비라는 마음도 내포되어 있다.

① '팔황'을 비춰 '졈낫ㄱ티' 만들어 달라고 이야기하는 것은 임금의 선정이 온 세상에 베풀어지기를 바라는 마음으로 볼 수 있겠군.

② '청광'에는 임금에게 도움이 되고 싶은 마음이, '양춘'에는 임금에게 자신의 능력을 각인시키고 싶은 마음이 드러난다고 볼 수 있겠군.

③ '심산궁곡'을 백성들이 있는 곳으로 보면 선정에 대한 당부가 드러나고, 화자가 있는 곳으로 보면 자신이 잊혀지지 않기를 바라는 마음이 드러난다고 볼 수 있겠군.

④ '쇼샹남반'은 화자가 머물고 있는 전남 창평을, '옥누고쳐'는 임금이 있는 대궐을 비유하는 것으로 볼 수 있겠군.

⑤ 화자가 있는 '모쳠'에 비친 '히'를 '옥누'에 올리고자 하는 것은 임금의 안위를 생각하는 화자의 마음이 드러난 것으로 볼 수 있겠군.

08 ⓐ~ⓔ 중, 윗글의 화자가 여성임을 알려 주는 시어로 가장 적절한 것은?

① ⓐ ② ⓑ ③ ⓒ ④ ⓓ ⑤ ⓔ

09 기출 연계
㉮에 대한 설명으로 적절하지 않은 것은?

① '열두 재'와 '셜흔 날'을 통해 세월의 부질없는 흐름을 부각시키고 있다.

② '골슈의 쎄텨시니'를 통해 화자에게 사무친 '시름'의 정도를 강조하고 있다.

③ '편작'을 통해 화자의 고통이 쉽게 해결될 수 없음을 부각시키고 있다.

④ '이 병을 엇디ᄒ리'를 통해 화자의 임에 대한 사모의 정이 깊음을 알 수 있다.

⑤ '범나븨'와 '향 므틴 눌애'를 통해 죽음을 초월한 화자의 사랑과 충정을 강조하고 있다.

10 교육청학평 기출
〈보기 1〉을 바탕으로 윗글과 〈보기 2〉를 감상한 내용으로 적절하지 않은 것은?

─ 보기 1 ─

고전시가에는 헤어진 임에 대한 그리움과 변함없는 사랑을 여성 화자의 목소리로 표현한 작품들이 많다. 이러한 작품들에는 〈보기 2〉처럼 여성 작가가 자신이 실제 겪었던 이별의 상황과 아픔을 진솔하게 표현한 노래도 있으며, 윗글처럼 남성인 사대부가 임금의 곁에서 멀어져 있는 자신의 처지를 이별한 여인의 모습에 빗대어 표현한 노래도 있다.

─ 보기 2 ─

이화우(梨花雨) 흣뿌릴 제 울며 잡고 이별한 임
추풍낙엽(秋風落葉)에 저도 나를 생각하는가
천 리(千里)에 외로운 꿈만 오락가락 하는구나

─ 계랑

① 윗글의 '임'은 당시의 임금으로, 〈보기 2〉의 '임'은 실제 경험 속 연인으로 해석할 수 있군.

② 〈보기 2〉와 달리, 윗글은 작가 자신을 이별한 여인에 빗대어 '임'에 대한 사랑을 노래하고 있군.

③ 윗글과 〈보기 2〉 모두 '천 리'라는 시어를 통해 대상과 멀어져 있는 현재의 상황을 표현하고 있군.

④ 윗글의 '산'과 '구롬', 〈보기 2〉의 '이화우'는 임에 대한 변함없는 화자의 사랑을 반영한 자연물이군.

⑤ 윗글은 '날인가 반기실가', 〈보기 2〉는 '저도 나를 생각하는가'를 통해 여전히 임을 그리워하는 화자의 모습이 드러나는군.

교육청학평 | 국어교과서 | 문학교과서

데 가는 뎌 각시 본 듯도 ᄒᆞ뎌이고

천상 백옥경(白玉京)을 엇디ᄒᆞ야 이별ᄒᆞ고

ᄒᆡ 다 뎌 져믄 날의 눌을 보라 가시ᄂᆞᆫ고

어와 네여이고 이 ㉠내 스셜 드러보오

내 얼굴 이 거동이 님 괴얌즉 ᄒᆞᆫ가마ᄂᆞᆫ
　　　　　　　　사랑받음직

엇딘디 날 보시고 네로다 녀기실ᄉᆡ

나도 님을 미더 군ᄠᅳ디 전혀 업서

이ᄅᆞ야 교ᄐᆡ야 어ᄌᆞ러이 구돗썬디
　　아양이며

반기시는 ᄂᆞᆺ비치 녜와 엇디 다ᄅᆞ신고

누어 싱각ᄒᆞ고 니러 안자 혜여ᄒᆞ니

내 몸의 지은 죄 뫼ᄀᆞ티 빠혀시니

하늘히라 원망ᄒᆞ며 사ᄅᆞᆷ이라 허믈ᄒᆞ랴

셜워 플텨 혜니 조물의 타시로다

글란 싱각 마오

〈중략〉

모첨(茅簷) 춘 자리의 밤듕만 도라오니

반벽청등(半壁靑燈)은 눌 위ᄒᆞ야 ᄇᆞᆯ갓ᄂᆞᆫ고

오ᄅᆞ며 ᄂᆞ리며 헤쓰며 바자니니

져근덧 녁진(力盡)ᄒᆞ야 풋ᄌᆞᆷ을 잠간 드니

정성(情誠)이 지극ᄒᆞ야 ᄭᅮᆷ의 님을 보니

옥(玉) ᄀᆞᄐᆞᆫ 얼굴이 반(半)이나마 늘겨셰라

ᄆᆞ음의 머근 말슴 슬ᄏᆞ장 ᄉᆞᆲ쟈 ᄒᆞ니

눈믈이 바라 나니 말슴인들 어이ᄒᆞ며
　　　　연달아
졍(情)을 못다 ᄒᆞ야 목이조차 몌여ᄒᆞ니

오뎐된 ⓐ계셩(鷄聲)의 ᄌᆞᆷ은 엇디 ᄭᆡ돗던고

어와 허ᄉᆞ(虛事)로다 이 님이 어ᄃᆡ 간고

결의 니러 안자 창(窓)을 열고 ᄇᆞ라보니

어엿븐 그림재 날 조출 ᄯᅮᆫ이로다

출하리 싀여디여 낙월(落月)이나 되야이셔

님 겨신 창(窓) 안히 번드시 비최리라

각시님 ᄃᆞᆯ이야ᄏᆞ니와 구ᄌᆞᆫ 비나 되쇼셔

저기 가는 저 각시, 본 듯도 하구나.

천상의 백옥경을 어찌하여 이별하고

해가 다 저물었는데 누구를 (만나) 보러 가시는가?

아, 너로구나. 내 사정 이야기를 들어보오.

내 모습과 이 행동이 임에게 사랑받음 직한가마는

어쩐지 나를 보시고 너로구나 하고 (특별히) 여기시기에

나도 임을 믿고 딴생각이 전혀 없어서

아양이며 애교를 부리며 지나치게 굴었던지

반가워하시는 (❶　　　)이 옛날과 어찌 다르신가?

누워 생각하고 일어나 앉아 헤아려 보니

내 몸이 지은 죄 산같이 쌓였으니

하늘을 원망하며 사람을 탓하랴.

설움에 겨워 풀어 생각해 보니 조물주의 탓이로다.

그렇게만 생각하지 마오.

초가집 (❷　　　) 잠자리에 한밤중에 돌아오니

벽 가운데 걸려 있는 등불은 누구를 위해 밝았는가?

산을 오르내리며 강가를 헤매며 방황을 했더니

어느덧 힘이 다하여 풋잠을 잠깐 드니

정성이 지극하여 (❸　　　) 임을 보니

옥과 같이 곱던 모습이 반이 넘게 늙으셨구나.

마음속에 품은 생각을 실컷 말하려고 하니

눈물이 계속 쏟아지니 말을 어찌하겠으며

정회도 못다 풀어 목마저 메이니

방정맞은 (❹　　　)에 잠은 어찌하여 깨었던가?

아, 헛된 일이로다. 이 임은 어디 갔는가?

잠결에 일어나 앉아 창을 열고 바라보니

가엾은 그림자만이 나를 따르고 있을 뿐이로구나.

차라리 죽어 없어져서 지는 달이나 되어 있어

임 계신 창 안을 환하게 비춰 드리리라.

각시님, 달은커녕 궂은 비나 되십시오.

문해력 UP 감상 패턴

① 화자

'갑녀'와 '을녀'의 등장

갑녀
• 보조 화자
• 질문을 통해 중심 화자(을녀)의 이야기를 이끌어 내는 역할을 수행함.
• 을녀를 위로하고 조언함.

↓↑ 대화

을녀
• 중심 화자
• 임과 이별한 자신의 사연을 이야기함.
• 작품의 주제를 구현하는 주도적 역할을 함.

↓

임의 사랑을 받지 못하는 여인(을녀)의 애절한 감정을 생생하게 드러냄.

② 표현

소재의 기능

반벽청등	화자의 외로움을 강조하는 객관적 상관물
계성	임과 화자의 만남을 방해하여 외로운 화자의 처지를 부각하는 객관적 상관물
꿈	임을 만날 수 있게 하는 매개체

③ 내신&수능 기출 point

'낙월'과 '구즌 비'의 의미

멀리서 임을 비추는 '낙월'은 '구즌 비'에 비해 소극적 사랑을, 임에게 직접 떨어지는 '구즌 비'는 보다 적극적 사랑을 의미함.

작품 정리

주제 임에 대한 변함없는 사랑(연군의 정)

특징 ① 대화체(두 여인의 대화) 형식으로 이야기가 진행됨.
② 우리말을 주로 사용하여 우리말의 묘미가 두드러짐.

성격 서정적, 충신연주지사

현품 정답 ❶ 낯빛 ❷ 차가운 ❸ 꿈에 ❹ 닭소리

01 윗글에 대한 설명으로 적절하지 않은 것은?

① 우리말의 아름다움을 살려 표현하고 있다.
② 4음보의 반복으로 리듬감을 형성하고 있다.
③ 두 인물이 대화하는 방식으로 시상을 전개하고 있다.
④ 화자가 처한 상황을 다른 사람의 탓으로 돌리고 있다.
⑤ 여성 화자가 등장하여 임에 대한 그리움을 드러내고 있다.

02 〈보기〉를 참고하여 윗글을 감상한 내용으로 적절하지 않은 것은?

― 보기 ―

이 작품은 조선 선조 때 송강 정철이 전남 창평에 4년 간 은거할 때 쓴 작품으로, 대표적인 '충신연주지사'로 꼽힌다. 작자는 자신을 천상에서 내려온 선녀에 비유하여, 임금으로부터 은총을 받다가 멀어진 처지를 안타까워하고 있다.

① 화자가 머물렀던 공간을 '천상'으로 설정하여 자신을 선녀에 비유하고 있군.
② '엇딘디 날 보시고 녜로다 녀기실시'에서 화자가 임금에게 은총을 받았음을 알 수 있군.
③ '나도 님을 미더 군뜨디 전혀 업서'와 같이 임금을 믿는 화자의 모습에서 충신의 면모를 엿볼 수 있군.
④ '이리야 교틱야 어즈러이 구돗쩐디'라며 화자는 임금에게서 멀어진 이유를 짐작하고 있군.
⑤ 화자가 '쑴'에서 오랜만에 만난 임에게 자신의 안타까운 처지를 하소연하고 있군.

03 ㉠에 대한 설명으로 가장 적절한 것은?

① 자신의 능력에 대한 한계를 드러내고 있다.
② 자신이 느끼고 있는 흥취를 드러내고 있다.
③ 자신의 업적에 대한 만족감을 드러내고 있다.
④ 자신이 현재 상황에 처한 이유를 드러내고 있다.
⑤ 자신의 현실 문제를 극복하려는 노력을 드러내고 있다.

04 기출 연계
〈보기〉를 바탕으로 윗글을 감상한 내용으로 적절하지 않은 것은?

― 보기 ―

작자는 정치적 반대 세력에 의해 임금이 있는 조정을 떠난 상황에서 자신의 태도와 정서를 인물들 간의 대화를 통해 드러내고 있다. 이를 통해 작자는 자신이 처한 상황에 대해 자책하고 나아가 이를 자신의 운명으로 받아들이고 있음을 확인할 수 있다. 또한 임금 곁에 머물 수 없는 상황에 대해 탄식하면서도 임금에 대한 변치 않는 충정을 드러내고 있음을 확인할 수 있다.

① '천상 백옥경을 엇디하야 이별하고'에는 임금이 있는 조정을 떠난 상황이 드러나 있군.
② '내 얼굴 이 거동이 님 괴얌즉 혼가마는'에는 정치적 반대 세력에 의해 처하게 된 자신의 상황에 대한 자책이 드러나 있군.
③ '셜워 플텨 헤니 조물의 타시로다'에는 자신의 상황을 운명으로 받아들이는 모습이 드러나 있군.
④ '어엿븐 그림재 날 조찰 쑌이로다'에는 임금 곁에 머물 수 없는 상황에 대한 탄식이 드러나 있군.
⑤ '출하리 싀여디여 낙월이나 되야이셔'에는 임금에 대한 변치 않는 충정이 드러나 있군.

05 교육청학평 기출
ⓐ에 대한 설명으로 가장 적절한 것은?

① 화자의 소망을 실현시켜 주는 소재이다.
② 화자의 감정이 이입되어 있는 소재이다.
③ 화자가 추구하는 이상향을 드러내는 소재이다.
④ 화자가 처한 현실 상황을 깨닫게 하는 소재이다.
⑤ 자연에 대한 화자의 경외감을 보여 주는 소재이다.

소선(蘇仙) 적벽(赤壁)은 가을 칠월(秋七月)이 좋다 하되
　송나라 문인 소동파가 지은 '적벽부'

ⓐ팔월 보름밤을 모두 어찌 칭찬하는고

고운 구름 흩어지고 물결이 잔잔할 때

하늘에 돋은 달이 솔 위에 걸렸거든

잡으려다 빠진 적이 있는 ⓑ적선(謫仙)이 야단스럽구나

공산(空山)에 쌓인 잎을 삭풍(朔風)이 거둬 불어
　잎이 다 떨어진 산(겨울의 산)　　겨울철 북쪽에서 불어오는 찬 바람

떼구름 거느리고 눈조차 몰아오니

ⓒ천공(天空)이 호사로워 옥으로 꽃을 지어
　　하느님, 조물주

만수(萬樹) 천림(千林)을 꾸며 내는구나

앞 여울 가려 얼어 독목교(獨木橋) 비꼈는데
　　　　　　　　　　외나무다리

막대 멘 늙은 중이 어느 절로 가는 건가

ⓓ산옹(山翁)의 이 부귀(富貴)를 남에게 전하지 마오

경요굴(瓊瑤窟) 은세계(隱世界)를 찾을 이 있을세라
　옥으로 만든 굴 – 성산　성산의 은거지

산중에 벗이 없어 **한기(漢紀)**를 쌓아 두고
　　　　　　　　　책

만고 인물을 거슬러 헤아리니
　책 속 또는 책을 본 후 떠오르는 인물

성현도 많거니와 **호걸**도 많고 많다

하늘 삼기실 제 곧 무심할까마는

어찌하여 **시운(時運)**이 **일락배락** 하였는가

모를 일도 많거니와 애달픔도 그지없다

기산(箕山)의 늙은 **고불** 귀는 어찌 씻었던가
　옛날 '허유'와 '소부'가 숨어 살았다 하남성의 산

박 소리 핑계하고 **조장(操狀)**이 가장 높다

ⓔ인심이 낯 같아서 볼수록 새롭거늘

세사(世事)는 구름이라 험하기도 험하구나

엊그제 빚은 술이 얼마큼 익었나니

잡거니 밀거니 실컷 기울이니

마음에 맺힌 시름 적게나 하리로다

거문고 줄을 얹어 **풍입송(風入松)** 이었구나
　　　　　　　태평성대를 기원하고 왕덕을 찬양한 고려 시대 작자 미상의 가요

손인지 **주인**인지 다 잊어버렸구나

장공(長空)에 뜬 학이 이 골의 **진선(眞仙)**이라
　　　　　　　　　진정한 신선

요대 월하(瑤臺月下)에 행여 아니 만나신가

손이 주인더러 이르되 그대 그인가 하노라

소동파의 '적벽부'에는 가을인 (음력) 칠월이 좋다고 했는데

팔월 보름밤을 모두 어찌 칭찬하는가?

고운 구름이 흩어지고 물결이 잔잔할 때

하늘에 돋은 달이 소나무 위에 걸렸으니

(달을) 잡으려다 (물에) 빠졌다는 이태백의 일이 야단스럽구나.

아무도 없는 빈 산에 쌓인 낙엽을 북풍이 거두어 불어

구름 떼를 거느리고 눈까지 몰아오니

조물주가 호사스러워 옥으로 꽃을 만들어

수많은 (❶　　　　)을 잘도 꾸며 냈구나.

앞 여울이 가려 얼어 외나무다리가 비스듬히 놓여 있는데

지팡이를 멘 늙은 중은 어느 절로 간다는 말인가?

산에 사는 늙은이의 이 부귀를 남들에게 자랑하지 마오.

옥으로 만든 굴과 같은 숨은 세계를 찾을 사람이 있을까 두렵도다.

산속에 친구가 없어 책을 쌓아 두고

먼 옛날부터의 (훌륭한) 인물을 거슬러 올라가 헤아려 보니

성현도 많거니와 호걸도 많기도 많다.

하늘이 (사람을) 만들 때 어찌 무심하랴마는

어찌 한 시대의 운수가 (❷　　　　) 하는가?

모를 일도 많거니와 애달픔도 끝이 없다.

기산의 늙은이가 귀는 어찌 씻었던가?

박 소리가 난다고 핑계하고 (표주박을 버린 허유의) 지조 있는 행동이 가장 높다.

인심이 얼굴 같아서 볼수록 새롭거늘

(❸　　　　)은 구름과 같아서 험하기도 험하구나.

엊그제 빚은 술이 얼마나 익었느냐?

(술잔을) 잡거니 밀거니 실컷 기울이니

마음에 맺힌 시름이 조금이나마 나아진다.

거문고 줄을 얹어 (가락을 타니) 풍입송이로구나.

손님인지 주인인지 다 잊어버렸도다.

넓은 하늘에 떠 있는 학이 이 골짜기의 진정한 신선이라.

신선이 사는 달 아래에서 혹시나 (그 신선을) 만나지 않으셨는가?

손님이 주인에게 말하기를 그대가 진선인가 하노라.

문해력 **UP** 감상 패턴

1 화자

화자와 대상

화자	→	대상
정철(손님)		김성원(주인)

↓

- 화자가 식영정 주인인 김성원에게 이야기하는 투의 대화체가 사용됨.
- 식영정 주변의 아름다운 사계절 경관과 김성원의 풍류를 예찬함.

2 표현

고사를 인용한 표현

- 기산 : 요나라 때 요 임금이 왕위를 물려주려 하자 이를 거부하고 소부와 허유가 은거하여 살던 산
- 고불 : 허유에게 왕위를 물려주려 하자 허유가 이를 거절하고 더러운 말을 들었다며 귀를 씻은 일
- 박 소리 핑계하고 조장이 가장 높다 : 허유가 표주박 하나도 귀찮다고 핑계를 대며 버린 일

3 내신&수능 기출 point

시상 전개 방식

시간의 흐름(계절의 변화)에 따라 시상을 전개함.

서사	식영정 주인의 풍류와 성산 주변의 경치 예찬
본사	• 춘사: 봄 경치를 즐기는 식영정 주인 • 하사: 시원하고 한적한 여름 풍경 • 추사: 선경 같은 가을 달밤의 정경 • 동사: 눈 덮인 성산의 겨울 경치
결사	속세를 떠난 신선 같이 사는 식영정 주인의 삶

작품 정리

주제 성산의 사계절 풍경과 식영정 주인의 풍류 예찬

특징 ① 말을 건네는 방식을 통해 대상을 예찬함.
② 한자 어구와 중국 고사를 많이 사용함.

성격 전원적, 풍류적

현풀 정답 ❶ 나무와 풀 ❷ 흥했다가 망했다가
❸ 세상일

01 윗글에 대한 설명으로 적절하지 않은 것은?

① 계절의 변화에 따른 자연의 모습을 묘사하고 있다.

② 의문형 문장을 활용하여 화자의 정서를 나타내고 있다.

③ 대상의 삶에 대한 화자의 예찬적 태도를 드러내고 있다.

④ 한자어의 사용을 줄여서 순우리말의 아름다움을 부각하고 있다.

⑤ 시간적 배경이 드러나는 표현을 사용하여 시적 분위기를 형성하고 있다.

02 윗글을 감상한 내용으로 가장 적절한 것은?

① 가상의 상황을 설정하여 환상적인 분위기를 조성하고 있다.

② 선경 후정의 방식으로 화자의 애상적 정서를 고조하고 있다.

③ 계절적 배경에 의미를 부여하여 삶의 무상함을 드러내고 있다.

④ 대상들의 속성을 대비하여 화자가 지향하는 삶을 드러내고 있다.

⑤ 과거의 기대와 다른 현재의 모습에 대한 아쉬움을 드러내고 있다.

03 ⓐ~ⓔ에 대한 설명으로 적절하지 않은 것은?

① ⓐ: 성산의 팔월 보름밤이 적벽부의 칠월보다 아름다움을 나타내고 있다.

② ⓑ: 이태백의 이야기가 야단스러울 만큼 풍경이 아름다움을 드러내고 있다.

③ ⓒ: 눈 덮인 성산의 아름다운 경치를 비유적으로 표현하고 있다.

④ ⓓ: 산옹의 물질적 부귀를 다른 사람에게 알리지 말라는 당부를 표현하고 있다.

⑤ ⓔ: 사람의 마음이란 저마다 달라서 짐작하기 어려움을 표현하고 있다.

04 수능 기출
윗글에 대해 이해한 내용으로 적절하지 않은 것은?

① 화자는 '한기'에서 '성현', '호걸'과 같은 역사적 인물들을 헤아려 보고 있군.

② '시운'이 '일락배락' 하는 것에서 화자는 역사의 영광과 고난을 깨닫고 있군.

③ '손'과 '주인'이 어울려 '풍입송'을 연주하는 장면에서 화자의 소외감이 심화되고 있군.

④ 화자는 '손'의 말을 빌려 '주인'을 '진선'에 비유하며 '주인'의 흥취 있는 삶을 흠모하고 있군.

⑤ 고사를 들어 '고불'의 '조장'이 높다고 하면서 화자는 세상에 초연했던 '고불'의 인생관을 긍정하고 있군.

05 기출 연계
〈보기〉를 바탕으로 윗글을 해석한다고 할 때 적절하지 않은 것은?

─ 보기 ─

'성산별곡'은 귀거래를 명분으로 삼고 때를 기다리며 쉬어 가는 안식처로 자연을 인식하였던 16세기 조선조 사대부들의 전형적인 자연관이 여실히 드러난 작품으로 평가되고 있다. 이를 통해 작품 속 '주인'도 겉으로는 자연에 융합된 삶을 추구하는 인물로 보이지만 현실적 시름에 결코 초연할 수 없었던 인물인 것이다.

① '주인'은 자연을 벗하며 한가로운 삶을 살고 있다.

② 세속에 대한 비판은 현실에 대한 불만을 표현한 것이다.

③ '허유'를 등장시킨 것은 자신의 처지에 대한 합리화이다.

④ 현실에서 밀려나게 된 원인을 세상의 운수로 돌리고 있다.

⑤ 자연에 묻혀 술을 마시는 것은 세상에 대한 만족의 태도이다.

홍진(紅塵)에 뭇친 분네 이내 생애 엇더호고
세속

녯사룸 풍류를 미출가 못 미출가

천지간 남자 몸이 날만 흔 이 하건마는

산림에 뭇쳐 이셔 지락(至樂)을 무를 것가
지극한 즐거움

수간모옥(數間茅屋)을 벽계수(碧溪水) 앏픠 두고

송죽 울울리예 풍월주인 되여셔라
빽빽하게 우거진 속   자연을 즐기는 사람

ⓐ 엇그제 겨을 지나 새봄이 도라오니

┌ 도화행화(桃花杏花)는 석양리(夕陽裏)예 픠여 잇고
[A] 복숭아꽃 살구꽃(봄에 피는 꽃)
└ 녹양방초(綠楊芳草)는 세우(細雨) 중에 프르도다
    푸른 버들과 향기로운 풀

칼로 물아 낸가 붓으로 그려 낸가

조화신공(造化神功)이 물물마다 헌스럽다

㉠ 수풀에 우는 새는 춘기(春氣)를 못내 계워 소리마다 교태
로다

물아일체(物我一體)어니 흥이이 다룰소냐

㉤ 시비예 거러 보고 **정자**애 안자 보니

소요음영ᄒᆞ야 산일(山日)이 적적흔듸
자유로이 이리저리 천천히 걸으며 나지막이 시를 읊조림
한중진미(閒中眞味)를 알 니 업시 호재로다
한가로움 속에 느끼는 참맛
㉡ 이바 니웃드라 **산수 구경 가쟈스라**

┌ 답청(踏靑)으란 오늘 ᄒᆞ고 욕기(浴沂)란 내일 ᄒᆞ새
[B] 봄에 파란 풀을 밟고 노는 것
└ ⓑ 아촘에 채산(採山)ᄒᆞ고 나조히 조수(釣水)ᄒᆞ새
    나물을 캠   낚시를 함

세속에 묻혀 사는 사람들아, 이 나의 생활이 어떠한가?
옛 사람의 풍류에 미치겠는가, 못 미치겠는가?
세상에 남자의 몸으로 태어나 나와 비슷한 사람이 많건마는
(그들은 왜) 자연에 묻혀 지내는 지극한 즐거움을 모른단 말인가?
작은 초가집을 푸른 시냇물 앞에 두고

(나는) 소나무와 대나무가 울창한 속에서 자연의 주인이 되었구나.
엊그제 겨울이 지나고 새봄이 돌아오니
복숭아꽃, 살구꽃은 석양 속에 피어 있고
푸른 버드나무와 향기로운 풀은 가랑비 속에 푸르구나.
(이 풍경을 조물주가) 칼로 마름질해 내었는가? 붓으로 그려 내었는가?
조물주 신비로운 재주가 사물마다 야단스럽구나.
수풀에서 우는 새는 (❶   )을 끝내 못 이겨 소리마다 교태로구나.

자연과 내가 한 몸이 되니, 흥겨움이 다르겠는가?
사립문 앞을 걸어도 보고, 정자 위에 앉아도 보니
천천히 거닐며 시를 나직이 읊조리니 (❷   )가 적적한데
한가로움 속에서 느끼는 참다운 맛을 알 사람 없이 나 혼자로구나.
여보게 이웃 사람들아, 산수 구경 가자꾸나.
풀 밟기는 오늘 하고, (❸   )는 내일 하세.
아침에 산나물 캐고, 저녁에 낚시하세.

---

① **화자**

화자와 대비되는 대상

화자	↔ 대비	홍진에 뭇친 분
↓		↓
자연에서 풍류를 즐기며 살아가는 삶		혼란스러운 속세에 묻혀 살아가는 삶

② **표현**

대조적 공간

(홍진) ↔ (산림)

→ 세속을 뜻하는 '홍진'과 자연을 뜻하는 '산림'이 대조적 공간으로 설정되어 있으며, 이를 통해 자연 속에서 묻혀 지내는 화자의 자부심이 드러남.

③ **내신&수능 기출 point**

강호 한정 가사의 흐름

정극인의 '상춘곡' → 송순의 '면앙정가' → 정철의 '성산별곡', '관동별곡'
: '상춘곡'은 가사 장르의 첫 작품으로 평가받고 있으며, 이 작품을 시작으로 하여 강호가도의 시풍이 형성되었음.

작품 정리

주제 봄의 경치를 감상하는 즐거움
특징 ① 대구법, 설의법 등의 다양한 표현 방법을 활용하여 화자의 흥취를 표현함.
② 공간의 이동에 따라 시상을 전개함.
성격 서정적, 자연 친화적

현풀 정답 ❶ 봄기운 ❷ 산속의 하루 ❸ 개울에서 목욕하기

01 윗글에 대한 설명으로 적절하지 <u>않은</u> 것은?

① 대구법과 영탄법 등 다양한 표현 방식을 사용하였다.
② 설의적 표현을 사용하여 화자의 정서를 강조하고 있다.
③ 자연물에 감정을 이입하여 화자의 정서를 부각하고 있다.
④ 자연에서 사는 삶을 노래하여 강호 가사에 영향을 끼쳤다.
⑤ 관념적인 주제에서 벗어나 생활과 밀착된 주제를 다루고 있다.

02 윗글을 영상으로 바꾸어 표현한다고 할 때, 그 장면으로 적절하지 <u>않은</u> 것은?

① 푸른 시냇물 앞에 몇 칸짜리 초가집이 있는 장면
② 복숭아꽃과 살구꽃이 석양을 받으며 피어 있는 장면
③ 사립문을 걸어 잠그고 정자에 앉아 봄 경치를 보는 장면
④ 버드나무와 풀들이 가랑비를 맞아 촉촉하게 젖어 있는 장면
⑤ 이리저리 천천히 거닐면서 낮은 소리로 시를 읊조리는 장면

03 ㉮와 〈보기〉의 공통점으로 가장 적절한 것은?

┌─── 보기 ───
전원(田園)에 나믄 흥(興)을 전나귀에 모도 싯고
계산(溪山) 니근 길로 흥치며 도라와서
아ᄒᆡ 금서(琴書)를 다스려라 나믄 ᄒᆡ를 보내리라
　　　　　　　　　　　　　　　　　　－ 김천택
└─────────

① 과장된 표현으로 자연의 아름다움을 예찬하고 있다.
② 자연 속에서 풍류를 즐기는 화자의 모습이 드러나 있다.
③ 비유적인 표현을 활용하여 대상의 모습을 묘사하고 있다.
④ 계절적 배경을 통해 화자의 정서를 구체적으로 드러내고 있다.
⑤ 과거와 현재를 비교하여 과거에 대한 아쉬움을 표현하고 있다.

04 평가원모평 기출
윗글에 대한 감상으로 적절하지 <u>않은</u> 것은?

① 자연에 묻혀 지내는 지극한 즐거움을 모르냐고 묻는 데에서 화자의 즐거움이 드러나는군.
② 자신의 삶을 옛사람과 비교하며 스스로를 풍월주인이라 여기는 데에서 화자의 자부심이 드러나는군.
③ 붓으로 그린 듯한 숲속에서 봄의 흥을 노래하는 새를 바라보는 데에서 새에 대한 화자의 부러움이 드러나는군.
④ 이웃들에게 산수 구경을 가자고 하는 데에서 자연 속 삶에 대한 화자의 만족감이 드러나는군.
⑤ 오늘과 내일, 아침과 저녁에 할 일들을 나열하는 데에서 하고 싶은 일에 대한 화자의 기대감이 드러나는군.

05 기출 연계
〈보기〉의 관점에서 윗글을 감상한 내용으로 적절하지 <u>않은</u> 것은?

┌─── 보기 ───
　자연미를 체험하는 방식에는 '유거(幽居)'와 '탐승(探勝)'이 있다. 유거는 작가가 은거하는 일상적인 생활 공간 주위를 노닐며 즐기는 방식이고, 탐승은 작가가 거주지에서 멀리 떠나 여러 명승지를 거점으로 삼아 낯선 곳을 기행하는 방식이다. 일반적으로 유거가 나타난 작품들은 거주지나 그 주위의 자연을 제시하면서 일상의 생활 체험을 보여 주는데, 거주지 주위의 공간을 이상향으로 인식하는 경우도 있다.
└─────────

① '수간모옥'은 작가가 유거를 체험하는 거주지로 볼 수 있겠군.
② '흥이이 다룰소냐'는 작가가 유거를 통해 느낀 심리적 만족감을 드러낸 것으로 볼 수 있겠군.
③ '정자'는 작가가 낯선 곳을 기행하기 위해 거점으로 삼은 명승지를 의미한다고 볼 수 있겠군.
④ '소요음영ᄒᆞ야'는 작가가 유거 속에서 생활 공간 주위를 노닐며 즐기는 방식이라 할 수 있겠군.
⑤ '산수 구경 가쟈스라'는 작가가 유거를 통해, 익숙함을 느끼는 공간에서 편안하게 지내는 상황으로 볼 수 있겠군.

ㄱ 궂 괴여 닉은 술을 갈건(葛巾)으로 밧타 노코
발효하여
[C]
ⓒ 곳나모 가지 것거 수 노코 먹으리라

ㄱ 화풍(和風)이 건듯 부러 녹수(綠水)를 건너오니
[D]
ⓓ 청향(淸香)은 잔에 지고 낙홍(落紅)은 옷새 진다

준중(樽中)이 뷔엿거든 날ᄃ려 알외여라

소동 아ᄒᆡ ᄃ려 주가에 술을 믈어
아이에게
얼운은 막대 집고 아ᄒᆡ는 술을 메고

미음완보(微吟緩步)ᄒ야 **시냇ᄀ**의 호자 안자
= 소요음영
ⓒ 명사(明沙) 조흔 믈에 잔 시어 부어 들고

청류(淸流)를 굽어보니 ᄯᅥ오ᄂᆞ니 도화(桃花) ㅣ 로다

ⓔ 무릉이 갓갑도다 져 ᄆᆡ이 긘 거인고

송간 세로(松間細路)에 두견화(杜鵑花)를 부치 들고

봉두(峰頭)에 급피 올나 구름 소긔 안자 보니

천촌만락(千村萬落)이 곳곳이 버러 잇ᄂᆡ

ㄱ 연하일휘(煙霞日輝)는 금수(錦繡)를 재펏ᄂᆞᆫ 듯
[E] 안개와 노을과 빛나는 햇살 – 아름다운 자연
ㄴ 엇그제 **검은 들**이 봄빗도 유여(有餘)ᄒᆞᆯ샤
겨울 들판
ⓕ 공명(功名)도 날 씌우고 부귀(富貴)도 날 씌우니
화자가 공명과 부귀를 꺼리는 것임 – 주객전도식 표현
청풍명월(淸風明月) 외(外)예 엇던 벗이 잇ᄉᆞ올고

ⓔ 단표누항(簞瓢陋巷)에 흣튼 혜음 아니 ᄒᆞᄂᆡ
누추한 거리에서 먹는 한 그릇의 밥과 한 바가지의 물 – 소박한 생활
아모타 백년행락(百年行樂)이 이만ᄒᆞᆫ 둘 엇지ᄒᆞ리
평생 즐겁게 지내는 삶

이제 막 익은 술을 칡베로 만든 두건으로 걸러 놓고
꽃나무 가지 꺾어 술잔을 세어 가며 마시리라.
화창한 봄바람이 문득 불어 푸른 물을 건너오니
맑은 향기는 잔에 스미고 붉은 꽃잎은 옷에 떨어진다.
술동이가 비었거든 나에게 알리어라.

심부름하는 아이에게 술집에 술이 있는지를 물어
어른은 지팡이를 짚고 아이는 술동이 메고
시를 나직이 읊조리며 천천히 걸어가 시냇가에 혼자 앉아
고운 모래 맑은 물에 잔 씻어 부어 들고
맑은 시냇물을 굽어보니, 떠오르는 것이 (❶   )이로다.
무릉도원이 가깝도다, 저 들이 그곳인가?
소나무 사이에 난 좁은 길에 (❷   )을 붙들고
산봉우리 위에 급히 올라 구름 속에 앉아 보니
수많은 마을이 곳곳에 벌여져 있네.

안개와 노을, 빛나는 햇살은 수놓은 비단을 펼쳐 놓은 듯
엊그제까지만 해도 거뭇거뭇했던 들에 이제 봄빛이 흘러넘치는구나.
공명도 날 꺼리고, 부귀도 날 꺼리니

맑은 바람과 밝은 달 외에 그 어떤 벗이 있겠는가?
소박한 생활에도 (❸   ) 아니하네.
아무튼 평생 누리는 즐거움이 이 정도면 만족스럽지 않은가?

문해력 UP 감상 패턴

1 화자

화자의 가치관

청풍명월 단표누항	↔ 대조	공명, 부귀

자연을 즐기며 살아가는 안빈낙도의 삶을 추구함.

2 표현

감각적 이미지의 활용

'청향은 잔에 지고 낙홍은 옷새 진다'
→ 자연에 동화되는 화자의 상태를 후각적, 시각적 심상을 활용하여 제시함.

3 내신&수능 기출 point

시상 전개 방식
공간의 이동에 따른 시상 전개

수간모옥	자연 속 삶의 즐거움을 드러냄.
정자	봄 경치를 보며 흥취를 느낌.
시냇가	술을 마시며 풍류를 즐김.
봉두 (산봉우리)	멀리서 마을과 들판을 바라봄.

현풀 정답 ❶ 복숭아꽃 ❷ 진달래꽃 ❸ 헛된 생각

>> 정답과 해설 42쪽

내신 대비 실력 향상 문항

06 윗글에 대한 설명으로 가장 적절한 것은?

① 대상에 대한 그리움이 창작의 동기가 되고 있다.
② 세속적 이익을 좇지 않는 삶의 자세가 나타나 있다.
③ 인간과 자연의 대비를 통해 주제 의식이 부각되어 있다.
④ 현재보다 나은 삶을 살지 못하는 안타까움이 드러나 있다.
⑤ 견디기 힘든 현실의 고통을 자연에 의지해 잊고자 하는 화자의 태도가 드러나 있다.

07 〈보기〉를 참고할 때, '상춘곡'에서 화자가 머무르는 공간으로 적절하지 않은 것은?

---- 보기 ----

이 작품은 공간의 이동에 따라 시상을 전개하고 있다. 따라서 독자는 화자가 머무르는 공간에서 그의 생각이나 정서가 어떻게 변하거나 강화되는지를 살펴보면 작품의 내용이나 주제를 쉽게 파악할 수 있다.

---

① 수간모옥　　② 정자　　③ 시냇ㄱ
④ 봉두　　⑤ 검은 들

08 ⓐ~ⓔ에 대한 설명으로 적절하지 않은 것은?

① ⓐ: 계절의 변화가 드러나 있다.
② ⓑ: 분주한 농촌의 일상을 묘사하고 있다.
③ ⓒ: 풍치가 있고 멋스럽게 노는 모습을 그리고 있다.
④ ⓓ: 자연에 동화되고 있는 화자의 정서가 담겨 있다.
⑤ ⓔ: 청빈한 생활을 지향하는 태도가 내포되어 있다.

수능 대비 필수 기출 문항

09 평가원모평 기출
윗글에 대한 설명으로 가장 적절한 것은?

① 과거를 회상하며 현실의 덧없음을 환기하고 있다.
② 음성 상징어의 사용으로 생동감을 부각하고 있다.
③ 점층적인 표현으로 대상과의 괴리감을 강조하고 있다.
④ 자연물을 통해 계절적 배경을 시각적으로 드러내고 있다.
⑤ 역사적 인물들을 호명하여 회고적 분위기를 조성하고 있다.

10 교육청학평 기출
〈보기〉를 바탕으로 [A]~[E]를 감상한 내용으로 적절하지 않은 것은?

---- 보기 ----

가사 문학은 조선 전기 사대부들이 지녔던 삶의 양식이나 그들의 사유 체계를 잘 담고 있다. '상춘곡'에는 '절제와 균형'이라는 유교적 세계관에 입각한 조선조 사대부들의 사고가 중요한 요소로 작용하고 있다.

---

① [A]: '석양'과 '세우'의 하강 이미지 속에 피어나는 '꽃'과 파랗게 돋는 '풀'의 상승 이미지는 조화를 이루는군.
② [B]: '오늘'과 '내일'로, '아침'과 '저녁'으로 봄놀이를 적절히 조절하여 안배하는 모습이 인상적이군.
③ [C]: 술을 과하게 마시지 않으려고 '꽃나무 가지'로 술잔을 세는 모습에서 사대부의 절제된 풍류가 느껴지는군.
④ [D]: 술과 더불어 '청향'과 '낙홍'에 취해 고조되는 감정을 '진다'는 표현을 통해 다스리는군.
⑤ [E]: '검은 들'이 '봄빛'으로 넘치는 것은 인간과 자연의 조화로운 합일을 이루어 감을 의미하는군.

11 교육청학평 기출
㉠~㉤에 대해 이해한 내용으로 적절한 것은?

① ㉠: 자연물을 이용하여 계절적 정서와 상반된 자신의 심정을 드러내고 있군.
② ㉡: 명령형 어미를 활용하여 탈속적 삶에 동참할 것을 촉구하고 있군.
③ ㉢: 공감각적 심상을 사용하여 자연과 동화된 기쁨을 표현하고 있군.
④ ㉣: 관용적인 연상을 통해 이상향에 대한 갈망을 표현하고 있군.
⑤ ㉤: 주체와 객체를 바꾸어 표현함으로써 자신의 가치관을 나타내고 있군.

천상(天上) 백옥경(白玉京) **십이루(十二樓)** 어디매오

오색운(五色雲) 깊은 곳에 자청전(紫淸殿)이 가렸으니
오색구름

천문(天門) 구만 리(九萬里)를 꿈이라도 갈동 말동

[A] ┌ 차라리 싀여지여 억만(億萬) 번 변화(變化)하여
    └ 남산(南山) 늦은 봄에 **두견(杜鵑)**의 넋이 되어

이화(梨花) 가지 위에 밤낮을 못 울거든

삼청동리(三淸洞裡)에 저문 하늘 구름 되어
신선이 사는 동네 안

바람에 흘리 날아 자미궁(紫微宮)에 날아올라

옥황(玉皇) 향안 전(香案前)의 지척(咫尺)에 나아 앉아
          향로나 향합을 올려놓는 상 앞

[B] ─ 흉중(胸中)에 쌓인 말씀 쓸커시 사뢰리라

어와 이내 몸이 천지간(天地間)에 늦게 나니

황하수(黃河水) 맑다마는
중국 '황허강'을 우리 한자음으로 읽은 이름

㉮ ┌ 초객(楚客)의 후신(後身)인가 상심(傷心)도 끝이 없고
   │ 초나라의 시인 굴원
   └ 가태부(賈太傅)의 넋이런가 한숨은 무슨 일고
     한나라의 태부 가의

형강(荊江)은 고향(故鄉)이라 십 년(十年)을 유락(流落)하니

백구(白鷗)와 벗이 되어 함께 놀자 하였더니
갈매기

어루는 듯 괴는 듯 남의 없는 임을 만나

금화성(金華省) 백옥당(白玉堂)의 꿈이조차 향기롭다

오색(五色)실 이음 짧아 **임의 옷**을 못 하여도

바다 같은 임의 은(恩)을 추호(秋毫)나 갚으리라
                      조금이라도

[C] ─ **백옥(白玉)** 같은 이내 마음 임 위하여 지키더니

장안(長安) 어젯밤에 무서리 섞여 치니

[D] ─ 일모 수죽(日暮修竹)에 취수(翠袖)도 냉박(冷薄)할사
       해 질 녘 긴 대나무   푸른 옷소매도 차디 차구나
[E] ─ **유란(幽蘭)**을 꺾어 쥐고 임 계신 데 바라보니

약수(弱水) 가려진 데 구름 길이 험하구나

다 서근 닭의 얼굴 첫맛도 채 몰라서

초췌(憔悴)한 이 얼굴이 임 그려 이러컨쟈

   ┌ 천층랑(千層浪) 한가온대 백척간(百尺竿)에 올나더니
   │ 헤아릴 수 없을 정도로 높은 파도
㉯ │ 무단(無端)흔 양각풍(羊角風)이 환해중(宦海中)에 내리나니
   └ 억만 장(億萬丈) 소희 빠져 하늘 땅을 모를노다

천상의 백옥경 열두 누각 어디인가?

오색구름 깊은 곳에 자청전이 가렸으니

하늘 구만 리를 꿈에라도 갈 둥 말 둥

차라리 (❶) 억만 번 변화하여

남산 늦은 봄에 두견의 넋이 되어

배꽃 가지 위에 밤낮을 못 울거든

삼청동 안 저문 하늘 구름 되어

바람에 흩날리어 자미궁에 날아올라

옥황상제 향안 앞에 가까이 나아가서 앉아

가슴속 쌓인 말씀 실컷 말하리라.

아아 이내 몸이 천지간에 늦게 나니

황하수 맑다마는

굴원의 후손인가 상심도 끝이 없고

가의의 넋이런가 한숨은 무슨 일인가.

형강은 고향이라 십 년을 (❷)로 떠돌아다니니

갈매기와 벗이 되어 함께 놀자 하였더니

어르는 듯 (❸) 듯 남다른 임을 만나

금화성 백옥당의 꿈조차 향기롭다.

오색실 이음이 짧아 임의 옷을 못 만들어도

바다 같은 임의 은혜 조금이라도 갚으리라.

백옥 같은 이내 마음 임 위하여 지켰더니

장안 어젯밤에 무서리 섞어 치니

해 질 녘 긴 대나무에 의지하여 서 있으니 옷소매도 얇고 차구나.

난초를 꺾어 쥐고 임 계신 데 바라보니

약수 가려진 곳 구름 길이 험하구나.

다 썩은 닭의 얼굴 첫맛도 채 몰라서

초췌한 이 얼굴이 임 그려 이리 되었구나.

험한 물결 한가운데 백 척 장대에 올랐더니

뜻밖의 회오리바람이 바다에 일어나니

억만 길 못에 빠져 하늘 땅을 모르는구나.

문해력 UP 감상 패턴

① 화자

화자의 상황 및 정서

상황
• 화자는 천상 백옥경에서 인간 세상으로 쫓겨 내려 온 신선임. • 천상 세계로 돌아가 옥황상제(임금)에게 자신의 억울함을 호소하고 싶지만 실현 불가능함. → 자신을 남달리 사랑해 주었던 임(임금)과 이별하고 홀로 지냄.

정서
• 천상에서 쫓겨난 것에 대한 억울함과 슬픔을 토로함. • 임(임금)의 안위를 걱정하며 간절히 그리워함.

② 표현

직유법과 과장법의 사용

• '바다 같은 임의 은', '백옥 같은 이내 마음'
→ 직유적 표현을 활용하여 임의 크나큰 은혜와 임에 대한 자신의 순결한 사랑을 효과적으로 표현함.

• '천층랑 한가온대 백척간에 올나더니', '억만 장 소희 빠져'
→ 과장적인 표현을 활용하여 암담한 화자의 상황을 강조함.

③ 내신&수능 기출 point

여성 화자로의 설정이 지닌 효과

임에 대한 화자의 사랑과 그리움을 더욱 애절하게 전달하여 호소력을 높임.

↓

임금에 대한 작가의 심정을 간절하게 드러냄.

작품 정리

주제 유배에 대한 억울함과 연군의 정
특징 ① 화자 자신을 신선에, 임금을 옥황상제에 비유하여 표현함.
② 고사를 활용하여 유배에 대한 억울한 심정을 토로함.
성격 연정적, 호소적, 비판적

현풀 정답 ❶ 죽어서 ❷ 유배 생활 ❸ 사랑하는

01 윗글의 시상 전개상의 특징으로 가장 적절한 것은?

① 배경 묘사를 통해 화자가 처한 상황을 드러내고 있다.

② 날씨의 변화를 통해 화자의 내적 갈등을 드러내고 있다.

③ 어조의 전환을 통해 대상에 대한 화자의 태도 변화를 나타내고 있다.

④ 역순행적 구조를 통해 현재 화자가 지닌 문제의 원인을 제시하고 있다.

⑤ 근경에서 원경으로 시선을 확대하여 화자의 인식의 전환을 보여 주고 있다.

02 ㉮, ㉯에 대해 이해한 내용으로 적절하지 않은 것은?

① ㉮에는 대구적 표현이, ㉯에는 점층적 표현이 사용되었군.

② ㉯와 달리 ㉮는 화자의 정서를 직접적으로 표현하고 있군.

③ ㉮와 달리 ㉯는 화자 자신을 비유한 표현이 사용되었군.

④ ㉮와 달리 ㉯는 과장된 표현을 활용하여 화자의 현실 인식을 드러내고 있군.

⑤ ㉮는 다른 인물에, ㉯는 특정 상황에 빗대어 화자가 처한 상황을 표현하고 있군.

03 〈보기〉의 밑줄 친 부분과 관련 있는 소재를 윗글에서 찾아 바르게 짝지은 것은?

> ──── 보기 ────
>
> '만분가'에서 작가는 여성 화자의 목소리로 임에 대한 사랑과 그리움을 노래함으로써 임금에 대한 신하의 충성을 우의적으로 형상화하고 있다.

① 십이루, 임의 옷

② 오색운, 백옥

③ 두견, 유란

④ 임의 옷, 유란

⑤ 오색운, 약수

04 평가원모평 기출
윗글에 대한 설명으로 가장 적절한 것은?

① 자연물을 활용하여 화자의 심정을 드러내고 있다.

② 반어적 표현을 반복하여 상대방을 희화화하고 있다.

③ 의성어와 의태어를 사용하여 생동감을 높이고 있다.

④ 풍자적 기법을 활용하여 교훈의 효과를 높이고 있다.

⑤ 구체적인 묘사를 통해 경물의 변화를 보여 주고 있다.

05 평가원모평 기출
〈보기 1〉을 참고하여 윗글과 〈보기 2〉를 감상한 내용으로 적절하지 않은 것은?

> ──── 보기 1 ────
>
> '만분가'는 유배를 간 작가가 천상의 옥황에게 호소하는 형식으로 연군(戀君)의 마음을 표현한 유배 가사의 효시로 여러 작품에 영향을 주었다. '속미인곡'도 탄핵으로 조정에서 물러나게 된 작가가 임금에 대한 그리움을 '만분가'의 형식을 계승해 표현했다.

> ──── 보기 2 ────
>
> 모첨 찬 자리에 밤중만 돌아오니 ·················· [가]
> 반벽청등(半壁靑燈)은 눌 위하여 밝았는고
> 오르며 내리며 헤매며 바자니니
> 겨근덧 녁진(力盡)하여 풋잠이 잠깐 드니
> 정성이 지극하여 꿈에 임을 보니
> 옥(玉) 같은 얼굴이 반(半)이 넘게 늙으셨네 ········· [나]
> 마음에 먹은 말씀 슬카장 삷자 하니 ·················· [다]
> 눈물이 바라 나니 말씀인들 어이하며
> 정(情)을 못다 하여 목이조차 메었으니
> 방정맞은 계성(鷄聲)에 잠은 어찌 깨었는고
> 어와 허사(虛事)로다 이 임이 어디 간고
> 결에 일어나 앉아 창(窓)을 열고 바라보니 ········· [라]
> 어여쁜 그림자 날 좇을 뿐이로다
> 차라리 싀여디어 낙월(落月)이나 되어 있어 ········· [마]
> 임 계신 창(窓) 안에 번듯이 비추리라
> ─ 정철, '속미인곡'

① [A], [마]에는 죽어서 다른 존재가 되어서라도 자신의 소망을 이루고자 하는 의지가 담겨 있다.

② [B], [다]에는 마음에 담아 둔 말을 실컷 전하고 싶어 하는 화자의 바람이 담겨 있다.

③ [C], [나]에는 임금에 대한 자신의 마음이 옥처럼 순수하다는 뜻이 담겨 있다.

④ [D], [가]에는 임금과 떨어져 있는 고독한 시·공간에서 느끼는 화자의 쓸쓸함이 담겨 있다.

⑤ [E], [라]에는 먼 곳에 있는 임금을 향한 그리움이 담겨 있다.

이 몸이 녹아져도 **옥황상제 처분**이요

이 몸이 싀여져도 옥황상제 처분이라

녹아지고 싀여지어 혼백(魂魄)조차 흩어지고

공산(空山) 촉루(髑髏)같이 **임자 업시 구닐**다가
　　　　　주인 없이　　굴러다니다가

곤륜산(崑崙山) 제일봉의 **만장송(萬丈松)**이 되어 이셔

바람비 뿌린 소리 임의 귀에 들리기나

윤회(輪廻) **만겁(萬劫)**ᄒᆞ여 **금강산(金剛山) 학(鶴)**이 되어

일만 이천 봉에 ᄆᆞ음껏 솟아올라

ᄀᆞ을 ᄃᆞᆯ 볼ᄀᆞᆫ 밤에 **두어 소리** 슬피 우러

임의 귀에 들리기도 옥황상제 처분이로다

혼(恨)이 **뿌리** 되고 눈물로 **가지** 삼아

임의 집 창밧긔 **외나모 매화(梅花)** 되여

설중(雪中)의 혼자 피어 **침변(枕邊)**에 **시드는 듯**
　　　　　　베갯머리　　　스러지는 듯

월중(月中) 소영(疏影)이 임의 옷에 빗취어든
달빛에 언뜻언뜻 비치는 그림자 – 화자의 모습

어엿븐 이 얼굴을 너로다 반기실가

동풍이 유정(有情)ᄒᆞ여 암향(暗香)을 불어 올려
　　　　　　　　그윽하게 풍기는 매화 향기

고결(高潔)ᄒᆞᆫ 이내 생애 죽림(竹林)에나 부치고져

빈 낙대 빗기 들고 빈 빅를 혼자 띄워

백구(白溝) 건네 저어 건덕궁(乾德宮)에 가고 지고
　　　천자의 궁궐. 여기서는 임금이 사는 궁궐

그려도 ᄒᆞᆫ ᄆᆞ음은 위궐(魏闕)의 둘녀 이셔
　　　　　　　　높고 큰 문. 대궐 또는 조정을 의미함

니 무든 누역 속의 임 향ᄒᆞᆫ 쑴을 ᄭᆡ여

일편 장안(一片長安)을 일하(日下)의 ᄇᆞ라보고

외오 굿겨 올히 굿겨 이 몸의 타실넌가

이 몸이 전혀 몰라 천도(天道) 막막(漠漠)ᄒᆞ니 물을 길이 전혀 업다

복희씨(伏羲氏) 육십사괘(六十四卦) 천지 만물(天地萬物) 삼긴 ᄯᅳᆺ을 / 주공(周公)을 쑴의 뵈와 ᄌᆞ시이 뭇ᄌᆞᆸ고져

하늘이 놉고 놉하 말 업시 놉흔 ᄯᅳᆺ을

구룸 우희 ᄂᆞ는 새야 네 아니 아돗더냐

어와 이내 **가슴 산(山)**이 되고 **돌**이 되여 어듸 어듸 사혀시며
　　여윔, 감탄사

비 되고 **믈**이 되여 어듸 어듸 우러 녤고

아모나 **이내 ᄯᅳᆺ 알 니** 곳 이시면

백세 교유(百歲交遊) **만세** 상감(萬世相感)ᄒᆞ리라

이 몸이 녹아져도 옥황상제 처분이요.

이 몸이 죽어져도 옥황상제 처분이라.

녹아지고 죽어져서 혼백조차 흩어지고

빈 산의 (❶　　　) 주인 없이 굴러 다니다가

곤륜산 제일봉에 만장송이 되어 있어

비바람 뿌리는 소리 임의 귀에 들리게 하거나

윤회를 거듭하여 금강산 학이 되어

일만 이천 봉에 마음껏 솟아올라

가을 달 밝은 밤에 두어 소리 슬피 울어

임의 귀에 들리게 하는 것도 옥황상제 처분이겠구나.

한이 뿌리 되고 눈물로 가지 삼아

임의 집 창밖에 외나무 매화 되어

눈 속에 혼자 피어 (임의) 베갯머리에 스러지는 듯

달빛 아래 언뜻언뜻 비치는 그림자 임의 옷에 비치거든

(❷　　　) 이 얼굴을 너로구나 반기실까?

동풍이 정이 있어 그윽한 향기 불어 올려

고결한 이내 생애를 대나무 숲에나 부치고 싶구나.

빈 낚싯대 비껴 들고 빈 배를 혼자 띄워

백구 건너 저어 건덕궁에 가고 싶어라.

그래도 한 마음은 궁궐에 달려 있어

연기 묻은 누역 속의 임 향한 꿈을 깨어

멀리 장안을 태양 아래 바라보고

(❸　　　) 머뭇거리거나 옳게 머뭇거리거나 이 몸의 탓이던가?

이 몸이 전혀 몰라 하늘의 뜻 막막하니 물을 길이 전혀 없다.

복희씨 육십사괘 천지 만물 생긴 뜻을 / 주공을 꿈에 뵙고 자세히 묻고 싶어라.

하늘이 높고 높아 말없이 높은 뜻을

구름 위에 나는 새야 네 아니 알고 있느냐?

어와 이내 가슴 산이 되고 돌이 되어 어디어디 쌓여 있으며

비가 되고 물이 되어 어디어디 울며 갈까.

아무나 이내 뜻 알 이만 있으면

백 년을 사귀고 만 년을 함께하리라.

문해력 UP 감상 패턴

1) 화자

화자가 말하고자 하는 바
- 억울하게 유배에 처한 자신의 심정을 호소할 기회조차 없어 울분을 표출하여 마음을 달램.
- 누구라도 자신의 원통함을 알아주었으면 하는 바람

2) 표현

자연물로의 형상화
'이내 가슴 산이 되고 돌이 되어 ~ 비 되고 믈이 되여~'
→ 화자 자신의 마음을 자연물로 형상화하여 원통함이 매우 큼을 효과적으로 표현함.

3) 내신&수능 기출 point

자연물의 상징적 의미

만장송	늘 푸른 모습을 간직함. → 선비의 절개와 의지
학	오래 산다고 하여 십장생의 하나이며, 키가 크고 순백의 몸에 검정과 빨강이 단정하게 섞여 있어 기품있는 동물로 여겨짐. → 선비의 고고함
매화	겨울에 꽃을 피움. → 고결한 선비 정신, 지조와 절개

현풀 정답 ❶ 해골같이 ❷ 가여운 / 불쌍한 ❸ 그르게 / 잘못되게

06 윗글에 대한 설명으로 가장 적절한 것은?

① 색채어를 활용하여 외부 세계의 아름다움을 전달하고 있다.

② 대립적 공간을 설정하여 화자의 내적 갈등을 드러내고 있다.

③ 역사적 인물을 언급하며 과거에 대한 동경을 드러내고 있다.

④ 의문형 표현을 활용하여 미래 상황에 대한 확신을 드러내고 있다.

⑤ 여정에 따른 공간의 이동을 통해 화자의 정서 변화를 제시하고 있다.

07 시간 관련 표지어에 주목하여 윗글을 감상한 내용으로 적절하지 않은 것은?

① 오랜 시간을 나타내는 '만겁'을 통해 화자가 지닌 의지를 강조하고 있다.

② 'ᄀ을'의 계절적 배경과 자연물 '들'이 결합하여 애상적 분위기를 심화시키고 있다.

③ '설중'을 통해 겨울에 피어나는 '매화'의 속성을 부각하고 있다.

④ '동풍'을 통해 봄의 도래를 예고하여 화자가 지닌 기대감을 드러내고 있다.

⑤ '백세'와 '만세'를 통해 화자의 간절한 바람을 강조하고 있다.

08 윗글의 시어에 대한 설명으로 적절하지 않은 것은?

① '옥황상제'는 화자가 자신의 처지와 심정을 드러내기 위해 설정한 존재이다.

② '공산 촉루', '외나모'는 화자의 외로운 심정을 보여 준다.

③ '만장송'과 '금강산 학'은 임을 향한 화자의 변치 않는 마음이 투영된 대상이다.

④ '침변에 시드는'은 임이 처한 현재 상황을 표현한 것이다.

⑤ '비'와 '플'은 화자의 원통한 심정을 담고 있다.

09 평가원모평 기출
윗글에 대한 감상으로 적절하지 않은 것은?

① '임자 업시 구닐'던 '이 몸'이 '학'이 되어 솟아오르게 함으로써 상승의 이미지를 구현하고 있다.

② '만장송'과 '매화'라는 소재를 활용하여 임을 향한 화자의 마음을 표상하고 있다.

③ '바람비 뿌린 소리'와 '두어 소리'의 청각적 이미지를 활용하여 임에게 알리고 싶은 화자의 심정을 나타내고 있다.

④ 'ᄀ을 둘 불근 밤'과 '월중'이라는 시간적 배경을 통해 임과 재회한 순간을 드러내고 있다.

⑤ '매화'의 '뿌리'와 '가지'를 활용하여 '흔'의 정서를 형상화하고 있다.

10 기출 연계
〈보기〉를 참고하여 윗글을 이해한 내용으로 적절하지 않은 것은?

┌─ 보기 ────────────────────┐

ⓐ프로이트의 결정론적 관점에 따르면, 저절로 발생하는 현상이란 없다. 어떤 원인이 반드시 있었기 때문에 그 결과로 인간은 기쁨, 슬픔 등의 다양한 감정을 느낀다. 희로애락을 결정하는 것은 외부 환경이나 타인, 운 등의 ⓑ외적 요인이라는 견해를 가진 학자들도 있지만, 프로이트는 이와 반대의 입장이었다. 감정을 결정하는 것은 환경의 외적 조건보다 오히려 개인의 심리 내적 조건이라고 본 것이다. 따라서 개인이 겪는 갈등은 내부에 존재하는 어떤 정신적 원인이 작용한 결과이므로 그 원인이 제거되지 않는 한 심리적 문제는 결코 해결되지 않는다고 보았다.

└───────────────────────────┘

① ⓐ의 입장에서 볼 때, 화자가 느끼는 슬픔에는 반드시 원인이 있겠군.

② ⓐ의 입장에서 볼 때, 화자가 '이 몸의 탓'이라는 생각을 제거하지 않는 한 화자의 심리적 문제는 해결되지 않겠군.

③ ⓐ의 입장에서 볼 때, 화자의 '가슴'이 '산'과 '돌'이 된 것은 '이내 뜻 알 니'가 없다는 정신적 원인이 작용한 결과겠군.

④ ⓑ의 입장에서 볼 때, '임'이 '이 얼굴을 너로다 반기'신다면 화자가 겪는 갈등은 해결될 수 있겠군.

⑤ ⓑ의 입장에서 볼 때, 화자는 자신의 삶이 '옥황상제 처분'에 달려 있는 상황에 처해 있기에 '한'을 느끼는 것이겠군.

무등산 혼 활기 뫼히 동다히로 버더 이셔
　줄기　　　동쪽으로
멀리 쎄쳐 와 **제월봉(霽月峯)**의 되어거늘
　떨쳐 와, 떨치고 나와
무변대야(無邊大野)의 므슴 짐쟉 ㅎ노라
끝없이 넓은 들
㉠일곱 구비 흠듸 움쳐 므득므득 버러는 듯

가온대 구비는 굼긔 든 ⓐ**늘근 뇽**이
　　　　　　　구멍에
선줌을 ᄀᆞᆺ 씨야 머리를 안쳐시니,

너르바회 우희 송죽(松竹)을 헤혀고
　　　　　　　　　헤치고
정자(亭子)를 안쳐시니

구름 튼 ⓑ**쳥학**이 쳔 리(千里)를 가리라

㉡**두 ᄂᆞ릐 버럿는 듯**

옥쳔산(玉泉山) 용쳔산(龍泉山) ᄂᆞ린 **믈**히
　　　　　　　　　　　흘러내린
정자(亭子) 압 너븐 들히 올올(兀兀)히 펴진 드시

㉢넙거든 기노라 프르거든 희지 마니

┌ 쌍룡(雙龍)이 뒤트는 듯 긴 깁을 치폇는 듯
│　　　　　　　　　　　　비단
│ 어드러로 가노라 므슴 일 빗얏바
│　　　　　　　　　　　바빠서
│ 닷는 듯 ᄯᆞ로는 듯 **밤낫즈로 흐르는 듯**

[A] 므소친 사정(沙汀)은 눈ᄀᆞᆺ치 펴졋거든
│ 물 좋은, 물 따라　모래사장
│ 이즈러온 ⓒ**기럭기**는 므스거슬 어로노라
│
│ 안즈락 ᄂᆞ리락 모드락 흐트락
│　　　　　　　모였다가 흩어졌다
└ 노화(蘆花)을 ᄉᆞ이 두고 우러곰 좃니는고

너븐 길 밧기요 긴 하늘 아릐

두로고 **소즌** 거슨 뫼힌가 병풍(屛風)인가
　　　꽂은
그림가 아닌가

노픈 듯 ᄂᆞᆺ즌 듯 긋는 듯 닛는 듯
　　　　　　　　　끊어지는 듯 이어지는 듯
숨거니 뵈거니 가거니 머믈거니

이즈러온 가온디 일흠는 양ㅎ야

㉣**하늘도 젓치 아녀 웃득이 셧는 거시**

추월산(秋月山) 머리 짓고

용귀산(龍歸山) 봉선산(鳳旋山) 불대산(佛臺山) 어등산(漁燈山)

용진산(湧珍山) 금성산(錦城山)이 허공(虛空)의 버러거든

㉤**원근(遠近)**창애(蒼崖)의 머믄 것도 하도 할샤

무등산 한 줄기 산이 동쪽으로 뻗어 있어

멀리 떨쳐 나와 제월봉이 되었거늘,

드넓은 들판에 무슨 생각하느라고

일곱 굽이 한데 움츠려 무더기무더기 벌여 있는 듯
가운데 굽이는 구멍에 든 늙은 용이

선잠을 갓 깨어 머리를 앉혔으니

너럭바위 위에 송죽을 헤치고

정자를 앉혔으니

구름 탄 청학이 천 리를 가려고

두 (❶　　　) 벌린 듯

옥천산 용천산에서 흘러내린 물이

정자 앞 넓은 들에 끊임없이 펴진 듯

넓거든 길지 말거나 푸르거든 희지 말거나
쌍룡이 뒤트는 듯 긴 비단을 짝 펼쳐 놓은 듯
어디로 가느라 무슨 일 바빠서

달리는 듯 따라가는 듯 밤낮으로 흐르는 듯
물 따라 모래밭은 (❷　　　) 펼쳐졌는데
어지럽게 나는 기러기는 무엇을 어르느라

앉았다가 내렸다가 모였다가 흩어졌다가

갈대꽃을 사이에 두고 울면서 쫓아다니는가.

넓은 길 밖이요 먼 하늘 아래

두르고 꽂은 것은 산인가 병풍인가.

그림인가 아닌가.

높은 듯 낮은 듯 끊어지는 듯 잇는 듯

숨거니 뵈거니 가거니 머물거니

어지러운 가운데 이름난 듯하여

하늘도 (❸　　　) 우뚝이 서 있는 것이
추월산을 머리로 삼고

용귀산 봉선산 불대산 어등산

용진산 금성산이 허공에 벌였으니

멀고 가까운 높은 절벽에 머문 것이 (❹　　　).

문해력 UP 감상 패턴

① 화자

화자가 처한 상황 및 정서

상황	면앙정에서 자연 경관을 감상함.
정서	면앙정의 경치에 감탄하며 흥취를 느낌.

② 표현

비유적 표현

제월봉	가온대 구비는 굼긔 든 늘근 뇽이 ~ 안쳐시니
면앙정	구름 튼 쳥학이 ~ 버럿는 듯
시냇물	쌍룡이 뒤트는 듯 긴 깁을 치폇는 듯 ~ 흐르는 듯
산	병풍인가 / 그림가 ~ 머믈거니

↓

비유적 표현을 활용하여 대상을 더욱 생생하게 표현함.

③ 내신&수능 기출 point

'강호가도'와 '충신연주지사'적 특징

- 강호가도: '강호가도'란 자연을 벗 삼아 지내는 생활을 노래한 시가 창작의 한 경향을 일컫는 말로, '면앙정가'는 정극인의 '상춘곡'의 맥을 이어 강호가도를 확립한 작품으로 평가됨.
- 충신연주지사: 자연 속에서의 흥취와 풍류를 노래하면서도 이 모든 것이 임금의 은혜라 말하고 있어, 충신이 임금을 그리워하며 부르는 노래인 '충신연주지사'로서의 성격을 지님.

작품 정리

주제 자연 속에서의 풍류와 임금의 은혜에 대한 감사
특징 ① 본사는 사계절의 변화에 따라 내용을 구성함.
② 비유, 반복, 대구 등의 다양한 표현 방법을 사용하여 대상을 표현함.
성격 서정적, 묘사적, 자연 친화적

현풀 정답 ❶ 날개 ❷ 눈같이 ❸ 두려워하지 않아
❹ 많기도 많구나

» 정답과 해설 46쪽

내신 대비 실력 향상 문항

01 윗글을 통해 알 수 있는 내용으로 적절하지 않은 것은?

① 제월봉은 무등산 동쪽에 위치하고 있군.
② 면앙정 내부는 병풍과 그림으로 장식되어 있군.
③ 면앙정 앞에는 옥천산과 용천산에서 내려온 물이 흐르고 있군.
④ 면앙정에서는 높고 낮은 여러 모양의 산세를 감상할 수 있군.
⑤ 면앙정은 제월봉 가운데 굽이의 넓고 평평한 바위 위에 지어졌군.

02 ㉠~㉤에 대해 이해한 내용으로 적절하지 않은 것은?

① ㉠: 의태어를 활용하여 산봉우리의 모양을 묘사하고 있군.
② ㉡: 비유를 활용하여 면앙정 지붕의 모습을 표현하고 있군.
③ ㉢: 명령적 어조를 활용하여 화자의 이상향을 드러내고 있군.
④ ㉣: 의인법을 활용하여 높이 솟아 있는 산의 형세를 나타내고 있군.
⑤ ㉤: 영탄적 어조를 활용하여 자연에 대한 경탄을 표현하고 있군.

03 ⓐ~ⓒ에 대한 설명으로 가장 적절한 것은?

① ⓐ~ⓒ는 모두 의인화된 대상이다.
② ⓐ~ⓒ는 모두 화자가 자연에서 직접 목격하여 관찰하고 있는 대상이다.
③ ⓐ, ⓑ와 달리 ⓒ는 화자가 부정적으로 인식하고 있는 대상이다.
④ ⓑ, ⓒ와 달리 ⓐ는 화자와 동일시되는 대상이다.
⑤ ⓒ와 달리 ⓐ, ⓑ는 다른 대상과의 유사성을 바탕으로 인식되고 있는 대상이다.

수능 대비 필수 기출 문항

기출 연계
04 윗글에 대한 설명으로 가장 적절한 것은?

① 단호한 어조로 화자의 의지를 드러낸다.
② 과거와 현재를 대비하여 그리움의 정서를 고조한다.
③ 감각적 이미지를 통해 시적 대상의 운동감을 나타낸다.
④ 대립적 시각을 바탕으로 긍정적 상황 인식을 드러낸다.
⑤ 역설적 표현을 통해 대상의 의미를 긴장감 있게 제시한다.

수능 기출
05 [A]의 표현상 특징으로 적절한 것을 〈보기〉에서 고른 것은?

보기

ㄱ. 어순의 도치를 통해 의미를 강조한다.
ㄴ. 직유를 통해 시각적 인상을 구체화한다.
ㄷ. 음보율을 통해 정형적 운율미를 느끼게 한다.
ㄹ. 반어적 표현을 통해 냉소적 태도를 드러낸다.
ㅁ. 영탄적 표현을 통해 자연물에서 얻은 깨달음을 표출한다.

① ㄱ, ㄴ　② ㄴ, ㄷ　③ ㄹ, ㅁ
④ ㄱ, ㄷ, ㄹ　⑤ ㄴ, ㄷ, ㅁ

수능 기출
06 〈보기〉를 참고하여 윗글을 감상한 내용으로 적절하지 않은 것은?

보기

송순이 '면앙정가'에서 펼쳐 보인 세계는 흔히 '면앙우주'라고 일컬어진다. 면앙우주는 작가에게 천지만물의 이치를 심성의 수양으로 내면화하는 공간이었다. 작가는 자연 세계를 통해 인간 세계의 이치를 읽어 내는 가운데 조화와 합일을 추구했다. 그는 객관적 자연물에 인간적 생명력과 의지를 부여하는 방식으로 자신의 이상과 세계관을 표출했다.

① '제월봉'이 '무변대야의 므슴 짐작'을 한다는 표현에는 높은 이상을 향한 작가의 의지가 자연물에 투영되어 있군.
② '늘근 뇽'이 '선좀을 ᄀᆞᆺ ᄭᆡ야'라는 표현에는 이상을 펼치기에 이미 늦었다고 여기는 작가의 조바심이 담겨 있어.
③ '정자'가 '청학'처럼 '두 나릐 버렷ᄂᆞᆫ ᄃᆞᆺ'하다는 표현에서 면앙정이 비상(飛上)을 위한 심성 수양의 장소임을 알 수 있군.
④ '믈'이 '밤ᄂᆞᆺ즈로 흐르ᄂᆞᆫ' 모습을 통해 작가도 자신이 추구하는 바를 쉼 없이 행해야 함을 드러내고 있어.
⑤ '추월산'을 비롯한 여러 산들이 '노픈 ᄃᆞᆺ ᄂᆞ즌 ᄃᆞᆺ 긋ᄂᆞᆫ ᄃᆞᆺ 닛ᄂᆞᆫ ᄃᆞᆺ' 서 있다는 표현에서 조화와 합일을 추구하는 삶의 태도를 볼 수 있군.

인간(人間)을 써나와도 ⓐ 내 몸이 겨를 업다
　　인간 세상, 속세, 정치 현실
㉠ 니것도 보려 ᄒ고 져것도 드르려코
　　　　　　　　　　들으려 하고
ᄇ ᄅ 룸도 혀려 ᄒ고 ᄃ 돌도 마즈려코
　　쐬려　　　　　　　맞으려 하고
㉡ 봄 으란 언제 줍고 고기란 언제 낙고

시비(柴扉)란 뉘 다드며 딘 곳츠란 뉘 쓸려뇨
사립문　　　　　　　　꽃은
아츰이 낫브거니 나조ᄒ라 나을소냐
　　부족한데　　　저녁이라
오ᄂᆞᆯ리 부족(不足)거니 내일(來日)리라 유여(有餘)ᄒ랴

㉢ 이 뫼ᄒᆡ 안ᄌ 보고 뎌 뫼ᄒᆡ 거러 보니

번로(煩勞)ᄒ 모 음의 ᄇ 릴 일이 아조 업다
　　　　　　　　　　　아주, 전혀
㉣ 쉴 ᄉᆡ이 업거든 길히나 젼ᄒ리야

다만 ᄒ 청려장(青藜杖)이 다 므듸여 가노미라
　　　　명아줏대로 만든 지팡이
┌ 술리 닉어거니 벗지라 업슬소냐
│
│ 블ᄂᆞ며 ᄐᆞ이며 혀이며 이아며
│
│ 온가짓 소ᄅᆡ로 취흥(醉興)을 비ᅡ거니
　　　　　　　　　　　　재촉하니
[A] 근심이라 이시며 시름이라 브트시랴
│
│ 누으락 안즈락 구부락 져츠락
│
│ ㉤을프락 ᄑ 람ᄒ락 노혜로 노거니
│　　(시를) 읊기도 하고 휘파람을 불기도 하고
└ 천지(天地)도 넙고 넙고 ⓑ 일월(日月)도 ᄒ가(閑暇)ᄒ다

희황(義皇)을 모을너니 니젹이야 긔로고야

신선(神仙)이 엇더턴지 이 몸이야 긔로고야

강산풍월(江山風月) 거ᄂᆞ리고 내 백 년(百年)을 다 누리면
　　　　　　　　　　　　　　　평생
악양루상(岳陽樓上)의 이태백(李太白)이 사라 오다

호탕정회(浩蕩情懷)야 이예서 더ᄒᆞᆯ소냐

이 몸이 이렁굼도 역군은(亦君恩)이샷다
　　　이렇게 지내는 것도

인간 세상을 떠나와도 내 몸이 겨를 없다.
이것도 보려 하고 저것도 들으려 하고

바람도 쐬려 하고 달도 맞으려 하고

밤은 언제 줍고 고기는 언제 낚고

사립문은 누가 닫으며 떨어진 꽃은 누가 쓸 것인가.
아침이 부족한데 저녁이라 나으랴?

오늘이 부족한테 내일이라 넉넉하랴?

이 산에 앉아 보고 저 산에 걸어 보니

(❶　　　　) 마음에 버릴 일이 전혀 없다.
쉴 사이 없는데 길이나 전하겠는가?

다만 하나 있는 지팡이가 다 무디어 가는구나.
술이 익었으니 벗인들 없을 것인가?

불게 하고 타게 하고 켜게 하고 흔들게 하며
온갖 소리로 취흥을 재촉하니

근심이라 있으며 (❷　　　　)이라 붙었으랴?
누웠다가 앉았다가 굽혔다가 젖혔다가
읊다가 휘파람 불다가 마음대로 노니

천지도 넓고 넓고 세월도 한가하다.

희황 시절 몰랐더니 (❸　　　　) 그 때로구나.
신선이 어떠하던지 이 몸이 그이로구나.
강산풍월 거느리고 내 평생을 다 누리면
악양루 위의 이태백이 살아온들

호탕한 정회야 이보다 더할 것인가.

이 몸이 이러함도 (❹　　　　)로다.

▶ 문해력 **UP** 감상 패턴 ◀

1 화자

자연 속 풍류와 유교적 충의 이념

┌─────────────────────────┐
│ 인간을 써나와도 내 몸이 겨를 업다 │
└─────────────────────────┘
관직에서 물러나 자연을 즐기느라 바쁜 나날을 보냄.

＋

┌─────────────────────────┐
│ 술리 닉어거니 벗지라 업슬소냐 ~ │
│ 을프락 ᄑ람ᄒ락 노혜로 노거니 │
└─────────────────────────┘
벗과 함께 술을 마시며 놂.

↓

┌─────────────────────────┐
│ '역군은이샷다' │
└─────────────────────────┘
감성의 절정에서 쏟아 낸 사대부적 탄성

2 표현

생동감 있는 표현

'블ᄂᆞ며 ᄐᆞ이며 혀이며 이아며', '누으락 안즈락~노혜로 노거니'
→ 풍류를 즐기는 모습을 생동감 있게 표현함.

3 내신&수능 기출 point

고사 인용의 목적과 효과

• '희황을 모을너니 니젹이야 긔로고야'
→ 나라를 큰 덕으로 다스려 태평성대를 이루었다고 알려진 중국 고대의 희황 시절이 바로 지금이라고 함으로써 자연에서의 삶에 대한 만족감을 극대화하여 표현함.
• '악양루상의 이태백이 사라 오다 / 호탕정회야 이예서 더ᄒᆞᆯ소냐'
→ 자연에서 시를 짓고 풍류를 즐겼던 중국 시인 이태백보다 정과 회포가 더 크다고 말함으로써 자신의 풍류 생활에 대한 자부심을 부각하여 드러냄.

현풀 정답 ❶ 번거로운 ❷ 시름 ❸ 이때야말로 ❹ 임금의 은혜

07 윗글의 시어에 대해 이해한 내용으로 가장 적절한 것은?

① 'ᄇᆞ룸'과 '돌'은 인간 세상에서 화자가 겪은 시련을 상징하는군.

② '청려장'과 'ᄑᆞ람'은 색채를 활용하여 자연의 아름다움을 나타낸 것이군.

③ '벗'은 화자와 대비되는 대상으로, 일상적 삶을 추구하는 인물이군.

④ '희황'과 '이태백'은 역사적 인물로, 화자의 겸손함을 부각시키는 역할을 하는군.

⑤ '호탕정회'는 화자가 현재 자신의 삶에서 느끼는 정서를 직접적으로 표현한 것이군.

08 〈보기〉를 윗글의 [A]와 같이 고쳐 썼다고 할 때, 얻고자 한 효과로 적절하지 <u>않은</u> 것은?

─── 보기 ───

술이 익어 가니 벗과 함께 마셔야겠구나
갖가지 악기를 연주하며
온갖 소리로 취흥(醉興)을 재촉하니
근심과 시름이 다 사라지는구나
음악에 맞춰 덩실덩실 춤을 추며
시를 읊기도 하고 휘파람도 불고 마음대로 노니
천지(天地)도 넓고 일월(日月)도 한가(閑暇)하다

① 대구법을 활용하여 운율을 형성하고자 하였다.

② 동일한 시어를 반복하여 음수율을 지키고자 하였다.

③ 설의적 표현을 활용하여 의미를 강조하고자 하였다.

④ 열거법을 활용하여 상황을 구체화하여 전달하고자 하였다.

⑤ 의태어를 활용하여 상황을 생동감 있게 표현하고자 하였다.

09 〈보기〉는 윗글에 대한 평가이다. ㉠∼㉤ 중, 〈보기〉의 밑줄 친 부분의 근거로 적절하지 <u>않은</u> 것은?

─── 보기 ───

'면앙정가'의 전반부는 풍경 묘사에 주력했다면 후반부는 그런 풍경 속에서 노니는 화자의 생활 모습을 보여 주는 데 주력했다. 전반부는 면앙정의 위치와 모양, 그리고 주변 풍경을 활기차면서도 질서 있게 보여 주고 후반부는 면앙정에서 지내는 화자의 생활을 <u>역동적으로</u> 서술하고 있다.

① ㉠ ② ㉡ ③ ㉢ ④ ㉣ ⑤ ㉤

10 교육청학평 기출
〈보기 1〉의 선생님의 질문에 대한 대답으로 적절한 내용만을 〈보기 2〉에서 있는 대로 고른 것은?

─── 보기 1 ───

선생님: 윗글과 아래의 작품은 모두 벼슬에서 물러난 작가들이 귀향한 후의 삶을 표현한 작품입니다. 두 작품을 살펴보면 공통점을 찾을 수 있는데, 무엇인지 확인해 볼까요?

연하(煙霞)의 깁픠 든 병(病) 약(藥)이 효험(效驗) 업서
강호(江湖)에 ᄇᆞ리연디 십 년(十年) 밧기 되어세라
그러나 이제 다 못 죽음도 긔 성은(聖恩)인가 ᄒᆞ노라 〈제3수〉

돌 붉고 ᄇᆞ람 자니 믈결이 비단 일다
단정(短艇)을 빗기 노하 오락가락 ᄒᆞ난 흥(興)을
백구(白鷗)야 하 즐겨 말고려 세상(世上) 알가 ᄒᆞ노라 〈제5수〉

식록(食祿)을 긋친 후(後)로 어조(漁釣)을 생애(生涯)ᄒᆞ니
헴 업슨 아히들은 괴롭다 ᄒᆞ건마는
두어라 강호한적(江湖閑適)이 내 분(分)인가 ᄒᆞ노라 〈제9수〉

– 나위소, '강호구가'

─── 보기 2 ───

ㄱ. 임금의 은혜를 떠올리며 감사하는 태도가 드러나 있습니다.

ㄴ. 속세와 거리를 두고 지내는 삶의 모습이 드러나 있습니다.

ㄷ. 자연의 흥취를 타인과 나누려는 마음이 드러나 있습니다.

ㄹ. 궁핍한 생활상을 보여 주면서도 그것을 수용하는 자세가 드러나 있습니다.

① ㄱ, ㄴ ② ㄴ, ㄷ ③ ㄴ, ㄹ
④ ㄱ, ㄴ, ㄹ ⑤ ㄱ, ㄷ, ㄹ

11 수능 기출
ⓐ, ⓑ를 관련지어 이해한 내용으로 적절한 것은?

① 전원생활에 겨를이 없어(ⓐ) 한가롭게 자연을 즐길 틈이 없다(ⓑ).

② 풍경은 사시(四時)로 변하지만(ⓑ) 그 흥취를 느낄 겨를이 없다(ⓐ).

③ 여기저기 불려 다니느라 겨를이 없어(ⓐ) 한가롭게 살기 어렵다(ⓑ).

④ 한가로운 자연 속에서 생활하며(ⓑ) 일하는 즐거움을 찾기에 겨를이 없다(ⓐ).

⑤ 자연 속에서 이리저리 노니는 한가로운 정서를(ⓑ) 즐기기에도 겨를이 없다(ⓐ).

엊그제 젊었더니 벌써 어찌 다 늙거니

소년행락(少年行樂) 생각하니 말해도 속절없다
어릴 적 즐겁게 놀던 일   소용없다

늙어서야 서러운 말 하자 하니 목이 멘다

부생모육(父生母育) 고생하여 이내 몸 길러 낼 제
아버지 날 낳으시고 어머니 날 기르심

ⓐ 공후배필(公候配匹)은 못 바라도 군자호구(君子好逑) 원하더

니 / 삼생(三生)의 원업(怨業)이요 월하(月下)의 연분(緣分)으로
원망스러운 업보

ⓑ 장안(長安) 유협(遊俠) 경박자(輕薄子)를 ㉠꿈같이 만나 있어

당시에 마음 쓰기 살얼음 디디는 듯

삼오이팔(三五二八) 겨우 지나 ⓒ 천연여질(天然麗質) 절로 이니

이 얼굴 이 태도(態度)로 백 년 기약(百年期約)하였더니

연광(年光)이 훌훌ᄒ고 조물(造物)이 시샘하여

봄바람 가을 물이 베올에 북 지나듯

설빈화안(雪鬢花顔) 어디 가고 면목가증((面目可憎) 되었구나
고운 머릿결과 아름다운 얼굴   얼굴 생김새가 밉살스러움

내 얼굴 내 보거니 어느 임이 날 사랑할까

스스로 참괴(慚愧)하니 누구를 원망하랴

〈중략〉

옥수(玉手)의 타는 수단 옛 소리 있다마는
아름다운 여자의 손

㉡ 부용장(芙蓉帳) 적막하니 뉘 귀에 들리소니

간장이 구곡되어 굽이굽이 끊쳤어라
깊은 마음속 또는 시름이 쌓인 마음속을 비유적으로 이르는 말 – 구곡간장(九曲肝腸)

차라리 잠을 들어 ㉢꿈에나 보려 하니

바람의 지는 잎과 풀 속에 우는 짐승

무슨 일 원수로서 잠조차 깨우는다

천상의 견우직녀(牽牛織女) 은하수 막혔어도

칠월 칠석(七月七夕) 일 년 일도(一年一度) 실기(失期)치 않거든

우리 임 가신 후는 무슨 ⓓ 약수(弱水) 가렸관대

오거나 가거나 소식조차 그쳤는고

난간(欄干)에 빗겨 서서 임 가신 데 바라보니

초로(草露)는 맺혀 있고 모운(暮雲)이 지나갈 제
풀에 맺힌 이슬

죽림(竹林) 푸른 곳에 새소리 더욱 섧다

세상(世上)의 서러운 사람 수없다 하려니와

ⓔ 박명(薄命)한 홍안(紅顔)이야 나 같은 이 또 있을까

아마도 이 임의 탓으로 살동말동 하여라

엊그제 젊었는데 벌써 어찌 다 늙었느냐.

어릴 때 노닐던 일 생각하니 말해도 소용없다.

늙어서야 서러운 말씀 하자 하니 목이 멘다.

부모님이 낳아 기르며 고생하여 이내 몸 길러 낼 때

높은 벼슬아치의 아내는 못 바라도 군자의 (❶   )이 되기를 원했는데 / 삼생의 원망스러운 업보이자 부부의 인연으로

장안의 경박스러운 사람을 꿈같이 만나

(시집 간 뒤에) 마음 쓰기 (마치) 살얼음 디디는 듯,

열다섯 살, 열여섯 살을 겨우 지나서 (❷   ) 저절로 나타나,

이 얼굴, 이 태도로 평생을 약속하였더니

세월이 빨리 지나고 조물주가 시기하여

봄바람, 가을 물(세월)이 베틀의 올에 북 지나가듯 (쏜살같이 지나더니)

고운 머릿결과 아름다운 얼굴은 어디 가고 미운 얼굴 되었구나.

내 얼굴 내가 보고 알거니 어느 임이 나를 사랑하겠는가?

스스로 (❸   ) 누구를 원망할 것인가?

아름다운 손으로 타는 거문고 소리는 옛 노래 그대로 있건만

연꽃무늬 휘장을 친 방이 고요하고 누구 귀에 들릴소냐.

시름이 쌓인 마음속이 굽이굽이 끊어졌다.

차라리 잠이 들어 꿈에나 (임을) 보려 하니

바람에 지는 잎과 풀 속에서 우는 짐승(벌레)은

무슨 일 원수로 잠조차 깨우는가?

하늘의 견우와 직녀는 은하수가 막혔어도

칠월 칠석 일 년에 한 번씩 때를 어기지 않고 만나는데

우리 임 가신 후는 무슨 장애물이 가리었기에

오고 가는 소식마저 그쳤는가?

난간에 기대어 서서 임 가신 데를 바라보니

풀 이슬은 맺혀 있고 (❹   )이 지나갈 때

대나무 숲 푸른 곳에 새소리 더욱 서럽다.

세상에 서러운 사람 많다고 하지만

운명이 기구한 젊은 여자야 나 같은 이 또 있을까?

아마도 임의 탓으로 살 듯 말 듯 하구나.

문해력 UP 감상 패턴

① 화자

화자의 상황

독수공방하며 고독하게 지냄.

→ '삼종지도(三從之道)', '여필종부(女必從夫)'라는 봉건 윤리 속에서 남성들에게 예속되어 있음.

② 표현

자조적 표현

• '내 얼굴 내 보거니 ~ 누구를 원망하랴'

→ 젊음과 아름다움이 사라진 모습에 대한 자조를 의문의 형식으로 강조함.

• '박명한 홍안이야 나 같은 이 또 있을까'

→ 자신의 기구한 처지에 대한 자조와 한탄을 의문의 형식으로 강조함.

③ 내신&수능 기출 point

원망과 그리움의 공존

'아마도 이 임의 탓으로 살동말동 하여라'

→ 임을 그리워하고, 자신의 처지에 체념하는 태도를 보이기는 하지만, 임을 원망하는 태도가 직접적으로 나타남.

작품 정리

주제 남편에 대한 원망과 그리움, 봉건 사회에서 겪는 부녀자의 한(恨)

특징 ① 고사와 한문을 많이 사용함.
② 설의법, 직유법 등의 다양한 표현법을 사용함.
③ 사대부들의 전유물이었던 가사가 여성 작자층으로 확대되었음.

성격 고백적, 체념적, 절망적

현품 정답 ❶ 좋은 배필 ❷ 타고난 아름다운 모습 ❸ 부끄러워하니 ❹ 저녁 구름

01 윗글에 대한 설명으로 적절하지 않은 것은?

① 대상에 화자의 슬픈 감정을 이입하여 표현하고 있다.
② 비유적 표현을 사용하여 화자의 상황을 나타내고 있다.
③ 설의적 표현을 사용하여 화자의 정서를 강조하고 있다.
④ 대구법을 사용하여 운명에 맞서려는 의지를 드러내고 있다.
⑤ 과거를 회상하며 현재의 처지에 대한 탄식을 드러내고 있다.

02 ㉮에 대한 설명으로 가장 적절한 것은?

① 화자가 지향하는 공간이다.
② 임의 부재를 느끼는 공간이다.
③ 임이 화자를 기다리는 공간이다.
④ 임이 있을 곳으로 추측하는 공간이다.
⑤ 화자가 타인들로부터 벗어난 공간이다.

03 ⓐ~ⓔ의 문맥상 의미로 적절하지 않은 것은?

① ⓐ : 높은 벼슬아치의 아내
② ⓑ : 서울의 호방한 풍류객이자 언행이 가벼운 사람
③ ⓒ : 아름답게 꾸며서 가꾼 용모
④ ⓓ : 건널 수 없는 강으로 임과의 만남을 방해하는 장애물
⑤ ⓔ : 기구한 운명의 젊은 여자

04 〈보기〉를 참고하여 윗글을 감상한 내용으로 적절하지 않은 것은?

교육청학평 기출

> ──── 보기 ────
>
> '규원가'는 자신을 사랑해 주지 않는 남편을 원망하면서도 그 원인이 자신에게도 있음을 한탄하는 규방 가사이다. 이 작품은 여성들이 남성들에게 예속되었던 조선 시대의 봉건적 윤리 속에서 작가 자신이 여성으로서 겪어야 했던 외로움과 한을 다양한 비유적 기법을 사용하여 품격 높은 시적 감각으로 드러내고 있다.

① '서러운 말'에는 남편으로부터 버림받은 화자의 운명과 처지에 대한 한이 담겨 있겠군.
② '스스로 참괴하니'를 통해 화자는 남편이 돌아오지 않는 상황에 대해 자신을 책망하고 있군.
③ '천상의 견우직녀'는 임과 영원히 만날 수 없는 화자의 처지와 동일하다는 점에서 화자의 슬픔을 대변하고 있군.
④ '나 같은 이 또 있을까'를 통해 화자는 홀로 지내는 자신의 외로움을 강조하고 있군.
⑤ '아마도 이 임의 탓으로 살동말동 하여라'에는 남편을 원망하는 화자의 정서가 드러나 있군.

05 ㉠, ㉡에 대해 이해한 내용으로 가장 적절한 것은?

평가원모평 기출

① ㉠은 흐릿한 기억 때문에 혼란스러운 화자의 심정을 나타낸다.
② ㉡은 현실에서는 화자가 문제를 해결할 수 없어서 선택한 방법이다.
③ ㉠은 임과의 만남에 대한 기대에서, ㉡은 임과의 이별에 대한 망각에서 비롯된다.
④ ㉠은 이미 일어난 일에 대해 회상하고, ㉡은 곧 일어날 일에 대해 단정하고 있다.
⑤ ㉠은 인연의 우연성에 대한, ㉡은 재회의 필연성에 대한 화자의 우려를 드러내고 있다.

하룻밤 찬 바람에 눈이 왔나 서리 왔나

㉠어찌하여 온 세상이 백옥경이 되었는가

동창이 다 밝거늘 수정렴을 걷어 놓고
　　　　　　　수정 구슬을 꿰어서 만든 아름다운 발
요금을 비껴 안아 봉황곡을 연주하니

소리마다 그윽히 맑아 태공에 들어가니
　　　　　　　　　　먼 하늘
파사 계수하의 옥토끼도 돌아본다
너울너울 춤추는 모양
유리 호박주를 가득 부어 권하니
매우 맑은 호박 잔에 따른 술
유정한 항아도 잔 밑에 비치었다

청광을 머금으니 폐부에 흘러들어

㉡호호한 흉중이 아니 비친 데가 없다

옷가슴 헤쳐 내어 광한전에 돌아앉아

마음에 먹은 **뜻**을 다 **사뢰려** 하였더니

㉢심술궂은 뜬구름이 어디서 와 가리는가

천지가 깜깜하여 백물을 다 못 보니
　　　　　　　　　온갖 사물
상하 사방에 갈 길을 모르겠네

먼 봉우리 반쪽 끝에 **옛빛**이 비치는 듯

구름 사이로 나왔더니 떼구름 미쳐 나니

희미한 한 빛이 **점점 아득하여** 온다

중문을 닫아 놓고 뜰가에 따로 서서

매화 한 가지 계영인가 돌아보니

㉣처량한 암향이 나를 좇아 시름한다

성긴 발을 드리우고 동방에 혼자 앉아

ⓐ**금작경** 닦아 내어 벽 위에 걸어 두니
　　　황금 까치를 조각한 거울
제 몸만 밝히고 남 비출 줄 모르도다

비단 부채로 긴 **바람** 부쳐 내어 이 구름 다 걷고자

푸른 대나무로 천 길의 비를 매어 저 구름 다 쓸고자

장공은 만 리요 이 몸은 **진토**니
먼 하늘　　　　　　　　　먼지와 흙
쓸쓸한 이내 뜻이 생각하니 **허사**로다

가뜩이나 시름 많은데 긴 밤은 어떠한가

전전반측하여 다시금 생각하니 / ㉤영허 소장이 천지에 무궁하니
　　　　　　　　　　　　　　　　　달이 차고 지며 초목이 자라고 스러짐
풍운이 변화한들 본색이 어디 가리

우리도 단심(丹心)을 지키어 명월 볼 날 기다리노라

하룻밤 찬 바람에 눈이 왔는가, 서리가 왔는가?
어찌하여 온 세상이 옥황상제가 사는 궁궐처럼 되었는가?
동쪽 창문이 아직까지 밝기에, 수정렴을 걷어 놓고
거문고를 비스듬히 안고 봉황곡을 연주하니
소리마다 그윽히 맑아 먼 하늘에 들어가니
가볍게 나부끼는 계수나무 아래 (달 속에 산다는) 옥토끼도 돌아본다.
유리처럼 맑은 호박 잔에 술을 가득 부어 (달에게) 권하니
정취 있는 달 속의 선녀 항아도 잔 밑에 비치는구나.
밝은 달빛을 머금으니, 마음속 깊이 흘러들어
넓고 넓은 가슴속에 비추지 않는 구석이 없구나.
옷가슴을 헤쳐 내어 (❶　　　　　)에 돌아앉아
마음에 먹은 뜻을 다 말씀 올리려 하였더니
심술궂은 뜬구름이 어디에선가 와서 (밝은 달을) 가리는가?
하늘과 땅이 깜깜하여 온갖 사물을 모두 볼 수 없으니
위아래 사방에 갈 길을 모르겠구나.

멀리 우뚝 솟은 산봉우리의 반쪽 끝에 옛빛이 비치는 듯
구름 사이로 나왔더니 떼구름이 아직도 날고 있으니
희미한 한 달빛이 점점 아득하여 온다.

중문을 닫아 놓고 뜰 가장자리에 혼자 떨어져 서서
매화 한 가지 (❷　　　　　)의 그림자 인가 돌아보니
외롭고 쓸쓸한 매화의 향기가 나를 따라 근심한다.
성긴 발을 드리우고, 침실에 혼자 앉아

황금 까치 문양이 있는 거울을 닦아 벽 위에 걸어 두니
제 몸만 밝히고, 남을 비출 줄은 모르는구나.
비단으로 만든 부채로 긴 바람을 부쳐 내어 이 구름을 다 걷어 내고 싶구나.
푸른 대나무로 천 길의 빗자루를 만들어 저 구름을 다 쓸어버리고 싶구나.
먼 하늘은 만 리나 떨어져 있고, 이 몸은 티끌 같은 존재이니
쓸쓸한 이내 뜻이 생각해 보니 헛된 일이로구나. / 가뜩이나 근심이 많은데 긴 밤은 어떠한가? / 뒤척이며 잠을 못 이뤄 다시금 생각하니 / 달이 차고 지며 초목이 자라고 스러지는 것이 하늘과 땅에 끝이 없으니 / 바람과 구름이 변화한들 본디 모습이야 어디 가겠는가? / 우리도 (❸　　　　　)을 지켜서 밝은 달을 볼 날을 기다리노라.

문해력 UP 감상 패턴

1 화자

화자의 상황

연군지정
• 임금을 '명월(밝은 달)'에 빗댐.
• 환란 속 피란길에 오른 임금을 걱정함.
• 임금을 향한 변함없는 충정

우국지정
• 나라의 위기에 대해 걱정함.
• 환란이 곧 끝날 것임을 기대함.

2 표현

소재의 상징적 의미

명월	임금
구름	나라의 환란을 불러일으키는 존재(왜적)

→ 부정적인 시대 상황, 즉 나라의 외환으로 피란길에 오른 임금을 구름에 달이 가려진 것으로 비유함.

3 내신&수능 기출 point

작품의 시대적 배경과 정서
임진왜란으로 인한 몽진(蒙塵) : 피란길에 오른 임금의 안위와 나라의 미래를 걱정하는 연군지정, 우국지정이 부각됨.

작품 정리

주제 임금에 대한 충정과 나라의 위기에 대한 걱정
특징 ① 비유적 표현을 통해 시적 상황을 우의적으로 드러냄.
② 설의법을 활용하여 화자의 생각을 강조함.
성격 비유적, 상징적, 의지적

현풀 정답 ❶ 임금님 계신 궁궐 ❷ 계수나무
❸ 임금을 향한 충성심 / 일편단심

01 윗글에 대한 설명으로 적절하지 <u>않은</u> 것은?

① 감각적 이미지를 활용하여 계절감을 드러내고 있다.

② 직유적 표현법을 활용하여 시적 상황을 드러내고 있다.

③ 설의적 표현 기법을 활용하여 시적 의도를 강조하고 있다.

④ 시선의 이동에 따라 시상을 전개하여 사실감을 더해 주고 있다.

⑤ 특정 대상에 의미를 부여하여 주제를 효과적으로 전달하고 있다.

02 ㉠~㉤에 대해 이해한 내용으로 적절하지 <u>않은</u> 것은?

① ㉠: 눈이 내린 경치의 아름다움을 비유적으로 표현한 것이군.

② ㉡: 밝은 달빛의 아름다움에 도취하여 감상하고 있다는 것이군.

③ ㉢: 부정적 문제 상황에 대해 적극적으로 대처해 나갈 의지를 보여 주는군.

④ ㉣: 자연물에 자신의 정서를 투영하여 공감대를 형성하고 있군.

⑤ ㉤: 자연의 순환 이치를 근거로 긍정적인 미래가 도래할 것을 기대하고 있군.

03 ⓐ에 대한 설명으로 가장 적절한 것은?

① 화자가 비판적으로 인식하고 있는 대상이다.

② 화자가 예찬적 태도로 바라보고 있는 대상이다.

③ 화자가 동병상련의 감정으로 바라보고 있는 대상이다.

④ 화자의 비참한 처지를 상징적으로 보여 주고 있는 대상이다.

⑤ 화자가 자신의 과거 모습을 성찰할 수 있도록 계기를 마련해 주고 있는 대상이다.

04 기출 연계
〈보기〉를 참고하여 윗글의 화자에 대해 설명한 내용으로 적절하지 <u>않은</u> 것은?

┌─ 보기 ─┐

'명월음'은 임진왜란으로 몽진 길에 오른 임금을 '명월(明月)'에 빗대어 표현한 작품이다. 여기서 작가는 당시 종묘사직이 절체절명(絕體絕命)의 위기에 처해 있는 모습을 몸소 체험하면서 느낀 복잡한 심정과 바람을 개인적인 서정에 중점을 두어 서술하고 있다.

└─────┘

① 임금에 대한 변함없는 충정을 드러내고 있군.

② 세상을 밝히는 임금의 덕(德)을 예찬하고 있군.

③ 나라의 앞날에 대해 부정적으로 인식하고 있군.

④ 나라 일을 걱정하느라 잠을 이루지 못하고 있군.

⑤ 나라를 위해 자신의 뜻을 펼치기에 능력이 부족함을 느끼고 있군.

05 교육청학평 기출
〈보기〉를 바탕으로 윗글을 감상한 내용으로 적절하지 <u>않</u>은 것은?

┌─ 보기 ─┐

이 작품에서 작가는 임진왜란 당시의 혼탁하고 암담한 시대 현실 속에서 신분의 제약으로 인해 자신이 할 수 있는 것이 없음을 안타까워하고, 피란길에 오른 임금을 '달'에 비유하여 임금에 대한 걱정을 드러내고 있다.

└─────┘

① '사뢰려'는 '뜻'은 혼탁하고 암담한 시대 현실과 관련된 것이겠군.

② '옛빛'이 '점점 아득하'다는 것은 임금이 처한 상황이 점점 부정적으로 변하고 있다는 것이겠군.

③ '제 몸만 밝히'는 '금작경'은 피란길에 오른 임금의 상황을 비유한 것이겠군.

④ '비단 부채'로 '바람'을 일으키려는 것은 부정적인 현실을 바꾸고 싶은 소망을 드러낸 것이겠군.

⑤ 자신의 뜻이 '허사'라고 한 것은 신분적 제약으로 인해 자신을 '진토'로 인식한 결과이겠군.

1592년
임진왜란

조선
후기

1636년
병자호란

개화기

조선 후기의 시조

특징 ① 임진왜란과 병자호란을 전후하여 나타난 조선 후기의 시조는 우국충절, 현실에 대한 경세(警世) 등을 담고 있다.

② 영조 때 가객 이세춘의 시조창을 비롯하여 많은 평민 가객들이 등장하고, 시조창이 널리 애호·보급되었다.

③ 이 시기에는 산문 정신의 발달로 사설시조가 나타났다. 사설시조는 대부분의 작품이 작가·연대 미상이며 서민적인 소박한 생활 감정을 진솔하게 표현하고 있다.

내용 임진왜란·병자호란 이후의 우국충절, 현실에 대한 경세, 자연과 인정, 서민적인 진솔하고 소박한 생활 감정 등의 내용을 주로 담고 있다.

가사의 종류

① 은일 가사: 자연에 묻혀 사는 선비의 생활을 다룬 가사로 정극인의 '상춘곡', 송순의 '면앙정가' 등이 있다.

② 내방 가사: 규방 가사, 규중 가사라고도 하며 부녀자에 의해 지어져 전해지는 가사를 총칭하며 허난설헌의 '규원가' 등이 있다.

③ 기행 가사: 여행 중에 얻은 견문과 소감을 적은 가사로 내용에 따라 관유 가사(觀遊歌辭), 사행 가사(使行歌辭) 등으로 나뉜다. 관유 가사는 산천, 명승지를 구경하면서 견문을 기록하거나 타향 생활을 묘사한 것이고, 사행 가사는 사신 행차의 일원으로 외국을 다니며 본 경물(景物)의 느낌을 기록한 것이다.

④ 유배 가사: 귀양살이를 통해 새로이 얻은 경험과 견문을 읊은 것이다. 대체로 정치적인 이유로 유배 생활을 하였기 때문에 자기의 무죄와 정적(政敵)에 대한 복수심, 임금에 대한 일편단심을 표출하는 것이 특징이다.

고전시가 필수 어휘 ④

61 절로 》 저절로

예 구렁에 낫는 풀이 봄비에 절로 길어(구렁에 돋아난 풀이 봄비에 저절로 자라) - 비가

62 져근덧 》 잠깐, 잠시

예 져근덧 가디 마오 이 술 ᄒ 잔 머거 보오.(잠깐 동안 가지 마오. 이 술 한 잔 먹어 보오.) - 관동별곡

63 져재, 져ᄌ 》 행상에, 시장에, 저자에

예 져재 녀러 신고요 / 어긔야 즌 ᄃᆡ롤 드ᄃᆡ욜셰라(행상에 가 계신가요? / 위험한 곳을 디딜까 두렵습니다.) - 정읍사

64 조타 》 깨끗하다

예 구룸 빗치 조타 ᄒ나 검기롤 ᄌ로 ᄒ다(구름의 빛깔이 깨끗하다고는 하지만 검기를 자주 한다.) - 오우가

65 즈믄 》 천(千)

예 즈믄 ᄒ를 아즐가 즈믄 ᄒ를 외오곰 녀신ᄃᆞᆯ(천 년을 천 년을 홀로 살아간들) - 서경별곡

66 즛(즁) 》 모습, 얼굴

예 만인(萬人) 비취실 즈싀샷다(모든 사람을 비추실 모습이시네.) - 동동

67 천석고황 》 자연을 사랑하는 마음

예 ᄒ믈며 천석고황(泉石膏肓)을 고텨 므슴 ᄒ료(하물며 자연을 사랑하고 즐기는 마음을 고쳐 무엇하랴?) - 도산십이곡

68 청산 》 푸른 산

예 사면 청산이 옛 모습 나노매라(사방의 푸른 산이 옛 모습을 드러내는구나.) - 율리유곡

69 촉 》 초

예 촉(燭) 즙고 갓가이 ᄉ랑헐 제 암향(暗香)좃ᄎ 부동(浮動)터라(촛불 켜 들고 가까이 사랑할 때 그윽한 향이 떠돌더구나.) - 매화사

70 추풍 》 가을 바람

예 필마 추풍에 채를 쳐 도라오니(한 필 말을 가을바람에 채를 쳐 돌아오니) - 율리유곡

IV

시조·가사
(조선 후기)

가 압개예 안기 것고 뒫뫼희 히 비췬다

　　비 떠라 비 떠라

　　밤믈은 거의 디고 낟믈이 미러 온다

　　지국총 지국총 어사와

　　강촌(江村) 온갓 고지 먼 빗치 더옥 됴타 〈춘 1〉

앞 갯벌에 안개 걷히고 뒷산에 해 비친다.
배 띄워라 배 띄워라.

썰물은 거의 빠지고 밀물이 밀려 온다.

강촌에 (❶　　　)은 먼 빛으로 바라보니 더욱 좋다.

나 방초(芳草)를 블와보며 난초 영지도 뜨더보쟈
　　향기롭고 꽃다운 풀　　　난초와 영지(버섯)

　　비 셰여라 비 셰여라

　　일엽편쥬(一葉片舟)에 시른 거시 므스것고
　　나뭇잎처럼 작은 배

　　지국총 지국총 어사와

　　ⓐ갈 제는 뇌 뿐이오 올 제는 둘이로다 〈춘 7〉

꽃풀을 바라보며 난초와 영지를 뜯어 보자.
배 세워라 배 세워라.

한 척의 작은 배에 실은 것이 무엇인고?

갈 때는 나뿐이었는데 올 때는 달과 함께로다.

다 구즌비 머저 가고 시냇믈이 몱아 온다

　　비 떠라 비 떠라

　　ⓑ**낙대를 두러메니 기픈 흥(興)을 금(禁) 못홀돠**

　　지국총 지국총 어사와

　　ⓒ연강(煙江) 텹쟝(疊嶂)은 뉘라셔 그려 낸고 〈하 1〉
　　안개 낀 강과 겹겹이 쌓인 산봉우리

(❷　　　) 멎어 가고 시냇물이 맑아진다.
배 띄워라 배 띄워라.

낚시대를 둘러메니 깊은 흥을 금하지 못하겠다.

강 안개와 겹겹의 봉우리를 누가 그려 냈는가?

라 년닙희 밥 싸 두고 반찬으란 쟝만 마라

　　닫 드러라 닫 드러라

　　청약립(靑蒻笠)은 써 잇노라 녹사의(綠蓑衣) 가져오냐

　　지국총 지국총 어사와

　　㉠무심(無心)혼 빅구(白鷗)는 내 좃는가 제 좃는가

　　　　　　　　　　　　　　　　　　　　〈하 2〉

연잎에 밥 싸 두고 반찬은 장만하지 마라.

닻 들어라 닻 들어라.

삿갓은 쓰고 있노라. 도롱이는 가지고 왔느냐?

(❸　　　)는 내가 저를 좇는 것인가, 제가 나를 좇는 것인가?

마 ⓓ긴 날이 져므는 줄 흥(興)의 미처 모르도다

　　돋 디여라 돋 디여라

　　ⓔ빗대를 두드리고 슈됴가(水調歌)를 블러 보쟈

　　지국총 지국총 어사와

　　애내셩(欸乃聲) 듕(中)에 만고심(萬古心)을 긔 뉘 알고

　　　　　　　　　　　　　　　　　　　　〈하 6〉

긴 날이 저무는 줄 흥에 겨워 미처 몰랐구나.
돛 내려라 돛 내려라.

돛대를 두드리며 뱃노래를 불러 보자.

뱃노래 소리에 배어 있는 만고의 근심을 그 누가 알고.

문해력 UP 감상 패턴

① 화자

화자의 태도
• 봄과 여름의 자연 풍경을 예찬하며 자연 속에서 느끼는 여유와 흥취를 드러냄.
• 자연 속에서의 소박한 삶에 만족감을 느낌.

② 표현

물아일체의 경지 표현

하 2	무심혼 빅구는 내 좃는가 제 좃는가

↓

빅구 ＝ 화자

→ 자연과 하나가 되는 물아일체의 경지를 드러냄.

③ 내신&수능 기출 point

시상 전개 방식

계절 변화에 따른 시상 전개
• 춘사(봄) → 하사(여름) → 추사(가을) → 동사(겨울) • 각 계절마다 각각 10수씩 구성됨.

＋

출항에서 귀항의 과정에 따른 시상 전개
매 수 두 번째 행에서의 여음구의 변화를 통해 출항에서 귀항에 이르는 과정을 보여 줌.

작품 정리

주제 계절마다 바뀌는 자연 풍광의 아름다움 및 어부 생활의 여유와 흥취
특징 ① 초장과 중장, 중장과 종장 사이에 여음구를 삽입함.
② 대구법, 반복법, 은유법 등 다양한 표현법으로 자연의 아름다움을 예찬함.
성격 자연 친화적, 강호 한정가, 풍류적

현풀 정답　❶ 온갖 꽃　❷ 궂은비　❸ 무심한 갈매기

01 윗글에 대한 설명으로 적절하지 <u>않은</u> 것은?

① 여음을 사용하여 흥취를 북돋우고 있다.

② 과거와 미래를 대비하여 주제를 부각하고 있다.

③ 음보를 규칙적으로 사용하여 리듬감을 형성하고 있다.

④ 시적 배경이 되는 공간을 이상적 세계로 형상화하고 있다.

⑤ 감각적 이미지를 활용하여 대상의 아름다움을 드러내고 있다.

02 (라)와 〈보기〉의 공통점으로 가장 적절한 것은?

┌─── 보기 ───
산슈 간(山水間) 바회 아래 뛰집을 짓노라 ᄒ니
그 모론 눕들은 옷는다 혼다마는
어리고 햐암의 뜻의는 내 분(分)인가 ᄒ노라 〈제1수〉
　　　　　　　　　　　　　　　　　　 – 윤선도, '만흥'
└─────────────

① 현실에 대한 비판적 인식을 드러낸다.

② 자연물을 통해 계절적 배경을 드러낸다.

③ 다른 대상과의 대조를 통해 화자의 지향점을 드러낸다.

④ 자연 속에서 소박하게 살아가는 삶에 대한 만족감을 드러낸다.

⑤ 객관적 상관물을 활용하여 자연 풍경에 대한 경외감을 드러낸다.

03 ⊙과 관련된 말로 가장 적절한 것은?

① 물아일체(物我一體)　　② 격세지감(隔世之感)

③ 우국충정(憂國衷情)　　④ 풍수지탄(風樹之歎)

⑤ 건곤일척(乾坤一擲)

04 기출 연계
〈보기〉를 바탕으로 윗글을 감상한 내용으로 적절하지 <u>않은</u> 것은?

┌─── 보기 ───
　　이 작품은 작가가 보길도에 은거하면서 네 계절을 10수씩 읊은 40수의 연시조이다. 각 계절의 작품은 출항에서 귀항까지 어부의 삶이 시간 순으로 전개되고 있다. 대구, 반복, 비유, 의성어 등을 효과적으로 사용하여 시상을 구체화하고 있다. 작가는 어부의 삶에 의탁하여 혼탁한 현실 정치에서 벗어나 자연의 아름다움을 즐기면서 한가롭게 살아가는 모습을 노래했다.
└─────────────

① 매 수의 둘째 행의 여음구가 변화하는 것을 통해 시간 순으로 전개되고 있음을 알 수 있다.

② '압개예 안기 것고 뒫뫼희 히 비췬다'와 같은 대구법에서 자연의 아름다움을 즐기고 있는 화자의 모습을 엿볼 수 있다.

③ '지국총 지국총'과 같은 의성어는 노 젓는 소리를 떠올리게 하여 배경을 짐작할 수 있다.

④ '낙대롤 두러메니 기픈 흥을 금 못홀돠'에서 한가롭게 살아가는 모습을 엿볼 수 있다.

⑤ '만고심을 긔 뉘 안고'에서 혼탁한 현실 정치에서 벗어나려는 심정을 파악할 수 있다.

05 기출 연계
ⓐ~ⓔ를 이해한 내용으로 적절하지 <u>않은</u> 것은?

① ⓐ: 화자가 친숙하게 대하는 소재인 '들'은 자연에 동화된 화자의 삶을 드러내는군.

② ⓑ: 화자의 흥을 돋우는 '낙대'는 자연에서 느끼는 충만감을 고조시키는군.

③ ⓒ: '그려 낸' 것으로 여기는 '연강 텹쟝'은 자신을 둘러싼 자연에 대한 긍정적 인식을 나타내는군.

④ ⓓ: 날이 '져므는 줄' 몰랐다는 것은 언젠가 여유로운 삶이 끝날 것이라는 사실을 암시하는군.

⑤ ⓔ: 여유롭게 부르는 '슈됴가'는 자연 속에서 풍류를 즐기는 화자의 심리를 상징하는군.

가 수국(水國)에 ㉠ᄀ올히 드니 고기마다 슬져 읻다

　　달 드러라 달 드러라
　　_{닻을 들어라}

　만경 딩파(萬頃澄波)에 슬ᄏ지 용여ᄒ쟈
　　　　　_{여유 있게 놀자, 즐겨 보자}

　　지국총 지국총 어사와

　인간(人間)을 도라보니 머도록 더옥 됴타 〈추 2〉
　　　　　　　_{멀수록}

바다에 가을이 드니 고기마다 살쪄 있다.
닻 들어라 닻 들어라.

한없이 넓고 맑은 바다를 실컷 즐겨 보자.

세상을 돌아보니 멀수록 더욱 좋다.

나 옷 우희 ㉡서리 오딕 치운 줄을 모ᄅᆞᆯ로다

　　달 디여라 달 디여라

　조선(釣船)이 좁다 ᄒ나 부세(浮世)과 엇더ᄒ니
　　_{낚싯배}

　　지국총 지국총 어사와

　닉일도 이리 ᄒ고 모뢰도 이리 ᄒ쟈 〈추 9〉

옷 위에 서리 오되 추운 줄을 모르겠구나.
닻 내려라 닻 내려라.

낚싯배 좁다 하나 (❶　　　　)과 어떠한가?

내일도 이리 하고 모레도 이리 하자.

다 간밤의 눈 갠 후에 경물(景物)이 달랃고야

　　이어라 이어라

　압희는 **만경류리(萬頃琉璃)** 뒤희는 ㉢**천텹옥산(千疊玉山)**

　　지국총 지국총 어사와

　선계(仙界)ㄴ가 불계(佛界)ㄴ가 인간(人間)이 아니로다
　　　　　　　　　　　　　　　　　〈동 4〉

간밤의 눈 갠 후에 경치가 달라졌구나.
노 저어라 노 저어라.

앞에는 유리처럼 반반하고 아름다운 바다, 뒤에는 수없이 겹쳐 있는 눈 덮인 아름다운 산

신선의 세계인가 부처의 세계인가 인간 세상은 아니로다.

라 믉ᄀᆞ의 ㉣외로온 솔 혼자 어이 싁싁ᄒ고

　　빅 믹여라 빅 믹여라

　ⓐ**머흔 구룸 흔(恨)티 마라 셰샹(世上)을 ᄀᆞ리온다**
　　_{먹구름. 속세를 가리기 때문에 긍정적으로 인식됨}

　　지국총 지국총 어ᄉ와

　파랑성(波浪聲)을 염(厭)티 마라 딘훤(塵喧)을 막ᄂᆞᆫ도다
　　_{파도 소리}
　　　　　　　　　　　　　　　　　〈동 8〉

물가에 외로운 솔 혼자 어이 씩씩한고?
배 매어라 배 매어라.

먹구름 탓하지 마라. 세상을 (❷　　　　).

파도 소리 (❸　　　　) 마라. 티끌과 소음을 막는구나.

마 어와 져므러 간다 연식(宴息)이 맏당토다
　　　　　　　　　　_{편안히 쉼}

　　빅 븟텨라 빅 븟텨라

　ᄀᆞᄂᆞᆫ 눈 ᄲᆞ린 길 블근 곳 훗더딘 딕 흥치며 거러가셔

　　지국총 지국총 어사와

　㉤**셜월(雪月)이 셔봉(西峰)의 넘도록 숑창(松窓)을 비겨 잇쟈**
　　_{소나무 그림자가 비치는 창}
　　　　　　　　　　　　　　　　　〈동 10〉

어와 저물어 간다. 편히 쉼이 마땅하도다.
배 붙여라 배 붙여라.

가는 눈 뿌린 길 붉은 꽃 흩어진 데 흥겨워하며 걸어가서

눈 속의 달이 서산에 넘도록 소나무 그림자가 비치는 창에 기대어 있자.

문해력 **UP** 감상 패턴

1 화자

화자의 태도
- 가을과 겨울의 자연 풍경을 예찬하며 자연 속에서 느끼는 여유와 흥취를 드러냄.
- 속세를 잊고 자연 속에서 한가롭게 사는 것에 만족감을 느낌.

2 표현

대구법의 활용과 운율 형성

추 9	닉일도 이리 ᄒ고 모뢰도 이리 ᄒ쟈
동 4	압희는 만경류리 뒤희는 천텹옥산
동 8	머흔 구룸 흔티 마라 셰샹을 ᄀᆞ리온다 / 파랑성을 염티 마라 딘훤을 막ᄂᆞᆫ도다

3 내신&수능 기출 point

초장과 중장 사이의 여음

출항	1수	빅 ᄠᅥ라 (배 띄워라)
	2수	달 드러라 (닻 들어라)
	3수	돋 드라라 (돛 달아라)
	4수	이어라 (노 저어라)
귀항	5수	이어라 (노 저어라)
	6수	돋 디여라 (돛 내려라)
	7수	빅 셰여라 (배 세워라)
	8수	빅 믹여라 (배 매어라)
	9수	달 디여라 (닻 내려라)
	10수	빅 븟텨라 (배 붙여라)

→ 각 계절마다 출항에서 귀항까지의 과정을 보여 줌.

현풀 정답 ❶ 덧없는 세상 ❷ 가려 준다 ❸ 싫어하지

내신 대비 실력 향상 문항

06 윗글의 표현상 특징에 대한 설명으로 가장 적절한 것은?

① 의문형 어구를 반복하여 심리적 갈등을 드러내고 있다.
② 대상을 점층적으로 강조하여 시적 긴장감을 높이고 있다.
③ 통사 구조가 유사한 구절을 대응시켜 운율을 형성하고 있다.
④ 색채어를 활용하여 화자와 다른 대상과의 차이를 부각하고 있다.
⑤ 상승 이미지와 하강 이미지를 반복하여 심리 변화의 양상을 표현하고 있다.

07 다음 중, 〈보기〉의 밑줄 친 '흐르는 물'과 기능이 유사한 것은?

> ── 보기 ──
>
> 첩첩한 돌 사이로 미친 듯 내뿜어 겹겹 봉우리에 울리니
> 사람 말소리야 지척에서도 분간하기 어렵네
> 항상 시비하는 소리 귀에 들릴까 두려워하기에
> 일부러 흐르는 물로 하여금 온 산을 둘러싸게 했네
> ─ 최치원, '제가야산독서당'

① 만경 딩파   ② 조선   ③ 만경류리
④ 파랑셩   ⑤ 숑창

08 ㉠~㉤ 중, 계절감이 드러나지 <u>않는</u> 것은?

① ㉠   ② ㉡   ③ ㉢   ④ ㉣   ⑤ ㉤

수능 대비 필수 기출 문항

09 기출 연계
〈보기〉를 바탕으로 윗글을 이해한 내용으로 적절하지 <u>않</u>은 것은?

> ── 보기 ──
>
> 17세기에 들어 사대부들은 당쟁과 외적의 침략으로 혼란스러워진 현실에서 성리학적 이념과 도덕의 영향력이 점점 약해지는 것을 지켜보게 되었다. 이 시기 사대부들의 시조에서 자연은 질서와 조화를 보여 주는 이상적 공간으로 간주되었지만, 현실은 이와는 다른 혼탁함과 부조리의 공간으로 여겨졌다. 이들 시조에서 화자는 자연의 아름다운 풍광에 몰입하고 그 흥취를 즐기면서도 동떨어진 현실에 대한 거리감과 안타까움을 표현하기도 한다.

① (가)에서 '머도록 더옥 묘타'는 것은 '인간'으로 제시된 현실의 부조리함에 대한 화자의 거리감을 반영한 표현으로 볼 수 있군.
② (가)에서 '만경 딩파에 슬ㅋ지 용여ㅎ쟈'라는 말은 자연에 몰입하여 흥취를 즐기고자 하는 태도를 드러낸 것으로 볼 수 있군.
③ (나)에서 '부세과 얻더ㅎ니'라고 묻는 것은 현실을 부조리한 공간으로 여긴 화자의 인식을 드러낸 것이군.
④ (다)에서 자연 풍경을 '선계ㄴ가 불계ㄴ가'라고 예찬한 것은 화자가 자연을 이상적 공간으로 보고 있음을 나타내는군.
⑤ (마)에서 '숑창을 비겨 잇쟈'는 성리학적 도덕의 영향력이 약해진 현실을 외면하고자 하는 화자의 태도를 상징하는군.

10 기출 연계
윗글의 ⓐ와 〈보기〉 속 ⓑ의 기능으로 가장 적절한 것은?

> ── 보기 ──
>
> 굽어보면 천심 녹수 돌아보니 ⓑ만첩 청산
> 십장 홍진(十丈紅塵)이 얼마나 가렸는가
> 강호에 월백(月白)하거든 더욱 무심(無心)하여라 〈제2수〉
> ─ 이현보, '어부단가'

① ⓐ, ⓑ 모두 역동적인 느낌을 강화하고 있다.
② ⓐ, ⓑ 모두 화자가 도달해야 할 도덕적 가치를 상징하고 있다.
③ ⓐ, ⓑ 모두 화자가 부정적으로 인식하는 공간을 차단하고 있다.
④ ⓐ는 향수를 유발하고 있고, ⓑ는 감흥을 자아내고 있다.
⑤ ⓐ는 계절적 배경을, ⓑ는 공간적 배경을 알려 주고 있다.

가 산슈 간(山水間) 바회 아래 **뛰집**을 짓노라 ᄒ니

그 **모론 ᄂ옴들**은 욷는다 ᄒ다마ᄂ

어리고 햐암의 뜻의ᄂ 내 분(分)인가 ᄒ노라 〈제1수〉

항암(鄕闇): 시골에서 자라 사리에 어둡고
어리석은 사람 – 화자가 자신을 낮추어 표
현한 말

산과 시내 사이 바위 아래에 (❶　　　　)
을 지으려 하니,
나의 뜻을 모르는 사람들은 비웃는다
고 한다마는
어리석고 시골뜨기인 내 생각에는 이
것이 내 분수인가 하노라.

나 보리밥 픗ᄂ믈을 **알마초** 머근 후(後)에

바횟 긋 믉ᄀ의 슬ᄏ지 노니노라

그 나ᄆ 녀나ᄆ 일이야 부를 줄이 이시랴 〈제2수〉

알맞게 / 실컷

보리밥에 풋나물을 알맞게 먹은 후에
바위 끝 (❷　　　　)에서 실컷 놀고
있노라.
그 밖에 다른 일이야 부러워할 까닭이
있겠느냐?

다 잔 들고 혼자 안자 **먼 뫼**흘 ᄇ라보니

그리던 님이 오다 반가옴이 이리ᄒ랴

말ᄉᆞᆷ도 우움도 아녀도 몯내 됴하ᄒ노라 〈제3수〉

술잔을 들고 혼자 앉아서 먼 산을 바
라보니
그립던 임이 온다고 한들 반가움이 이
보다 더하겠는가?
(산이) 말씀하거나 웃음을 짓지도 않
건만 (나는 산을 즐기는 일을) 못내 좋
아하노라.

라 누고셔 삼공(三公)도곤 낫다 ᄒ더니 만승(萬乘)이 이만
ᄒ랴

삼정승(영의정, 좌의정, 우의정)

이제로 헤어든 소부(巢父) 허유(許由)ㅣ 냑돗더라

아마도 임쳔 한흥(林泉閑興)을 비길 곳이 업세라 〈제4수〉

자연 속에서 느끼는 한가한
흥취

누군가가 (자연이) 삼정승보다 낫다고 하
더니만 만승천자가 이만하겠는가?

이제 생각해 보니 소부와 허유가 영리하도
다.
아마도 자연 속에서 노니는 즐거움은 비길
데가 없으리라.

마 내 **셩이 게으르**더니 하늘히 아ᄅ실샤

인간 만ᄉ(人間萬事)를 ᄒ 일도 아니 맛뎌

다만당 **ᄃ토리 업슨 강산(江山)**을 딕희라 ᄒ시도다

다툴 이

〈제5수〉

내 천성이 게으른 것을 하늘이 아셔
서,
세상의 많은 일 가운데 하나도 맡기지
않으시고,
다만 다툴 이가 없는 강산(자연)을 지
키라고 하셨도다.

바 강산이 됴타 ᄒᆫ들 내 분(分)으로 누얻ᄂᆞ냐

님군 은혜(恩惠)를 이제 더욱 아노이다

아므리 **갑고쟈** ᄒ야도 히올 일이 업세라 〈제6수〉

강산이 좋다고 한들 나의 분수로 (이
렇게 편안히) 누워 있겠는가?
이 모두가 (❸　　　　)의 은혜인 것
을 이제 더욱 알겠도다.
(그 은혜를) 아무리 갚으려 해도 내가
할 수 있는 일이 없구나.

문해력 UP 감상 패턴

① **화자**

화자의 태도

벼슬길에서 큰 좌절을 겪은 후 속세
를 벗어나 자연 속에 은거하고자 하
는 의지를 드러냄.

② **표현**

자연과 속세의 대비

자연		속세
• 산슈 간 바회 아래 뛰집 • 보리밥 픗ᄂ 믈 • 바횟 긋 믉ᄀ • 먼 뫼 • 임쳔 한흥 • 강산	↔	• 그 모론 ᄂ옴 들 • 그 나ᄆ 녀 나ᄆ 일 • 삼공 • 만승 • 인간 만ᄉ

→ 대비되는 시어를 통해 자연에 묻혀
사는 삶에 대한 즐거움을 드러냄.

③ **내신&수능 기출 point**

'만흥' 속 삶의 자세

제1수	분수를 지키며 자연 속에서 사는 삶	안분지족
제2수	소박한 삶 속에서의 즐거움	안빈낙도
제3수	자연과 함께 살아가는 삶	물아일체
제4수	자연을 즐기는 삶에서의 자부심	임천 한흥
제5수	하늘이 맡긴 자연에서의 삶	자연 귀의
제6수	자연에서 살게 해 준 임금의 은혜에 감사함.	군은 예찬

작품 정리

주제 자연에 묻혀 사는 즐거움
특징 ① 우리말의 묘미를 잘 살림.
② 중국의 고사를 인용하여 화자의 정
서를 강조함.
③ '자연'과 '속세'를 대조하여 자연 친
화적 태도를 부각함.
성격 자연 친화적, 강호 한정가

현풀 정답 ❶ 초가집 ❷ 물가 ❸ 임금

01 (가)~(마)에 대한 설명으로 적절하지 않은 것은?

① (가): 자신을 낮추어 말하며 자신의 처지에 만족하는 태도를 드러내고 있다.

② (나): 구체적 사물을 통해 화자가 지향하는 삶의 태도를 드러내고 있다.

③ (다): 자연과 화자가 하나가 되는 물아일체의 경지를 드러내고 있다.

④ (라): 고사를 활용하여 주제 의식을 드러내고 있다.

⑤ (마): 운명론적 세계관을 제시함으로써 현실을 극복하고자 하는 의지를 드러내고 있다.

02 (바)와 〈보기〉를 비교한 내용으로 가장 적절한 것은?

─ 보기 ─

강호에 가을이 드니 고기마다 살쪄 있다
소정(小艇)에 그물 실어 흘리띄워 던져두고
이 몸이 소일(消日)하옴도 역군은이샷다 〈제3수〉

─ 맹사성, '강호사시가'

① (바)와 〈보기〉 모두 화자의 구체적인 행위가 제시되어 있다.

② (바)와 〈보기〉 모두 임금에 대한 화자의 충의가 드러나 있다.

③ (바)와 달리 〈보기〉는 삶에 대한 화자의 만족감이 드러나 있다.

④ 〈보기〉와 달리 (바)는 계절적 배경이 직접적으로 제시되어 있다.

⑤ 〈보기〉와 달리 (바)는 소박한 삶 속에서 느끼는 여유로운 삶의 태도가 제시되어 있다.

03 〈보기〉의 ⓐ~ⓔ와 관련된 윗글의 시어로 적절하지 않은 것은?

─ 보기 ─

이 작품은 작가가 병자호란 때 임금을 모시지 않았다는 죄목으로 유배되었다가 풀려난 뒤, 고향인 전라도 해남에 은거할 때 지은 시조이다. 작가는 ⓐ혼탁한 정치적 상황으로 ⓑ정적들로부터 숱하게 탄핵과 모함을 받아 ⓒ수십 년간이나 유배와 낙향을 반복했다. 이런 영향으로 작가는 ⓓ은둔의 삶을 추구하면서 ⓔ순우리말을 잘 살린 작품을 다수 창작했다.

① ⓐ: 녀나믄 일   ② ⓑ: 모론 놈들   ③ ⓒ: 햐암

④ ⓓ: 뛰집   ⑤ ⓔ: 알마초

04 교육청학평 기출
윗글의 표현 방식에 대한 설명으로 가장 적절한 것은?

① 어조에 변화를 주어 시의 분위기를 바꾸고 있다.

② 점층적 표현을 통해 화자의 정서가 고조되고 있다.

③ 시각적 이미지를 활용하여 계절의 변화를 나타내고 있다.

④ 대상을 다양한 관점으로 묘사하여 생동감을 드러내고 있다.

⑤ 대조적 의미의 시구를 사용하여 주제 의식을 강조하고 있다.

05 기출 연계
〈보기〉를 통해 윗글을 감상한 것으로 적절하지 않은 것은?

─ 보기 ─

'만흥'의 창작 배경인 금쇄동 일대는 해남 윤씨 고택(古宅)에서 멀리 떨어진 산속에 있어 아무도 그 위치를 몰랐다고 한다. 윤선도가 여기에 은거하기 시작한 때는 반대파의 탄핵을 받아 유배되었다가 돌아온 직후였다. 그는 그곳에서 정자와 정원까지 조성해 놓고 날마다 거닐며 놀았다고 한다.

① '산슈 간'은 관념적 표현인 줄 알았는데, 실제 공간이겠군.

② '바횟 긋 믉マ'는 정원의 바위와 연못을 가리킬 수도 있겠군.

③ '어리고 햐암의 뜻'은 윤선도가 반대파의 탄핵을 받은 이유였겠군.

④ '먼 뫼'는 윤선도가 유배 당시 입은 상처를 치유해 줄 수 있었겠군.

⑤ '드토리 업슨 강산'은 정쟁이 벌어지는 현실과 대비되는 공간이라고 할 수 있겠군.

06 교육청학평 기출
〈보기〉를 통해 윗글을 이해한 것으로 적절하지 않은 것은?

─ 보기 ─

선비의 처세는 나아감에 있어 떳떳하지 못해도 진정 아니 될 것이며 물러남에 있어 떳떳하지 못해도 진정 아니 될 것입니다. 나아감엔 마땅히 이익을 탐한 것이 아닌가 경계해야 할 것이며 물러남엔 마땅히 세상을 잊은 것이 아닌가 경계해야 할 것입니다.

① '알마초' 먹고 '슬크지 노니'는 것은, 물러난 '나'가 선택한 삶의 방식으로 볼 수 있겠군.

② '그 나믄 녀나믄 일'은 이익을 탐하는 것으로 '나'가 경계하고자 하는 것이라 할 수 있겠군.

③ '셩이 게으르'다는 것은 물러남에 있어 떳떳하지 못한 '나'의 모습을 드러낸 것이라 할 수 있겠군.

④ '나'는 물러남으로써 '드토리'와 거리를 둔다고 할 수 있겠군.

⑤ '님군 은혜'를 '갑고쟈' 하는 태도는 '나'가 세상을 잊은 것이 아님을 보여 주는 것이라 할 수 있겠군.

교육청학평 ⇐

가 슬프나 즐거오나 옳다 하나 외다 하나
그르다
내 몸의 해올 일만 닦고 닦을 뿐이언정
ⓐ그 밧긔 여남은 일이야 분별할 줄 이시랴 〈제1수〉

(세상 일이) 슬프나 즐거우나 (남들이)
옳다 하나 그르다 하나
내 몸의 할 일만 닦고 닦을 뿐이로다.
그 밖의 (❶　　　) 일이야 걱정할
일이 있으랴?

문해력 UP 감상 패턴

① 화자

화자의 태도
유배지에서도 우국충정에 대한 자신
의 신념을 지키는 선비의 태도를 드
러냄.

나 내 일 망령된 줄을 내라 하여 모를쏜가
잘못된 줄. 분수에 넘치는 줄
ⓑ이 마음 어리기도 임 위한 탓이로세
아무가 아무리 일러도 임이 혜여 보소서 〈제2수〉

내 일이 잘못된 줄 나라 하여 모르겠
는가.
이 마음 어리석은 것도 모두 임(임금)
위하기 때문일세.
아무개가 아무리 헐뜯더라도 임이 헤
아려 살피소서.

② 표현

감정 이입을 통한 정서 표현

| 제3수 | 임금에 대한 충성심
↓
시내 |
| 제4수 | 어버이에 대한 그리움
↓
외기러기 |

다 추성 진호루 밧긔 울어 예는 저 ㉠시내야
함경북도 경원에 있는 누각
므음 호리라 주야에 흐르는다
임 향한 내 뜻을 조차 ⓒ그칠 뉘를 모르나다 〈제3수〉

추성(경원) 진호루 밖에서 울며 흐르
는 저 시냇물아.
무엇을 하려고 (❷　　　) 흐르는
가.
임 향한 내 뜻을 따라 그칠 줄 모르
는구나.

③ 내신&수능 기출 point

시상 전개 방식

| 제1~3수 | 제4수 |
| [충(忠)]
임금에
대한 충성 + | [효(孝)]
어버이에
대한 그리움 |

↓

| 제5수 |
| [충(忠) = 효(孝)]
충을 다하지 않으면 불효
→ '충이 곧 효'라는 군사부일체(君
師父一體) 사상을 드러냄. |

라 뫼흔 길고 길고 믈은 멀고 멀고
어버이 그린 뜻은 ⓓ많고 많고 하고 하고
어디서 ㉡외기러기는 울고 울고 가느니 〈제4수〉

산은 길고 길고 물은 멀고 멀고
어버이 (❸　　　) 뜻은 많기도 많
다.
어디서 외기러기는 슬피 울며 가는가.

마 어버이 그릴 줄을 처음부터 알안마는
알았지만
임금 향한 뜻도 ⓔ하늘이 삼겨시니
진실로 임금을 잊으면 그 불효인가 여기노라 〈제5수〉

어버이 그리워할 줄은 처음부터 알았
지만
임금 향한 뜻도 하늘이 만들어 주셨으
니
진실로 임금을 잊으면 그것이 불효인
가 하노라.

작품 정리

주제 우국충정과 어버이에 대한 그리
움
특징 ① 감정 이입을 통해 화자의 정
서를 드러냄.
② 대구법, 반복법을 통해 운율을 형성
하고 주제를 강화함.
성격 연군적, 우국적, 유교적

현풀 정답 ❶ 다른 ❷ 밤낮으로 ❸ 그리워하는

01 윗글에 대한 설명으로 적절하지 <u>않은</u> 것은?

① 대구적 표현을 활용하여 운율감을 형성하고 있다.

② 설의법을 활용하여 화자의 의지를 강조하고 있다.

③ 반어적 표현을 활용하여 현실 비판의 의도를 드러내고 있다.

④ 대상에게 말을 건네는 방식을 통해 화자의 정서를 드러내고 있다.

⑤ 특정 덕목에 대한 개별적인 진술 뒤에 이를 통합하는 전개 방식을 취하고 있다.

02 〈보기〉를 참고하여 윗글을 이해한 내용으로 가장 적절한 것은?

┌─── 보기 ───

 유배(流配) 시가는 유배지로 가는 여정이나 유배지에서 느끼고 경험한 바를 소재로 하여 창작된 시가들을 총칭한다. 유배 시가는 고려 시대 정서의 '정과정곡'을 시초로 하여, 조선 시대에 시조나 가사 등의 다양한 문학 양식으로 활발하게 창작되었다. 시조는 초·중·종 3장의 정형화된 형식 안에 유배객의 삶과 정서를 간결하게 응축해서 전달할 수 있었다. 한편 가사는 연속체로, 길이의 조절이 자유로웠기에 유배지에서의 삶과 정서를 좀 더 구체적으로 담아낼 수 있었다.

└─────────

① 길이의 조절이 자유로운 연속체를 활용했겠군.

② 유배지에서의 구체적인 삶의 모습이 제시되어 있겠군.

③ '정과정곡'과 동일한 시대적 배경과 정서를 다루고 있겠군.

④ 화자가 유배지로 가는 여정이 상세히 서술되어 있겠군.

⑤ 화자의 정서가 정형화된 형식을 통해 응축되어 표현되어 있겠군.

03 ㉠, ㉡에 대한 설명으로 가장 적절한 것은?

① ㉠, ㉡은 모두 현재와 과거를 연결하는 매개체이다.

② ㉠, ㉡은 모두 화자가 감정을 이입하여 자신의 정서를 드러내는 소재이다.

③ ㉠은 화자의 과거를, ㉡은 '어버이'의 과거를 비유적으로 표현한 대상이다.

④ ㉠은 화자가 지향하는 세계를, ㉡은 화자가 지양하는 세계를 상징하는 소재이다.

⑤ ㉠은 청각적 이미지를 통해, ㉡은 시각적 이미지를 통해 화자의 의지를 드러내는 소재이다.

04 교육청학평 기출

〈보기〉는 윗글의 창작 배경과 관련된 글이다. 이를 통해 작품을 이해한 내용으로 적절하지 <u>않은</u> 것은?

┌─── 보기 ───

 윤선도는 권신 이이첨의 횡포에 대해 탄핵 상소를 올린 일로 유배를 가게 되고, 그의 아버지마저 관직에서 쫓겨난다. 사실 윤선도의 부모는 이이첨의 세도로 보아 화가 미칠 것이 자명했기 때문에 윤선도가 상소를 올리는 것을 만류했다. 하지만 윤선도는 화를 당할 것이 두려워 불의를 외면한다면 불충을 저지르는 것이라 생각해 상소를 올린 것이다.

└─────────

① (가)의 '해올 일'이란 불의를 외면하지 않은 것이겠군.

② (나)의 '아무'는 화자와 그 가족에게 화를 미치게 한 사람들이겠군.

③ (다)의 '임 향한 내 뜻'은 아버지의 관직 복귀를 염원하는 마음에서 비롯되었겠군.

④ (라)의 '어버이 그린 뜻'은 유배지에서 느끼는 부모님에 대한 그리움을 의미하겠군.

⑤ (마)의 '임금을 잊으면'은 화를 당할 것이 두려워 상소를 올리지 않는 것이 해당될 수 있겠군.

05 기출 연계

(가)~(마)를 연결하여 이해할 때, 적절하지 <u>않은</u> 것은?

① (가)의 '옳다 하나 외다 하나'는 (나)의 '아무가'의 행위로 볼 수 있다.

② (나)의 망령된 '내 일'은 (다)의 '내 뜻'에 상반되는 것으로 이해할 수 있다.

③ (다)의 '추성'은 (라)의 '뫼'와 '물'에 의해 그리움의 대상으로부터 먼 공간으로 인식될 수 있다.

④ (라)의 '뜻'은 (마)의 '뜻'에 와서 더욱 확대되어 표출된 것으로 볼 수 있다.

⑤ (마)의 '임금 향한 뜻'은 (가)의 '내 몸의 해올 일'을 직접적으로 제시한 것으로 볼 수 있다.

06 교육청학평 기출

ⓐ~ⓔ를 이해한 내용으로 가장 적절한 것은?

① ⓐ: 화자가 신념에 의거하여 추구하려는 일로 볼 수 있다.

② ⓑ: 순수한 본성의 회복을 바라는 화자의 마음을 드러낸다.

③ ⓒ: 지조를 변함없이 지키려는 화자의 태도를 드러낸다.

④ ⓓ: 자연에 귀의하려는 화자의 의지를 강조한다.

⑤ ⓔ: 화자가 자신의 운명을 거스르다가 좌절하는 이유로 볼 수 있다.

가 내 버디 몃치나 ᄒ니 수석(水石)과 송죽(松竹)이라
　　벗이
동산(東山)의 ᄃᆞᆯ 오르니 긔 더옥 반갑고야
두어라 이 **다숫** 밧긔 또 더ᄒᆞ야 머엇ᄒ리 〈제1수〉

나의 벗이 몇인가 하니 수석과 송죽이라.
동산에 달이 떠오르니 그 더욱 반가운 일이로다.
두어라, 이 다섯 외에 또 더해 무엇하겠는가?

나 **구룸** 빗치 조타 ᄒ나 검기를 ᄌᆞ로 ᄒᆞ다
　　깨끗하다
ᄇᆞ람 소리 ᄆᆞᆰ다 ᄒ나 그칠 적이 하노매라
ⓘ조코도 그츨 뉘 업기는 믈뿐인가 ᄒ노라 〈제2수〉

구름 빛깔이 깨끗하다고 하나 검어지기를 자주 한다.
바람 소리가 맑다고 하나 그칠 때가 많구나.
（❶　　　　） 그칠 때가 없는 것은 물뿐인가 하노라.

다 고즌 므스 일로 픠며셔 쉬이 디고
ⓐ**플**은 어이 ᄒᆞ야 프르는 ᄃ 누르ᄂᆞ니
ⓛ아마도 변티 아닐손 바회뿐인가 ᄒ노라 〈제3수〉

꽃은 무슨 일로 피자마자 쉽게 지고
풀은 어찌하여 푸른 듯하다가 누른빛을 띠는가?
아마도 변하지 않는 것은 바위뿐인가 하노라.

라 더우면 곳 픠고 치우면 닙 디거늘
솔아 너는 얻디 눈서리를 모ᄅᆞᄂ다
ⓒ구천(九泉)의 블희 고든 줄을 글로 ᄒᆞ야 아노라
　　깊은 땅속　　　뿌리
〈제4수〉

따뜻해지면 꽃이 피고, 추워지면 잎이 지거늘
소나무야, 너는 어찌하여 눈서리를 모르는가?
깊은 땅속까지 뿌리가 곧게 뻗은 줄을 그것으로 하여 알겠노라.

마 나모도 아닌 거시 플도 아닌 거시
곳기는 뉘 시기며 속은 어이 뷔연ᄂ다
ⓔ뎌러코 사시(四時)예 프르니 그를 됴하ᄒ노라 〈제5수〉
　　저러고도

나무도 아닌 것이 풀도 아닌 것이
（❷　　　　） 누가 시켰으며 속은 어찌 비었는가?
저러고도 사시사철 푸르니 그(대나무)를 좋아하노라.

바 쟈근 거시 노피 떠셔 **만물(萬物)**을 다 비취니
밤듕의 광명(光明)이 너만 ᄒ니 또 잇ᄂ냐
ⓜ보고도 말 아니 ᄒ니 내 벋인가 ᄒ노라 〈제6수〉

작은 것이 높이 떠서 만물을 다 비추니
밤중에 （❸　　　　）이 너만 한 것이 또 있겠느냐?
보고도 말을 하지 않으니 나의 벗인가 하노라.

문해력 UP 감상 패턴

1 화자

화자의 태도 및 정서
자연물(물, 바위, 소나무, 대나무, 달)에 유교적 덕목을 부여하여 그 자연물의 덕성을 예찬함.

2 표현

대조적 시어

구름, 바람, 꽃, 풀
쉽게 변함

↕

물, 바위
변하지 않음

3 내신&수능 기출 point

오우(五友)의 속성

물	불변성과 영원성
바위	불변성과 영원성
소나무	지조와 절개
대나무	지조와 절개, 겸허함
달	광명, 과묵함

작품 정리

주제 다섯 가지 자연물(물, 바위, 소나무, 대나무, 달)에 대한 예찬
특징 ① 대상의 속성을 유교적 덕목에 대응하여 예찬의 근거로 활용함.
② 대조법, 대구법, 설의법, 의인법을 활용하여 대상의 속성을 부각함.
성격 예찬적

현풀 정답 ❶ 깨끗하고도 ❷ 곧기는 ❸ 밝은 빛

01 윗글을 감상한 내용으로 적절하지 <u>않은</u> 것은?

① (가)는 자문자답의 형식이 드러나 있군.
② (나)는 초장과 중장이 대구를 이루고 있군.
③ (다)는 초장과 중장이 종장과 의미상 대조를 이루고 있군.
④ (마)는 초장에 서로 대조되는 두 대상을 배치하고 있군.
⑤ (바)는 대상을 의인화한 표현이 활용되었군.

02 ㉠~㉤에 대한 설명으로 적절하지 <u>않은</u> 것은?

① ㉠: 대상의 영속성을 예찬하고 있다.
② ㉡: 대상의 불변성을 예찬하고 있다.
③ ㉢: 대상의 겸허함과 순수함을 예찬하고 있다.
④ ㉣: 대상의 지조와 절개를 예찬하고 있다.
⑤ ㉤: 대상의 과묵함을 예찬하고 있다.

03 윗글의 ⓐ와 〈보기〉의 밑줄 친 '도리'의 공통점으로 적절한 것은?

> ─ 보기 ─
>
> 풍상이 섯거 친 날에 굿 픠온 황국화를
> 금분에 フ득 담아 옥당에 보닉오니
> <u>도리(桃李)</u>야, 곳이온 양 마라 님의 뜻을 알괘라
>
> – 송순

① 객관적 상관물로 활용되어 화자의 정서를 강화하는 역할을 한다.
② 계절감을 드러내는 소재로 활용되어 작품의 분위기를 형성하는 역할을 한다.
③ 시간의 흐름을 나타내는 존재로 활용되어 화자의 태도 변화의 계기를 마련하는 역할을 한다.
④ 중심 소재와 대비되는 속성을 지닌 존재로 활용되어 중심 소재의 속성을 강조하는 역할을 한다.
⑤ 과거 회상의 매개체로 활용되어 과거와 대비되는 현재 상황에 대한 화자의 비애감을 드러내는 역할을 한다.

04 기출 연계
윗글에 대한 설명으로 가장 적절한 것은?

① 색채어를 사용하여 대상을 감각적으로 묘사하고 있다.
② 설의적 표현을 통해 대상에 대한 그리움을 강조하고 있다.
③ 음성 상징어를 사용하여 상황을 생동감 있게 그리고 있다.
④ 반어적 표현을 사용하여 심리 변화의 양상을 나타내고 있다.
⑤ 말을 건네는 방식으로 대상에 대한 비판을 드러내고 있다.

05 기출 연계
〈보기〉를 통해 윗글을 이해한 내용으로 적절하지 <u>않은</u> 것은?

> ─ 보기 ─
>
> | 제1수 | 제2, 3수 | 제4, 5수 | 제6수 |
> |---|---|---|---|
> | A | B | C | D |

① A에서는 중심 소재를 무생물, 생물, 천상의 자연물로 묶어 제시하고 있다.
② B에서는 대조의 방식을 통해 중심 소재를 예찬하고 있다.
③ C에서는 대구의 방법을 활용하여 시적 운율감을 이어 가고 있다.
④ B, C에서 중심 소재로 향했던 화자의 시선이 D에서는 내면으로 이동하고 있다.
⑤ B, C, D의 각 수에서는 A에서 언급된 중심 소재를 순차적으로 배치하고 있다.

06 기출 연계
〈보기〉를 참고하여 윗글을 이해한 내용으로 적절하지 <u>않은</u> 것은?

> ─ 보기 ─
>
> 고시가 속의 자연은 본받아야 할 대상으로 표현된다. 화자는 다양한 자연물의 속성을 본받고자 하는 덕목이나 충, 효와 같은 유교적 가치에 대입시킨 후 이들과 합일하는 모습을 통해 바람직한 삶의 태도를 내면화한다.

① (가)의 '다솟'은 바람직한 삶의 덕목을 담고 있다.
② (나)의 '구룸'과 (다)의 '플'은 본받아야 할 대상과 대조적인 존재이다.
③ (라)의 '솔'은 충이라는 유교적 가치를 형상화한 존재이다.
④ (마)의 '그'는 화자가 내면화하고 싶은 모습을 지니고 있다.
⑤ (바)의 '만물'은 화자가 합일하고자 하는 자연물이다.

무정히 서 있는 바위 유정하여 보이ᄂᆞ다

최령(最靈)ᄒᆞᆫ 오인(吾人)도 직립불의(直立不倚) 어렵건만
가장 신령스런 우리   꼿꼿이 섬
㉠오랜 세월 곧게 선 자태 고칠 적이 업ᄂᆞ다 〈제1수〉

무정하게 서 있는 바위 (❶   )
이 있어 보이는구나.
가장 영특한 우리 인간도 기대지 않고
꼿꼿이 서 있기 어렵건만
오랜 세월 곧게 선 모습 변할 적이 없
구나.

㉡강가에 우뚝 서니 처다볼수록 더욱 놉다

바람서리에 불변ᄒᆞ니 뚫을수록 더욱 굳다

사람도 이 바위 같으면 대장부인가 ᄒᆞ노라 〈제2수〉

강가에 우뚝 서 있으니 쳐다볼수록 더
욱 높다.
바람서리에 변하지 않으니 뚫을수록
더욱 굳구나.
사람도 이 바위 같으면 대장부인가 할
것이로다.

말 한마디 업슨 바위 사귈 일도 업건만은

고모진태(古貌眞態)를 벗 삼아 안ᄌᆞ시니
옛 모습대로의 참된 자태
㉢세상에 이익되는 세 벗을 사귈 줄 모ᄅᆞ노라 〈제3수〉

한 마디의 말도 없는 바위와 사귈 일
도 없지마는
옛 모양 그대로 변함이 없는 참다운
태도를 벗으로 삼아 앉아 있으니
세상에 이익되는 세 벗을 사귈 줄 모
르는구나.

먹줄 업시 삼긴 바회 어느 법도를 알랴마ᄂᆞᆫ
먹통에 딸린 실줄
놉고도 고다니 귀(貴)ᄒᆞ야 보이ᄂᆞ다

㉣애닯다 가히 사람이오 니 돌마도 못ᄒᆞ랴 〈제4수〉

먹통 줄도 없이 (❷   )가 어느
법도를 알겠나마는
높고도 곧으니 귀하게 보이는구나.

애달프다. (우리도) 가히 사람이지만
이 돌만도 못하랴?

탁연직립(卓然直立)ᄒᆞ니 본받음 직ᄒᆞ다마는
빼어나게 곧게 섬
구름 깁ᄒᆞᆫ 골짜기에 알 이 있어 ᄎᆞᄌᆞ오랴

이제나 광야에 옮겨 모두 보게 ᄒᆞ여라 〈제5수〉

빼어나게 꼿꼿이 바로 서니 본받을 만
하다마는
구름 깊은 골짜기에 알 사람이 있어
찾아오겠는가?
이제나 광야에 옮겨 모두 보게 하겠노
라.

세정(世情)이 하 수상ᄒᆞ니 나ᄅᆞᆯ 본들 반길넌가

왕기순인(枉己循人)ᄒᆞ야 내 어딕 옮아가리오
자기 몸을 굽혀 남을 좇음
㉤산 됴코 물 됴ᄒᆞᆫ 골에 삼긴 대로 늘그리라 〈제6수〉

세상의 정이 혼란스러우니 나를 본들
반길넌가?
몸을 낮춰 남을 좇아 내 어디 옮아갈
것인가?
(❸   ) 골짜기에 생긴 대로 늙
으리라.

문해력 UP 감상 패턴

1) 화자

화자의 '바위' 예찬

제1수	항상 곧은 모습
제2수	높은 기상과 시련에 굴하지 않는 모습
제3수	바위의 불변성
제4수	바위의 높고 곧은 기상
제5수	곧은 기상
제6수	시류에 편승하지 않는 바위의 곧은 모습

2) 표현

'바위'의 의인화

• 자연물인 바위에 인격을 부여하여 예찬함.
• 바위와 화자 간 대화 상황을 가정하여 주제를 부각함.

3) 내신&수능 기출 point

'바위'의 위치에 관한 대화

화자	바위
광야 : 많은 사람들이 보고 본받을 수 있음.	산 됴코 물 됴ᄒᆞᆫ 골 : 세정이 수상하여 아무도 반기지 않을 것임.

바위를 통해 자연 속에서 은거하며 도를 지키며 살겠다는 화자의 의지를 표현함.

작품 정리

주제 입암의 곧은 모습에 대한 예찬
특징 ① 바위를 의인화하여 예찬함.
② 바위와 화자 간 대화 형식을 활용하여 주제를 부각함.
성격 예찬적

현풀 정답 ❶ 뜻 ❷ 생긴 바위 ❸ 산 좋고 물 좋은

01 윗글의 특징에 대한 설명으로 적절하지 <u>않은</u> 것은?

① 자연물의 속성을 유교적 덕목과 대응시키고 있다.

② 대상에 인격을 부여하여 친근감을 나타내고 있다.

③ 대구법을 활용하여 대상에 대한 화자의 태도를 드러내고 있다.

④ 다양한 색채 이미지를 활용하여 대상의 특징을 묘사하고 있다.

⑤ 인간과의 대비를 통해 자연에 대한 긍정적 인식을 제시하고 있다.

02 〈보기〉를 참고하여 윗글을 이해한 내용으로 적절하지 <u>않</u>은 것은?

─ 보기 ─

박인로의 '입암이십구곡' 중 〈제6수〉에는 '바위가 답함'이라는 부제가 달려 있다. 화자와 바위가 말을 주고받는 상황이라는 점을 염두에 두면 〈제5수〉와 〈제6수〉 사이 긴밀한 연관성을 파악할 수 있을 뿐만 아니라 작품의 구성 방식과 시적 의미를 보다 풍부하게 파악할 수 있다.

① 〈제5수〉에서 제시한 화자의 제안을 〈제6수〉에서 바위가 거절하는 구성을 취하고 있군.

② 〈제5수〉와 〈제6수〉를 서로 긴밀하게 연결하기 위해 동일한 표현 방법을 활용하고 있군.

③ 〈제5수〉의 '탁연직립'하겠다는 화자와 〈제6수〉의 '왕기순인'하지 않겠다는 바위의 의견 대립이 드러나 있군.

④ 〈제5수〉는 화자가 널리 알려지지 않은 바위에 대한 아쉬움을 바위에게 토로하는 것으로 봐야겠군.

⑤ 〈제6수〉에서 세상 아무도 자신을 반기지 않을 것이라는 내용은 바위의 입장에서 말한 것으로 봐야겠군.

03 ㉠~㉣에 대해 감상한 내용으로 적절하지 <u>않은</u> 것은?

① ㉠: 오랜 세월 변하지 않는 바위의 영속성을 강조하고 있군.

② ㉡: 바위의 높은 기상에 대해 예찬하고 있군.

③ ㉢: 세상과 타협하지 않는 바위의 굳은 태도를 드러내고 있군.

④ ㉣: 사람들의 태도에 대한 안타까움을 직접적으로 표출하고 있군.

⑤ ㉤: 자연 속에서 만족하며 살겠다는 의지를 드러내고 있군.

04 기출 연계

윗글에 대한 설명으로 적절하지 <u>않은</u> 것은?

① 자연물을 통해 교훈적 의미를 전달하고 있다.

② 대립적 시어를 사용하여 주제를 부각시키고 있다.

③ 탈속적 공간을 제시하여 삶의 지향점을 드러내고 있다.

④ 설의적 표현을 사용하여 화자의 의지를 강조하고 있다.

⑤ 계절적 이미지를 활용하여 시의 분위기를 고조시키고 있다.

05 교육청학평 기출

〈제1수〉~〈제5수〉에 대한 설명으로 가장 적절한 것은?

① 〈제1수〉: 초장에 드러난 화자의 감흥은 중장의 화자의 만족감으로 심화된다.

② 〈제2수〉: 초장에 드러난 화자의 깨달음은 중장의 화자의 결심을 강화한다.

③ 〈제3수〉: 중장에 드러난 화자의 행위는 종장의 화자의 태도로 이어진다.

④ 〈제4수〉: 초장에 드러난 화자의 의문은 중장의 화자의 회의감을 유발한다.

⑤ 〈제5수〉: 중장에 드러난 화자의 판단은 종장의 화자의 자기반성의 계기로 작용한다.

06 교육청학평 기출

〈보기〉를 참고하여 윗글을 이해한 내용으로 적절하지 <u>않</u>은 것은?

─ 보기 ─

조선 시대 시가에서 자연은 다양한 의미를 지닌다. 자연은 세속에서 벗어난 이상적 세계로 그려지기도 하고, 때로는 인간이 본받을 만한 우월한 특성을 지닌 인격체로 그려지기도 한다. 그리고 자연은 인간에게 예찬의 대상이 되거나 인간이 벗으로 삼고자 하는 대상이 되기도 한다.

① 〈제1수〉에서는 바위를 인간보다 우월한 특성을 지닌 인격체로 제시하고 있군.

② 〈제2수〉에서는 바위의 높고 불변하는 속성을 예찬하는 태도를 나타내고 있군.

③ 〈제3수〉에서는 진실한 품성을 지닌 바위를 벗으로 삼고자 하는 의식을 나타내고 있군.

④ 〈제5수〉에서는 바위를 본받을 만한 특성을 지닌 대상으로 인식하고 있음을 드러내고 있군.

⑤ 〈제6수〉에서는 바위의 속성에 산과 물의 속성을 더해 세속을 이상적 공간으로 정화하려는 의지를 드러내고 있군.

가

천지간에 어느 일이 남들에겐 서러운가

아마도 서러운 건 **임 그리워 서럽도다**

㉠양대(陽臺)에 구름 비는 내린 지 몇 해인가

반쪽 거울 녹이 슬어 티끌 속에 묻혀 있다

청조(靑鳥)도 아니 오고 백안(白鴈)도 그쳤으니
　　푸른 새　　　　　　　　흰 기러기
소식도 못 듣거늘 임의 모습 보겠는가

화조월석(花朝月夕)에 울며 그리워할 뿐이로다

그리워해도 못 보기에 그리워하지도 말리라 여겨

나도 장부(丈夫)로서 모진 마음 지어 내어

㉡이제나 잊자 한들 눈에 절로 밟히거늘 설워 아니 그리워할쏘냐

그리워해도 못 보니 하루가 삼 년 같도다

나

가을밤 아주 긴 때 적막한 방 안에

어둑한 그림자 말 없는 벗이 되어

㉢외로운 등 심지를 태우고 전전반측(輾轉反側)하여
　　　　　　　　　　　　　걱정거리로 마음이 괴로워 잠을 이루지 못함
밤중에 어느 잠이 빗소리에 깨어나니

구곡간장(九曲肝腸)을 끊는 듯 째는 듯 새도록 끓인다
시름이 쌓인 마음

하물며 맑은 바람 밝은 달 삼경(三更)이 깊어 갈 때
　　　　　　　　　　　　밤 열한 시에서 새벽 한 시 사이
동창(東窓)을 더디 닫고 외로이 앉았으니

㉣임의 얼굴에 비친 달이 한 빛으로 밝았으니

반기는 진정(眞情)은 임을 본 듯하다마는

임도 달을 보고 나를 본 듯 반기는가

〈중략〉

언약을 굳게 믿고 기다리는 보자구나

행복과 불행은 하늘의 이치에 자연 그러하니

초생(初生)에 이지러진 달도 보름에 둥글듯이

청춘에 나눈 거울 이제 아니 모을소냐

신혼에 즐거웠거늘 오랜 옛정이 지금이라고 어떠하랴

㉤흰머리 속의 소년의 마음을 가져 있어

산수(山水) 갖춘 고을에 초막(草幕)을 작게 짓고

편안치 못한 생애를 유여(有餘)하고자 바랄소냐

천지간의 어느 일이 남들에게는 서러운가?

아마도 서러운 건 임 그리워 서럽도다.

양대에 구름 비는 내린 지가 몇 해인가?

반쪽 거울에 녹이 슬어 티끌 속에 묻혀 있다.

푸른 새도 아니 오고 흰 기러기도 그쳤으니

소식도 못 듣는데 임의 모습을 보겠는가?

꽃이 핀 (❶　　　　)과 달 밝은 저녁에 울며 그리워할 뿐이로다.

그리워해도 못 보기에 그리워하지도 말리라 생각하고

나도 장부로서 모진 마음을 먹어

이제는 잊자 한들 눈에 절로 밟히거늘 서러워 그리워하지 않을 수 있겠는가?

그리워해도 못 보니 하루가 삼 년 같구나.

가을밤 아주 긴 때에 적막한 방 안에

어둑한 그림자가 말 없는 벗이 되어

외로운 등불의 심지를 태우고 몸을 뒤척이며 잠 못 이루어

밤중에 내리는 빗소리에 깨어나니

구곡간장을 끊는 듯 째는 듯 밤새도록 애를 끓인다.

하물며 맑은 바람 밝은 달 밤이 깊어 갈 때

동창을 (❷　　　　) 닫고 외롭게 앉아 있으니

임의 얼굴에 비친 달이 (나 있는 곳에서도) 같은 빛으로 밝으니

달을 반기는 마음은 임을 본 듯하다마는

임도 달을 보고 나를 본 듯 반기는가?

언약을 굳게 믿고 기다리는 보자꾸나.

행복과 불행은 하늘의 이치가 자연이 그러하니

초승에 이지러진 달도 보름에는 둥글듯이

청춘에 나눈 거울을 이제 아니 모으겠느냐?

신혼에 즐거웠거늘 오랜 옛정이 지금이라도 어떠하랴?

흰머리 속에 소년의 마음을 가지고 있어

산수 갖춘 고을에 (❸　　　　)를 작게 짓고

넉넉하지 못한 생애에 여유까지 바라겠는가?

문해력 UP 감상 패턴

1 화자

화자의 정서

화자 = 신하
임 = 임금

↓

임금을 그리워하며 변함없는 충성을 드러냄.

2 표현

고사 활용

청조	신녀 서왕모를 위해 음식물을 가져오고 소식을 전해 주는 전설 속의 푸른 새
백안	흉노에 의해 유폐 당한 한나라 소무의 소식을 전한 흰 기러기

→ 화자와 임 사이의 소식이 끊겼음을 드러냄.

3 내신&수능 기출 point

'반쪽 거울'과 '화조월석'에 담긴 의미

반쪽 거울
'반쪽 거울 녹이 슬어 티끌 속에 묻혀 있다'
→ 임과의 오랜 이별로 인한 슬픔
화조월석
'화조월석에 울며 그리워할 뿐이로다'
→ 좋은 시절을 함께 누리지 못하는 서러움

작품 정리

주제 임(임금)에 대한 그리움

특징 ① '충신연주지사'로 임금과 신하의 관계를 남녀 관계에 빗대어 표현함.
② 한자어와 고사가 다수 활용됨.

성격 충신연주지사, 애상적, 비유적

현풀 정답 ❶ 아침 ❷ 늦게 ❸ 초가

내신 대비 실력 향상 문항

01 윗글의 특징에 대한 설명으로 적절하지 <u>않은</u> 것은?

① 대비되는 시어를 통해 임에 대한 그리움을 드러내고 있다.
② 계절적 이미지를 활용하여 화자의 외로움을 강조하고 있다.
③ 설의법을 활용하여 대상에 대한 변함없는 마음을 제시하고 있다.
④ 대구적 표현을 통해 상황을 변화시키고자 하는 의지를 부각하고 있다.
⑤ 고사를 활용하여 대상과 단절된 상황에 대한 답답함을 나타내고 있다.

02 윗글과 〈보기〉를 비교한 내용으로 가장 적절한 것은?

─ 보기 ─

엇그제 님을 뫼셔 광한면(廣寒殿)의 올낫더니
그 더딘 엇디호야 하계(下界)예 느려오니
올 저긔 비슨 머리 헛틀언 디 삼 년일쇠
연지분(臙脂粉) 잇니마는 눌 위호야 고이 홀고
무음의 미친 실음 텹텹(疊疊)이 싸혀 이셔
짓느니 한숨이오 디느니 눈믈이라

─ 정철, '사미인곡'

① 윗글은 독백체를, 〈보기〉는 대화체를 통해 시상을 전개한다.
② 윗글은 4음보를, 〈보기〉는 3음보를 반복하여 운율을 형성한다.
③ 윗글은 남성 화자의, 〈보기〉는 여성 화자의 목소리를 통해 주제를 형상화한다.
④ 윗글은 동일한 문장의 반복을, 〈보기〉는 동일한 시어의 반복을 통해 정서를 강화한다.
⑤ 윗글은 자연물을 의인화하여, 〈보기〉는 객관적 상관물을 통해 대상에 대한 친근감을 드러낸다.

03 ㉠~㉤에 대한 감상으로 적절하지 <u>않은</u> 것은?

① ㉠: 하강적 이미지를 통해 애상적 분위기를 자아내는군.
② ㉡: 대상에 대한 그리움을 의문의 형식을 사용하여 강조하고 있군.
③ ㉢: 그리움에 잠 못 이루는 상황을 한자 성어를 통해 드러내는군.
④ ㉣: 달을 보고 임의 얼굴을 떠올리는 걸 보니 임에 대한 간절한 마음을 엿볼 수 있군.
⑤ ㉤: 임을 기다리다 늙어버린 상황에 대한 아쉬움이 나타나 있군.

수능 대비 필수 기출 문항

04 수능 기출
윗글에 대한 설명으로 가장 적절한 것은?

① 자문자답의 방식으로, 임에 대한 그리움을 부각하고 있다.
② 풍자의 기법으로, 떠나간 임에 대한 서운함을 나타내고 있다.
③ 언어유희를 통해, 이별의 현실을 수용하는 담담한 태도를 드러내고 있다.
④ 의태어를 나열하여, 임의 부재로 인한 외로움을 시각적 이미지로 제시하고 있다.
⑤ 반어적 표현으로, 임에 대한 애정이 식어 가는 것에 대한 안타까움을 표현하고 있다.

05 기출 연계
〈보기〉를 참고하여 윗글을 이해한 내용으로 적절하지 <u>않</u>은 것은?

─ 보기 ─

'충신연주지사'는 충성스러운 신하가 왕을 그리워하며 부른 노래를 의미하는데, 이러한 주제 의식을 담은 노래들은 신하가 왕으로부터 멀리 떨어져 이별이 오래 지속된 상황에서 생긴 감정을 표현하고 있다. 왕에 대한 신하의 사랑과 그리움을 주로 표현하며, 이별 상황에 대한 겸허한 자세나 자신의 마음을 몰라주는 왕에 대한 원망을 드러내기도 한다.

① '임 그리워 서럽도다'는 임금에 대한 그리움을 표현한 것이군.
② '소식도 못 듣거늘'은 임금과 단절된 상황에 놓였다는 것을 보여 주는군.
③ '동창을 더디 닫고'는 임금에 대한 원망으로 마음의 문을 닫은 것을 상징하는군.
④ '행복과 불행은 하늘의 이치'는 지금의 처지를 겸허히 받아들이고 기다리는 태도를 드러내는군.
⑤ '신혼에 즐거웠거늘'은 임금의 총애를 받았던 과거를 드러낸 것이군.

46 소유정가(小有亭歌)_박인로

ㄱ 때마침 부는 추풍(秋風) 반갑게도 보이도다

ㄴ 말술이 다나 쓰나 술병 메고 벗을 불러

언덕 너머 어촌에 내 놀이 가자꾸나

흰 두건을 젖혀 쓰고 **소정(小艇)**을 타고 오니
　　　　　　　　　작은 배

ㄷ 바람에 떨어진 갈대꽃 갠 하늘에 눈이 되어

석양에 높이 날아 어지러이 뿌리는데

갈잎에 닻 내리고 **그물로**

잔잔한 강물 속 자린은순(紫鱗銀脣) **수없이 잡아내어**
　　　　　　　물고기를 아름답게 표현하는 말

연잎에 담은 회와 항아리에 채운 술을

실컷 먹은 후에

태기 넓은 돌에 높이 베고 누웠으니

㉠ 희황천지(羲皇天地)를 오늘 다시 보는구나
　　복희씨(伏羲氏) 때의 태평스러운 세상

잠시 잠들어 뱃노래에 깨어 보니

추월(秋月)이 만강(滿江)하여 밤빛을 잃었거늘

반쯤 취해 시 읊으며 배 위로 건너오니

강물 아래 잠긴 달은 또 어인 달인 게오

달 위에 배를 타고 달 아래 앉았으니

문득 의심은 월궁(月宮)에 올랐는 듯

물외(物外)의 기이한 경관 넘치도록 보이도다

청경(淸景)을 다투면 내 분에 두랴마는

즐겨도 말리는 이 없으니 나만 둔가 여기노라

놀기를 탐하여 돌아갈 줄 잊었도다

ㄹ 아이야 닻 들어라 만조(晚潮)에 띄워 가자
　　밀물이 가장 높은 해면까지 꽉 차게 들어오는 현상

푸른 물풀 위로 **강풍(江風)**이 짐짓 일어

귀범(歸帆)을 재촉하는 듯

아득하던 앞산이 뒷산처럼 보이도다

잠깐 사이 날개 돋아 연잎 배 탄 신선된 듯
연기나 안개가 자욱하게 낀 수면

연파(烟波)를 헤치고 월중(月中)에 돌아오니
　　중국 송나라 때 소식(蘇軾)이 적벽에서 했던 뱃놀이

ㅁ 동파(東坡) 적벽유(赤壁遊)인들 이내 흥(興)에 미치겠는가

강호 흥미(興味)는 나만 둔가 여기노라

때마침 부는 가을바람 반갑게도 보이는구나.
말술이 다나 쓰나 술병 메고 벗을 불러
언덕 너머 어촌으로 나들이 가자꾸나.

흰 두건을 젖혀 쓰고 작은 배를 타고 오니
바람에 떨어진 갈대꽃 갠 하늘에 눈이 되어
석양에 높이 날아 어지러이 뿌리는데

갈잎에 닻을 내리고 그물로

잔잔한 강물 속에서 물고기를 수없이 잡아내어
연잎에 담긴 회와 항아리에 채운 술을

실컷 먹은 후에

이끼 낀 넓은 돌을 높이 베고 누웠으니
복희씨의 세상(태평스러운 세상)을 오늘 다시 보는구나.
잠시 잠이 들어 뱃노래에 깨어 보니

(❶　　　　)이 강에 가득하여 밤빛을 잃었거늘
반쯤 취해 시 읊으며 배 위로 건너오니
강물 아래 잠긴 달은 또 어인 달인 것이오?
달 위에 배를 타고 달 아래 앉았으니

문득 의심하기를 월궁으로 올라간 듯

(❷　　　　)의 기이한 풍경 넘치도록 보이는구나.
자연을 다툰다면 내 분수로 두랴마는

(자연을) 즐겨도 말리는 사람 없으니 나만 가졌다 여기노라.
놀기를 욕심내어 돌아갈 줄 잊었도다.

아이야, 닻 들어라, 만조에 띄워 가자.

푸른 물풀 위로 강바람이 짐짓 일어

배가 돌아가기를 재촉하는 듯

아득하던 앞산이 금방 뒷산처럼 보이도다.
잠깐 사이 날개가 돋아서 연잎 배에 탄 신선이 된 듯
자욱한 안개를 헤치고 달 가운데로 돌아오니
소동파 뱃놀이인들 이내 흥에 미치겠는가?
강호의 흥미는 나만 (❸　　　　) 여기노라.

문해력 UP 감상 패턴

1 화자

화자의 상황
소유정이라는 누정 주변에서 자연과 함께 풍류를 즐기고 있음.

2 표현

소동파의 뱃놀이와의 비교
'동파 적벽유인들 이내 흥에 미치겠는가'
→ 뱃놀이를 즐기는 화자의 자긍심을 소동파의 뱃놀이와 비교하여 강조함.

3 내신&수능 기출 point

'달'의 의미
풍류의 소재로, 화자는 하늘에 떠 있는 달과 물에 비친 달 사이에서 월궁에 오른 듯한 신비로운 느낌을 갖게 됨.

작품 정리

주제 소유정 주변의 아름다운 자연에서 안분지족하는 삶
특징 비유를 활용하여 소유정 주변의 자연 풍경을 실감 나게 묘사함.
성격 한정적

현풀 정답 ❶ 가을 달 ❷ 세상 밖 ❸ 가졌다

내신 대비 **실력 향상 문항**

01 윗글에 대한 설명으로 가장 적절한 것은?

① 계절적 변화에 따른 심리적인 갈등을 표현하고 있다.
② 풍류를 지향하는 낭만적 삶의 태도를 드러내고 있다.
③ 유교적 사상과 관념을 자연에 투영하여 표현하고 있다.
④ 자연을 배우며 학문에 정진하라는 교훈을 나타내고 있다.
⑤ 벼슬길에 올랐던 과거의 삶에 대한 후회를 드러내고 있다.

02 윗글을 감상한 내용으로 적절하지 않은 것은?

① 화자는 어떤 술이든 가리지 않고 배에 싣고 풍류를 즐겼군.
② 떨어지는 갈대꽃이 석양과 어우러진 모습을 그려 내고 있군.
③ 화자는 갈대가 있는 곳에 배를 세우고 낚시를 하고 있군.
④ 화자는 강풍의 도움을 받아 좀 더 빨리 집에 돌아올 수 있었군.
⑤ 역사적 인물들의 모습을 통해 강호 흥미를 혼자 즐길 때 누리는 즐거움을 보여 주는군.

03 ㉠에 대한 설명으로 가장 적절한 것은?

① 화자는 돌을 높이 베고 누워 있었던 고통스러운 순간을 떠올리고 있다.
② 화자는 자신이 현재 처한 상황을 태평스러운 세상으로 인식하고 있다.
③ 화자는 예전에 경험했던 것을 다시 하게 된 것에 대해 반가워하고 있다.
④ 화자는 오래된 중국의 역사를 통해 전통적인 정서의 소중함을 일깨우고 있다.
⑤ 화자는 중국 황제를 언급하며 조선의 임금을 그리워하고 있음을 드러내고 있다.

수능 대비 **필수 기출 문항**

04 기출 연계
〈보기〉를 바탕으로 윗글을 감상한 내용으로 적절하지 않은 것은?

> ─ 보기 ─
>
> '어부'는 정치 현실과 거리를 둔 은자로 형상화된다. 이때 '어부'는 고기잡이를 생업으로 하는 사람이 아니라 정치 현실에서 벗어나 자연 속에서 풍류를 즐기며 사는 사람이다. 이 작품에서도 '어부'와 관련된 여러 상황을 이어 가며 흥취 있는 삶을 사는 '어부'를 형상화하고 있다.

① '흰 두건을 젖혀' 쓴 화자는 흥겨운 뱃놀이를 하며 자연에서의 삶에 대한 만족감을 표출하고 있군.
② '소정'은 화자가 소박한 뱃놀이를 즐기고 있다는 것을 알려 주는 '어부' 형상 관련 소재라고 할 수 있군.
③ '그물로', '수없이 잡아내어', '실컷 먹은'에는 뱃놀이의 여러 상황들이 연결되어 흥취를 즐기는 삶이 나타나고 있군.
④ '놀기를 탐하여 돌아갈 줄 잊었다'는 것을 통해 화자가 뱃놀이의 흥취에 빠져 있음을 알겠군.
⑤ '추풍'과 달리 '강풍'은 흥취의 대상을 강에서 산으로 옮겨 가는 자연 현상이라 볼 수 있군.

05 기출 연계
㉠~㉤에 대해 이해한 내용으로 적절하지 않은 것은?

① ㉠: '때마침'이란 부사어의 사용을 통해 자연 현상이 흥취를 돋우었음을 드러내고 있다.
② ㉡: 청유형 문장을 통해 벗들과 함께 풍류를 즐기는 것의 당위성을 역설하고 있다.
③ ㉢: 자연 경물의 모습을 감각적으로 표현함으로써 물가의 아름다운 풍경을 묘사하고 있다.
④ ㉣: 명령형 어미를 사용하여 '아이'가 해야 할 행동을 제시하고 있다.
⑤ ㉤: 유사한 놀이를 즐겼던 과거 인물과 비교함으로써 화자의 자긍심을 드러내고 있다.

어리석고 어수룩하기로 나보다 더한 이 없다

길흉화복(吉凶禍福)을 하늘에 맡겨 두고

누항(陋巷) 깊은 곳에 초막(草幕)을 지어 두고

풍조우석(風朝雨夕)에 썩은 짚을 섶으로 삼아
바람 부는 아침과 비 오는 저녁

㉠서 홉 밥 닷 홉 죽(粥)에 **연기(煙氣)도 자욱**하다

ⓐ설 데운 숭늉으로 빈 배 속일 뿐이로다

내 삶이 이러한들 ㉡**장부(丈夫)** 뜻을 바꿀런가

안빈(安貧) 일념(一念)을 적을망정 품고 있어

뜻한 바대로 살려 하니 갈수록 어긋난다

가을이 부족(不足)한데 봄이라 넉넉하며

주머니가 비었는데 병(瓶)이라고 담겼으랴

빈곤(貧困)한 인생(人生)이 천지 간(天地間)에 나뿐이라

배고픔과 추위로 괴로워도 **일단심(一丹心)**을 잊을런가

의(義)를 위해 목숨 걸고 죽기를 각오하고

자루와 주머니에 줌줌이 모아 넣고

전쟁 오 년에 감사심(敢死心)을 가져 있어

주검 밟고 피를 건너 ㉢몇 백 전(戰)을 지냈던고

내 몸이 여유 있어 일가(一家)를 돌아보랴

수염이 긴 노비는 노주분(奴主分)을 잊었거든
노비와 주인의 구분

㉣봄이 왔다 알리는 걸 어느 사이 생각하리

경당문노(耕當問奴)인들 누구에게 물을런고
밭 갈기는 마땅히 노비에게 물어야 함
손수 농사짓기가 ㉤내 분(分)인 줄 알리로다

어리석고 (세상 물정에) 어둡기로는 나보다 더한 이가 없다.
길흉화복을 하늘에 맡겨 두고

(❶   ) 거리의 깊은 곳에 초가집을 지어 두고
바람 부는 아침과 비 오는 저녁에 썩은 짚을 땔감 삼아
세 홉 밥 다섯 홉 죽 만드는 데 연기도 자욱하다.
덜 데운 숭늉에 빈 배 속일 뿐이로다.

내 살림살이가 이렇게 어렵다 한들 대장부의 뜻을 바꾸겠는가?
가난해도 편안한 마음으로 살고자 하는 생각을 적을망정 품고 있어서
뜻한 바대로 살려 하니 날이 갈수록 뜻대로 되지 않는다.
가을에도 (생활이) 부족한데 봄이라고 여유가 있겠으며
주머니가 비었는데 술병이라고 (술이) 담겨 있겠는가?
빈곤한 인생이 (❷   )에 나뿐이로다.
배고픔과 추위로 괴로워도 일편단심을 잊겠는가?
(❸   )을 위해 목숨 걸고 죽기를 각오하고
자루와 주머니에 (전쟁터에 나가기 위한 준비물을) 한 줌 한 줌 모아 넣고
임진왜란 5년 동안 용감하게 죽고야 말리라는 마음을 가지고 있어
주검을 밟고 피를 건너 몇 백 번의 전투를 치렀던가?
이 몸이 겨를이 있어 집안을 돌보겠는가?
늙은 종은 종과 주인 간의 분수를 잊었는데
봄이 왔다고 (나에게) 알려 줄 것을 어느 사이에 생각을 하겠는가?
밭 가는 것을 종에게 물어야 한다지만 누구에게 물을 것인가?
손수 농사를 짓는 것이 나의 분수인 줄 알겠도다.

문해력 UP 감상 패턴

❶ 화자

화자의 상황에 반영된 당대 사회상

화자의 상황
임진왜란이 끝나고 고향에 돌아온 뒤 가난한 생활을 함.

↓

당대 사회상
경제적으로 몰락한 양반 사대부의 가난한 삶의 현실

❷ 표현

대구법의 활용

'가을이 부족한데 ~ 병이라고 담겼으랴'
→ 대구를 통해 운율감을 드러냄과 동시에 빈궁한 화자의 처지를 효과적으로 보여 줌.

❸ 내신&수능 기출 point

화자의 인생관

• '길흉화복을 하늘에 맡겨 두고'
→ 운명론적 세계관
• '안빈 일념을 적을망정 품고 있어'
→ 안빈낙도 추구

작품 정리

주제 누항에 묻혀 사는 선비의 곤궁한 삶과 안빈낙도의 추구
특징 ① 운명론적 세계관이 드러남.
② 현실의 어려움을 사실적으로 표현함.
③ 전기 가사에서 드러나는 유교적 충의 사상과 후기 가사에서 드러나는 사실적이고 구체적인 상황 묘사가 모두 나타남.
성격 한정적, 사실적

현풀 정답 ❶ 누추한 ❷ 세상 ❸ 옳은 일

01 윗글에 대한 설명으로 가장 적절한 것은?

① 전쟁 후 양반의 생활과 정서를 드러내고 있다.
② 농업을 경시하는 당대의 풍조를 비판하고 있다.
③ 이질적 이야기를 삽입하여 갈등을 증폭시키고 있다.
④ 성급한 일반화를 통해 당대의 현실을 왜곡하고 있다.
⑤ 정신적 가치보다 현실을 극복한 물질적 가치를 강조하고 있다.

02 윗글의 화자에 대한 이해로 적절하지 않은 것은?

① 자신이 세운 뜻을 좇아 살려 했으나 잘되지 않았다.
② 가을에는 부족했으나 봄에는 풍족함을 느끼고 있다.
③ 자신의 운명을 하늘에 맡기는 가치관을 가지고 있다.
④ 자신을 세상 물정을 잘 모르는 사람으로 여기고 있다.
⑤ 전쟁터에 나가 죽음을 불사하고 수많은 전투를 치렀다.

03 ⓐ와 의미가 통하는 한자 성어로 가장 적절한 것은?

① 금의옥식(錦衣玉食) ② 수주대토(守株待兔)
③ 삼순구식(三旬九食) ④ 어부지리(漁夫之利)
⑤ 와신상담(臥薪嘗膽)

04 기출 연계
윗글에 대한 설명으로 가장 적절한 것은?

① 의성어를 통해 대상을 생동감 있게 표현하고 있다.
② 설의적 표현을 통해 화자의 의지를 강조하고 있다.
③ 감정 이입을 통해 대상과의 친밀감을 심화하고 있다.
④ 청각적 심상을 통해 애상적인 분위기를 드러내고 있다.
⑤ 인물 간의 대화를 그대로 인용하여 현장감을 나타내고 있다.

05 기출 연계
〈보기〉를 참고하여 윗글을 감상한 내용으로 가장 적절한 것은?

┌─────── 보기 ───────

　조선 시대에 여러 내우외환을 겪으면서 나라의 사정은 어려워지고 권력과 부귀를 지니지 못한 선비들도 삶의 어려움을 겪을 수밖에 없었다. 또한 그들은 현실적인 삶의 문제와 선비로서 지조와 신념을 지키며 살아가려는 삶 사이에서 갈등했다. '누항사'에는 선비들이 현실적 고민 속에서도 선비로서의 삶의 자세를 잃지 않으려는 모습이 드러나 있다.

└──────────────────

① '길흉화복'은 하늘에 있다는 인식을 통해 나라의 내우외환이 모두 하늘의 탓임을 비판하고 있다.
② '누항'은 선비로서의 뜻을 지키며 살아가는 삶에서 필연적으로 맞닥뜨릴 수밖에 없는 현실적 공간이다.
③ '연기도 자욱'은 나라의 사정이 어려워져서 겪을 수밖에 없는 현실을 상징적으로 표현한 것이다.
④ '안빈 일념'을 적게 지닌 화자는 현실과 타협하며 살았던 과거의 삶에 얽매여 괴로워하고 있다.
⑤ '빈곤한 인생' 속에서도 '일단심'을 잊지 않겠다는 화자의 모습에는 선비로서 지조와 신념을 지키며 살겠다는 의지가 드러나 있다.

06 교육청학평 기출
㉠~㉤에 대해 이해한 내용으로 적절하지 않은 것은?

① ㉠ : 화자의 어려움을 구체적으로 드러내는 소재
② ㉡ : 삶의 어려움 속에서도 화자가 지키려는 뜻
③ ㉢ : 화자가 죽음을 무릅쓰고 용감히 싸웠던 전쟁
④ ㉣ : 한해의 농사를 짓기 시작해야 할 때
⑤ ㉤ : 자신보다 어려운 사람을 배려하는 넉넉한 태도

지당(池塘)에 활수(活水) 드니 ㉠노는 고기 다 헬로다
연못   흐르는 물
송음(松陰)에 청뢰(淸籟) 나니 금슬(琴瑟)이 여기 있다
소나무가 드리우는 그늘
앉아서 보고 듣거든 돌아갈 줄을 모르노라 〈제2수〉

연못에 흐르는 물이 흘러 드니 노는 고기를 다 헤아리겠구나.
송음에 맑은 바람 소리 나니 거문고와 비파가 여기 있다.
앉아서 보고 듣고 있으니 (집에) 돌아갈 줄을 모르겠노라.

솔 아래 길을 내고 ㉡못 위에 대를 싸니
풍월(風月) 연하(煙霞)는 좌우로 오는고야
바람, 달   안개, 노을
이 사이 한가히 앉아 늙는 줄을 모르리라 〈제3수〉

솔 아래 길을 내고 못 위에 대를 쌓으니
바람과 달, 안개와 노을은 좌우에서 오는구나.
이 사이에 한가히 앉아 늙는 줄을 모르겠구나.

㉢집 뒤에 자차리 뜯고 문 앞에 맑은 샘 길어
기장밥 익게 짓고 산채갱 므르 삶아
         산나물로 만든 국 푹
조석에 풍미가 족함도 내 분인가 하노라 〈제5수〉

집 뒤에 자차리 뜯고 문 앞에 맑은 샘 길어
기장밥 익게 짓고 산나물국을 푹 삶아
(❶   )으로 풍미에 만족하는 것도 내 분수인가 하노라.

㉣늙어 해올 일 없어 산중에 돌아오니
송국원학(松菊猿鶴)이 다 나를 반기나다
아이야 술 가득 부어라 낙이망우(樂而忘憂) 하리라 〈제10수〉

늙어서 할 일 없어 산중으로 돌아오니
소나무, 국화와 원숭이, 학이 모두 나를 반기구나.
아이야 술 가득 부어라, 근심 잊고 즐기리라.

도원이 있다 하여도 예 듣고 못 봤더니
무릉도원
㉤홍하이 만동(滿洞) 하니 이 진짓 거기로다
이 몸이 또 어떠하뇨 무릉인인가 하노라 〈제14수〉

도원이 있다고 하여도 옛날에 듣기만 하고 못 봤는데
(❷   )이 골짜기에 가득하니 여기가 진정 거기로구나.
이 몸이 또 어떠한가, 무릉도원에 사는 사람인가 하노라.

내 빈천(貧賤)을 보내려 한들 이 빈천 뉘게 가며
남의 부귀(富貴) 오라고 한들 저 부귀 내게 오랴
보내지도 청하지도 말오 내 분대로 하리라 〈제20수〉

내 가난과 천한 것을 보내려 한들 이것이 누구에게 가며
남의 부귀 오라고 한들 저 부귀 내게 오겠는가?
보내지도 청하지도 말고 내 분수대로 하리라.

다만 한 간 초옥(草屋)에 세간도 많기도 많구나
나하고 책하고 벼루 붓은 무슨 일인고
이 초옥 이 세간 가지고 아니 즐기고 어찌하리 〈제34수〉

다만 한 칸 (❸   )에 세간이 많기도 많구나.
나하고 책하고 벼루 붓은 무슨 일인가?
이 초가, 이 세간 가지고 즐기지 않고 어찌하겠는가?

문해력 UP 감상 패턴

1) 화자

화자의 정서

자연을 즐김.	한가로움, 즐거움
분수에 맞게 소박하게 살아감.	만족감, 안분지족
무릉도원 같은 곳에서 지냄.	자긍심, 만족감

2) 표현

자문자답의 형식 사용

'이 몸이 또 어떠하뇨 무릉인인가 하노라'
→ 화자의 심리, 즉 자긍심을 강조함.

3) 내신&수능 기출 point

시어의 의미

풍월 연하	바람, 달, 안개, 노을. 자연의 아름다운 경치
도원	무릉도원, 이상향, 별천지
무릉인	화자 자신. 무릉도원에 사는 사람

작품 정리

주제 자연에 묻혀 한가롭게 사는 즐거움과 만족감
특징 ① 자연물을 통해 화자의 정서를 드러냄.
② 화자의 상황을 구체적으로 제시하고 있음.
③ 자문자답을 통해 자연에서의 삶에 대한 자긍심을 드러냄.
성격 강호한정, 풍류적, 전원적

현풀 정답 ❶ 아침저녁 ❷ 붉은 노을 ❸ 초가(집)

01 윗글의 표현상 특징으로 적절하지 <u>않은</u> 것은?

① 대구법을 사용하여 운율감을 형성하고 있다.
② 자문자답의 형식으로 화자의 정서를 드러내고 있다.
③ 청각적 심상을 통해 상황을 생생하게 전달하고 있다.
④ 영탄적 어조를 사용하여 화자의 정서를 강조하고 있다.
⑤ 음성 상징어를 활용하여 대상의 형상을 구체화하고 있다.

02 〈보기〉를 바탕으로 윗글을 감상한 내용으로 가장 적절한 것은?

> ─── 보기 ───
>
> 문학 작품 속 공간은 단순한 배경을 넘어 현실에 대한 인식을 드러내는 장치로 사용되기도 한다. 이 작품에서 '산중'은 화자가 만족감을 누리는 공간으로, 자연 속에서 삶을 즐기며 늙어 가는 장소이다.

① 화자에게 '산중'은 '지당', '활수'와 대립되어 현실에 대한 인식을 드러내는 공간이다.
② 화자에게 '산중'은 '금슬'로 상징되는 세속적 삶의 모습이 이루어지는 장소이다.
③ 화자에게 '산중'은 '풍월'과 '연하' 사이에서 한가롭게 늙어 갈 수 있게 하는 장소이다.
④ 화자에게 '산중'은 '맑은 샘', '기장밥'이 있어 현실적 결핍을 채워 주는 만족감의 공간이다.
⑤ 화자에게 '산중'은 '도원'과 마찬가지로 듣지도 보지도 못하였기에 현실을 벗어난 초월적인 공간이다.

03 ㉠~㉤에 대한 설명으로 적절하지 <u>않은</u> 것은?

① ㉠: 흘러들어온 물로 인해 지당의 물이 맑음을 나타내고 있다.
② ㉡: 화자가 자연의 아름다움을 즐기는 공간을 마련하였음을 드러내고 있다.
③ ㉢: 화자가 자신의 구체적인 생활 모습을 보여 주고 있다.
④ ㉣: 나이가 들어 자연으로 돌아감을 드러내고 있다.
⑤ ㉤: 노을을 바라보며 과거를 돌아보고 인생이 덧없음을 깨닫고 있다.

04 교육청학평 기출
윗글을 감상한 내용으로 적절하지 <u>않은</u> 것은?

① '풍월'과 '연하'는 화자가 느끼는 한가함의 정서와 조응이 되는 대상을 나타낸 것이군.
② '이 사이'와 '산중'은 화자가 현재 자연을 즐기는 공간을 나타낸 것이군.
③ '늙는 줄을 모르리라'는 자연과 조화를 이룬 화자의 심정을 나타낸 것이군.
④ '기장밥 익게 짓고 산채갱 므로 삶아'는 소박한 삶을 살고 있음을 나타낸 것이군.
⑤ '아이야 술 가득 부어라'는 풍류적 지향과 정신적 수양 사이의 고뇌를 나타낸 것이군.

05 기출 연계
〈보기〉를 참고하여 〈제14수〉를 이해한 내용으로 가장 적절한 것은?

> ─── 보기 ───
>
> 중국의 '도화원기'는 어부가 복숭아꽃이 만발한 숲속의 물길을 따라갔다가 수백 년 전 진나라 때 노역이나 난리를 피하여 온 사람들이 모여 사는 이상향인 무릉도원을 방문했다는 이야기를 담고 있다. 여기에 영향을 받은 우리 선조들은 무릉도원과 같은 이상향을 동경하다가 차츰 현실의 삶에서 무릉도원을 연상했다. 그래서 여행지나 일상적 생활 공간에서 만족감을 얻으면 무릉도원과 유사하다고 인식하기도 했다. 이러한 인식은 상상의 관념을 현실화하려는 욕망의 구현으로 볼 수 있다.

① 화자는 자신이 복숭아꽃이 만발한 무릉도원에 산다는 점을 중국의 고사에 빗대어 부각하고 있다.
② 화자는 자신이 있는 공간을 무릉도원으로 연상하며 자연을 즐기는 삶에 대한 만족감을 드러내고 있다.
③ 화자는 '도화원기'에 등장하는 어부와 자신을 동일시하며 이상향을 지향하는 삶의 태도를 강조하고 있다.
④ 화자는 일상적 생활 공간에서 벗어나 무릉도원보다 더 나은 이상향을 찾아낸 것에 자부심을 느끼고 있다.
⑤ 화자는 무릉도원이라는 상상의 관념을 현실화하기 위해 생활 공간에 안주하지 못하고 여러 여행지를 돌아다니고 있다.

지수정가(止水亭歌)_김득연

산가(山家) 풍수설에 동구 못이 좋다 할새

십 년을 경영하여 한 땅을 얻으니

형세는 좁고 굵은 암석은 많고 많다

[A]
┌ 옛 길을 새로 내고 **작은 연못** 파서
│ 활수를 **끌어들여** 가는 것을 **머물게 하니**
│   흐르는 물
└ 맑은 거울 **티 없어 산 그림자** 잠겨 있다

천고(千古)에 황무지를 아무도 모르더니
오랜 세월

일조(一朝)에 진면목을 내 혼자 알았노라
          참모습

처음의 이내 뜻은 물 머물게 할 뿐이더니

이제는 돌아보니 가지가지 다 좋구나

백석은 치치(齒齒)하여 은도로 새겨 있고
흰 자갈   나란히 하여

벽류는 콸콸 흘러 옥 술잔을 때리는 듯

첩첩한 산들은 좌우의 병풍이요

빽빽한 소나무는 전후의 울타리로다

구곡 상하대는 층층이 둘러 있고

삼경(三逕) 송국죽(松菊竹)은 줄지어 벌여 있다
세 갈래 좁은 길

하물며 바위 벼랑 높은 위에 노송이 용이 되어 구부려 누웠거늘

운근(雲根)을 베어 내고 ㉠작은 정자 붙여 세워

띠 풀로 지붕 이고 자르지 않으니 이것이 어떤 집인가

남양의 제갈려인가 무이의 와룡암인가
          └옛 현인이 은거한 거처

다시금 살펴보니 필굉 위언의 그림의 것이로다

무릉도원을 예 듣고 못 봤더니

이제야 알겠구나 이 진짜 거기로다

산가 풍수지리에 동구 연못이 좋다고 하여

십 년 동안 계획하여 한 곳의 땅을 얻으니

모양이 좁고 암석이 많다.

옛 길을 새로 만들고 작은 연못을 파서

흐르는 물을 끌어들여 흐르는 것을 머물게 하니

맑은 수면이 티끌 한 점 없이 산의 그림자가 잠겨 있다.

오랜 세월 황폐한 이 곳을 아무도 모르더니

(❶   )에 참모습을 나 혼자 알게 되었구나.

처음의 나의 뜻은 물을 머물게 할 뿐이었는데

이제와 돌아보니 여러 가지가 다 좋구나.

흰 돌은 나란히 하여 은칼로 새겨 있고

푸른 물은 콸콸 흘러 옥으로 만든 술잔을 때리는 것 같구나.

여러 겹으로 둘러선 산들은 좌우에 있는 병풍이요

빽빽한 소나무는 앞뒤에 친 울타리로다.

아홉 굽이 상하대는 층층이 둘러 있고

세 갈래 길로 (❷   )가 줄줄이 뻗어 있다.

하물며 바위 벼랑 높은 위에 노송이 용이 되어 몸 굽히어 누웠거늘

소나무 아랫부분을 정리하고 작은 정자를 붙여 세워

띠 풀로 지붕을 이고 끊지 않았으니 이 어떤 집이런가.

남양 땅의 제갈려인가 무이산의 와룡암인가?

다시금 살펴보니 필굉과 위언의 그림과 (❸   ).

무릉도원을 예 듣고 보지는 못했더니

이제야 알겠구나, 여기 짐짓 거기로다.

문해력 UP 감상 패턴

1 화자

화자의 태도 및 정서
- 자신이 직접 세운 정자인 지수정에 대한 자부심을 갖음.
- 지수정 주변 풍경의 아름다움을 깨달음.
- 지수정을 자연 자체이자 이상적 삶의 공간으로 바라봄.

2 표현

지수정에 대한 자부심 표현

• 남양의 제갈려, 무이의 와룡암
• 필굉 위언의 그림
• 무릉도원

↓

지수정에 대한 만족감과 자부심을 드러냄.

3 내신&수능 기출 point

'지수정가'의 전체 내용
① 와룡산과 천주봉의 산세와 조상의 무덤
② 정자를 세운 과정과 주변 풍경
③ 태백 황지에서 낙동에 이르는 낙동강의 명소와 문물
④ 자연 속 풍월주인으로 살아가는 모습
⑤ 와룡산 주변의 일들과 자신의 타고난 복
⑥ 안분지족하는 즐거움과 우국의 마음
⑦ 선현의 삶을 따르겠다는 다짐

작품 정리

주제 지수정을 세운 과정과 주변 풍경의 아름다움
특징 직유, 은유, 영탄, 대구 등 다양한 표현법을 활용함.
성격 자연 친화적

현풀 정답 ❶ 하루아침 ❷ 소나무, 국화, 대나무 ❸ 같다

01 윗글의 표현상 특징으로 적절하지 <u>않은</u> 것은?

① 은유법을 사용하여 대상의 인상을 전달하고 있다.

② 영탄적 어조를 활용하여 대상의 정서를 표현하고 있다.

③ 묻고 대답하는 형식으로 화자의 생각을 드러내고 있다.

④ 음성 상징어의 사용으로 대상을 생동감 있게 전달하고 있다.

⑤ 대조적인 시어를 병치하여 화자의 내적 갈등을 부각하고 있다.

02 윗글에 대한 감상으로 가장 적절한 것은?

① 화자는 자연에 둘러싸여 고립된 자신의 처지와 답답한 심정을 노래로 해소하고 있군.

② 화자는 십 년 동안 속세에서 입신양명을 위한 경영에 힘쓰다가 뒤늦게 자연에 귀의하였군.

③ 화자는 자연에 은거하고 있는 자신의 모습을 구부러진 노송과 동일시하며 후일을 기약하고 있군.

④ 화자는 황무지를 개간한 후에 나온 결과물을 보며 노동의 즐거움과 풍요로움에 감탄하고 있군.

⑤ 화자는 흐르는 물을 가두는 것만을 생각했는데 연못을 만든 후 뜻밖에 자연의 아름다움을 발견하게 되었군.

03 ⊙에 대한 설명으로 가장 적절한 것은?

① 화자의 일상적인 유용성이 상실된 공간이다.

② 현실에서 명예를 실현하려는 의지를 보여 준다.

③ 화자에게 자신의 삶을 가다듬는 역할을 수행한다.

④ 화자에게 만족하며 머무는 삶에 대해 생각하게 한다.

⑤ 화자의 손길이 닿지 않는 자연물 그 자체를 의미한다.

04 기출 연계 윗글에 대한 설명으로 가장 적절한 것은?

① 가상의 상황을 제시하여 환상적 분위기를 강화하고 있다.

② 현실을 통찰하며 관용적 삶에 대한 지향을 보여 주고 있다.

③ 공감각적 심상을 활용하여 환경의 다양한 변화를 표현하고 있다.

④ 부정적인 현실을 비판하며 좌절을 극복하려는 의지를 부각하고 있다.

⑤ 대상에 주목하여 대상과 관련된 가치를 추구하는 자세를 나타내고 있다.

05 수능 기출 윗글의 [A]와 〈보기〉에 대한 설명으로 적절하지 <u>않은</u> 것은?

┌─ 보기 ─

이런들 어떠하며 저런들 어떠하료
초야우생(草野愚生)이 이렇다 어떠하료
하물며 천석고황(泉石膏肓)을 고쳐 므슴 하료 〈제1수〉

연하(烟霞)로 집을 삼고 풍월(風月)로 벗을 삼아
태평성대에 병으로 늙어 가네
이 중에 바라는 일은 허물이나 없고자 〈제2수〉

― 이황, '도산십이곡'

① [A]에서는 '산 그림자'가 잠긴 '작은 연못'의 경관을 묘사하여 깨끗한 자연의 형상을 보여 주고 있다.

② 〈보기〉의 〈제1수〉 초장은 유사한 어휘의 반복을 통해 리듬감을 형성하고 있다.

③ 〈보기〉의 〈제2수〉 초장은 〈제1수〉 종장의 시상을 이어받아 자연 친화적인 모습을 드러내고 있다.

④ [A]의 '끌어들여'와 '머물게 하니'는 화자가 대상을 가까이 하려는 행동을, 〈보기〉의 '집을 삼고'와 '벗을 삼아'는 화자와 대상의 가까운 관계를 제시하고 있다.

⑤ [A]의 '티 없어'는 대상을 관찰하기 전에 나타난 화자의 심리를, 〈보기〉의 '허물이나 없고자'는 미래에 대한 화자의 바람을 표현하고 있다.

㉠양파(陽坡)의 풀이 기니 봄빗치 느저 잇다
_{볕이 잘 드는 언덕}
소원(小園) 도화(桃花)는 밤비에 다 피거다
아히야 쇼 됴히 머겨 논밧 갈게 ᄒ야라 〈제2수: 춘(春)〉

햇볕이 잘 드는 언덕에 풀이 기니 봄
빛이 깊어 간다.
작은 정원의 (❶　　　)은 밤비에
다 피었구나.
아이야, 소를 잘 먹여 논밭을 갈게 하
여라.

㉡잔화(殘花) 다 딘 후에 녹음이 기퍼 간다
백일(白日) 고촌(孤村)에 낫둙의 소리로다
㉢아히야 계면됴 불러라 긴 조롬 씌오쟈 〈제3수: 하(夏)〉

(❷　　　) 꽃들 다 진 후에 나무와
풀의 푸름이 짙어진다.
한낮의 외딴 마을에 낮닭의 울음소리
로구나.
아이야, 계면조를 불러라. 긴 졸음을
깨우자.

흰 이슬 서리 되니 ᄀ을히 느저 잇다
긴 들 황운(黃雲)이 ᄒ 빗이 피었구나
아히야 비즌 술 걸러라 추흥(秋興) 계워 ᄒ노라
〈제5수: 추(秋)〉

흰 이슬이 서리가 되니 가을이 깊어
간다.
긴 들판의 곡식들은 누런빛으로 같은
빛이 되었구나.
아이야, 빚은 술 걸러라. 가을의 흥에
즐거워 하노라.

동리(東籬)에 국화 피니 중양(重陽)이 거에로다
자채(自蔡)로 비즌 술이 ᄒ마 아니 니것느냐
_{올벼, 철 이르게 익은 벼}
㉣아히야 자해(紫蟹) 황계(黃鷄)로 안주 쟝만ᄒ야라
_{꽃게}
〈제6수: 추(秋)〉

동쪽 울타리에 국화 피니 중양절이 다
가왔구나.
올벼(햇벼)로 빚은 술이 이미 안 익었
느냐.
아이야, 꽃게와 (❸　　　)으로 안
주를 장만하여라.

북풍이 노피 부니 압 뫼헤 눈이 딘다
㉤모첨(茅簷) 춘 빗치 석양이 거에로다
_{초가 지붕의 처마}
아히야 두죽(豆粥) 니것느냐 먹고 자랴 ᄒ로라
_{콩 죽}
〈제7수: 동(冬)〉

북풍이 높이 부니 앞산에 눈이 내린
다.
초가 지붕의 처마에 차가운 빛이 석양
이 거의 다 되었구나.
아이야, 콩 죽 익었느냐. 먹고 자려 하
노라.

[A] ┌ 이바 아히들아 새히 온다 즐겨 마라
    │ 헌ᄉᆞᆫᄒ 세월이 소년(少年) 아사 가ᄂᆞ니라
    │ _{젊은 나이}
    └ 우리도 새히 즐겨ᄒᆞ다가 이 백발이 되얏노라
〈제9수: 제석(除夕)〉

이봐라 아이들아 새해 온다고 즐거워
마라.
빠른 세월이 젊은 시절을 앗아 가느니
라.
우리도 새해를 즐기다가 이렇게 백발
이 되었노라.

문해력 UP 감상 패턴

1 화자

화자의 정서

전원에서 한적함을 즐기며 살아감.	삶에 대한 만족감
우리도 새히 즐겨ᄒᆞ다가 이 백발이 되얏노라	늙음에 대한 안타까움

→ 화자는 전원에서의 삶에 만족하지만 이러한 삶을 영원히 누리는 데 방해가 되는 늙음에 대해 안타까워하고 있음.

2 표현

'아히야'의 반복
종장 첫구에 '아히야'가 반복됨.(〈제9수〉 제외)
→ 연 사이의 유기성을 부여하여 통일감을 느끼게 하고 운율을 형성함.

3 내신&수능 기출 point

계절을 나타내는 시어

봄	풀, 봄빗, 도화
여름	녹음
가을	서리, ᄀ을, 황운, 추흥, 국화, 중양
겨울	북풍, 눈

작품 정리

주제 전원에서의 사계절 삶과 세월의 흐름에 대한 안타까움
특징 ① 사계절의 순서대로 각 2수씩 읊은 후 섣달그믐날 밤 2수를 덧붙여 총10수로 구성됨.
② 감각적 이미지를 통해 계절의 경치를 구체적으로 형상화함.
성격 전원적, 풍류적

현풀 정답 ❶ 복숭아꽃 ❷ 남은 ❸ 누런 닭

01 윗글의 표현상 특징으로 가장 적절한 것은?

① 영탄적 표현을 사용하여 화자의 정서를 드러내고 있다.
② 상승 이미지를 반복하여 화자의 의지를 나타내고 있다.
③ 점층적 표현을 사용하여 화자의 태도를 부각하고 있다.
④ 음성 상징어를 활용하여 화자의 상황을 구체화하고 있다.
⑤ 중국 고사를 인용하여 화자가 처한 상황을 강조하고 있다.

02 [A]와 〈보기〉를 비교한 내용으로 가장 적절한 것은?

> **보기**
>
> 늘그니 늘그니를 만나니 반가고 즐겁고야
> 반가고 즐거오니 늘근 줄을 모롤로다
> 진실노 늘근 줄 모르거니 미일 만나 즐기리라 〈제49수〉
>
> – 김득연, '산중잡곡'

① [A]와 〈보기〉 모두 자신의 현재 모습에 대한 긍정적인 인식을 드러내고 있다.
② [A]와 〈보기〉 모두 젊음과 늙음을 대조적으로 제시하여 주제를 표출하고 있다.
③ [A]와 〈보기〉 모두 세월의 흐름이 빠르다는 점을 구체적인 대상에 빗대어 표현하고 있다.
④ [A]에서는 현재의 자신과 다른 태도를 보이는 상대에 대한 훈계가, 〈보기〉에서는 같은 처지에 있는 상대를 만난 기쁨이 드러난다.
⑤ [A]에서는 과거에 대한 책임을 상대에게 전가하는 태도가, 〈보기〉에서는 상대를 통해 현재 삶에 대한 깨달음을 얻는 태도가 드러난다.

03 ㉠~㉤에 대한 설명으로 가장 적절한 것은?

① ㉠: 화자가 지향했던 초월적인 삶의 세계가 회ोट된다.
② ㉡: 꽃이 떨어진 것에 대한 화자의 안타까운 심정이 제시된다.
③ ㉢: 시름을 일시적으로나마 잊고자 하는 화자의 의도가 표출된다.
④ ㉣: 미각을 돋우는 소재들을 통해 화자의 흥취가 드러난다.
⑤ ㉤: 세속과 타협하지 않으려는 화자의 의지가 집약되어 나타난다.

04 기출 연계
윗글에 대한 설명으로 적절하지 않은 것은?

① 〈제2수〉: 봄을 맞아 소 먹여 논밭갈이 할 것을 독려하는 모습을 노래하고 있다.
② 〈제3수〉: 녹음이 우거진 한적한 여름에 계면조 노래에 긴 졸음을 깨려는 한가한 삶을 노래하고 있다.
③ 〈제6수〉: 국화 피고 곡식이 익는 가을을 맞아 술과 안주로 취흥을 즐기려는 모습을 노래하고 있다.
④ 〈제7수〉: 북풍이 몰아치고 눈이 쌓인 겨울을 맞아 음식을 먹고 잠을 청하려는 모습을 노래하고 있다.
⑤ 〈제9수〉: 백발이 되어 한평생이 저물어 가는 안타까움과 자연의 섭리에 순응하려는 태도를 노래하고 있다.

05 평가원모평 기출
〈보기〉를 참고하여 윗글을 감상한 내용으로 적절하지 않은 것은?

> **보기**
>
> 사시가(四時歌)는 사계절의 추이에 맞추어 시상을 전개하는 시가를 일컫는다. 사시가에서는 계절에 관한 시상이 드러나는 연들을 유기적으로 연결하기 위해 동일한 어휘나 유사한 표현을 연마다 반복하는 경우가 있다. 또한 자연을 묘사하기 위한 시어 및 구절을 먼저 제시한 후 화자의 반응이나 정취를 덧붙이는 것이 일반적이다. 작품에 따라서는 일상의 풍경을 도입하여 계절의 변화에 따른 세상살이의 모습을 조명하거나, 어김없이 순환하는 자연의 이치와 무상한 인간사를 대비하기도 한다.

① 사계절의 추이가 나타난다는 점에서 사시가의 요건을 갖추고 있군.
② '아희야'가 반복적으로 등장하여 연 사이의 유기성을 부여하고 있군.
③ 계절이 다루어진 연은 자연의 모습이 먼저 묘사되고 화자의 반응이 이어지는 방식으로 구성되는군.
④ 봄에 소를 먹여 논밭을 가는 것과 가을에 올벼로 빚은 술을 찾는 것은 일상의 풍경을 그려 낸 사례이겠군.
⑤ 각 연에서는 일정하게 순환하는 자연의 이치와, 그러한 이치를 삶에 구현하지 못하는 인간을 대비하고 있군.

동녁 두던 밧긔 크나큰 너븐 들희

만경(萬頃) 황운(黃雲)이 흔 빗치 되야 잇다

중양이 거의로다 **내노리 ᄒᆞ쟈스라**

블근 게 여믈고 눌은 **둙기** 슬져시니

술이 니글션졍 버디야 업슬소냐

[A] 전가(田家) 흥미ᄂᆞᆫ 날로 기퍼 가노매라

살여흘 긴 몰래예 **밤블이 볼가시니**

㉠게 잡ᄂᆞᆫ 아ᄒᆡᄃᆞᆯ이 그믈을 훗텨 잇고

호두포 엔 구ᄇᆡ예 **아젹믈이 미러오니**
예산현의 무한천 하류
㉡돋ᄃᆞᆫ 빈 애내셩(欸乃聲)이 고기 ᄑᆞᄂᆞᆫ 댱시로다
어부가 노를 저으면서 부르는 노랫소리
경(景)도 됴커니와 **생리(生理)라 괴로오랴**

〈중략〉

어와 이 청경(淸景) 갑시 이실 거시런들

젹막히 다든 문애 내 분으로 드려오랴

사조(私照) 업다 호미 거즌말 아니로다
사사로이 비춤
㉢모재(茅齋)예 빗쵠 빗치 옥루(玉樓)라 다ᄅᆞᆯ소냐
띠로 지붕을 이어 지은 집
청준(淸樽)을 밧쎄 열고 큰 잔의 ᄀᆞ득 브어
맑은 술동이
㉣죽엽(竹葉) ᄀᆞᄂᆞᆫ 술룰 둘빗 조차 거후로니
대나무의 잎
표연혼 일흥(逸興)이 져기면 ᄂᆞ리로다

이젹선(李謫仙) 이려ᄒᆞ야 ᄃᆞᆯ을 보고 밋치닷다

춘하추동애 경물이 아름답고

주야조모(晝夜朝暮)애 완상이 새로오니
낮, 밤, 아침, 저녁   즐겨 구경함
㉤몸이 한가ᄒᆞ나 귀 눈은 겨를 업다

여생이 언마치리 백발이 날로 기니

세상 공명은 계륵이나 다ᄅᆞᆯ소냐

[B] ┌ 강호 어조(魚鳥)애 새 밍셰 깁퍼시니
   └ 옥당금마(玉堂金馬)의 몽혼(夢魂)이 섯긔엿다
       관직 생활
초당연월(草堂煙月)의 시름 업시 누워 이셔

촌주강어(村酒江魚)로 장일취(長日醉)를 원(願)ᄒᆞ노라

이 몸이 이러구롬도 역군은(亦君恩)이샷다

동녁 언덕 밖의 크나큰 넓은 들에

넓은 이랑에 익어 가는 곡식들이 누런 구름과 같은 빛깔을 하고 있다.

중양절이 거의 다 됐구나. 고기잡이 하자꾸나.

붉은 게 여물었고 (❶   )이 살졌으니

술이 익었으니 벗이야 없겠는가?

농가의 흥미는 날마다 깊어 가는구나.

여울가 긴 모래에 밤불을 밝히니

게 잡는 아이들이 그물을 흩어 놓고

호두포 먼 굽이에 (❷   )이 밀려오니

돛단배의 뱃노래는 고기 파는 장사로다.

경치도 좋은데 생활이 괴롭겠는가?

아, 이 (❸   ) 값이 있는 것이라면

적막하게 닫힌 문에 내 분수로 들여올 수 있겠느냐?

사사로이 비추는 빛이 없다함이 거짓말이 아니로다.

띠로 지붕을 이어 지은 집에 비춘 빛이 옥루라고 다르겠느냐?

맑은 술통을 바삐 열고 큰 잔에 가득 부어

죽엽주 맑은 술을 달빛 따라 기울이니

거침없는 흥취가 잘하면 날 수 있을 것 같구나.

이태백이 이러해서 달을 보고 미쳤구나.

춘하추동의 경치가 아름답고

낮밤, 아침저녁으로 놀며 구경함이 새로우니

몸이 한가하나 귀와 눈은 겨를이 없다.

남은 생애 얼마쯤 되겠는가, 백발이 날로 기니.

세상 공명은 계륵과 다르겠는가?

강호에서 물고기, 새와 더불어 살겠다는 맹세 깊었는데

관직 생활에 꿈속의 넋이 섞여 있다.

초가집 달빛 아래 시름없이 누워 있어

집에서 만든 술과 강의 물고기 안주로 종일 취하기를 원하노라.

이 몸이 이렇게 지냄도 역시 (❹   )의 은혜이시다.

문해력 UP 감상 패턴

① 화자

화자의 태도 및 정서
• 아름다운 자연 경관을 예찬함.
• 전원생활에서 흥취를 느낌.
• 전원생활에서의 만족감을 드러냄.

② 표현

설의적 표현을 통한 의미 강조

• 술이 니글션졍 버디야 업슬소냐
• 경도 됴커니와 생리라 괴로오랴
• 젹막히 다든 문애 내 분으로 드려오랴
• 모재예 빗쵠 빗치 옥루라 다ᄅᆞᆯ소냐
• 세상 공명은 계륵이나 다ᄅᆞᆯ소냐

전원생활을 하며 느끼는 즐거움과 만족감을 강조함.

③ 내신&수능 기출 point

시어의 대조

모재, 초당연월
전원 속에서의 소박하고 한가로운 삶

세상 공명, 옥당금마
벼슬살이를 하며 누리는 화려한 삶

작품 정리

주제 자연을 즐기며 살아가는 풍류와 흥겨움
특징 ① 계절감을 드러내는 시어와 시각적 이미지로 풍경을 묘사함.
② 자연 예찬과 유교적 충의 사상이 함께 드러남.
③ 설의적 표현으로 화자의 정서를 강조함.
성격 자연 친화적, 예찬적

현풀 정답 ❶ 누런 닭 ❷ 밀물 ❸ 맑은 경치
❹ 임금(님)

01 윗글의 특징으로 적절하지 <u>않은</u> 것은?

① 공간적 배경을 구체적으로 제시하고 있다.
② 특정 소재를 활용하여 가을날의 풍요로움을 보여 주고 있다.
③ 가을에 있는 세시 풍속을 언급하며 계절감을 드러내고 있다.
④ 중국의 인물을 통해 자신의 정서를 부각하여 표현하고 있다.
⑤ 과장된 표현을 통해 대상의 속성을 인상적으로 제시하고 있다.

02 윗글을 통해 알 수 있는 화자의 생각으로 가장 적절한 것은?

① 남은 생애가 얼마나 남았는지 생각하다가 백발만 늘어났다.
② 옛 성현처럼 달빛 아래에서 술을 먹고 하늘로 날아오르는 것이 꿈이다.
③ 자연 속에 들어와 보니 햇빛이 사사로이 비춘다는 옛말을 확인할 수 있겠다.
④ 자연에 들어갈 때 값을 치러야 했다면 좋은 경치를 보러 가지 못했을 것이다.
⑤ 자연 속에서 경치를 즐기는 것은 좋지만 생활을 영위하기에는 어려움이 많다.

03 ㉠~㉤에 대한 설명으로 적절하지 <u>않은</u> 것은?

① ㉠: 전원에서의 생활상이 나타난다.
② ㉡: 고달픈 삶을 살아가는 어부의 삶이 나타난다.
③ ㉢: 자연현상에서 연상된 그리움의 대상이 나타난다.
④ ㉣: 자연을 운치 있게 느끼는 풍류의 정취가 나타난다.
⑤ ㉤: 변화하는 자연에서 얻는 즐거움이 나타난다.

04 수능 기출
〈보기〉를 바탕으로 [A]를 감상한 내용으로 적절하지 <u>않은</u> 것은?

── 보기 ──

17세기 가사 '월선헌십육경가'는 월선헌 주변의 16경관을 그린 작품으로 자연에서의 유유자적한 삶을 읊으면서도 현실적 생활 공간으로서의 전원에 새롭게 관심을 두었다. 그에 따라 생활 현장에서 볼 수 있는 풍요로운 결실, 여유로운 놀이 장면, 그리고 생업의 현장에서 느끼는 정서 등을 다양한 표현 방법을 통해 현장감 있게 노래했다.

① 전원생활에서 목격한 풍요로운 결실을 '만경 황운'에 비유해 드러냈군.
② 전원생활 가운데 느끼는 여유를 '내노리 ᄒᆞ쟈스라'와 같은 청유형 표현을 통해 드러냈군.
③ 전원생활의 풍족함을 여문 '블근 게'와 살진 '눌은 닭'과 같이 색채 이미지에 담아 드러냈군.
④ 전원생활에서의 현장감을 '밤블이 볼가시니'와 '아젹믈이 미러오니'와 같은 묘사를 활용해 드러냈군.
⑤ 전원생활의 여유를 즐기면서도 생업의 현장에서 느끼는 고단함을 '생리라 괴로오랴'와 같은 설의적인 표현으로 드러냈군.

05 기출 연계
[B]를 이해한 내용으로 가장 적절한 것은?

① '내'가 '강호'에서 늙어 감을 체념하면서도 정치 현실을 지향함을 나타낸다.
② '내'가 '강호'에서의 은거를 마치고 정치 현실로 복귀하려는 의지를 나타낸다.
③ '내'가 '강호'에서의 은거를 원하지만 정치 현실에 미련이 있음을 나타낸다.
④ '내'가 '강호'에서 경치를 완상하며 정치 현실의 번뇌를 해소하려는 자세를 나타낸다.
⑤ '내'가 '강호'에서 임금에게 맹세하며 정치 현실의 이상을 실현하려는 태도를 나타낸다.

㉠녯사롬 이젯 사롬 이목구비(耳目口鼻) ⁊것마ᄂᆞᆫ

나 혼자 엇디 ᄒᆞ야 녯사롬을 그리ᄂᆞᆫ고

이제도 녯사롬 겨시니 긔 내 ⓐ벗인가 ᄒᆞ노라 〈제1수〉

(❶)과 요즘 사람이 이목구
비는 같겠지만
나 혼자 어찌하여 옛사람을 그리워하
는가?
지금도 옛사람과 같은 사람 있으니 그
가 내 벗인가 하노라.

㉡청송(靑松)으로 울흘 삼고 ㉢백운(白雲)으로 장(帳) 두로고

초옥삼간(草屋三間)이 숨어 겨신 져 내 벗님

흉중(胸中)에 사념(邪念)이 업스니 그룰 ᄉᆞ랑ᄒᆞ노라 〈제4수〉
가슴속, 마음   속세의 명예와 이익을 생각하는 마음

청송으로 (❷)를 삼고 백운
으로 장막을 두르고
초가삼간에 숨어 계신 저 내 벗님
마음에 그릇된 생각이 없으니 그를 사
랑하노라.

벗님 사는 땅을 싱각고 ᄇᆞ라보니

㉣용추동(龍湫洞) 밧씌오 구룸ᄃᆞ리 우희로다

밤마다 외로운 ᄭᅮᆷ만 호자 ᄃᆞ녀오노라 〈제5수〉

벗님이 살고 있는 곳을 생각하고 바라
보니
용추동 밖이고 구름다리 (❸)
로구나.
밤마다 외로운 꿈에 (벗을 만나러) 혼
자 다녀오는구나.

ᄆᆡ는 첩첩(疊疊)ᄒᆞ고 구룸은 자자시니

고인(故人)의 집 ᄯᅡᆼ이 ᄇᆞ라도 볼셩업다

ᄆᆞ음만 길 알아 두고 오락가락 ᄒᆞ노라 〈제7수〉

산은 겹겹이 쌓여 있고 구름은 자욱해
있으니
월곡이 있는 곳을 바라보아도 볼 수가
없구나.
마음만 길 알아 두고 오락가락 하는구
나.

㉤상산(商山)의 영지(靈芝) 캐러 구태여 넷이 가리런가

ᄌᆞ츠 리 업슨듸 우리 둘이 가사이다

세상(世上)의 어즈러온 일들 듯도 보도 마사이다 〈제9수〉

상산의 영지를 캐러 굳이 넷이 가려
하는가?
따라올 이 없으니 우리 둘이 갑시다.
세상의 어지러운 일들 (❹)
맙시다.

문해력 UP 감상 패턴

1 화자

화자의 태도 및 정서

이제도 녯사롬 겨시니 긔 내 벗인가 ᄒᆞ노라	친밀감
흉중에 사념이 업스니 그룰 ᄉᆞ랑ᄒᆞ노라	예찬적
밤마다 외로운 ᄭᅮᆷ만 호자 ᄃᆞ녀오노라	그리움
ᄆᆞ음만 길 알아 두고 오락가락 ᄒᆞ노라	안타까움

2 표현

청유형 표현

• ᄌᆞ츠 리 업슨듸 우리 둘이 가사이다
• 세상의 어즈러온 일들 듯도 보도 마사이다
→ 청유형 표현을 사용하여 '월곡'과 함께하고 싶은 화자의 마음을 강조함.

3 내신&수능 기출 point

'월곡'의 삶과 가치

청송으로 울흘 삼고	지조와 절개를 지님.
백운으로 장 두로고	세속적인 것에 초탈한 삶을 살아감.
흉중에 사념이 업스니	명예와 이익에 욕심이 없음.

작품 정리

주제 '월곡'에 대한 그리움과 흠모의 정
특징 ① 대상에 대한 예찬적 태도를 통해 화자의 삶의 자세를 간접적으로 제시함.
② 청유형 어조를 활용하여 대상과 함께하고 싶은 소망을 표현함.
성격 예찬적, 자연 친화적, 추모적

현풀 정답 ❶ 옛사람 ❷ 울타리 ❸ 위 ❹ 듣지도 보지도

내신 대비 실력 향상 문항

01 윗글의 표현상 특징으로 적절하지 않은 것은?

① 물어보는 형식을 통해 화자의 의도를 드러내고 있다.
② 동일한 시어를 반복하여 시적 대상을 부각시키고 있다.
③ 비슷한 어구를 나란히 배치하여 시적 의미를 강조하고 있다.
④ 청각적 심상을 활용해 시적 상황을 선명한 이미지로 형성하고 있다.
⑤ 유사한 의미를 내포한 시어를 나열하여 화자의 생각을 부각하고 있다.

02 〈보기〉는 윗글에 대한 감상문의 일부이다. ㉮~㉲중, 적절하지 않은 것은?

─ 보기 ─
이 작품의 작가는 '월곡'을 환기하는 소재들을 통해 ㉮현재 만날 수 없는 그에 대한 그리움을 드러내고 있다. 그러면서 ㉯그가 머물고 있는 공간을 초옥삼간으로 제시하고 ㉰이를 통해 그의 흉중에 사념이 없음을 은연중 드러내고 있다. 또한 ㉱그를 '벗'이라 부르며 그의 삶에 대하여 긍정적 평가를 내림과 동시에 그와 같은 삶의 태도를 지향하고 있음을 드러낸다. 또한 ㉲상산에 영지를 캐는 행위를 그와 단 둘이 하고 싶다고 말하며 세상의 풍파를 함께 헤쳐 나가기를 소망하는 자신의 마음을 드러내고 있다.

① ㉮   ② ㉯   ③ ㉰   ④ ㉱   ⑤ ㉲

03 ⓐ에 대한 설명으로 가장 적절한 것은?

① 이목구비가 뚜렷한 미남형의 사람이다.
② 사람과 관계를 맺지 않는 고집이 센 사람이다.
③ 자연 속에서 욕심 없는 삶을 살아가는 사람이다.
④ 모진 삶을 겪으면서도 진리를 탐구하는 사람이다.
⑤ 책임감을 가지고 세상일에 대한 의무를 다하는 사람이다.

수능 대비 필수 기출 문항

04 교육청학평 기출
〈보기〉를 바탕으로 윗글을 감상한 내용으로 적절하지 않은 것은?

─ 보기 ─
'우도(友道)'란 벗을 사귀는 데 중요한 덕목으로, 사대부 시가에서 '우도'는 신의와 공경, 충효 등의 유교적 이념이나 풍류와 은거 등의 친자연적 삶의 모습과 같이 작가가 추구하는 가치를 드러내는 방식으로 활용되었다. 이 작품에서 작가는 임진왜란 때 의병장이었던 월곡 우배선을 벗으로 설정하고 있다. 월곡은 자신들의 안위를 위해 백성을 외면한 지배층과는 달리 왜적에 맞서 백성들을 보살폈고, 전란 후에는 벼슬에 연연하지 않고 초야에 은둔했던 삶을 살았다. 작가는 '우도'를 통해 월곡을 추모하며 충의를 중시했던 월곡의 내면에 동조하려는 의식을 보이고 있다.

① 〈제1수〉에서 작가는 의병장이었던 '월곡'을 '벗'으로 지칭함으로써 '월곡'의 삶을 긍정적으로 바라보는 자신의 인식을 드러내고 있군.
② 〈제4수〉에서 작가는 '초옥삼간'에서 '사념'이 없이 살고 있는 벗을 사랑한다고 표현함으로써 벗이 지향하는 가치를 높이 평가하고 있음을 드러내고 있군.
③ 〈제5수〉에서 작가는 벗이 있는 공간인 '구룸두리' 위를 '숨'에서나마 다녀옴으로써 벗을 만나고 싶은 간절함을 느러내고 있군.
④ 〈제7수〉에서 작가는 벗의 '집'을 '미'와 '구룸'에 묻혀 있는 은거의 공간으로 설정함으로써 '미'와 '구룸'을 매개로 자신이 추구하는 친자연적 삶의 가치를 드러내고 있군.
⑤ 〈제9수〉에서 작가는 '우리'라는 시어를 통해 벗과의 동질감을 표현하며 '어즈러온 일'에 대한 경계를 나타냄으로써 현실에 대한 인식을 드러내고 있군.

05 기출 연계
㉠~㉤에 대한 설명으로 가장 적절한 것은?

① ㉠: 지금 사람과는 다른 내면을 가진 존재이다.
② ㉡: 화자와 벗 사이의 물리적 거리감을 드러내는 소재이다.
③ ㉢: 화자와 벗과의 만남을 방해하는 장애물이다.
④ ㉣: 벗에 대한 화자의 사랑을 드러내는 공간이다.
⑤ ㉤: 미래에 화자가 연모하는 벗과 함께 지낼 공간이다.

㉠하늘이 만드심을 일정 고루 하련마는

어찌 된 인생이 이다지도 괴로운고

삼십 일에 아홉 끼니 얻거나 못 얻거나

십 년 동안 **갓 하나**를 쓰거나 못 쓰거나

안표(顔瓢)가 자주 빈들 나같이 비었으며
공자의 제자인 안연의 가난한 생활을 보여 줌

원헌(原憲)의 가난인들 나같이 극심할까
공자의 제자로 궁핍함 속에서도 청빈하게 살았음

　　┌ 봄날이 따뜻하여 뻐꾸기가 보채거늘

　　│ 동편 **이웃** 쟁기 얻고 서편 이웃 호미 얻고

[A] │ 집 안에 들어가 씨앗을 마련하니

　　│ **올벼 씨 한 말은 반 넘게 쥐 먹었고**

　　└ 기장 피 조 팥은 서너 되 부쳤거늘

　　　　춥고 주린 식구 이리하여 어이 살리 〈중략〉

시절이 풍년인들 아내가 배부르며

겨울을 덥다 한들 몸을 어이 가릴꼬

베틀 북도 쓸 데 없어 빈 벽에 남겨 두고

솥 시루도 버려두니 붉은 빛이 다 되었다

세시 삭망 명일 기제는 무엇으로 제사하며

원근 친척 손님들은 **어이하여 접대할꼬**

이 얼굴 지녀 있어 어려운 일 많고 많다

이 원수 가난귀신 어이하여 여의려뇨
　　　　　　　　　　　　이별할까

　　┌ **술에 음식을 갖추고** 이름 불러 전송하여

　　│ 길한 날 좋은 때에 사방으로 가라 하니

　　│ 웅얼웅얼 불평하며 화를 내어 이른 말이

　　│ 어려서 지금까지 희로애락을 너와 함께하여

[B]│ 죽거나 살거나 여읠 줄이 없었거늘

　　│ 어디 가 뉘 말 듣고 가라 하여 이르느뇨

　　│ 우는 듯 꾸짖는 듯 온가지로 협박커늘

　　└ 돌이켜 생각하니 **네 말도 다 옳도다**

무정한 세상은 다 나를 버리거늘

네 혼자 신의 있어 나를 아니 버리거든 / 위협으로 회피하며

잔꾀로 여읠려냐 / ㉡**하늘** 만든 이내 **가난** 설마한들 어이하리

빈천도 내 분수니 서러워해 무엇하리

하늘이 만드시기를 일정하고 고르게 하련마는
어찌된 인생이 이토록 괴로운가?

삼십 일에 아홉 끼니를 얻거나 못 얻거나
십 년 동안 하나의 갓을 쓰거나 못 쓰거나
안연의 밥그릇이 자주 비었던들 나같이 비었으며
원헌의 가난인들 나같이 극심할까?

봄날이 따뜻하여 뻐꾸기가 재촉하거늘
동쪽 이웃에게 쟁기 얻고 서쪽 이웃에게 호미 얻고
집 안에 들어가 씨앗을 마련하려 하니

올벼 씨 한 말은 반 넘게 쥐가 먹었고

기장, 피, 조, 팥은 서너 되 부쳤거늘
춥고 (❶　　　) 식구 이리하여 어찌 살리.
시절이 풍년인들 아내가 배부르며

겨울이 덥다 한들 몸을 어이 가릴까?

베틀의 북은 쓸 데 없이 빈 벽에 걸려 있고
솥 시루도 버려두니 붉은 빛이 다 되었다.
세시 절기, 명절 제사는 무엇으로 해올리며
멀고 가까운 친척 손님들은 어찌하여 대접할 것인가?
이 몰골 지니고 있어 어려운 일 많고 많다.
이 원수 가난귀신을 어찌해야 이별할까?
술에 음식을 갖추어서 이름 불러 전송하여
좋은 날 좋은 때에 사방으로 가라 하니
웅얼웅얼 불평하며 화를 내며 하는 말이
어려서부터 지금까지 기쁨과 슬픔을 너와 함께하여
죽거나 살거나 헤어질 일이 없었거늘
어디 가서 누구 말을 듣고 가라고 말하는가?
우는 듯 꾸짖는 듯 온갖 방법으로 협박하거늘
돌이켜 생각하니 네 말도 다 옳도다.

무정한 세상은 다 나를 버리거늘

너 혼자 신의 있어 나를 아니 버리니 / 억지로 피하여 잔꾀로 (❷　　　)하겠느냐? / 하늘이 준 이내 가난 설마한들 어찌하리. / (❸　　　)과 천함도 내 분수니 서러워하여 무엇하리.

문해력 UP 감상 패턴

① 화자

화자의 태도 및 정서
농사도 짓기 힘들고 명절조차 지내기 어려울 정도로 궁핍한 생활을 하는 상황에서 자신의 가난한 처지를 한탄하고 있음.

② 표현

대구법에 의한 가난 강조

삼십 일에 아홉 끼니 얻거나 못 얻거나 / 십 년 동안 갓 하나를 쓰거나 못 쓰거나
안표가 자주 빈들 나같이 비었으며 / 원헌의 가난인들 나같이 극심할까

가난에 처한 화자의 상황을 강조하고 운율을 형성함.

'가난'의 의인화
'이 원수 가난귀신 어이하여 여의려뇨', '돌이켜 생각하니 네 말도 다 옳도다'
→ 가난을 의인화함으로써 화자가 처한 괴로운 상황과 '가난'에 대한 화자의 인식 변화를 보여 주고 있음.

③ 내신&수능 기출 point

'가난'에 대한 화자의 인식 변화

가난에 의한 괴로움, 한탄, 절망
↓
'가난귀신'과의 대화, '가난귀신'의 꾸짖음
↓
가난에 대한 체념, 수용

작품 정리

주제 가난으로 인한 한탄과 체념적 수용
특징 ① 가난한 생활을 구체적이고 사실적으로 묘사함.
② 가난을 의인화하여 대화를 나누는 상황을 설정하여 희화화함.
성격 사실적, 체념적

현풀 정답 ❶ 배고픈 ❷ 이별 ❸ 가난

01 윗글에 대한 설명으로 가장 적절한 것은?

① 계절의 변화에 따라 변하는 화자의 정서를 보여 주고 있다.

② 계절별 특징을 드러내는 색채의 대비로 화자의 긍지를 나타내고 있다.

③ 계절별로 세시 풍속을 제시하여 농부들의 삶의 모습을 묘사하고 있다.

④ 계절을 배경으로 제시하며 화자가 처한 상황을 구체적으로 설명하고 있다.

⑤ 계절의 순환을 보여 주며 그 안에 내재된 운명론적 세계관을 강조하고 있다.

02 윗글의 '화자'를 이해한 내용으로 적절하지 않은 것은?

① 화자는 '술에 음식을 갖추고', '가난귀신'을 전송하고 있다.

② 화자는 '가난'을 '하늘'이 만든 것으로 생각하며 수용하고 있다.

③ 화자는 '이웃'에게 농기구를 빌려야 할 만큼 가난한 처지에 놓여 있다.

④ 화자는 '안표'와 '원헌'보다는 처지가 낫다고 여기며 위안을 삼고 있다.

⑤ 화자는 '네 말도 다 옳도다'라고 응답하며 가난귀신의 말을 수용하고 있다.

03 [A], [B]에 대한 설명으로 가장 적절한 것은?

① [A], [B] 모두 설득적 어조로 화자의 의지를 드러내고 있다.

② [A], [B] 모두 추상적 소재를 열거하여 대상을 묘사하고 있다.

③ [A]는 과거 상황에 대한 그리움이, [B]는 현재 상황에 대한 비판이 드러나 있다.

④ [A]는 관념적인 문제를, [B]는 실제적인 문제를 해결하는 과정이 제시되어 있다.

⑤ [A]는 현실 타개의 어려움과 그로 인한 탄식이, [B]는 의인화된 대상과의 대화가 나타나 있다.

04 <보기>를 바탕으로 윗글을 이해한 내용으로 적절하지 않은 것은?

> ─ 보기 ─
>
> '탄궁가'는 경제적으로 몰락한 사대부가 자신이 처한 궁핍한 현실에 대해 한탄하는 가사이다. 이 작품에는 가난으로 인해 사대부로서의 도리를 지키지 못하는 형편이 드러나 있다. 이와 함께 경제적인 무능력으로 인해 가난에서 벗어나지 못하고 이를 수용할 수밖에 없는 처지 등이 잘 나타나 있다.

① '올벼 씨 한 말은 반 넘게 쥐 먹었고'에는 경제적으로 몰락한 사대부의 궁핍한 처지가 사실적으로 표현되어 있군.

② '세시 삭망 명일 기제는 무엇으로 제사하며'에서 사대부로서의 도리를 다하지 못하는 현실에 대한 한탄을 엿볼 수 있군.

③ '이 원수 가난귀신 어이하여 여의려뇨'에서 가난한 상황을 미리 대비하지 못한 무능함에서 오는 자괴감을 엿볼 수 있군.

④ '무정한 세상은 다 나를 버리거늘'에서 힘겨운 경제적 상황을 타개해 나갈 수 없는 비관적 현실을 엿볼 수 있군.

⑤ '빈천도 내 분수니 서러워해 무엇하리'에서 궁핍한 현실을 체념적으로 수용하는 태도를 엿볼 수 있군.

05 ㉠, ㉡을 고려하여 윗글을 감상한 내용으로 가장 적절한 것은?

① ㉠의 '일정 고루 하련마는'에 나타난 모든 사람은 평등하다는 화자의 신념이 ㉡의 '하늘 만든 이내 가난'에 이르러서 강화되어 있군.

② ㉠의 '어찌 된 인생이'에 나타난 화자의 비관적 인생관이 '갓 하나'에 이르러서는 낙관적 세계관으로 변화되어 있군.

③ 화자의 가난한 삶이 ㉠의 '이다지도 괴로운고'에서는 탄식의 대상이지만 ㉡의 '서러워해 무엇하리'에 이르러서는 체념적 수용의 대상으로 변모되어 있군.

④ '어이하여 접대할꼬'에 나타난 화자의 열등감이 ㉡의 '설마한들 어이하리'에 이르러서는 우월감으로 극복되어 있군.

⑤ '이 얼굴 지녀 있어'에서는 화자가 자신의 능력에 대해 자신감을 보이나 ㉡의 '빈천도 내 분수니'에 이르러서는 자신감이 약화되어 있군.

불어오는 봄바람이 봄볕을 부쳐내니

지저귀는 ⓐ새소리는 노래하는 소리이니

곱디고운 ⓑ수풀 꽃은 웃음을 머금었다

이곳에 앉아 보고 저곳에 앉아 보니

㉠골 안의 맑은 향기 지팡이에 묻었구나

　봄빛 반짝 흩어 날고 초목이 무성하니

　푸른빛은 **그늘** 되어 나무 아래 어리었고

　하늘의 빛난 구름 골짜기에 잠겼으니

　송정에서 **긴 잠**은 더위도 모르더라

[A]　먼 하늘은 맑디맑고 **기러기**는 울어 예니

　양쪽 언덕 단풍 숲은 **비단**처럼 비치거늘

　㉡일대의 강 그림자 푸른 유리 되었구나

　국화를 **잔**에 띄워 무지개를 맞아 오니

　이 작은 즐거움은 **세상모를 일**이로다

하늘 높이 부는 바람 고요하고 쓸쓸하여

나뭇잎 다 진 후에 산계곡이 삭막하고

섣달그믐 조화 부려 백설을 나리오니

수많은 산봉우리가 경요굴이 되었거늘

눈썹이 솟구치고 눈동자를 높이 뜨니

끝없는 설경은 **시의 제재**가 되었으니

㉢세상 물정을 모르니 추위를 어이 알까 〈중략〉

㉣옛사람 기상에 미칠까 못 미칠까

옛일을 떠올리니 어제인 듯하다마는

깨끗한 풍채를 꿈에서나 얻어 볼까

ⓒ옛사람 못 보거든 ⓓ지금 사람 어이 알고

이 몸이 늦게 나니 애통함도 쓸 데 없다

산새와 산꽃을 내 벗으로 **삼**아 두고

경치를 만끽하며 **생긴 대로 노는 몸**이

공명을 생각하며 **빈천**을 설워할까

단사표음이 내 **분**이니 **세월도 한가하**네
소쿠리의 밥과 표주박의 물

이 계곡 경치를 싫도록 거느리고 / 백 년 세월을 노닐다가 마

치리라 / ㉤아이야 사립문 닫아라 세상 알까 하노라

불어오는 봄바람이 봄볕을 불러오니

지저귀는 새들의 소리는 노래하는 소리이고,

곱디고운 숲속의 꽃들은 (기쁜) 웃음을 띠고 있다.

이곳에도 앉아 보고 저곳에도 앉아 보니

골짜기의 맑은 향기가 지팡이에 묻었구나.

(어느덧) 봄빛이 사라지고 풀과 나무가 무성하게 짙어지니

(나뭇잎의) 푸른빛은 그늘이 되어 나무 아래 드리웠고

하늘의 맑은 구름이 골짜기를 덮고 있으니

(❶ 　　) 사이 정자에서 긴 잠에 더위도 잊고 있구나.

먼 하늘은 맑디맑고 기러기는 울며 가니

양쪽 언덕의 (붉은) 단풍 숲은 비단처럼 비치거늘

한 줄기 강 그림자는 푸른 유리와 같이 맑고 아름답구나.

국화를 잔에 띄워 (마시며) 무지개를 맞아 오니

이 소박한 즐거움은 세상이 알 수 없는 것이로다.

하늘 높이 부는 (겨울) 바람이 고요하고 쓸쓸하여

나뭇잎이 다 떨어진 후에 산의 계곡이 삭막하고

섣달그믐에 (조물주가) 조화를 부려 하얀 눈을 내려 주니

수많은 산봉우리가 달나라의 (❷ 　　)로 이루어진 동굴이 되었구나.

(설경의 아름다움에 놀라) 눈썹이 솟구치고 눈동자를 높이 뜰 정도로

끝없는 설경은 시의 제재가 될 정도로 아름다우니

세상 물정을 모르고 사니 추위를 어찌 알겠는가?

(자연을 즐겼던) 옛사람의 기상에 (내가) 미칠까 못 미칠까?

옛사람들의 모습을 떠올려 보니 어제의 모습처럼 뚜렷이 느껴지지만

(옛사람처럼) 깨끗한 풍채를 꿈에서라도 얻어 볼 수 있을까?

옛사람 보지 못하니 지금의 사람들이 (옛사람의 풍류를) 어이 알겠는가?

이 몸이 늦게 (세상에) 나왔으니 (옛사람을 못 만나) 애통해 해도 쓸 데 없는 일이다.

산새와 산에 있는 꽃을 내 벗으로 삼아 두고

경치를 만끽하며 생긴 대로 (분수에 맞게) 노는 이 몸이

공명을 생각할 리가 있겠으며 빈천을 서러워할 리가 있겠는가? / 소쿠리의 밥과 표주박의 물이 내 분수이니 세월도 한가하구나. / 이 계곡 경치를 (❸ 　　) 거느리고 / 백 년 세월을 노닐다가 마치리라. / 아이야, 사립문 닫아라, 세상이 알까 걱정되는구나.

문해력 UP 감상 패턴

1) 화자

화자가 추구하는 삶
- 자연과 하나가 되는 삶
- 옛사람 기상에 미치는 삶
- 단사표음의 분수를 지키는 삶
- 용추동 계곡의 경치를 즐기는 삶
- 세속과 거리를 두는 삶

2) 표현

계절의 변화에 따른 시상 전개

봄	
봄바람, 봄볕	자연을 즐기며 일체감을 느낌.
여름	
초목이 무성, 푸른빛	더위도 잊고 지내며 만족감을 느낌.
가을	
기러기, 단풍 숲, 국화	아름다운 경치를 감상하며 풍류를 즐김.
겨울	
백설, 설경	시의 제재가 될 만한 설경을 예찬함.

3) 내신&수능 기출 point

제목의 의미

'용추'는 지금의 지리산이 위치한 용추동을 말하며 '유영'은 '시를 읊조리며 놂.'을 의미함.

작품 정리

주제 용추동의 사계절 풍경과 풍류 예찬

특징 가난한 처지를 인식하며 안분지족의 삶을 운명으로 수용하는 화자의 태도가 드러남.

성격 전원적, 예찬적, 풍류적

현풀 정답 ❶ 소나무 ❷ 구슬 ❸ 실컷

01 윗글의 특징으로 가장 적절한 것은?

① 공간의 이동에 따라 내적 갈등이 고조되고 있다.
② 과거를 회상하며 현실의 덧없음을 환기하고 있다.
③ 인간과 자연을 대비하여 주제 의식을 부각하고 있다.
④ 초월적 공간을 동경하며 부정적 현실을 극복하고 있다.
⑤ 계절적 배경을 소재로 하여 시적 분위기를 조성하고 있다.

02 [A]와 〈보기〉를 비교하여 감상한 내용으로 적절하지 않은 것은?

─ 보기 ─

나무 사이 우거져서 녹음(綠陰)이 엉킨 적에
백 척 난간에 긴 조으름 내어 펴니
수면(水面) 양풍(凉風)이야 그칠 줄 모르는가
된서리 빠진 후에 산빛이 금수(錦繡)로다
황운(黃雲)은 또 어찌 만경(萬頃)에 펼쳐진고
어적(漁笛)도 흥에 겨워 달을 따라 부는구나

– 송순, ‘면앙정가’

① [A]의 ‘그늘’과 〈보기〉의 ‘녹음’은 같은 대상을 의미하는 말로 볼 수 있군.
② [A]의 ‘긴 잠’과 〈보기〉의 ‘긴 조으름’은 모두 여름날의 풍경으로 볼 수 있군.
③ [A]의 ‘기러기’와 〈보기〉의 ‘된서리’는 동일한 계절감을 나타내는 시어로 볼 수 있군.
④ [A]의 ‘비단’과 〈보기〉의 ‘금수’는 모두 ‘단풍 숲’을 비유한 표현으로 볼 수 있군.
⑤ [A]의 ‘잔’과 〈보기〉의 ‘어적’은 자연에 동화된 화자의 행동을 드러낸 소재로 볼 수 있군.

03 ⓐ~ⓓ에 대한 설명으로 적절한 것은?

① ⓐ는 ⓑ와 달리 의인화가 이루어진 표현이다.
② ⓐ와 ⓑ는 모두 화자의 정서와 상반된 내용이다.
③ ⓑ는 ⓐ와 달리 감각적 심상이 두드러진 표현이다.
④ ⓒ는 ⓓ와 달리 화자가 우위에 두고 있는 대상이다.
⑤ ⓓ는 ⓒ와 달리 화자를 포함하지 않는 존재이다.

04 교육청학평 기출
〈보기〉를 바탕으로 윗글을 감상한 내용으로 적절하지 않은 것은?

─ 보기 ─

정치·경제적으로 몰락한 향반계층에게 자연은 안빈낙도의 공간, 곧 자신의 신념을 실현할 수 있는 안식처였다. 이처럼 자연은 정신적 풍요로움을 주는 대상이었기 때문에 현실 소외에 대한 보상 공간으로 의미가 있다고 할 수 있다.

① ‘이 작은 즐거움’은 ‘세상모를 일’이라며 자부하는 모습에는 화자에게 자연이 현실 소외에 대한 보상 공간으로 의미가 있음이 나타나는군.
② ‘끝없는 설경’에서 느끼는 흥취를 ‘시’를 통해 표출해 내고자 하는 모습에는 자연을 정신적 풍요로움의 대상으로 여기는 화자의 인식이 나타나는군.
③ 자연을 ‘벗으로 삼’고 ‘생긴 대로 노는 몸’에는 정치·경제적으로 몰락하여 자연을 안식처로 여기며 살아가는 화자의 모습이 나타나는군.
④ ‘공명을 생각하’지 않고 ‘빈천을 설워’하지 않겠다는 모습에는 자연 속에서 자신의 신념을 지키며 살아가려는 화자의 태도가 드러나는군.
⑤ ‘단사표음’을 ‘내 분’으로 생각하니 ‘세월도 한가하’다고 느끼는 모습에는 삶의 단조로움을 느끼고 안빈낙도하려는 화자의 의지가 드러나는군.

05 교육청학평 기출
㉠~㉤에 대한 설명으로 적절한 것은?

① ㉠: 시각적 심상을 사용하여 성현의 삶을 지향하는 화자의 심리를 나타내고 있다.
② ㉡: 비유적 표현을 사용하여 역동적인 자연의 모습을 강조하고 있다.
③ ㉢: 설의적 표현을 사용하여 부정적 현실에 대한 화자의 안타까움을 강조하고 있다.
④ ㉣: 의문형 어미를 사용하여 과거의 삶을 자책하는 마음을 드러내고 있다.
⑤ ㉤: 명령형 어미를 사용하여 세속과 단절하려는 화자의 의지를 드러내고 있다.

도연명(陶淵明) 죽은 후에 또 연명(淵明)이 나단 말이
진나라 때의 시인으로 자연을 벗함
밤마을 옛 이름이 때마침 같을시고
돌아와 수졸전원(守拙田園)이야 그와 내가 다르랴 〈제1수〉
전원에서 분수를 지키며 소박하게 살아감

공명(功名)도 잊었노라 부귀(富貴)도 잊었노라
세상(世上) 번우한 일 다 주어 잊었노라
　　　　　괴로워 근심스러운
내 몸을 내마저 잊으니 남이 아니 잊으랴 〈제2수〉

질가마 좋이 씻고 바위 아래 샘물 길어
팥죽 달게 쑤고 저리지 끄어 내니
　　　　　　　겉절이
세상에 이 두 맛이야 남이 알까 하노라 〈제5수〉

어화 저 백구(白鷗)야 무슨 수고 하느냐
갈숲으로 서성이며 고기 엿보기 하는구나
나같이 군마음 없이 잠만 들면 어떠리 〈제6수〉

삼공(三公)이 귀하다 한들 이 강산과 바꿀쏘냐
조각배에 달을 싣고 낚싯대 흩던질 때
이 몸이 이 청흥(淸興) 가지고 만호후인들 부러우랴 〈제8수〉
　　　　　　　　재력과 권력을 겸비한 세도가

어지럽고 시끄런 문서 다 주어 내던지고
필마(匹馬) 추풍에 채를 쳐 돌아오니
아무리 매인 새 놓였다고 이대도록 시원하랴 〈제10수〉

대 막대 너를 보니 유신(有信)하고 반갑고야
㉠내 아이 적에 너를 타고 다니더니
이제란 창(窓) 뒤에 섰다가 날 뒤 세우고 다녀라 〈제11수〉

최 행수 쑥달임 하세 조 동갑 꽃달임 하세
　　쑥을 떡에 넣어 먹는 놀이　　꽃을 떡에 넣어 먹는 놀이
닭찜 게찜 올벼 점심은 날 시키소
매일에 이렇게 지내면 무슨 시름 있으랴 〈제17수〉

도연명이 죽은 후에 또 연명이 나타났다는 말이
밤마을의 옛 이름이 때마침 같구나.
돌아와 전원에서 분수를 지키며 살고자 하는 마음이야 그와 내가 다르겠느냐?

공명도 잊었노라, 부귀도 잊었노라.
세상의 괴로워 근심스러운 일은 다 (남에게) 주어 잊었노라.
내 몸을 나마저 잊으니 남이 (나를) 아니 잊을 수 있겠느냐?

질가마를 (❶　　　) 씻고 바위 아래에서 샘물을 길어다가
팥죽을 달게 쑤고 겉절이를 꺼내어 먹으니
세상에 이 두 맛이야말로 남이 알까 하노라.

어와 저 흰 (❷　　　)야, 무슨 수고 하느냐?
갈대숲으로 서성거리며 고기를 얻으려 엿보는구나.
나처럼 딴마음이 없이 잠만 들면 어떠하겠느냐?

삼정승 같은 높은 벼슬이 귀하다 한들 이 자연과 바꿀 수 있겠는가?
조각배에 달빛을 가득 싣고 낚싯대를 던질 때
이 몸이 즐기는 이 맑은 흥취야말로 세력이 큰 제후인들 부러워하겠느냐?

어지럽고 시끄러운 문서를 다 주어 던져 버리고
한 마리 (❸　　　)을 타고 가을바람에 채찍을 쳐서 돌아오니
아무리 갇혔던 새가 놓인다고 한들 이처럼 시원할 수 있겠는가?

대나무 막대 너를 보니 신의가 있고 반갑구나.
내가 어릴 때는 너를 타고 다녔더니
이제는 창 뒤에 서 있다가 날 뒤에 세우고 다니는구나.

최 행수 쑥전을 부치세. 조 동갑 꽃전을 부치세.
닭찜, 게찜, 올벼 점심은 나에게 맡기소.
매일 이렇게 지내면 무슨 시름이 있겠는가?

1 화자

화자의 정서

세속을 떠나 자연 속에 묻혀 살며 유유자적한 전원의 삶에 대해 만족함.

2 표현

전원과 속세의 대비

전원	속세
밤마을, 수졸전원, 강산, 조각배, 달, 낚싯대, 청흥, 쑥달임, 꽃달임, 닭찜 게찜 올벼 점심 등	공명, 부귀, 번우한 일, 백구, 갈숲, 고기, 삼공, 만호후, 어지럽고 시끄런 문서 등

↓

세속적 가치를 초월한 전원에서의 유유자적한 삶을 지향함.

3 내신&수능 기출 point

'백구'의 의미와 기능

백구	→	욕심이 많은 존재로 권력과 부귀영화를 추구하는 위정자들을 비유하며, 화자가 추구하는 삶과 대조가 되는 자연물임.

작품 정리

주제 세속을 멀리하고 자연 속에서 유유자적하는 삶에 대한 만족감
특징 ① 인명, 지명 등을 활용하여 화자의 정서를 드러냄.
② 우의적 표현을 통해 세태를 풍자함.
성격 전원적, 현실 비판적

현풀 정답 ❶ 깨끗이 ❷ 갈매기 ❸ 말

01 윗글에 대한 설명으로 적절하지 않은 것은?

① 우의적 기법을 활용하여 세태를 풍자하고 있다.
② 대구의 방식을 사용하여 운율감을 형성하고 있다.
③ 설의적 표현을 통해 주제 의식을 부각시키고 있다.
④ 대상을 의인화하여 정서적 거리를 가깝게 하고 있다.
⑤ 주고받는 대화를 통해 시상을 입체적으로 전개하고 있다.

02 윗글에 대해 이해한 내용으로 적절하지 않은 것은?

① 〈제1수〉: 지명에 주목하여 화자의 지향하는 바를 드러내고 있다.
② 〈제6수〉: 대비되는 대상을 통해 화자가 추구하는 가치를 나타내고 있다.
③ 〈제8수〉: 자연의 가치를 부각하여 화자가 즐기는 흥취를 강조하고 있다.
④ 〈제10수〉: 화자의 현재 상황에 대한 만족감을 바탕으로 자연물에 대한 연민을 드러내고 있다.
⑤ 〈제17수〉: 청자를 호명하며 즐거움을 함께하려는 화자의 마음을 전달하고 있다.

03 〈보기〉를 바탕으로 윗글을 감상한 내용으로 적절하지 않은 것은?

> ─ 보기 ─
>
> 김광욱은 조선 중기의 문신으로 인목 대비 폐모론에 참여하지 않은 탓으로 관직이 박탈되었다가 인조반정으로 복직하는 등 혼탁한 정치 현실 속에서 시련을 겪는다. 이 작품은 이런 현실에 대해 비판적 인식을 지닌 작가가 전원으로 돌아온 감회와 은거 생활 속에서 누리는 즐거움을 노래하고 있으며, 사실적인 시어의 사용이 돋보인다.

① 〈제6수〉의 '갈숲'과 '고기'는 혼탁한 정치 현실에 대한 비판적 인식이 투영된 표현으로 볼 수 있겠군.
② 〈제8수〉의 '청흥'은 전원으로 돌아온 화자가 느끼는 정서가 집약된 표현으로 볼 수 있겠군.
③ 〈제10수〉의 '필마'와 '추풍에 채'는 관직이 박탈된 화자의 상황을 직접적으로 가리키는 표현으로 볼 수 있겠군.
④ 〈제17수〉의 '쑥달임'과 '꽃달임'은 전원에서 누리는 즐거움을 나타내는 소재로 볼 수 있겠군.
⑤ 〈제17수〉의 '닭찜 게찜 올벼 점심'은 전원에서의 삶을 표현하기 위한 사실적 시어로 볼 수 있겠군.

04 교육청학평 기출
윗글에 대한 설명으로 적절하지 않은 것은?

① 〈제2수〉: 화자는 '공명'과 '부귀'에 거리를 두는 욕심 없는 삶을 지향하고 있다.
② 〈제2수〉: 화자는 '남'으로부터 소외된 자신의 존재에 대한 안타까움을 드러내고 있다.
③ 〈제5수〉: 화자는 '팥죽'과 '저리지'를 통해 소박한 삶에 대한 만족감을 드러내고 있다.
④ 〈제11수〉: 화자는 '유신'하다고 여기는 대상에 대한 친밀감을 표현하고 있다.
⑤ 〈제11수〉: 화자는 '대 막대'의 쓰임이 달라진 상황을 통해 세월의 흐름을 인식하고 있다.

05 기출 연계
윗글의 '백구'와 〈보기〉의 '백로'에 대한 설명으로 적절하지 않은 것은?

> ─ 보기 ─
>
> 앞 여울에 물고기와 새우가 많아
> 물결 뚫고 들어갈 생각 있는데
> 사람을 보고 문득 놀라 일어나서는
> 여뀌꽃 핀 언덕에 도로 날아 앉았네
> 목을 빼고 사람이 돌아가길 기다리다
> 가랑비에 깃털이 다 젖는구나
> 마음은 여울의 물고기에 가 있는데
> 사람들은 말하네 기심을 잊고 서 있다고
> _{기회를 엿보아 이득을 취하려는 마음}
> ─ 이규보, '여뀌꽃과 백로'

① '백구'와 '백로'의 마음은 모두 화자에 의해 파악되고 있다.
② '백구'와 '백로'는 모두 '(물)고기'를 잡기 위해 기회를 노리고 있다.
③ '백구'와 달리 '백로'는 주변 사람의 시선을 의식하고 있다.
④ '백로'와 달리 '백구'는 화자와 대비되는 존재로 제시되고 있다.
⑤ '백로'와 달리 '백구'는 사람들에 의해 긍정적으로 평가되고 있다.

06 기출 연계
㉠에 나타나는 상황과 관련이 깊은 한자 성어로 적절한 것은?

① 수어지교(水魚之交)　　② 죽마고우(竹馬故友)
③ 우후죽순(雨後竹筍)　　④ 지기지우(知己之友)
⑤ 파죽지세(破竹之勢)

서산에 돋을볕 비추고 ㉠구름은 느지막이 내린다

비 온 뒤 묵은 풀이 뉘 밭이 우거졌던고

두어라 차례 정한 일이니 매는 대로 매리라 〈제1수〉

도롱이에 ㉡호미 걸고 뿔 굽은 검은 소 몰고
풀을 엮어 만든 비옷

고동 풀 뜯기면서 개울물 가 내려갈 제

어디서 품 진 벗님 함께 가자 하는고 〈제2수〉
         품앗이를 한

둘러내자 둘러내자 우거진 고랑 둘러내자
휘감아서 걷어 내자

바랭이 여뀌 풀을 고랑마다 둘러내자

쉬 짙은 긴 사래는 마주 잡아 둘러내자 〈제3수〉

땀은 듣는 대로 듣고 볕은 쵤 대로 쵠다

청풍에 옷깃 열고 긴 ㉢휘파람 흘리 불 제

어디서 길 가는 손님네 아는 듯이 머무는고 〈제4수〉

행긔에 보리 마오 사발에 콩잎채라
밥그릇   삭힌 콩잎 반찬

내 밥 많을세요 네 반찬 적을세라

먹은 뒷 한숨 잠경이야 네오 내오 다를소냐 〈제5수〉

도라가자 도라가자 해 지거든 도라가자

계변의 손발 싯고 호미 메고 돌아올 제

어디서 우배초적이 함께 가자 재촉하는고 〈제6수〉

면화는 세 다래 네 다래요 이른 벼의 패는 모가 곱난가

오뉴월이 언제 가고 칠월이 반이로다

아마도 ㉣하느님 너희 삼길 제 날 위하여 삼기셨다 〈제7수〉

아이는 ㉤낚시질 가고 집사람은 절이채 친다

새 밥 익을 때에 새 술을 걸러셔라

아마도 밥 들이고 잔 잡을 때에 흥에 겨워 하노라 〈제8수〉

서산에 아침 햇별이 비치고 구름은 낮게 떠 있구나.
비가 온 뒤의 묵은 풀이 누구의 밭에 우거졌는가?
두어라, 차례가 정해진 일이니 (묵은 풀을) 매는 대로 매리라.

도롱이에 호미를 걸고 뿔이 굽은 검은 소를 몰고
고동 풀을 뜯어 먹이며 개울물 가로 내려갈 때
어디서 품앗이를 한 벗님은 함께 가자 하는가?

걷어 내자 걷어 내자 (풀이) 우거진 밭 고랑 걷어 내자.
바랭이와 여뀌 풀을 고랑마다 걷어 내자.
쉽게 잡초가 우거진 밭이랑은 마주 잡아 걷어 내자.

땀은 (❶   ) 대로 떨어지고 햇볕은 쵤 대로 쵠다.
시원한 바람에 옷깃을 열고 긴 휘파람을 흘려 불 때
어디서 길 가는 손님이 (이 마음을) 아는 듯이 머무는가?

밥그릇에는 보리밥이요, 사발에는 삭힌 콩잎 반찬이라.
내 밥이 많을까 걱정이요, 네 반찬이 적을까 걱정이라.
먹은 뒤에 졸음이 오는 것이야 너와 내가 다르랴?

돌아가자 돌아가자 해가 지거든 돌아가자.
(❷   )에서 손발을 씻고 호미 메고 돌아올 때
어디서 (❸   )를 탄 초동의 풀피리 소리가 함께 가자 재촉하는가?

면화는 세 다래 네 다래요, 이른 벼의 이삭이 자라는 모가 곱더라.
오뉴월이 언제 지나고 칠월이 반이 지났구나.
아마도 하느님이 너희를 만드실 때 나를 위해 만드셨구나.

아이는 낚시질 가고 집사람은 절인 나물 반찬을 만든다.
새 밥 익을 때에 새 술을 거르리라.
아마도 밥 들여오고 잔 잡을 때 흥에 겨워 하노라.

문해력 UP 감상 패턴

1) 화자

화자의 정서

- 청풍에 옷깃 열고 긴 휘파람 흘리 불 제
- 어디서 우배초적이 함께 가자 재촉하는고
- 아마도 하느님 너희 삼길 제 날 위하여 삼기셨다

> 농사일에 대한 만족감, 즐거움, 풍요로움

2) 표현

〈제1수〉~〈제6수〉의 시상 전개

제1수	아침	날이 밝음.
제2수	오전	김매러 밭에 나감.
제3수		밭고랑의 풀을 뽑음.
제4수	낮	뜨거운 볕에 김매기를 하다 쉼.
제5수		점심을 먹은 후 졸음이 옴.
제6수	저녁	하루 일과를 마치고 집으로 돌아감.

3) 내신&수능 기출 point

'길 가는 손님네'의 의미

평민	농민과 공감대 형성
사대부	일을 하지 않으면서 농민들의 삶을 아는 듯이 곁에 머무는 사대부 비판

작품 정리

주제 농사일 속에서 느끼는 여유로움과 흥취
특징 농촌의 일상 소재를 활용하여 농촌 생활을 구체화함.
성격 사실적, 전원적

현풀 정답 ❶ 떨어지는 ❷ 시냇가 ❸ 소

내신 대비 실력 향상 문항

01 윗글의 표현상 특징으로 적절하지 않은 것은?

① 〈제2수〉와 〈제6수〉에서는 의문형 종결을 통해 다른 대상과의 유대감을 나타낸다.

② 〈제3수〉와 〈제6수〉에서는 규칙적인 반복을 통해 운율감을 형성한다.

③ 〈제4수〉와 〈제5수〉에서는 대구의 방식으로 시적 상황을 구체화한다.

④ 〈제5수〉와 〈제8수〉에서는 설의적 표현으로 화자의 반성을 강조한다.

⑤ 〈제6수〉와 〈제7수〉에서는 의인화된 표현을 통해 친근감을 드러낸다.

02 윗글과 〈보기〉를 비교하여 감상한 내용으로 적절하지 않은 것은?

┌─────── 보기 ───────┐

떡갈잎 퍼질 때에 뻐꾹새 자주 울고
보리 이삭 패어 나니 꾀꼬리 노래한다
농사도 한창이요 누에치기 한창이라
남녀노소 몰두하니 집에 있을 틈이 없어
적막한 사립문을 녹음(綠陰) 속에 닫았도다
목화를 많이 가꾸소 길쌈의 근본이라
수수 동부 녹두 참깨 부룩을 적게 하소
  곡식이나 채소를 심은 사이사이에 다른 농작물을 심는 일
– 정학유, '농가월령가'

└────────────────────┘

① 윗글에는 〈보기〉와 달리 작물이 나열되어 제시되고 있군.

② 윗글에는 〈보기〉와 달리 농사일 중에 휴식을 즐기는 여유로움이 그려져 있군.

③ 〈보기〉에는 윗글에 비해 먹고 입는 것과 관련한 농사일이 다양하게 나타나 있군.

④ 윗글과 〈보기〉의 화자는 모두 노동의 현장을 주목하고 있군.

⑤ 윗글과 〈보기〉의 배경은 모두 농부들의 일상적인 삶을 보여 주는 공간으로 볼 수 있군.

03 ㉠~㉤에 대해 이해한 설명으로 가장 적절한 것은?

① ㉠: 유유자적한 전원에서의 삶을 의미한다.

② ㉡: 농촌의 구체적인 생활상을 의미한다.

③ ㉢: 풍류를 즐기는 사대부의 모습을 의미한다.

④ ㉣: 자연 친화의 삶이 화자의 운명임을 의미한다.

⑤ ㉤: 화자가 지향하는 물아일체의 경지를 의미한다.

수능 대비 필수 기출 문항

04 기출 연계
윗글을 활용하여 '전원일기'라는 제목으로 영상을 제작한다고 할 때 학생들이 협의한 내용으로 적절하지 않은 것은?

① 〈제2수〉는 농기구로 풀을 뜯어 버리는 농부의 모습을 보여 주면 좋겠어.

② 〈제3수〉는 농부들이 함께 잡초를 뽑고 있는 모습을 보여 주면 좋겠어.

③ 〈제4수〉는 옷깃을 열고 바람을 쐬고 있는 모습을 보여 주면 좋겠어.

④ 〈제5수〉는 농부들이 모여 식사하고 있는 모습을 보여 주면 좋겠어.

⑤ 〈제6수〉는 해 질 무렵에 농사일을 마치고 마을로 돌아오는 농부의 모습을 보여 주면 좋겠어.

05 기출 연계
〈보기〉를 바탕으로 윗글을 감상한 내용으로 적절하지 않은 것은?

┌─────── 보기 ───────┐

'농가'는 곤궁한 향촌 공동체의 발전을 위해 여러 방도를 모색한 사대부가 가난을 벗어난 이상화된 농촌상을 그려 낸 작품이다. 특히 이 작품에서는 노동의 힘겨움이나 수고로움보다는 공동 노동의 현장에서 이루어지는 배려와 일체감, 그리고 즐거움이 극대화되고 있다.

└────────────────────┘

① 〈제1수〉는 밭을 맬 때 예정된 차례에 따라야 함을 나타내어 향촌 공동체 발전을 위해서 사회적 약속에 대한 존중이 필요함을 드러낸다.

② 〈제3수〉는 서로 협동하여 김매기를 하는 모습을 통해 노동의 현장에서 이루어지는 향촌 공동체의 작업 과정을 생생하게 보여 준다.

③ 〈제5수〉는 함께 식사를 하며 서로 배려하는 농부들의 모습을 보여 줌으로써 향촌 공동체의 따뜻한 마음과 일체감을 드러낸다.

④ 〈제6수〉는 해질 무렵에야 집으로 돌아가는 농부들의 모습을 통해 비로소 고된 노동에서 벗어난 농부들의 홀가분한 심경을 드러낸다.

⑤ 〈제8수〉는 먹을거리에 부족함이 없이 즐겁게 생활하는 향촌 구성원의 모습을 통해 가난을 벗어난 이상화된 농촌상의 일면을 보여 준다.

매영(梅影)이 부딪힌 창에 옥인금차(玉人金釵) 비겼구나
　　　　　　　　　　　미인의 금비녀
이삼(二三) 백발옹(白髮翁)은 **거문고와 노래**로다
이윽고 **잔 들어 권할 적에** 달이 또한 오르더라 〈제1수〉

매화 그림자가 부딪친 창에 미인의 금비녀(미인)가 비스듬히 기댔구나.
두세 명의 노인은 거문고를 타고 노래를 부르는구나.
이윽고 술잔을 들어 권할 때 달이 또한 솟아오르더라.

어리고 성긴 매화(梅花) 너를 믿지 않았더니
눈 기약(期約) 능(能)히 지켜 두세 송이 피었구나
촉(燭) 잡고 가까이 사랑할 제 **암향(暗香)**조차 부동(浮動)터라
　　　　　　　　　　　　　　　　　　〈제2수〉

연약하고 엉성한 매화 가지이기에 (꽃을 피우리라) 너를 믿지 아니하였더니 눈 오면 피겠다는 약속을 능히 지켜 두세 송이 피었구나.
촛불 잡고 가까이 바라보며 즐길 때 그윽한 (❶　　　　)조차 떠도는구나.

빙자옥질(氷姿玉質)이여 눈 속에 네로구나
얼음같이 맑고 깨끗한 살결과 옥같이 아름다운 성질
가만히 **향기** 놓아 **황혼월(黃昏月)**을 기약하니
아마도 **아치고절(雅致高節)**은 너뿐인가 하노라 〈제3수〉

얼음같이 맑고 깨끗한 자태와 옥같이 아름다운 성질이여, 눈 속의 너로구나.
가만히 향기를 풍기며 저녁에 뜨는 달을 기다리니
아마도 우아한 풍치와 높은 (❷　　　)는 너뿐인가 하노라.

바람이 눈을 몰아 **산창(山窓)**에 부딪히니
찬 기운 새어 들어 자는 매화를 침노(侵擄)하니
아무리 얼우려 한들 **봄뜻**이야 앗을쏘냐 〈제6수〉

바람이 눈을 몰고 와서 산속 집의 창에 부딪치니,
찬 기운이 방으로 새어 들어와 잠든 매화를 침범한다.
아무리 (❸　　　　) 하려 한들 봄소식을 전하려는 의지야 빼앗을 수 있으랴?

동각(東閣)에 숨은 꽃이 철쭉인가 **두견화(杜鵑花)**인가
　　　　　　　　　　　　　진달래꽃
건곤(乾坤)이 눈이어늘 제 어찌 감히 피리
알괘라 **백설(白雪) 양춘(陽春)**은 **매화**밖에 뉘 있으리 〈제8수〉
　　　　흰 눈이 날리는 이른 봄

동쪽 누각에 숨은 꽃이 철쭉인가 진달래인가?
온 천지가 눈에 덮여 있거늘 제 어찌 감히 꽃을 피울 수 있으리?
알겠도다, 눈 속에서도 봄을 알리는 것은 매화밖에 누가 있으리?

문해력 UP 감상 패턴

① 화자

화자의 정서

거문고와 노래로 풍류를 즐기던 화자가 이른 봄에 피어난 향기로운 매화를 감상하며, 그 강인함과 높은 절개를 예찬하고 매화가 피는 것의 의미를 생각함.

② 표현

대조적 소재

바람, 눈, 찬 기운	매화를 얼게 하려는 겨울의 시련과 고난

↕

매화	• 봄소식을 전하기 위해서 피어남. • 흰 눈 속에서도 봄을 알리며 피어남.

↕

철쭉, 두견화	온 세상이 눈으로 덮인 상황에서 필 수 없음.

③ 내신&수능 기출 point

'황혼월'의 기능

황혼월	→	매화의 그윽하고 은은한 아름다움을 돋보이게 만들어 주는 존재

작품 정리

주제 매화의 절개와 생명력 예찬
특징 ① 매화를 의인화하여 고결한 성품을 지닌 존재로 묘사함.
② 영탄법과 설의법 등을 통해 대상에 대한 화자의 예찬적 태도를 강조함.
성격 예찬적, 서정적

현풀 정답 ❶ 향기 ❷ 절개 ❸ 얼게

내신 대비 실력 향상 문항

01 윗글의 표현상 특징으로 가장 적절한 것은?

① 반어적 표현을 통해 시적 긴장감을 조성하고 있다.

② 다양한 감각적 심상을 사용하여 대상을 예찬하고 있다.

③ 대상에 감정을 이입하여 화자의 애상감을 심화하고 있다.

④ 명령적 어조를 통해 현실에 대한 비판 의식을 드러내고 있다.

⑤ 주고받는 대화 형식을 통해 대상과의 친밀감을 나타내고 있다.

02 〈제2수〉에 나타나는 화자의 태도로 적절하지 않은 것은?

① 대상에 대한 애정을 지니고 가까이 다가가고 있다.

② 약속을 지킨 대상의 변화에 놀라움을 나타내고 있다.

③ 대상에 대해 지녔던 의구심을 솔직히 고백하고 있다.

④ 후각적 이미지를 통해 대상의 특징을 표현하고 있다.

⑤ 자문자답의 형식으로 자신의 깨달음을 드러내고 있다.

03 윗글에서 대조적인 이미지를 지니는 시어를 바르게 묶은 것은?

① 촉 – 암향

② 향기 – 황혼월

③ 바람 – 산창

④ 두견화 – 건곤

⑤ 백설 – 매화

수능 대비 필수 기출 문항

04 평가원모평 기출
윗글에 대한 설명으로 적절하지 않은 것은?

① 〈제1수〉는 시적 화자를 둘러싼 상황을 제시하여 시적 분위기를 형성하고 있다.

② 〈제3수〉는 〈제1수〉와 달리 대상을 의인화하여 대상의 면모를 강조하고 있다.

③ 〈제6수〉는 대상이 시련을 겪는 상황을 제시하여 대상의 속성을 부각하고 있다.

④ 〈제6수〉와 〈제8수〉는 의문의 형식을 통해 대상의 가치를 강조하고 있다.

⑤ 〈제8수〉는 다른 자연물과 대상의 비교를 통해 공통된 특성을 부각하고 있다.

05 평가원모평 기출
〈보기〉를 참고하여 윗글을 이해한 내용으로 적절하지 않은 것은?

─ 보기 ─

안민영의 '매화사'에는 매화를 감상하는 여러 가지 태도가 나타나 있다. 기본적으로 시흥(詩興)을 불러일으키는 자연물로서의 속성에 초점을 맞춰 매화를 감상하는 태도가 바탕이 된다. 여기에 당대의 이념과 관련하여 매화에 규범적 가치를 부여하여 감상하는 태도, 매화에 심미적으로 접근하여 아름다움을 음미하는 태도, 매화의 흥취를 즐기는 풍류적 태도 등이 덧붙여지기도 한다.

① '거문고와 노래'는 매화가 불러일으킨 시흥을 즐기기 위한 풍류적 요소이다.

② '잔 들어 권할 적에'는 고조된 흥취를 사람들과 함께하고 싶은 마음을 드러낸다.

③ '황혼월'은 매화를 심미적으로 감상할 때 매화의 아름다움을 더욱 돋보이게 한다.

④ '아치고절'은 자연물인 매화에 부여된 심미적이면서도 규범적인 가치이다.

⑤ '봄뜻'은 매화를 당대 이념에 국한하여 감상해야 의미를 파악할 수 있는 시어이다.

병산육곡 (屏山六曲)_권구

㉠ **부귀**라 구(求)치 말고 **빈천**이라 염(厭)치 마라
　　　　　　　　　　　　　　싫어하지

인생 백 년이 한가할사 사니 이내 것이

백구(白鷗)야 날지 마라 너와 **망기(忘機)** 하오리라 〈제1수〉
흰 갈매기　　　　　　　　속세의 일이나 욕심을 잊음

부귀라고 구하려 하지 말고, 빈천이라고 싫어하지 마라.
인생 백 년이 한가하게 살아가니 이내 것이라.
백구야 날아가지 마라. 너와 함께 속세의 일을 잊으리라.

천심 절벽 섯난 아래 **일대 장강(一帶長江)** 흘너간다
　　　　　　　　　　한 줄기 긴 강

백구로 버즐 삼아 **어조 생애(漁釣生涯)** 늘거가니

두어라 **세간 소식(世間消息)** 나난 **몰나** 하노라 〈제2수〉

천 길 낭떠러지 아래 한 줄기 긴 강이 흘러간다.
백구로 벗을 삼아 (❶　　　　) 생애 늘어 가니,
두어라 세상 소식을 나는 몰라 하겠노라.

보리밥 파 생채를 양(量) **맛촤 먹**은 후에

모재(茅齋)를 다시 쓸고 **북창하(北窓下)**에 누엇시니
띠로 지붕을 이은 집

눈압해 ⓐ**태공 부운**이 오락가락 하놋다 〈제3수〉

보리밥, 파, 생채를 알맞게 먹은 후에
초가집을 다시 쓸고 북쪽 창 아래에 누웠으니,
눈앞의 넓은 하늘에 뜬 (❷　　　　) 이 오락가락하는구나.

공산리(空山裏) 저 가난 달에 **혼자** 우난 저 **두견**아
사람 없는 산속

낙화 광풍에 어나 가지 의지하리

백조(百鳥)야 **한(恨)하지 마라** 내곳 **설워** 하노라 〈제4수〉

아무도 없는 산속에서 저 가는 달에 혼자 우는 저 두견새야.
꽃잎 떨어지는 센 바람에 어느 가지 의지하리?
온갖 새들아 한탄하지 마라. 나도 서러워하노라.

저 가막이 즛지 마라 **이 가막이 쫏**지 마라
　　　　짖지 = 울지

야림 한연에 **날**은 죠차 저물거날
숲속의 차가운 안개

어엿불사 **편편 고봉**이 갈 바 업서 하낫다 〈제5수〉
불쌍구나

저 까마귀 울지 마라. 이 까마귀 쫓지 마라.
숲속의 차가운 안개 속에 날조차 저무는데,
불쌍하구나, 훨훨 나는 외로운 봉황이 갈 곳을 몰라 하는구나.

서산(西山)에 해 져 간다 고깃배 떳단 말가

죽간(竹竿)을 둘러메고 **십 리 장사(十里長沙)** 내려가니
대나무 낚싯대　　　　　십 리나 펼쳐진 모래사장

ⓑ **연화(煙花)** **수삼 어촌(數三漁村)**이 **무릉**인가 하노라 〈제6수〉

서산에 해가 진다. 고깃배 떴단 말인가?
대나무 낚싯대 둘러메고 십 리나 되는 모래밭을 내려가니,
(❸　　　　) 피어오르는 작은 어촌이 무릉도원인가 하노라.

문해력 UP 감상 패턴

① 화자

화자의 태도
속세를 떠나 자연에 은둔하며 소박하게 살아가는 즐거움을 노래하면서, 혼탁한 당대 현실에 대한 안타까움과 염려를 드러냄.

② 표현

다양한 수사법의 사용
의인법, 설의법, 영탄적 표현, 감정 이입을 통해 화자의 정서를 효과적으로 부각함.

대비적 수법
'부귀'와 '빈천', '세간 소식'과 '어조 생애' 등 대비되는 소재를 통해 화자가 추구하는 삶을 제시함.

③ 내신&수능 기출 point

'새'의 의미와 기능

백구	자연을 상징하는 존재로 물아일체의 대상
두견	의지할 곳 없는 존재로 화자와 동질감을 느끼는 대상
백조	화자의 서러움을 함께 느끼는 동병상련의 대상
가막이	서로 헐뜯고 세상을 어지럽히는 비판의 대상
고봉	혼탁한 정치 현실에서의 임금이나 자신의 뜻을 펼치지 못하는 선비를 비유하는 대상

작품 정리

주제 자연 속에서 안빈낙도하는 삶
특징 ① 당시 세태에 대한 풍자와 비판을 드러냄.
② 혼탁하고 암울한 현실을 비유적으로 표현하여 까마귀, 봉황 등 자연물에 상징성을 부여함.
성격 자연 친화적, 의지적, 비판적

현풀 정답 ❶ 어부 ❷ 구름 ❸ 연기

01 윗글의 표현상 특징으로 적절하지 <u>않은</u> 것은?

① 문장 구조의 반복을 통해 리듬감을 조성하고 있다.
② 대조적 시어를 통해 주제 의식을 구체화하고 있다.
③ 명령형의 어조를 통해 단호한 태도를 강조하고 있다.
④ 의인화된 대상을 통해 화자의 정서를 나타내고 있다.
⑤ 설의적 표현을 통해 상황에 관한 깨달음을 드러내고 있다.

02 윗글의 ㉠과 〈보기〉의 ㉡을 비교한 내용으로 가장 적절한 것은?

┌─ 보기 ─
천공(天空)이 호사로워 옥으로 꽃을 지어
만수(萬樹) 천림(千林)을 꾸며 내는구나
앞 여울 가려 얼어 독목교(獨木橋) 비꼈는데
막대 멘 늙은 중이 어느 절로 가는 건가
산옹(山翁)의 이 ㉡부귀(富貴)를 남에게 전하지 마오
경요굴(瓊瑤窟) 은세계(隱世界)를 찾을 이 있을세라
                              – 정철, '성산별곡'
└─

① ㉠과 달리 ㉡은 과거를 극복하게 하는 대상이다.
② ㉡과 달리 ㉠은 화자가 추구하는 가치와 거리가 먼 대상이다.
③ ㉠은 갈등을 심화하는 계기가, ㉡은 갈등을 해소하는 계기가 되는 대상이다.
④ ㉠은 화자의 달관적 태도를, ㉡은 화자의 체념적 태도를 드러내는 대상이다.
⑤ ㉠과 ㉡은 모두 화자에게 인생의 무상함을 느끼게 하는 대상이다.

03 ⓐ, ⓑ에 대한 설명으로 가장 적절한 것은?

① ⓐ는 과거의, ⓑ는 현재의 시적 상황을 나타낸다.
② ⓐ는 시상 고조의, ⓑ는 시상 전환의 매개가 된다.
③ ⓐ는 유유자적한, ⓑ는 평화로운 분위기를 형상화한다.
④ ⓐ는 화자가 거부하는, ⓑ는 화자가 수용하는 대상이다.
⑤ ⓐ는 화자가 실제 바라보는, ⓑ는 화자가 상상하는 풍경이다.

04 교육청학평 기출
윗글을 이해한 내용으로 적절하지 <u>않은</u> 것은?

① 〈제1수〉에서 '부귀'를 구하지 말고 '빈천'을 싫어하지 말라는 것은 '망기'를 지향하는 화자의 태도를 드러낸다.
② 〈제2수〉에서 '천심 절벽'은 '백구'를 벗으로 삼는 '어조 생애'를 어렵게 하는 장애물에 해당한다.
③ 〈제4수〉에서 '낙화 광풍'에 의해 의지할 곳 없이 '혼자' 우는 '두견'의 처지는 '설워 하'는 화자의 심정으로 이어지고 있다.
④ 〈제5수〉에서 '저 가막이'가 '줏'는 것과 '이 가막이'가 '좃'는 것은 '편편 고봉'이 놓인 부정적 상황과 관련이 있다.
⑤ 〈제6수〉에서 '수삼 어촌'에서 생활하고 있는 삶에 대한 화자의 긍정적 태도가 '무릉인가 하노라'로 드러난다.

05 기출 연계
〈보기〉를 참고하여 윗글을 감상한 내용으로 적절하지 <u>않은</u> 것은?

┌─ 보기 ─
작가는 화자나 인물을 통해 인간과 세계를 바라보는 자신의 생각을 언어로 형상화하여 표현한다. 따라서 작가가 화자나 인물을 어떻게 그리고 있는가를 파악하는 것은 문학 작품 속에 담겨 있는 작가의 생각을 이해하는 방법이 된다.
└─

① 〈제1수〉에서 '백구'와 소통하려는 화자를 통해 자연물을 물아일체의 대상으로 바라보고 있음을 드러내는군.
② 〈제2수〉에서 '세간 소식'을 '몰나 하'겠다는 화자를 통해 속세를 부정적으로 인식하고 있음을 드러내는군.
③ 〈제3수〉에서 '보리밥 파 생채'를 '양 맛촤 먹'는 화자를 통해 소박한 삶을 지향하고 있음을 드러내는군.
④ 〈제4수〉에서 '백조'에게 '한하지 마라'라고 하는 화자를 통해 의지적인 삶의 태도를 지니고 있음을 드러내는군.
⑤ 〈제5수〉에서 '야림 한연'에 '날'이 저물어 간다는 화자를 통해 상황을 암울하게 바라보고 있음을 드러내는군.

세상의 **버린 몸**이 시골에서 늙어 가니

바깥 일 내 모르고 하는 일이 무엇인고

이 중의 우국성심(憂國誠心)은 **풍년**을 원하노라 〈제1수〉

농인(農人)이 와 이르되 **봄** 왔네 **밭**에 가세
농부
앞집의 쟁기 잡고 뒷집의 따비 내네
　　　　　　　　풀뿌리를 뽑거나 밭을 가는 농기구의 일종
두어라 내 집부터 하랴 남하니 더욱 좋다 〈제2수〉

여름날 더운 적의 달구어진 땅이 불이로다

밭고랑 매자 하니 **땀** 흘러 땅에 떨어지네
여름철의 김매기 – 잡초 제거
어사와 입립신고(粒粒辛苦) 어느 분이 아실까 〈제3수〉

가을에 **곡식** 보니 좋기도 좋을시고

내 힘의 이룬 것이 먹어도 맛이로다

이 밖에 천사만종(千駟萬鍾)을 부러 무엇하리오 〈제4수〉
천 대의 마차와 만 섬의 곡식

밤에는 새끼를 꼬고 낮에는 띠를 베어
　　　　　　　　　　　　　띠풀
초가집 잡아매고 **농기(農器)** 좀 손 보아라

내년에 **봄** 온다 하거든 결의 종사(從事) 하리라 〈제5수〉
　　　　　　　　　　바로　농사일을 시작함

새벽빛 나오자 백설(百舌)이 소리한다
　　　　　　　온갖 새
일어나라 아희들아 밭 보러 가자꾸나

밤사이 이슬 기운에 얼마나 길었는가 하노라 〈제6수〉
　　　　　　　　　　　　　곡식이 얼마나 자랐는가

ⓐ보리밥 지어 담고 명아주 국을 끓여

배곯는 농부들을 진시(趁時)예 먹여라

아희야 한 그릇 다오 친히 맛 보아 보내리라 〈제7수〉

서산에 해 지고 풀 끝에 이슬 맺힌다

호미를 둘러메고 달 지고 가자꾸나
　　　　　　　　달빛을 등 뒤에 받고 집에 돌아감
이 중의 즐거운 뜻을 일러 무엇하리오 〈제8수〉

세상에서 버림받은 몸이 시골에서 늙어 가니

(세상) 밖의 일은 내가 모르고 (또 내가) 하는 일이 무엇인가?

이 중에서도 ❶(　　　)를 걱정하는 정성스러운 마음은 풍년을 원하노라.

(이웃) 농부가 찾아와 이르되, 봄이 왔으니 밭에 나가세.

앞집에서 쟁기 잡고 뒷집에서 따비를 보내네.

두어라 내 집부터 하랴, 남부터 먼저 하니 더욱 좋구나.

여름날 더울 적에 (햇빛에) 달궈진 땅이 불 같도다.

밭고랑의 풀을 뽑자 하니 땀이 흘러 땅에 떨어지네.

아아! ❷(　　　) 한 알 한 알의 고생을 어느 분이 알아주실까?

가을에 곡식을 보니 참으로 좋구나.

내 힘으로 이룬 것이니 먹어도 맛있구나.

이 (즐거움) 밖에 천 대의 마차와 만 섬의 곡식을 부러워하여 무엇하리오.

밤에는 새끼를 꼬고 낮에는 띠풀을 베어

초가집 잡아매고 농기구를 좀 손질하여라.

내년에 봄 온다고 하면 바로 농사일 시작하리라.

새벽이 밝아 오자 온갖 새가 소리하는구나.

일어나거라 (❸　　　)아, 밭을 보러 가자꾸나.

밤사이 이슬 기운에 얼마나 (곡식이) 길었는가 하노라.

보리밥 지어 담고 명아주 풀로 국을 끓여

배를 곯는 농부들을 (❹　　　)에 먹여라.

아이야, 한 그릇 다오, 내 직접 맛을 보고 나서 (그들에게) 보내리라.

서산에 해가 지고 풀 끝에 이슬이 맺힌다.

호미를 둘러메고 달을 (등에) 지고 (집에) 가자꾸나.

이런 생활의 즐거움을 (남들에게) 말하여 무엇하겠는가?

문해력 UP 감상 패턴

① 화자

화자의 태도

• 속세를 떠나 전원에서 농사일을 하는 화자가 풍년을 기원하고 노동의 참된 가치와 의미를 긍정함.

• 천사만종을 추구하는 세속적 삶과 견주어 추수에서 느껴지는 전원생활의 만족감을 드러냄.

② 표현

지시적, 선도적인 어조

| 명령형 · 청유형 진술 | → | 지시적 태도로 농부의 일상을 선도함. |

③ 내신&수능 기출 point

〈제2수〉~〈제5수〉의 시상 전개

계절의 흐름에 따른 농사의 과정이 드러나며, 봄부터 겨울을 거쳐 다시 봄으로 이어지는 시간의 순환성을 바탕으로 함.

구분	계절	농사의 단계
제2수	봄	농사의 시작 시기
제3수	여름	고단한 노동의 시기
제4수	가을	결실을 거두는 보람의 시기
제5수	겨울	다음 해의 농사를 준비하는 시기

작품 정리

주제 전원생활의 만족감

특징 ① 청유형 어미와 명령형 어미를 사용하여 양반인 화자가 농부의 일상을 선도하는 성격을 지님.
② 사대부로서 농촌의 삶을 사실적으로 묘사했다는 점에서 의의가 큼.

성격 사실적, 전원적

현풀 정답 ❶ 나라 ❷ 곡식 ❸ 아이들 ❹ 제때

01 윗글의 표현상 특징으로 적절하지 <u>않은</u> 것은?

① 대구의 표현을 활용하여 시적 상황을 구체화하고 있다.
② 설의적인 표현을 활용하여 삶의 태도를 강조하고 있다.
③ 명령형의 문장을 활용하여 구체적 행동을 지시하고 있다.
④ 청유의 방식을 활용하여 상대방의 행동을 이끌어 내고 있다.
⑤ 자문자답의 방식을 활용하여 화자의 안타까움을 부각하고 있다.

02 윗글을 통해 알 수 있는 농가의 일상으로 적절하지 <u>않은</u> 것은?

① 봄에는 쟁기와 따비를 이용하여 밭을 간다.
② 여름에는 밭에 자란 풀을 뽑는 김매기를 한다.
③ 겨울이 될 무렵에는 새끼와 띠로 초가집을 수리한다.
④ 날이 밝을 무렵에는 일어나서 밭을 살펴보러 나간다.
⑤ 풀잎에 이슬이 맺힐 시간에는 호미를 들고 일하러 간다.

03 윗글의 ⓐ와 〈보기〉의 ⓑ를 비교한 내용으로 가장 적절한 것은?

> ─── 보기 ───
> ⓑ보리밥 풋나물을 알맞게 먹은 후에
> 바위 끝 물가에서 실컷 노니노라
> 그 밖의 여남은 일이야 부러워할 줄이 이시랴 〈제2수〉
> ─ 윤선도, '만흥'

① ⓐ, ⓑ는 모두 향수를 불러일으킨다.
② ⓐ, ⓑ는 모두 화자의 정서와 대비된다.
③ ⓐ는 자연에서 느끼는 흥취를, ⓑ는 노동의 기쁨을 드러낸다.
④ ⓐ에는 농부에 대한 애정이, ⓑ에는 화자의 소박한 삶의 모습이 드러난다.
⑤ ⓐ에는 타인을 배려하는 태도가, ⓑ에는 자신의 삶에 대해 고뇌하는 태도가 나타난다.

04 교육청학평 기출
윗글을 이해한 내용으로 적절하지 <u>않은</u> 것은?

① 〈제1수〉는 '세상의 버린 몸'으로 '풍년'을 바라는 마음을 통해 정치 현실에 대한 미련을 드러낸다.
② 〈제2수〉는 '봄'이 오니 '밭'에 나가 서로 도와가며 일하는 모습을 통해 공동체적 삶의 태도를 드러낸다.
③ 〈제3수〉는 더운 여름에 '땀'을 흘려가며 '밭고랑'을 매는 모습을 통해 농사일의 고단함을 보여 준다.
④ 〈제4수〉는 '내 힘'으로 수확한 '곡식'에 대한 만족감을 통해 노동의 가치를 보여 준다.
⑤ 〈제5수〉는 '농기'를 수리하며 '봄'을 준비하는 모습을 통해 자연의 질서를 따르는 농촌의 생활을 보여 준다.

05 기출 연계
〈보기〉를 바탕으로 윗글에 대해 말한다고 할 때 그 의견으로 적절하지 <u>않은</u> 것은?

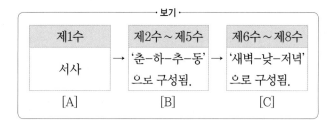

> ─── 보기 ───
>
> | 제1수 | 제2수 ~ 제5수 | 제6수 ~ 제8수 |
> |---|---|---|
> | 서사 | → '춘-하-추-동'으로 구성됨. | → '새벽-낮-저녁'으로 구성됨. |
> | [A] | [B] | [C] |

① [A]에는 [B]와 [C]의 시간을 통해 실현하고 싶은 화자의 소망이 드러나 있어.
② [B]에는 사계절에 따라 '시작-노고-결실-준비'로 조응되는 농사의 과정이 드러나 있어.
③ [B]는 봄부터 겨울을 거쳐 다시 봄으로 이어지는 시간의 순환성을 바탕에 둔 것이라 할 수 있어.
④ [C]는 하루 동안의 시간을 통해 농촌의 일상을 드러내고 있어.
⑤ [C]는 각 수마다 근경에서 원경으로 시선을 확대해 가며, 자연의 아름다움을 보여 주고 있어.

06 기출 연계
〈제2수〉에 어울리는 한자 성어로 가장 적절한 것은?

① 자강불식(自强不息)　　② 자급자족(自給自足)
③ 상부상조(相扶相助)　　④ 살신성인(殺身成仁)
⑤ 솔선수범(率先垂範)

수능 ⇦

반(半) 밤중 혼자 일어 묻노라 이내 **꿈아**
깊은 밤중

만 리(萬里) 요양(遼陽)을 **어느덧 다녀온고**

반갑다 **학가(鶴駕) 선객(仙客)**을 친히 뵌 듯ᄒᆞ여라 〈제1수〉

한밤중에 혼자 일어나 물어보노라, 이 내 꿈아.
만 리 밖 청나라 땅에 어느새 다녀왔 느냐?
반갑다, 수레에 탄 신선(소현 세자)을 친히 뵌 듯하구나.

박제상 죽은 후에 ⓐ**님의 시름** 알 이 업다
신라의 충신 – 왜에 볼모로 잡힌 왕의 아우를 구하고 희생됨

이역(異域) ⓑ**춘궁(春宮)**을 **뉘라서 모셔 오리**
세자

지금에 치술령 귀혼(歸魂)을 못내 슬허ᄒᆞ노라 〈제4수〉

박제상이 죽은 후에 (❶   )을 아는 사람이 없구나.
다른 나라 먼 곳에 있는 세자를 누가 모셔 올까?
이즈음 치술령에 대한 전설을 못내 슬 퍼하노라.

조정을 바라보니 ⓒ**무신(武臣)**도 하 만하라

신고(辛苦)ᄒᆞᆫ 화친(和親)을 누를 두고 ᄒᆞᆫ 것인고

슬프다 조구리(趙廐吏) 이미 죽으니 참승(驂乘)ᄒᆞᆯ 이 업세라
조씨 성을 가진 마부. 충신   임금을 모시고 수레에 타던 일
〈제6수〉

조정을 바라보니 무신들이 많기도 많 구나.
치욕스러운 화친은 누구를 위한 것이 었는가?
슬프다, 조구리(충신)가 이미 죽었으니 세자를 호위할 사람이 없구나.

구중(九重) 달 발근 밤의 성려(聖慮) 일정 만흐려니
구중궁궐 = 대궐

이역 풍상(風霜)에 ㉠**학가**인들 이즐쏘냐

이 밖에 억만창생(億萬蒼生)을 못내 분별ᄒᆞ시도다 〈제7수〉

대궐 달 밝은 밤에 (❷   )도 분 명 많으려니
다른 나라 먼 곳의 바람과 서리를 맞 을 (❸   )인들 잊겠는가?
그 밖에 많은 백성들도 못내 걱정하시 는구나.

구렁에 낫는 ㉠**풀**이 **봄비**에 절로 길어

아는 일 업스니 긔 아니 조흘쏘냐

ⓓ**우리**는 너희만 못ᄒᆞ야 시름겨워 ᄒᆞ노라 〈제8수〉

골짜기에 돋아난 풀이 봄비에 저절로 자라
알아야 할 일 없으니 그것이 아니 좋 겠느냐?
우리는 너희만 못하여 시름을 이겨 내 지 못하노라.

ⓔ**조그만 이 한 몸**이 **하늘 밖**에 떨어지니

오색구름 깊은 곳에 어느 것이 **서울**인고

바람에 지나는 ㉡**검불** 갓ᄒᆞ야 갈 길 몰라 ᄒᆞ노라 〈제9수〉
마른 나뭇가지나 낙엽 따위

조그만 이 한 몸이 하늘 밖에 떨어지 니
오색구름 깊어진 곳에 어디가 서울인 가?
바람에 (이리저리) 구르는 낙엽 같아 서 갈 길 몰라 하노라.

문해력 UP 감상 패턴

① 화자

화자의 정서와 태도
청나라에 볼모로 잡혀간 세자와 근심 많은 임금을 걱정하며, 국치를 씻지 못하는 현실에 대한 탄식과 슬픔을 드러냄.

② 표현

시적 대상과 화자에 대한 표현

시적 대상	'세자'를 '학가', '춘궁' 등 으로 우회적으로 제시함.
화자의 처지	화자의 상황과 대비되는 객관적 상관물인 '풀'을 통 해 화자의 시름을 부각함.
화자의 정서	'반갑다', '슬프다'와 같이 화자의 정서를 직접 드러 냄.

③ 내신&수능 기출 point

시작(時作) 동기와 화자의 태도
병자호란 때 인조가 삼전도에서 청나 라 태종에게 항복하면서 소현 세자와 봉림 대군 두 왕자가 볼모로 청나라 에 끌려간 국치를 비분강개의 심정으 로 읊으면서 충의를 노래함.

〈제8수〉의 대조적 상황 제시

풀		우리(인간)
근심 없이 무럭 무럭 자람.	↔	시름에서 벗어 나지 못함.

↓

치욕스러운 현실 개탄

작품 정리

주제 ① 청나라에 볼모로 잡혀간 세 자에 대한 그리움
② 병자호란의 치욕에 대한 비통한 마음
특징 ① 꿈을 의인화하여 대상에 대한 그리움을 나타냄.
② 자연물과 인간사의 대비를 통해 화 자의 비통한 마음을 드러냄.
성격 우국적, 비탄적, 상징적

01 윗글의 특징으로 적절하지 <u>않은</u> 것은?

① 비유적 표현을 통해 화자의 처지를 나타내고 있다.
② 문답 형식을 통해 화자의 상황을 구체화하고 있다.
③ 어순의 도치를 통해 시적 대상을 부각시키고 있다.
④ 영탄적 표현을 통해 고조된 감정을 드러내고 있다.
⑤ 설의적 표현을 통해 화자의 정서를 드러내고 있다.

02 윗글에 대한 감상으로 적절하지 <u>않은</u> 것은?

① 〈제1수〉는 '학가 선객'을 '꿈'에서나마 본 일을 언급함으로써 그를 만나고 싶어 하는 소망을 드러내고 있군.
② 〈제4수〉는 '박제상'이 죽은 후 세자를 구해 올 충신이 없는 것에 대한 안타까움을 드러내고 있군.
③ 〈제6수〉는 '슬프다'라는 단정적 진술을 사용함으로써 현재 상황에 대한 화자의 정서를 직접 드러내고 있군.
④ 〈제8수〉는 시름에서 벗어날 수 없는 이유가 '아는 일' 때문임을 이야기하며 화자의 처지를 드러내고 있군.
⑤ 〈제9수〉는 자신의 '몸'이 '하늘 밖'에 떨어진 상황을 설정하여 고봉을 삼시라도 잊으려는 의지를 드리네고 있군.

03 〈제7수〉를 참고하여 〈보기〉를 이해한 내용으로 적절하지 <u>않은</u> 것은?

> ─── 보기 ───
>
> 내라 그리거니 네라 아니 그릴런가
> 천리만향(千里蠻鄕)에 얼마나 그리는고
> 사창의 슬픠우는 뎌 뎝동새야 불여귀라 말고라 내 안 둘 듸 업새라
> _{돌아감만 못하다는 의미로 접동새의 울음소리를 표현한 말}
>
> ─ 인조

① 〈보기〉의 내용은 〈제7수〉에서의 '성려'의 일부로 볼 수 있다.
② 〈보기〉의 '천리만향'은 〈제7수〉의 '이역'과 동일한 공간으로 볼 수 있다.
③ 〈보기〉의 '뎝동새' 울음은 〈제7수〉에서의 '학가'의 슬픔을 형상화한 것으로 볼 수 있다.
④ 〈보기〉의 '그리는고'는 〈제7수〉에서의 '학가'의 심리를 미루어 짐작한 것으로 볼 수 있다.
⑤ 〈제7수〉의 '구중'은 '학가'가 있는 곳, 〈보기〉의 '사창'은 화자가 있는 곳으로 볼 수 있다.

04 수능 기출
〈보기〉를 바탕으로 윗글을 이해한 내용으로 적절하지 <u>않</u>은 것은?

> ─── 보기 ───
>
> 임병양란 이후의 사대부들 사이에서는 긴 사연을 담을 수 있는 연시조 양식을 활용해 전란 후 현실의 문제를 다루려는 경향이 나타났다. 병자호란 직후 지어진 '비가'에도, 잡혀간 세자를 그리는 마음, 임금을 향한 충정, 전란 후 상황에 대한 견해 등 여러 내용이 복합되어 있다.

① 〈제1수〉의 '어느덧 다녀온고'와 〈제4수〉의 '뉘라서 모셔 오리'라는 진술에는 잡혀간 세자를 그리는 화자의 마음이 투영되어 있다.
② 〈제4수〉의 아무도 알아주지 못하는 '님의 시름'에 대해, 〈제6수〉의 '조구리'와 같은 인물이 없는 현실에 처한 화자는 애석함을 느끼고 있다.
③ 〈제6수〉에서 조정에 많은 '무신'이 남아 있음에도 '신고흔 화친'을 맺은 결과로 〈제7수〉에서 세자가 '이역 풍상'을 겪는다고 화자는 판단하고 있다.
④ 〈제7수〉의 '달 발근 밤'과 〈제8수〉의 '봄비'에는 부정적 현실이 개선되리라는 화자의 전망과 기대가 담겨 있다.
⑤ 〈제7수〉에서 근심에 싸여 있는 '구중'의 임금을 떠올렸던 화자는 〈제9수〉에서는 '서울'을 찾지 못해 애태우고 있다.

05 수능 기출
㉠, ㉡을 비교한 내용으로 가장 적절한 것은?

① ㉠, ㉡ 모두 화자가 경외감으로 바라보는 소재이다.
② ㉠, ㉡ 모두 인생의 무상함을 느끼게 하는 소재이다.
③ ㉠은 화자의 울분을 심화하는 소재로, ㉡은 화자의 울분을 완화하는 소재로 활용되고 있다.
④ ㉠은 화자의 처지와 대비되는 소재로, ㉡은 화자의 처지와 동일시되는 소재로 제시되고 있다.
⑤ ㉠은 현재 상황에 대한 인식의 계기가, ㉡은 과거 사건에 대한 회고의 계기가 된 소재이다.

06 기출 연계
ⓐ~ⓔ 중, ㉠와 지시하는 대상이 같은 것은?

① ⓐ   ② ⓑ   ③ ⓒ   ④ ⓓ   ⑤ ⓔ

방옹시여 (放翁詩餘)_신흠

가 산촌(山村)에 **눈**이 오니 ㉠돌길이 뭇쳐셰라

시비(柴扉)를 여지 마라 날 츠즈리 뉘 이스리
　　　　　　　　　　찾을 이

밤듕만 일편명월(一片明月)이 긔 벗인가 ᄒ노라 〈제1수〉

산촌에 눈이 오니 돌길이 묻혔구나.

사립문을 열지 마라. (이렇게 묻혀 사는) 날 찾을 이 누가 있겠느냐?

밤중에 뜬 한 조각 (❶　　　　), 그것이 (내) 벗인가 하노라.

나 ㉡섯ᄀ래 기나 즈르나 기동이 기우나 트나

수간모옥(數間茅屋)을 죽은 줄 웃지 마라
　　　　　　　　　　비웃지

어즈버 **만산 나월(滿山蘿月)**이 다 닉 거신가 ᄒ노라
　　　산에 가득 자란 덩굴 풀에 비친
　　　달 – 자연
　　　　　　　　　　　　　　〈제8수〉

서까래가 길거나 짧으나 기둥이 기울거나 틀어지거나
방이 몇 칸 되지 않는 (❷　　　　)를 작다고 비웃지 마라.
아아, 산에 가득 자란 덩굴 풀에 비친 달이 다 내 것인가 하노라.

다 한식(寒食) 비 온 밤에 **봄빗**치 다 퍼졋다
　　명절의 하나로 4월 5, 6일쯤

무정(無情)ᄒ ㉢화류(花柳)도 ᄣ를 아라 픠엿거든

엇더타 우리의 님은 가고 아니 오는고 〈제17수〉

한식날 비 온 밤에 봄빛이 다 퍼졌다.

아무 감정 없는 꽃과 버들도 때를 알아 피었거든
어찌하여 우리 임은 가고 아니 오는가?

라 어지밤 비 온 후(後)에 **석류(石榴)**곳지 다 픠엿다
　　　　　　　　　　　　5～6월에 피는 꽃

부용 당반(芙蓉塘畔)에 수정렴(水晶簾)을 거더 두고

눌 향한 깁흔 시름을 못내 푸러 ᄒ노라 〈제18수〉

어젯밤 비 온 후에 석류꽃이 다 피었다.
연꽃이 피어 있는 연못가에 수정 구슬을 꿰어서 만든 발을 걷어 올리고
임을 향한 (❸　　　　)을 풀지 못해 (슬퍼) 하노라.

마 ㉣창(窓)밧긔 워셕버셕 님이신가 이러 보니

혜란 혜경(蕙蘭蹊徑)에 낙엽(落葉)은 므스 일고
　　난초가 자란 지름길

어즈버 유한ᄒ 간장(肝腸)이 다 끈칠까 ᄒ노라

　　　　　　　　　　　　　〈제19수〉

창밖에 워석버석 소리에 임이신가 하여 일어나 보니
난초가 자라난 지름길에 낙엽은 무슨 일인가?
아아, 유한한 간장이 다 끊어질까 하노라.

바 ㉤노래 삼긴 사름 시름도 하도 할샤
　　만든

닐러 다 못 닐러 불러나 푸둣든가
　　말로는 다 풀 수 없어

진실(眞實)로 풀릴 거시면은 나도 불러 보리라 〈제29수〉

노래를 처음으로 만든 이는 시름도 (❹　　　　) 많았겠구나.
말로 다 표현하지 못해 (노래를) 불러 풀었단 말인가.
(이렇게 하여) 진실로 풀릴 것이라면 나도 불러 보리라.

문해력 UP 감상 패턴

1 화자

화자의 상황과 태도
속세에서 벗어난 삶에 만족감을 드러내면서도 임에 대한 그리움 때문에 시름에서 벗어나지 못함.

2 표현

영탄적 표현
'어즈버'라는 감탄사와 '뭇쳐셰라', '하도 할샤'와 같은 영탄적 표현의 사용으로 화자의 정서를 강조함.

3 내신&수능 기출 point

선경 후정의 전개 방식
'한식 비 온 밤에 ~ 가고 아니 오는고'

선경	화자의 정서와 대비되는 아름다운 봄 풍경 제시
후정	오지 않는 임에 대한 화자의 그리움과 슬픔 표현

작품 정리

주제 ① 자연 속에서의 한적한 삶
② 임에 대한 그리움과 세상에 대한 근심
특징 영탄법, 설의법 등을 통해 화자의 정서를 효과적으로 드러냄.
성격 자연 친화적, 서정적

현품 정답 ❶ 밝은 달 ❷ 초가 ❸ 깊은 시름 ❹ 많기도

01 윗글의 특징으로 적절하지 않은 것은?

① 대구적인 표현을 통해 운율감을 형성하고 있다.
② 감탄사를 반복하여 화자의 정서를 강조하고 있다.
③ 설의적 표현을 통해 화자의 생각을 부각하고 있다.
④ 음성 상징어를 통해 시적 상황을 구체화하고 있다.
⑤ 계절의 흐름에 따라 화자의 태도가 전환되고 있다.

02 ㉠~㉤에 대한 설명으로 적절하지 않은 것은?

① 화자는 자신이 지향하는 세계를 ㉠으로 묘사하고 있다.
② 화자는 ㉡을 통해 자신이 추구하는 삶의 가치를 드러내고 있다.
③ 오지 않는 임과 대비되는 ㉢으로 인해 화자의 슬픔이 부각되고 있다.
④ 화자는 임에 대한 그리움 때문에 ㉣의 상황에 귀를 기울이고 있다.
⑤ 화자는 자신의 시름을 풀기 위해 ㉤을 이용하려 하고 있다.

03 〈보기〉의 ⓐ, ⓑ를 고려하여 (가)~(라)를 이해한 내용으로 가장 적절한 것은?

─ 보기 ─

'방옹시여'는 선조(宣祖) 사후에 정계에서 밀려난 신흠이 은거하는 상황에서 창작한 시조 작품들을 모아 놓은 것이다. 여기에 수록된 30수는 몇 개의 작품군으로 분류될 수 있다. 예를 들면 ⓐ은자로서의 자족감이나 자긍심을 표현한 작품군, ⓑ임으로 표상되는 선왕에 대한 그리움과 연모의 정을 표현한 작품군 등이 있다.

① (가)의 '눈'은 ⓐ와 연관된 시어로, 화자의 은거가 자발적으로 이루어졌음을 알려 주는 단서이다.
② (나)의 '수간모옥'은 ⓐ와 연관된 시어로, 화자의 답답한 심정이 투영되어 있는 대상이다.
③ (나)의 '만산 나월'은 ⓑ와 연관된 시어로, 임이 부재한 상황을 절감하게 하는 소재이다.
④ (다)의 '봄빗'은 ⓑ와 연관된 시어로, 임에 대한 화자의 그리움을 촉발하는 계기이다.
⑤ (라)의 '부용 당반'은 ⓑ와 연관된 시어로, 화자가 연모하는 대상과 함께 지내는 공간이다.

04 평가원모평 기출
윗글의 표현상 특징으로 가장 적절한 것은?

① (가)에서는 대상과의 문답을 통해 시상을 심화하고 있다.
② (나)에서는 과거와 현재를 대비하여 화자의 삶의 태도를 암시하고 있다.
③ (다)에서는 선경 후정의 전개 방식을 통해 화자의 내면을 드러내고 있다.
④ (라)에서는 대상에 감정을 이입하여 심리적 변화를 우회적으로 표출하고 있다.
⑤ (마)에서는 대상을 의인화하여 대상이 지닌 속성들을 점층적으로 나열하고 있다.

05 평가원모평 기출
(마)와 〈보기〉를 비교한 내용으로 적절하지 않은 것은?

─ 보기 ─

벽사창(碧紗窓)이 어룬어룬커늘 님만 너겨 풀쩍 니러나 쑥싹 나셔 보니
　님은 아니오 명월(明月)이 만정(滿庭) 흔딕 벽오동(碧梧桐) 져즌 닙히 봉황(鳳凰)이 ᄂ려안자 긴 부리를 휘여다가 두 ᄂ래에 너허 두고 슬금슬젹 깃 다듬는 그림자 ㅣ로다
　모쳐로 밤일식만졍 행여 낫이런들 늠 우일 번ᄒ여라

　　　　　　　　　　　　　　　　　– 작자 미상

① (마)의 초장과 〈보기〉의 초장에서는 모두 감각적 자극이 착각을 불러일으키는 원인이 되고 있군.
② (마)의 초장과 〈보기〉의 초장에서는 모두 창밖의 변화에 즉각적으로 반응하는 화자의 모습이 그려지고 있군.
③ (마)의 중장과 〈보기〉의 중장에서는 모두 화자의 착각을 불러일으킨 대상이 확인되고 있군.
④ (마)의 중장에서는 착각을 야기한 대상에 대한 묘사가, 〈보기〉의 중장에서는 착각을 야기한 대상에 대한 비판이 제시되고 있군.
⑤ (마)의 종장에서는 화자의 내면적 고통을 토로하고 있고, 〈보기〉의 종장에서는 타인의 평가와 조소를 의식하고 있군.

문장(文章)을 호쟈 호니 인생식자(人生識字) 우환시(憂患始)오
　　　　　　　　　　사람은 글자를 알게 되면서부터 근심이 시작됨
공맹(孔孟)을 비호려 호니 도약등천(道若登天) 불가급(不可

及)이로다
　　도는 하늘로 오르는 것과 같아 미치기 어려움
이내 몸 쓸듸업스니 성대농포(聖代農圃)되오리라 〈제1장〉
　　　　　　　　　　　태평성대에 농사를 지음

학문을 하고자 하니 사람은 글자를 알게 되면서부터 근심이 시작이요. 공자와 맹자를 배우려 하니 도는 하늘로 오르는 것과 같아서 도달하기 어렵구나.

이내 몸 쓸데없으니 태평성대에 농사나 지으리라.

홍진(紅塵)에 절교(絶交)ㅎ고 백운(白雲)으로 위우(爲友)ㅎ야
녹수(綠水) 청산(靑山)에 시름 업시 늘거 가니
이 듕의 무한지락(無限至樂)을 헌亽홀가 두려웨라 〈제3장〉

속세와 절교하고 흰 구름을 벗을 삼아
푸른 물과 푸른 산에 시름없이 늙어 가니
이 중의 (❶　　　　)을 (다른 사람이 알고) 시끄럽게 떠들까 두렵구나.

인간(人間)의 벗 잇단 말가 나는 알기 슬희여라
물외(物外)에 벗 업단 말가 나는 알기 즐거웨라
슬커나 즐겁거나 내 분인가 ㅎ노라 〈제6장〉

인간 세상에 벗이 있단 말인가? 나는 (세상의 벗을) 알기 싫어라.
속세 밖(자연)에 벗이 없단 말인가? 나는 (자연의 벗을) 알아 즐거워라.
싫거나 즐겁거나 내 분수인가 하노라.

유정(有情)코 무심(無心)홀 ㅅ 아마도 풍진(風塵) 붕우(朋友)
무심(無心)코 유정(有情)홀 ㅅ 아마도 강호(江湖) 구로(鷗鷺)
　　　　　　　　　　　　　　　　　갈매기와 해오라기
이제야 작비금시(昨非今是)을 씨둗룬가 ㅎ노라 〈제8장〉
　　　어제는 그르고 지금은 옳음

정이 있는 듯하지만 무심하기는 아마도 (❷　　　　)
무심한 듯하지만 정이 있기는 아마도 자연의 갈매기와 해오라기
이제야 지난날이 그르고 지금이 옳음을 깨달았는가 하노라.

도팽택(陶彭澤) 기관거(棄官去)홀 제와 태부(太傅) 걸해귀(乞
　도연명이 벼슬을 버리고 떠남　　　　　한나라 태부 소광이 사직을 간청함
骸歸)홀 제
호연(浩然) 행색(行色)을 뉘 아니 부러ㅎ리
알고도 부지지(不知止)ㅎ니 나도 몰나 ㅎ노라 〈제9장〉
　　　　　그만두어야 할 때를 알지 못함

도연명이 벼슬을 버리고 떠날 때와 태부(소광)가 사직을 간청할 때
넓고 큰 그 모습을 누가 부러워하지 않겠는가?
알고도 그만두어야 할 때를 알지 못하니 나도 몰라 하노라.

인간(人間)의 풍우(風雨) 다(多)ㅎ니 므스 일 머믈ᄂ뇨
물외(物外)에 연하(煙霞) 족(足)ㅎ니 므스 일 아니 가리
　　　　　안개와 노을
이제ᄂ 가려 정(定)ㅎ니 일흥(逸興) 계워 ㅎ노라 〈제11장〉
　　　　　　　　　　남다른 흥미, 또는 세속을 벗어난 흥취

속세에 바람과 비가 심하니 무슨 일로 (❸　　　　)?
속세 밖(자연)에 안개와 노을이 풍족하니 무슨 일로 아니 갈까?
이제는 가려 정하니 세속을 벗어난 흥취를 이기지 못하겠노라.

문해력 UP 감상 패턴

1) 화자

화자의 태도
- 자연에 묻혀 살아가고자 하는 마음을 드러냄.
- '성대농포'를 지향함.

2) 표현

대조되는 소재의 설정

속세		자연
홍진, 인간의 벗, 풍진 붕우	↔	백운, 녹수 청산, 물외에 벗, 강호 구로, 연하

↓

속세와 관련된 소재를 부정적 대상으로, 자연과 관련된 소재를 긍정적 대상으로 설정하여 시상을 전개함.

3) 내신&수능 기출 point

고사의 활용
'도팽택 기관거홀 제와 태부 걸해귀 홀 제'
→ 고사를 활용하여 화자가 지향하는 삶의 모습을 효과적으로 표현함.

작품 정리

주제 자연에서의 안분지족하는 삶
특징 ① 대구법을 통해 리듬감을 형성함.
② 설의적 표현을 통해 화자의 정서를 강조함.
성격 자연 친화적, 비판적

현풀 정답 ❶ 무한한 즐거움 ❷ 속세의 친구(인간 세상의 친구) ❸ 머물겠는가

01 윗글에 대한 설명으로 가장 적절한 것은?

① 대조적 소재를 통해 삶에 대한 화자의 인식을 드러내고 있다.

② 명령적 어조를 통해 세태에 대한 부정적 시각을 드러내고 있다.

③ 공간의 이동을 통해 주어진 삶에 순응해야 함을 드러내고 있다.

④ 구체적인 청자를 설정하여 자연에서 얻은 깨달음을 드러내고 있다.

⑤ 계절의 변화를 통해 과거와 대비되는 현재의 상황을 드러내고 있다.

02 윗글에서 〈보기〉의 '죠흔 뜻'에 대응되는 시어로 가장 적절한 것은?

> ─ 보기 ─
>
> 초암(草庵)이 적료(寂廖)흔듸 벗 업시 흔즈 안즈
> 평조(平調) 한 닙히 백운(白雲)이 절로 존다
> 언의 뉘 이 <u>죠흔 뜻</u> 알리 잇다 ᄒ리오
>
> ─ 김수장

① 공맹　　　② 홍진　　　③ 붕우
④ 풍우　　　⑤ 일흥

03 각 장에 담긴 화자의 태도를 설명한 내용으로 적절하지 <u>않은</u> 것은?

① 〈제1장〉: 현실에서 뜻을 이루지 못한 자신에 대해 부정적으로 인식하고 있다.

② 〈제3장〉: 속세와 인연을 끊고 자연을 친구 삼아 지내려는 마음을 가지고 있다.

③ 〈제6장〉: 자연에서 자기 분수를 지키며 사는 삶에 만족하고 있다.

④ 〈제8장〉: 과거는 틀렸고 현재는 맞다는 깨달음을 얻고 있다.

⑤ 〈제9장〉: 벼슬을 그만두고자 하는 단호한 의지를 드러내고 있다.

04 _{평가원모평 기출}
〈보기〉를 참고하여 윗글을 이해한 내용으로 적절하지 <u>않은</u> 것은?

> ─ 보기 ─
>
> '유원십이곡'은 강호에서의 삶을 추구하는 노래지만, 화자는 강호에 머문 뒤에도 강호와 속세 사이에서 갈등을 반복한다. 이는 강호에서의 만족한 삶이라는 이상에 도달하는 것이 쉽지 않음을 보여 주는 것이다. 그뿐 아니라 화자가 갈등을 반복하면서도 항상 강호를 선택하는 모습은, 결국 자신의 결정이 가치 있는 것임을 드러내기 위한 것으로 이해할 수 있다.

① 〈제1장〉의 초장에는 화자가 강호를 선택하게 되는 동기가 드러난다.

② 〈제3장〉의 중장에는 강호를 선택한 삶의 모습이 긍정적으로 드러난다.

③ 〈제6장〉의 종장에는 화자 자신이 분수에 맞는 선택을 했음이 드러난다.

④ 〈제9장〉의 중장에는 속세에 미련을 갖게 하는 가치를 언급함으로써 화자의 갈등이 드러난다.

⑤ 〈제9장〉의 종장에는 갈등하는 화자의 모습이, 〈제11장〉의 종장에는 자신의 선택에 만족하는 화자의 모습이 드러난다.

05 _{평가원모평 기출}
절교 와 위우 를 중심으로 윗글을 감상한 내용으로 적절하지 <u>않은</u> 것은?

① 화자가 '절교'하고자 하는 대상은 '인간의 벗'으로 볼 수 있다.

② 화자는 '붕우'를 '절교'하고자 하는 대상으로 인식한다고 볼 수 있다.

③ 화자는 '백운'과의 '위우'를 통해 '무한지락'을 느끼고 있다고 볼 수 있다.

④ 화자가 '위우'하고자 하는 '구로'는 '물외에 연하 족'한 곳에 있다고 볼 수 있다.

⑤ 화자가 '물외에 벗'과 '위우'하고자 하는 이유는 '유정코 무심'하기 때문으로 볼 수 있다.

이 몸이 한가하여 산수간(山水間)에 절로 늙어

ⓐ공명부귀(功名富貴)를 뜻 밖에 잊었으니

차중(此中)에 청유(淸幽)한 흥미(興味)를 혼자 좋아 하노라

〈제1수〉

이 몸이 한가하여 자연에서 절로 늙어

공명부귀에는 뜻을 두지 않고 잊었으니

이러한 가운데 그윽한 (❶　　　)을 혼자 좋아하노라.

ⓑ조그만 이내 몸이 천지간(天地間)에 혼자 있어

청풍명월(淸風明月)을 벗 삼아 누웠으니

세상(世上)의 ⓒ시시비비(是是非非)를 나는 몰라 하노라

〈제2수〉

조그마한 이내 몸이 세상에 혼자 있어

맑은 바람과 밝은 달을 벗 삼아 누웠으니

세상의 (❷　　　)을 나는 몰라 하노라.

세상에 버려진 몸이 할 일이 전혀 없어

ⓓ일장현금(一張玄琴)을 자연이 흩어 타니
　　　　　　　　줄을 뜯어

아마도 자기(子期) 죽은 후에 지음(知音)할 이 없어 하노라
　　　거문고의 명인인 백아의 친구　　백아의 거문고를 이해하던 친구

〈제3수〉

세상에 버려진 몸이 할 일이 아무것도 없어

(❸　　　)를 자연스럽게 연주해 보니

아마도 종자기가 죽은 후 (백아의 거문고 소리를) 알아줄 이 없노라.

늙고 병든 몸을 세상이 버리실새

조그만 **초당(草堂)**을 시내 위에 일워 두고
　　　　　　　　　　만들어

목전(目前)에 보이는 ⓔ**송죽(松竹)**아 내 벗인가 하노라

〈제4수〉

늙고 병든 몸을 세상이 버렸으니

작은 초가를 시내 위에 지어 두고

바로 눈앞에 보이는 소나무와 대나무야, (너희야말로) 내 벗인가 하노라.

산림(山林)에 들어온 지 오래니 세상사(世上事)를 모르노라

십장 홍진(十丈紅塵)이 얼마나 가렸는고

물외(物外)에 뛰어든 몸이 보은(報恩)이 어려워라 〈제5수〉

자연에 들어온 지 오래되어 바깥세상을 모르겠노라.

혼잡한 세상이 얼마나 가려져 있느냐?

자연에 뛰어든 몸이어서 (❹　　　)를 갚기가 어려워라.

문해력 UP 감상 패턴

1 화자

화자의 태도

· 속세를 버리고 자연 속에서 한가로운 삶을 추구함.

· 임금의 은혜를 갚지 못하는 안타까움을 드러냄.

2 표현

화자를 나타내는 표현

'조그만 이내 몸', '세상에 버려진 몸', '늙고 병든 몸', '물외에 뛰어든 몸'

→ 세상의 인정을 받지 못해 관리로 등용되지 못하고, 자연 속에 묻혀 지내는 화자 자신을 표현함.

대조적 표현의 사용

산수간, 청유한 흥미, 청풍명월, 초당, 송죽, 산림, 물외	↔	공명부귀, 세상, 시시비비, 세상사, 십장 홍진
속세와 떨어져 자연 속에 묻혀 사는 화자의 삶		속세나 세속적 가치

→ 시어의 대조를 통해 화자가 추구하는 삶을 드러냄.

3 내신&수능 기출 point

작품의 구조

자연에 묻혀 사는 삶과 안타까운 마음이 드러나는 것으로 구분됨.

긍정	· 제1수 : 자연 속에서 절로 늙어 가는 한가로운 삶 · 제2수 : 시끄러운 속세를 등지고 자연을 벗하며 사는 삶 · 제4수 : 자연을 벗하며 자연 속에서 은거하는 삶
부정	· 제3수 : 자신의 능력을 알아주지 않는 현실에 대한 안타까움 · 제5수 : 자연 속에 묻혀 임금의 은혜를 갚지 못하는 안타까움

작품 정리

주제 속세에서 벗어나 자연 속에서 한가롭게 살아가고 싶은 마음

특징 대조적 시어를 통해 자연에 묻혀 사는 화자의 상황을 구체화함.

성격 한정적, 자연 친화적

현풀 정답　❶ 즐거움　❷ 여러 가지의 잘잘못
❸ 거문고 한 곡조　❹ 임금의 은혜

01 윗글에 드러나는 화자의 태도로 적절하지 <u>않은</u> 것은?

① 자연물을 친구처럼 여기고 있다.
② 세속적 가치를 멀리하며 살고자 한다.
③ 이웃과 함께 역경을 극복하고자 한다.
④ 현실에 대한 안타까움을 느끼고 있다.
⑤ 자연 속에서 인생의 즐거움을 찾고자 한다.

02 윗글과 〈보기〉를 비교하여 감상한 내용으로 적절하지 <u>않은</u> 것은?

> ─── 보기 ───
>
> 강호에 봄이 드니 미친 흥(興)이 절로 난다
> 탁료계변(濁醪溪邊)에 금린어(錦鱗魚)가 안주로다
> 이 몸이 한가(閑暇)하옴도 역군은이샷다 〈제1수〉
>
> 강호에 여름이 드니 초당(草堂)에 일이 업다
> 유신(有信)한 강파(江波)는 보내나니 바람이로다
> 이 몸이 서늘하옴도 역군은이샷다 〈제2수〉
>
> ─ 맹사성, '강호사시가'

① 윗글과 달리 〈보기〉에서는 계절이 분명하게 구분되고 있다.
② 윗글과 달리 〈보기〉에서는 형식을 통일하고 있는 수가 있다.
③ 〈보기〉와 달리 윗글에서는 역사적 인물의 이름을 언급하며 시상이 전개되고 있다.
④ 〈보기〉와 달리 윗글에서는 과거의 삶에 자긍심을 지닌 화자의 모습이 나타나 있다.
⑤ 윗글과 〈보기〉 모두 임금을 향한 화자의 마음이 드러나 있다.

03 다음 중, 시어의 의미가 <u>다른</u> 하나는?

① 청풍명월   ② 초당   ③ 송죽
④ 십장 홍진   ⑤ 물외

04 기출 연계
윗글에 대한 설명으로 가장 적절한 것은?

① 음성 상징어를 사용하여 대상에 대한 생동감을 높이고 있다.
② 계절감을 드러내는 표현을 사용하여 시간의 경과를 보여 주고 있다.
③ 역설적 표현을 통해 부정적 상황에 대한 극복 의지를 나타내고 있다.
④ 대조적 시어를 통해 화자의 현재 상황에 대한 만족감을 드러내고 있다.
⑤ 움직임을 나타내는 어휘를 반복하여 대상의 역동적인 모습을 강조하고 있다.

05 기출 연계
〈보기〉를 참고하여 ⓐ~ⓔ를 감상한 내용으로 적절하지 <u>않은</u> 것은?

> ─── 보기 ───
>
> 윗글의 작가와 같은 사대부들은 관직에 오르지 못했거나 관직에서 물러났을 경우, 주로 자연에 귀의하여 자연물과 조화를 이루는 생활을 하였다. 그들은 속세에서 벗어나 자연 속에서 심리적 위안을 받으며 자신들이 직접 체험한 바를 시가를 통해 표현하였다.

① ⓐ: 화자가 관직에 나아가 이룰 수 있는 세속적 가치와 관련이 있다고 볼 수 있겠군.
② ⓑ: 자연 속에서 벗도 없이 심리적 위안을 받지 못하는 화자의 모습을 일컫는 것으로 볼 수 있겠군.
③ ⓒ: 화자가 벗어나고 싶은 부정적인 속세의 상황이라 볼 수 있겠군.
④ ⓓ: 화자가 관직에서 물러나 자연 속에서 지내며 직접 체험한 것으로 볼 수 있겠군.
⑤ ⓔ: 화자가 자연물과 조화를 이루며 느끼는 친밀감을 드러낸 것으로 볼 수 있겠군.

㉠연하(煙霞)의 깁픠 든 병(病) 약(藥)이 효험(效驗) 업서
　　안개와 노을로 자연을 나타냄 – 대유법
강호(江湖)에 바리연디 십 년(十年) 밧기 되어세라
　　　　　버려진 지
그러나 이제 다 못 죽음도 긔 성은(聖恩)인가 ᄒ노라 〈제3수〉
　　　　　　　　　　　임금의 큰 은혜

자연에 깊이 든 병에 약이 효험이 없어
자연에 버려진 지 십 년 밖이 되었어라.
그러나 이제 다 죽지 않음도 그것이 임금의 큰 은혜인가 하노라.

전나귀 밧비 모라 다 졈은 날 오신 손님
　다리를 절름거리는 나귀　　　저문
보리 피 구즌 뫼예 찬믈(饌物)이 아조업다
　보리 껍질　　거친 밥
아희야 비 내여 띄워라 그믈 노하 보리라 〈제4수〉

전나귀 바삐 몰아 다 저문 날 오신 손님
보리 껍질 거친 밥에 (❶　　　)이 아주 없다.
아이야, 배 내어 띄워라, 그물 놓아 보리라.

ᄃᆞᆯ 붉고 ᄇᆞ람 자니 믈결이 비단 일다
단정(短艇)을 빗기 노하 오락가락 ᄒᆞ난 흥(興)을
백구(白鷗)야 하 즐겨 말고려 세상(世上) 알가 ᄒᆞ노라 〈제5수〉
　갈매기

달 밝고 바람 잔잔하니 물결이 비단이로다.
(❷　　　)를 비스듬히 놓아 오락가락하는 흥을
갈매기야, 너무 즐겨 말아라, 세상 알까 하노라.

모래 우희 자는 백구(白鷗) 한가(閑暇) ᄒᆞᆯ샤
강호풍취(江湖風趣)랄 네 디닐 ᄯᅢ 내 디닐 ᄯᅢ
석양(夕陽)의 반범귀흥(半帆歸興)은 너도 날만 못ᄒᆞ리라
　　　　　　돛을 반쯤 올리고 돌아오는 흥
　　　　　　　　　　　　　　　　〈제6수〉

모래 위에 자는 (❸　　　) 한가하구나.
자연의 풍광과 흥취를 네가 지닐 때 내가 지닐 때
석양에 돛을 반쯤 올리고 돌아오는 흥은 너도 나만 못하리라.

식록(食祿)을 긋친 후(後)로 어조(漁釣)을 생애(生涯)ᄒᆞ니
　벼슬아치에게 월급처럼 주던 금품. 여기서는 벼슬살이를 의미함
헴 업슨 아히들은 괴롭다 ᄒᆞ건마ᄂᆞᆫ
두어라 강호한적(江湖閑適)이 내 분(分)인가 ᄒᆞ노라 〈제9수〉

벼슬에서 물러난 후로 낚시를 하며 살아가니
(❹　　　) 아이들은 괴롭다 하건마는
두어라, 자연에서의 한가로움이 내 분수인가 하노라.

◆ **문해력 UP** 감상 패턴 ◆

1 화자

화자의 상황

제3수	자연에서의 삶을 즐기며 임금의 은혜를 떠올림.
제4수	손님에게 대접할 반찬을 구하기 위해 고기를 잡고자 함.
제5수	달 밝은 밤에 배를 띄워 풍류를 즐김.
제6수	석양에 배를 타고 갈매기와 함께 자연의 흥취를 즐김.
제9수	벼슬에서 물러난 후 낚시로 소일하는 자신의 삶을 만족해함.

2 표현

대유법과 의인법의 사용

• '연하의 깁픠 든 병~'
→ '연하'는 안개와 노을을 뜻하지만, 이 작품에서는 자연을 나타냄.(대유법)
• '오락가락 ᄒᆞ난 흥을 ~ 백구야 하 즐겨 말고려', '모래 우희 자는 백구 ~ 네 디닐 ᄯᅢ'
→ 갈매기를 의인화하여 자연 친화적인 태도를 드러냄.(의인법)

3 내신&수능 기출 point

'백구'의 역할
화자와 함께 자연을 즐기는 대상이자 화자가 말을 건네는 상대로, 화자의 자연 친화적인 태도와 물아일체의 경지에 이른 모습을 보여 줌.

작품 정리

주제 한가한 자연 생활에서 느끼는 흥취와 임금의 은혜에 대한 감사
특징 ① 9수의 연시조로 작가가 벼슬에서 물러나 한적한 생활을 하면서 느낀 바를 표현함.
② 임금의 은혜에 감사하는 사대부의 유교적 이념이 반영됨.
성격 자연 친화적, 풍류적

현품 정답 ❶ 반찬 ❷ 작은 배 ❸ 갈매기 ❹ 생각 없는

내신 대비 실력 향상 문항

01 윗글에 대한 설명으로 적절하지 <u>않은</u> 것은?

① 〈제3수〉에서 화자는 자신이 죽지 않고 살아감은 임금의 은혜 덕분이라며 '연군지정(戀君之情)'을 드러내고 있다.

② 〈제4수〉에서 화자는 반찬거리도 구하기 힘든 생활이지만 이에 맞춰 살아가는 '안빈낙도(安貧樂道)'를 보여 주고 있다.

③ 〈제5수〉에서 화자가 세상과 소통을 거부하는 모습에서 정치 현실 속에서 '만고풍상(萬古風霜)'을 겪었음을 알 수 있다.

④ 〈제6수〉에서 화자는 갈매기와 함께 자연을 즐기며 '물아일체(物我一體)'의 경지에 이르고 있다.

⑤ 〈제9수〉에서 화자는 타인의 생각과는 달리 자신의 삶에 '안분지족(安分知足)'하는 모습을 보이고 있다.

02 윗글의 화자에 대한 설명으로 적절하시 <u>않은</u> 것은?

① 어부로서 살아가는 한가로운 삶에 만족하고 있다.

② 달밤에 작은 배를 타고 자연의 풍류를 즐기고 있다.

③ 벼슬에서 물러나 자연에서 십 년 넘게 살아가고 있다.

④ 자연의 흥취를 느끼지 못하는 갈매기를 안쓰러워하고 있다.

⑤ 손님에게 대접할 반찬거리를 구하기 위해 낚시를 하고자 하고 있다.

03 윗글의 내용을 바탕으로 할 때 ㉠을 이해한 내용으로 가장 적절한 것은?

① 자연에 대한 경외감이 드러나고 있다.

② 자연에 대한 깊은 애정이 드러나고 있다.

③ 자연의 이치에 대한 깨달음이 나타나고 있다.

④ 자신의 풍류 생활에 대한 우월감이 나타나고 있다.

⑤ 주변에 즐길 것이 부족하다는 인식이 드러나고 있다.

04 기출 연계
윗글을 바탕으로 학생들이 〈보기〉와 같이 감상했다고 할 때 이를 이해한 내용으로 가장 적절한 것은?

> ─ 보기 ─
>
> 학생 1: '강호구가'를 감상하면서 야간 유람선을 탔던 일이 떠올랐어. 달빛 아래에서 배를 타고 있으니 꿈을 꾸는 것 같았는데, 화자도 나와 비슷한 감정이었을 거야.
> 학생 2: 윤선도의 '어부사시사'가 생각났어. 자연과 더불어 살아가는 어부의 생활을 노래한 점에서 둘이 같아. 자료를 찾아보니 동시대에 창작된 시조들에서 이런 내용이 많이 나타나던데 당대 사대부들의 세계관에 부합했나 봐.

① '학생 1'은 자신의 경험을 바탕으로 윗글을 감상하였군.

② '학생 1'은 다른 작품과의 연관성을 바탕으로 윗글을 감상하였군.

③ '학생 2'는 독자에게 미친 영향을 바탕으로 윗글을 감상하였군.

④ '학생 2'는 화자와 대상 간의 관계를 고려하여 윗글을 감상하였군.

⑤ '학생 1'과 '학생 2' 모두 시대적 배경을 참고하여 윗글을 감상하였군.

05 기출 연계
윗글을 참고할 때, 〈보기〉의 ⓐ~ⓒ에 들어갈 말로 가장 적절한 것은?

> ─ 보기 ─
>
> 글자의 개수이든 음의 보폭이든 동일 요소의 반복은 시에 질서를 부여하고 리듬을 형성한다. 그런데 고전시가의 리듬에는 외적 규율이 전제되어 있는 반면 현대 시의 리듬은 내적 규범을 창출한다. 가령 시조는 (ⓐ)음보를 기준으로 하며, 종장의 첫 음보는 (ⓑ)음절을 유지하되 둘째 음보는 그보다 (ⓒ) 하는 규율을 따른다. 현대 시에서는 따라야 할 규율이 없는 대신 말소리, 휴지(休止), 고전시가에 없던 쉼표나 마침표 등 모든 요소들의 책임이 더 커졌다.

	ⓐ	ⓑ	ⓒ
①	3	3	길게
②	3	4	짧게
③	4	3	길게
④	4	4	짧게
⑤	5	3	길게

㉠풍아(風雅)의 깁흔 뜻을 전하는 이 긔 뉘신고

고조(古調)를 됴하ㅎ나 아는 이 젼혀 업네
옛 곡조. 여기서는 옳은 소리를 담은 옛 곡조를 뜻함

정성(正聲)이 하 아득하니 다시 블너 보리라 〈제1수〉
매우, 너무

시를 짓고 읊는 풍류의 깊은 뜻을 전하는 이, 그가 누구이신가?
옛 곡조를 좋아하나 아는 이가 전혀 없네.
(❶   )가 너무 아득하니 다시 불러 보리라.

문해력 UP 감상 패턴

① 화자

화자의 현실 인식
옳은 소리(정성)가 담긴 노래를 즐겨 부르는 이가 없는 현실을 개탄하며, 이를 되살려 보고자 함.

위의(威儀)도 거룩ㅎ고 예모(禮貌)도 너를시고
예절에 맞는 몸가짐

㉡해학을 됴하ㅎ나 가혹함이 되올소냐

아마도 성덕지선(盛德至善)을 못 니즐가 ㅎ노라 〈제3수〉

위엄도 거룩하고 예의도 넓으시고.

해학을 좋아하나 가혹함(괴롭힘)이 되겠느냐?
아마도 크고도 착한 덕을 못 잊을까 하노라.

---

② 표현

설의법과 대구법의 사용
• '해학을~되올소냐', '즁심을~위ᄒᆞᆯ소냐' 등
→ 설의법을 활용하여 화자가 전달하고자 하는 바를 강조함.
• '위의도 거룩ㅎ고 예모도 너를시고'
→ 대구법을 활용하여 의미를 강조하고 운율을 형성함.

좌상(座上)의 손이 잇고 술통에 ⓐ술이 ᄀᆞ득

㉢즁심(中心)을 즐길지니 외모를 위ᄒᆞᆯ소냐

덕음(德音)이 밝으시니 곧 반응이 나타나리라 〈제4수〉

자리에 손님 있고 술통에는 술이 가득

(❷   )을 즐길지니 외모를 위하겠느냐?
도리에 맞는 말이 밝으시니 곧 알게 되시리라.

---

③ 내신&수능 기출 point

외적 준거에 따른 작품 감상
작가는 당시 불리던 노래들이 사대부에게 적합하지 않다고 생각하여 교훈적인 내용을 담은 노래를 짓고자 하였음. 이에 주연(酒宴)을 즐기되 지나침은 경계해야 한다는 뜻을 담아 '풍아별곡'을 창작함. 따라서 작가가 사대부에게 전하고자 한, 각 연에 담긴 '정성(正聲)'을 이해해야 함.

이 힉 져므러시니 아니 놀고 어찌하리

㉣즐기믈 됴하ㅎ나 거칠음은 말지어다

아마도 직사기우(職思其憂)야 그가 어진 선비일까 ㅎ노라
마땅히 그 근심을 생각함
〈제5수〉

이 해 저물었으니 아니 놀고 어찌할까?

즐김을 좋아하나 (❸   ) 말지어다.
아마도 그 근심을 생각해야 그가 어진 선비일까 하노라.

작품 정리

주제 풍아를 즐기는 사대부가 갖추어야 할 자세
특징 ① 교훈적인 내용을 담은 계도가적 성격을 지님.
② 설의법과 대구법을 활용하여 사대부의 바람직한 자세를 강조함.
성격 풍류적, 교훈적

두었던 ⓑ종고금슬(鐘鼓琴瑟) 날로 즐겨 놀지어다
종, 북, 거문고, 비파

빅년 후 도라보오 화옥(華屋)의 뉘 들소니
화려하게 지은 집

㉤싱젼의 다 즐기지 못ㅎ면 뉘우칠까 ㅎ노라 〈제6수〉

두었던 종, 북, 거문고, 비파 날로 즐겨 놀지어다.
백 년 후 돌아보오, 화려한 집에 누가 들어갈 수 있는지
생전에 다 즐기지 못하면 뉘우칠까 하노라.

현풀 정답 ❶ 옳은 소리 ❷ 마음속 ❸ 지나치게는 (거칠게는)

01 윗글에 대한 설명으로 가장 적절한 것은?

① 공간적 배경을 묘사하여 인물의 내면 심리를 드러내고 있다.
② 과거와 현재의 대비를 통해 시상의 전환이 이루어지고 있다.
③ 대구의 형식을 통해 전달하고자 하는 내용을 강조하고 있다.
④ 계절감을 드러내는 소재를 통해 시간의 경과를 드러내고 있다.
⑤ 사물에 인격을 부여하여 인간의 이중적 태도를 비판하고 있다.

02 윗글에 대한 설명으로 적절하지 않은 것은?

① 〈제1수〉: 고조와 정성을 재현시키려는 의지
② 〈제3수〉: 해학을 즐기되 가혹함을 경계하는 선비로서의 도리
③ 〈제4수〉: 내면의 가치를 중시하는 선비로서의 도리
④ 〈제5수〉: 풍류를 즐기되 우국충정을 잊지 않는 선비로서의 도리
⑤ 〈제6수〉: 생전에 후회 없이 풍류를 즐기는 삶에 대한 권유

03 ⊙~⑪에 대한 설명으로 적절하지 않은 것은?

① ⊙: 의문형 문장을 통해 독자의 주의를 환기하고 있다.
② ⓒ: 설의적 표현을 통해 말하고자 하는 바를 강조하고 있다.
③ ⓒ: 인과 관계의 문장을 통해 의미를 설득력 있게 전달하고 있다.
④ ⓔ: 명령형 어미로 강력한 의미 전달을 의도하고 있다.
⑤ ⑪: 종속적으로 이어진 문장을 사용하여 생각을 전달하고 있다.

04 기출 연계
〈보기〉를 바탕으로 윗글을 이해한 내용으로 적절하지 않은 것은?

┤ 보기 ├

'풍아별곡'은 작가가 간성 군수로 있을 때, 손님들을 즐겁게 하기 위해 창작한 작품이다. 그는 당시 노래들이 사대부에게 적합하지 않으므로 옳은 소리를 담은 노래가 필요하다고 생각했다. 그래서 흥겹게 즐기자는 내용 속에 부분적으로 권계의 내용을 담았다. 이 작품에는 현재를 즐기되 지나쳐서는 안 된다는 '낙이불음(樂而不淫)' 사상과 중심을 지키는 것이 사대부의 바람직한 자세라는 교훈이 담겨 있다.

① '고조'를 아는 사람이 없고 '정성'이 아득하니 다시 불러 보겠다며 옳은 소리를 담은 노래가 사대부에게 필요하다는 생각을 드러내고 있군.
② '해학'을 좋아하지만 그것이 남을 괴롭혀서는 안 된다며 절제를 강조하는 낙이불음 사상을 드러내고 있군.
③ '좌상'에 손님이 있다는 것과 '이 회'가 저물었으니 즐겁게 놀자는 것을 보아 손님들과 현재를 즐기고자 하는군.
④ '외모'를 위하기보다 '중심'을 즐기라는 것으로 보아 겉치레보다 마음속을 지키는 것이 사대부의 바람직한 자세라고 생각하는군.
⑤ '종고금슬'로 날마다 즐겨 노는 것은 '화옥'을 꿈꾸는 어리석은 행동이라며 권계의 내용을 전달하고 있군.

05 기출 연계
ⓐ, ⓑ를 비교한 내용으로 가장 적절한 것은?

① ⓐ는 화자에게 감흥을 자아내는, ⓑ는 화자에게 불안감을 주는 소재이다.
② ⓐ는 화자가 현실에 대응하는 자세를 성찰하도록 이끄는, ⓑ는 화자의 근심을 잊게 하는 소재이다.
③ ⓐ는 화자의 소박한 삶의 태도를 드러내는, ⓑ는 화자의 놀며 즐기는 삶의 태도를 드러내는 소재이다.
④ ⓐ, ⓑ 모두 화자가 풍류를 즐기게 하는 소재이다.
⑤ ⓐ, ⓑ 모두 화자가 경외감을 가지고 있는 소재이다.

교육청학평

율령천(栗嶺川) 긴 감소에 낚대 들고 흘걷다가
　　　　　　연못　　　　　　　　흘어 걷다가

아침밥 좋이 먹고 긴 조오름 내었으니
　　　　좋게　　　　　졸음

ⓐ **세상의 번우한 벗이 이 뜻 알까 하노라** 〈제2수〉
　　　번거롭고 걱정이 많은

수월정(水月亭) 뜻을 두고 대산(臺山)에 몸을 두니

이 몸이 둘이면 갈라 두고 아니 놀랴

ⓑ **이 몸이 다만 하나이니 오락가락 하노라** 〈제5수〉

안빈(安貧) 희분(喜分)하여 부귀공명 모르노라

강호에 벗이 없어 백구 뿐이로다

백구야 ⓒ **헌사를 마라 세상 알까 하노라** 〈제9수〉

㉮ **율령천 백구(白鷗)들이 나더러 이른 말이**
　　　　　흰 갈매기

인간 시비(是非)를 모르고 늙으소서

우리는 한 말도 아니되 ⓓ **검다 세다 하뇌다** 〈제14수〉
　　　　　한 마디 말도

대산 상상봉에 내 혼자 올라와서

에에쳐 실컷 울고 생각느니 임이로다
　소리쳐

평생에 위군부애정이야 ⓔ **일각인들 잊으리까** 〈제20수〉

율령천 깊은 연못에 낚시대를 들고 흘어 걷다가
아침밥 좋게 먹고 긴 졸음을 내었으니

세상에 근심과 걱정이 많은 친구가 이 뜻을 알까 하노라.

수월정에 마음을 두고 대산에 몸을 두니
이 몸이 둘이면 (둘을) 갈라 두고 아니 놀겠느냐?
이 몸이 다만 하나라 오락가락 하노라.

가난함이 내 분수라 부귀공명을 모르노라.
강호에 벗이 없어 흰 갈매기 뿐이로다.
갈매기야 (❶　　　)를 말아라, 세상이 (강호 한정, 유유자적한 삶을) 알까 하노라.

율령천 흰 갈매기들이 나에게 하는 말이
인간 세상의 (❷　　　)을 모르고 늙으소서.
우리는 한 마디 말도 안 했는데 (세상 사람들이) 검다 희다 말을 하노라.

대산 맨 위 높은 봉우리에 나 혼자 올라와서
소리쳐 실컷 울고 생각하니 임 때문이로다.
평생에 임금과 아버지를 위하는 생각을 (❸　　　) 잊은 적이 있겠는가?

문해력 UP 감상 패턴

① **화자**

화자의 태도

연군지정
자연 속에서 생활하면서도 임금을 위하는 마음을 드러냄.

안분지족
아름다운 자연 속에서 비록 가난하게 생활하지만 분수에 맞게 살려는 의지를 보여 줌.

강호한정
한가로이 전원생활을 즐기는 시골 선비의 모습

② **표현**

'강호'의 의미

- 화자의 흥취를 유발하는 공간, 풍류의 공간
- 화자의 일상생활이 이루어지는 공간
- 유교적 사대부로서의 이념이 드러나는 공간

③ **내신&수능 기출 point**

화자의 내적 갈등
'평생에 위군부애정이야 일각인들 잊으리까'
→ 강호한정과 연군지정 사이에서 내적 갈등을 하는 화자의 모습이 드러나는데 이를 통해 조선 시대 사대부의 이중적 태도가 드러남.

작품 정리

주제 수월정 주변 자연 경관의 아름다움과 자연에서의 삶
특징 ① 자연과 속세를 의미하는 대조적 시어를 사용함.
② 의문 형식을 통해 화자의 의도를 강조함.
성격 자연 친화적, 풍류적

현풀 정답 ❶ 수다 ❷ 옳고 그름 ❸ 잠시라도

01 윗글의 화자에 대한 설명으로 적절하지 않은 것은?

① 자연생활 속에서도 연군지정을 품고 있다.
② 자연물을 통해 자신의 의도를 드러내고 있다.
③ 복잡한 세상일에 비판적 태도를 취하고 있다.
④ 부귀공명과 거리가 먼 생활을 후회하고 있다.
⑤ 화자는 자연 친화적 삶의 태도를 지니고 있다.

02 ㉮에 대한 설명으로 가장 적절한 것은?

① 화자가 경외감을 가지고 바라보는 대상이다.
② 화자가 속한 탈속적 세계를 폄하하는 대상이다.
③ 화자에게 공감을 표현하며 위로를 주는 대상이다.
④ 화자의 대리인 역할로 당부의 말을 전하는 대상이다.
⑤ 화자가 과거의 사건을 회고하는 계기가 되는 대상이다.

03 ⓐ~ⓔ의 문맥상 의미로 적절하지 않은 것은?

① ⓐ: 세상일에 걱정이 많은 사람
② ⓑ: 강호한정을 즐기기에 바쁘다.
③ ⓒ: 자연에서의 즐거움을 유난스럽게 알리지 마라.
④ ⓓ: 싫고 좋은 것을 말하지 않아도 알아준다.
⑤ ⓔ: 잠시라도 잊은 적이 없다.

04 교육청학평 기출
윗글에 대한 설명으로 가장 적절한 것은?

① 후렴구를 활용하여 음악적 효과를 드러내고 있다.
② 연쇄의 방식을 통해 대상의 속성을 부각하고 있다.
③ 직유의 방식을 사용하여 대상의 가치를 나타내고 있다.
④ 의문의 형식을 활용하여 화자의 내면을 드러내고 있다.
⑤ 상승과 하강 이미지 반복을 통해 주제를 부각하고 있다.

05 기출 연계
〈보기〉를 바탕으로 윗글을 감상한 내용으로 적절하지 않은 것은?

─ 보기 ─

선생님: 고전시가는 화자가 자신의 처지나 이념을 바탕으로 자연을 감상하면서 자신의 정서를 드러내는 경우가 많습니다. '수월정청흥가'에서는 사대부인 화자가 강호에서 생활하면서도 세상에 대한 번민에서 벗어나지 못하는 상황이 드러납니다. 이러한 화자의 상황을 고려해 작품 속에 자연의 의미가 어떻게 드러나는지 이야기해 봅시다.

① 학생 1: '율령천'에서 낚시로 소일하며 한가한 생활에서 만족감을 느끼는 화자의 모습을 바탕으로, 자연에서의 안분지족의 가치를 강조하고 있어요.
② 학생 2: '율령천'에서 지내며 '아침밥'을 먹은 후 졸음이 나온 것과 같이 강호에서 시간을 보내는 화자의 모습을 바탕으로, 자연은 화자의 일상적 생활이 이루어지는 공간으로 나타나고 있어요.
③ 학생 3: '긴 감소'에 '낚대'를 들고 흩어 걷는 것과 같이 강호를 즐기는 화자의 모습을 바탕으로, 자연은 화자의 흥취를 유발하는 공간으로 나타나고 있어요.
④ 학생 4: '율령천'에서 '세상의 번우한 벗'을 떠올리는 것과 같이 강호에서도 세상을 걱정하는 화자의 모습을 바탕으로, 자연은 화자의 번민이 심화되는 공간으로 나타나고 있어요.
⑤ 학생 5: '대산 상상봉'에서 '위군부애정'을 생각하는 것과 같이 산봉우리에서 선비의 본분을 생각하는 화자의 모습을 바탕으로, 자연은 화자가 지닌 사대부로서의 이념이 드러나는 대상으로 나타나고 있어요.

청산(靑山)은 에워 들고 **녹수(綠水)**는 도라가고

석양(夕陽)이 거들 째예 **신월(新月)**이 소사난다
　　　　　거두어질 끝날　　　새 달
안전(眼前)의 **일준주(一尊酒)** 가지고 시름 프자 ᄒᆞ노라
　　　　　　한 통의 술
　　　　　　　　　　　　　　　　　　〈제1수〉

청산은 에워 들고 녹수는 돌아가고

석양이 걷히는 때 새 달이 솟아난다.

눈앞에 한 통의 술 두고 시름 풀려 하노라.

강산(江山)의 눈이 닉고 **세로(世路)**의 눗치 서니

어듸 뉘 문(門)의 이 허리 ⓐ굽닐손고

ⓑ일준주 삼척금(三尺琴) 가지고 **백년소일(百年消日)**ᄒᆞ리라
　한 통의 술과 석 자 크기 거문고
　　　　　　　　　　　　　　　　　　〈제3수〉

강산은 눈에 익고 세상길은 낯이 설어

어디 뉘 문전에 이 허리를 (❶　　　)?

한 통의 술과 석 자 크기 거문고로 한 평생을 소일하며 살리라.

닉 **말도 늄**이 마소 늄의 말도 닉 아닉닉

고산(孤山) 불고정(不孤亭)의 조하 늙는 몸이로쇠

어듸셔 망녕의 손이 ⓒ검다 셰다 ᄒᆞ나니 〈제4수〉

내 말을 남들 마소, 남의 말도 내 아니 하니

고산 불고정이 좋아 늙는 몸이로세.

어디서 망령된 사람이 (❷　　　) 하는가.

엇긔제 비즌 술이 다만 **세 병(瓶)**쑨이로다

흔 병(瓶)은 믈의 놀고 ᄯᅩ 흔 병(瓶) 뫼희 노셔
　　　　　　물에서　　　　　　　산에서
이 밧긔 나믄 병(瓶) 가지고 달의 논들 엇더리 〈제6수〉

엊그제 빚은 술이 다만 세 병뿐이로다.

한 병으로 물에서 놀고 또 한 병으로는 산에서 놀고

그 밖에 남은 술병으로 달과 논들 어떠리.

생애도 **고초(苦楚)**ᄒᆞ고 세미(世味)도 **담박(淡泊)**ᄒᆞ다
　　　　고생스럽고　　　세상 사는 맛　　멋스럽지 못하다
흰 술 흔두 잔의 프른 글귀 쑨이로쇠

ⓓ**옥경헌(玉鏡軒) 평생행장(平生行狀)**이 이 밧긔는 업세라
　작가의 아호이며　　　　평생 살아온 행적
　작가 소유의 전각 이름
　　　　　　　　　　　　　　　　　　〈제7수〉

인생은 힘들었고 세상살이 맛도 멋스럽지 못하다.

흰 술 한두 잔에 푸른 글귀 뿐이로세.

옥경헌 평생의 삶에는 이밖에는 없어라.

ⓔ**칠현(七絃)**이 냉냉(冷冷)ᄒᆞ니 녜 소릭는 잇다마는

종기(鍾期)를 못 맛나니 이 **곡조(曲調)** 게 뉘 알이
중국 춘추 시대 인물로 자신의 친구인 백아의 거문고 실력이 뛰어남을 알아봄
벽공(碧空)의 **일륜명월(一輪明月)**이 닉 버진가 ᄒᆞ노라 〈제9수〉
푸른 하늘　　　밝고 둥근 달

거문고 소리 맑으니 (❸　　　) 남았다만

종자기를 못 만나니 이 곡조를 누가 알아주겠는가?

푸른 하늘에 밝고 둥근 달이 내 벗인가 하노라.

문해력 UP 감상 패턴

① 화자

화자의 정서 및 태도

자연을 흥취 대상으로 인식

조선시대 양반 시조에서 많이 보이는, 자연에 묻힌 생활을 노래한 강호가의 전형적인 모습

탈속적 삶의 태도와 풍류

'고산 불고정' 그리고 '옥경헌'이라는 정자를 짓고 생활하는 모습

② 표현

대비되는 공간의 제시

강산
자연을 의미하며 낯이 익음.

↕

세로
세상길을 의미하며 낯이 설음.

→ 세상일을 멀리하고 자연을 벗 삼아 살고 싶은 화자의 마음이 담겨 있음.

③ 내신&수능 기출 point

고사의 인용

'종기를 못 맛나니~닉 버진가 ᄒᆞ노라'

→ '종기'는 백아의 친구 '종자기'를 뜻하며, 고사를 인용하여 곡조를 알아주는 사람이 없는 것에 대한 안타까움과 자연만을 벗으로 삼겠다는 마음을 드러냄.

작품 정리

주제 자연에 대한 사랑, 자연에서의 유유자적한 삶

특징 ① 설의적 표현을 통해 현실 비판적 태도를 드러냄.

② 고사를 인용하여 화자 자신의 처지를 우회적으로 표현함.

성격 자연 친화적, 전원적, 풍류적

현풀 정답 ❶ 굽히겠는가 ❷ 옳다 그르다 ❸ 옛소리

01 윗글에 대한 설명으로 적절하지 **않은** 것은?

① 〈제1수〉에서 '신월'과 〈제9수〉에서 '일륜명월'은 화자에게 위로가 되는 소재이다.

② 〈제3수〉에서 화자는 '강산'을 '세로'와 대비되는 속성으로 인식하고 있다.

③ 〈제4수〉에서 '말'은 화자가 세상을 살아가는 방식에 대한 사람들의 평가를 뜻한다.

④ 〈제6수〉에서 화자는 세속적 욕망을 실현할 방법이 없어 '세 병'의 술을 선택한 것이다.

⑤ 〈제9수〉에서 '곡조'는 '자신의 재능과 능력'이라는 의미를 포함한다.

02 〈제6수〉에 대한 설명으로 가장 적절한 것은?

① 대상을 열거하는 방식으로 자연의 아름다움을 묘사하고 있다.

② 시선의 이동에 따라 변화하는 자연의 모습을 형상화하고 있다.

③ 사물을 매개로 하여 화자가 추구하는 삶의 모습을 제시하고 있다.

④ 구체적 대상에 빗대어 자연의 섭리에 대한 경외감을 표출하고 있다.

⑤ 감각적 이미지를 사용하여 자연이 지닌 역동적 생명력을 강조하고 있다.

03 ⓐ~ⓔ의 문맥상 의미로 적절하지 **않은** 것은?

① ⓐ: 굽실거릴 것인가

② ⓑ: 한 동이의 술과 석 자 크기 거문고

③ ⓒ: 옳다 그르다

④ ⓓ: 술을 벗 삼아 지내던 과거 삶에 대한 회한

⑤ ⓔ: 거문고 소리가 맑게 울리니

04 교육청학평 기출
〈보기〉를 참고하여 윗글을 감상한 내용으로 적절하지 **않**은 것은?

─ 보기 ─

강호한정을 노래한 시조에서 사대부들은 세속적 삶을 멀리하고 물질적 빈곤 속에서도 자연과 함께 정신적 풍요를 누리며 만족해하는 모습을 드러낸다. '고산별곡'에서도 작가는 관직에 몸담지 않고 자연에 은거하며 풍류를 즐기는 자신의 삶에 대한 만족감을 노래하고 있다. 그러나 한편으로는 출사의 기회를 얻지 못한 채 특별히 이루어 놓은 일 없이 만년에 접어들었다는 작가의 안타까움도 작품 속에 담겨 있다.

① 〈제1수〉에서 화자는 '청산', '녹수' 등을 통해 자연 속에서 살아가는 모습을 드러내면서도 만년에 느끼는 시름을 '일존주'로 달래려 하고 있어.

② 〈제3수〉에서 화자는 '세로'의 삶과 달리 '백년소일'하는 '강산'에서의 삶을 긍정하며 자연에 은거하는 삶을 이어 가고자 하는 의지를 드러내고 있어.

③ 〈제4수〉에서 화자는 '놈', '손'의 평가와 상관없이 '고산 불고정'에서 지내는 삶을 통해 현재의 생활에 대한 만족감을 드러내고 있어.

④ 〈제7수〉에서 화자는 '고초'하고 '담박'했던 생애를 긍정하면서도 '흰 술'에 만족해야 하는 현재의 삶에 대해 안타까워하고 있어.

⑤ 〈제9수〉에서 화자는 자신을 알아주는 사람을 만나지 못한 아쉬움을 드러내며 '일륜명월'을 통해 자신의 마음을 달래고 있어.

05 기출 연계
윗글에 드러나는 화자의 태도로 가장 적절한 것은?

① 인간의 유한한 삶에 대해 안타까워하는 태도가 드러나 있다.

② 현실에서 해소하기 힘든 시름을 잊고자 하는 태도가 드러나 있다.

③ 불우한 환경에서 벗어날 수 있기를 기대하는 태도가 드러나 있다.

④ 현재의 처지를 개선하여 주위 사람들에게 인정받으려는 태도가 드러나 있다.

⑤ 당면한 문제 상황을 해소하기 위해 다방면으로 노력하려는 의지적 태도가 드러나 있다.

바위에 섰는 ⓐ**솔**이 늠연(凜然)한 줄 반가온뎌
　　　　　　　위엄이 있고 당당한
ⓑ**풍상(風霜)**을 겪어도 여위는 줄 전혀 업다
어쩌다 **봄빛**을 가져 고칠 줄 모르나니 〈제1수〉

바위에 서 있는 소나무가 위엄이 있고 당당한 것이 반갑구나.
(❶　　　　　) 같은 고난을 겪어도 마르는 일이 전혀 없다.
어찌하여 봄빛처럼 푸른빛을 가지고 변할 줄을 모르는가?

동리(東籬)에 심은 ⓒ**국화(菊花)** 귀(貴)한 줄을 뉘 아나니
동쪽 울타리
춘광(春光)을 번폐하고 **엄상(嚴霜)**에 혼자 피니
봄철의 볕　　　마다하고
어즈버 청고한 **내 벗**이 다만 넨가 하노라 〈제2수〉

동쪽 울타리에 심은 국화가 귀한 줄을 누가 아는가?
따뜻한 봄볕을 마다하고 늦가을 (❷　　　　　)에 혼자 피어나니
아, 맑고 고결한 내 벗이 다만 너뿐인가 하노라.

꽃이 무한(無限)호되 ⓓ**매화(梅花)**를 심은 뜻은
눈 속에 꽃이 피어 **한 빛**인 줄 귀하도다
하물며 그윽한 향기(香氣)를 아니 귀(貴)코 어이리 〈제3수〉

꽃이 무수히 많지만 매화를 심은 뜻은
눈 속에서 꽃을 피워 (눈과) 같은 빛깔을 띠는 것이 귀하구나.
하물며 그윽한 향기까지 내뿜으니 귀하지 않고 어찌하겠는가?

백설(白雪)이 잦은 날에 **대**를 보려 창(窓)을 여니
온갖 꽃 간 데 업고 ⓔ**대숲**이 푸르러셰라
어째서 **청풍(淸風)**을 반겨 흔덕흔덕 하나니 〈제4수〉
　　　　　　　　　　　흔들흔들

흰 눈이 자주 내리는 날에 대나무를 보려고 창을 여니
온갖 꽃들은 간 곳이 없고 대나무 숲만 푸르구나.
어찌하여 (❸　　　　　)을 반기면서 흔들흔들하는가?

문해력 UP 감상 패턴

1) 화자

화자가 예찬하는 '사우'의 덕성

소나무	풍상을 겪어도 변함이 없음.
국화	매서운 서리 속에서 혼자 피어남.
매화	눈 속에서 꽃을 피워 그윽한 향기를 내뿜음.
대나무	백설이 잦은 날에도 푸름을 잃지 않음.

2) 표현

시어의 상징성
'풍상', '엄상', '눈', '백설'
→ '사우'가 겪는 시련과 고통, 고난

3) 내신&수능 기출 point

작품의 의의
• 비슷한 소재를 다룬 윤선도의 '오우가'보다 앞서 창작된 작품임.
• 조선조 광해군 때 이신의가 인목대비 폐비 사건을 맞아 유학자다운 곧고 강직한 성품으로 반대 상소를 올렸다가 함경북도 회령 지방에 유배되었을 때 창작됨.

작품 정리

주제 사우(소나무, 국화, 매화, 대나무)의 고결한 기품 예찬
특징 ① 소나무, 국화, 매화, 대나무를 네 벗(사우)으로 칭함.
② 혹독한 환경 속에서도 변치 않는 자연물의 속성을 통해 지조가 높은 선비의 기상을 드러냄.
③ 대상에게 말을 건네는 방식을 활용함.
④ 대상을 대조적으로 제시하여 자연물이 지닌 속성을 강조함.
성격 유교적, 교훈적, 예찬적

현풀 정답 ❶ 바람과 서리 ❷ 된서리 ❸ 맑은 바람

01 윗글에 대한 설명으로 적절하지 않은 것은?

① 〈제1수〉의 '풍상'과 〈제2수〉의 '엄상'은 모두 시련에 놓인 시적 대상의 처지를 드러낸다.

② 〈제1수〉의 '봄빛'은 시적 대상의 지향을 드러내지만, 〈제2수〉의 '춘광'은 그렇지 않다.

③ 〈제2수〉의 '내 벗'은 〈제4수〉의 '온갖 꽃'과 달리 화자가 부정적으로 생각하는 대상이다.

④ 〈제3수〉의 '매화'는 시각적, 후각적 이미지로, 〈제4수〉의 '대'는 시각적 이미지로 형상화되어 있다.

⑤ 〈제4수〉에서는 '백설'과 푸르른 '대숲'을 대비하여 '대'의 긍정적 속성을 환기하고 있다.

02 윗글의 표현상 특징으로 적절하지 않은 것은?

① 영탄적 표현으로 화자의 정서를 효과적으로 드러내고 있다.

② 역설적인 표현으로 화자가 지향하는 가치관을 드러내고 있다.

③ 의태어를 사용하여 생동감 있게 대상의 이미지를 부각하고 있다.

④ 대조적인 자연물의 속성을 제시하여 시적 의미를 강조하고 있다.

⑤ 대상에게 말을 건네는 방식을 활용하여 대상과의 친밀감을 드러내고 있다.

03 ⓐ~ⓔ 중, 소재의 기능이나 성격이 다른 것은?

① ⓐ   ② ⓑ   ③ ⓒ   ④ ⓓ   ⑤ ⓔ

04   교육청학평 기출
작품의 제목을 고려할 때, 윗글의 표현 방식에 대해 이해한 내용으로 가장 적절한 것은?

① 〈제1수〉와 〈제4수〉에서는 음성 상징어를 활용해 '사우'의 동작을 묘사하고 있다.

② 〈제2수〉와 〈제3수〉에서는 상승과 하강의 이미지를 교차하여 '사우'의 모습을 부각하고 있다.

③ 〈제3수〉와 〈제4수〉에서는 색채 대비를 통해 '사우'의 장단점을 제시하고 있다.

④ 〈제1수〉부터 〈제4수〉까지 모두 반어적 표현을 통해 '사우'의 특성을 강조하고 있다.

⑤ 〈제1수〉부터 〈제4수〉까지 모두 계절감을 활용해 '사우'의 긍정적 속성을 드러내고 있다.

05   기출 연계
〈보기〉를 참고하여 윗글을 감상한 내용으로 적절하지 않은 것은?

> ─── 보기 ───
>
> 작가 이신의는 광해군의 폭정에 상소하였다가 함경북도 회령에 유배되었을 때 '사우가'를 창작하였다. 이 작품에서 작가는 당시 정치 상황에 굴복하고 자신의 뜻을 바꾸는 속된 선비들과는 달리 시류에 영합하지 않겠다는 고고한 정신을 드러냈다. 또한 유배지에서 힘든 생활을 했음에도 불구하고 자신의 삶에 대한 자부심과 씩씩한 기상을 표현하였다.

① '풍상'을 겪는 '솔'의 모습을 통해 당시 정치 상황 속에서 시련을 겪는 작가의 상황을 제시한 것이군.

② '봄빛'은 자신의 뜻을 바꾸는 속된 선비들에게 요구되는 가치관이라 할 수 있겠군.

③ '춘광'을 마다하고 피는 '국화'는 시류에 영합하지 않겠다는 작가의 고고한 정신을 상징하는 것이군.

④ '눈 속'에서 핀 '매화'가 눈과 '한 빛'이라고 표현한 것에서 당대의 정치 현실에 변화가 나타나고 있음을 알 수 있군.

⑤ '대'나무가 '백설이 잦은 날' 부는 찬바람을 '청풍'이라 여기고 이를 반긴다고 표현한 것에서 작가의 씩씩한 기상을 엿볼 수 있군.

태평시절 ᄇᆞ린 몸이 물외(物外)예 누어더니

갑 업슨 풍월과 임ᄌᆞ 업슨 강산을

조물이 허락ᄒᆞ야 날을 맛겨 ᄇᆞ리시니

ⓐ뉘라 ᄉᆞ양ᄒᆞ며 닷토리 뉘 이시리

상주 동쪽 두둑과 낙동강 서쪽 물가예

연하를 헤치고 **동천**을 ᄎᆞᆽ 드러
　　　　　　산천으로 둘러싸인 경치 좋은 곳
죽장망혜(竹杖芒鞋)로 처처(處處)의 도라보니

맑은 연못 깁흔 곳의 노프니는 절벽이오

ⓑ옥 ᄀᆞᇀ튼 여흘은 비단 편 ᄃᆞᆺ 흘러 있다
　　여울. 강이 얕거나 좁아 물살이 세게 흐르는 곳
ⓒ대(臺)도 ᄃᆞᆺ그려니 졍ᄌᆞ도 지으려니

연못도 ᄑᆞ오며 시냇물도 혜오려니

뉘 힘 밋ᄂᆞᆫ ᄃᆡ로 초옥삼간(草屋三間) 지어 ᄂᆡ니

ⓓ갖춘 것 부족ᄒᆞᆫᄃᆡ 경ᄀᆡ는 그지업다 〈중략〉

그ᄂᆞᆫ ᄏᆞ니와 사시(四時)예 뵈는 경이

피여 디는 ᄃᆞᆺ 푸르러 이우는 ᄃᆞᆺ

온갖 바위 비단된 ᄃᆞᆺ 온 골짜기 구슬된 ᄃᆞᆺ

화공 솜씨를 측량키 어려워라

보아 싫증나며 변화ᄅᆞᆯ 가늠ᄒᆞᆯ가

ⓔ늙고 병들고 게으른 이 셩품이

세상 물정도 몰ᄅᆞ고 인사(人事)의 우활ᄒᆞ여

공명부귀도 구하기에 재주 없어

빈천 기한(飢寒)을 일싱의 겪고 이셔

낙천지명을 예 좀ᄭᅡᆫ 드러더니
하늘의 뜻에 순응하여 자기의 처지에 만족함
㉠**산수(山水)에 벽이 이셔 우연히 드러오니**

득실도 모ᄅᆞ거든 **영욕(榮辱)**을 어이 알며

시비(是非)를 못 ᄃᆞᆺ거니 **출ᄎᆞᆨ**을 어이 알소
　　　　　　　　　못된 사람을 내쫓고 착한 사람을 올려 씀
좁은 방이 **쓸쓸**하고 용슬을 ᄒᆞᆼ뎟 마ᄃᆞᆺ
　　　　　　　방이 좁아서 무릎을 들일 듯 말 듯
작은 방이 적막하고 세상 근심 이져시니

책 속의 성현 말ᄊᆞᆷ 오랜 세월예 사우시며
　　　　　　　　스승으로 삼을 만한 벗
천지신명은 마음의 비최시며 / **타고난 셩품을 저버리지 마자**

ᄒᆞ니 / **거친 밥 마실 물도 잇든지 못 잇든지** / 고인 진락(古人眞樂)이 고요함 속의 깁허셔라

태평시절을 버린 몸이 세상 바깥에 누웠더니

값이 없는 풍월과 임자 없는 강산을

조물주가 허락하여 나에게 맡겨 버리시니

나라고 사양하겠으며, (나와) 다툴 이 누가 있겠는가?

상주 동쪽 언덕과 낙동강 서쪽 물가에

(❶　　　　)을 헤치고 좋은 경치를 찾아 들어가

대지팡이와 짚신 차림으로 이곳저곳 돌아보니

맑은 연못 깊은 곳에 높은 것은 절벽이요,

옥 같은 여울은 비단을 편 듯 흘러 있다.

대도 닦고 정자도 지으니

연못도 파고 시냇물도 끌어오니

내 힘이 미치는 대로 초옥삼간을 지어 내니

갖춘 것은 부족하지만 경치는 이루 말할 수 없다.

그런 것은 물론이거니와 (❷　　　　)에 보이는 경치가

피었다가 지는 듯, 푸르다가 시드는 듯

온갖 바위가 비단이 된 듯, 온 골짜기가 구슬이 된 듯

화공의 솜씨를 헤아리기 어려워라.

(풍경을) 본다 하여 싫증이 나며, 변화를 가늠하겠는가?

늙고 병들고 게으른 이 성품이

세상 물정도 모르고 사람의 일에 어두워서

공명부귀도 구하기에 재주가 없어서

가난하고 천하며 춥고 배고픔을 평생에 겪고 있어

하늘의 뜻에 따라 만족하며 살라는 것을 예전에 잠깐 들었더니

자연을 지나치게 즐기는 성질이 있어 우연히 들어오니

이익과 손해도 모르는데 영욕을 어찌 알며

옳고 그름을 못 듣는데 출척을 어찌 알겠는가?

좁은 방이 쓸쓸하고 무릎을 들일 듯 말 듯하고

작은 방이 적막하고 세상의 근심을 잊었으니

책 속의 성현 말씀이 오랜 세월의 스승과 같은 벗이며

천지신명은 마음에 비추시며 / 타고난 성품을 저버리지 말고자 하니 / 거친 밥과 마실 물도 있거나 없거나 / 옛사람의 참된 (❸　　　)이 고요함 속에 깊었구나.

문해력 UP 감상 패턴

① 화자

화자의 태도 및 정서

'온갖 바위 비단된 ᄃᆞᆺ 온 골짜기 구슬된 ᄃᆞᆺ', '화공 솜씨를 측량키 어려워라' 등	자연 예찬
'낙천지명을 예 좀ᄭᅡᆫ 드러더니', '거친 밥 마실 물도 잇든지 못 잇든지' 등	안분지족, 안빈낙도

② 표현

직유법의 활용

- 옥 ᄀᆞᇀ튼 여흘은 비단 편 ᄃᆞᆺ 흘러 있다
- 피여 디ᄂᆞᆫ ᄃᆞᆺ 푸르러 이우는 ᄃᆞᆺ
- 온갖 바위 비단된 ᄃᆞᆺ 온 골짜기 구슬된 ᄃᆞᆺ

→ 직유법을 통해 경치를 생생하고 구체적으로 묘사함.

③ 내신&수능 기출 point

대조적 시어

속세
득실, 영욕, 시비, 출척 등

↕

자연
물외, 풍월, 강산, 산수 등

작품 정리

주제 자연 속에서 안빈낙도하는 삶
특징 ① 설의법, 직유법, 대구법 등을 활용함.
② 자연 풍경에 대한 섬세한 묘사가 드러남.
성격 풍류적, 자연 친화적

현풀 정답 ❶ 안개와 노을 ❷ 사계절 ❸ 즐거움

01 윗글의 화자에 대한 설명으로 가장 적절한 것은?

① 인간의 유한한 삶에 대해 한탄하는 태도가 드러나 있다.

② 이상과 현실의 괴리에서 비롯된 삶에 대한 회의적 태도가 드러나 있다.

③ 현재 삶을 비관적으로 인식하는 자신에 대한 성찰적 태도가 드러나 있다.

④ 현재의 삶이 이해관계나 타인으로부터 자유로움을 강조하는 태도가 드러나 있다.

⑤ 희망을 찾을 수 없는 절망적 현실에 대한 냉소적인 태도가 드러나 있다.

02 ㉠에 대한 설명으로 가장 적절한 것은?

① 지향하는 삶의 모습이 실현된 공간이다.

② 궁핍한 생활을 해결하고자 노력하는 공간이다.

③ 현실에서의 고뇌가 이어지는 괴로운 공간이다.

④ 자연 속에서도 현실로의 복귀를 염원하는 공간이다.

⑤ 세속적 삶에서의 욕구를 충족하려는 의지가 드러난 공간이다.

03 ⓐ~ⓔ에 대한 설명으로 적절하지 않은 것은?

① ⓐ: 설의적 표현을 통해 시적 상황에 대한 화자의 생각을 강조하고 있다.

② ⓑ: 비유적 표현을 통해 대상에 대한 화자의 인상을 드러내고 있다.

③ ⓒ: 대구의 방식을 활용하여 화자의 행위를 제시하고 있다.

④ ⓓ: 영탄적 표현을 통해 화자의 의지를 표출하고 있다.

⑤ ⓔ: 열거의 방식을 활용하여 화자 자신의 특성을 드러내고 있다.

04 교육청학평 기출
윗글에 대해 이해한 내용으로 가장 적절한 것은?

① '갑 업순 풍월과 임직 업순 강산'은 화자가 떠나온 곳으로 '동천'과 대조적 성격을 지닌다.

② '노프니는 절벽이오'는 화자가 '맑은 연못 깁흔 곳'에서 벗어나 도달하고자 하는 내면적 경지를 드러낸다.

③ '산수에 벽이 이셔'는 화자가 '빈천 기한'을 일생토록 겪으면서 극복하고자 한 문제를 가리킨다.

④ '타고난 성품을 저버리지 마자'는 '책 속의 성현 말씀', '천지신명'과 관련하여 화자가 지향하게 된 태도를 나타낸다.

⑤ '거친 밥 마실 물'은 '작은 방'에서 '쓸쓸하'게 지내는 화자가 궁극적으로 얻고자 하는 것을 알려 준다.

05 기출 연계
〈보기〉를 바탕으로 윗글을 감상한 내용으로 적절하지 않은 것은?

━━━ 보기 ━━━
'매호별곡'은 늙고 병들어 스스로 관직을 사임하고 낙향한 작가가 '매호'에 정착하여 지은 것으로 추정된다. 이 작품은 자연과 속세를 대립적으로 인식하던 강호 가사의 특징을 반영하고 있으나, 정치 현실과의 갈등이나 도학적 이념 등은 나타나지 않는다. 사대부로서의 뜻을 이루지 못한 채 힘들게 살아온 삶에 대한 솔직한 심경을 표현하는 가운데, 자신의 삶을 수긍하고 담담하게 살아가는 모습을 형상화하고 있다.

① '공명부귀도 구하기에 재주 없어'와 '빈천 기한을 일싱의 겪고 이셔'라는 표현은 고되고 힘든 삶을 살아왔다는 화자의 인식을 보여 주고 있다.

② '낙천지명을 예 좀찬 드러더니', '거친 밥 마실 물도 잇든지 못 잇든지'라는 표현에는 자신의 삶을 수긍하고 담담하게 살아가는 소망이 투영되어 있다.

③ 산수에 있는 화자가 '산수에 벽이 이셔 우연히 드러오니'라고 말한 것으로 보아, 화자는 자연을 자신과 분리되는 공간으로 인식하고 있다.

④ '영욕'과 '출척'을 모른다고 하는 것에서 정치 현실의 갈등에서 벗어나고 싶은 화자의 마음이 드러나 있다.

⑤ '타고난 성품을 저버리지 마자 ᄒ니'에서 타고난 성품대로 살아가야 한다는 화자의 깨달음이 드러나 있다.

가사

70 자도사(自悼詞)_조우인

평가원모평

서해(誓海) 맹산(盟山)을 첫 말씀 미덧더니	바다와 산에 맹세한 첫 말씀 믿었더니
그 더듸 므스 일로 이 근원 그쳐 두고	그 사이 무슨 일로 이 근원을 그쳐 두고
옥 같은 얼굴을 외오 두고 그리는고	옥 같은 얼굴을 외롭게 두고 그리는가.
사랑이 슬믜던가 명박(命薄)한 타시런가	사랑이 (❶), 박복한 탓이런가.
말하면 목이 메고 생각거든 가슴 끔즉 〈중략〉	말하면 목이 메고 생각하거든 가슴이 끔찍하다.
건곤이 얼어붙어 삭풍이 몹시 부니 (삭풍: 겨울철에 북쪽에서 불어오는 찬바람)	세상이 얼어붙어 찬바람이 몹시 부니
하루 쬔다 한들 **열흘 추위 어찌할꼬**	하루 (볕을) 쬔다 한들 열흘 추위를 어찌할까.
은침을 빼내어 오색실 꿰어 놓고	은 바늘을 빼내어 오색실 꿰어 놓고
임의 터진 옷을 깁고자 하건마는	임의 터진 옷을 깁고자 하지만
㉠천문구중(天門九重)에 갈 길이 아득하니	아홉 겹 궁궐 문에 갈 길이 아득하니
아녀자 깊은 정을 임이 **언제** 살피실꼬	아녀자 깊은 정을 임이 언제 살피실까.
㉡**음력 섣달** 거의로다 새봄이면 늦으리라	음력 섣달이 거의로다. 새로 봄이 오면 (옷을 기워 보내는 일이) 늦으리라.
동짓날 자정이 지난밤에 **돌아오니**	동짓날 자정이 지난밤에 돌아오니
만호천문(萬戶千門)이 차례로 연다 하되	집집마다 대문을 차례로 연다 하되
자물쇠를 굳게 잠가 **동방(洞房)**을 닫았으니	자물쇠를 굳게 잠가 침실을 닫았으니
눈 위에 서리는 얼마나 녹았으며	눈 위에 서리는 얼마나 녹았으며
뜰 가의 매화는 몇 송이 피었는고	뜰 가의 매화는 몇 송이나 피었는가.
㉢간장이 다 썩어 넋조차 그쳤으니	애간장이 다 썩어 넋조차 그쳤으니
천 줄기 원루(怨淚)는 피 되어 솟아나고	천 줄기 억울한 (❷)은 피 되어 솟아나고
반벽청등(半壁靑燈)은 빛조차 어두워라	벽에 걸린 푸른 등은 빛조차 어두워라.
황금이 많으면 매부(買賦)나 하련마는	황금이 많으면 글이라도 사련마는
㉣백일(白日)이 무정하니 **뒤집힌 동이**에 비칠쏘냐	태양이 무정하니 뒤집힌 동이에 비치겠느냐.
평생에 쌓은 죄는 다 나의 탓이로되	평생에 쌓은 죄는 다 나의 탓이로되,
언어에 공교 없고 눈치 몰라 다닌 일을	언어에 재주가 없고 눈치 몰라 행한 일을
풀어서 헤여 보고 다시금 생각거든	풀어서 헤아려 보고 다시금 생각거든
조물주의 처분을 누구에게 물으리오	조물주의 처분을 누구에게 물으리오.
사창 매화 달에 가는 한숨 다시 짓고	비단 창에 비친 매화와 달에 가는 한숨 다시 짓고
㉤은쟁(銀箏)을 꺼내어 원곡(怨曲)을 슬피 타니	은으로 된 아쟁을 꺼내어 (❸)를 슬피 타니
주현(朱絃) 끊어져 다시 잇기 어려워라	거문고 줄 끊어져 다시 잇기 어려워라.
차라리 죽어서 **자규**의 넋이 되어	차라리 죽어서 접동새의 넋이 되어
밤마다 이화에 피눈물 울어 내어	밤마다 배꽃에 피눈물 울어 내어 / 새벽에 잔월을 섞어 임의 잠을 깨우리라.
오경에 **잔월(殘月)**을 섞어 **임의 잠을 깨우**리라 (잔월: 새벽녘까지 지지 아니하고 희미하게 남아 있는 달)	

문해력 UP 감상 패턴

1) 화자

여성적 화자 설정

'임의 터진 옷을 깁고자 하건마는', '아녀자 깊은 정을 임이 언제 살피실꼬'

→ 임금을 임에, 화자를 부녀자에 빗대어 마치 남녀의 사랑 이야기와 같이 구성하여 임금에 대한 간절하고 절실한 정서를 표현함.

2) 표현

고사를 활용한 정서 표현

- '황금이 많으면 매부나 하련마는'
  → 중국 한나라 무제 때 총애를 잃은 진 황후가 사마상여에게 황금 백 근을 주고 글을 지어 주도록 간청하여, 다시금 총애를 받게 되었다는 고사를 인용함.
- '주현 끊어져 다시 잇기 어려워라'
  → 백아가 자신의 음악을 알아준 친구 종자기가 죽자 슬퍼하며 거문고 줄을 끊고 다시는 연주하지 않았다는 고사를 인용함.

3) 내신&수능 기출 point

'자도사'와 '사미인곡', '속미인곡' 결말에서의 화자의 태도 비교

자도사	죽어서 접동새가 되어서 울어 임의 잠을 깨우겠다고 함. → 임에게 자신의 억울함을 호소하려는 적극적인 태도
사미인곡	죽어서라도 임을 따르겠다는 적극적, 능동적인 태도
속미인곡	죽어서 멀리서라도 임을 바라보고 싶은 소극적인 태도+자신의 마음을 직접적으로 전하겠다는 적극적인 태도

작품 정리

주제 임금에 대한 변함없는 충정

특징 임금에게 버림받아 옥에 갇힌 신하의 심정을 남녀의 애정 관계에 의탁하여 나타냄.

성격 여성적, 의지적

현풀 정답 ❶ 싫어졌던가 ❷ 눈물 ❸ 원망의 노래

01 윗글에 대한 설명으로 적절하지 않은 것은?

① 설의적 표현을 사용하여 의미를 강조하고 있다.
② 4음보를 기본으로 하는 율격 구조를 지니고 있다.
③ 여성 화자의 목소리를 통해 시적 상황을 드러내고 있다.
④ 자연과 인간의 대비를 통해 화자의 삶의 태도를 드러내고 있다.
⑤ 그리움, 울분, 원망과 한탄 등 화자의 다양한 정서를 드러내고 있다.

02 윗글에 사용된 표현에 대한 이해로 적절하지 않은 것은?

① '열흘 추위 어찌할꼬'에는 자신이 처한 현실에 대한 화자의 부정적 인식이 드러난다.
② '눈 위에 서리'와 '뜰 가의 매화'는 외부로부터 고립된 화자의 상황을 드러낸다.
③ '천 줄기 원루는 피 되어 솟아나고'에는 화자의 임에 대한 원망감이 드러난다.
④ '반벽청등'은 어둠을 밝힌다는 점에서 임과의 재회에 대한 화자의 믿음을 투영하고 있다.
⑤ '뒤집힌 동이'는 화자가 처해 있는 상황이 변화되기 쉽지 않을 것이라는 현실 인식을 드러낸다.

03 윗글의 시어에 대해 이해한 내용으로 가장 적절한 것은?

① '언제'는 '음력 섣달'과 관련지어 볼 때, 과거의 어느 시기를 가리킨다.
② '돌아오니'는 화자가 새로운 상황에 기대감을 갖는 계기이다.
③ '동방'은 '만호천문'과 달리 암울한 분위기의 장소이다.
④ '자규'는 '잔월'과 함께 화자의 감정이 이입된 대상물이다.
⑤ '임의 잠'은 꿈을 통해서라도 소망을 실현하기 위한 매개이다.

04 기출 연계
윗글과 〈보기〉를 비교한 내용으로 적절하지 않은 것은?

─ 보기 ─
차라리 죽어서 호랑나비가 되고 싶구나
꽃나무 가지마다 간 데 족족 앉았다가
향 묻은 날개로 임의 옷에 옮으리라
임이야 나인 줄 모르셔도 나는 임을 따르고자 하노라
─ 정철, '사미인곡'

① 윗글과 〈보기〉 모두 화자가 죽음을 가정하고 있다는 점에서 공통적이다.
② 윗글의 '자규'와 〈보기〉의 '호랑나비'는 임에게 버림받은 화자의 분신이라는 점에서 공통된다.
③ 윗글과 달리 〈보기〉의 화자는 대상과의 대화 형식으로 시상이 전개된다는 점에서 차이가 있다.
④ 윗글의 '자규'는 피눈물 울어 낸다는 점에서 〈보기〉의 '호랑나비'와 달리 화자의 억울한 하소연을 담고 있는 대상이다.
⑤ 윗글의 화자는 '임의 잠을 깨우'는 것을 통해, 〈보기〉의 화자는 '향'을 '임의 옷에 옮'는 것을 통해 자신의 의도를 전하려 한다는 점에서 공통된다.

05 평가원모평 기출
〈보기〉에 따라 윗글의 ㉠~㉤을 이해한 내용으로 적절하지 않은 것은?

─ 보기 ─
선생님: 이 작품의 제목에 쓰인 '자도(自悼)'는 '자신을 애도한다'는 뜻으로, 죽음에 견줄 만큼의 극단적인 슬픔을 드러낸 것입니다. 이 점에 주목하여 작품을 읽어 봅시다.

① ㉠을 통해, 임과 만날 가능성이 희박하다는 비관적 인식이 자신을 애도하게 만든 배경임을 알 수 있어요.
② ㉡을 통해, 새봄을 맞이하여 이별의 슬픔을 극복하기 위해 마음을 다잡으려 노력하고 있음을 알 수 있어요.
③ ㉢을 통해, 임에 대한 사무치는 그리움이 너무나 커서 자신을 애도할 수밖에 없는 상황임을 알 수 있어요.
④ ㉣을 통해, 무정한 임 때문에 자신의 처지가 바뀔 가능성이 없음을 깨닫고 좌절감을 느끼고 있음을 알 수 있어요.
⑤ ㉤을 통해, 임을 향한 원망의 마음을 음악으로 표현하여 내면의 슬픔을 토로하고 있음을 알 수 있어요.

아이들 탓이던가 우리댁 종의 버릇 볼수록 이상한데

쇼 먹이는 아이들이 상마름을 능욕하고

왔다 갔다 하는 어린 손들 양반들을 희롱하는가

옳지 못하게 물건을 빼돌려 모으고 꾀부려 제 일 하니

한집의 많은 일을 뉘라셔 힘써 할고

곡식 창고 븨엿거든 창고지기인들 어이하며

세간 살림이 흐터지니 질그릇인들 어이 할고

내 왼줄 내 몰라도 남 왼줄 모롤년가
　　잘못된 줄

플치거니 맺히거니 헐뜯거니 돕거니

흐로 열두 때 어수선 핀 거이고
　　　　　　　핀 것인가

밧별감 만하 이스 ㉠바깥 마름 도달화도

제 소임 다 바리고 몸 사릴 뿐이로다

비 새여 셔근 집을 뉘라셔 곳쳐 이며
　　썩은

옷 버서 무너진 담 뉘라셔 곳쳐 쌀고

㉡불한당 구멍 도적 아니 멀니 단이거든

화살 찬 수하상직 뉘라셔 힘써 할고

크나큰 기운 집 마누라 혼자 앉아
　　　　　　　상전, 마님 등을 이르는 말 – 임금

긔걸을 뉘 드라며 논의를 눌하 할고
　명령

낫 시름 밤 근심 혼자 맛다 계시거니

옥 가튼 얼굴이 편하실 적 몇 날이리

이 집 이리 되기 뉘 타시라 할셔이고

혬 없는 종의 일은 뭇도 아니 하려니와

도로혀 혜여 하니 마누라 타시로다

㉢내 항것 외다 하기 종의 죄 만컨마는

그러타 뉘을 보려 민망하야 삷나이다

㉣삿 꼬기 마르시고 내 말삼 드로쇼셔
　새끼

집 일을 곳치거든 종들을 휘오시고
　　　　　　사람을 손아귀에 넣고 부리시고

종들을 휘오거든 상벌을 발키시고

㉤상벌을 발키거든 어른종을 미드쇼셔

진실노 이리 하시면 가도 절노 닐니이다
　　　　　　　　　집안 살림을 하는 방도

아이들 탓이던가? 우리 집 종의 버릇 보노라면 이상한데

소 먹이는 아이들이 상마름을 업신여겨 욕보이고

왔다 갔다 하는 어리석은 손이 양반을 희롱하는가.

옳지 못하게 재물을 빼돌려 모으고, 꾀부려 자기 일만 하니

큰 집의 많은 일을 누가 힘써 할까?

곡식 창고 (❶　　　) 창고지기인들 어찌하며

세간 살림이 흐트러지니 질그릇인들 어찌할 것인가?

내 잘못은 몰라도 남의 잘못을 모르겠는가?

풀어헤치거니 맺히거니 헐뜯거니 돕거니

하루 열두 때 어수선을 핀 것인가?

바깥 별감이 많이 있어 바깥 마름과 도달화도

제 맡은 바 책임을 다 버리고 몸만 사릴 뿐이로다.

비 새어 썩은 집을 누가 고쳐 이으며

옷 벗어 무너진 담을 누가 고쳐 쌓을 것인가?

불한당 구멍에 든 도적은 멀리 (❷　　　) 아니하거든

화살을 찬 상직군은 누가 힘써 할 것인가?

아주 크게 기운 집에 주인님 혼자 앉아

명령을 누가 들으며 논의를 누구와 할까?

낮 시름 밤 근심을 혼자 맡아 하시거니

옥 같은 얼굴이 편하실 적 몇 날이리.

이 집 이리된 것을 누구 탓이라 할 것인가?

(❸　　　) 없는 종의 일은 묻지도 아니하려니와

돌이켜 생각하니, 주인님 탓이로다.

내 (❹　　　) 그르다 하기에는 종의 죄가 많지만

그렇다 세상 보려니 민망하여 여쭙니다.

새끼 꼬는 일 멈추고, 내 말씀 들으소서.

집일을 고치려거든 종들을 휘어잡으시고

종들을 휘어잡으려거든 상과 벌을 밝히시고

상과 벌을 밝히시려거든 어른 종을 믿으소서.

진실로 이렇게 하시면 집안의 도가 절로 일어날 것입니다.

▶ **문해력 UP 감상 패턴** ◀

① **화자**

'상전'에 대한 화자의 태도

'크나큰 기운 집 마누라~편하실 적 몇 날이리'	'상전'의 처지에 대한 안타까움
'이 집 이리 되기 ~마누라 타시로다'	'상전'에게 책임을 묻는 비판적 태도

② **표현**

비유적 표현

임금을 농사짓는 주인에, 신하를 종에, 나라를 한 집안에 빗대어 표현함.
→ 당대의 현실을 우의적으로 비판함.

③ **내신&수능 기출 point**

'고공답주인가'와 '고공가'의 비교

	고공답주인가	고공가
공통점	집안이 위태로운 상황에 놓여 있음.	
차이점	어른 종이 다른 종을 나무라면서 주인에게 하고 싶은 말을 전함.	주인이 고공(머슴)에게 하고 싶은 말을 전함.

▷ **작품 정리** ◁

주제 나라가 기울어진 이유와 다시 일으켜 세울 방도 제시
특징 ① 허전의 '고공가'에 대한 답변 형식으로 지어짐.
② 임금과 신하의 관계를 농사짓는 주인과 종의 관계에 빗댐.
성격 경세적, 비유적

현풀 정답 ❶ 비었거든 ❷ 다니지 ❸ 헤아림 / 생각 ❹ 주인 / 임금

01 윗글에 대한 설명으로 적절하지 <u>않은</u> 것은?

① '고공가'에 화답하여 지은 가사 작품이다.
② '어른종'은 주인의 외롭고 힘든 처지를 염려하고 있다.
③ 자연물과 인간의 모습을 대비하여 시상을 전개하고 있다.
④ 영탄적 어조로 현실에 대한 비판적인 인식을 드러내고 있다.
⑤ 문제 상황에 대한 원인을 분석하고 해결을 촉구하는 화자의 모습이 드러나 있다.

02 윗글의 내용과 일치하지 <u>않는</u> 것은?

① 기울어진 나라 형편에 대한 걱정이 나타나 있다.
② 가도를 일으킬 수 있는 방안을 내놓지 못하고 있다.
③ 하급 관리가 상급 관리를 능욕하고 있음이 드러나 있다.
④ 관리들이 제 소임을 다하지 않고 있음을 비판하고 있다.
⑤ 나태한 관리들도 문제가 있지만 임금에게도 책임이 있다고 보고 있다.

03 ㉠~㉤에 대해 이해한 내용으로 적절하지 <u>않은</u> 것은?

① ㉠: 직분을 망각하여 화자에 의해 비판을 받고 있는 존재
② ㉡: 가까운 곳에 있으며 화자에게 불안감을 주고 있는 세력
③ ㉢: 잘못된 일을 고치도록 화자가 설득하고 있는 청자
④ ㉣: 화자가 청자에게 당부하는 시급하고 중요한 행위
⑤ ㉤: 화자가 공정하고 엄중하게 시행되기를 바라고 있는 일

04 기출 연계
〈보기〉를 바탕으로 윗글을 이해한 내용으로 적절하지 <u>않은</u> 것은?

> ─ 보기 ─
> '고공답주인가'는 임진왜란 이후 나라가 황폐해진 상황에도 국사보다는 당쟁만 일삼고 부정한 방법으로 자신의 이익만을 챙기는 신하들을 비판한 내용이다. 작가는 한 국가의 살림살이를 농사짓는 주인과 종의 관계에 비유하여, '어른종'(영의정)의 입장에서 '종'(신하)들을 나무라고 '마누라'(임금)를 경계하려는 의도를 드러내고 있다.

① 임진왜란 직후의 피폐한 나라의 모습을 짐작할 수 있군.
② 국가의 기강을 잡기 위해 문제 해결 방안을 제시하고 있군.
③ 비유적 표현을 사용하여 정서 변화의 추이를 나타내고 있군.
④ 현실에 대한 비판적 인식을 바탕으로 내용을 전개하고 있군.
⑤ 정사에 힘쓰지 않는 나태한 신하들을 비판하며 임금의 잘못도 지적하고 있군.

05 수능 기출
윗글과 〈보기〉의 표현 방식에 대한 설명으로 가장 적절한 것은?

> ─ 보기 ─
> 어와 동량재(棟梁材)를 뎌리 ㅎ야 어이 홀고
> 헐쓰더 기운 집의 의논(議論)도 하도 할샤
> 뭇 목수 고자(庫子) 자 들고 허둥대다 말려ㄴ다
>   창고지기
> – 정철

① 윗글과 〈보기〉 모두 색채어를 통해 대상의 면모가 강조되고 있다.
② 윗글과 〈보기〉 모두 과거와 현재의 대비를 통해 시상의 전환이 이루어지고 있다.
③ 〈보기〉와 달리 윗글에서는 연쇄와 반복을 통해 리듬감이 나타나고 있다.
④ 윗글과 달리 〈보기〉에서는 설의적인 표현을 통해 안타까움의 정서가 강조되고 있다.
⑤ 윗글과 달리 〈보기〉에서는 직유의 방식을 통해 대상의 이미지가 선명하게 드러나고 있다.

사월이라 초여름 되니 입하 소만 절기로다

비 온 끝에 볕이 나니 일기도 청화하다
　　　　　　　　　　날씨

떡갈잎 퍼질 때에 뻐꾹새 자주 울고

보리 이삭 패어 나니 꾀꼬리 노래한다

농사도 한창이요 잠농도 방장이라

남녀노소 골몰하여 집에 있을 틈이 없어

적막한 사립문을 녹음(綠陰) 속에 닫았도다
　　　　　　　　　푸른 잎이 우거진 나무나 수풀. 또는 그 나무의 그늘

면화를 많이 가꾸소 길쌈의 근본이라
목화

수수 동부 녹두 참깨 부룩을 적게 하소
　　　　　　　　　　곡식이나 채소를 심은 사이사이에 다른 농작물을 심는 일

갈 꺾어 거름할 제 풀 베어 섞어 하소

무논을 써을이고 이른모를 내어 보세 〈하략〉
물이 괴어 있는 논

〈사월령〉

팔월이라 중추 되니 백로 추분 절기로다

북두칠성의 자루가 돌아 서쪽 하늘을 가리키니

아침저녁이 선선하여 추의가 완연하다

귀뚜라미 맑은 소리가 벽 사이에서 들리는구나

아침에 안개 끼고 밤이면 이슬 내려

온갖 곡식을 성실(成實)하고 만물이 익기를 재촉하니
　　　　　　　곡식 따위가 자라서 열매를 맺음

들 구경 돌아보니 힘들인 공이 나타나는구나

백곡에 이삭 패고 곡식알이 들어 고개 숙여

서풍에 익는 빛은 황운이 이는 듯하다

백설 같은 면화송이 산호 같은 고추 열매

첨아에 넜으니 가을볕이 명랑하다
처마

안팎 마당 닦아 놓고 발채 옹구 장만하소

면화 따는 다락기의 수수 이삭 콩 가지오

나무꾼 돌아올 때 머루 다래 산열매라

뒷동산 밤 대추는 아이들 세상이라

알밤은 모아 말려서 필요한 때 쓰게 하소

명지를 끊어 내어 가을볕에 표백하고

남빛과 붉은빛으로 물들이니 청홍이 색색이로구나 〈하략〉

〈팔월령〉

사월이라 이른 여름 되니 입하 소만 절기로다.

비 온 뒤에 햇볕이 나니 날씨도 맑고 화창하다.

떡갈나무 잎이 퍼질 때에 뻐꾹새 자주 울고

보리 이삭이 나오니 꾀꼬리 소리가 난다.

농사도 한창이요, (❶　　　)도 한창이라.

남자와 여자, 노인과 젊은이들 모두 농사에 바빠서 집에 있을 틈이 없어서

적막한 대를 엮은 문을 푸른 수풀 그늘 속에 닫았도다.

목화를 많이 가꾸소 실을 뽑는 일의 근본이라.

수수 동부 녹두 참깨 부룩을 적게 하소.

떡갈나무 잎을 꺾어 거름할 때 풀을 베어서 함께 섞어서 하시오.

물 댄 논을 써레질하고 이른모를 내어 심어 보세.

팔월이라 중추가 되니 백로, 추분의 절기로다.

북두칠성의 (국자 모양의) 자루가 돌아 서쪽을 가리키니

아침저녁 기운이 서늘하여 (❷　　　)의 기운이 완연하다.

귀뚜라미 맑은 소리가 벽 사이에서 들리는구나.

아침에 안개가 끼고 밤이면 이슬 내려

온갖 곡식을 여물게 하고, 만물의 결실을 재촉하니

들 구경을 하며 돌아보니 힘들여 일한 공이 나타나는구나.

온갖 곡식의 이삭이 나오고 곡식의 알이 들어 고개 숙여

서풍에 익는 빛은 노란 구름이 이는 듯하다.

눈같이 흰 목화송이, 산호같이 아름다운 고추 열매

처마에 널어 놓으니 가을볕이 맑고 밝다.

안팎의 마당을 닦아 놓고 발채와 옹구를 마련하소.

목화 따는 (❸　　　)에 수수 이삭과 콩가지도 담고

나무꾼 돌아올 때 머루, 다래와 같은 산과일도 따오리라.

뒷동산의 밤과 대추에 아이들은 신이 난다.

알밤을 모아 말려서 필요한 때에 쓸 수 있게 하소.

명주를 끊어 내어 가을볕에 말리고

남빛과 붉은빛으로 물을 들이니 청홍이 색색이로구나.

작품 정리

주제 각 달과 절기에 따른 농사일과 세시 풍속 소개

특징 ① 대구법, 직유법, 은유법 등의 다양한 표현 방법이 사용됨.

② 농촌 생활과 관련된 어휘가 많이 나타남.

성격 교훈적, 계몽적

현풀 정답 ❶ 누에치기 ❷ 가을 ❸ 바구니

내신 대비 실력 향상 문항

01 윗글에 대한 설명으로 적절하지 <u>않은</u> 것은?

① 월령체 가사로 내용상 계몽적인 성격을 지니고 있다.
② 농촌의 부지런한 활동을 실감 나게 제시하고 있다.
③ 농촌 생활의 한가함과 여유로움을 흥겹게 노래하고 있다.
④ 농사일을 권면하고 달마다 다른 농가 일을 소개하고 있다.
⑤ 농촌 생활과 관련된 구체적인 어휘가 풍부하게 나타나 있다.

02 〈사월령〉과 〈팔월령〉의 표현상 특징으로 가장 적절한 것은?

① 〈사월령〉에서는 의성어를 통해 현장감을 부여하고 있다.
② 〈사월령〉에서는 수미상관으로 관념적 내용을 표현하고 있다.
③ 〈팔월령〉에서는 우화적 방식으로 주제 의식을 부각하고 있다.
④ 〈팔월령〉에서는 감각적 이미지로 시적 상황을 드러내고 있다.
⑤ 〈팔월령〉에서는 반어적 표현을 통해 화자의 정서를 보여 주고 있다.

03 윗글과 〈보기〉에 나타난 '자연'의 의미를 바르게 짝지은 것은?

┌─ 보기 ─
전원에 남은 흥을 전나귀에 모두 싣고
계산 익은 길로 흥치며 돌아와서
아해 금서를 다스려라 남은 해를 보내리라
                                – 김천택
└─

	윗글	〈보기〉
①	풍류의 공간	학문의 세계
②	수양의 세계	관조의 공간
③	수양의 세계	노동의 현장
④	풍류의 공간	관조의 공간
⑤	노동의 현장	풍류의 공간

수능 대비 필수 기출 문항

04 기출 연계
윗글과 〈보기〉에 대한 설명으로 적절하지 <u>않은</u> 것은?

┌─ 보기 ─
정월ㅅ 나릿믈 아으 어져 녹져 ᄒᆞ논ᄃᆡ
누릿 가온ᄃᆡ 나곤 몸하 ᄒᆞ올로 녈셔
아으 동동다리 〈정월령〉

이월ㅅ 보로매 아으 노피 현 등ㅅ블 다호라
만인 비취실 즈싀샷다
아으 동동다리 〈이월령〉

삼월 나며 개흔 아으 만춘 진달래꽃이여
ᄂᆞ믜 브롤 즈슬 디녀 나샷다
아으 동동다리 〈삼월령〉

                          – 작자 미상, '동동'
└─

① 윗글과 〈보기〉는 월령체 작품이라는 점에서 공통적이다.
② 윗글과 〈보기〉는 평범한 사람들의 생활상을 현장감 있게 그리고 있다.
③ 윗글은 정보 전달, 〈보기〉는 정서 표현에 치중하고 있다.
④ 윗글은 다양한 감각적 이미지가, 〈보기〉는 시각적 이미지가 나타난다.
⑤ 윗글은 주로 직설적인 표현을, 〈보기〉는 비유적인 표현을 사용하고 있다.

05 교육청학평 기출
〈팔월령〉을 심화 감상하기 위해 토의한 내용으로 적절하지 <u>않은</u> 것은?

① 읽을 때 일정한 리듬감을 느낄 수가 있는데, 이와 유사한 리듬감을 주는 작품을 더 찾아봐야겠어.
② 당대 농촌의 풍경을 그려 볼 수 있는데, 문학 작품 속에 그려진 당시의 농촌의 모습을 더 조사해 보는 것은 어떨까.
③ 절기를 언급한 다음 구체적인 농사일을 소개하고 있는데, 이런 구성이 다른 부분에서도 반복되고 있는지 알아볼 필요가 있겠어.
④ 바쁘게 돌아가는 농촌의 모습이 그려지고 있는데, 고된 노동을 슬기롭게 극복하고자 한 노동요로서의 기능을 더 조사해 봐야겠어.
⑤ 당시의 현실을 고려할 때 서민들의 삶을 바탕으로 한 그들의 심정 또한 궁금해졌어. 서민의 심정을 사실적으로 그린 작품도 찾아봐야겠어.

남방 염천(南方炎天) 찌는 날에 빨지 못한 누비바지
_{남쪽 지방의 몹시 더운 날씨}

땀이 배고 때가 올라 굴뚝 막은 덕석인가
_{덮는 용도로 쓰이는 짚으로 엮은 멍석}

덥고 검기 다 바리고 내암새를 어이하리

어와 내 일이야 가련히도 되었고나

손잡고 반기는 집 내 아니 가옵더니

등 밀어 내치는 집 구차히 빌어 있어

옥식 진찬(玉食珍饌) 어데 가고 맥반 염장(麥飯鹽藏) 대하오며
_{귀하고 맛이 좋은 온갖 음식}　　　　　　　_{보리밥과 소금장}

금의 화복(錦衣華服) 어데 가고 현순백결(懸鶉百結) 하였는고
_{아름답게 수놓은 비단옷}

이 몸이 살았는가 죽어서 귀신인가

말하니 살았으나 모양은 귀신일다

한숨 끝에 눈물 나고 눈물 끝에 한숨이라

도로혀 생각하니 어이없어 웃음 난다

이 모양이 무슴 일고 미친 사람 되었고나

㉠어와 보리가을 되었는가 전산 후산에 황금빛이로다

남풍은 때때 불어 보리 물결 치는고나

지게를 벗어 놓고 전간(田間)에 굽닐면서
　　　　　　　　　_{밭과 밭 사이}

한가히 베는 농부 묻노라 저 농부야

밥 우희 보리술을 몇 그릇 먹었느냐

청풍에 취한 얼골 깨연들 무엇하리

연년(年年)이 풍년 드니 해마다 보리 베어

마당에 두드려서 방아에 쓸어 내어

일분(一分)은 밥쌀 하고 일분(一分)은 술쌀 하여
_{일부분}

밥 먹어 배부르고 술 먹어 취한 후에

ⓐ함포고복(含哺鼓腹)하여 격양가(擊壤歌)를 부르나니
　　　　　　_{풍년이 들어 농부가 태평한 세월을 즐기는 노래}

농부의 저런 흥미 이런 줄 알았더면

공명을 탐치 말고 농사를 힘쓸 것을

백운(白雲)이 즐거운 줄 청운(靑雲)이 알았으면

탐화봉접(探花蜂蝶)이 그물에 걸렸으랴
_{꽃을 탐하는 벌과 나비}

남쪽 지방의 찌는 듯한 날에 빨지 못한 누비바지

땀이 배고 때가 오르니 굴뚝을 막은 멍석인가?

덥고 검은 것은 내버려 두고라도 (❶　　　　)가 나는 것은 어찌하리.

아아, 내 신세야, 가련하게도 되었구나.

손을 잡고 반겨하는 집에도 내가 가지 않았었는데

등을 밀어 내치는 집에 구차하게도 빌붙어 있으니

좋은 밥과 훌륭한 반찬은 어디로 가고 보리밥에 소금장을 대하며

좋고도 비싼 옷은 어디로 가고 헌옷을 입고 있는가?

이 몸이 살아 있는가, 죽어서 귀신이 되었는가?

말을 하는 것으로 보아 살아는 있으나 모양은 귀신이로다.

한숨 끝에 눈물이 나고 눈물 끝에 한숨이라.

돌이켜 생각하니 어이없어 웃음이 난다.

이 모양이 무슨 일인가 미친 사람이 되었구나.

아아, 보리를 거두는 계절이 되었는가. (❷　　　　)에 황금빛이 펼쳐져 있구나.

남풍은 때때로 불어 보리 물결치는구나.

지게를 벗어 놓고 밭과 밭 사이를 (몸을) 굽혔다 폈다 하면서

한가히 베는 농부들아 내 물어보노라 저 농부야.

밥 위에 보리술을 몇 그릇이나 먹었느냐.

맑은 풍에 취한 얼굴이 깬들 무엇하리.

해마다 풍년이 드니 해마다 보리를 베어

마당에서 두드리고 방아에 찧어 내어

일부는 밥을 하고 일부는 술을 만들어

밥 먹어 배부르고 술 먹어 취한 후에

(❸　　　　) 먹어 배를 두드리며 흥겨워 격양가를 부르니

농부의 저런 흥미가 이렇게 좋은 줄을 알았더라면

공명을 탐하지 말고 농사에나 힘을 쓸 것을

흰 구름이 즐거운 줄을 푸른 구름이 알았다면

꽃을 탐하는 벌과 나비처럼 그물에 걸렸겠는가?

---

① 화자

화자의 태도 및 정서

죄를 짓고 힘들게 유배 생활을 하는 화자는 자신이 저지른 죄를 뉘우치고 현재 상황을 한탄하면서 풀려나기를 기원함.

② 표현

비유적 표현

귀신, 미친 사람	화자를 빗댄 표현으로, 화자 자신의 자조적인 인식을 드러냄.
백운, 청운, 탐화봉접	자연물에 빗대어 과거의 삶에 대한 반성을 드러냄.

③ 내신&수능 기출 point

'만언사'와 조선 전기 유배 가사의 차이점

	'만언사'	조선 전기 유배 가사
성격	서사적, 사실적	서정적, 연모적
주제	유배 생활의 고통	연군지정
길이	장편	단편

작품 정리

주제 유배 생활의 고통과 잘못을 뉘우치는 애절한 심정

특징 ① 유배 생활에서 겪었던 고생담을 사실적으로 묘사함.

② 과거와의 대비를 통해 현재 화자의 처지를 드러냄.

성격 사실적, 한탄적

현품 정답 ❶ 냄새 ❷ 앞산 뒷산 ❸ 배불리

01 윗글의 화자에 대한 설명으로 가장 적절한 것은?

① 자신의 우월한 신분에 대한 자긍심을 골계적으로 드러내고 있다.

② 자기 연민의 시선을 유지하면서 자신의 처지를 자조적으로 드러내고 있다.

③ 자신의 기대를 충족하지 못하는 상대방의 태도를 해학적으로 드러내고 있다.

④ 자신의 현재 상황에 대한 책임을 남에게 미루며 그를 냉소적으로 묘사하고 있다.

⑤ 현재의 처지에서 벗어나고자 하면 할수록 더 깊은 곤경에 처하는 자신의 상황을 비유적으로 드러내고 있다.

02 ㉠에 대한 설명으로 가장 적절한 것은?

① 감탄사를 활용한 영탄적 표현으로 주제 의식을 집약하고 있다.

② 화자의 시선이 외부로 향하며 시상의 전환이 이루어지고 있다.

③ 아름다운 풍경 묘사를 통해 자연 친화적 태도를 드러내고 있다.

④ 다른 인물에게 말을 건넴으로써 화자의 교체가 이루어지고 있다.

⑤ 물음을 던지는 방식을 활용하여 화자의 기대감을 표현하고 있다.

03 ⓐ의 의미로 가장 적절한 것은?

① 선비의 청빈한 생활을 이르는 말이다.

② 나날이 다달이 자라거나 발전함을 이르는 말이다.

③ 먹을 것이 풍족하여 즐겁게 지냄을 이르는 말이다.

④ 헛된 영화나 덧없는 일을 비유적으로 이르는 말이다.

⑤ 가난한 생활을 하면서도 편안한 마음으로 도를 즐겨 지킴을 이르는 말이다.

04 기출 연계
윗글의 내용과 일치하지 <u>않는</u> 것은?

① 화자는 유배 생활 속에서 자신의 처지를 한탄하고 있다.

② 화자는 유배 생활 중 자신의 과거 삶에 대해 반성하고 있다.

③ 화자는 힘든 유배 생활의 자신의 행색을 '귀신'에 빗대고 있다.

④ 화자는 유배 생활이 고통스럽지만 웃음을 잃지 않으려 애쓰고 있다.

⑤ 화자는 유배를 간 곳의 주민들에게 환영받지 못하는 신세임을 드러내고 있다.

05 기출 연계
다음 ㉮~㉲는 글을 읽기 전에 〈보기〉를 참고하여 윗글의 내용을 추측해 본 것이다. ㉮~㉲ 중, 윗글에서 확인되는 것만을 바르게 고른 것은?

㉮ 자신의 비리를 들추어 고발한 자들에 대한 원망과 분노를 드러내고 있지 않을까?

㉯ 유배를 떠나게 된 이유가 일반적인 경우와 다르다는 점에서 이를 상세하게 설명하고 있지 않을까?

㉰ 유배의 이유가 무엇이든 세상과 격리된다는 점에서 떠나온 곳에 대한 아쉬움을 드러내고 있지 않을까?

㉱ 유배가 고통스러운 형벌이라는 점에서 작가가 느낀 유배 생활의 괴로움을 구체적으로 보여 주지 않을까?

㉲ 자신이 한 일이 정치와 무관하다는 점을 들어 유배형이 지나치게 가혹한 형벌이라는 점을 호소하고 있지 않을까?

─── 보기 ───

'만언사'는 조선 후기에 쓰인 유배 가사이다. 조선 전기의 유배 가사가 대개 정치적 사건에 연루되어 귀양살이를 하게 된 상층부 양반들에 의해 쓰인 데 비해, '만언사'의 작가는 중인 출신으로 정치와 관계없이 공무상의 개인 비리로 인해 유배되었던 인물이다. 이 때문에 일반적인 양반 유배 가사가 임금에 대한 변함없는 충절에 초점을 두는 데 비해, '만언사'는 유배 생활의 괴로움을 사실적으로 형상화하는 등 다소 다른 면모를 보이고 있다.

① ㉮, ㉯   ② ㉮, ㉰   ③ ㉯, ㉱

④ ㉰, ㉱   ⑤ ㉱, ㉲

교육청학평

이보소 저 각시님 설운 말씀 그만하오

말씀을 드러하니 설운 줄 다 모를새

인연인들 한가지며 이별인들 같을손가

광한전 백옥경의 임을 뫼셔 즐기더니

아양을 하였거니 재앙인들 업슬손가

해 다 저문 날의 가는 줄 설워 마소

엇더타 이내 몸이 견줄 데 전혀 업네

광한전 어디인가 백옥경 내 알던가

─ 원앙침 비취금에 뫼셔 본 적 전혀 업네

내 얼골 이 거동이 무엇으로 임 사랑할가

길쌈을 모르거니 가무(歌舞)야 더 이를가

엇언지 임 향(向)한 한 조각 이 마음을

하늘이 생기시고 성현이 가르쳐서

[A] 정확이 앞에 잇고 부월이 뒤에 이셔
　　죄인을 삶아 죽이는 큰 솥　작은 도끼와 큰 도끼

일백 번 죽고 죽어 뼈가 가루가 된 후라도

임 향한 이 마음이 변할손가

나도 일을 가져 남의 업는 것만 얻어

㉮부용화 옷을 짓고 목난으로 주머니 삼아

─ 하늘께 맹세하여 임 섬기랴 원이러니

조물이 시기했나 귀신이 훼방했나

내 팔자 그만하니 사람을 원망할가

내 몸의 지은 죄를 모르니 긔 더 죄라

나도 모르거니 남이 어이 알겠는가 〈중략〉

뫼셔서 이리하기 각시랴 같던들

설움이 이러하며 생각인들 이러할가

차생의 이러커든 후생을 어이 알고

차라리 싀여져 구름이나 되어서

상광 오색이 임 계신 데 덮였으면
다섯 가지의 길한 빛

그도 마소 하면 바람이나 되어서
구름이 되어 임 계신 곳을 덮는 일도 말라고 하면

하일 청음의 임 계신 데 불어서
여름날의 맑고 시원한 응달

그도 마소 하면 일륜명월 되어서

영영 반야에 뚜렷이 비최고저
　　　　깊은 밤

이보시오, 저 각시님, 서러운 말씀 그만하오.
(각시님의) 말씀을 들어 보니 서러운 줄 다 모르겠소.
인연인들 한 가지며, 이별인들 같겠는가?
광한전 백옥경에서 임을 모셔 즐기더니,
아양을 하였으니 재앙이 없겠는가?
해 다 저문 날에 가는 것을 서러워 마시오.
아, 이내 몸이 비교할 데 전혀 없네.

광한전이 어디인가, 백옥경을 내가 알던가?
원앙 베개, 비취빛의 (❶　　　)에 모셔 본 적 전혀 없네.
내 얼굴, 이 행동이 무엇으로 임을 사랑할까?
베 짤 줄을 모르는데, 노래와 춤이야 말할 것이 있겠는가?
어떻든지 임 향한 한 조각 이 마음을

하늘이 만드시고 성현이 가르쳐서

정확이 앞에 있고 부월이 뒤에 있어

일백 번을 죽고 죽어 뼈가 가루가 된 후라고 해도
임 향한 이 마음이 변할 것인가?

나도 일을 맡아 남에게 없는 것만 얻어
(❷　　　) 수놓은 옷을 짓고, 목련으로 주머니를 삼아
하늘께 맹세하여 임을 섬기는 것이 소원이러니
조물주가 시기했나, 귀신이 훼방 놓았나.
내 운명이 그러하니, 사람을 원망하겠는가?
내 몸의 지은 죄를 모르니, 그것이 더 죄라.
나도 모르는데 남이 어찌 알겠는가?

각시님처럼 (임을) 모셔서 이러하다면

설움이 이러하며 생각인들 이러할까?

지금 생이 이러한데 다음 생을 어찌 알까?
차라리 (❸　　　) 구름이나 되어서
상광 오색이 임 계신 데에 덮였으면.

그것도 안 된다면 바람이나 되어서

여름날 그늘의 임 계신 데에 불어서,

그것도 안 된다면 둥글고 밝은
(❹　　　)이 되어서 / 언제까지나
깊은 밤에 뚜렷이 비추고 싶어라.

문해력 UP 감상 패턴

1 화자

화자의 태도 및 정서
· 윤회 사상
→ 죽어서 임 곁에 있을 수 있는 존재로 다시 태어나고 싶음.
· 연군지정

일백 번 죽고 죽어~임 향한 이 마음이 변할손가	죽더라도 충성심은 변치 않음.
부용화 옷, 목난 주머니	임에 대한 정성과 사랑

2 표현

대화체와 설의법의 사용
· '이보소 저 각시님' → 대화체를 통해 생동감 있게 시상을 전개함.
· '이별인들 같을손가', '백옥경 내 알던가', '가무야 더 이를가', '임 향한 이 마음이 변할손가' 등 → 설의법을 사용하여 임에 대한 화자의 정서를 강조함.

3 내신&수능 기출 point

화자의 분신

'구름', '바람', '달'

↓

화자가 죽어서 되고 싶은 존재로 임에 대한 화자의 간절한 마음을 상징적으로 드러내는 대상임.

작품 정리

주제 임금에 대한 충성심과 그리움
특징 ① 대화 형식, 설의법 등을 활용하여 시상을 전개함.
② '사미인곡', '속미인곡'의 영향을 받음.
성격 서정적, 여성적, 상징적

현풀 정답 ❶ (비단) 이불 ❷ 연꽃 ❸ 죽어서 ❹ 달

01 윗글의 표현상 특징으로 적절하지 <u>않은</u> 것은?

① 여성적 어조를 통해 화자의 정서를 섬세하게 표현하고 있다.

② 임과의 관계 회복에 대한 화자의 긍정적 인식을 드러내고 있다.

③ 화자가 현재 상황에 처하게 된 원인을 직접적으로 진술하고 있다.

④ 유사한 상황의 다른 인물을 활용하여 화자의 처지를 강조하고 있다.

⑤ 공간적 배경을 통해 임을 천상에 있는 존재로 표현함으로써 이상적 대상으로 그리고 있다.

02 [A]의 화자에 대한 설명으로 가장 적절한 것은?

① 자신이 과거에 임을 모시게 된 이유를 상세히 밝히고 있다.

② 자신이 아무런 죄 없이 참소를 당했다고 임에게 하소연하고 있다.

③ 자신이 정성을 담아 만든 물건을 임에게 전달한 후 안도하고 있다.

④ 자신의 행동과 재주가 임의 사랑을 받기에는 부족하다고 한탄하고 있다.

⑤ 자신의 풍류 의식과 성현의 가르침 사이에서 고뇌하는 모습을 드러내고 있다.

03 ㉮에 대한 설명으로 가장 적절한 것은?

① 화자가 과거를 떠올리게 하는 소재이다.

② 화자와 임의 약속을 상징하는 소재이다.

③ 화자의 부정적 현실을 나타내는 소재이다.

④ 화자가 상대에 대한 애정을 드러내는 소재이다.

⑤ 임의 안녕에 대한 화자의 기원을 나타내는 소재이다.

04 교육청학평 기출
윗글에 대한 설명으로 가장 적절한 것은?

① 음성 상징어를 활용하여 시적 상황을 구체화하고 있다.

② 설의적 표현을 사용하여 화자의 정서를 강조하고 있다.

③ 연쇄법을 사용하여 시적 의미를 긴밀하게 드러내고 있다.

④ 시간의 흐름에 따라 시적 대상의 변화 과정을 묘사하고 있다.

⑤ 근경에서 원경으로 시선을 이동하며 시적 배경을 제시하고 있다.

05 교육청학평 기출
〈보기〉를 바탕으로 윗글을 감상할 때, 탐구한 내용으로 적절하지 <u>않은</u> 것은?

― 보기 ―

김춘택의 '별사미인곡'은 평생 벼슬을 하지 못했던 그가 당쟁에 휘말려 유배를 갔을 때 지은 가사로 송강 정철의 '사미인곡'과 '속미인곡'의 영향을 받아 지은 작품이다. 이러한 작품들은 임금과의 어긋난 관계를 임과의 이별로 설정하여 그리움을 표현하였다.

1. '사미인곡'과 '속미인곡'의 공통점
• 임금을 천상계에 계신 임으로 설정 ⋯⋯⋯⋯⋯⋯⋯ ㉠
• 임금을 모셨던 작가 자신을 임과 이별한 여인으로 설정
⋯⋯⋯⋯⋯⋯⋯⋯⋯⋯⋯⋯⋯⋯⋯⋯⋯⋯⋯⋯⋯ ㉡
• 죽어서도 임을 따르려는 의지를 드러냄 ⋯⋯⋯⋯⋯ ㉢
2. 「사미인곡」의 특징
• 계절에 따라 임에 대한 그리움을 읊음 ⋯⋯⋯⋯⋯⋯ ㉣
3. 「속미인곡」의 특징
• 두 여인이 이야기하는 형식을 활용함 ⋯⋯⋯⋯⋯⋯ ㉤

① '광한전 백옥경'을 보니 ㉠과 같이 임이 계신 곳을 천상계로 설정하고 있군.

② '뫼셔 본 적 전혀 업네'를 보니 ㉡과 달리 벼슬을 하지 못했던 작가 자신의 모습을 그리고 있군.

③ '구름', '바람'을 보니 ㉢과 같이 죽어서라도 임의 곁에 가고자 하는 마음을 드러내고 있군.

④ '목난', '하일 청음'을 보니 ㉣과 같이 계절적 소재를 통해 임과의 추억을 회상하고 있군.

⑤ '이보소 저 각시님'을 보니 ㉤과 같이 이야기하는 형식을 취하고 있군.

㉠ 자명종과 자명악은 절로 울어 소리하며

좌우에 당전(唐氈) 깔고 담방석과 백전요며
　　당나라 담요　　　　　　흰빛의 모직물로 만든 요

㉡ 이편저편 화류교의(樺榴交椅) 서로 마주 걸터앉고
　　　　　화류나무 의자 – 좋은 의자를 의미함

거기 사람 처음 인사 차 한 그릇 갖다 준다

화찻종에 대를 받쳐 가득 부어 권하거늘
　　　　　받침대

파르스름 노르스름 향취가 만구하데

저희들과 우리들이 언어가 같지 않아

말 한마디 못 해 보고 덤덤하니 앉았으니

[A] 귀머거리 벙어린 듯 물끄러미 서로 보다

천하의 글은 같아 필담이나 하오리라
　　　　　　　　　글로 써서 대화함

당연(唐硯)에 먹을 갈아 양호수필(羊毫鬚筆) 덤뻑 찍어
　　　　　　　　　　　　　양털로 만든 붓

시전지(詩箋紙)를 빼어 들고 글씨 써서 말을 하니
　　시나 편지 따위를 쓰는 종이

묻는 말과 대답함을 글귀 절로 오락가락

간담을 상응하여 정곡 상통하는구나 〈중략〉

황상이 상을 주사 예부상서 거행한다

삼 사신과 역관이며 마두와 노자(奴子)까지
　　　　　　　　　역에서 일하는 마부　　사내종

은자며 비단 등속 차례로 받아 놓고

삼배(三拜)에 구고두(九叩頭)로 사례하고 돌아오니
　　　　　　공경하는 뜻으로 머리를 땅에 아홉 번 조아림

상마연 잔치한다 예부에서 지휘하기로
　일을 마치고 떠나는 외국 사신들을 위하여 베풀던 잔치

삼 사신과 역관들이 예부로 나아가니

대청 위에 포진하고 상을 차려 놓은 모양

[B] 메밀떡에 밀다식에 겉밤 머루 비자(榧子) 등물(等物)

㉢ 푸닥거리 상 벌이듯 좌우에 떠벌였다
　　무당이 하는 굿

다 각기 한 상씩을 앞에다 받아 놓으니

비위가 뒤집혀서 먹을 것이 전혀 없네

삼배주를 마시는 듯 연파(宴罷)하고 일어서서

뜰에 내려 북향하여 구고두 사례한 후

관소로 돌아와서 회환(回還) 날짜 택일하니
　　　　　　　갔다가 다시 돌아옴

㉣ 사람마다 짐 동이느라 각 방은 분분하고 / 흥정 외상 셈하

려 주주리는 지저귄다 / 장계를 발정하여 선래 군관 전송하고 /
　　　　　　　　　　길을 떠남　　　사신이 돌아올 때, 그보다 앞서 돌
　　　　　　　　　　　　　　　　　아오던 역관

추칠월 십일일에 회환하여 떠나오니
음력 7월의 가을철

㉤ 한 달 닷새 유하다가 시원하고 상연(爽然)하구나
　　　　　　　　　　　　　　　매우 시원하고 상쾌하구나

자명종과 자명악은 저절로 울어 소리 내며

좌우에 담요 깔고 담방석과 백전요며

이편저편 좋은 의자에 서로 마주 걸터앉고

거기 사람 처음 인사로 차 한 그릇 갖다 준다

(❶　　　　)에 대를 받쳐 가득 부어 권하거늘

파르스름 노르스름 향취가 가득한데

저희들과 우리들이 언어가 같지 않아

말 한마디 못 해 보고 덤덤하게 앉아 있으니

귀머거리 벙어리인 듯 물끄러미 서로 보다

천하의 글은 같아 글을 써서 이야기를 하오리라.

(❷　　　　)에 먹을 갈아 양털 붓을 듬뿍 찍어

종이를 빼어 들고 글씨 써서 말을 하니

묻는 말과 대답함을 글귀 절로 오락가락

속마음이 서로 응하여 간곡한 정이 통하는구나.

황제가 상을 내리자 예부상서가 거행한다.

세 사신과 역관, 마두와 사내종까지

은화며 비단 등을 차례로 받아 놓고

세 번 절하고 (❸　　　)를 조아려 사례하고 돌아오니

떠나가는 외국 사신을 위한 연회를 예부에서 지휘하기로

세 사신과 역관들이 예부로 나아가니

대청 위에 자리를 깔고 상을 차려 놓은 모양

메밀떡에 밀다식에 겉밤, 머루, 비자 등

푸닥거리 상 벌이듯 좌우에 펼쳐 놓았다.

다 각기 한 상씩을 앞에다 받아 놓으니

비위가 뒤집혀서 먹을 것이 전혀 없네.

석 잔 술을 마시는 듯하고 (❹　　　)가 끝나 일어서서

뜰에 내려와 북쪽을 향하여 아홉 번 머리를 조아려 사례한 후

관가의 숙소로 돌아와서 돌아갈 날짜를 정하니

사람마다 짐 꾸리느라 각 방은 어수선하고 / 흥정하고 외상 셈해 주려 떠든다. / 임금께 올리는 보고서를 출발시켜 선래 군관을 보내고 / 음력 칠월 십일일에 (조선으로) 다시 돌아가려 떠나오니 / 한 달 닷새 머물다가 (떠나니) 시원하고 상쾌하구나.

수능 ←

문해력 UP 감상 패턴

❶ 화자

화자의 상황과 작품의 특징

고종이 왕비를 맞이한 사실을 청나라에 알리기 위해 화자가 사신으로 다녀오면서 기록을 남김.

→ 보고 들은 바를 치밀하게 관찰하고 기록하여 문학적 면모보다는 객관적, 사실적인 묘사와 산문적인 특징이 두드러짐.

❷ 표현

직유법의 활용

‘귀머거리 벙어린 듯’	청나라 사람들과 말이 통하지 않는 상황을 표현함.
‘푸닥거리 상 벌이듯’	연회에 차려진 음식들의 모습을 표현함.

❸ 내신&수능 기출 point

김인겸의 ‘일동장유가’와의 공통점

· 사신으로 타국에 방문하면서 쓴 기행 가사로 사행길의 여정이 드러남.

· 타국 문화, 문물에 대한 관찰과 감상이 드러남.

· 자국 문화에 대한 우월 의식이 드러남.

작품 정리

주제 사신의 일행으로 청나라를 다녀온 견문과 감상

특징 ① 사실적 묘사로 당대 청나라의 문물, 문화를 생동감 있게 전달함.
② 여정에 따른 추보식 구성을 취함.

성격 사실적, 서사적

현품 정답 ❶ 꽃무늬 찻잔 ❷ 벼루 ❸ 아홉 번 머리 ❹ 연회

01 윗글에 대한 설명으로 가장 적절한 것은?

① 자연의 경이로운 풍광에 대한 장황한 표현이 주를 이루고 있다.

② 학문과 관련된 사물을 나열하여 입신양명에 대한 화자의 관심을 드러내고 있다.

③ 공식적인 행사에 참여한 다양한 사람들의 외양과 감정을 개성적으로 나타내고 있다.

④ 객지에서의 경험과 낯선 풍물에 대한 정서를 드러내고 회환할 때의 심정을 표현하고 있다.

⑤ 구체적인 시간을 나타내는 표현을 제시하여 귀국까지의 여정이 마무리되었음을 알려 주고 있다.

02 윗글에 대한 설명으로 적절한 것만을 〈보기〉에서 모두 고른 것은?

┌─── 보기 ───┐

ㄱ. 화자가 관찰한 대상을 자세하게 묘사하고 있다.

ㄴ. 실용적인 기술을 소개하고 이를 익힐 것을 강조하고 있다.

ㄷ. 낯선 문물에 대한 화자의 주관적인 견해가 나타나 있다.

ㄹ. 화자가 사신으로서 수행하는 업무에 대한 기록이 담겨 있다.

ㅁ. 다른 문화에 대한 개방적 태도를 중시하는 화자의 견해가 드러나 있다.

└──────────┘

① ㄱ, ㄴ, ㄷ   ② ㄱ, ㄷ, ㄹ   ③ ㄴ, ㄷ, ㄹ

④ ㄴ, ㄹ, ㅁ   ⑤ ㄷ, ㄹ, ㅁ

03 ㉠~㉤을 이해한 내용으로 가장 적절한 것은?

① ㉠: 청각적 이미지를 통해 대상이 지닌 슬픔을 표현하고 있군.

② ㉡: 지시적 표현을 통해 상대와의 친밀감을 드러내고 있군.

③ ㉢: 비유적 표현을 통해 연희를 즐기는 상황을 드러내고 있군.

④ ㉣: 음성 상징어를 통해 이동을 앞둔 여유로운 분위기를 드러내고 있군.

⑤ ㉤: 구체적인 기간을 표현하여 고국으로 돌아가는 기쁨을 드러내고 있군.

04 기출 연계
〈보기〉는 윗글의 다른 부분이다. 윗글과 〈보기〉에 드러나는 화자의 모습을 비교한 내용으로 적절하지 않은 것은?

┌─── 보기 ───┐

처소라고 찾아가니 집 제도가 우습도다 / 오량각 두 칸 반에 벽돌을 곱게 깔고 / 반 칸씩 방을 지어 좌우로 방을 마주하니 / 방 모양 어떠하냐, 방 제도를 못 보았으면 / 우리나라 부뚜막이 그와 거의 흡사하여 / 그 밑에 구들 놓아 불을 때게 만들고 / 그 위에 자리 펴고 밤이면 누워 자며 / 낮이면 손님 접대 걸터앉기 가장 좋고 / 기름칠한 완자창과 석회 바른 벽돌담은 / 미천한 호인들이 집 꾸밈이 분수에 넘치구나

└──────────┘

① 윗글과 〈보기〉의 화자는 모두 방문한 나라의 문물에 대해 거부감을 가지고 있다.

② 윗글과 〈보기〉의 화자는 모두 머문 '공간'이 지니는 실용성을 높이 평가하고 있다.

③ 윗글에서 화자는 실내의 모습에, 〈보기〉에서 화자는 집의 구조와 겉모습에 시선을 더 두고 있다.

④ 윗글과 달리 〈보기〉의 화자는 청나라의 문물에 대해 직접적으로 무시하는 태도를 보여 주고 있다.

⑤ 윗글과 달리 〈보기〉의 화자는 새로 경험한 대상을 우리나라의 문물과 관련지어 자세히 설명하고 있다.

05 수능 기출
[A], [B]에 대한 감상으로 적절하지 않은 것은?

① [A]에서 '간담을 상응하여'는 상대방에 대한 경계심을, [B]에서 '뜰에 내려 북향하여'는 상대방에 대한 거부감을 드러내는군.

② [A]에서 '우리들'은 '거기 사람'에게 인사로 차를 대접받고, [B]에서 '삼 사신' 일행은 '예부상서'를 통해 황상의 상을 하사받고 있군.

③ [A]에서 '필담'은 의사소통의 어려움을 해결하는 수단을, [B]에서 '구고두'는 의례적 상황에서 감사를 표하는 공식적 예법을 나타내는군.

④ [A]에서 '글귀 절로 오락가락'은 난처한 상황이 해소되고 있음을, [B]에서 '비위가 뒤집혀서'는 난감한 상황에 처하게 되었음을 드러내는군.

⑤ [A]의 '귀머거리 벙어린 듯'은 대화가 이루어지지 못하는 상황을, [B]의 '메밀떡에 밀다식에 겉밤' 등은 여러 가지 음식을 차려 놓은 상황을 알려 주는군.

배 방에 누워 있어 내 신세를 생각하니
　선실

가뜩이 심란한데 대풍(大風)이 일어나서

태산(泰山) 같은 성난 물결 천지에 자욱하니

크나큰 만곡주가 나뭇잎 불리이듯
　만 석의 곡식을 실을 수 있는 큰 배

하늘에 올랐다가 지함(地陷)에 내려지니
　　　　　　땅이 움푹하게 주저앉은 곳

열두 발 쌍돛대는 차아처럼 굽어 있고
　길이의 단위

쉰두 폭 초석(草席) 돛은 반달처럼 배불렀네
　왕골, 부들 따위로 엮어 만든 자리

굵은 우레 잔 벼락은 등[背] 아래서 진동하고

성난 고래 동(動)한 용(龍)은 물속에서 희롱하니

방 속의 요강 타구(唾具) 자빠지고 엎어지며
　　　　　　가래나 침을 뱉는 그릇

상하좌우 배 방 널은 잎잎이 우는구나

이윽고 해 돋거늘 장관(壯觀)을 하여 보세

일어나 배 문 열고 문설주 잡고 서서
　　　　　　문짝을 달기 위해 문 양쪽에 세운 기둥

사면(四面)을 돌아보니 어와 장할시고

인생 천지간에 ㉠이런 구경 또 있을까 〈중략〉

[A]─그중에 전승산이 글 쓰는 양(樣) 바라보고

[B]
└ 필담(筆談)으로 써서 뵈되 전문(傳聞)에 퇴석(退石) 선생
　쉬 짓기가 유명(有名)터니 선생의 빠른 재주
　일생 처음 보았으니 엎디어 묻잡나니
└ 필연코 귀한 별호(別號) 퇴석인가 하나이다

[C]
┌ 내 웃고 써서 뵈되 늙고 병든 둔한 글을
└ 포장(褒奬)을 과히 하니 수괴(羞愧) 키 가이 없다
　　　　　　　　　　부끄럽고 창피함

[D]
┌ 승산이 다시 하되 소국(小國)의 천한 선비
　세상에 났삽다가 ㉡장(壯)한 구경 하였으니
└ 저녁에 죽사와도 여한이 없다 하고

어디로 나가더니 또다시 들어와서 〈중략〉

각색 대단(大緞) 삼단이요 사십삼 냥 은자(銀子)로다
　중국 비단의 한 종류　　　　　　　은화. 은으로 만든 돈

[E]
┌ 놀랍고 어이없어 종이에 써서 뵈되
　그대 비록 외국이나 선비의 몸으로서
　은화를 갖다 가서 글 값을 주려 하니
　그 뜻은 감격하나 의(義)에 크게 가하지 않아
└ 못 받고 도로 주니 허물하지 말지어다

선실에 누워서 내 신세를 생각하니

가뜩이나 심란한데 (❶　　　　　)이
일어나서

태산 같은 성난 물결이 천지에 가득하
니

크나큰 만곡주가 (바람에) 나뭇잎 날
리듯

하늘에 올랐다가 땅 밑으로 내려지니

열두 발 쌍돛대는 (❷　　　　　)처럼
굽어 있고

쉰두 폭 초석 돛은 반달처럼 배불렀
네.

굵은 우레, 잔 벼락은 등 아래서 진동
하고

성난 고래, 움직이는 용은 물속에서
장난치니

방 속의 요강, 타구 자빠지고 엎어지며

상하좌우 선실의 널빤지는 잎잎이 소
리를 내는구나.

이윽고 해 돋거늘 장엄한 광경을 구경
하여 보세.

일어나 배 문을 열고 문설주를 잡고
서서

사면을 돌아보니 아, (❸　　　　　).

인생살이에 이런 구경이 또 있을까?

그중에 전승산이 (내가) 글 쓰는 모습
바라보고

필담으로 써서 보여 주길, "전해 듣기
로 퇴석 선생이
쉽게 글을 짓는 것으로 유명하던데,
선생의 빠른 재주를
일생에 처음 보았으니 엎드려 묻자온
데
틀림없이 귀한 별호가 퇴석인가 합니
다."

내가 웃고 써서 보여 줄, "늙고 병든
둔한 글을
(❹　　　　　)을 과하게 하니 부끄러
움이 끝이 없습니다."

승산이 다시 쓰길, "소국의 천한 선비
가
세상에 나왔다가 장한 구경 하였으니

저녁에 죽어도 여한이 없습니다." 하
고서
어디로 나가더니 또다시 들어와서

각종 비단 삼단과 사십삼 냥 은화로
다.

놀랍고 어이없어 종이에 써서 보여 주
길,
"그대 비록 타국 사람이나 선비의 몸
으로
은화로 글 값을 주려 하니
그 뜻은 감격스러우나 도리에 크게 맞
지 않아
못 받고 도로 주니 나무라지 마시오."

문해력 UP 감상 패턴

1 화자

화자의 상황 및 태도

조선과 일본이 한자 문화권이라는
점을 바탕으로 일본인 전승산과
필담을 나눔.

전승산	화자
화자의 글솜씨에 탄복하여 선물을 건넴.	겸손한 태도를 보이고 선물은 사양함.

2 표현

과장법의 사용

'태산 같은 성난 물결', '하늘에 올랐다
가 지함에 내려지니'
→ 파도가 거칠게 이는 상황을 과장하
여 표현함.

영탄적 표현

'어와 장할시고', '이런 구경 또 있을까'
→ 해돋이 광경을 바라보는 화자의 감
탄을 영탄적 표현을 통해 강조함.

3 내신&수능 기출 point

창작 배경

임진왜란 이후 일본과의 국교가 재개
되어 조선에서 통신사(두 나라가 교류
하기 위해 보내는 사신)를 파견하였는
데, 이때 작가도 통신사의 일원으로 일
본을 가게 됨.

작품 정리

주제 일본 방문의 여정과 견문
특징 ① 여정에 따른 추보식 전개가
나타남.
② 비유법, 과장법 등을 활용하여 여행
중의 경험을 감각적으로 묘사함.
성격 사실적, 사색적

현품 정답 ❶ 큰 바람 ❷ 나뭇가지 ❸ 광장하구나
❹ 칭찬

01 윗글에 대한 설명으로 적절하지 <u>않은</u> 것은?

① 유사한 문장 구조를 활용하여 시의 리듬감을 살리고 있다.

② 과장된 표현을 사용하여 대상들의 움직임을 나타내고 있다.

③ 시간의 흐름에 따라 상황이 변화하고 있음을 드러내고 있다.

④ 과거 상황과 현재 상황을 대조하여 화자의 처지를 강조하고 있다.

⑤ 감각적 심상을 활용하여 화자가 겪는 일을 효과적으로 표현하고 있다.

02 〈보기〉 중, 윗글에 대한 설명으로 적절하지 <u>않은</u> 것은?

─── 보기 ───

①이 글은 홍순학의 '연행가'와 더불어 조선 후기 장편 기행 가사를 대표하는 작품으로, 외국 사신으로 갔을 때의 경험을 담고 있다. ②제목에서도 알 수 있듯이, 일본 통신사의 일행으로 사행(使行)에 참여한 작가가 일본까지의 여정과 견문, 그리고 감상을 적절히 혼합하여 지은 기행 가사이다. ③이 글의 표현상 특징으로 두드러진 것은 직유법, 영탄법, 대구법 등 다양한 표현법을 구사하여 여행 중에 겪은 사건이나 정황을 실감 나게 묘사하고 있는 점이다. 또한 ④여행 중 만난 사람과의 이야기를 그 인물의 외양 묘사와 대화의 인용을 통해 사실적으로 나타낸다는 점이 돋보인다. ⑤기행 가사의 특징인 여행객으로서 느끼는 객수(客愁)도 진솔하게 드러난다. 이 글은 이러한 특징들이 함께 어우러져 독자들의 폭넓은 공감을 이끌어 내고 있다.

03 ㉠, ㉡에 대해 이해한 내용으로 가장 적절한 것은?

① ㉠, ㉡ 모두 화자의 고난 극복 의지를 드러내고 있다.

② ㉠, ㉡ 모두 화자가 구경하는 대상의 실체를 은폐하고 있다.

③ ㉠은 화자의 관찰력에 대한, ㉡은 화자의 창조력에 대한 타인의 평가를 담고 있다.

④ ㉠은 자연의 풍광에 대한 감탄을, ㉡은 인물의 능력에 대한 감탄을 표현하고 있다.

⑤ ㉠은 대상에 대한 화자의 만족을, ㉡은 대상에 대한 화자의 아쉬움을 드러내고 있다.

04 수능 기출
윗글에 대한 설명으로 적절하지 <u>않은</u> 것은?

① 거대한 자연물에 비유하여 악화된 기상 상황을 표현하고 있다.

② 동물의 역동성을 통해 공간의 분위기를 긍정적으로 바꾸고 있다.

③ 식물의 연약한 속성을 활용하여 화자의 위태로운 상황을 드러내고 있다.

④ 상승과 하강의 이미지를 대비하여 목전에 닥친 위기감을 강조하고 있다.

⑤ 인물의 행동을 시간의 흐름에 따라 열거하여 상황을 구체적으로 보여 주고 있다.

05 수능 기출
〈보기〉를 바탕으로 [A]~[E]를 감상한 내용으로 적절하지 <u>않은</u> 것은?

─── 보기 ───

사행 가사인 '일동장유가'에는 화자와 일본인 문인 사이의 필담 장면이 기술되어 있는데, 필담을 통한 문답 형식은 일종의 대화의 성격을 지닌다. 필담 속에는 대화가 시작되는 상황, 문답의 주요 내용, 의사소통의 심층적 의미, 선비로서의 예법 등이 자연스럽게 포함되어 있다.

① [A]는 [B]~[D]의 필담이 시작되는 계기를 보여 주는군.

② [B]의 '빠른 재주'는 '나'의 글에 대한 상대의 평가를, [C]의 '늙고 병든 둔한 글'은 자신의 글에 대한 '나'의 입장을 보여 주는군.

③ [B]의 '필담으로 써서 뵈되'와 [C]의 '내 웃고 써서 뵈되'를 통해, 문답의 형식을 활용하여 의사소통 장면을 구체적으로 제시하는군.

④ [B]의 '귀한 별호 퇴석'과 [D]의 '소국의 천한 선비'는 선비의 예법을 동원하여 동일한 사람을 다르게 지칭한 표현이군.

⑤ [D]에는 '나'의 글에 대한 상대의 찬사가 나타나 있고, [E]에는 상대의 글 값에 대한 '나'의 거절이 드러나 있군.

풍설이 잠간 자고 정제가 고요커늘

헌창을 넓니 열고 병안(病眼)을 높이 드니
병이 든 사람의 눈

만리 건곤의 **무한한 청산**이

엇그제 **소년**으로 **백두옹(白頭翁)**이 되어셰라

종남산(終南山) 묽은 남긔(嵐氣) 쓸닌듯 ᄒ야시니
해 질 무렵 멀리 보이는 푸르스름하고 흐릿한 기운

삼각산(三角山) 창취(蒼翠)는 뉘라셔 굼촌 말고
나무나 풀 따위가 싱싱하게 푸름

아미(峨眉) 검각(劍閣)의 파촉(巴蜀)이 어듸메오

설산(雪山) 진면목을 여긔와 다 보노라

어와 조화옹이 변화도 그지없구나

억만 창생을 사치케 하닷말가

┌ 집마다 **경실**이오 섬마다 옥계(玉階)로새
│ 옥으로 만든 집
│ **내 집도 찬란하니 거처는 좋다마는**
│
│ **선비에게 과분하니 심중이 불안하다**
│
│ 만가 천항의 경요가 낭자하대
│ 옥구슬
│ 습유를 아니하니 풍속도 좋을시고
[A] 남이 잃어버린 물건을 주움
│ 수레바퀴 **흰 띠**는 쌍으로 비껴가고
│
│ 말발의 은잔(銀盞)은 개개히 두렷하니
│
│ 공장의 셩녕인가 천하의 기제로새
│
│ 공계 위에 새 자최는 야사 황대의
│
└ **창힐서**가 완연한 듯 석양 한천의
  짐승의 발자국을 본떠 처음으로 문자를 만들었다고 하는 창힐의 문자

날아드는 저 ㉮ **가마괴** 눈빛을 더러일샤

천지만물 중의 네 홀노 유(類)다르니

소의 호상으로 개복(改服)들 하야스라

정변 대석은 백호가 준좌하니
뜰 가의 큰 바위

이비장 보돗더면 오호궁을 다랠낫다
한나라 때 흉노를 토벌한 장군

고목의 늙은 가지 개개의 **옥룡**일새

운우(雲雨)를 언제 얻어 **벽공**의 오르려니

네 등을 잠간 빌어 월중계를 꺾고쟈나
달나라의 계수나무

유흥이 전심하니 질병을 다 잊다
더욱 깊으니

학창의(鶴氅衣)를 잠간 입고 청려장을 높이 짚어
사대부들이 착용한 긴 한복으로 소매가 넓고 뒤 솔기가 터졌음

바닥 없는 신을 신고 설리(雪裏)의 배회하니

맹영이 잇도던들 날도 아니 신선이라 할 거이고
중국 당나라의 시인

눈바람이 잠깐 잦아들고 (❶   )
이 고요하거늘

창문을 활짝 열고 병든 눈을 높이 드
니

멀리까지 펼쳐진 세상의 무한한 푸른
산이

엇그제 소년이었는데 (❷   )이
되었구나.

종남산의 맑고 푸른 기운이 쏠린 듯하
였으니,

삼각산의 푸르름은 누가 감추는가.

아미산 검각의 파촉이 어디인가.

눈 내린 산의 진면목을 여기에서 다
보노라.

아, 조물주의 변화도 이루 다 말할 수
없구나.

수많은 백성들을 사치하게 한단 말인
가.

집집마다 구슬집이오, 계단마다 옥계단
이로다.

내 집도 찬란하니 거처는 좋다마는

선비에게 과분하니 마음이 불안하다.

거리마다 구슬과 옥이 흩어져 있는데

(옥구슬을) (❸   ) 풍속도 좋구
나.

수레바퀴 흰 띠는 쌍으로 비껴가고

말발굽의 은잔은 하나하나 뚜렷하니

장인의 작품인가, 천하의 솜씨일세.

빈 계단 위의 새 자취는 들판의 절의
황폐한 누대에

창힐의 글씨가 분명한 듯, 석양의 찬
하늘로

날아드는 저 까마귀가 눈빛을 더럽힐까.

천지 만물 중에 네 홀로 부류가 다르
니

(❹   )으로 갈아입어 보자꾸
나.

뜰가의 큰 돌에는 흰 호랑이가 주저앉
았으니

이비장이 보았다면 오호궁을 당겼으
리라.

고목의 늙은 가지 하나하나 옥룡일세.

비구름을 언제 얻어 푸른 하늘에 오르
려나.

네 등을 잠깐 빌려 달의 계수나무를
꺾고자.

그윽한 흥취가 깊어지니 질병을 다 잊
었다.

학창의를 잠깐 입고 지팡이를 높이 짚
어

바닥 없는 신을 신고 눈 속을 배회하
니 / 맹영이 있다 한들 날 신선이 아
니라 할 것인가?

문해력 UP 감상 패턴

❶ 화자

화자의 상황과 정서

• '병안을 높이 드니 ~ 백두옹이 되
어셰라', '질병을 다 잊을다'

→ 화자는 병든 몸으로 눈 내린 풍경
을 감상하고 있음.

• '유흥이 전심하니', '날도 아니 신선
이라 할거이고'

→ 눈 내린 자연에서 흥취를 느낌.

❷ 표현

색채 이미지의 대비

'무한한 청산이~ 백두옹이 되어셰 라'	푸른색과 흰색의 대비
'날아드는 저 가마 괴 눈빛을 더러일 샤'	검은색과 흰색의 대비

→ 색채의 대비를 통해 눈의 깨끗한
이미지를 부각함.

영탄적 표현

'백두옹이 되어셰라', '어와 조화옹이
변화도 그지없구나', '풍속도 좋을시
고'

→ 감탄사, 감탄형 어미를 활용하여
눈이 내린 아름다운 정경에 대한
감탄을 강조함.

❸ 내신&수능 기출 point

눈 내린 모습을 비유한 시어

백두옹, 경실, 옥계, 경요, 은 잔, 창힐서, 백 호, 옥룡 등	→	산, 집, 계단, 거리, 바위, 나 뭇가지 등이 눈으로 뒤덮인 모습

작품 정리

주제 눈 내린 경치에 대한 예찬
특징 ① 영탄법, 직유법, 은유법, 대구
법, 고사 인용 등 다양한 방법을 활용하
여 눈 내린 경치에 대한 감상을 드러냄.
② 화자의 정서가 직접적으로 표현됨.
성격 예찬적, 자연 친화적

현품 정답 ❶ 마당 / 뜰 ❷ 머리가 센 노인 ❸ 줍
지도 아니하니 ❹ 희고 깨끗한 옷

01 ㉮에 대한 설명으로 가장 적절한 것은?

① 화자를 위로하는 대상이다.
② 화자가 경외감을 가지는 대상이다.
③ 화자가 권고의 말을 건네는 대상이다.
④ 화자가 현실적 한계를 초월하고자 설정한 대상이다.
⑤ 화자가 과거의 사건을 회고하는 계기가 되는 대상이다.

02 다음 중, 의미하는 바가 다른 것은?

① 소년   ② 경실   ③ 흰 띠
④ 창힐서   ⑤ 옥룡

03 〈보기〉의 ㉠을 고려하여 [A]를 영상으로 제작할 때 학생들이 협의한 내용으로 적절하지 않은 것은?

> ─ 보기 ─
>
> 가사와 시조 작품에는 화자가 자신의 처지나 이념을 바탕으로 자연을 감상하면서 자신의 정서를 드러내는 경우가 많다. '희설'에서는 병중의 화자가 ㉠눈 내리는 풍경을 보면서 초월적 세계를 상상하며 고통을 초극하는 상황이 드러난다.

① 눈으로 덮인 화자의 집이 영롱하게 빛나는 장면을 보여 주면 좋겠어.
② 눈이 온 거리에서 풍속에 따라 구슬을 줍는 화자의 모습을 보여 주면 좋겠어.
③ 마을의 집들과 거리가 하얀 눈으로 덮여 있는 장면을 보여 주면 좋겠어.
④ 눈이 쌓인 길 위로 말발굽의 흔적이 뚜렷하게 남아 있는 장면을 보여 주면 좋겠어.
⑤ 눈이 내린 거리에 나란히 남겨진 수레바퀴 자국을 바라보고 있는 화자의 모습을 보여 주면 좋겠어.

04 교육청학평 기출
윗글의 특징으로 가장 적절한 것은?

① 후렴구를 활용하여 음악적 효과를 드러내고 있다.
② 연쇄의 방식을 통해 대상의 속성을 부각하고 있다.
③ 직유의 방식을 사용하여 대상의 가치를 나타내고 있다.
④ 의문의 형식을 활용하여 화자의 내면을 드러내고 있다.
⑤ 상승과 하강 이미지 반복을 통해 주제를 부각하고 있다.

05 기출 연계
〈보기〉를 바탕으로 윗글을 감상한 내용으로 적절하지 않은 것은?

> ─ 보기 ─
>
> '희설'의 작가 홍계영은 18세 되던 해 장질(腸疾)을 앓게 되자 병의 치료를 위해 처가로 내려가게 된다. 작품 '희설'은 그 즈음에 지어졌다고 하는데, 병을 앓게 된 후 4개월 만에 죽음을 맞이했다고 전한다.
> "헌창을 널니 열고 병안(病眼)을 높이 드니"
> '희설'에 나오는 이 구절은 화자가 병든 몸으로 눈이 내린 풍경을 감상하는 모습이 드러난다.
> 병이 악화되면서 자신의 죽음을 예감한 작가는 불안한 내면을 표현하고 있다고 볼 수 있다.

① '무한한 청산'이 '백두옹이 되어셰라'로 표현된 것은 질병에 걸려 노쇠해진 자신의 모습을 비유한 것이겠군.
② '종남산 묽은 남긔 뜰닌듯 ᄒᆞ야시니'와 '삼각산 창취는 뉘라셔 굼촌 말고'는 병으로 생기를 잃은 자신의 모습을 연상한 것이겠군.
③ '내 집도 찬란하니 거처는 좋다마는'과 '선비에게 과분하니 심중이 불안하다'는 눈으로 덮인 세상을 좋아하면서도 질병으로 내면의 불안을 가지고 있음을 드러내는 것이겠군.
④ '저 가마괴'가 '눈빛을 더러일샤' 염려하는 모습은 자신이 원하는 바가 훼손될까 봐 두렵고 불안해하는 내면을 드러내는 것이겠군.
⑤ '유흥이 전심하니 질병을 다 잊을다'는 '옥룡'을 타고 '벽공'에 오르는 것을 통해 질병에서 해방되는 자신의 죽음을 예감한 표현이겠군.

엇던 뒷 절 중이 야단스럽구나

지팡이를 느슨히 집고 나더러 닐온 말이

㉠네 병을 내 모르랴 수석(水石)의 고황(膏肓)이라

춘풍이 완만하여 백화(百花)는 거의 진 제

산 중(山中)의 비 갓 개니 날씨도 맑구나

어와 이 사람아 철 업시 누워 있는가

㉡청려장(靑藜杖) 바삐 집고 갈 대로 가쟈스라
　명아줏대로 만든 지팡이

곁의 니러 안자 창(窓)을 열고 바라보니

㉢청풍(淸風)이 건듯 불고 새소리 지지괼 제
　바람이 가볍게 슬쩍 부는 모양

시냇가 방초(芳草) 길히 동협(東峽)의 니어셰라
　향기롭고 꽃다운 풀　경기도 동쪽 지방과 강원도 지방을 통틀어 이르는 말

아이종 불너내여 뼈 걸닌 여윈 말에

채찍을 걷어쥐고 임의(任意)로 노하 가니

삼삼(三三) 가절(佳節)이 때 마침 됴흘시고

산동 야로들이 춘흥(春興)을 못내 계워
　산에서 자란 아이와 시골에 사는 늙은이

탁주병 두러메고 촌가(村歌)를 느리게 불며 〈중략〉

㉣별이(別異)실 외딴 마을 해는 어이 쉬 넘거니

봉당(封堂)에 자리 보아 더새고 가자꾸나
　안방과 건넌방 사이에 마루를 놓지 아니하고 흙바닥 그대로 둔 곳

밤중만 사립 밖에 긴 바람 일어나며

새끼 곰 큰 호랑(虎狼)이 목 갈아 우는 소리

산골에 울려 있어 기염(氣焰)도 흘난할샤
　기세가 어지럽구나

칼 빼어 곁에 놓고 이 밤을 겨우 새워

앞내에 빠진 옷을 쥡짜서 손에 쥐고

긴 별로(別路) 돌아 달려가 벌불에 쬐어 입고
　아궁이 밖으로 내뻗치는 불

진(秦) 때의 숨은 백성 이제 와 보게 되면

도원이 여기보다 낫단 말 못하려니
　무릉도원

┌ 천변(天邊)의 가려진 뫼 대관령 이었으니

│ 위태코 높은 고개 촉도난이 이러턴가

│ ㉤하늘에 돋은 별을 져기면 만질노다

[A] ┤ 망망대양이 그 앞에 둘러 있어

│ 대지 산악을 일야의 흔드는 듯

│ 밑 없는 큰 구렁에 한없이 쌓인 물이
　　움쑥하게 파인 땅

└ 만고에 한결같이 영축이 있었던가
　가득 차는 것과 줄어드는 것

어떤 뒤 절 중이 야단스럽구나.

지팡이 느슨히 짚고 나더러 이른 말이

네 병을 내가 모르겠느냐. (❶ 　　　)을 사랑하여 든 병이라.

봄바람이 부드러워 온갖 꽃은 거의 질 때

산 중의 비가 갓 개니 날씨도 맑구나.

어와, 이 사람아, 철없이 누워 있는가.

청려장 바삐 짚고 가는 대로 가자꾸나.

잠결에 일어나 앉아 창을 열고 바라보니

맑은 바람이 살짝 불고 새소리 지저귈 때

시냇가의 향기로운 풀 돋은 길이 동쪽으로 이어지는구나.

아이종을 불러내어 뼈 드러난 여윈 말에

채찍을 걷어쥐고 마음대로 놓아 가니

삼월 삼짇날 좋은 시절이 때마침 좋구나.

산의 아이들과 시골에 사는 노인들이 봄의 흥을 못내 겨워

탁주병을 둘러메고 (❷ 　　　)를 느리게 부르며

별이실 외딴 마을의 해는 어찌 쉽게 넘어가니

봉당에 자리 보아 밤 지내고 가자꾸나.

밤중에 사립문 밖에 긴 바람이 일어나며

새끼 곰, 큰 호랑이 목 바꿔 가며 우는 소리

산골에 울려 있어 기세가 어지럽구나.

칼을 빼어 곁에 놓고 이 밤을 겨우 새워

앞 시내에 빠진 옷을 쥐어짜서 손에 쥐고

긴 다른 길로 돌아 달려가 아궁이의 뻗치는 불에 쬐어 입고

진나라 때 숨은 백성 이제 와 보게 되면

무릉도원이 여기보다 낫단 말 못 할 것이니,

하늘 끝의 가려진 산, 대관령을 (머리에) 이었으니

위태롭게 높은 고개 촉도난이 이렇던가?

하늘에 돋은 별을 잘하면 만질 듯하다.

(❸ 　　　)가 그 앞에 둘러 있어

대지와 산악을 (❹ 　　　) 흔드는 듯,

밑 없는 큰 구렁에 한없이 쌓인 물이 / 오랜 세월 한결같이 차고 줄은 적이 있었던가?

문해력 UP 감상 패턴

1 화자

화자의 상황

뒤 절의 중이 화자에게 여행을 떠나라고 부추김.

> 어와 이 사람아 철 업시 누워 있는가 / 청려장 바삐 집고 갈 대로 가쟈스라

↓

화자가 유람을 하게 된 계기

2 표현

과장된 표현

'하늘에 돋은 별을 져기면 만질노다', '대지 산악을 일야의 흔드는 듯' 등

→ 별이실 마을에서 본 모습을 과장되게 표현하여 생생함을 줌.

3 내신&수능 기출 point

'무릉도원' 고사의 인용

화자는 별이실 마을을 '도원'이라고 보고 있는데, 이 '도원(무릉도원)'은 고전 문학에서 속세를 떠난 이상향, 별천지를 의미하는 시어로 자주 나옴.

작품 정리

주제 여행 체험에 대한 감흥

특징 ① 영월에서 삼척에 이르는 여정에 따라 시상이 전개됨.

② 충, 애민 정신 등 유교적 가치를 드러내기보다 유람에 대한 묘사와 감상에 집중함.

성격 풍류적, 자연 친화적

현풀 정답 ❶ 자연 ❷ 시골 노래 ❸ 넓고도 큰 바다 ❹ 밤낮으로

01 윗글에 대한 설명으로 가장 적절한 것은?

① 자연물을 의인화하여 주제를 제시하고 있다.

② 인물의 말을 인용하여 화자의 상황을 드러내고 있다.

③ 다른 대상과 비교하여 대상의 활발한 역동성을 부각하고 있다.

④ 대구 형식을 통해 현실에 대한 화자의 고뇌를 강조하고 있다.

⑤ 회상을 통해 과거의 삶을 성찰하고 현재 삶에 대한 만족감을 드러내고 있다.

02 [A]에 나타나는 표현상의 특징을 모두 고른 것은?

┌─────── 보기 ───────┐

ㄱ. 과장적 표현을 통해 대상을 강조한다.

ㄴ. 색채어를 통해 대상의 특성을 강조한다.

ㄷ. 다른 대상과의 비교를 통해 대상을 강조한다.

ㄹ. 청각적 심상을 통해 대상의 특성을 강조한다.

└──────────────────┘

① ㄱ, ㄴ, ㄷ　　② ㄱ, ㄷ　　③ ㄴ, ㄷ, ㄹ

④ ㄴ, ㄹ　　⑤ ㄷ, ㄹ

03 윗글에 드러나는 화자의 심리를 이해한 내용으로 가장 적절한 것은?

① 밤중에 짐승들의 울음소리를 듣고 불안감을 느꼈군.

② 걸어가는 길이 평탄해서 먼 산을 바라보며 즐거워했군.

③ 인가에 머무르지 못해 야외에서 잠자리를 찾으며 탄식했군.

④ 하늘의 별을 바라보며 부재하는 임에 대한 그리움을 느꼈군.

⑤ 높은 산들로 시야가 차단되어 바다를 보지 못하게 되자 아쉬워했군.

04 기출 연계
윗글의 표현상 특징으로 적절하지 않은 것은?

① 직유적 표현을 통해 대상을 부각하고 있다.

② 공간의 이동에 따라 시상을 전개하고 있다.

③ 음보율을 사용하여 운율감을 드러내고 있다.

④ 음성 상징어를 활용하여 대상을 생동감 있게 묘사하고 있다.

⑤ 영탄적 표현을 활용하여 특정 장소에 대한 화자의 느낌을 표현하고 있다.

05 기출 연계
〈보기〉를 참고하여 ㉠~㉤을 이해한 내용으로 적절하지 않은 것은?

┌─────── 보기 ───────┐

　기행 가사(紀行歌辭)는 여행하면서 보고 듣고 느낀 것 등을 읊은 가사를 말한다. 산천이나 명승지를 유람하거나 타향에서의 경험을 묘사한 기행 가사를 관유 가사(觀遊歌辭)라 하는데 여행 중에 들르게 된 지역의 특성과 그 지역 사람들의 삶의 모습 등을 노래하여 사실감과 현장감을 전달한다. 권섭의 '영삼별곡'은 관유 가사의 하나이다.

└──────────────────┘

① ㉠: 화자의 병을 '수석'과 '고황'이라고 표현한 것은 자연에 대한 화자의 사랑이 깊음을 의미하는 것이군.

② ㉡: '가쟈스라'의 청유형 어미를 통해 화자는 자신의 주변 사람들에게 봄날의 경치 구경을 함께 떠나자고 권유하고 있군.

③ ㉢: 화자가 창문을 열고 내다본 풍경으로 화자가 유람을 떠나게 되는 자연의 분위기를 나타내고 있군.

④ ㉣: 유람 중에 가게 된 공간의 특징을 보여 주며 화자가 '별이실' 마을에 머물게 된 이유를 짐작하게 하는군.

⑤ ㉤: 화자가 여행 중에 관찰한 자연의 풍광을 과장된 표현을 사용하여 주관적 감상을 드러내고 있군.

취안(醉眼) 잠간 드러 석문을 바라보니

놀랍다 져 산봉우리는 어이ᄒ여 쭐녓ᄂ고

[A] 용문산 ᄯ린 도끼 수문(水門)을 내엿ᄂ가

　　거대한 신령의 큰 손바닥 산창(山窓)을 밀첫ᄂ가

만고(萬古)의 동개(洞開)ᄒ여 다들 줄 몰낫도다
매우 먼 옛날　골짜기를 엶

신선이 농사짓던 열두 배미 요초(瑤草)를 심엇던가
　　　　　　　논을 세는 단위　아름다운 풀

[B] 선인(仙人)은 어듸 가고 풀만 나마시니

　　㉠우리 백성 농사를 권하여 수역(壽域)의 올니고져

만강풍랑(滿江風浪) 치ᄂ 곳의 은주암 기묘ᄒ샤

작은 고깃배로 드러가면 처사 종적(處士蹤迹) 긔뉘 알니

[C] ㉡팔판동(八判洞) 기픈 곳을 무릉이라 ᄒ건마ᄂ
　　　　골짜기 이름

인거(人居)ᄂ 어디인지 백운(白雲)만 줌겻셔라 〈중략〉

석양(夕陽)의 순류(順流)ᄒ여 구담(龜潭)으로 나려가니

창벽(蒼壁)은 삽천(揷天)ᄒ고

녹수(綠水)ᄂ 만지(滿地)ᄒ대

전후(前後) 봉만(峰巒)이 면면(面面)이 마ᄌ 나니

살살이 펴인 붓치 첩첩(疊疊)이 도ᄂ 병풍(屛風)

제불(諸佛)이 공립(拱立)ᄒ 듯 중선(衆仙)이 나니ᄂ 듯

이리저리 뵈ᄂ 거동 황홀(恍惚)도 흐져이고

돌노 싱긴 져 거복은 명구(名區)를 직히ᄂ가
　　　　　　　　　　산수가 좋아 널리 이름난 고장
오로봉(五老峰) 진면목(眞面目)은 부용(芙蓉)이 소사ᄂ 듯

호천대(壺天臺) 올나 안자 전체를 대강 바라보고

[D] **창하정(倉霞亭) 잔을 드러 풍연(風煙)을 희롱(戲弄)타가**
　　　　　　　　　멀리 보이는, 공중에 서린 흐릿한 기운

　　㉢홀연히 도라보니 이 몸이 등선(登仙)홀 듯
　　　　　　　　　　　　하늘로 올라가 신선이 됨

일흥(逸興)을 가득 시러 흔 구븨 흘러 도니

마죠 오는 옥순봉(玉筍峰)이 ᄯ다시 신기(神奇)ᄒ다

하늘 기둥은 우뚝 솟아 북극을 괴왓ᄂ 듯

[E] ㉣화표(華表)ᄂ 우뚝 서서 백학이 넘노ᄂ 듯
　　　묘 앞에 세우는 문

벽옥낭간(碧玉琅玕)이 낫낫치 버려시니
옥과 진주 같은 아름다운 돌을 이르는 말
이 떨기 열매 열면 봉황이 먹으리라

단구동문(丹邱洞門) 새긴 글ᄌ 선현(先賢)의 필적이라
옥순봉에 새겨진 퇴계 이황의 글씨
㉤신선의 땅을 중히 여겨 경계(境界)를 졍ᄒ신가

(❶　　　　　　)을 잠깐 들어 석문을 바라보니
놀랍다, 저 산봉우리는 어찌하여 뚫렸는가.
용문산 때린 도끼가 수문을 내었는가.

거대한 신령의 큰 손바닥이 산의 창을 밀쳤는가.
오랜 세월 열려 있어 닫힐 줄 모르는구나.
신선이 농사짓던 열두 논에 아름다운 풀을 심었던가.
선인은 어디로 가고 풀만 남았으니

우리 백성에게 농사를 권하여 장수하는 곳에 올리고 싶구나.
강 가득 바람과 물결이 치는 곳에 은주암이 기묘하구나.
작은 고깃배로 들어가면 처사의 자취를 그 누가 알겠는가?
팔판동 깊은 곳을 무릉도원이라 하건마는
사람 사는 곳은 어디인지 흰 구름만 잠겼구나.

석양에 흘러가며 구담으로 내려가니

푸른 절벽은 하늘을 찌르고

푸른 물은 땅을 가득 채우니

앞뒤의 봉우리들이 각각 마주 보니

살살이 펴진 부채 첩첩이 펴진 병풍

(❷　　　　　)가 함께 서 있는 듯 신선의 무리가 나는 듯
이리저리 보이는 모습이 황홀도 하구나.
돌로 새긴 저 거북은 명승지를 지키는가.
오로봉의 참모습은 연꽃이 솟았는 듯

호천대에 올라 앉아 전체를 대강 바라보고
창하정에서 잔을 들어 풍연을 희롱하다가
홀연히 돌아보니 이 몸이 하늘로 올라 신선이 될 듯
(❸　　　　)을 벗어난 듯한 흥을 가득 실어 한 굽이를 흘러 도니
마주 오는 옥순봉이 또다시 신기하다.

하늘 기둥은 우뚝 솟아 북극을 받치는 듯
화표는 우뚝 서서 하얀 학이 넘노는 듯
벽옥낭간이 낱낱이 펼쳐져 있으니

이 떨기 열매 열리면 봉황이 먹으리라.
단구동문 새긴 글자 선현의 필적이라. /
신선의 땅을 중요하게 여겨 경계를 정하신 것인가.

문해력 UP 감상 패턴

1) 화자

화자의 상황과 태도

자연 경관을 완상하며 흥취를 느낌.	
자연 경관 예찬	'이리저리 뵈ᄂ 거동 황홀도 흐져이고'
풍류적 태도	'잔을 드러 풍연을 희롱타가'

2) 표현

은유법과 직유법을 활용한 묘사

은유법	'석문'을 '수문'과 '산창'으로 비유함.
직유법	'제불이 공립흔 듯 중선이 나니ᄂ 듯', '오로봉 진면목은 부용이 소사ᄂ 듯', '하늘 기둥은 우뚝 솟아 북극을 괴왓ᄂ 듯', '화표ᄂ 우뚝 서서 백학이 넘노ᄂ 듯'

영탄적 어조
'놀랍다', '쭐녓ᄂ고', '내엿ᄂ가', '밀첫ᄂ가', '몰낫도다', '기묘ᄒ샤', '줌겻셔라' 등에서 석문과 은주암을 바라본 화자의 감회를 영탄적으로 표현함.

3) 내신&수능 기출 point

도교 사상이 드러난 표현
'신선', '선인', '무릉', '등선' 등 도교 사상에서 나오는 존재나 공간을 빈번하게 언급함.

작품 정리

주제 단양의 절경에 대한 묘사와 예찬
특징 ① 비유를 통해 자연 경관을 생생하게 묘사함.
② 단양 팔경을 유람하는 여정을 따르는 추보식 전개가 나타남.
성격 예찬적, 감상적, 비유적, 도교적

현풀 정답 ❶ 취한 눈 ❷ 여러 부처 ❸ 세속

01 윗글에 대한 설명으로 적절하지 <u>않은</u> 것은?

① 자연 경치를 생생하게 묘사하고 있다.

② 여행 중에 보고 느낀 바를 솔직히 표현하고 있다.

③ 여행 중에 만난 사람들에 대한 감회를 드러내고 있다.

④ 여행지에서 공간의 이동에 따라 시상을 전개하고 있다.

⑤ 특정한 지역을 유람하고 쓴 기행문의 성격을 지니고 있다.

02 윗글의 내용으로 적절하지 <u>않은</u> 것은?

① '우리 백성 농사를 권하여 수역의 올니고져'라고 노래하며 선정에의 포부를 담아내었다.

② 은주암의 기묘한 모습과 흰 구름에 싸인 팔판동을 노래하며 속세와 단절된 느낌을 드러내었다.

③ 경치가 빼어난 구담을 노래하며 부처나 신선에 빗대어 풍류 생활에 대한 자부심을 표현하였다.

④ 호천대 위에서의 조망, 창하정에서의 술과 풍류를 노래하며 신선이 된 듯한 느낌을 드러내었다.

⑤ 옥순봉의 모습과 '단구동문'이라는 선현의 필적을 노래하며 선현의 뜻을 헤아려 봄을 드러내었다.

03 ㉠~㉤ 중, 〈보기〉의 밑줄 친 부분과 관련이 <u>없는</u> 것은?

┌─ 보기 ─

　흔히 도교는 노장 사상으로부터 시작하여 종교의 위치에 이른 것으로 신선 사상과 풍수지리 등이 혼용된 민중 신앙으로 이해된다. 작가 신광수는 유학자였지만 불교와 도교를 배척하지 않았다고 한다. 이러한 그의 태도와 의식은 그의 작품에 투영되고 있는 것으로 평가되고 있다. 그의 국문 가사 작품인 '단산별곡'의 경우, 영월 부사로 부임한 작가가 단양 팔경을 유람하고 아름다운 풍광을 노래하며 <u>도교 사상을 담아 표현한 것</u>으로 이러한 작품 경향을 잘 보여 준다.

└─────────

① ㉠　　② ㉡　　③ ㉢　　④ ㉣　　⑤ ㉤

04 기출 연계
〈보기〉를 바탕으로 윗글을 이해한 내용으로 적절하지 <u>않은</u> 것은?

┌─ 보기 ─

　윗글은 화자가 단양 팔경을 유람하고 쓴 기행 가사이다. 이러한 기행 문학에는 일상적인 공간을 떠나 여행 중에 마주친 아름다운 경치에 대한 묘사와 감흥이 드러나며 여행을 통해 깨달은 다양한 생각이 담겨 있다. 또한 여행지와 관련된 사람을 떠올려 보고 예찬하거나 그의 삶의 모습을 본받고 싶은 소망이 나타나기도 한다.

└─────────

① '놀랍다 져 산봉우리는 어이ᄒᆞ여 ᄲᅮᆯ녓ᄂᆞᆫ고'는 일상에서 볼 수 없는 경치에서 느끼는 놀라움을 드러내고 있다.

② '오로봉 진면목은 부용이 소사는 듯'은 여행 중에 본 오로봉의 아름다움을 연꽃에 비유하여 묘사하고 있다.

③ '창하정 잔을 드러 풍연을 희롱타가'는 여행 중에 만난 풍경을 즐기는 화자의 흥취를 드러내고 있다.

④ '이 떨기 열매 열면 봉황이 먹으리라'는 옥순봉의 모습에서 느끼는 신기한 감흥을 표현하고 있다.

⑤ '단구동문 새긴 글즈 선현의 필적이라'는 '단구동문'을 쓴 '선현'을 떠올리며 높은 학문의 경지에 도달한 화자의 상황을 드러내고 있다.

05 교육청학평 기출
[A]~[E]에 대해 이해한 내용으로 적절하지 <u>않은</u> 것은?

① [A]에서 화자는 석문의 모습을 수문과 산창에 비유하여 초월적 존재가 만들었다고 여길 만큼 신기하다고 생각하고 있다.

② [B]에서 화자는 신선이 농사지었을 법한 땅에 농사짓기를 권하여 백성들의 삶이 나아지기를 바라고 있다.

③ [C]에서 화자는 은주암과 팔판동을 속세와 단절된 곳으로 인식하여 자신의 종적을 다른 사람이 알 것을 걱정하는 마음을 드러내고 있다.

④ [D]에서 화자는 호천대에서 주변을 바라보고, 창하정에서 술을 마시면서 신선이 된 듯한 마음을 드러내고 있다.

⑤ [E]에서 화자는 옥순봉의 모습을 여러 대상에 빗대어 표현하며 자신이 바라보는 풍경의 신이함을 드러내고 있다.

ⓐ**황미시절(黃梅時節) 떠난 이별** 만학단풍(萬壑丹楓) ᄂ젓스니

상ᄉ일념(相思一念) 무한ᄉ는 **져도 나를 그리련이**

구든 언약 깁흔 정을 닌들 어이 이젓슬가

인간의 일이 만코 **조물(造物)**이 시근런지

[A] **삼ᄒ삼추(三夏三秋)** 지나가고 **낙목한천(落木寒天)** 또 되엿닉

운산이 머럿쓰니 **소식인들** 쉬울손가

뒥인난 **긴 한숨의 눈물**은 몃때런고

흉중의 ㉠불이 나니 구회간장 다타간다

인간의 ㉡**물로 못ᄭ난 불**이라 업것마는

ⓑ**닉 가삼 틱우는 불은 물노도 어이 못ᄭ난고**

ᄌ네 사정 닉가 알고 닉 사정 ᄌ네 알니

ⓒ**세우ᄉ창(細雨紗窓)** 저문 날과 소소상풍 송안성의
  가는 비 내리는 창   쓸쓸한 바람과 서리

상ᄉ몽(相思夢) 놀라 ᄭ여 믹믹키 싱각ᄒ니
  서로 그리워하여 꾸는 꿈   어떤 일에 대처할 방법이 잘 생각나지 않아 답답하게

ⓓ**방춘화류(芳春花柳)** 조흔 시절 강누ᄉ찰 경기됴ᄎ
  아름다운 봄의 꽃과 버들   누각과 사찰의 경치를 따라

[B] 일부일 월부월의 **운우지락(雲雨之樂)** 협흡할제
  날마다 달마다   남녀 간의 정을 나누는 즐거움으로 화목하게 지낼 때

청산녹수 증인두고 **ᄎ싱빅년 서로 밍세**
        차생 – 다시 태어난 후의 삶

못보와도 **병**이 되고 더듸 와도 성화로세

오는 글발 가는 ᄉ연 ᄌᄌ획획 다정턴이
            글자마다

엇지타 한 별니가 역여조기(怨如調飢) 어려웨라
        이별

샹사(想思)고 샹사(想思)고 ᄒ니 샹사인(想思人) 샹사인(想思人)을

신농씨(神農氏) 야속ᄒ다 샹백초약(嘗百草藥) 닐 적이
중국 고대 전설상의 제왕, 의료·약초의 신, 불을 관장하는 신

ⓔ**만병회츈(萬病回春)** 무불통지(無不通知) 임 이즐 약 웨 모른고
            무엇이든지 환히 통하여 모르는 것이 없음

천ᄉ만량(千思萬量) 셕은 간장 언지장야(言之長也) 쓸 길 업닉
여러 가지로 생각하여 헤아림   자세히 말하려면 길어짐

어닉 날 어닉 달의 명련(明天)이 우리ᄯ ᄇ다

실거싱 이별업시 원앙침상(鴛鴦枕牀) 갓치 누어

이런 말 **옛일** 삼고 평싱을 질길는지

어허 절ᄉ 둏도 둏다 고진감래(苦盡甘來) 이 안닌가

오미불망 그린 임을 악수상봉(握手相逢) 다시 탐탐(耽耽)
                손을 맞잡고 다시 만남

---

❶ (   )에 이별했는데, (지금은) 골짜기에 단풍 들어 가을이 깊었으니

그리워하는 마음이 끝없이 일어나는 것은 임도 나를 그리워하는 것이려니
(임과의) 굳은 약속과 깊은 정을 낸들 어찌 잊었겠는가?
세상일이 많고 조물주가 시기하는지

여름 세 번, 가을 세 번이 지나가고 나뭇잎 다 떨어져 추운 겨울이 다시 왔네.

산에 **❷ (   )**이 끼어 아득하니, 소식인들 쉽게 오겠는가?
기다려도 오지 않는 괴로움으로 긴 한숨에 흘린 눈물은 몇 때이런가?
가슴속에 불이 나니, 지난날을 그리는 마음에 애간장이 다 타 간다.
세상에 물로 못 끄는 불이야 없건마는

내 가슴을 태우는 불은 물로도 어찌 끄지 못하는가?
자네의 사정을 내가 알고 내 사정을 자네가 알 터이니
가는 비 내리는 창에 날은 저물고 쓸쓸한 바람 불고 서리 내릴 때, **❸ (   )**에 임을 그리워하는 꿈에서 깨어나 답답하게 생각하니,
꽃 피는 봄 좋은 시절에 강가의 누각과 사찰의 경치를 찾아서
날마다 달마다 임과 정을 나누며 화목하게 사귀었을 때
❹ (   )을 증인 삼아 다음 생애 평생 동안 함께하자던 맹세
(임을) 못 보아도 병이 되고, (임이) 더디 와도 애가 탄다.
오는 글발 가는 사연에 글자마다 정이 넘치더니
어쩌다가 이별하여 간절한 그리움이 견디기 어렵구나.
그리워하고 또 그리워하여 임 그리고 또 그리니

신농씨가 야속하다. 가지가지 약초를 씹어 낼 적에
만 가지 병 치료할 줄을 다 통하여 모르는 것 없는데도 임 잊을 약 왜 모르는가?

여러 가지 생각하여 헤아리니 썩는 간장 자세히 말하려면 길어서 쓸 길 없네.
어느 날 어느 달에 하늘이 우리의 뜻을 받아
실컷 이별 없이 원앙 침상에 같이 누워
이런 말 옛일 삼고 평생을 즐길는지. / 어허 절쑤 좋고 좋다, 고생 끝에 즐거움이 온다는 것이 이 아닌가? / 자나 깨나 잊지 못해 그리워하는 임을 손을 마주 잡고 다시 만나 그윽이 즐길런가.

문해력 UP 감상 패턴

1 화자

시적 상황
임과 이별한 상황에 놓인 두 화자가 대화하는 상황으로, '주네 사정 닉가 알고 닉 사정 주네 알니'에서 새로운 화자로 전환됨.

2 표현

은유법의 활용
임에 대한 간절한 그리움을 '흉중의 불', '닉 가삼 틱우는 불'에 빗대어 표현함.

설의법의 활용
'어이 이젓슬가', '쉬울손가' 등
→ 설의적 표현을 통해 임과 이별한 상황에서 느끼는 화자의 심정을 강조함.

3 내신&수능 기출 point

시간의 경과를 드러내는 시어

황미시절 → 만학단풍	봄에서 가을로의 경과
삼ᄒ삼추 → 낙목한천	여름, 가을에서 겨울로의 경과

작품 정리

주제 이별한 임에 대한 그리움
특징 ① 두 명의 화자가 대화하는 형식으로 시상을 전개함.
② 자연물을 활용하여 애상적 분위기를 형성함.
성격 여성적, 애상적

현풀 정답 ❶ (황)매화 피던 봄 ❷ 구름 ❸ 기러기 울음소리 ❹ 푸른 산과 푸른 물

01 윗글의 시어에 대한 설명으로 적절하지 <u>않은</u> 것은?

① '운산'은 화자와 임 사이를 가로막는 장애물이다.

② '불'은 이별로 인한 화자의 괴로움을 구체화한 것이다.

③ '물로 못끄난 불'은 임에 대한 화자의 그리움의 정도를 나타내 준다.

④ '글발'은 화자가 기억하는 행복했던 순간과 관련된다.

⑤ '옛일'은 화자가 임과 함께 즐기던 때를 떠올린 것이다.

02 〈보기〉를 고려해 [A], [B]를 감상한 내용으로 적절하지 <u>않은</u> 것은?

─── 보기 ───

윗글에서는 두 명의 화자가 각자 자신의 사연을 차례로 말하는 것을 볼 수 있으며, 이는 [A]와 [B]로 구분된다.

① [A]의 '황미시절 떠난 이별'과 [B]의 '엇지타 한 별니'에서 두 화자의 처지를 확인할 수 있다.

② [A]의 '져도 나를 그리련이'와 [B]의 '주네 사정 니가 알고 니 사정 주네 알니'를 통해 두 화자가 서로를 그리워하고 있음을 알 수 있다.

③ [A]의 '구든 언약 깁흔 정'과 [B]의 '츳싱빅년 서로 밍세'에서 두 화자가 임과의 사랑에 대해 지녔을 기대감을 떠올릴 수 있다.

④ [A]의 화자는 '소식'이 전달되기 어려운 상황에 대한 안타까움을, [B]의 화자는 '오는 글발'이 끊긴 상황에 대한 안타까움을 표출하고 있다.

⑤ [A]의 '흉중의 불'과 [B]의 '병'은 두 화자의 그리움으로 인한 괴로움을 느낄 수 있다.

03 ⓐ~ⓔ에 대한 설명으로 적절하지 <u>않은</u> 것은?

① ⓐ: 자연의 변화를 통해 임과 이별한 후 시간이 많이 흘렀음을 드러내고 있다.

② ⓑ: 치유할 수 없는 사랑의 아픔을 강조하고 있다.

③ ⓒ: 자연물을 활용하여 화자의 슬픔과 어우러진 애상적 분위기를 자아내고 있다.

④ ⓓ: 꿈속 장면을 회상하며 임에 대한 그리움을 절실하게 드러내고 있다.

⑤ ⓔ: 고사 속 인물을 떠올리며 어떤 약으로도 치유되지 않는 자신의 고통을 강조하고 있다.

04 교육청학평 기출
윗글의 표현상 특징에 대한 설명으로 적절하지 <u>않은</u> 것은?

① 대구의 방식을 활용하여 리듬감을 형성하고 있다.

② 공간의 이동을 활용하여 화자의 의지를 나타내고 있다.

③ 비유적 표현을 활용하여 화자의 심정을 부각하고 있다.

④ 청각적 심상을 활용하여 화자의 상황을 드러내고 있다.

⑤ 설의적인 표현을 활용하여 화자의 생각을 강조하고 있다.

05 교육청학평 기출
〈보기〉를 바탕으로 윗글을 이해한 내용으로 적절하지 <u>않</u>은 것은?

─── 보기 ───

'상사별곡'은 임에 대한 그리움을 진술하게 노래한 작품이다. 화자는 임과 이별한 상황에서 임을 기다리며 느끼는 상사의 아픔을 토로하며 과거의 행복했던 시절을 그리워하고 있다. 또한 이별의 원인과 이별이 지속되는 근본적인 이유를 직접적으로 제시하지 않고, 이를 외적 요인으로 돌리려 한다.

① 화자는 '인간의 일'이나 '조물'과 같은 외적 요인을 임과 재회하지 못하게 하는 이유로 떠올리고 있다.

② 화자는 '삼ㅎ삼추'와 '낙목한천'이라는 계절의 흐름을 통해 임과 이별한 상황이 지속되고 있음을 제시하고 있다.

③ 화자는 '긴 한숨'과 '눈물'을 통해 임을 기다리며 느끼는 상사의 아픔을 드러내고 있다.

④ 화자는 '츳싱빅년'을 '서로 밍세'했던 과거를 떠올리며 임과 행복했던 시절을 그리워하고 있다.

⑤ 화자는 오고 가는 '글발'과 '수연'을 임과 이별하게 된 원인으로 제시하고 있다.

06 교육청학평 기출
㉠, ㉡을 이해한 내용으로 가장 적절한 것은?

① ㉠은 화자가 과거를 잊게 하는 소재이고, ㉡은 화자가 미래를 예측하게 하는 소재이다.

② ㉠은 화자의 상황을 드러내는 소재이고, ㉡은 화자의 상황 해결이 어려움을 드러내는 소재이다.

③ ㉠은 화자에게 부정적 인식을 심어 주는 소재이고, ㉡은 화자의 인식을 긍정적으로 바꾸게 하는 소재이다.

④ ㉠, ㉡ 모두 화자의 소망을 실현시켜 주는 소재이다.

⑤ ㉠, ㉡ 모두 자연에 대한 화자의 경외감을 느끼게 하는 소재이다.

81 덴동 어미 화전가 (花煎歌)_작자 미상

어떤 부인은 글 용해서 **내칙 편을 외워내고**
여자들이 가정 안에서 지켜야 할 법도나 예절에 관한 내용

어떤 부인은 흥이 나서 **칠월 편을 노래하고**
농업에 관한 일을 노래한 편

어떤 부인은 목성 좋아 화전가를 잘도 보네
부녀자들이 경치 좋은 곳에서 꽃을 지져 먹으며 노는 봄놀이에 관한 노래

그중에도 덴동 어미 멋나게도 잘도 놀아

춤도 추며 노래도 하니 웃음소리 낭자한데

그중에도 **청춘과녀** 눈물 콧물 꾀죄하다

한 부인이 이른 말이 좋은 풍경 좋은 놀음에

무슨 근심 대단해서 낙루한심 웬일이오

나건으로 눈물 닦고 내 사정을 들어보소
비단으로 짠 수건

열네 살에 시집올 때 청실홍실 늘인 인정
혼례에 쓰는 남색과 붉은색의 명주실

원불상리 맹세하고 백 년이나 살았더니
서로 헤어지지 말자는 약속

겨우 삼 년 동거하고 **영결종천** 이별하니
죽어서 영원토록 이별함

임은 겨우 십육이요 나는 겨우 십칠이라 〈중략〉

애고 답답 내 팔자야 어찌하여야 좋을거나

가자 하니 말 아니요 아니 가고는 어찌할꼬

덴동 어미 듣다가서 썩 나서며 하는 말이

가지 마오 가지 마오 제발 적선 가지 말게

팔자 한탄 없을까마는 가단 말이 웬 말이오

잘 만나도 내 팔자요 못 만나도 내 팔자지

백년해로도 내 팔자요 십칠 세 청상도 내 팔자요

팔자가 좋을 양이면 십칠 세에 청상될까
젊어서 과부가 된 여자

㉠ **신명 도망 못할지라 이내 말을 들어 보소**

나도 본디 순흥 읍내 임 이방의 딸일러니

우리 부모 사랑하사 어리장고리장 키우다가

열여섯에 시집가니 예천 읍내 그중 큰 집에

치행 차려 들어가니 장 이방의 집일러라
길 떠날 여장을 준비함

서방님을 잠깐 보니 **준수비범** 풍후하고
재주와 슬기, 풍채가 빼어나고 비범함 얼굴에 살이 쪄서 너그러워 보임

시부모님께 **현알**하니 사랑한 맘 거룩하데
지체가 높고 귀한 사람을 찾아가 뵘

그 이듬해 처가 오니 때마침 단오러라

삼백 장 높은 가지 추천을 뛰다가서

추천 줄이 떨어지며 공중에 메박으니

그만에 박살이라 이런 일이 또 있는가

문해력 UP 감상 패턴

1 화자

여러 화자의 등장 – 부녀자들의 대화

한 부인	화전놀이를 하다가 눈물을 흘리는 청춘과녀를 보고 그 이유를 물음.

↓

청춘과녀	남편을 잃은 자신의 사연을 이야기함.

↓

덴동 어미	자신의 사연을 말하며 청춘과녀의 개가를 말림.

2 표현

액자식 구성(작품 전체)

외화	화전놀이의 권유와 준비, 관습적인 화전놀이, 청춘과녀의 사연

↓

내화	덴동 어미의 삶의 역경

↓

외화	청춘과녀의 깨달음과 흥겨움, 화전놀이의 마무리와 내년의 기약

3 내신&수능 기출 point

덴동 어미의 운명론적 세계관
- 자신의 기구한 사연을 통해 운명은 바꿀 수 없으며 인생살이는 마음먹기에 달려 있음을 설명함.
- 청춘과녀에게 운명을 받아들일 것을 권유함.

작품 정리

주제 덴동 어미의 기구한 삶과 이를 극복하는 삶의 태도

특징 ① 덴동 어미의 이야기를 내화로 하는 액자식 구성임.
② 대화를 주고받는 형식을 통해 내용을 전개함.
③ 조선 후기 사회상과 서민의 생활상을 반영함.

성격 서사적, 체험적, 회고적

어떤 부인은 글 잘해서 내칙 편을 외워내고

어떤 부인은 흥이 나서 칠월 편을 노래하고

어떤 부인은 목청이 좋아서 화전가를 잘도 부르네.

그중에도 덴동 어미 멋나게도 잘도 놀아

춤도 추며 노래도 하니 웃음소리 낭자한데

그중에도 청춘과부 눈물 콧물이 꾀죄꾀죄하다.

한 부인이 이르는 말이 좋은 풍경 좋은 놀음에

무슨 큰 근심이 있어서 (❶   )을 흘리니 웬일이오.

비단 수건으로 눈물 닦고, 내 사정을 들어 보시오.

열네 살에 시집올 때 청실홍실 늘인 인정

헤어지지 말자는 약속 맹세하고 백 년 같이 살자고 했는데

겨우 삼 년 동거하고 죽어서 영원히 이별하니

임은 겨우 십육 세요 나는 겨우 십칠 세라.

애고 답답하다 내 팔자야, 어찌해야 좋겠는가.

(❷   )를 하자니 말 아니요, 안 하자니 어찌할까.

덴동 어미 듣다가 썩 나서며 하는 말이

가지 마오. 가지 마오. 제발 적선 가지 말게.

팔자 한탄 없을까마는 간다는 말이 웬 말이오.

잘 만나도 내 팔자요, 못 만나도 내 팔자지.

백년해로도 내 팔자요. 십칠 세에 청상과부도 내 팔자요.

팔자가 좋을 양이면 십칠 세에 청상과부될까.

(❸   )이나 팔자에서 도망 못할지라, 이내 말을 들어 보소.

나도 본래 순흥 읍내 임 이방의 딸이었는데

우리 부모가 사랑하셔서 애지중지 키우다가

열여섯에 시집가니 예천 읍내 그중 큰 집에

여장을 차려 들어가니 장 이방의 집이었소.

서방님을 잠깐 보니 재주와 슬기, 풍채가 빼어나고 비범하며 너그러워 보이고

시부모님을 찾아뵈니 사랑하는 마음 거룩하였소.

그 이듬해에 처가에 오니 때마침 단오러라.

삼백 장 높은 가지에서 (❹   )를 뛰다가

그넷줄이 떨어지며 공중에서 아래로 떨어지니

그만 박살이라 이런 일이 또 있겠는가?

현풀 정답 ❶ 눈물 ❷ 재가 ❸ 운명 ❹ 그네

내신 대비 실력 향상 문항

01 윗글에 대한 설명으로 가장 적절한 것은?

① 계절의 변화에 따라 내용이 전개되고 있다.

② 고사를 인용하여 인물이 처한 상황을 부각하고 있다.

③ 대화의 방식을 통해 인물의 비극적 인생사를 제시하고 있다.

④ 사대부 집안 여성의 생활상을 바탕으로 하여 그들의 정서를 드러내고 있다.

⑤ 유교적 정조 관념에 대한 여성들의 비판 의식이 싹트고 있음을 보여 주고 있다.

02 윗글에 제시된 '뎬동 어미'의 삶으로 적절하지 않은 것은?

① 중인 집안의 딸로 곱게 자랐다.

② 남편은 예천의 읍내 집안 출신이었다.

③ 순흥에서 살다가 열여섯 살에 시집갔다.

④ 남편은 풍채가 좋고 너그러운 인상을 지닌 사람이었다.

⑤ 남편은 단옷날 예천 읍내에서 그네를 타다 떨어져 죽었다.

03 윗글을 〈보기〉와 같이 정리할 때, 이에 대한 설명으로 적절하지 않은 것은?

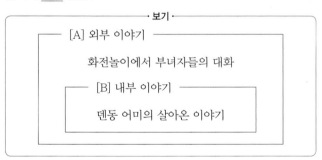

① [A]와 [B]에는 모두 화전놀이의 즐거운 분위기가 나타나 있군.

② [B]의 내용이 [A]에서 '청춘과녀'의 태도 변화에 영향을 미칠 수도 있겠군.

③ [A]에서는 '청춘과녀'가 중심 화자가 되어 노래하고 있군.

④ [B]에는 화자가 과거에 경험한 사건이 구체적으로 표현되어 있군.

⑤ [B]와 달리 [A]에서는 화전놀이의 구체적인 내용을 드러내고 있군.

수능 대비 필수 기출 문항

04 기출 연계
〈보기〉를 참고하여 윗글을 감상한 내용으로 적절하지 않은 것은?

> ── 보기 ──
>
> 삼월 삼짓날, 청명절 등에 부녀자들은 인근 산천을 찾아가 화전을 만들어 먹으면서 하루를 즐겼다. 화전가는 이때 지은 규방 가사로, 화전놀이의 내용으로는 '내칙' 같은 교양물을 읊는 풍월 놀이, 부녀자의 신세 한탄 등을 들 수 있다.
>
> 일반적으로 화전가에는 화전놀이를 통한 상춘(賞春)의 흥취와 함께 고달픈 삶을 살았던 여인들의 한스러운 심정과 현실의 굴레에서 하루만이라도 벗어나고 싶어 했던 부녀자들의 염원이 잘 드러나 있다.
>
> 한편 화전가 중에서 독특한 구성으로 주목을 받는 '뎬동 어미 화전가'는 '외부 이야기' 안에 뎬동 어미의 일생담이 담긴 '내부 이야기'가 포함된 액자식 구성을 띤다. '외부 이야기'는 대체로 화전가의 일반적인 구성을 따르고, '내부 이야기'는 상부(喪夫)와 개가(改嫁)를 반복하는 비극적인 삶을 산 뎬동 어미의 이야기를 담고 있다.

① 부인들이 '내칙 편을 외'고 '칠월 편을 노래하'는 풍월 놀이를 하고 있다는 점에서, 외부 이야기에 화전놀이의 내용이 반영되어 있음을 확인할 수 있군.

② '청춘과녀'가 '한 부인'과 대화를 나누며 자신의 신세를 한탄하고 있다는 점에서, 외부 이야기에 여성들의 한스러운 심정이 담겨 있음을 확인할 수 있군.

③ '뎬동 어미'가 '이내 말을 들어 보소'라는 말을 한 후 자신의 이야기를 들려주고 있다는 점에서, 외부 이야기에서 내부 이야기로의 전환이 이루어지고 있음을 확인할 수 있군.

④ '뎬동 어미'가 '신명 도망 못할지라'라고 말하고 있다는 점에서, 내부 이야기에 나오는 경험에서 자신의 비극적 운명을 바꾸려는 의지를 이끌어 내고 있음을 확인할 수 있군.

⑤ '뎬동 어미'가 '추천 줄이 떨어지며', '그만에 박살이라'라는 말을 하며 첫 번째 남편의 이야기를 들려주는 점에서 '내부 이야기'에 담긴 뎬동 어미의 기구한 삶을 확인할 수 있군.

05 기출 연계
㉠의 의미와 어울리는 속담으로 가장 적절한 것은?

① 산 입에 거미줄 치랴

② 팔자는 길들이기로 간다

③ 여편네 팔자는 뒤웅박 팔자라

④ 산천 도망은 해도 팔자 도망은 못한다

⑤ 여자가 한을 품으면 오뉴월에도 서리가 내린다

이 몸이 쓸듸 업셔 성상(聖上)이 바리시니

부귀를 하직하고 빈천(貧賤)을 낙을 삼아

일간모옥(一間茅屋)을 **산수간**에 지어 두고

삼순구식(三旬九食)을 먹으나 못 먹으나

십년일관(十年一冠)을 쓰거나 못 쓰거나

분별이 없어거니 시름인들 있을소냐

만사를 다 잊으니 일신(一身)이 한가하다

청송정하(靑松亭下)의 혼자 안자 바라보니

호리건곤(壺裡乾坤)의 석양이 거의로다

일흥(逸興)을 못 이긔여 달발을 놉피 것고
세속을 벗어난 흥취   달뿌리풀로 엮어 만든 발

원근산천(遠近山川)을 일망(一望)의 다 드리니 〈중략〉
한눈에 바라봄

하목(霞鶩)은 제비(齊飛)ㅎ고 수천(水天)이 일색인져

남북촌 두세 집이 모연(暮煙)에 잠겨셔라
저녁 무렵의 연기

삼산(三山)이 어드메오 **무릉(武陵)**이 **여기**로다

무심(無心)한 구름은 취수(翠岫)에 걸려 있고
숲이 우거져 푸른빛이 도는 산봉우리

유의(有意)한 갈매기는 백사(白沙)에 버려 있다

아침에 캐온 취를 점심에 다 먹으니

일없이 노닐면서 석조(夕釣)를 말녀 하야

갈건(葛巾)을 기우 쓰고 마의(麻衣)를 님의차고
칡베로 만든 두건   삼베로 만든 옷

낙대를 둘러메고 조대(釣臺)로 나려가니

흐르느니 물결이요 뛰노느니 고기로다

은린옥척(銀鱗玉尺)을 버들 움에 꿰어들고
모양이 좋고 큰 물고기

낙조강호(落照江湖)로 적막히 돌아오며

산가촌적(山歌村笛)을 어부사(漁父詞)로 화답하니
산촌에서 나는 노랫소리와 피리 소리

서호매학(西湖梅鶴)은 겨루지 못하여도

증점영귀(曾點詠歸)야 이에서 더할소냐
증점(공자의 제자)이 노래하며 돌아옴

기산영천(箕山潁川)에 소허(巢許)의 몸이 되야
소부와 허유. 요임금 시절 부귀공명을 멀리하며 살았던 인물들

천사(千駟)를 냉소하니 만종(萬鍾)이 초개(草芥)로다
많은 녹봉   지푸라기

내 살림살이 담박하니 어느 벗이 찾아오리
욕심이 없고 마음이 깨끗하니

와준에 익은 탁주를 박잔에 가득 부어
술동이

청풍에 반취하고 북창하에 누어시니

무회씨적 백성인가 갈천씨적 사람인가

이 몸이 쓸데없어 (❶   )이 버리시니

부귀를 떠나 가난과 천함을 즐거움으로 삼아

작은 초가집을 자연 속에 지어 두고

한 달에 아홉 끼를 먹으나 못 먹으나

십 년을 갓 하나로 쓰거나 못 쓰거나

분별할 일이 없는데 시름이 있겠는가?

만사를 다 잊으니 이 한 몸이 한가하다.

푸른 소나무 정자 아래 혼자 앉아 바라보니

호리병 속 세상에 석양이 거의로다.

흥취를 못 이겨 달뿌리풀 발을 높이 걷고

멀고 가까운 자연이 한눈에 다 들어오니

노을 속 오리는 나란히 날고 물과 하늘이 한 색깔인데

남북촌 두세 집이 저녁 연기에 잠겼구나.

삼산이 어디쯤인가, 무릉이 여기로다.

무심한 구름은 푸른 산봉우리에 걸려 있고

뜻을 지닌 갈매기는 흰 모래밭에 펼쳐져 있다.

아침에 캐 온 취나물을 점심에 다 먹으니

일없이 노닐면서 (❷   )를 말라 하겠는가?

칡베로 만든 두건을 기울여 쓰고 삼베옷을 여미어 입고

낚싯대를 둘러메고 낚시터로 내려가니

흐르느니 물결이요, 뛰노느니 고기로다.

모양 좋은 큰 물고기를 버드나무 가지에 꿰어 들고

저무는 해 비치는 강가로 적막하게 돌아오며

산촌의 노랫소리와 피리 소리를 어부사로 화답하니

임포와 속세를 떠난 삶을 겨루지는 못해도

증점이 노래 부르며 돌아오더라도 이보다 더하겠느냐?

기산과 영천에서 소부와 허유의 몸이 되어

(❸   ) 삶을 비웃으니 많은 돈이 지푸라기와 같다.

내 살림살이가 욕심 없으니 어느 벗이 찾아올까?

(❹   )에 익은 탁주를 표주박에 가득 부어

맑은 바람에 반쯤 취하고 북쪽 창 아래 누웠으니 / 무회씨 때 백성인가, 갈천씨 때 사람인가.

▶ 문해력 UP 감상 패턴 ◀

① 화자

화자의 상황

• 벼슬에서 물러나 자연 속에 은거함.

• 안빈낙도하는 삶을 살아감.

'부귀를 하직하고 빈천을 낙을 삼아', '아침에 캐온 취를 점심에 다 먹으니 / 일없이 노닐면서 석조를 말녀 하야' 등

↓

제목 '낙빈가'와의 관련성

가난하면서도 즐겁게 지내는 것에 대한 노래

② 표현

고사 인용

서호매학, 증점영귀, 기산영천에 소허, 무회씨, 갈천씨

→ 고사를 인용하여 속세를 떠나 자연을 벗 삼아 평화롭게 사는 삶을 제시함.

③ 내신&수능 기출 point

속세와 자연 속 삶의 대조

속세		자연
• 부귀 • 만사 • 천사 • 만종 등	↔	• 빈천 • 일간모옥 • 산수 • 서호매학 • 소허의 몸 등

속세와의 대비를 통해 자연 속에서 사는 화자의 삶을 부각함.

작품 정리

주제 자연 속에서 안빈낙도하는 삶의 즐거움

특징 ① 대구법, 설의법, 고사 인용 등을 활용하여 자연 속에 은거하는 삶의 즐거움을 표현함.
② 속세와 자신의 삶을 대조하여 주제를 강조함.

성격 자연 친화적

현풀 정답 ❶ 임금 ❷ 저녁 낚시 ❸ 호화로운(화려한) ❹ 술동이

01 윗글에 대한 설명으로 적절하지 <u>않은</u> 것은?

① 자연을 감각적으로 묘사하고 있다.

② 대조적인 상황을 제시하여 주제 의식을 강조하고 있다.

③ 고사를 인용하여 자연에 은거하는 삶을 드러내고 있다.

④ 자연과의 대비를 통해 가난한 화자의 처지를 부각하고 있다.

⑤ 유사한 문장 구조의 반복을 통해 삶에 대한 화자의 태도를 드러내고 있다.

02 윗글에 나타나는 화자의 태도로 가장 적절한 것은?

① 지나온 자신의 삶에 대해 반성하고 있다.

② 대상과 일체가 되고자 하는 의지를 다지고 있다.

③ 다른 대상과 비교하여 자신의 삶에 대해 만족하고 있다.

④ 자연물을 통해 현실을 비판하려는 의도를 드러내고 있다.

⑤ 속세의 삶보다 더 가난해진 삶을 운명이라 여기며 수용하고 있다.

03 〈보기〉를 바탕으로 윗글을 감상한 내용으로 적절하지 <u>않은</u> 것은?

> ─── 보기 ───
>
> 이 작품에는 자신의 뜻을 알아주지 않는 정치 현실을 떠나 자연으로 돌아가 살려는 귀거래 의식이 드러나 있다. 화자는 속세와 대비되는 자연에서 세속적 가치에 구애받지 않는 소박한 생활을 영위하며 이에 대한 만족감을 드러내고 있다.

① '이 몸이 쓸듸 업셔' 버림받았다는 것에서 정치 현실을 떠난 화자의 상황을 짐작할 수 있군.

② '산수간'에서 '만사를 다 잊'은 채 '한가'하게 지내는 것에서 세속적 가치에 구애받지 않는 화자의 모습을 확인할 수 있군.

③ '여기'가 '무릉'이라고 생각하는 것에서 자연으로 돌아온 화자의 만족감을 짐작할 수 있군.

④ '아침에 캐온 취'를 먹으며 '일없이 노닐'고 있는 것에서 소박한 삶을 살아가는 화자의 모습을 확인할 수 있군.

⑤ '소허의 몸'이 되어 '천사를 냉소'하는 것에서 자신의 뜻을 속세에서 알아주길 바라는 화자의 태도를 짐작할 수 있군.

04 교육청학평 기출
윗글의 표현상 특징으로 가장 적절한 것은?

① 역설적 표현을 통해 주제 의식을 부각하고 있다.

② 언어유희를 통해 대상의 속성을 희화화하고 있다.

③ 설의적 표현을 통해 드러내고자 하는 의미를 강조하고 있다.

④ 부르는 말의 반복을 통해 대상과의 친밀감을 드러내고 있다.

⑤ 명령적 어조를 통해 대상에 대한 비판적 태도를 드러내고 있다.

05 기출 연계
윗글과 〈보기〉를 비교한 내용으로 가장 적절한 것은?

> ─── 보기 ───
>
> 누으락 안즈락 구부락 져츠락
> 을프락 프람ㅎ락 노혜로 노거니
> 천지(天地)도 넙고 넙고 일월(日月)도 혼가(閑暇)ㅎ다
> 희황(羲皇)을 모을너니 니젹이야 긔로고야
> 신선(神仙)이 엇더턴지 이 몸이야 긔로고야
> 강산풍월(江山風月) 거늘리고 내 백 년(百年)을 다 누리면
> 악양루상(岳陽樓上)의 이태백(李太白)이 사라 오다
> 호탕정회(浩蕩情懷)야 이예서 더 홀소냐
> 이 몸이 이렁굼도 역군은(亦君恩)이샷다
>
> ─ 송순, '면앙정가'

① 윗글과 〈보기〉에는 자연에서 누리는 여유로운 삶이 임금의 은혜 덕분이라는 화자의 생각이 드러나 있다.

② 윗글의 '증점영귀'와 〈보기〉의 '이태백이 사라 오다'는 모두 화자 자신의 삶에 비해서 훌륭하다는 의미를 지닌다.

③ 윗글의 '서호매학'의 임포, '증점'과 〈보기〉의 '신선', '이태백'은 화자가 자신의 자부심을 드러내기 위해 동원한 대상들이다.

④ 〈보기〉의 '프람'과 달리 윗글의 '산가촌적'에는 한가로운 삶을 즐기는 화자의 모습이 드러나 있다.

⑤ 〈보기〉의 '일월도 혼가ㅎ다'와 달리 윗글의 '일신이 한가하다'에는 현재 자신의 한가로운 생활에 대한 수용의 태도가 드러나 있다.

정월 상원일에
1월 15일 – 정월대보름
달과 노는 ⓐ소년들은 답교(踏橋)하고 노니는대
다리를 밟는 풍속
우리 임은 어듸 가고 답교할 줄 모로난고

이월 청명일에

ⓑ나무마다 춘기 들고 잔듸잔듸 속입 나니 / 만물이 화락한듸

우리 임은 어듸 가고 춘기 든 줄 모로난고

삼월 삼일 날의

강남셔 나온 ⓒ제비 왓노라 현신(現身)하고

소상강(瀟湘江) 기러기는 가노라 하직한다

ⓓ이화도화 만발하고 행화방초 훗날린다

우리 임은 어듸 가고 화유(花遊)할 줄 모로난고
꽃놀이

[A]

　사월 초파일에
석가탄신일
　관등하려 임고대(臨高臺)하니 원근 고저의
초파일이나 절의 주요 행사 때에 등대를 세우고 온갖 등을 달아 불을 밝히는 일
　ⓔ석양은 빗겻는대

　어룡등 봉학등과 두루미 남성이며
자라 모양을 한 등
　종경등 선등 북등이며 수박등 마늘등과
종 모양을 한 등
　연꼿 속에 선동(仙童)이며 난봉 우희 천녀(天女)로다
상상의 새인 난새와 봉황새
　배등 집등 산듸등과 영등 알등 병등 벽장등
　가마등 난간등과 사자(獅子) 탄 체괄이며
나무로 다듬어 만든 인형
　호랑이 탄 오랑캐라 발노 툭 차 구을등에
　일월등 밝아 잇고 칠성등 버러난듸
　동령(東嶺)의 월상(月上)하고 곳고지 불을 현다
　우리 임은 어듸 가고 관등(觀燈)할 줄 모로난고

오월이라 단오일에

남의 집 소년들은 높고 높게 그네 매고

한 번 굴러 앞이 높고 두 번 굴러 뒤가 높아 / 추천하며 노니난데
그네뛰기
우리 임은 어듸 가고 추천할 줄 모로난고

유월이라 유두일에

산악에 불이 나고 암석이 끄러날 제

청풍(淸風) 괴수(槐樹)하에 피서하랴 누웠으니
홰나무 또는 느티나무
우리 임은 노정 송풍만 아시는고
길마루에 서 있는 소나무에서 이는 바람

정월 대보름날에

달과 노는 소년들은 다리밝기하고 노니는데
우리 임은 어디 가고 다리밝기할 줄을 모르는가.
이월 청명일에

나무마다 (❶　　　)이 들고 잔디마다 속잎 나니 / 만물이 화평하고 즐거운데 / 우리 임은 어디 가고 봄기운든 줄 모르는가.
삼월 삼짇날에

강남에서 나온 제비가 왔노라 나타나고
소상강 기러기는 가노라 (❷　　　)를 한다.
배꽃, 복숭아꽃 만발하고 살구꽃, 향기로운 풀이 흩날린다.
우리 임은 어디 가고 꽃놀이할 줄 모르는가.
사월 초파일에

등을 밝히려 (❸　　　) 멀고 가깝고 높고 낮은 곳에
석양은 기울었는데

어룡등, 봉학등과 두루미, 남성이며
종경등, 선등, 북등이며 수박등, 마늘등과
연꽃 속의 신선 시중드는 아이이며, 난봉 위의 여자 신선이로다.
배등, 집등, 산대등과 영등, 알등, 병등, 벽장등
가마등, 난간등과 사자 탄 체괄이며,
호랑이 탄 오랑캐라, 발로 툭 차 굴러가는 등에,
일월등 밝아 있고 칠성등 펼쳐져 있는데
동쪽 고개에 달이 떠오르고 곳곳에 불을 켠다.
우리 임은 어디 가고 등 밝힐 줄 모르는가.
오월이라 단오일에

남의 집 소년들은 높고 높게 그네 매고
한 번 굴러 앞이 높고 두 번 굴러 뒤가 높아 / (❹　　　) 타며 노니는데
우리 임은 어디 가고 그네 탈 줄 모르는가.
유월이라 유두일에

산악에 불이 나고 암석이 끓어날 때
맑은 바람 홰나무 아래에 더위를 피하려 누웠으니
우리 임은 길마루 소나무에 이는 바람만 아시는가.

문해력 UP 감상 패턴

1) 화자

화자의 주된 정서
'우리 임은 어듸 가고 ~ 줄 모로난고'의 반복과 변주를 통해 임에 대한 그리움과 외로움을 부각함.

2) 표현

후렴구의 사용
'우리 임은 어듸 가고 ~ 줄 모로난고'
→ 이별의 정한을 부각하고, 리듬감을 형성함.

열거법의 사용
'어룡등 봉학등과 두루미 남성이며 ~ 구을등에 일월등 밝아 잇고 칠성등 버러난듸'
→ 온갖 종류의 등불을 나열하여 사월 초파일 관등제를 하는 상황을 구체적으로 제시하며, 리듬감을 형성함.

3) 내신&수능 기출 point

화자와 대비되는 대상

화자	↔	소년들, 춘기, 화락하는 만물, 이화도화, 행화방초 등
• 임은 돌아오지 않음. • 놀이를 즐기지 못함.		• 각 절기를 즐김. • 봄을 맞아 피어남.

↓

화자와 대비되는 대상들을 제시하여 화자의 외로운 처지를 강조함.

작품 정리

주제 이별한 임에 대한 그리움
특징 월령체 형식으로 각 달마다의 세시 풍속을 소개함.
성격 서정적, 애상적, 여성적

현품 정답 ❶ 봄기운 ❷ 작별 인사 ❸ 높은 곳에 오르니 ❹ 그네

01 윗글에 대한 설명으로 가장 적절한 것은?

① 사회적 문제에 대한 화자의 고뇌를 표출하고 있다.
② 대상과의 대조를 통해 화자의 정서를 드러내고 있다.
③ 과거를 회상하며 반성하는 화자의 태도를 나타내고 있다.
④ 자연물과의 교감을 통해 교훈을 얻는 화자의 모습을 그리고 있다.
⑤ 자신과 임의 미래를 부정적으로 보는 화자의 인식을 드러내고 있다.

02 윗글의 표현상 특징과 그 효과로 적절하지 않은 것은?

① 비슷한 사물들을 나열하여 시적 상황을 전달하고 있다.
② 역설적 발상으로 화자가 처한 상황을 선명하게 보여 주고 있다.
③ 구체적인 묘사를 통해 계절적 배경을 생동감 있게 나타내고 있다.
④ 유사한 통사 구조를 반복하여 각 달을 자연스럽게 구분하고 있다.
⑤ 풍속과 관련한 삶의 현장을 묘사하여 당대의 삶에 대한 흥미를 유발하고 있다.

03 @~ⓔ 중, 〈보기〉와 관련이 있는 내용으로 적절하지 않은 것은?

┌─── 보기 ───┐

객관적 상관물이란 시적 화자가 자신의 정서를 직접적으로 나타내지 않고 어떤 사물을 통해 암시하는 방법이다. 객관적 상관물이 제시되는 방법은 다음 세 가지 정도로 요약해 볼 수 있다. 첫째, 화자가 처한 상황이나 작품의 분위기를 부각할 수 있는 사물을 제시하는 방법, 둘째, 화자의 감정을 특정 사물에 투영하여 자신과 동일시함으로써 표현하는 방법, 마지막으로 화자의 처지나 상황과 대조되는 대상을 제시하여 화자의 감정을 촉발하거나 고조시켜 정서를 표현하는 방법이 있다.

└─────────┘

① ⓐ   ② ⓑ   ③ ⓒ   ④ ⓓ   ⑤ ⓔ

04 기출 연계
〈보기〉를 참고하여 윗글을 이해한 내용으로 적절하지 않은 것은?

┌─── 보기 ───┐

작품의 형식이 일 년 열두 달을 차례대로 맞추어 가며 구성된 시가를 '월령체'라 한다. 월령체 작품은 '애정요'와 '농사요'로 나눌 수 있다. '애정요'는 부재하는 임에 대한 상사와 연정을 열두 달의 순서에 따라 구성한 시가로, 각 연에서 매월의 세시 풍속을 상사의 매개로 삼아 이별의 정한을 드러낸다. '농사요'의 경우 달의 변화에 따른 농사 일정을 고려하여 농민들에게 필요한 농사일을 장려하는 내용으로 이루어지며, 유교적 윤리를 강조하기도 한다. 이처럼 '농사요' 계통의 월령체는 의식의 충족을 위한 실용적 측면을 지닌 반면, '애정요' 계통의 월령체는 놀며 즐기는 유락적(遊樂的) 요소를 지녀 서민들이 보다 즐겨 감상하였다.

└─────────┘

① 윗글은 놀며 즐기는 내용이 있다는 점에서 서민층에서 많이 감상하였겠군.
② 윗글에서는 의식의 실용적인 측면보다는 의식과 관련해 개인의 정서가 부각되고 있군.
③ 윗글은 달의 변화에 따라 시상이 전개되지만 농민들에게 필요한 정보를 제공하고 있지는 않군.
④ 윗글은 유락적 요소를 지녔다는 점에서 이별의 정한이 해소되는 효과를 기대한 것이라 할 수 있겠군.
⑤ 윗글은 임에 대한 상사의 매개가 되는 세시 풍속과 관련된 표현이 등장하는 것을 보니 '애정요'에 해당하겠군.

05 기출 연계
[A]에 대한 설명으로 가장 적절한 것은?

① [A]에서 화자는 천상의 존재로 지상의 사물들을 동경하고 있다.
② [A]에서 화자는 임과의 재회를 확신하게 된 이유를 밝히고 있다.
③ [A]에서 화자는 자신이 지향하는 상상의 공간으로 이동하고 있다.
④ [A]에서 화자는 다양한 모양을 지닌 대상들을 나열하여 정경을 묘사하고 있다.
⑤ [A]에서 화자는 자신과 자연물이 조화를 이룬 것에 대한 만족감을 드러내고 있다.

어제 밤 부든 바람 금성(金聲)이 완연(宛然)하다

고침단금(孤枕單衾) 깊이 든 밤 상사몽(相思夢) 훌쩍 깨여

[A]
　㉠죽창(竹窓)을 반만 열고 막막히 앉아보니
　창창한 만리장공 여름 구름이 흩어지고
　　　하늘이 매우 푸른
　천연한 이 강산에 찬 기운이 새로워라
　심사도 창연(悵然)한데 물색도 유감하다
　　　몹시 서운하고 섭섭한데　자연의 경치

[B]
　정원에 부는 바람 이한(離恨)을 알리는 듯
　　　　　　　　이별의 한
　추국(秋菊)에 맺힌 이슬 별루(別淚)를 머금은 듯

[C]
　실 같은 버들 남쪽 봄 꾀꼬리 이미 돌아가고
　소월비파 동정호에 가을 잔나비 슬피 운다
　　밝고 흰 달

[D]
　임 여희고 썩은 간장 하마터면 끈치리라
　㉡삼춘(三春)에 즐기던 일 예련가 꿈이련가

세우사창(細雨紗窓) 요적(寥寂)한데 흡흡히 깊은 정과
　　　　　　　고요하고 적적한데

삼경 무인 사어시(私語時)에 백년 살자 굳은 언약

단봉(丹峰)이 높고 높고 패수(浿水)가 깊고 깊어

무너지기 의외어든 끊어질 줄 짐작(斟酌)하리

양신(良辰)에 다마(多魔)함은 예부터 있건마는
　좋은 시절

지이(地邇) 인하(人遐)는 조물의 탓이로다

홀연히 이는 추풍 화총(花叢)을 요동(搖動)하니
　　　　　　　　꽃의 떨기

㉢웅봉자접(雄蜂雌蝶)이 애연(哀然)히 흩단 말가
　　수벌과 암나비

진장(秦藏)에 감춘 호구(狐裘) 도적할 길 바이없고
　　　　　　　　여우의 겨드랑이 밑에 있는 흰 털로 만든 옷

금롱(金籠)에 잠긴 앵무 다시 희롱 어려워라 〈중략〉

㉣인정이 끈쳤으면 차라리 잊히거나

아름다운 자태거동 이목(耳目)에 매여 있어

못 보아 병이 되고 못 잊어 원수로다

천수만한(千愁萬恨) 가득한데 끝끝치 느끼워라
　이것저것 슬퍼하고 원망함. 또는 그런 슬픔과 한　　　　흐느끼는구나

하물며 이는 ㉤추풍(秋風) 별회(別懷)를 부쳐내니
　　　　　　　　　　　이별할 때에 마음속에 품은 슬픈 회포

눈앞에 온갖 것이 전혀 다 시름이라

바람 앞에 지는 잎과 풀 속에 우는 짐승

무심히 듣게 되면 관계할 바 없건마는

[E]
　유유별한(悠悠別恨) 간절한데 소리소리 수성(愁聲)이라
　　　　　　　　　　　　근심하여 탄식하는 소리
　아해야 술부어라 행여나 회포 풀까

어젯밤 불던 바람 가을 기운이 완연하다.

외롭게 깊이 잠든 밤 상사몽에 훌쩍 깨어

(❶　　　　　)을 반만 열고 쓸쓸하게 앉아 있으니

아득히 높은 푸른 하늘에 여름 구름이 흩어지고

꾸밈없는 이 강산에 찬 기운이 새롭구나.

마음도 섭섭한데 경치에서도 느껴지는 바가 있구나.

정원에 부는 바람, 이별의 한을 알리는 듯

가을 국화에 맺힌 이슬, (❷　　　　　)을 머금은 듯

실 같은 버들, 남쪽의 봄 꾀꼬리는 이미 돌아가고

밝은 달 아래 비파소리 들리는 동정호에 가을 잔나비가 슬피 운다.

임과 이별하고 썩은 애간장 하마터면 끊어지리라.

봄에 즐기던 일 옛날이련가, 꿈이련가.

(❸　　　　　) 적막한데 넘치도록 깊은 정과

깊은 밤 아무도 없이 귓속말 나눌 때 백 년 같이 살자 굳은 언약

단봉이 높고 높고 패수가 깊고 깊어

무너질 줄 몰랐는데 끊어질 줄 짐작했겠는가?

좋은 시절에 방해가 많음은 옛날부터 있었지만

가까이 있는 이를 만나지 못함은 조물주의 탓이로다.

홀연히 이는 가을바람 꽃떨기를 흔드니

수벌과 암나비는 구슬피 흩어진단 말인가.

튼튼한 장롱에 감춘 여우 털로 만든 옷은 도둑질할 길이 전혀 없고

새장이 잠긴 앵무와 다시 놀기 어려워라.

인정이 끊어졌으면 차라리 잊힐 텐데

아름다운 모습과 거동이 눈과 귀에 매여 있어

못 보아서 병이 되고 못 잊어서 원수로다.

(❹　　　　　)이 가득한데 끝끝내 설움에 겨워 우는구나.

하물며 이는 가을바람이 이별의 슬픔을 불러내니

눈앞에 온갖 것이 모두 다 시름이라.

바람 앞에 지는 잎과 풀 속에 우는 짐승

무심히 들으면 (나와) 상관할 바 없건마는

이별의 한 간절하니 소리소리 구슬퍼라. / 아이야 술 부어라, 혹시라도 회포 풀까 하노라.

문해력 UP 감상 패턴

① 화자

화자의 주된 정서

이한, 별루, 천수만한, 별회, 유유별한 등
이별로 인한 슬픔을 나타내는 시어를 빈번하게 사용함.

↓

임과 이별한 슬픔의 정서를 드러냄.

② 표현

자연물에 화자의 정서 의탁

'잔나비 슬피 운다', '풀 속에 우는 짐승 ~ 소리소리 수성이라'

→ 자연물에 의탁하여 화자의 슬픔을 표현함.

③ 내신&수능 기출 point

'가을'의 계절감을 드러내는 시어

금성, 찬 기운, 추국, 추풍, 지는 잎

↓

임과 이별한 화자의 슬픔을 드러내는 계절적 배경으로 작용함.

작품 정리

주제 이별한 임에 대한 그리움
특징 ① 대구법, 직유법, 영탄법, 의인법 등을 활용하여 시상을 전개함.
② 자연물을 활용하여 정서를 효과적으로 표현함.
성격 여성적, 애상적

현풀 정답 ❶ 대나무 창문 ❷ 이별의 눈물 ❸ 가는 비 내리는 창 ❹ 슬픔과 한

01 윗글에 대한 설명으로 가장 적절한 것은?

① 색채 대비를 통해 이별의 상황을 부각하고 있다.

② 영탄법을 사용하여 화자의 정서를 드러내고 있다.

③ 계절의 변화를 통해 화자의 소망을 부각하고 있다.

④ 설의적 표현을 사용하여 화자의 의지를 강조하고 있다.

⑤ 직유법을 사용하여 임과의 재회에 대한 기대를 표현하고 있다.

02 [A]~[E]에 대해 이해한 내용으로 적절하지 <u>않은</u> 것은?

① [A]: 감각적 이미지를 활용하여 화자가 느끼는 계절의 변화에 대한 정서를 표현하고 있다.

② [B]: 동일한 문장 구조를 반복하여 화자의 정서와 조응하는 시적 분위기를 자아내고 있다.

③ [C]: 화자의 정서가 투영된 대상을 의인화하여 화자의 정서를 우회적으로 드러내고 있다.

④ [D]: 회상의 방식을 사용하여 과거와 달라진 현재 상황에서 느끼는 화자의 정서를 부각하고 있다.

⑤ [E]: 화자의 처지와 대비되는 대상을 활용하여 화자의 정서를 드러내고 있다.

03 ㉠~㉤에 대해 이해한 내용으로 가장 적절한 것은?

① ㉠: 임과의 만남을 가능하게 하는 통로이다.

② ㉡: 임과 재회하기를 기대하는 시간이다.

③ ㉢: 화자와 대비되는 상황에 놓인 대상이다.

④ ㉣: 돌아오지 않는 임을 원망하는 화자의 심정이다.

⑤ ㉤: 임에 대한 화자의 정서를 심화시키는 자연물이다.

04 교육청학평 기출
윗글의 특징으로 가장 적절한 것은?

① 세상 사람들에게 인정받지 못하는 화자가 세상에 대해 냉소적인 태도를 보이고 있다.

② 사랑하는 대상에게 외면당한 화자가 자신의 현실에 대해 체념하는 태도를 보이고 있다.

③ 대상에게 흠모의 정을 느끼는 화자가 부재하는 대상을 그리워하는 태도를 보이고 있다.

④ 사모하는 대상을 지키지 못한 화자가 자신의 행동에 대해 후회하는 태도를 보이고 있다.

⑤ 인생의 덧없음을 느끼는 화자가 삶의 의미를 찾기 위해 자신을 성찰하는 태도를 보이고 있다.

05 기출 연계
〈보기〉를 참고하여 윗글을 감상한 내용으로 적절하지 <u>않</u>은 것은?

> ─ 보기 ─
>
> 사랑과 이별을 다루는 작품들은 시간 의식과 연관되어 정서를 표현하는 경우가 많다. 사랑에 빠진 사람은 상대방과 지낸 시간을 특별하게 받아들이기 때문이다. 지나온 과거를 돌아보며 자신과 상대방의 지난날에 의미를 부여하기도 하고, 지나간 시간이 돌아오지 않을 것에 대한 아쉬움, 미래의 불확실한 상황에 대한 불안감, 앞으로도 사랑이 영원하기를 바라는 기대감, 사랑하는 상대방을 곁에 두고픈 소망을 드러내기도 한다.

① '삼춘에 즐기던 일'에는 화자가 상대방과 함께 즐기던 시간에 대한 회상의 정서가 드러나 있다.

② '실 같은 버들 남쪽 봄 꾀꼬리 이미 돌아가고'에는 돌아오지 않을 시간에 대한 화자의 아쉬움이 담겨 있다.

③ '양신에 다마함은 예부터 있건마는'에는 상대방과 함께하는 시간에 대한 불안감이 담겨 있다.

④ '금롱에 잠긴 앵무 다시 희롱 어려워라'에는 앞으로 사랑이 영원하기를 바라지만 그러지 못할 것 같다는 화자의 예감이 드러나 있다.

⑤ '천수만한 가득한데 끝끝치 느끼워라'에는 미래의 불확실한 상황에서도 현재의 관계를 이어 가려는 화자의 의지가 드러나 있다.

85 한림별곡(翰林別曲)_한림 제유

경기체가

문학교과서

원슌문(元淳文) 인노시(仁老詩) 공로ᄉ륙(公老四六)
　　　이공로의 사륙변려문. 사륙변려문은 한문 문체의 하나
니졍언(李正言) 딘한림(陳翰林) 솽운주필(雙韻走筆)
듕긔딕칙(沖基對策) 광균경의(光鈞經義) 량경시부(良鏡詩賦)
　　　김양경의 시부. 시와 부는 한시의 글 방식
위 시댱(試場)ㅅ 경(景) 긔 엇더ᄒ니잇고
엽(葉) 금ᄒᆨᄉ(琴學士)의 옥슌문싱(玉笋門生) 금ᄒᆨᄉ(琴學士)
의 옥슌문싱(玉笋門生)
　　　죽순 같이 죽 늘어선 문하생
위 날조차 몃부니잇고 〈제1장〉

유원순의 문장, 이인로의 시, 이공로의 사륙변려문
이규보와 진화의 쌍운을 맞추어 써 내려간 글
유충기의 대책문, 민광균의 경서 해의, 김양경의 시와 부
아아, 과거 시험장의 광경, 그것이 어떠합니까?
금의가 배출한 죽순같이 죽 늘어선 제자들, 금의가 배출한 죽순같이 죽 늘어선 제자들

아아, 나까지 몇 분이나 됩니까?

문해력 UP 감상 패턴

1) 화자

화자의 상황

화자는 금의의 제자들이 지은 명문장과 많은 책을 읽고 소화하는 유생들을 예찬하고 그네 타는 광경에 대한 흥겨움을 드러냄.

당한셔(唐漢書) 장로ᄌ(莊老子) 한류문집(韓柳文集)
니두집(李杜集) 난딕집(蘭臺集) 빅락텬집(白樂天集)
모시샹셔(毛詩尚書) 주역츈츄(周易春秋) 주딕례긔(周戴禮記)
위 주(註)조쳐 내 외옹 경(景) 긔 엇더ᄒ니잇고
대평광긔(太平廣記) 사ᄇᆡᆨ여 권(四百餘卷) 대평광긔(太平廣記)
사ᄇᆡᆨ여 권(四百餘卷)
위 력남(歷覽)ㅅ 경(景) 긔 엇더ᄒ니잇고 〈제2장〉

사서인 '당서'와 '한서', 장자가 지은 '장자', 노담이 쓴 '노자', 한유와 유종원의 문집들 / 이백과 두보의 시집, 난대 영사들의 시문집, 백거이의 문집 / 모형의 '시경', 상서인 '서경', '주역'과 '춘추', 대덕의 '대대례'와 대성의 '소대례'
아, 주를 아울러 내리 외우는 광경, 그것이야말로 어떻습니까?
이방 등이 편찬한 방대한 '태평광기' 사백여 권, 이방 등이 편찬한 방대한 '태평광기' 사백여 권
아, 열람하는 광경, 그것이야말로 어떻습니까?

2) 표현

대상의 나열

원슌문 인노시 공로ᄉ륙 / 니졍언 딘한림 솽운주필 / 듕긔딕칙 광균경의 량경시부
→ 사대부들의 학식에 대한 자부심이 드러남.

3) 내신&수능 기출 point

후렴구에 담긴 의미

'위~경 긔 엇더ᄒ니잇고'
→ '아아, ~ 모습, 그것이 어떠합니까?'로, 단순한 의문이 아니라 제시된 상황이 매우 훌륭하다는 의미임.

당당당(唐唐唐) 당츄ᄌ(唐楸子) 조협(皂莢)남긔
　　　호두나무
홍(紅)실로 홍(紅)글위 ᄆᆡ요이다
　　　그네
혀고시라 밀오시라 뎡소년(鄭少年)하
당기시라　미시라
위 내 가논 ᄃᆡ ᄂᆞᆷ 갈셰라
엽(葉) 샥옥셤셤(削玉纖纖) 솽슈(雙手)ㅅ 길헤 샥옥셤셤(削玉
纖纖) 솽슈(雙手)ㅅ 길헤
　　　옥을 깎은 듯이 곱고 보드라운
위 휴슈동유(携手同遊)ㅅ 경(景) 긔 엇더ᄒ니잇고 〈제8장〉

당당당 당추자(호두나무), 조협나무(쥐엄나무)
붉은 실로 붉은 그네를 맵니다.
당기시라 미시라, 정소년이여.
아아, 내가 가는 곳에 남이 갈까 두렵구나.
옥을 깎은 것같이 부드러운 양 손길에, 옥을 깎은 것같이 부드러운 양 손길에,
아아, 손을 마주잡고 같이 노는 정경, 그것이 어떠합니까?

작품 정리

주제 신흥 사대부들의 학문적 자긍심과 풍류

특징 열거법, 영탄법, 설의법, 반복법 등을 사용함.

성격 귀족적, 과시적, 자족적, 풍류적

86 춘망(春望) _두보

國破山河在 국 파 산 하 재	나라히 파망(破亡)ᄒᆞ니 뫼콰 ᄀᆞ름쎤 잇고	나라가 망하니 산과 강만 있고
城春草木深 성 춘 초 목 심	잣 앉 보ᄆᆡ 플와 나모쎤 기펫도다 성(城)	성안의 봄에 풀과 나무만 깊어 있구나.
感時花濺淚 감 시 화 천 루	시절(時節)을 감탄(感歎)ᄒᆞ니 고지 눗믈를 쓰리 시국 애통하게 여기니	어지러운 시절을 한탄하니 꽃이 눈물을 흘리게 하고
	게코	
恨別鳥驚心 한 별 조 경 심	여희여슈믈 슬ᄒᆞ니 새 ᄆᆞᅀᆞ믈 놀래노라	이별하였음을 슬퍼하니 새 소리도 내 마음을 놀라게 한다.
烽火連三月 봉 화 연 삼 월	봉화(烽火)ㅣ 석 ᄃᆞᆯ를 니어시니 이었으니	전쟁이 석 달을 이으니
家書抵萬金 가 서 저 만 금	지븻 음서(音書)ᄂᆞᆫ 만금(萬金)이 ᄉᆞ도다 편지, 소식	집의 편지는 만금보다 비싸구나.
白頭搔更短 백 두 소 갱 단	셴 머리를 글구니 ᄯᅩ 뎌르니 짧으니	하얗게 센 머리를 긁으니 또 짧아져
渾欲不勝簪 혼 욕 불 승 잠	다 빈혀를 이긔디 몯 ᄒᆞᆯ 듯 ᄒᆞ도다 비녀	머리카락을 다 모아도 비녀를 이기지 못할 듯하도다.

작품 정리

주제 전란의 비애와 가족에 대한 그리움
특징 자연과 인간사의 대비가 나타남.
성격 애상적, 회고적, 영탄적

문해력 UP 감상 패턴

① 화자

화자의 심리
• 개인적: 가족에 대한 걱정
• 국가적: 우국의 심정

② 표현

시상 전개 방식

선경	전란의 피폐함을 부각시키는 자연(인간사 ↔ 자연)
후정	가족에 대한 그리움과 병약한 신세 한탄

③ 내신&수능 기출 point

인간과 자연의 대조를 보여 주는 시어

나라히 파망

나라가 전란으로 망하고, 폐허가 되었음.

↓

뫼, ᄀᆞ름, 플, 나모

자연은 변함이 없음.

---

87 용비어천가(龍飛御天歌) _정인지 외

수능 국어교과서

불휘 기픈 남ᄀᆞᆫ ᄇᆞᄅᆞ매 아니 뮐씬 곶 됴코 여름 하ᄂᆞ니
뿌리   흔들리니   열매
ᄉᆡ미 기픈 므른 ᄀᆞᄆᆞ래 아니 그츨씬 내히 이러 바ᄅᆞ래 가ᄂᆞ니 〈제2장〉

굴허에 ᄆᆞᆯ를 디내샤 도ᄌᆞ기 다 도라가니 반(半) 길 노핀ᄃᆞᆯ
구렁에, 좁은 골목에   돌아가니
년기 디나리잇가

석벽(石壁)에 ᄆᆞᆯ를 올이샤 도ᄌᆞ굴 다 자ᄇᆞ시니 현 번 ᄠᅱ운ᄃᆞᆯ
몇
ᄂᆞ미 오ᄅᆞ리잇가 〈제48장〉

뿌리가 깊은 나무는 바람에 흔들리지 아니하므로, 꽃이 좋고 열매가 많이 열리니 / 샘이 깊은 물은 가뭄에 그치지 아니하므로, 내가 이루어져 바다에 가나니

(금나라 태조가) 좁은 골목에 말을 지나게 하시어 (뒤쫓아 오던) 도적이 다 돌아가니, 반 길 높이인들 남이 지나갈 수 있겠습니까?
돌 절벽에 말을 올라가게 하시어 도적을 다 잡으시니, 몇 번을 뛰어오른들 남이 오를 수 있겠습니까?

작품 정리

주제 조선 개국의 정당성과 왕조의 번영 송축 및 후대 왕에 대한 권계
특징 각 장은 두 줄이 대구를 이룬 2절 4구체이고, 〈제1장〉과 〈제125장〉은 파격 장임.
성격 송축적, 예찬적, 서사적, 설득적

문해력 UP 감상 패턴

① 화자

화자의 태도
조선의 번성을 기원함.

② 표현

〈제2장〉 속 비유와 상징
• '불휘 기픈~여름 하ᄂᆞ니'
→ 기초가 굳건하게 다져진 조선을 나무와 물에 비유함.
• 'ᄉᆡ미 기픈~바ᄅᆞ래 가ᄂᆞ니'
→ 꽃, 열매, 내, 바다 등을 통해 조선의 번성을 표현함.

③ 내신&수능 기출 point

'용비어천가'의 의의
• 한글로 기록된 최초의 작품
• 조선 건국을 찬양하고 후대 왕에게 왕권 수호를 권계하는 송축가임.

88 정선 아리랑 _작자 미상

민요

아우라지 뱃사공아 배 좀 건너 주게
정선에 있는, 송천과 골지천이 합쳐지는 곳의 지명
싸리골 올동백이 다 떨어진다
정선에 있는 마을의 이름   제철보다 일찍 꽃이 피는 동백
아리랑 아리랑 아라리요

아리랑 고개 고개로 나를 넘겨 주게

민둥산 고비 고사리 다 늙었지마는
정선에 있는 산 이름 고빗과의 여러해살이풀
이 집에 정든 임 그대는 늙지 마서요

아리랑 아리랑 아라리요

아리랑 고개 고개로 나를 넘겨 주게

서산에 지는 해는 지고 싶어 지나

정 들이고 가시는 임은 가고 싶어 가나

아리랑 아리랑 아라리요

아리랑 고개 고개로 나를 넘겨 주게

성님 성님 사촌 성님 시집살이가 어떻던가

삼단 같은 요 내 머리 비사리춤 다 되었네
삼을 묶은 단. 술이 많고 고운 머리털을 비유함 벗겨 놓은 싸리 껍질의 묶음
아리랑 아리랑 아라리요

아리랑 고개 고개로 나를 넘겨 주게

오늘 갔다 내일 오는 건 해 달이지만

한 번 가신 우리 임은 그 언제 오나

아리랑 아리랑 아라리요

아리랑 고개 고개로 나를 넘겨 주게

당신이 날만침만 생각을 한다면

가시밭길 천 리라도 신발 벗고 오리라

아리랑 아리랑 아라리요

아리랑 고개 고개로 나를 넘겨 주게

문해력 UP 감상 패턴

1 화자

임에 대한 화자의 정서

'민둥산 고비 고사리 다 늙었지마는 /
이 집에 정든 임 그대는 늙지 마서요'
→ 임이 늙지 않기를 바라는 임에 대한
애정이 드러남.

2 표현

임과 자연물의 비유

> 서산에 지는 해는 지고 싶어 지나 / 정
> 들이고 가시는 임은 가고 싶어 가나
>
> ↓
>
> 임이 떠나가는 것을 자연 현상(해가
> 지는 것)에 빗대어 떠나는 임을 이해
> 하고자 함.

3 내신&수능 기출 point

지명을 직접 인용함으로써 얻는 효과

'정선', '아우라지' 등 실제 지명을 인용
함으로써 지역적 특수성과 향토색을
드러낼 수 있음.

작품 **정리**

주제 정선 사람들의 삶의 애환
특징 ① 정선의 지역적 특성과 지역민의
삶의 모습 및 정서를 드러냄.
② 4음보 율격, 후렴구의 반복으로 운율감
을 나타냄.
성격 서정적, 애상적

켕마쿵쿵 노세_작자 미상

삶

노세이 노세 켕마쿵쿵 노세이
　　　　　　악기 소리를 표현하는 의성어
노세이 노세 켕마쿵쿵 노세이

낙랑장송 고목되면 켕마쿵쿵 노세이

노세이 노세 켕마쿵쿵 노세이

눈먼 새도 아니 오네 켕마쿵쿵 노세이

노세이 노세 켕마쿵쿵 노세이

비단옷도 떨어지면 켕마쿵쿵 노세이

노세이 노세 켕마쿵쿵 노세이

행주 걸레기로 다 나가네 켕마쿵쿵 노세이
　　　걸레의 방언
노세이 노세 켕마쿵쿵 노세이

좋은 음식도 쉬어지면 켕마쿵쿵 노세이

노세이 노세 켕마쿵쿵 노세이

여물밖에 더 되는가 켕마쿵쿵 노세이
가축의 먹이
노세이 노세 켕마쿵쿵 노세이

작품 정리

주제 현재를 신명나게 즐길 것을 권유함.
특징 선후창 방식으로 노래함.
성격 낙천적, 현세적, 긍정적

문해력 UP 감상 패턴

① **화자**

농민들의 삶과 의식

낙락장송, 비단옷, 좋은 음식도 소용없다는 무상감과 현재가 힘들지라도 낙천적이고 긍정적으로 생각하는 삶의 자세

② **표현**

후렴구의 반복

'노세이 노세 켕마쿵쿵 노세이'
→ ① 현세적, 낙천적 세계관을 반영함. ② 통일성과 안정감을 부여하고 흥겨운 분위기를 형성함.

③ **내신&수능 기출 point**

구전 민요의 특성

• 쉬운 우리말 사용
• 단순한 리듬과 후렴구
• 노동의 괴로움을 잊게 하고 쉽게 따라 부를 수 있음.

베틀 노래_작자 미상

삶

기심 매러 갈 적에는 갈뽕을 따 가지고
김. 논밭의 잡초
기심 매고 올 적에는 올뽕을 따 가지고

삼간방에 누어 놓고 청실 홍실 뽑아 내서
　　　누에
강릉 가서 날다가 서울 가서 매어다가

하늘에다 베틀 놓고 구름 속에 이매 걸어
　　　잉아. 베틀의 날실을 한 칸씩 걸러서 끌어 올리도록 맨 굵은 실
함경나무 바디집에 오리나무 북게다가
베틀에 딸린 기구인 바디를 베틀에 끼우는 테　　베틀에서 날실의 틈으로 왔다 갔다 하면서 씨실을 푸는 배 모양의 기구
짜궁짜궁 짜아 내어 가지잎과 묶거워라
베 짜는 소리 – 의성어　　명주실의 한 바람(한 바람은 실이나 새끼 따위 한 발 정도)을 세는 단위
배꽃같이 바래서 참외같이 올 짓고
　　　　　　　　　　　실이나 줄의 가닥
외씨 같은 보선 지어 오빠님께 드리고
오이씨　　　버선
겹옷 짓고 솜옷 지어 우리 부모 드리겠네
솜을 두지 않고 거죽과 안을 맞붙여 지은 옷

작품 정리

주제 베를 짜며 갖는 낭만적 여유와 가족애
특징 언어유희가 나타남.
성격 낙천적, 낭만적, 유교적

문해력 UP 감상 패턴

① **화자**

화자의 태도

낭만적 태도	힘든 노동 속에서도 여유를 잃지 않고 본인을 직녀에 비유하는 상상력을 발휘함.
유교적 태도	우애와 효를 중시하는 가족애가 표출됨.

② **표현**

운율 형성 방법

'기심 매러 갈 적에는 갈뽕을 따 가지고 /
기심 매고 올 적에는 올뽕을 따 가지고'
→ 4음보와 '갈', '올'의 유사한 발음을 이용한 언어유희를 활용하여 리듬감을 형성함.

③ **내신&수능 기출 point**

베 짜기 과정 속 노래 구성

• 뽕 따기 → 실뽑기 → 이매 걸기 → 베 짜기: 노동의 힘듦을 낭만적으로 그려 냄.
• 옷 짓기: 노동의 결과물을 언급하며 노동의 힘겨움을 이겨 냄.

91 시집살이 노래 _작자 미상

민요

형님 온다 형님 온다 분고개로 형님 온다

형님 마중 누가 갈까 형님 동생 내가 가지

형님 형님 사촌 형님 시집살이 어떱뎁까

이애 이애 그 말 마라 시집살이 개집살이

앞밭에는 당추 심고 뒷밭에는 고추 심어
　　　　　고추의 한 종류

고추 당추 맵다 해도 시집살이 더 맵더라

둥글둥글 수박 식기(食器) 밥 담기도 어렵더라
　　　　　수박처럼 둥근 그릇

도리도리 도리소반(小盤) 수저 놓기 더 어렵더라
　　　　　둥글게 생긴 조그마한 상

오 리(五里) 물을 길어다가 십 리(十里) 방아 찧어다가

아홉 솥에 불을 때고 열두 방에 자리 걷고

외나무다리 어렵대야 시아버니같이 어려우랴

나뭇잎이 푸르대야 시어머니보다 더 푸르랴

시아버니 호랑새요 시어머니 꾸중새요
　　　　호랑이처럼 무서운 새

동세 하나 할림새요 시누 하나 뾰족새요
동서　　　고자질을 잘하는 새　　　　성격이 모나고 까다로운 새

시아지비 뾰중새요 남편 하나 미련새요 ─자신의 마음을 몰라주는 새
시아주버니　무뚝뚝하고 퉁명스럽게 꾸중하여 상대하기 어려운 새

자식 하난 우는 새요 나 하나만 썩는 샐세
　　　　　　　　　　마음속으로만 애를 태우는 새

귀먹어서 삼 년이요 눈 어두워 삼 년이요

말 못해서 삼 년이요 석 삼 년을 살고 나니
　　　　　　　세 번 거듭되는 삼 년이라는 뜻으로 여러 해나 오랜 시일을 이르는 말

배꽃 같던 요내 얼굴 호박꽃이 다 되었네

삼단 같던 요내 머리 비사리춤이 다 되었네

백옥 같던 요내 손길 오리발이 다 되었네

열새 무명 반물치마 눈물 씻기 다 젖었네
고운 베　　　진한 남색 치마

두 폭 붙이 행주치마 콧물 받기 다 젖었네

울었던가 말았던가 베갯머리 소(沼) 이뤘네
　　　　　　　　　　　작은 연못

그것도 소이라고 거위 한 쌍 오리 한 쌍

쌍쌍이 때 들어오네

문해력 UP 감상 패턴

1 화자

화자의 변화

형님 온다~시집살이 어떱뎁까	→	이애 이애~쌍쌍이 때 들어오네
사촌 동생		형님

→ 사촌 동생이 시집살이를 궁금해하고 형님은 고된 시집살이에 한탄, 하소연하며 체념, 순응하는 모습을 보임.

2 표현

비유적 시어

• '개집살이'
→ 고된 시집살이
• '호랑새', '꾸중새', '할림새', '뾰족새', '뾰중새', '미련새', '우는 새'
→ 식구들
• '거위 한 쌍 오리 한 쌍'
→ 자식들

3 내신&수능 기출 point

대화 형식

시집살이에 대한 동생의 호기심 어린 질문과 시집살이의 어려움을 표현한 형님의 답변으로 이루어짐.

┌ 작품 정리 ┐

주제 시집살이의 한(恨)과 체념
특징 ① 물음과 대답으로 이루어진 대화 형식을 취함.
② 언어유희와 비유를 통해 해학성을 표현함.
③ 유사한 어구를 반복하여 운율을 형성함.
성격 해학적, 서민적

92 춘향이별가 _ 작자 미상

잡가

이별이라네 이별이라네 이 도령 춘향이가 이별이로다

춘향이가 도련님 앞에 바짝 달려들어 눈물짓고 하는 말이

도련님 들으시오 나를 두고 못 가리다

나를 두고 가겠으면 홍로화(紅爐火) 모진 불에
　　　　　　　　　빨갛게 달아오른 화롯불

다 사르겠으면 사르고 가시오
　불에 태워 없애겠으면

날 살려 두고는 못 가시리라

잡을 데 없으시면 삼단같이 좋은 머리를

휘휘칭칭 감아쥐고라도 날 데리고 가시오

살려 두고는 못 가시리다

날 두고 가겠으면 용천검(龍泉劍) 드는 칼로다
　　　　　　　　장수들이 사용하는 좋은 칼

요 내 목을 베겠으면 베고 가시오

날 살려 두고는 못 가시리다

두어 두고는 못 가시리다

날 두고 가겠으면 영천수(潁川水) 맑은 물에다

던지겠으면 던지고나 가시오 / 날 살려 두고는 못 가시리다

작품 정리

주제 이별로 인한 춘향의 안타까움과 슬픔
특징 판소리 '춘향가'의 일부분을 노래로 만든 조선 후기 십이 잡가의 하나임.
성격 해학적, 풍자적, 서민적, 애상적

문해력 UP 감상 패턴

1 화자
화자의 상황 및 태도

이별이라네 이별이라네 이 도령 춘향이가 이별이로다	→	춘향이 이 도령과 이별하는 상황
도련님 들으시오 나를 두고 못 가리다~날 살려 두고는 못 가시리다	→	이별에 대한 거부

2 표현
반복과 효과
'이별이라네', '못 가시리다(라)' 등의 반복
→ 시적 상황과 화자의 감정을 강조하여 나타내고 청중의 공감을 이끌어 냄.

3 내신&수능 기출 point
화자의 전환

이별이라네 이별이라네~눈물짓고 하는 말이	해설자

↓

도련님 들으시오~	춘향

→ 창자가 해설과 연기를 모두 수행하는 판소리의 영향

93 유산가 _ 작자 미상

잡가

원산(遠山)은 첩첩(疊疊), 태산(泰山)은 주춤하여 기암(奇巖)은 층층(層層) 장송(長松)은 낙락
멀리 있는 산　　　　　　　높고 큰 산　　　　　　　　기이하게 생긴 바위

(落落) 에이구부러져 광풍(狂風)에 흥을 겨워 우줄우줄 춤을 춘다

층암절벽상의 폭포수는 콸콸 수정렴 드리운 듯 이 골 물이 주루루룩 저 골 물이 쏼쏼 열에
몹시 험한 바위가 겹겹으로 쌓인 낭떠러지 위

열 골 물이 한데 합수(合水)하여 천방져 지방져 소쿠라지고 펑퍼져 넌출지고 방울져 저 건너
　　　　　　　　　　　　'천방지방(너무 급하여 함부로 날뛰는 모양)'이 변형된 말

병풍석으로 으르렁 콸콸 흐르는 물결이 은옥(銀玉)같이 흩어지니 소부 허유 문답하던 기산 영

수(箕山潁水)가 예 아니냐

주곡제금은 천고절(千古節)이요 적다정조는 일년풍(一年豐)이라. 일출 낙조가 눈앞에 벌여
두견새　　아주 오랜 세월 동안 변치 아니할 곧은 절개　소쩍새

나 경개 무궁(景槪無窮) 좋을씨고

작품 정리

주제 봄을 맞은 자연에 대한 예찬
특징 의태어와 의성어를 활용하여 자연의 모습을 생동감 있게 묘사함.
성격 풍류적, 감각적

문해력 UP 감상 패턴

1 화자
화자의 상황 및 태도
봄의 경치를 완상하며 자연의 아름다움을 예찬함.

2 표현
생동감 있는 자연 묘사
'첩첩', '층층', '우줄우줄', '콸콸', '주루루룩', '쏼쏼', '으르렁 콸콸'과 같은 의성어·의태어를 사용하여 자연을 생동감 있게 묘사함.

3 내신&수능 기출 point
문학사적 의의
조선 후기 십이 잡가의 대표작으로, 의태어와 의성어를 효과적으로 사용함으로써 생동감을 주며 우리말과 한자어의 이중적 표기가 특색임.

✦ MEMO ✦

수능 기출 완성

밥 먹듯이

매일매일

국어 공부

밥 시리즈의 새로운 학습 시스템

'밥 시리즈'의
학습 방법을
확인하고
공부 방향 설정
→
권장 학습 플랜을
참고하여
자신만의
학습 계획 수립
→
학습 방법과
학습 플랜에 맞추어
밥 먹듯이 꾸준하게
국어 공부
→
수능 국어
1등급을 달성

▶ 수능 국어 1등급 달성을 위한 학습법 제시　▶ 문학, 비문학 독서, 언어와 매체, 화법과 작문 등 국어의 전 영역 학습　▶ 문제 접근 방법과 해결 전략을 알려 주는 친절한 해설

처음 시작하는 밥 비문학
• 전국연합 학력평가 고1, 2 기출문제와 첨삭식 지문 · 문제 해설
• 예비 고등학생의 비문학 실력 향상을 위한 친절한 학습 프로그램

밥 비문학
• 수능, 평가원 모의평가 기출문제와 첨삭식 지문 · 문제 해설
• 지문 독해법과 문제별 접근법을 제시하여 비문학 완성

처음 시작하는 밥 문학
• 전국연합 학력평가 고1, 2 기출문제와 첨삭식 지문 · 문제 해설
• 예비 고등학생의 문학 실력 향상을 위한 친절한 학습 프로그램

밥 문학
• 수능, 평가원 모의평가 기출문제와 첨삭식 지문 · 문제 해설
• 작품 감상법과 문제별 접근법을 제시하여 문학 완성

밥 언어와 매체
• 수능, 평가원 모의평가, 전국연합 학력평가 및 내신 기출문제
• 핵심 문법 이론 정리, 문제별 접근법, 풍부한 해설로 언어와 매체 완성

밥 화법과 작문
• 수능, 평가원 모의평가 기출문제
• 문제별 접근법과 풍부한 해설로 화법과 작문 완성

밥 어휘력
• 필수 어휘, 다의어 · 동음이의어, 한자 성어, 관용어, 속담, 국어 개념어
• 방대한 어휘, 어휘력 향상을 위한 3단계 학습 시스템

교과서·수능·모평·학평 10개년 기출 작품 정리
고전시가 최다 작품 프리미엄 문제집

고전, 무조건 이기는 3단 감상법

고전시가
비책

고전시가 패턴화 Top Secret

정답과 해설

꿈을담는틀
Dream Matrix

정답과 해설

I

고대가요·향가·한시·고려가요

⑤ 아무것도 필요 없으니 무사히 돌아오기만 하라는 마음을 드러내고 있다.

01 공무도하가·정읍사
▶ 본문 012쪽

01 ① 　 02 ② 　 03 ① 　 04 ③ 　 05 ④

01 ①

1행에서는 임에게 물을 건너지 말라는 애원을, 2행에서는 임이 물을 건너는 것에 대한 초조함을, 3행에서는 임의 죽음에 대한 슬픔을, 4행에서는 임이 이미 죽은 상황에서 어찌할 수 없는 체념을 드러내고 있다.

✘오답 풀이

② ④ 4행에서 화자는 임이 죽은 상황에 탄식하고 체념하고 있을 뿐, 소망의 정서를 드러내지는 않는다.

③ 3행에서 화자는 임의 죽음을 확인하며 슬퍼하고 있을 뿐 소망의 정서를 드러내지는 않는다.

⑤ 이 작품에는 협박하는 내용의 위협은 나타나지 않는다.

02 ②

화자는 달을 향해 남편이 무사히 돌아오기를 빌고 있다. 이를 통해 달은 화자의 소망을 이루어 줄 수 있는 대상임을 알 수 있다.

✘오답 풀이

① 달이 세상을 밝히는 것은 맞지만 이를 통해 밝은 미래를 상징한다고 볼 수 있는 근거는 없다.

③ 달이 남편이 가는 길을 비춰 주는 것은 맞지만 남편이 화자에게 인생의 길잡이였다고 생각할 수 있는 근거는 없다.

④ 이 작품에서 화자가 아름다운 추억을 떠올린 내용은 나타나지 않는다.

⑤ 달은 위험으로부터 남편을 지켜 주는 대상으로 천지신명과 같은 존재이기는 하지만 화자와 남편의 이상 세계를 추구하는지는 나타나 있지 않다.

03 ①

'임'은 화자가 물을 건너지 말라고 호소하는 대상이라고 할 수 있지만, 끝내 물을 건너기 때문에 상황에 대해 공감대를 형성하고 있는 대상이라고 볼 수 없다.

✘오답 풀이

② ⓒ의 '-곰'은 '머리(멀리)'를 강조하는 말로, 남편의 안전을 위해 달이 멀리까지 비춰 달라는 화자의 간절함을 드러내고 있다.

③ 저잣거리에 가 있다는 것을 통해 화자의 남편은 행상을 하기 위해 집을 떠났음을 짐작할 수 있다.

④ '즌 딕'는 '밤에 만날 수 있는 위험'을 의미하는 것으로 남편을 걱정하는 화자의 심정을 알 수 있다.

04 ③

(나)의 1행에서 '들하'라고 직접 대상을 부름으로써 화자의 말을 들어 주는 청자가 '달'임을 확인할 수 있다. 돈호법이란 사람이나 사물의 이름을 불러 주의를 환기하는 표현 기법이다.

✘오답 풀이

① 반어법이란 표현의 효과를 높이기 위하여 실제와 반대되는 뜻의 말을 하는 것으로 (가)에 나타나지 않는다.

② 설의법이란 쉽게 판단할 수 있는 사실을 의문의 형식으로 표현하여 상대가 스스로 판단하게 하는 수사법으로 (나)에 나타나지 않는다.

④ 대구법이란 비슷한 어조나 어세를 가진 어구를 짝 지어 표현의 효과를 나타내는 수사법으로 (가), (나) 모두 나타나지 않는다.

⑤ 역설법은 표면적으로는 모순되거나 부조리한 것 같지만 그 표면적인 진술 너머에서 진실을 드러내는 방법으로 (가), (나) 모두 나타나지 않는다.

05 ④

화자가 건너지 말라고 하는 '물'을 임이 건너는 것은 임 자신의 의지로 한 행위이다. 따라서 1, 3행의 '물'을 통해 죽음이 운명적이라는 점을 암시한다는 설명은 적절하지 않다.

✘오답 풀이

① 1행에서 화자가 임에게 '물'을 건너지 말라고 호소하는 것은 임에 대한 화자의 사랑에서 나온 행위이다. 따라서 1행의 '물'에 화자의 사랑이 담겨 있다는 설명은 적절하다.

② 2행에서 임은 '물'을 건너감으로써 화자와 단절된다. 따라서 2행의 '물'은 이별을 의미한다고 설명할 수 있다.

③ 3행에서 임은 결국 '물'에 빠져 죽음을 맞이한다. 따라서 3행의 '물'이 죽음의 이미지를 떠올리게 한다는 설명은 적절하다.

⑤ 2행의 '이별', 3행의 '죽음'은 모두 화자에게 불행한 상황이다. 따라서 2, 3행의 '물'이 부정적 이미지를 내포한다는 설명은 적절하다.

02 구지가·해가
▶ 본문 014쪽

01 ① 　 02 ② 　 03 ⑤ 　 04 ⑤ 　 05 ④

01 ①

(가)의 1행에서는 '거북'을 부르고, 2행에서는 '머리를 내밀어라'라고 명령을 한다. 3행에서는 '만일 내밀지 않으면'이라며 가정적 상황을 제시하고, 4행에서는 '구워 먹으리'라고 위협을 하고 있다. (나)의 1행에서는 '거북'을 부르고, 2행에서는 남의 아내를 앗은 죄가 크다는 점을 지적한다. 3행에서는 '네 만약 거스르고 내놓지 않는다면'이라는 상황을 가정하고, 4행에서는 '잡아서 구워 먹으리라'라고 위협하고 있다.

02 ②

(가), (나)의 '거북'은 모두 화자의 요구를 들어줄 수 있는 존재이다. (가)에서는 '머리'를 내어 줄 수 있는 존재, (나)에서는 '수로 부인'을 내놓을 수 있는 존재로 인식하고 있다.

✘오답 풀이
① (가), (나) 모두에서 화자가 소망하는 공간에 대한 언급은 찾아볼 수 없다.
③ (가), (나)의 '거북'은 모두 화자의 요구를 들어주는 존재이지 화자에게 능력이나 지위를 부여하는 존재가 아니다.
④ (가), (나) 모두에서 '거북'은 화자의 요구를 들어줄 수 있는 초월적 존재로 등장한다.
⑤ (가)에서 화자는 '거북'에게 자신의 감정을 전가하고 있지 않다. 반면 (나)에서 화자는 '거북'에게 수로 부인을 내놓으라고 말하고 있으므로 화자와 대상(수로 부인)의 관계를 이어 주는 존재라고 할 수 있다.

03 ⑤

(가)에서 '거북'에게 '머리를 내밀어라'라며 직접적으로 명령하고 있다. (나)에서도 '거북'에게 '수로를 내놓아라'라고 명령하고 있다. 따라서 두 작품 모두 직설적이며 명령적인 화법을 사용하여 주제 의식을 드러내고 있음을 알 수 있다.

✘오답 풀이
① (가), (나) 모두 대상을 다양한 비유로 표현하고 있지 않다.
② (가), (나)에 시어의 반복은 있으나 변주는 찾아볼 수 없다. 또한 시어의 반복을 통해 화자의 정서 변화를 보여 주고 있는 것은 아니다.
③ (가), (나)는 거북을 부르며 대화체로 노래하고 있지만, 서로 대화를 주고받는 것은 아니며 대상과의 정서적 일체감을 드러내고 있는 것은 아니다.
④ (나)의 2행에서 의문형 문장을 사용한 설의적 표현이 나타나지만 화자가 궁금해하는 것을 강조한 것이 아니라 상대의 죄를 강조한 것이며, (가)에서는 의문형 문장을 사용하고 있지 않다.

04 ⑤

(가), (나) 모두 대상인 '거북'이 화자의 요구를 들어주지 않았을 때 구워 먹겠다며 그 대가를 분명하게 제시하고 있다.

✘오답 풀이
① (가)에서 요구를 들어줄 수 있는 주술의 대상을 '거북'으로 설정하였고 (나)에서도 그대로 사용하고 있다.
② (가), (나) 모두 '거북아 거북아'라며 대상을 부르면서 노래를 시작하고 있다.
③ (가)에서는 창작 동기가 되는 구체적 상황에 대한 언급이 없으나 (나)에서는 '남의 아내 앗았으니'라는 구체적인 상황이 제시되어 있다.
④ (가)에서는 위협 도구를 제시하고 있지 않지만 (나)는 4행에서 '그물'이라는 위협 도구를 통해 상대를 압박하고 있다.

05 ④

〈보기〉의 배경 설화를 통해 구간 등이 구지봉에서 집단적으로 노래를 부르며 춤을 춘 것을 알 수 있다. 따라서 이 작품은 개인적 서정시의 성격이 아닌 집단적 성격의 노래이다.

✘오답 풀이
① 배경 설화의 내용을 통해 가락국의 건국 과정을 보여 주고 있는 가락국 건국 신화라고 해석할 수 있다.
② 배경 설화에서 구간 등이 흙을 파면서 노래를 불렀다고 했다. 이를 볼 때 집단적 노동을 하며 부른 노래임을 짐작할 수 있는데, 이런 관점에서 보면 이 노래는 노동요라고 할 수 있다.
③ '구지가'를 부르니 황금알이 여섯이 내려왔고 그중에서 수로왕이 탄생했다는 점을 볼 때 그들이 기다린 '머리'(왕)는 수로왕임을 알 수 있다.
⑤ 우두머리를 내려 달라는 간절한 노래에서 머리를 내밀지 않으면 구워 먹겠다고 하는 것은 간절함의 또 다른 표현임을 알 수 있다.

---

03 제망매가 · 찬기파랑가 ▶ 본문 016쪽

01 ③ 02 ① 03 ⑤ 04 ⑤ 05 ③

01 ③

(가)는 같은 부모를 '한 가지'로, 누이의 죽음을 '떨어지는 잎'으로 비유하여 표현하였으며 (나)는 기파랑의 성품을 '달'이나 '물', '송백의 높은 가지'와 같은 자연물로 비유하여 표현하였다는 공통점을 지닌다.

✘오답 풀이
① (가), (나) 모두 비슷한 문장 구조를 지닌 어구를 짝을 지어 나타내는 대구법이 활용된 부분은 찾을 수 없다.
② (가), (나) 모두 대비가 나타나는 부분은 찾을 수 없다.
④ (가), (나) 모두 자연물이 나타나지만 화자의 감정이 이입되는 대상은 아니다.
⑤ (나)에서는 '흰 구름', '물 푸른 강속'과 같이 색채 이미지를 활용하고 있지만, (가)에서 다양한 색채 이미지를 활용하여 시적 분위기를 형성하고 있는 것은 아니다.

02 ①

(가)에서 '잎'은 누이를 상징하며 잎을 떨어뜨린 '바람'은 누이의 죽음을 가져온 원인으로 해석할 수 있으므로 화자의 슬픔을 유발시킨 존재로 볼 수 있다. [A]에서의 '바람'은 '도화'를 지게 하는 소재이지 화자의 시련과는 관련이 없다.

✘오답 풀이
② (가)의 '바람'은 '잎'을 떨어뜨리고 [B]의 '바람'은 나무를 쓰러뜨린다.
③ (가)의 '잎'은 누이를 상징하는 것으로 화자에게 슬픔을 주지만 [A]의 '도화'는 화자의 감회와 흥취를 부각하는 소재이다.
④ (가)의 '잎'은 누이를 비유한 표현이지만 [B]의 '나무'는 임을 그리워하는 화자 자신을 비유한 말이다.
⑤ (가)의 '잎'과 [A]의 '도화'는 바람에 의해 떨어지며 [B]의 '나무'도 바람에 의해 쓰러진다. 이를 통해 세 소재가 모두 바람에 의해 영향을 받는 수동적인 존재임을 알 수 있다.

분이 드러나지만 (나)에서는 인용법을 활용한 부분을 찾을 수 없다.

② (가)는 10구체 향가로 (나)와 달리 '기-서-결'의 3단 형식을 취하고 있다.

③ (가)는 '아'와 같은 감탄사를 통해 시상을 전환시키고 있으나 (나)에서는 감탄사를 찾을 수 없다.

④ 10구체 향가인 (가)와 달리 (나)는 4구체 향가이다.

02 ④

(나)에서 선화 공주가 행위의 주체가 되어 있지만 내적 갈등이 드러난 부분은 찾을 수 없다.

✗오답 풀이

① (나)는 처음에는 아이들에게 부르게 하였다는 것으로 보아 동요의 성격을 지녔음을 알 수 있다.

② 〈보기〉에 제시된 기록에 따르면 서동은 백제 무왕이며 선화는 신라 진평왕의 공주이다. 따라서 작품 속 등장인물은 실존 인물임을 알 수 있다.

③ 〈보기〉를 통해 서동이 선화 공주와 결혼하기 위해 직접 지은 노래를 아이들에게 부르도록 했다는 것을 알 수 있다. 따라서 (나)는 서동이 선화 공주에게 구애하기 위한 목적으로 부른 노래라고 볼 수 있다.

⑤ 〈보기〉에서 공주를 서동이 아내로 삼았다는 내용을 통해 (나)는 일종의 예언적 성격을 지닌 노래, 즉 참요(讖謠)라고 볼 수 있다.

03 ②

〈보기〉에 따르면 향찰은 실질적인 의미를 지닌 부분은 한자의 뜻을 이용하여 표기하고 조사나 어미와 같은 문법적인 의미를 지닌 부분은 한자의 음을 이용하여 표기한다. 따라서 ⓛ은 연결 어미 '-고'를 표현하기 위한 것이므로 한자의 음을 이용하여 표기한 것이다.

✗오답 풀이

① '남'이라는 실질적인 의미를 지닌 명사를 표기해야 하므로 한자의 뜻을 이용하여 표기해야 한다.

③ '밤'이라는 실질적인 의미를 지닌 명사를 표기해야 하므로 한자의 뜻을 이용하여 표기해야 한다.

④ '안다'의 어간인 '안-'은 실질적인 의미를 지니고 있으므로 한자의 뜻을 이용하여 표기해야 한다.

⑤ '가다'의 어간인 '가-'는 실질적인 의미를 지니고 있으므로 한자의 뜻을 이용하여 표기해야 한다.

04 ①

〈보기〉에는 풍악산 유람을 가려던 세 화랑이 혜성이 나타나자 유람을 포기했다는 기록이 있을 뿐 그들이 왜적을 물리쳤다는 내용은 찾아볼 수 없다. 따라서 (가)를 왜적을 물리친 세 화랑의 공적을 예찬하는 노래라고 보는 것은 적절하지 않다.

✗오답 풀이

② (가)에서 부지런히 밝히는 '달'은 세 화랑을 맞이하는 대상으로 그려진다.

③ 융천사는 불길한 징조의 혜성을 화랑의 길을 쓸어 주는 '길 쓸 별'로 봄으로써 변괴를 없애려는 의도를 드러낸다.

④ '사뢴 사람'은 융천사와 달리 혜성을 불길한 징조로 여기고 있다.

⑤ '이 무슨 혜성일고'에서 확인할 수 있듯이 융천사는 애초에 불길한 징조

---

03 ⑤

ⓜ은 고난이나 시련을 상징하는 소재이므로 기파랑의 순수함을 드러낸다고 볼 수 없다.

✗오답 풀이

① ㉠은 누이의 요절을 비유적으로 표현한 것이다.

② ㉡은 잎이 떨어지는 하강적 이미지를 통해 누이의 죽음을 표현한 것이다.

③ ㉢은 높이 우러러보는 대상으로, 예찬의 대상인 기파랑의 고결함을 표현한 것이다.

④ ㉣은 물의 이미지를 통해 기파랑의 맑고 깨끗한 성품을 표현한 것이다.

04 ⑤

(가)는 누이의 요절에 대한 슬픔과 종교적 승화, (나)는 기파랑에 대한 추모와 예찬을 드러내고 있다. 따라서 (가), (나) 모두 대상의 부재로 인해 촉발된 화자의 정서를 드러내고 있다고 볼 수 있다.

✗오답 풀이

① (가)에 '가을'이라는 계절이 나타나 있지만 이를 통해 화자의 정서 변화가 드러나는 것은 아니다.

② (나)에서 시적 대상인 기파랑에 대한 예찬적 태도가 드러나 있다.

③ (가)에서 누이의 죽음을 종교적으로 승화하는 모습이 제시된다.

④ (가), (나) 모두 명령적 어조가 활용되지 않는다.

05 ③

〈보기〉의 시조에서 3장 형식 중 종장의 첫머리에 제시된 '어즈버'라는 감탄사는 시상을 집중시키는 역할을 한다. 이와 유사하게 10구체 향가인 (가), (나)는 모두 낙구(9, 10구)의 첫머리에 각각 감탄사 '아', '아아'를 배치하여 시상을 집중시킨다. 이는 10구체 향가가 시조의 발생에 영향을 주었다는 근거로 활용할 수 있다.

✗오답 풀이

① 10구체 향가는 음보율을 엄격하게 지키지 않는다.

② 〈보기〉 속 '어즈버'는 자연물을 활용하여 인간사를 표현한 것과는 관련이 없다.

④ (가), (나), 〈보기〉 속 시조의 낙구의 글자 수는 동일하지 않다.

⑤ (가), (나), 〈보기〉 속 시조 모두 작품의 끝부분에 후렴구가 삽입되지 않는다.

---

04 혜성가 · 서동요

▶ 본문 018쪽

01 ⑤   02 ④   03 ②   04 ①   05 ④

01 ⑤

(가)는 비유적 표현을 활용하였지만 (나)에서는 비유적 표현을 찾을 수 없다. (나)는 직설적이고 노골적인 표현을 사용하고 있다.

✗오답 풀이

① (가)는 '일본군이 왔다', '혜성이여'와 같이 다른 사람의 말을 인용하는 부

인 혜성은 없었다고 선언함으로써 위기 상황을 전환시키고 있다.

05 ④

〈보기〉는 강을 건너는 남편을 막지 못한 아내의 개인적 정서를 드러내고 있다. (나)는 선화 공주에 대한 서동의 개인적 정서를 드러내고 있다. 〈보기〉에는 '물(임의 죽음)'이라는 사랑의 시련에 대한 화자의 슬픔이 나타나 있지만, (나)에는 사랑의 시련에 대한 서동의 정서가 드러나 있지는 않다.

✘오답 풀이

① 〈보기〉는 '물'이라는 자연물에 죽음과 같은 상징적 의미를 부여하고 있으나 (나)에서는 상징적인 의미를 부여한 자연물이 제시되지 않는다.
② 〈보기〉는 임에게 '임아 그 물을 건너지 마오'라고 말을 건네는 방식을 활용하고 있으나 (가)에서는 말을 건네는 방식이 나타나지 않는다.
③ (나)에서 주체와 객체를 전도시켜 선화 공주가 서동을 사랑하는 것처럼 표현하는 방식이 활용되고 있으나 〈보기〉에서는 그러한 표현 방식을 찾을 수 없다.
⑤ (나)는 3인칭 화자가 선화 공주와 서동 사이의 이야기를 전달하는 형식을 취하고 있으나 〈보기〉는 1인칭 화자가 자신의 이야기를 노래하고 있다.

---

05 보리타작 – 타맥행·만보

▶ 본문 020쪽

| 01 ④ | 02 ④ | 03 ② | 04 ③ | 05 ⑤ | 06 ③ |

01 ④

㉠은 화자가 보리타작하는 모습을 관찰하면서 새삼 깨닫게 된 것으로 농민의 건강한 삶을 의미하지만, ㉡은 화자가 오래도록 지니고 있으면서도 풀리지 않는 문제로 학문적 성취에 대한 소망을 의미한다.

✘오답 풀이

① ㉠은 농민들을 통해 깨달은 삶의 모습일 뿐 화자가 과거에 경험한 것이 아니다.
② ㉠은 화자가 찾으려 노력한 것이 아니라 보리타작의 모습에서 우연히 발견하게 된 것이다.
③ ㉡은 화자가 오래 지니고 있던 학문적 성취에 대한 염원으로 우연히 발견한 것이라고 볼 수 없다.
⑤ ㉡은 화자가 오래도록 염원해 온 것이기 때문에, 화자가 이것에 대해 전부터 회의를 품고 있었다고 설명하는 것은 적절하지 않다.

02 ④

(가)의 '이곳저곳'과 〈보기〉의 '여나믄 일'은 모두 세속적 가치와 욕망을 나타내는데, 화자는 이러한 세속적 가치에 집착하지 않으려고 하는 태도를 보이고 있다. 따라서 이는 화자가 이루고자 하는 목표라고 볼 수 없다.

✘오답 풀이

① (가)의 '보리밥'은 자신의 삶에 만족하며 농사일에 몰두하는 농민들의 모

습을 보여 주고, 〈보기〉의 '보리밥'은 자신의 분수에 맞게 소박하게 살아가는 화자의 삶의 태도를 보여 준다.
② (가)의 '마당'은 보리타작을 하는 노동의 공간이고, 〈보기〉의 '물가'는 유유자적하며 즐기는 풍류의 공간이다.
③ (가)의 '앞소리 뒷소리'에서는 노래를 하며 일하는 흥겨움을 느낄 수 있고, 〈보기〉의 '노니노라'에서는 한가롭게 자연을 즐기는 여유로움을 느낄 수 있다.
⑤ (가)의 '떠도는가'와 〈보기〉의 '부럴 줄이 이시랴'에서는 의문형 표현을 통해 세속적 가치를 추구하지 않겠다는 화자의 생각을 드러내고 있다.

03 ②

보리타작의 정경에 대해 '즐겁기 그지 없어'라고 말하는 것으로 볼 때, ⓑ에서는 시각적 이미지를 활용하여 고된 농민의 모습을 나타낸 것이 아니라 노동하는 농민들의 모습을 긍정적으로 보고 농민의 건강한 삶을 형상화한 것이라고 할 수 있다.

✘오답 풀이

① ⓐ에서 '보리밥'은 농민의 삶과 연관이 있는 소재로 이를 통해 농민들의 삶의 모습을 보여 주고 있다.
③ ⓒ에서 의문 형식으로 이루어진 표현은 벼슬길에서 세속적 가치를 좇는 삶에 대한 화자의 부정적 인식을 강조하고 있다.
④ ⓓ에서 제시된 저녁의 분위기는 화자가 자신의 삶을 돌아보는 성찰적 분위기를 형성하고 있다.
⑤ ⓔ에서 어순의 도치는 '회포'를 털어놓을 사람이 없는 화자의 안타까움을 부각시키며 여운을 남기는 역할을 하고 있다.

04 ③

(가)에서 화자는 보리타작하는 모습을 지켜보면서 건강하고 즐거운 삶에 대한 성찰을 드러내고 있으며, (나)에서 화자는 어지러이 뽑아 놓은 책들을 정리하고 성숙한 가을 풍경을 보며 자신이 이루지 못한 '숙원'에 대한 안타까움과 자기 성찰을 나타내고 있다.

✘오답 풀이

① 인간과 자연의 대비는 (나)에만 나타나고 있으며, 부조리한 세태에 대한 비판은 (가), (나) 모두 확인할 수 없다.
② 대상과의 교감이나 현실의 고통에 대한 극복은 (가), (나) 모두 확인할 수 없다.
④ 자연물에 인격을 부여하는 표현이나 대상과의 합일에 대한 의지는 (가), (나) 모두 확인할 수 없다.
⑤ 현재에서 벗어나고자 하는 마음은 (가), (나) 모두 확인할 수 없다.

05 ⑤

[A]~[D]에는 보리타작을 하는 농민들의 밝고 건강한 모습을 보면서 헛된 명분에 집착하며 살아온 과거의 삶을 반성하는 화자의 모습이 드러나 있으나, 지난날에 얽매이지 않는 삶을 살겠다는 의지가 제시되어 있지는 않다.

✘오답 풀이

① [A]는 보리타작을 시작하기 전에 술과 밥을 먹고 마당에 내려와 일을 준

비하는 상황을 묘사하고 있다.

② [B]는 '발맞춰 타작하니', '앞소리 뒷소리 한데 섞여' 등을 통해 서로 협력하는 농민들의 모습을 형상화하고 있다.

③ [C]는 '몸이 바라는 잇속을 벗어난 마음이려니'의 표현을 통해 심신이 조화를 이룬 농민들의 건강한 삶을 표현하고 있다.

④ [D]에는 농민들의 삶을 통해 깨달은 화자 자신의 삶에 대한 반성이 나타나 있다.

06 ③

(나)에서는 '숙원'을 이루지 못하고 살아가는 화자의 삶을, 결실의 기쁨을 누리는 마을의 풍경과 우뚝하고 당당한 '해오라기'의 모습 등과 대조함으로써 화자의 회한과 안타까움을 부각하고 있다.

✘오답 풀이

① 처음과 끝이 상응하는 방식은 수미상관의 구조를 의미하는데 (나)에서는 확인할 수 없다.

② (나)에 시어의 점층적 반복이나 이를 통해 고조되는 감정은 드러나지 않는다.

④ (나)에 가을이라는 계절적 배경은 제시되었지만, 계절의 흐름에 따라 변화하는 풍경은 찾아볼 수 없다.

⑤ (나)에서 영탄적인 어조는 '서늘하구나'에서 찾아볼 수 있지만, 격정의 어조는 나타나지 않는다.

---

06 송인 외

▶ 본문 022쪽

01 ②   02 ③   03 ④   04 ③   05 ③

01 ②

(가)에서 '이별 눈물'을 '해마다 푸른 물결'에 보태기 때문에 '대동강'이 마르지 않는다고 한 것은 과장된 표현으로 볼 수 있다. 하지만 (라)에서는 과장된 표현을 확인할 수 없다. '눈빛이 종이보다 더욱 희'다는 것은 두 대상을 비교한 것일 뿐, 과장으로 볼 수 없다.

✘오답 풀이

① (가)의 '언제나 마르려나'와 (나)의 '어느 때나 만나랴'는 의문형 진술로, 각각 마르지 않을 것임과 만나기 어려움을 강조하고 있다.

③ (나)의 '누이여'와 (라)의 '바람아'는 시적 대상을 부르는 말이며, 이를 통해 각각 '누이'를 그리워하는 마음과 '바람'이 방해하지 않기를 바라는 마음을 드러내고 있다.

④ (나)의 '아아'는 감탄사로, 이를 통해 시적 분위기가 고조되고 있다. 그러나 (가), (라)에는 감탄사가 사용되어 있지 않다.

⑤ (가)의 '풀빛이 고운', (다)의 '꽃잎은 하염없이 바람에 지고', (라)의 '눈빛이 종이보다 더욱 희길래'는 모두 시각적 심상으로, 이를 통해 시상을 불러일으키고 있다. 하지만 (나)의 도입부(누이여 종리 고을의 누이여)에서는 시각적 심상이 드러나지 않는다.

02 ③

(가)의 '남포에서 임 보내며'라는 표현을 통해 ㉠의 '대동강'을 건너 떠나는 것이 '임'이라는 사실을 알 수 있다. 따라서 ㉠을 화자가 건널 수밖에 없는 공간이라고 설명하는 것은 적절하지 않다.

✘오답 풀이

① ㉠의 '대동강'은 화자가 '임'을 떠나보내는 이별의 공간이다.

② ㉡의 '회수'는 화자가 건너지 못하기 때문에 '누이'를 만날 수 없는, 즉 화자와 '누이' 사이를 가로막고 있는 공간으로 볼 수 있다.

④ (나)의 '배로 가려 해도'라는 표현을 통해, ㉡의 '회수'는 '누이'를 만나기 위해 화자가 건너가고 싶은 공간임을 알 수 있다.

⑤ ㉠, ㉡ 모두 이별과 단절의 이미지를 지니고 있는 공간으로, 슬픔과 안타까움을 불러일으킨다고 할 수 있다.

03 ④

(라)의 화자는 ⓑ를 의인화하여 부탁의 말을 건네는 대상, 즉 청자로 표현하고 있다. 하지만 ⓐ는 의인화의 기법이 나타나지 않으며, '꽃잎'을 떨어뜨리는 소재로 볼 수 있다.

✘오답 풀이

① ⓑ는 화자가 눈 위에 쓴 글씨를 지울 수 있는 존재이므로 화자의 소망을 방해할 것으로 우려되는 대상이지만, ⓐ는 애상적 분위기를 형성할 뿐 임과 함께하고 싶은 화자의 소망을 방해하고 있지는 않다.

② ⓐ, ⓑ 모두 화자의 운명을 매개하고 있지 않다.

③ ⓐ, ⓑ 모두 화자의 처지와 동일시된다고 볼 수 없다.

⑤ ⓐ는 화자에게 애상감을 유발하기 때문에 절망적으로 인식된다고 볼 수도 있다. 하지만 ⓑ는 화자가 당부를 하는 대상일 뿐, 절망적으로 인식된다고 볼 수 없다.

04 ③

(나)의 성난 '교룡'은 부정적 상황을 비유한 시어로 볼 수 있다. 하지만 〈보기〉의 '기러기'는 화자의 처지를 비유한 시어가 아니라, 화자의 처지와 상반되는 부러움의 대상으로 볼 수 있다.

✘오답 풀이

① (나)의 '누이'는 십 년 동안 보지 못해 화자가 그리워하는 대상이며, 〈보기〉의 '나그네'는 객지에서 피란 생활을 하는 화자 자신을 가리킨다.

② (나)의 '종리 고을'은 '누이'가 있는 곳으로 화자가 가고자 하는 곳이다. 이처럼 화자가 그리워하는 곳이 〈보기〉에서는 '북쪽'으로 제시되고 있다.

④ 〈보기〉의 '만 리'는 실제 거리가 아닌 정서적 거리감을 표현한 시어이며, (나)의 '십 년'은 누이와 만나지 못한 구체적인 이별 기간을 나타낸 시어이다.

⑤ 〈보기〉의 '난'은 전란을 의미하며, 이와 같은 상황이 (나)에서는 '화살'과 '군대 깃발'로 형상화되어 있다.

05 ③

[C]의 '대낮에 우'는 '원숭이'는 누이를 그리는 화자의 감정이 이입된 존재로, 화자에게 위안을 주는 존재가 아니라 화자의 정서가 투영된 대상으로 볼 수 있다.

✘오답 풀이

① [A]의 '고운' 빛깔의 '풀빛'은 변함없이 아름다운 자연의 모습으로, 이별의 슬픔을 겪고 있는 인간의 유한성과 대비되는 완전성의 존재로 볼 수 있다.

② [B]의 마르지 않는 '대동강 물'은 화자의 '이별 눈물'이 더해진 존재로, 이는 화자가 자연과 일체화되는 체험과 관련이 있다고 볼 수 있다.

④ [D]에서 기약 없이 임을 기다리며 늙어 가는 화자는 떨어지는 꽃잎을 보며 임과 함께하지 못하는 자신의 처지를 안타까워하므로 '꽃잎'은 화자의 처지를 부각하며 애상적 분위기를 조성하는 존재로 볼 수 있다.

⑤ [E]에서 '종이'보다 흰 '눈빛'은 친구를 만나지 못한 화자가 자신의 이름을 그 위에 씀으로써, 아쉬운 마음을 전달하는 매개가 되는 존재로 볼 수 있다.

07 유객 외

▶ 본문 024쪽

| 01 ④ | 02 ② | 03 ④ | 04 ⑤ | 05 ④ | 06 ② |

01 ④

(가)는 '나의 백 년 근심 사라지네'를 통해 속세의 근심과 걱정을, (나)는 '항상 시비하는 소리 귀에 들릴까 두려워하기에'를 통해 속세를, (다)는 '가슴속에 불평 있음 깨닫지 못하겠네'를 통해 현실의 고통을 잊거나 멀리하고자 함을 알 수 있다.

✘오답 풀이

① (가)는 봄 산에서 유유자적하며 근심을 잊는 모습을 드러내고 있다.

② (나)는 속세와 멀어져 산중에 은둔하고 싶은 심경을 노래하고 있으므로 속세에 나가 출세를 하고자 하는 소망이 담겨 있다는 설명은 적절하지 않다.

③ (다)에서 화자는 현실의 고통을 술로 달래고 있을 뿐, 자기반성을 하고 있지는 않다.

⑤ (가), (나)의 화자는 모두 자연 속 삶에 만족하고 있으며, (다)는 자연적 배경이 쓸쓸한 분위기를 조성하여 화자의 마음을 드러내고 있으나 자연 속에서의 삶 자체에 부정적 감정을 드러내는 것은 아니다.

02 ②

(나)는 '흐르는 물'과 '사람 말소리', '시비하는 소리'를 대조하여 세상과 단절하고 산속에 은거하고 싶은 화자의 마음을 노래하고 있다.

✘오답 풀이

① 말의 차례를 바꾸어 쓰는 도치법이 나타나는 부분은 없다.

③ 시간의 흐름에 따라 사물의 속성을 부각하는 부분은 찾을 수 없다.

④ 계절적 배경을 알 수 있는 소재는 드러나지 않는다.

⑤ '물'이라는 소재를 활용하여 세상과 단절하겠다는 의지를 상징적으로 표현하고 있지, 직접적으로 표현하고 있지 않다.

03 ④

㉣은 쓸쓸한 분위기를 형성하여 화자의 처량한 신세를 더욱 부각하고 있다.

✘오답 풀이

① ㉠은 청평사가 있는 산에서 마음대로 노니는 화자를 나타낸다.

② ㉡은 후각적 이미지를 통해 자연물의 생명력을 드러내고 있다.

③ ㉢은 속세에서 서로 옳고 그름을 다투는 것을 의미한다. 이는 화자가 세상과 단절하고자 하는 이유로 작용하고 있다.

⑤ ㉤은 술로 현실의 고통을 달랠 수밖에 없는 화자의 처지를 드러내고 있다.

04 ⑤

'봄 산'이라는 시어에서 계절이 드러나며, '좋은 나물은 때 알아 돋아나고' 등을 통해 봄에 부합하는 자연의 모습을 구체적으로 나타내고 있다.

✘오답 풀이

① '좋은 나물'이 '때 알아 돋아나'를 보면 자연물의 속성이 나타나 있지만, 이를 통해 교훈적 의미를 드러내지는 않는다.

② 의문형 문장을 통해 나타내려고 하는 바를 강조하는 설의적 표현을 찾을 수 없다.

③ '봄 산'에서 노닌다고 언급한 후 '봄 산'의 구체적 정경을 묘사하며 자연 속에서 걱정 없이 유유자적하는 모습을 나타내고 있을 뿐. 원경에서 근경으로 시선을 옮기거나 심리 변화를 드러낸 부분은 없다.

④ '나그네'라는 시어를 통해 화자 자신을 객관화하고 있지만. 내적 갈등을 드러내지 않는다.

05 ④

'늙은 종'이 '등불'을 밝히기 위해 '재'를 턴 것일 뿐 '재'는 교감의 대상이라고 보기 어렵다.

✘오답 풀이

① 화자가 시를 읊조리자 마른 말이 더욱 길게 운다는 것으로 보아 화자는 말이 자신의 행동에 반응하고 있다고 느끼고 있으므로, '마른 말'은 화자와 교감하는 대상으로 볼 수 있다.

② ㉢ '초승달'은 그림자를 만들고 '찬 솔'은 소리를 낸다고 하며 쓸쓸하고 고독한 분위기를 자아내는데, 이는 처량한 처지에 있는 화자가 그렇게 느끼는 것이므로, '초승달'과 '찬 솔'은 화자와 교감하는 대상이라고 볼 수 있다.

⑤ '아내'는 술을 퍼 와 화자에게 권해 주는 대상으로, 화자의 고통을 알고 이에 반응한다는 점에서 화자와 교감하는 대상이라고 볼 수 있다.

06 ②

ⓐ를 통해 화자는 속세와의 단절 의지를 드러내고 있고, ⓑ를 통해 화자는 근심을 잊고 있다.

✘오답 풀이

① ⓐ는 화자가 멀리하고자 하는 것을 막아 준다는 점에서 화자를 안심하게 하는 대상이라고 볼 수 있지만. ⓑ는 화자의 고통을 달래 주므로 불안감을 주는 대상이라고 볼 수 없다.

③ ⓐ는 화자의 번민을 없애 줄 수 있는 대상이므로 화자의 방황하는 삶의 태도를 드러낸다는 설명은 적절하지 않으며, ⓑ는 현실의 고통을 잊는 수단일 뿐이며 (다)의 화자가 유유자적하는 삶을 살고 있다고 볼 만한 내용도 제시되어 있지 않다.

④ (나), (다) 화자 모두 ⓐ, ⓑ에게 경외감을 가지고 있지 않다.

⑤ ⓐ는 현실(속세)을 차단하는 역할을 하는 것으로 보아 현실에 대응하는 화자의 자세를 드러내는 것으로 볼 수는 있지만, ⓐ가 그런 자세를 성찰하도록 이끌고 있지는 않다. ⓑ는 현실의 고통을 잊게 할 뿐, 화자가 현실에 대응하는 자세를 성찰하도록 이끄는 역할을 하고 있지는 않다.

08 가시리·서경별곡 ▶ 본문 026쪽

01 ④   02 ④   03 ①   04 ③   05 ④

01 ④

(가)는 '가시리 가시리잇고', '보리고 가시리잇고'와 같이 의문형 문장을 활용하여 임에 대한 원망의 태도를 나타내고 있고, (나)는 '긴힛똔 그츠리잇가', '신잇든 그츠리잇가'와 같이 의문형 문장을 활용하여 임에 대한 믿음의 태도를 나타내고 있다.

✘오답 풀이
① (가), (나) 모두 열거법을 사용하고 있지 않다.
② (가), (나) 모두 화자의 감정이 이입된 자연물을 찾을 수 없다.
③ (가), (나) 모두 감탄사를 사용하고 있지 않다.
⑤ 배경을 묘사한 후 그에 대한 화자의 정서를 드러낸 '선경 후정'의 방식이 사용된 부분은 찾을 수 없다.

02 ④

'보내옵노니'는 '임을 보내 드리오니'라는 뜻으로 주체는 화자이며 임이 돌아오기를 바라는 화자가 하는 행위이다.

✘오답 풀이
① '보리고'는 나를 '버리고'라는 뜻으로 임이 주체이다.
② '엇디 살라 호고'는 나더러는 '어찌 살라 하고'라는 뜻으로 화자가 주체이다.
③ '잡수와 두어리마노눈'은 임을 '붙잡아 둘 일이지마는'이라는 뜻으로 화자가 주체이다.
⑤ '도셔 오쇼셔'는 떠나간 임이 '돌아서 오소서'라는 뜻으로 임이 행위의 주체이다.

03 ①

(나), 〈보기〉 모두 임을 떠나보내는 슬픔을 드러내고 있으므로 이별의 정한을 노래한다는 공통점을 지니고 있다.

✘오답 풀이
② 〈보기〉는 임과의 사별을 소재로 삼고 있지만, (나)는 그렇지 않다.
③ (나)는 임에 대한 영원한 믿음을 강조하고 있지만, 〈보기〉는 그렇지 않다.
④ (나)는 여음구를 활용하여 운율을 조성하고 있지만, 〈보기〉는 그렇지 않다.
⑤ (가), (나) 모두 현실의 고통을 이겨 내려는 적극적 의지를 드러내고 있지 않다.

04 ③

'날러는 엇디 살라 호고'에는 임과의 이별을 슬퍼하고 임을 원망하는 화자의 마음이 담겨 있다. 임을 붙잡지 못하고 체념한 모습은 아니므로 적절하지 않다.

✘오답 풀이
① '가시리 / 가시리 / 잇고'는 3글자, 3글자, 2글자(3·3·2조)의 3음보로 되어 있다.
② '위 증즐가 대평셩디'는 각 연의 마지막 부분에 반복적으로 나타나고 있는 후렴구로, 리듬감을 부여하여 음악적 효과를 높여 주고 있다.
④ '선호면 아니 올셰라'는 임이 서운하게 생각하면 돌아오지 않을까 두렵다는 의미로, 화자는 이러한 마음 때문에 임을 적극적으로 붙잡지 못하고 소극적으로 이별의 상황에 대응하고 있다.
⑤ '셜온 님 보내옵노니'에는 떠나보내고 싶지는 않지만 어쩔 수 없이 임을 떠나보내야 하는 한의 정서가 담겨 있다.

05 ④

[A]의 '신'과 [B]의 '붉은 마음'은 모두 변하지 않는 화자의 마음을 표현한 것이다. 또한 [A], [B]의 '바위'는 모두 그 마음을 변하게 할 수 있는 장애물을 의미한다. 따라서 '신'과 '붉은 마음'이 '바위'로 형상화되었다는 표현은 적절하지 않다.

✘오답 풀이
① [A]에서는 '위 두어렁성 두어렁성 다링디리'라는 여음구를 사용하고 있지만 [B]에서는 여음구를 사용하고 있지 않다.
② ⑤ '구슬은 바위에 떨어져도 끈은 끊어지지 않는다'는 동일한 모티프가 (나)에서는 '고려가요'로, 〈보기〉에서는 '민요'로 수용되었다.
③ [A], [B] 모두 '끈은 끊어지지 않는다'는 것을 통해 임을 향한 변하지 않는 마음을 소중하게 여기는 화자의 태도가 나타난다.

09 동동 ▶ 본문 028쪽

01 ②   02 ③   03 ⑤   04 ①   05 ④   06 ①
07 ③   08 ⑤   09 ③   10 ②   11 ②

01 ②

이 작품은 월령체 형식의 노래로, 월별로 연을 구성함으로써 순환되는 자연 질서 속에서 시적 화자가 느끼는 정서를 그려 내고 있다.

✘오답 풀이
① 화자는 이별한 임에 대한 사랑과 그리움, 외로움 등을 일관된 어조로 노래하고 있으므로 어조의 전환이 드러난다고 보기는 어렵다.
③ 화자는 떠나간 임을 그리워하며 외로움을 느끼고 있으므로 상실감을 지니고 있다고 볼 수 있으나 과거와 현재의 대비가 나타나고 있지는 않다.
④ 월령체 형식의 노래이므로 시간의 경과에 따라 전개된다고 볼 수 있으나, 이에 따라 화자의 현실 인식이 변화하고 있지는 않다.
⑤ 해학적인 표현이 활용되지 않았으며, 임에 대한 풍자적 태도를 보이고 있지도 않다.

02 ③

반어법은 나타내려는 의미와 반대되는 표현을 하여 그 의미를 강조하는 수사법인데, 이 작품에서는 반어법은 사용되지 않았다.

✗오답 풀이

① 〈서사〉에서 '~으란 ~예 받줍고'라는 형식의 어절을 반복하여 운율을 형성하고 있다.

② '아으', '다호라', '돌욋고지여', '곳고리새여'와 같이 영탄적 어조를 활용하여 임에 대한 화자의 감정을 드러내고 있다.

④ 〈정월령〉의 '나릿믈'과 '몸', 〈사월령〉의 '곳고리새'와 '녹사'와 같이 대비되는 시어를 활용하여 화자가 처한 상황을 강조하고 있다.

⑤ 〈오월령〉의 '아춤 약'은 화자가 임의 장수를 기원하며 바치는 소재이므로 이를 통해 임에 대한 화자의 사랑을 드러내고 있다.

03 ⑤

화자는 만인을 비추고 있는 ⓐ의 특성으로부터 임의 빼어난 인품을, 남이 부러워할 모습을 지닌 ⓑ의 특성으로부터 임의 아름다운 모습을 떠올리고 있으므로 ⓐ, ⓑ 모두 화자가 시적 대상을 떠올리게 하는 역할을 한다.

✗오답 풀이

① ⓐ는 연등절의 세시 풍속과, ⓑ는 늦봄이라는 계절적 특성과 관련을 맺고 있다.

② ⓐ, ⓑ 모두 현실에 존재하는 외적 대상으로 볼 수 있으며, 임을 비유한 표현이라는 점에서 화자의 마음속에 존재하는 대상이라고 볼 수 있다.

③ ⓐ, ⓑ 모두 작품의 공간적 배경이 아닌 시간적 배경을 알려 주는 역할을 한다.

④ ⓐ, ⓑ 모두 임에 대한 화자의 예찬적 태도를 보여 주는 소재이므로 화자의 부정적 정서를 유발한다고 볼 수 없다.

04 ①

화자는 떠난 임을 기다리고 있는 여인으로 사랑하는 임이 부재하는 상황이 잘 드러나 있다.

✗오답 풀이

② 임에게 버림받은 화자의 한탄이 드러나 있지만 임이 처한 참담한 생활상이 나타나 있는 것은 아니다.

③ 임에 대한 예찬적 태도가 나타나 있지만 자연을 예찬하고 있는 것은 아니다.

④ 이별한 임과의 재회를 소망하고 있지만 재회를 확신하고 있는 것은 아니다.

⑤ 임을 불쌍하거나 가련하게 여기는 연민의 정서는 나타나지 않는다.

05 ④

임의 장수를 기원하는 [C]와 달리 [A]는 임에 대한 사랑과 그리움을 노래한 이 작품의 주제 의식과는 어울리지 않게 임금이나 신령과 같은 공적인 존재로서의 임의 덕과 복을 빌고 있으므로 ⓐ의 예로 볼 수 있다.

✗오답 풀이

① [A]는 다른 연들과 이질적이므로 작품 전체에 통일성을 부여하는 역할을

하고 있지 않다.

② [B]는 후렴구로 작품 전체에 통일성을 부여하지만, 특정한 의미가 없으므로 송축의 내용을 담고 있지는 않다.

③ [C]의 '아으'는 의미를 지니지 않는 후렴구와 여음이므로 화자의 상황과 동떨어진 시어를 덧붙인 것이라 볼 수 있다.

⑤ [A]의 '받줍고'와 [C]의 '받줍노이다'는 동일한 시어가 반복된 것이기는 하나 이것이 작품 전체에 통일성을 부여한다고 볼 수는 없으며, 이러한 역할을 하고 있는 것은 후렴구인 [B]이다.

06 ①

이 작품은 월령체 형식으로 시간, 계절의 변화에 따라 시상이 전개되고 있기는 하지만 공간의 변화는 뚜렷이 드러나지 않는다.

✗오답 풀이

② 이 작품에 드러난 세시 풍속은 민속학적으로도 의미가 있다.

③ 송축의 의미를 담고 있는 〈서사〉는 민간에서 불리던 노래가 궁중으로 유입되는 과정에서 덧붙여진 것으로 그 과정에서 변화된 부분을 살펴볼 수 있다.

④ 이 작품은 월령체 형식의 노래로 다른 월령체 작품과 비교해서 감상하는 것은 적절하다.

⑤ 전체적으로 시상이 일관적으로 전개되지 않으며 연마다 정서도 다르므로 그 점을 확인할 필요가 있다.

07 ③

후렴구는 각 연의 마지막에 반복적으로 등장함으로써 작품 전체에 통일성과 안정감을 부여하고 형식적 동질성을 부여한다. 따라서 ⓒ에 들어갈 말로 적절한 것은 '통일성', '안정감' 또는 '동질성'이다.

✗오답 풀이

① 고려가요는 후렴구가 존재한다는 공통점을 지니며, 이는 흥을 돋우는 역할을 한다.

② '동동'에 나타나고 있는 후렴구는 '아으 동동다리'이다.

④ 하나의 작품이 여러 연으로 나누어져 있는 시 형식을 분절체라고 한다.

⑤ '동동'의 화자는 임을 그리워하며 임과 함께 지내고자 하는 바람을 드러내고 있다.

08 ⑤

〈십이월령〉에서 화자는 비유적 표현이기는 하지만 임의 앞에 소반 위의 젓가락을 가지런히 놓고 있으므로 임의 사랑을 얻기 위해 노력하고 있다고 볼 수도 있다. 하지만 〈십일월령〉에서 화자는 외로운 자신의 처지에 대한 슬픔을 한탄하고 있을 뿐, 임의 사랑을 얻기 위해 노력하는 모습은 나타나 있지 않다.

✗오답 풀이

① 〈유월령〉에서 화자는 임을 좇고자 하는 태도를 보이고 있으며, 〈칠월령〉에서 화자는 임과 함께 지내고자 하는 소원을 빌고 있으므로 두 연 모두 임에 대한 화자의 변함없는 사랑을 보여 주고 있다고 볼 수 있다.

② 〈칠월령〉에서 화자는 임과 함께 지내고자 하는 소원을 빌고 있으며 〈팔월령〉에서 화자는 임을 모시고 지내야만 비로소 한가위를 즐길 수 있다

며 임과 함께 지내고픈 마음을 드러내고 있으므로 두 연 모두 임과 함께 지내고자 하는 화자의 소망이 드러나 있다고 볼 수 있다.

③ 〈팔월령〉과 〈구월령〉에서 화자는 임이 없는 한가위와 중양절에 느끼는 쓸쓸함을 토로하고 있으므로 두 연 모두 임의 부재로 인한 쓸쓸함이 드러나 있다고 볼 수 있다.

④ 〈시월령〉에서 화자는 임에게 버려진 자신의 처지를 한탄하고 있으며, 〈십일월령〉에서 화자는 '고우닐 스싀옴 녈셔'에서 알 수 있듯이 임을 여의고 살아가는 자신의 처지를 슬퍼하고 있으므로 두 연 모두 외로운 화자의 처지가 드러나 있다고 볼 수 있다.

09 ③

'백종'은 백중날 차리는 온갖 음식을 뜻하는 것으로, 이를 차려 두고 임과 함께 지내고자 하는 소원을 빌고 있으므로 이는 임에 대한 화자의 사랑을 상징하는 소재라 할 수 있다.

✕ 오답 풀이

① '가배'는 임의 부재를 부각시켜 화자가 더욱 쓸쓸함을 느끼게 되는 시간적 배경으로 볼 수 있다.

② '한삼'은 화자의 외로운 처지를 부각하는 역할을 하고 있으나 이를 통해 화자의 정서가 직접적으로 드러나지는 않는다.

④ '슬홀'은 '슬픔이'로 해석될 수 있으므로 화자의 정서를 직접적으로 드러내는 시어로 볼 수 있다.

⑤ '반잇 져'는 임과 인연을 맺지 못한 화자의 처지를 사물에 빗대어 표현한 시어이다.

10 ②

이 작품과 〈보기〉 모두 임에 대한 간절한 그리움이 나타나 있다.

✕ 오답 풀이

① 〈보기〉의 '모쳐라 밤이기에 ~ 남 웃길 뻔하였어라'에는 화자의 낙천적 성격이 드러나 있지만 이 작품의 화자와는 거리가 있다.

③ 이 작품과 〈보기〉 모두 자연 친화적 태도는 나타나 있지 않다.

④ 이 작품에는 '녹사'에 대상의 신분이 드러나 있지만 〈보기〉에는 나타나지 않는다.

⑤ 〈보기〉의 '버선을 벗어 ~ 워렁퉁탕 건너가서'에서 주추리 삼대를 임으로 착각하고 달려가는 화자의 행동이 과장적으로 묘사되어 있지만, 이 작품에는 임을 기다리는 화자의 행동이 과장적으로 묘사된 부분은 나타나지 않는다.

11 ②

이 작품의 화자는 〈유월령〉에서 임이 돌아볼 것이라 기대하며 임을 좇겠다는 의지를 밝히거나 〈칠월령〉에서 임과 함께 살고 싶다고 소원을 비는 점에서 시련을 극복하고자 하는 태도를 보이고 있다고도 볼 수 있으나, 〈보기〉에서는 그러한 태도가 나타나 있지 않다.

✕ 오답 풀이

① 이 작품의 화자는 임과 함께 지내기를 원하고 있고, 〈보기〉의 화자 역시 창 밖에 비치는 구름을 임이라 착각하고 달려 나갈 만큼 임을 애타게 그리워하고 있으므로 두 작품 모두 임에 대한 그리움이 드러나 있다.

③ 이 작품의 〈십이월령〉에서 화자가 임과 인연을 맺지 못하게 된 상황이 그려져 있으며, 〈보기〉에서도 임과의 재회를 기대하였으나 무산되는 상황이 그려져 있다.

④ 이 작품과 달리 〈보기〉는 '펄떡 뛰어 뚝 나서 보니'와 같이 화자의 행동을 의태어를 사용하여 묘사하고 있다.

⑤ 〈보기〉에서는 임을 간절히 그리워하고 있는 화자의 처지를 구름을 임으로 착각하고 달려 나가는 모습을 통해 해학적으로 표현하고 있으나, 이 작품에서는 그러한 특징을 찾아볼 수 없다.

10 청산별곡
▶ 본문 032쪽

| 01 ② | 02 ③ | 03 ③ | 04 ③ | 05 ③ | 06 ⑤ |

01 ②

1연의 '청산', 2연의 '새', 3연의 '새', 4연의 '밤', 5연의 '돌', 6연의 '바다', 7연의 '사슴', 8연의 '술'의 중심 소재가 논리적인 의미 관계를 맺는 내용 전개가 이루어지고 있지는 않다.

✕ 오답 풀이

① '살어리 살어리랏다 (청산, 바다)에 살어리랏다'라는 문장이 '살어리(A), 살어리랏다(A), 청산(바다)에(B), 살어리랏다(A)'이므로, A-A-B-A의 구조를 이루면서 운율을 형성하고 있다.

③ 이 작품은 삶의 비애로 인해 현실에서 도피하고자 하는 태도를 지향하는데 이와 상반되게 후렴구는 'ㄹ, ㅇ' 음의 반복으로 경쾌한 느낌을 준다.

④ '청산'이나 '바다'는 화자가 지향하는 공간으로, 현실 도피처 또는 이상향을 뜻한다고 볼 수 있고, '새'는 삶의 비애를 느끼는 화자의 감정이 이입된 소재가 되며, '돌'은 어디서 누구를 맞히려는 것인지도 모르게 맞게 되는 것이므로 어떤 운명의 힘과도 같은 것을 상징한다고 볼 수 있다.

⑤ '살어리 살어리랏다 (청산, 바다)에 살어리랏다'라는 구절이 1연과 6연의 첫머리에 제시되어 있어 6연의 위치를 5연으로 옮기면 '청산과 바다'라는 이상향을 지향하는 내용으로 대칭적 구조를 이루고 있다고 할 수 있다.

02 ③

'설진 강수를 비조라'라는 것은 '독한 술을 빚는다'는 것으로, 술에 기대어 시름을 잊고자 하는 의도로 보인다. 따라서 '술'은 당시 민중들이 삶의 고뇌와 비애를 잠시나마 잊을 수 있는 수단으로 작용한 것이라고 볼 수 있다.

✕ 오답 풀이

① 화자가 현실에 좌절당한 지식인이거나 무신 정권에 진출하지 못한 병사라는 등의 다양한 해석이 존재하지만, 술을 빚는 행위를 무신 정권의 '호연지기를 표출하는 방법'으로 해석할 근거는 없다.

② 이 작품은 고려 시대 평민들이 부르던 노래로 일상생활의 진솔한 감정을 담아 표현한 특징을 가진다. 퇴폐적 권력층을 대상으로 비판 의도를 가지고 지어진 작품은 아니다.

④ 독한 술을 빚는 행위가 '피폐한 민중들의 모습'을 역설적으로 보여 주는 행위라고 보기 어렵다. 진하게 술을 빚어 음주한다는 것은 오히려 민중들이 한시름 놓고 현실적 상황을 잊고자 하는 것으로 보인다.

⑤ '청산'과 '바다'라는 이상적 공간을 지향하고 있지만 삶의 고뇌가 가득 찬

현실을 잊고자 하는 도피적 성향을 나타낸 것이지 자연의 아름다움에 취하고 싶어 하는 것으로 이해하기는 어렵다.

03 ③

ⓒ는 '이럭저럭'의 의미이므로 적절하다.

✗오답 풀이

① ⓐ는 '너보다'의 뜻으로 '~라와'가 비교격 조사에 해당한다.

② ⓑ는 화자를 유랑민이라고 보면 '이끼가 묻은 쟁기'의 뜻으로 해석된다. 또한 화자를 실연한 사람으로 보면 '이끼 묻은 은장도'로 보는 견해도 있다. 화자가 현실에 좌절한 지식인이라고 한다면 '날이 무딘 병기'로 해석하기도 한다.

④ ⓓ는 '누구를 맞히려던'의 의미이다.

⑤ ⓔ는 '조롱박꽃 모양의 누룩이 발효되어 향기가 매워'의 의미를 지닌다.

04 ③

㉮는 후렴구로, 조흥구, 여음이라고도 하는데, 울림소리(ㄹ, ㅇ)의 사용으로 밝고 경쾌한 느낌을 주어 내용과 상반되는 분위기를 보여 준다. 각 연 끝마다 반복되고 있어 작품 전체 구조에 통일감과 안정감을 준다. 또한 후렴구는 연을 나누어 주는 분연(분절)의 기능을 하면서 흥을 돋우며 운율을 형성하기도 한다.

✗오답 풀이

① ㉮는 악기 소리를 흉내 낸 음성 상징어로 시적 의미와 무관하므로, 화자의 정서를 집약적으로 드러낸다는 설명은 적절하지 않다.

② ㉮가 음악적 효과가 있다고는 할 수 있지만, 시적 의미를 전환하고 확장한다는 것은 적절하지 않다.

④ ㉮는 각 연마다 반복하여 제시되고 있고 특정한 의미가 없으므로, 시상을 매듭지으며 각 단계의 의미에 긴밀히 대응한다는 설명은 적절하지 않다.

⑤ ㉮는 연과 연을 구분해 주지만, 특정한 의미가 없는 후렴구이기 때문에 연과 연의 관계를 분명히 하여 시상이 자연스럽게 연결되도록 한다는 설명은 적절하지 않다.

05 ③

㉯는 어디서 누구를 맞추려고 던진 것인지도 모르는 것인데 하필 화자인 자신이 맞아 화자를 힘들게 한 대상이고, 〈보기〉의 ㉰는 '꽃', '풀'과 달리 항상 변하지 않는 특성을 지닌 대상으로 화자는 이를 예찬하고 있다. 따라서 화자로 하여금 ㉯는 설움을, ㉰는 흠모의 감정을 유발하고 있다고 볼 수 있다.

✗오답 풀이

① ㉯를 맞고 화자가 자신을 성찰하고 있다고 보는 것은 적절하지 않다.

② ㉯, ㉰는 객관적 자연물로 제시되어 있을 뿐, 화자의 감정이 이입되어 있지는 않다.

④ ㉯는 피할 수 없는 운명의 힘과 같은 의미이므로 어쩔 수 없이 수용해야 하는 대상으로 볼 수 있지만, ㉰는 변하지 않는 특성을 지닌 존재이므로 화자가 지향해야 할 대상이지 극복해야 할 대상이라고 할 수 없다.

⑤ ㉯는 운명, 즉 '초월적 힘'에 해당한다고 볼 수 있지만, ㉰가 '세속적 권력'을 상징한다고 보기는 어렵다.

06 ⑤

'누룩 냄새 매웁기'에 감각적 이미지가 드러나며, '시름 많은 날'에 '삶의 고뇌와 비애'라는 이 작품의 주제가 담겨 있다고 볼 수 있다. 또한 '청산을 찾던 나그네 꿈을 접어 버리네'에 체념적 태도가 드러나 있다.

✗오답 풀이

① 삶의 터전을 떠나 유랑하고 있지만 체념적 태도는 드러나지 않는다.

② 시의 주제를 살리지 못하였고, 체념적 태도도 보이지 않는다.

③ 주제와 유사한 부분은 있지만 체념적 태도는 드러나지 않는다.

④ 비애의 정서가 나타나 있지만 체념적 태도는 보이지 않는다.

---

11 정석가
▶ 본문 034쪽

| 01 ④ | 02 ① | 03 ② | 04 ④ | 05 ③ | 06 ② |

01 ④

'사랑'을 주제로 하는 것은 고려가요뿐만 아니라 인류의 문화, 예술 등 모든 분야에서 공통적으로 나타나는 보편적인 주제에 해당되므로 '임과의 변함없는 사랑'은 고려가요로 추정할 수 있는 근거로 보기 어렵다.

✗오답 풀이

① '후렴구의 사용'은 고려가요의 대표적인 특징이다.

② '3음보 율격'은 고려가요의 특징으로 볼 수 있다. 대부분의 고려가요 작품에서 3음보의 율격이 나타나고 있다.

③ 이 작품은 전체 6연으로 이루어졌고, 대체로 다른 고려가요 작품도 분절체 형식을 갖추고 있다.

⑤ 고려가요는 당시에는 구전되다가 조선 시대에 들어와서 한글이 창제되고 궁중악을 정리하면서 악보책에 기록되었다. 그 과정에서 유사하거나 동일한 내용의 구절이 다른 작품에 인용되기도 하였다.

02 ①

1연은 다른 연과 내용이 이질적인데, '당금에 계샹이다 / 선왕성 딕예 노니ㅇ와지이다'라는 부분은 '지금 임금님이 계시고 이러한 태평세월에 놀고 싶다'는 의미로 태평성대를 기원하는 송축적 내용이기 때문에 고려가요가 구전되어 오다가 조선 시대에 들어서 궁중악으로 편입되면서 개작, 추가된 것으로 볼 수 있는 근거가 된다.

✗오답 풀이

② ③ ④ 2연~5연은 불가능한 상황을 설정하여 그러한 일이 생기면 임과 헤어지고 싶다는 내용, 즉 절대로 그러한 일들이 일어나지 않을 것이므로 임과 헤어지는 일은 절대로 없을 것이라는 내용으로 의미 구조가 동일하다.

⑤ 6연은 '서경별곡'의 2연과 내용이 유사하다. 이는 당시에 유행했던 구절이거나, 입에서 입으로 전달되는 구전 과정에서 차용되었을 가능성이 높은 것으로 보고 있다.

03 ②

2~5연에서 불가능한 상황이 일어나면 임과 헤어지고 싶다는 내용을 통해 임과 영원히 함께하고자 하는 화자의 의지를 강조하고 있다.(㉠) 또한 1연에서는 1행과 2행이, 2~6연의 각 연에서는 1행과 2행이, 또 4행과 5행이 동일하게 반복되어 운율을 형성하고, 또 2~5연에서는 '유덕ᄒ신 님 여희ᅌᆞ와지이다'라는 구절이 반복되어 운율을 형성하고 있다.(㉡)

✖오답 풀이
이 작품에는 감각의 전이, 즉 공감각적 심상이 나타나는 부분은 찾을 수 없다.(㉢) 또한 다양한 사물을 등장시켜 불가능한 상황을 표현하고 있을 뿐, 사물에 감정을 이입하거나 전달하고 있다고 보기 어렵다.(㉣)

04 ④

〈보기〉는 '나무 닭이 꼬끼오 울면 그때서야 어머니가 늙으실 것이다'라는 뜻으로 불가능한 일을 설정하여 자신의 소망을 표현하고 있다. 이 작품에서는 ⓒ, ⓓ, ⓔ, ⓕ가 불가능한 상황으로 설정되어 있으므로 〈보기〉의 작품과 연관이 있는 내용이라고 볼 수 있다.

✖오답 풀이
ⓐ(징이여 돌이여 지금 계십니다)와 ⓑ(바삭바삭 소리가 나는 가는 모래로 된 벼랑에)는 불가능한 상황과 무관한 내용이다.

05 ③

6연에 등장하는 소재들 중 '군신 간의 충의'를 상징하는 의미로 쓰인 것은 믿음을 의미하는 ⓒ의 '긴(끈)'이다.

✖오답 풀이
① ② ④ ⑤ '구스리 바회예 디신ᄃᆞᆯ ~ 신잇ᄃᆞᆫ 그츠리잇가', 즉 '구슬이 바위에 떨어진들 / '끈'이야 끊어지겠습니까? / 천 년을 외로이 지낸들 믿음이야 끊어지겠습니까?'라는 구절을 대칭적으로 해석하면 '바위'나 '천년'은 장애물에 해당하고, '떨어진들'과 '외로이'는 장애물로 인한 시련과 고통을 겪는 것으로 볼 수 있다. 그러한 시련이 있어도 '끈'이 끊어지지 않는 것처럼 '믿음'에도 변함이 없다는 의미로 표현한 것이다. 따라서 '충의'와 무관한 것은 ⓐ, ⓑ, ⓓ, ⓔ이다.

06 ②

2~5연의 '유덕ᄒ신 님 여희ᅌᆞ와지이다'는 전제된 상황이 불가능한 일이 일어난다면 임과 헤어지겠다고 한 것이므로 결코 임과의 이별을 받아들이는 것이라고 볼 수 없다. 불가능한 일은 일어나지 않을 것이므로 임과 헤어질 일은 없을 것이라고 한 것이다. 이는 반어적으로 표현한 것은 맞지만, 이별을 완강히 거부하는 태도이지 수용하는 태도는 아니다.

✖오답 풀이
① 1연의 '선왕셩ᄃᆡ예 노니ᅌᆞ와지이다'는 '태평성대에 노닐고 싶습니다.'라는 의미이므로, 나라의 안녕과 태평성대를 기원하는 내용이라고 할 수 있다.
③ 2~5연은 '본사'에 해당하는 부분으로, 모두 현실에서 일어날 수 없는 불

가능한 상황을 가정하고 그것이 현실에서 이루어질 때 임과 이별할 수 있다는 뜻. 즉 이별할 수 없는 영원한 사랑을 강조하고 있다고 할 수 있다.
④ 2, 3연의 '삭나거시아(싹이 난다면)', '퓌거시아(피어난다면)'와 4, 5연의 '헐어시아(헐게 된다면)', '머거아(먹어야)'는 생성과 소멸의 대칭 관계를 이룬다는 해석이 가능하다.
⑤ 6연의 '긴'은 '믿음'의 의미에 해당하므로, 끈이 끊어지지 않는 것처럼 화자가 대상과의 인연이 끊어지지 않고 영원할 것임을 강조하는 것으로 볼 수 있다.

II

시조 복합

▶ 본문 038쪽

12 동지ㅅ돌 기나긴 밤을~ 외

01 ④	02 ④	03 ④	04 ③	05 ②	06 ①

01 ④

(다)에서 명령형 어조가 활용된 부분은 드러나지 않는다. '몰라 ᄒ노라'의 '-노라'는 명령형 종결 어미가 아니라 감탄형 종결 어미이다.

✗ 오답 풀이

① (가)는 '서리서리', '구뷔구뷔'와 같이 한자어가 아닌 우리말을 활용한 음성 상징어를 통해 우리말의 묘미를 살리고 있다.

② (나)는 '-쇼셔'와 같은 기원을 나타내는 어미를 반복하여 자신의 마음을 임에게 전하고 싶은 화자의 간절함을 표현하고 있다.

③ (나)는 '묏버들'을 정성껏 가려 꺾어 임에게 보내는 화자의 모습을 통해 대상에 대한 화자의 정성을 드러내고 있다.

⑤ (다)는 '어져'와 같은 감탄사를 통해 임을 보내고 후회하는 화자의 정서를 드러내고 있다.

02 ④

(가)는 추상적 개념인 '밤'을 '버혀 내여', '너헛다가', '펴리라' 등과 같이 구체적인 사물인 것처럼 표현하고 있다. 〈보기〉의 '흥을 전나귀에 모도 싯고'에서는 추상적 개념인 '흥'을 마치 구체적인 사물처럼 '싣는다'라고 표현하고 있다. 따라서 (가)와 〈보기〉는 모두 추상적 개념을 구체적 사물로 형상화하고 있다고 볼 수 있다.

✗ 오답 풀이

① (가)와 〈보기〉 모두 생략된 부분은 나타나지 않는다.

② (가)와 〈보기〉 모두 점층법이 활용된 부분은 찾을 수 없다.

③ (가)와 〈보기〉 모두 연쇄법이 활용된 부분을 찾을 수 없다.

⑤ (가)와 〈보기〉 모두 감정 이입된 대상을 찾을 수 없다.

03 ④

(나)의 화자가 꺾어 임에게 보내는 '묏버들'은 화자의 분신이자 임에 대한 사랑과 정성의 징표라고 할 수 있다. 〈보기〉의 화자도 '매화'를 꺾어 임이 계신 곳에 보내고자 하는데, '매화' 역시 화자의 분신이자 임에 대한 화자의 사랑과 정성을 의미한다.

✗ 오답 풀이

① 〈보기〉의 '동풍'은 봄바람으로 계절적 배경인 봄을 나타낸다.

② 〈보기〉의 '암향'은 그윽한 향기로 임에 대한 충성심을 나타낸다.

③ 〈보기〉의 '달'은 화자가 임이라고 여기는 대상이다.

⑤ 〈보기〉의 '임'은 화자가 그리워하는 대상이다.

04 ③

(가)는 임이 오길 기다리고 있는 화자의 모습을, (나)는 임에게 묏버들을 꺾어 보내는 화자의 모습을, (다)는 임을 보내고 난 뒤 후회하고 있는 화자의 모습을 그리고 있다. 이들 작품은 곁에 없는 임에 대한 간절한 그리움의 정서를 드러내고 있다는 공통점을 지닌다.

✗ 오답 풀이

① (가)~(다) 모두 부정적 현실을 비판하는 부분은 드러나지 않는다.

② 세속적인 삶과의 거리감은 임에 대한 그리움을 노래하는 (가)~(다)와는 관련이 없다.

④ (가)~(다) 모두 이별의 상황을 그리고 있지만, 삶의 무상감이 드러나는 부분은 찾을 수 없다.

⑤ 이별의 상황을 낙천적인 자세로 극복하는 자세는 (가)~(다) 어디에서도 드러나지 않는다.

05 ②

'춘풍 니불 아릭 서리서리 너헛다가'는 임이 오시는 날까지의 기다림을 형상화하고 있는 것으로, 임에 대한 연정을 임에게 들키고 싶지 않은 화자의 심리와는 관련이 없다.

✗ 오답 풀이

① '동지ㅅ돌 기나긴 밤'은 임이 부재하는 외로운 밤으로, 긴 밤을 잘라 내어 임이 오시는 밤에 이어 붙여 임과 오랜 시간을 보내고 싶다는 화자의 심정을 담아낸 것이라고 볼 수 있다.

③ '어져 내 일이야'에서 영탄법을, '그릴 줄을 모로ᄃ냐'에서는 의문형을 활용하여 임을 보내고 후회하는 복잡한 심경을 표현하고 있다.

④ '제 구틱야'는 중의적으로 해석할 수 있는데, '있으라고 했으면 굳이 떠났겠냐마는'으로 해석할 경우 주체를 '임'으로 볼 수 있으며 '굳이 보내고 그리워하는 정은 나도 모르겠구나'로 해석할 경우에는 주체를 화자로 볼 수 있다.

⑤ 임을 보내는 행위와 임을 그리워하는 심리를 대비하여 임에 대한 그리움을 강조하고 있다.

06 ①

〈보기〉의 '나'는 전학 간 친구가 자신을 떠올리게 하기 위해 '테이프에 녹음한 노래'를 보낸다. (나)의 화자는 임에게 '묏버들'을 보내고 자신으로 여겨 주기를 바란다. 따라서 두 소재는 모두 상대가 자신을 떠올리게 하는 매개체로서의 역할을 한다고 볼 수 있다.

✗ 오답 풀이

② '님'은 화자가 연모하는 대상이다.

③ '창'은 임이 화자가 보낸 '묏버들'을 볼 수 있게 하는 소재이다.

④ '밧긔', 즉 밖은 화자가 보낸 '묏버들'을 심어 두길 바라는 장소이다.

⑤ '밤비'는 시간적 배경이자 애상적 분위기를 형성하는 소재이다.

01 ①

우의적 표현이란 추상적인 개념을 직접 표현하지 않고 다른 구체적인 대상을 이용하여 표현하는 방법으로, 다른 사물에 빗대어 비유적인 뜻을 나타내거나 풍자하는 표현을 말한다. (가)에서 '수양산'은 수양 대군을 뜻하며, 이를 통해 수양 대군의 왕위 찬탈을 우의적으로 비판하고 있다. (나)의 '낙락장송'은 지조와 절개를, '백설'은 수양 대군과 그의 세력을 의미하며, 이를 통해 수양 대군이 득세하고 있는 상황에서도 단종에 대한 지조를 지키겠다는 것을 드러내고 있다. (다)에서 '눈'은 이성계 일파를 상징하고 '뒤'는 고려 왕조에 대한 충절을 의미한다. 이를 통해 고려 왕조에 대한 지조와 절개를 지키겠다는 화자의 의지를 드러내고 있다. 따라서 (가)~(다) 모두 우의적 표현으로 주제를 형상화하고 있다고 볼 수 있다.

✗오답 풀이

② (다)에서는 '뒤'에 인격을 부여하여 화자의 의지를 표현하고 있지만 (가), (나)에서는 의인화한 대상이 드러나지 않는다.

③ (가)의 '주려 주글진들 채미도 ㅎ 는 것가', (다)의 '눈 마즈 휘어진 뒤를 뉘라서 굽다턴고'와 '구블 절이면 눈 속에 프를소냐'에서 설의법을 활용하고 있으나, (나)에서는 설의법을 활용하고 있지 않다.

④ 하나의 감각이 다른 감각으로 전이되는 공감각적 이미지가 활용된 부분은 (가)~(다) 모두 찾을 수 없다.

⑤ 역설적 표현은 표면적으로 모순되지만 그 속에는 진실을 담고 있는 표현으로, (가)~(다) 모두 쓰이지 않았다.

02 ⑤

'독야청청'은 모든 사람이 수양 대군에 굴복하더라도 홀로 단종에 대한 충절을 지키겠다는 의지를 표현한 것이므로 화자의 외로움을 드러낸 것이라고 보는 것은 적절하지 않다.

✗오답 풀이

① 〈보기〉를 참고할 때 '수양산'은 계유정난으로 정권을 잡은 수양 대군을 의미한다.

② 화자는 주나라를 피해 산에 은거한 '이제'가 캐어 먹었던 고사리(채미)도 주나라에서 난 것이라고 비판하고 있다. 이를 통해 '채미'는 수양 대군이 주는 녹을 받는 행위를 의미한다고 볼 수 있다.

③ '주거 가셔'는 단종에 대한 충절을 지키다 죽음을 맞은 성삼문의 굳은 의지를 표현한 것이라고 볼 수 있다.

④ 눈 속에 푸른 '낙락장송'은 지조와 절개를 상징한다. 이는 단종에 대한 충의를 지키는 화자의 태도를 상징하는 것으로 볼 수 있다.

03 ⑤

〈보기〉의 '솔'은 눈과 서리가 내려도 곧게 뻗어 있는 속성을 지닌다. ⓜ도 눈 속에서도 푸른빛을 잃지 않는다. 따라서 '솔' 과 '뒤'는 시련에도 굴하지 않는다는, 공통적인 속성을 지니고 있다.

✗오답 풀이

① '푸새'는 백이와 숙제가 뜯어 먹던 고사리와 같은 풀을 가리키는 것으로, 지조를 지키기 위해서는 먹어서 안 되는 대상으로 제시되어 있다.

② '봉래산'은 중국의 전설 속 영산의 이름이다.

③ '백설'은 시련을 뜻하며 수양 대군과 그 일파를 상징한다.

④ '눈'은 시련과 역경을 뜻하며 국정을 장악한 이성계 세력을 상징한다.

04 ②

(가)의 화자는 산속에 숨어 버린 '이제'의 소극적인 태도를 비판하는 것이 아니라 '이제'가 주나라를 거부하기 위해 산에 은거했지만 그때 먹었던 고사리 역시도 주나라에서 난 것이기에 고사리를 먹은 것을 비판한 것이다.

✗오답 풀이

① (가)의 '수양산'은 〈보기〉에 제시된 고사에 등장하는 백이와 숙제가 은나라에 대한 지조를 지키기 위해 은거한 공간이다.

③ (가)의 화자는 '이제'를 비판함으로써 자신의 충절이 더 우월하다는 것을 드러내고 있다.

④ (가)의 화자는 굶어 죽을지언정 주나라에서 나는 고사리는 먹지 말아야 했다고 말한다. 이를 통해 화자는 목숨보다 지조를 우선시하고 있다는 것을 알 수 있다.

⑤ (가)의 화자는 비록 산에 자라는 풀이라 하더라도 주나라에서 난 것이므로 '이제'가 그것마저도 거부해야 했음을 지적하고 있다.

05 ④

(다)의 '눈 속에 프를소냐'는 이성계가 새로운 왕조를 세우려 하는 상황에서도 지조를 지키는 작가의 태도를 드러낸 것이다. 따라서 새 왕조에 협력하는 사람들에 대한 원망이 담겨 있다고 보는 것은 적절하지 않다.

✗오답 풀이

① '눈'은 새로운 왕조에 협력하기를 강요하는 이성계 일파를 의미한다고 볼 수 있다.

② '휘어진'은 격렬하게 저항하기보다는 은거를 선택한 화자의 태도를 드러낸다고 볼 수 있다.

③ '절'은 굽히지 않은 절개라는 뜻으로 새 왕조가 내린 벼슬을 끝까지 거절한 것과 관련이 있다.

⑤ '너'는 눈 속에서 푸른 빛을 잃지 않는 '대나무'를 가리키는 것으로, 이성계 일파의 회유에도 지조를 지키던 화자의 모습과 동일시된다.

01 ③

'이화'는 흰색의 배꽃이고 '월백'의 '백'도 흰색을 의미한다. 흰색은 애상감을 불러일으키는 색깔로 작품에 자주 등장한다. 또한 '삼경'은 애상감을 고조시키는 시간적 배경으로, '자규'는 두견새로 한과 애상감을 연상시키는 소재로 자주 등장한다. 이러한 소재를 통해 봄밤의 애상감이 드러나고 있다.

✖오답 풀이
① 흰색이나 '삼경'이 따뜻한 느낌을 준다는 근거는 없다.
② (가)는 봄날 밤에 느끼는 애상적 정서를 노래하고 있으므로 절망적 상황과는 거리가 있다.
④ 흰색에서 순수한 이미지를 찾을 수 있으나 작품에서 드러내고자 하는 바와 거리가 있으며 또한 '삼경'과 '자규'와 관련이 없다.
⑤ '자규'는 청각적 이미지를 나타내는 시어이므로 조용한 분위기를 조성한다는 내용과는 거리가 있다.

02 ④

(나)는 기울어 가는 고려를 바라보며 지식인으로서 고뇌하는 모습을 담은 시조이다. '반가온 매화'는 고려에 충심을 지키는 우국지사를 의미한다고 볼 수 있다. '우국지사'는 '나랏일을 근심하고 염려하는 사람'을 뜻한다.

✖오답 풀이
① '경국지색'은 임금이 혹하여 나라가 기울어져도 모를 정도의 미인이라는 뜻으로, 뛰어나게 아름다운 미인을 이르는 말이다.
② '막역지우'는 서로 거스름이 없는 친구라는 뜻으로, 허물없이 아주 친한 친구를 이르는 말이다.
③ '양상군자'는 들보 위의 군자라는 뜻으로, 도둑을 완곡하게 이르는 말이다.
⑤ '군계일학'은 닭의 무리 가운데에서 한 마리의 학이란 뜻으로, 많은 사람 가운데서 뛰어난 인물을 이르는 말이다.

03 ③

(다)의 화자는 늙음을 한탄하고 있을 뿐, 젊음에 대해 회고적 정서를 드러내고 있지 않다. 따라서 늙음에 대한 한탄과 젊음의 회고적 정서를 드러낸다는 설명은 적절하지 않다.

✖오답 풀이
① (다)와 〈보기〉 모두 탄로가로 늙음에 대한 한탄을 노래하고 있다.
② (다)의 화자는 봄바람이 눈을 녹이듯 자신의 백발을 녹였으면 좋겠다는 소망을 드러내고 있다.
④ 〈보기〉는 '백발', 즉 늙음을 의인화하여 '즈럼길로' 왔다고 익살스럽게 표현하고 있다.
⑤ 〈보기〉는 막대와 가시를 잡고 늙음을 가시로 막고 막대로 치려고 하였다고 하며 적극적인 행동을 구체적으로 보여 주고 있다.

04 ④

(가)는 '이화', '일지춘심'과 같은 소재로, (나)는 '백설', '매화'와 같은 소재로, (다)는 '춘산', '눈'과 같은 소재로 계절감을 드러내며 시적 분위기를 조성하고 있다.

✖오답 풀이
① 풍자란 남의 결점을 다른 것에 빗대어 비웃으면서 폭로하고 공격하는 것을 의미하는데, (나)는 조선 건국을 도모하는 사람들을 '구름'으로 비유하며 풍자하고 있지만, (다)에는 풍자가 나타나지 않는다.
② (가)는 '이화', '월백', '은한'에서 흰색, (나)는 '백설'에서 흰색, '석양'에서 붉은색, (다)는 '눈'과 '서리'에서 흰색의 색채 이미지를 활용하고 있다.
③ (가)는 '자규'에서 청각적 심상을 활용하고 있지만, (나)는 청각적 심상을 사용하고 있지 않다.
⑤ (가)~(다) 모두 특정한 대상에게 말을 건네는 방식을 사용하고 있지 않다.

05 ②

(가)에서 흰색은 애상의 정서를 불러일으키는 역할을 한다. 따라서 '월백'은 화자가 '다정도 병인 양하여 잠 못 들어 하노라'에서 알 수 있듯이 애상의 정서를 표출하는 역할을 한다.

✖오답 풀이
① '이화'의 흰색은 화자가 봄밤의 애상을 느끼도록 한다. 여기에 '한'을 상징하는 새인 '자규'의 울음소리가 애상감을 심화시킨다고 할 수 있다.
③ 아무도 없는 깊은 밤(삼경)이기에 애상감이 더욱 심화된다고 할 수 있다.
④ '자규'의 울음소리에는 '한'의 이미지가 담겨 있고 이를 통해 '다정'에는 애상의 정서가 스며들어 있음을 알 수 있다.
⑤ 화자가 잠에 들지 못하는 이유는 봄밤의 애상감을 주체할 수 없기 때문이라고 할 수 있다.

06 ③

초장에서 고려 유신을 의미하는 백설이 녹아 없어진 곳에 구름이 험하다고 노래한 것으로 볼 때, '구루미'는 조선의 신흥 세력을 상징함을 알 수 있다.

✖오답 풀이
① '백설'은 기울어져 가는 고려의 유신을 비유하고 있다.
② '주자진'은 녹아 없어졌다는 뜻이므로 고려의 충신들이 사라진 고려 조정의 모습을 연상시킨다.
④ '매화'는 고려의 국운을 되살릴 우국지사를 의미한다. 따라서 매화가 어느 곳에 피어 있느냐고 하는 것은 고려를 일으킬 충신을 찾기 어려운 상황을 나타낸다.
⑤ '석양'은 기울어 가는 고려 왕조를 의미한다.

15 청춘 소년드라~ 외

▶ 본문 044쪽

01 ③ 02 ④ 03 ① 04 ② 05 ②

01 ③

(가)의 '후여라', (나)의 '업세라', (다)의 '후노라'에서 영탄적 어조를 확인할 수 있다.

✗ 오답 풀이

① (가)에서는 '소년들'을 청자로 하여 말을 건네는 대화체를 사용하고 있으나 (나), (다)는 독백체를 사용하고 있다.

② (가)~(다) 모두 특정한 시어나 시구를 반복하고 있지 않다.

④ (가)~(다) 모두 상황을 역설적으로 설정하고 있지 않다.

⑤ (가)~(다) 모두 반어법을 사용하고 있지 않다.

02 ④

중장에서 화자가 백발을 뽑고 또 뽑아 젊어지고자 한 이유를 종장에서 늙으신 어머니께서 자신의 늙음을 보실까 염려하기 때문이라고 하는 것으로 보아 중장의 행동은 효심에 기인한 것이라 할 수 있다.

✗ 오답 풀이

① 초장에서는 화자 자신의 늙어 감을 노래하고 있다.

② 초장에서 화자는 자신의 늙어 감을 드러내고 있을 뿐, 세월의 무상감을 드러내고 있지는 않다.

③ 화자가 효심의 마음으로 한 행동에 대해 어머니께 인정받고자 한다는 근거를 종장에서 찾을 수 없다.

⑤ 화자는 종장에서 젊음에 대한 열망을 어머니께 토로하고 있지 않다.

03 ①

화자는 젊은이들에게 노인을 비웃지 말것을 권계하고 있다. 하지만 노인들을 비웃고 멸시하는 풍조를 극복하겠다는 의지를 드러내고 있지는 않다.

✗ 오답 풀이

② 화자는 모든 이에게 공평한 세월의 흐름에 따른 늙음에 대해 자신의 생각을 드러내고 있다.

③ 화자는 덧없는 세월에 늙어 버린 자신의 모습을 발견하고 있다.

④ 화자는 늙었지만 소년 때의 마음이 줄어들지 않았음을 강조하고 있다.

⑤ 늙음을 감추려는 의도를 백발을 뽑고 또 뽑는 행위로 보여 주고 있다.

04 ②

'소년'에게나 화자에게나 모두 시절이 유한하다는 점은 유사점이고, '소년'들은 '소년행락'을 누리고 있으나 화자는 그렇지 않다는 점에서 차이점이 있다. 그러므로 세계와 자아의 동질성과 이질성이 함께 나타나고 있다고 볼 수 있다.

✗ 오답 풀이

① '하눌'은 모두에게 공평하지만 화자가 모두에게 공평한지 여부는 나타나지 않으므로 차이점을 판단할 수 없다.

③ '춘광'과 화자가 따뜻함을 전해 준다는 분석은 근거가 없다. 또한 화자는 소년 때 마음이 줄어들지 않는다고 하였다. 따라서 'ᄆᆞ음'은 화자와 유사점을 지닌다고 볼 수 있다.

④ '백발'이 시나브로 오는 것은 맞지만 'ᄆᆞ음'은 변함이 없으므로 시나브로 온다고 볼 수 없다.

⑤ '유친'이나 화자 모두 나이가 들어가고 있다는 점에서 유사점이 있고, '백발'이 있다는 점도 유사점이다.

05 ②

화자가 '백발'이 난 것은 세월의 흐름 때문이지 어머니에 대한 근심 때문이 아니다.

✗ 오답 풀이

① 화자가 늙어 백발이 난 것은 세월의 흐름 때문이므로 적절하다.

③ 화자가 흰머리를 뽑는 행위는 자식의 늙은 모습을 보시고 걱정하실 어머니를 위한 것이므로 적절하다.

④ 화자가 흰머리를 뽑는 것은 어머니가 자신의 흰머리를 보고 염려하지 않게 하려고 한 것이므로 적절하다.

⑤ 어머니가 계신 장소가 '북당'임을 알 수 있다.

16 백구 | 야 말 무러보쟈~ 외

▶ 본문 046쪽

01 ① 02 ④ 03 ⑤ 04 ⑤ 05 ⑤

01 ①

(가)는 자연과 함께하고 싶은 소망, (다)는 자연에 사는 만족감을 나타낼 뿐 (가), (다) 모두 자연의 속성을 다양한 시각으로 묘사하고 있지 않다.

✗ 오답 풀이

② (나)에서는 '화자'와 '그 모론 ᄂᆞᆷ들'이, (다)에서는 '뫼'와 '임'이 대비적인 관계로 설정되어 있으며, 이를 통해 화자가 지향하는 가치를 드러내고 있다.

③ (나)와 달리 (다)는 '반가옴이 이리ᄒᆞ랴'라는 설의적 표현을 통해 화자의 정서를 드러내고 있다.

④ (나)와 달리 (가)는 '명구승지를 어듸어듸 ᄇᆞ렷ᄃᆞ니'라는 질문을 통해 자연에서 살고 싶은 화자의 심정을 효과적으로 드러내고 있다.

⑤ (다)와 달리 (가)는 '백구'에게 말을 건네는 어조로 자연에 동화되고 싶은 화자의 소망을 전하고 있다.

02 ④

(나)의 '어리고 햐암'은 시골에서 지낸 사리에 어둡고 어리석은 사람이라는 뜻으로 화자 자신을 가리키며, 〈보기〉에서는 자연 속에 묻혀 지내는 화자가 자신을 '초야우생(시골에 사는 어리석은 사람)'으로 표현하며 작품 표면에 나타나고 있다.

✗ 오답 풀이

① (나)에서 '산슈 간 바회 아래' 살아가는 화자의 자연 친화적 태도가 〈보기〉에서는 자연을 사랑하고 즐기는 병이라는 뜻의 '천석고황'이라는 말로 표

현되고 있다.

② (나)의 '뛰집'에 만족하는 세속적 욕심을 초월한 삶의 자세와 〈보기〉의 '이런들 엇더ᄒ며 져런들 엇더ᄒ료'에서 드러나는 달관적 태도는 서로 추구하는 가치가 비슷하다고 볼 수 있다.

③ (나)의 '그 모론 ᄂᆞᆷ들'은 세속적 인간들로, 〈보기〉에서 '천석고황'의 태도로 살고자 하는 '초야우생'과는 서로 가치관이 다른 사람들이라 할 수 있다.

⑤ (나)의 '내 분인가 ᄒᆞ노라'와 〈보기〉의 '고쳐 므슴ᄒᆞ료'는 모두 화자의 신념이 드러나는 표현으로 볼 수 있다. 그런데 '고쳐 므슴ᄒᆞ료'는 설의적 표현으로 그 의미가 더욱 강조되고 있다.

03 ⑤

ⓛ의 '먼 뫼'는 '말ᄉᆞᆷ도 우움도 아녀도 몯내 됴하ᄒᆞ노라'라는 표현을 통해 화자와 물아일체가 이루어지고 있다고 볼 수 있다. 하지만 ⓞ의 '백구'는 화자가 말을 건네는 대상으로, '날ᄃᆞ려 자세히 닐러든 네와 게 가 놀리라'라는 표현을 통해 볼 때 자연 속에서 함께 놀고자 하는 대상이라 할 수 있다. 화자와 물아일체가 이루어지고 있는 상태는 아니다.

✗오답 풀이

① ⓞ은 '날ᄃᆞ려 자세히 닐러든 네와 게 가 놀리라'라는 표현을 통해 화자를 인도해 줄 수 있는 대상으로 볼 수 있다.

② ⓛ은 '그리던 임이 오다 반가옴이 이리ᄒᆞ랴'라는 표현을 통해 화자가 반가움을 느끼는 대상으로 볼 수 있다.

③ ⓞ은 '명구승지를 어듸어듸 ᄇᆞ렷ᄂᆞ니'라는 표현을 통해 아름다운 곳을 알고 있을 것으로 기대되는 대상으로 볼 수 있다.

④ ⓛ은 '잔 들고 혼자 안자 먼 뫼흘 ᄇᆞ라보니'라는 표현을 통해 술을 마시고 있는 화자의 풍류적 태도와 조응하는 대상으로 볼 수 있다.

04 ⑤

(다)에서 화자는 '뫼'를 바라보는 감흥이 '그리던 임'이 오는 반가움보다 크다고 말하고 있다. 하지만 이는 '뫼'의 의미를 부각하여 자연에 대한 화자의 긍정적 인식과 만족감을 드러낸 것이므로, 자기와 외부 세계인 '뫼' 사이의 친화적 관계가 형성된다고 보는 것이 타당하다. '임'은 '뫼'에 비해 반가움이 덜한 비교 대상으로 제시되기는 하였지만, '그리던'이라는 말을 볼 때 화자가 거리를 두고 있는 대상이라고 단정하거나 소원한 관계가 강조된다고 보기는 어렵다.

✗오답 풀이

① (가)에서 화자는 '백구'에게 '네'와 함께 놀겠다고 말을 건넨다. 이는 둘 사이에 친밀감이 생길 수 있는 상황으로, 외부 세계인 '백구'와 화자 사이에 거리가 가까워져 친화적 관계가 형성되는 것으로 이해할 수 있다.

② (가)에서 화자는 '명구승지'를 찾으면서 '게 가' 놀고자 한다. 이는 화자의 소망을 드러내는 것으로, 외부 세계인 '명구승지'와 화자 사이에 거리가 가까워져 친화적 관계가 형성되는 것으로 이해할 수 있다.

③ (나)에서 화자는 '산슈 간'에 '뛰집'을 짓고 사는 삶을 '내 분'으로 생각한다. 이는 화자의 소망을 드러내는 것으로, 외부 세계인 '산슈'와 화자 사이에 거리가 가까워져 친화적 관계가 형성되는 것으로 이해할 수 있다.

④ (나)에서 '그 모론 ᄂᆞᆷ들'은 '산슈 간 바회 아래 뛰집'을 짓고 사는 화자를

이해하지 못한다. 이렇게 자연 속에서 지내고자 하는 화자의 마음과 이에 공감하지 못하는 '그 모론 ᄂᆞᆷ들'이 대비됨으로써, 화자와 외부 세계인 '그 모론 ᄂᆞᆷ들' 사이에 거리가 드러나고 소원한 관계가 부각되는 것으로 이해할 수 있다.

05 ⑤

(나)의 '산슈 간 바회 아래 뛰집'은 화자가 거처하는 실제 공간이며, (다)의 '잔 들고', '먼 뫼흘 ᄇᆞ라보'는 것은 화자의 구체적 행위이다. 따라서 (나)는 경험적 성격과 연결된 공간으로부터, (다)는 구체성이 드러나는 행위로부터 시상이 전개된다고 볼 수 있다.

✗오답 풀이

① (나)에서는 화자가 거주하는 일상의 공간인 '뛰집'으로부터 시상이 시작되고, (다)에서는 풍류적인 삶을 드러내는 '잔(술잔)'으로부터 시상이 시작된다. 따라서 (나)에서는 일상성이 드러나는 소재로, (다)에서는 풍류성이 드러나는 소재로 시상이 시작된다고 볼 수 있다.

② (나), (다) 모두 화자의 현재 상황에 대한 만족으로 시상이 전개된다고 볼 수 있다.

③ (나)는 안분지족의 삶의 태도를 드러내며 시상을 마무리하고 있지만, 화자가 대상과 교감하는 모습은 나타나 있지 않다. (다)에서는 화자와 '뫼(자연)'의 교감을 통해서 시상이 마무리되고 있다.

④ (다)는 대상 '뫼'에 대한 긍정적 평가로 시상이 전개된다고 볼 수 있지만, (나)는 화자에 대한 '그 모론 ᄂᆞᆷ들'의 부정적인 평가로 시상이 전개되고 있다.

---

17 동창이 밝았느냐~ 외
▶ 본문 048쪽

01 ⑤   02 ④   03 ④   04 ④   05 ⑤

01 ⑤

특별한 계절적 배경이 나타나지 않는 (다)와 달리, (가)는 '노고지리'와 '밭을 언제 갈려 하나니'를 통해 계절적 배경이 농사를 시작하는 봄임을 알 수 있으며, (나)는 '곡구롱 우는 소리'와 '곳노리'를 통해 계절적 배경이 꾀꼬리가 울고 꽃이 만발한 봄임을 알 수 있다.

✗오답 풀이

① (가)는 '노고지리'의 울음소리와 '소 칠 아이'에 대한 질문이 제시되고 있지만 이를 통해 화자의 시선의 이동을 확인할 수는 없으며, (나) 또한 '곡구롱' 울음소리와 가족의 모습이 제시되고 있기는 하지만 시선의 이동에서 원근을 구분하기 어렵다. (다)는 대상들에 대한 시선의 이동이 전혀 나타나지 않는다.

② (가)는 '소 칠 아이'에게 말을 건네는 듯한 대화체가 사용되었지만, (나)와 (다)는 모두 독백체의 어조로 이루어져 있다. (나)는 화자가 아내의 말을 인용한 것이지 대화를 한 것이라 볼 수 없다.

③ (다)는 성현의 삶을 따르려는 화자의 의지가 나타나 있지만 이를 심경의

변화로 보기 어려우며 (가), (나)에서도 화자의 심경 변화가 나타나 있지 않다.

④ 청각적 이미지가 나타나지 않는 (다)와 달리, (가)의 '노고지리 우지진다' 와 (나)의 '곡구롱 우논 소리'에서는 청각적 이미지를 통한 시적 형상화 가 나타나고 있다.

02 ④

〈보기〉의 '녠 듸 ᄆ읍 마로리'에는 벼슬길에 올랐던 자신의 지난 모습을 반성하는 자세가 나타난다고 볼 수 있지만, (다)의 부정 표현인 '몯 보고', '몯 뵈', '몯 뵈도'는 종장의 부정 표현 '아니 녀 고 엇덜고'와 이어져 '고인'이 가던 길을 가겠다는 의지를 드러내 고 있을 뿐 반성하는 자세는 나타나지 않는다.

✘오답 풀이

① (다)의 초장 '고인도 날 몯 보고'와 '나도 고인 몯 뵈'는 대구를 이루며 운 율감을 형성하고 있다.

② 〈보기〉는 '당시'에 가던 길을 버렸다가 '이제아' 그 길로 돌아온다는 상황 의 변화를 이야기하고 있다. 따라서 시간과 관련된 표현이 상황 변화의 기점이 되고 있다고 할 수 있다.

③ (다)는 '엇덜고'라는 설의적 의문을 통해 화자의 다짐을 드러내며, 〈보기〉는 '도라온고'라는 의문형 어구로 과거에 대한 부정적 태도를 드러내고 있다.

⑤ (다)는 초장의 '고인 몯 뵈'와 중장의 '고인을 몯 뵈도', 중장의 '녀든 길 알 픠 잇닉'와 종장의 '녀든 길 알픠 잇거든'이, 〈보기〉는 중장의 '이제아 도 라온고'와 종장의 '이제아 도라오나니'가 연쇄법으로 연결되어 내용을 유 기적으로 연결하고 있다.

03 ④

(나)의 초장과 중장에는 화자의 한가로운 삶과 평화로운 가족의 모습이 열거되어 있다. 이러한 가운데 때마침 아내가 술을 권하 고 있는 ㉠의 상황이 화자에게는 더할 나위 없이 즐거운 시간이 될 수 있다. 따라서 '비단 위에 꽃을 더한다'는 뜻으로, 좋은 일 위에 또 좋은 일이 더하여짐을 비유적으로 이르는 말인 '금상첨 화'와 관련이 있다.

✘오답 풀이

① '설상가상'은 '눈 위에 서리가 덮인다'는 뜻으로, 난처한 일이나 불행한 일 이 잇따라 일어남을 이르는 말이다.

② '부화뇌동'은 '줏대 없이 남의 의견에 따라 움직임'을 이르는 말이다.

③ '아전인수'는 '자기 논에 물 대기'라는 뜻으로, 자기에게만 이롭게 되도록 생각하거나 행동함을 이르는 말이다.

⑤ '산해진미'는 '산과 바다에서 나는 온갖 진귀한 물건으로 차린, 맛이 좋은 음식'을 의미한다.

04 ④

(다)의 '고인'은 화자가 볼 수 없고 만날 수 없는 대상이다. 하지 만 화자는 '고인'을 못 봐도 '고인'이 '녀든 길'이 앞에 있기 때문 에 그 길을 안 갈 수 없다고 이야기하고 있다. 이는 화자가 '고 인'과 같은 길을 가고자 하는 의지를 드러낸 것이므로, '고인'은 화자가 실천을 통해 닮고자 하는 목표라고 할 수 있다.

✘오답 풀이

① (가)에서 아이는 아직도 일어나지 않았느냐고 하였으므로 '노고지리'는 '아이'가 일어나는 걸 방해하는 장애물에 해당한다는 것은 적절하지 않다.

② (나)의 '곡구롱 우논 소리'는 화자의 낮잠을 깨우는 대상일 뿐 화자의 감 정이 이입되어 있지 않으며 화자는 전원생활에서 한가로움을 느끼고 있 으므로 화자의 정서 또한 애상적이라고 볼 수 없다.

③ (나)의 '곳노리'는 봄이라는 계절적 배경과 즐거운 유희에 빠져 있는 '어린 손자'의 귀여운 모습을 보여 주는 소재라 할 수 있다. 관조적 태도와는 거리가 멀다.

⑤ (다)의 '녀든 길'은 '고인'이 걸어간 길이지만, 화자의 앞에 놓여 있는 길이 기도 하다. 따라서 이제는 찾을 수 없는 세계로 볼 수 없다.

05 ⑤

〈보기〉를 참고할 때, '소 칠 아이'가 어서 갈아야 할 대상인 '사 래 긴 밭'은 위정자들이 목민관으로서 관심을 갖고 해결해야 할 정치 현안을 빗댄 것으로 이해할 수 있다.

✘오답 풀이

① '동창이 밝았느냐'는 해가 떴다는 의미이다. 고전시가에서 '해'는 주로 임 금을 상징하는 소재로 쓰이는데, 이런 '해'를 통해 임금과 임금이 처한 상 황을 떠올리게 한다고 볼 수 있다.

② 우짖고 있는 '노고지리'는 임금에게 올바른 간언을 하지 않고, 자신들의 이익만을 위해 권력 다툼을 하는 조정 중신을 비유하는 표현으로 볼 수 있다.

③ '소 칠 아이' 즉 목동은 다스려 기른다는 의미의 '목(牧)'을 생각할 때, 백 성을 이끄는 목민관을 비유한 것으로 볼 수 있다.

④ '상기 아니 일었느냐'는 '소 칠 아이'가 일어날 것을 재촉하는 말이므로, 산적한 정치 현안에 대한 관심과 문제 해결이 필요함을 촉구하는 말로 볼 수 있다.

18 청초 우거진 골에~ 외 ▶ 본문 050쪽

01 ① 02 ② 03 ⑤ 04 ① 05 ④ 06 ③

01 ①

'홍안(젊음, 삶)'과 '백골(죽음)'이라는 대비적 시어를 활용하여, 대상(황진이)의 죽음에 대한 화자의 슬픔을 강조하고 있다.

✘오답 풀이

② 황진이의 죽음에 대한 안타까움과 인생무상의 정서는 드러나 있지만, 동 일한 시어가 반복되지는 않는다.

③ 서로 모순되는 표현을 통해 의미를 드러내는 역설적 표현을 사용하고 있 는 부분은 없다.

④ '자느냐 누웠느냐', '묻혔느냐'와 같이 물음의 형식은 사용하고 있지만, 화 자가 깨달음을 얻는 과정은 드러나지 않는다.

⑤ 상승 이미지와 하강의 이미지가 나타나는 부분은 없다.

02 ②

(나)에서 '소나무'와 '버들'은 흔들리는 모습이 흘쩍이는 화자의 모습과 유사하므로 화자와 대응된다고 할 수 있다.

✖ 오답 풀이

① ③ ④ ⑤ ㉠, ㉣은 각각 소나무와 버들이 있는 공간이며 ㉢은 소나무를 흔드는 존재로, 화자와 대응되지 않는다.

03 ⑤

ⓔ는 '전할 듯 말 듯'이라는 의미이다.

✖ 오답 풀이

① '청천'은 푸른 하늘이라는 뜻이므로 ⓐ는 '푸른 하늘에 떠서 울고 가는'의 의미이다.

② ⓑ는 '한양성 안에 잠깐 들러'의 의미이다.

③ '월황혼'은 달이 뜨는 저녁, '계워 갈 제'는 어떤 때가 지나갈 때라는 뜻이므로 ⓒ는 '달 뜬 저녁이 깊어 갈 때'의 의미이다.

④ ⓓ는 '바삐 가는 길'의 의미이다.

04 ①

(가)에서는 '황진이'의 죽음에 대한 안타까운 심정이, (나), (다)에서는 헤어진 임을 보지 못하는 안타까운 심정이 드러나 있다.

✖ 오답 풀이

② (가)~(다) 모두 화자의 궁핍한 처지가 드러나 있지 않다.

③ (가)~(다) 모두 이별을 겪은 서러운 심정이 나타나지만, 그 이별이 예기치 않았음이 드러난 작품은 없다.

④ (가)~(다) 모두 거스를 수 없는 자연의 섭리가 드러나 있지 않다.

⑤ (가)~(다) 모두 화자 자신의 이념과 배치되는 현실과 관련된 내용은 나타나 있지 않다.

05 ④

(다)에서 '외기러기'는 한양성에 들러 화자의 고독한 처지를 임에게 전해 줄 수 있는 대상으로 의인화되어 있다. 이를 통해 임을 그리워하는 화자의 마음을 드러내고 있다.

✖ 오답 풀이

① (나)에서 화자의 시선에 포착된 대상(소나무, 버들)의 움직임(흔덕흔덕, 흔들흔들)이 드러나 있지만, 원근을 나타내는 지시어가 사용된 것은 아니다.

② (나)에서 자연적 배경(재, 개울)과 관련된 시어를 활용하고 있지만, 시간에 따라 화자의 정서가 달라지는 것은 아니다.

③ (다)에서 화자는 외기러기에게 자신의 소식을 전하려 한 것이지, 임과의 추억을 외기러기와 함께 회상하는 것은 아니다.

⑤ (나)에는 임이 거주하는 공간이 나타나지 않으며, (다)에는 '한양성'이라는 임이 거주하는 공간이 나타나 있지만 그 특징이 묘사되어 있지는 않다.

06 ③

소나무와 버들의 흔들리는 모습을 나타내는 '흔덕흔덕'(큰 물체 따위가 둔하게 자꾸 흔들리는 모양)과 '흔들흔들'은 사물의 모양이나 움직임을 흉내 낸 의태어로, 서로 발음이 비슷하며 움직이

는 모습의 유사성을 드러낸다.

✖ 오답 풀이

① ② ④ ⑤ '흔덕흔덕'과 '흔들흔들'은 사물의 소리를 흉내 낸 의성어나 원래의 뜻과는 다른 새로운 의미로 굳어진 말인 관용어가 아니고, 움직이는 모습의 차이를 드러내는 것도 아니다.

---

19 임이 오마 하거늘~ 외
▶ 본문 052쪽

01 ④   02 ⑤   03 ④   04 ③   05 ③

01 ④

(가)~(다) 모두 화자가 자신과 떨어져 있는 임에 대한 그리움을 노래하고 있다.

✖ 오답 풀이

① (가)~(다) 모두 임을 여의었다고 짐작할 수 있는 부분은 제시되어 있지 않다.

② (나)는 임에 대한 원망의 정서가 제시되어 있지만, (가)와 (다)는 임에 대한 원망의 정서가 드러나 있지 않다.

③ (가)~(다) 모두 임을 존경하는 마음은 드러나 있지 않다.

⑤ (가)~(다) 모두 임에 대한 미안함은 드러나 있지 않다.

02 ⑤

〈보기〉의 '지는 닙 부는 ᄇ람'은 화자가 임이 온 것이라고 착각하게 만드는 자연물이며, (가)에서 '주추리 삼대'는 임을 간절하게 기다리는 화자가 임으로 착각한 자연물에 해당한다.

✖ 오답 풀이

① ㉠은 임을 맞이하기 위해 한 행동이다.

② ㉡은 임이 온다고 생각하고 바라보는 공간이다.

③ 화자가 진 데 마른 데를 가리지 않고 달려가는 것으로 볼 때 ㉢은 임을 빨리 만나고 싶은 화자의 마음이 담긴 공간이라고 볼 수 있다.

④ ㉣은 정겨운 말로, 임에게 하려던 말이다.

03 ④

(나)는 '못(아니) 오던다', '~ 쌓고', '~ 놓고'라는 유사한 형식의 어구를 반복하여 운율감을 획득하고 있다. 하지만 〈보기〉는 특정한 문장이 반복되지 않으므로, 유사한 문장의 반복을 통해 운율감을 얻는다고 볼 수 없다.

✖ 오답 풀이

① (나)는 '~ 결박ᄒ여 놓고'와 같이, 〈보기〉는 '약수 가렸관대'와 같이 임과의 만남을 방해받는 상황을 표현하고 있다.

② (나)는 '~ 좀갓더냐', '네 어이 그리 아니 오던다', '날 보라 올 하루 업스랴'와 같이 의문형 진술로 탄식을 표현하고 있고, 〈보기〉는 '오거나 가거나 소식조차 그쳤는고'와 같이 의문형 진술을 통해 화자의 탄식을 표현하고 있다.

③ ⑤ (나)는 '성 → 담 → 집 → 뒤주 → 궤 → 자물쇠'로 이어지는 연쇄적 표

현을 통해, 〈보기〉는 '견우직녀'와 화자 자신의 처지를 대비하여 임에 대한 기다림의 정서를 표현하고 있다.

04 ③

(다)에서는 '달'을 '네(너)'라고 의인화하여, 임의 소식을 궁금해하는 화자의 마음을 드러내고 있다.

✗오답 풀이

① (나)의 화자는 임과의 재회가 지연되는 이유를 외부적 상황에서 찾고 있거나, 오지 않는 임을 원망하고 있다. 이를 통해 볼 때 화자가 처한 상황의 책임을 화자 자신에게 돌리고 있지 않으며, 화자 자신이 자책하는 마음도 드러나 있지 않다.

② (나)의 '날 보라 올 하루 업스랴'는 단순히 시간의 짧음에 대한 안타까움이 아니라, 오지 않는 임에 대한 야속함과 원망을 드러낸 것이라고 볼 수 있다.

④ (다)에 화자가 제삼자와 함께 지나간 일을 생각하는 장면은 제시되어 있지 않다.

⑤ (나)에 제시된 공간은 임이 머물고 있는 공간이 아니라 가상적으로 설정한 공간이며, (다)에서 임이 머물고 있는 공간은 구체적으로 묘사되어 있지 않다.

05 ③

'거머희뜩'한 것이 임이라 여기고 반가운 마음에 허둥지둥 달려가는 화자의 모습은 독자에게 웃음을 유발한다. 하지만 화자의 행동 이면에는 임을 그리워하는 절실함이 나타난다.

✗오답 풀이

① 임이 온다는 소식을 듣고 저녁밥을 지어 먹었으므로, 저녁밥을 짓다가 임이 온다는 소식을 들었다는 설명은 적절하지 않다.

② 화자는 집 안 마당에서 서성대는 것이 아니라 대문 문지방에 올라가 앉아 있으며, '건넌 산'을 느긋하게 바라보는 것이 아니라 간절한 기다림 속에서 바라보고 있으므로 적절하지 않다.

④ 화자는 '임'을 원망한 것이 아니라 '삼대'를 임으로 착각한 사실을 알고 부끄럽게 생각하고 있으므로 적절하지 않다.

⑤ 화자는 '밤'을 '임'이 오지 못하게 한 이유로 여기지 않으므로 적절하지 않다.

---

20 창 내고쟈 창을 내고쟈~ 외   ▶본문 054쪽

| 01 ③ | 02 ② | 03 ⑤ | 04 ② | 05 ③ | 06 ③ |

01 ③

(가)의 화자는 창을 달아 이를 여닫음으로써 답답함을 해소하고자 하며, (나)의 화자는 창틈을 막아 한숨이 들어오는 것을 막고자 한다. 그러므로 (가), (나) 모두 현재의 처지를 개선하고자 하는 태도가 드러나 있다고 볼 수 있다.

✗오답 풀이

① (가)~(다)의 화자는 모두 현실에서의 근심과 슬픔을 노래하고 있을 뿐, 앞날에 대한 기대감을 드러내고 있지는 않다.

② (가)~(다)의 화자는 모두 부정적인 상황에 처해 있기는 하지만, 이에 대한 풍자적 태도를 보이고 있지는 않다.

④ (다)의 '님 여흰'에서 대상의 부재 상황을 확인할 수 있으나, (가)에는 이러한 상황이 나타나 있지 않다.

⑤ (나)의 화자는 '한숨'에게 말을 걸고 있기는 하지만 교감하고 있지는 않으며, (다)의 화자는 '가토릐', '도사공'의 처지와 자신의 처지를 비교하고 있을 뿐, 교감하고 있지는 않다. 그리고 (나)의 화자는 현실의 고통을 해소하고 싶은 마음이 드러날 뿐, 또 (다)의 화자는 현실의 고통을 드러내고 있을 뿐, 현실의 고통을 해소하고 있지는 않다.

02 ②

(나)의 '병풍'이나 '족자'를 양반의 생활과 관련된 소재라고 볼 수 있지만, 이것은 문단속을 꼼꼼하게 했음에도 한숨이 들어오는 상황을 나타내기 위해 '병풍'이 접히고 '족자'가 말리는 특성을 이용한 것이며 (다)에서는 양반의 생활과 관련된 소재를 찾기 어렵다. 또한 〈보기〉의 '사설시조는 평시조에서 추구하던 우아미와 숭고미 대신 골계미를 추구하였으며'를 참고할 때, 사설시조인 (나), (다)가 우아미와 골계미를 동시에 추구했다고 감상하는 것은 적절하지 않다.

✗오답 풀이

① 〈보기〉에 사설시조는 '골계미를 추구하였다'고 제시되어 있다. 따라서 (가), (나)는 중장에서 여러 장지문과 부속품들을 장황하게 열거하여 상황을 과장함으로써 해학적 분위기를 드러내므로 골계미를 형성한다고 볼 수 있다.

③ 〈보기〉에 사설시조는 '서민 감정을 솔직히 표현하려 하였다.'라고 제시되어 있다. 따라서 (가), (나)는 고달픈 삶에서 느끼는 애환을, (다)는 임을 여읜 절망감을 노래하고 있으므로 일상생활에서 비롯된 서민 감정을 솔직하게 표현하였다고 감상하는 것은 적절하다.

④ 〈보기〉에 사설시조 중에는 '종장의 첫 구만 3자로 고정되어 겨우 시조의 형태를 지니는 것'이 있다고 제시되어 있다. 따라서 (가)~(다)의 종장의 첫 마디는 각각 '잇다감', '어인지', '엇그제'이므로 시조의 형식을 지키고 있다고 감상하는 것은 적절하다.

⑤ 〈보기〉에 사설시조란 '두 구 이상이 각각 그 자수가 10자 이상으로 늘어난 것을 말한다.'라고 제시되어 있다. 따라서 (가)~(다) 모두 두 구 이상이 각각 10자 이상으로 늘어나 있으므로 (가)~(다)는 사설시조에 해당한다는 감상은 적절하다.

03 ⑤

(다)에는 모순되는 진술을 통해 진실을 표현하는 역설법이 사용되지 않았으며, 자신의 심정을 드러내고 있을 뿐 화자의 깨달음도 제시되어 있지 않다.

✗오답 풀이

① (다)는 '내 안'을 '가토릐 안'과 '도사공 안'에 견주어 제시함으로써 임을 잃은 슬픔이라는 주제 의식을 부각하여 제시하고 있다.

② 중장에서 '도사공'이 처한 상황이 점층적으로 악화되고 있는데, 이러한

표현법을 통해 '도사공'이 처한 상황의 절박성이 강조되고 있다.

③ '엇다가 ᄀᆞ을ᄒ리오'라는 설의법을 활용하여 자신의 참담한 심정을 그 무엇과도 비교할 수 없다며 강조하고 있다.

④ '대천 바다', '일천 석', '천리만리' 등의 시어를 통해 극한적 상황을 과장하여 늘어놓음으로써 절망적인 처지에 해학성을 부여하고 있다.

04 ②

(가), (나)는 창과 관련된 소재들을 열거하여 창을 내거나 막는 장면을 구체화하고 있으며, (다)는 항해와 관련된 소재들을 열거하여 항해 중 위기에 처한 장면을 구체화하고 있다.

✘오답 풀이

① (가)의 '둑닥'과 (나)의 '뚝닥', '수기수기', '덜걱', '뒤틱글'과 같이 (가), (나)는 음성 상징어가 사용되었다고 볼 수 있지만 (다)에는 음성 상징어를 사용하지 않았다.

③ (나)는 '한숨'에게 말을 건네는 대화체로 시상을 전개하고 있으나 (가), (다)는 화자의 독백조로 시상을 전개하고 있다.

④ (가)~(다) 모두 계절감을 나타낸 어휘는 사용하고 있지 않다.

⑤ (가)~(다) 모두 과거와 현재를 대비하고 있지 않으며, 과거에 대한 그리움도 나타나 있지 않다.

05 ③

(가), (나) 모두 답답하고 고통스러운 상황에서 벗어나고 싶은 마음을 일관되게 드러내고 있으므로 어조의 전환이나 화자의 상황 변화가 나타나 있다는 것은 적절하지 않다.

✘오답 풀이

① (가)는 '창 내고쟈'를, (나)는 '네 어늬 틈으로 드러온다'와 같은 시구를 반복하여 화자가 말하고자 하는 바를 강조하고 있다.

② (가)의 '고모장지 ~ 비목걸새'와 (나)의 '고모장조 ~ 거북 주물쇠'에서 창의 종류와 창과 관련된 소재를 구체적으로 제시하고 있다.

④ (가)의 화자는 근심이 마음 안에 존재한다고 여겨 창을 내어 여닫음으로써 이를 해소하고자 하는 반면, (나)의 화자는 '한숨'이 '드러온다'라고 하며 근심이 외부에서 마음으로 들어오는 것으로 표현하고 있다.

⑤ (가)의 화자는 답답한 심정을 해소하기 위해 창을 내어 이를 여닫아 보고자 하고 있으며, (나)의 화자는 '한숨'이 들어오지 못하게 창을 막고자 하고 있다.

06 ③

(다)의 종장에는 '님'을 '여흰' 자신의 마음을 다른 것과 비교할 수 없다는 화자의 발화가 제시되어 있으며, 〈보기〉의 종장에는 겁을 먹고 도망가다 넘어진 상황에서 날쌘 자신이 아니었다면 멍이 들었을 것이라며 허세를 부리는 '두터비'의 발화가 제시되어 있다.

✘오답 풀이

① (다)의 '도사공'은 절망적인 상황에 처했다는 점에서 화자와 동일시되는 대상으로 볼 수도 있으나, 〈보기〉의 '백송골'은 '두터비'에게 위협이 되는 대상일 뿐 화자와 동일시되는 대상은 아니다.

② 〈보기〉의 중장에는 '두터비'가 백송골을 보고 놀라 뛰어 내닫다가 넘어

지는 장면이 제시되어 있으므로 '두터비'의 행위가 묘사되고 있다는 감상은 적절하다. 하지만 (다)의 중장에서 '도사공'의 외양이 묘사되고 있지 않으며 '도사공'이 처한 상황이 묘사되고 있다.

④ (다)의 '뫼'는 '가토릐'가 매에게 쫓기고 있는 공간이지만, 〈보기〉의 '산'은 '백송골'이 떠 있는 장소일 뿐, '두터비'가 위기에 처하는 상황이 펼쳐지는 공간은 아니다.

⑤ 〈보기〉의 '두터비'는 자신보다 약한 '파리'를 괴롭히다 자신보다 강한 '백송골'을 보고 놀라 도망가면서도 끝까지 허세를 부리는 모습으로 희화화되어 있으므로 화자가 비판적으로 인식하고 있는 대상이라 볼 수 있다. 하지만 (다)의 '가토릐'는 화자처럼 절망적인 상황에 처해 있는 대상일 뿐, 비판의 대상이라 보기 어렵다.

---

21 나의 미평훈 뜻을~ 외 ▶ 본문 056쪽

01 ⑤   **02** ①   **03** ②   **04** ④   **05** ③   **06** ①

01 ⑤

(나)의 '굴 때는 청산이러니 올 때 보니 황산이로다'에서 대구법을 사용하고 있으나 대상 간의 차이가 아니라 한 대상의 변화를 드러내는 것이다. 그리고 (다)에는 대구가 사용되어 있지 않다.

✘오답 풀이

① (가)는 '일월께 뭇ᄌᆞᆸᄂᆞ니'에서 알 수 있듯이 '일월'을 청자로 설정하여, '수이 늙게 ᄒᆞᆫ고'라며 자신의 늙음에 대한 안타까움을 토로하고 있다.

② (나)의 '두어라 저리 될 인생이니'에서 도치를 활용하여 의미를 긴장감 있게 전달하고 있다.

③ (다)의 '나노미라'와 같이 영탄적 어조를 활용하여 화자의 생각을 표현하고 있다.

④ (가)의 'ᄒᆞᆫ고'와 (나)의 '늙을소냐'와 '어이리'에서 의문 형식을 사용하여 늙음을 대하는 화자의 심정을 드러내고 있다.

02 ①

(가)는 '일월'과 '장천'을, (나)는 '산천'을, (다)는 '적설'과 '청산'을 활용하여 늙음에 대한 화자의 정서와 태도를 드러내고 있다. 따라서 빈칸에 들어갈 말로는 '자연물을 끌어들여서 늙음에 대한 정서와 태도'가 적절하다.

✘오답 풀이

② (가)~(다) 모두 화자의 반성적 태도는 나타나 있지 않다.

③ (가)의 '주색에 못 슬믠', (나)의 '아니 놀고 어이리'에서 풍류를 추구하는 태도를 찾아볼 수 있지만, (다)에서는 이러한 태도가 나타나 있지 않다.

④ (가)~(다) 모두 늙음에 대한 안타까움을 토로하고 있을 뿐 삶의 영원성을 추구하는 태도는 나타나 있지 않다.

⑤ (나), (다)에는 변화하고 순환하는 자연의 이치에 대한 깨달음이 드러나 있지만, 이를 수용하는 (나)와 달리 (다)는 안타까움만 드러내고 있다. (가)에는 자연의 이치에 대한 깨달음이 나타나 있지 않다.

03 ②

(다)와 〈보기〉 모두 늙음에 대한 한탄은 드러나지만, 늙음에서 오는 삶의 고달픔을 직접적으로 드러내는 부분은 찾을 수 없다.

✘오답 풀이
① (다)의 '동풍'과 〈보기〉의 '춘산'은 모두 봄과 관련된 소재로, 이를 통해 겨울에서 봄으로의 계절 변화를 짐작할 수 있다.
③ (다)는 귀밑의 서리, 즉 흰머리는 없어질 줄을 모른다며 늙음에 대한 안타까움을 드러내고 있는 반면, 〈보기〉는 귀밑의 서리를 녹여 볼까 한다며 젊음을 되찾고 싶은 마음을 보다 의지적으로 표현하고 있다.
④ (다)와 〈보기〉 모두 '적설'과 '눈'이 흰머리와 같은 흰색임에 착안하여 봄바람이 눈을 녹이듯 자신의 흰머리도 녹이고 싶다는 마음을 표현하고 있다.
⑤ (다)의 '적설'과 '청산', 〈보기〉의 '눈'과 '춘산'에서 흰색과 푸른색의 대비가 나타나며, 이를 통해 늙음과 젊음이라는 의미를 드러내 주제 의식을 보다 효과적으로 나타내고 있다.

04 ④

ㄱ. (가)에서 '일월'과 '장천'은 무한히 존재하는 영원성을 의미하며, 화자는 '수이 늙게'와 같이 유한한 존재이기 때문에 세계와 자아의 이질성이 나타난다고 볼 수 있다.
ㄷ. (나)에서 '청산'이 '황산'으로 변하는 것과 화자가 늙어 가는 것 사이에 유사점이 있으므로 세계와 자아의 동질성이 나타난다고 볼 수 있다.
ㄹ. (다)에서 '적설'은 '동풍'이 불기 전에는 흰색을 띠고 있다는 점에서 화자의 흰머리와 유사점이 있으나, '동풍'이 분 뒤에는 모두 녹아 없어진다는 점에서 화자의 흰머리와 차이점이 있다. 따라서 세계와 자아의 동질성과 이질성이 함께 나타난다고 볼 수 있다.

✘오답 풀이
ㄴ. (가)에서 '므스 일 빗얏바서'의 주체는 '장천'이 아닌 '일월'이므로 '장천'이 '주색에 못 슬믠' 화자의 분주한 생활과 유사점이 드러난다는 감상은 적절하지 않다.

05 ③

(나)에서 화자는 시간의 흐름에 따른 '산천'의 변화를 통해 세월의 흐름에 따른 자신의 노화를 확인하고 있으며, (다)에서 화자는 '청산'은 변화하지만 자신의 '서리(흰머리)'는 변하지 않는다는 사실로부터 노화를 확인하고 있다. 따라서 두 소재 모두 화자가 세월의 흐름을 확인할 수 있는 대상이라는 공통점을 지닌다.

✘오답 풀이
① 두 소재 모두 화자의 자존감을 회복시켜 준다고 볼 만한 근거는 나타나 있지 않다.
② '산천'은 시간의 흐름에 따라 스스로 변화하였으므로 화자가 변화시킬 수 있는 대상이 아니며, '서리' 또한 '녹을 줄을 모른다'고 하였으므로 화자가 변화시킬 수 있는 대상으로 보기 어렵다.
④ (나), (다) 모두 화자와 타인과의 관계는 나타나 있지 않다.
⑤ (나), (다) 모두 화자에 대한 타인들의 시선은 제시되어 있지 않다.

06 ①

'일월'에게 '미평훈 뜻을' 묻겠다고 하였으므로 화자가 '일월'에게 세월이 빠르게 흘러가는 것에 대해 불평하고 있음을 알 수 있다. 따라서 세월을 멈추고자 기원한다는 설명은 적절하지 않다.

✘오답 풀이
② '주색에 못 슬믠 이 몸을 수이 늙게 ㅎ눈고'에서 유흥이 싫증 날 만큼 아직 충분히 즐기지 못하였는데 너무 빨리 늙어 가고 있음을 안타까워하는 화자의 마음이 드러나 있으므로 적절한 설명이다.
③ '산천'이 변하듯 자신 또한 늙을 수밖에 없다는 자연의 섭리를 인정하는 화자의 태도가 드러나 있으므로 적절한 설명이다.
④ '두어라 저리 될 인생이니'라며 늙음을 자연의 이치로 받아들이고, '아니 놀고 어이리'라며 남은 인생을 즐기고자 하는 화자의 태도가 드러나 있으므로 적절한 설명이다.
⑤ 화자는 '적설'이 녹아 흰색에서 푸른색으로 변한 산의 모습을 '청산이 녜 얼골'이 나타났다며 마치 옛 모습, 즉 젊음을 되찾은 것처럼 표현하고 있으므로 적절한 설명이다.

---

22 둘 쓰쟈 빅 써나니~ 외 ▶ 본문 058쪽

| 01 ③ | 02 ④ | 03 ⑤ | 04 ④ | 05 ② | 06 ② |

01 ③

(나)에서의 '달'은 임과 헤어진 화자가 객지에서 난간에 기대어 바라보고 있는 대상으로, 화자의 수심과 임에 대한 그리움을 불러일으키는 요인으로 작용한다. 하지만 〈보기〉의 '달'은 임이 머물렀던 공간을 비추는 대상이다. 이 익숙한 공간에서 화자는 임도 멀리서 달을 보고 있으리라 생각하고 '달'을 좇아 임 곁에 가고 싶은 마음을 표현하고 있다. 따라서 〈보기〉의 '달'과 (나)의 '달'은 모두 임과 떨어져 낯선 곳에 있는 화자를 위로해 주고 있다는 설명은 적절하지 않다.

✘오답 풀이
① (가)에서의 시적 상황은 '이제 배가 떠나는 것', 즉 이별할 때이지만, 〈보기〉는 이별한 이후이다.
② (나)에서의 '달'은 화자가 느끼는 이별의 슬픔의 정서를 불러일으키는 역할을 한다고 할 수 있고, 〈보기〉에서의 '달' 또한 이별한 임이 머물렀던 공간을 비추어 화자로 하여금 임을 생각나게 하였으므로 화자의 정서를 유발하는 역할을 한다고 볼 수 있다.
④ (다)에서 '달'은 임과 이별한 화자의 수심을 유발할 뿐, 화자는 '달'을 통해 자신과 임이 이어질 수 있는 상상력을 발휘하고 있지는 않다. 하지만 〈보기〉는 '달빛 좇아 흘러가 임을 비춰 보리라'에서 화자가 상상력을 바탕으로 자신과 임이 '달로 이어질 수 있음을 드러내고 있다.
⑤ (다)의 '달'이 화자의 '천수만한'을 돋우고 있다는 것 그리고 〈보기〉의 '달'은 이별 후 임의 경대를 비추거나 사라지지 않고 계속 오고 있다는 것을 통해 모두 이별한 상황에서 화자의 수심을 불러일으키는 요인으로 작용하고 있다는 이해는 적절하다.

02 ④

(다)와 〈보기〉 모두 이별의 정한이 드러나 있지만 자조적 어조가 나타나지는 않는다.

✗ 오답 풀이

① (다)에서는 '달', '옥적 소리'에, 〈보기〉에서는 '믈'에 각각 인격을 부여하고 있다. 따라서 (다)와 〈보기〉 모두 자연물에 인격을 부여하는 표현 기법을 사용하고 있다고 할 수 있다.

② ③ (다)의 '천리', 〈보기〉의 '천만리'와 같이 구체적 숫자를 통해 이별한 슬픔의 깊이를 심리적 거리감으로 극대화하여 표현하고 있음을 알 수 있다.

⑤ (다)의 '주렴에 빗친 달'과 〈보기〉의 '밤길'을 통해 시간적 배경을 알 수 있고, (다)에서는 잠 못 이루고 임을 생각하는 것으로 보아 이별의 정한이 조성되는 애상적인 분위기가 만들어지고 있음을 알 수 있다. 〈보기〉에서는 밤에 냇가에 앉아 시냇물을 보며 슬픔을 드러내고 있으므로 애상적인 분위기가 조성되고 있음을 알 수 있다.

03 ⑤

ⓑ은 주렴에 비친 달과 옥피리 소리에 화자가 심란한 정서를 느끼며 하는 말로 이해된다. 화자가 과거 일에 대한 성찰이나 후회를 하고 있다고 볼 수 있는 근거는 찾기 어렵다.

✗ 오답 풀이

① ㉠에서 화자는 임과의 이별 상황은 수용하지만 임이 떠나자마자 바로 돌아오기를 바라고 있다. 따라서 슬프지만 임과 재회하기를 바라는 화자의 소망을 표현한 것이라는 이해는 적절하다.

② ㉡의 '지국총'은 배에서 노를 젓는 소리를 나타낸 의성어로, 청각적 이미지로 애절한 이별의 정서를 전달하고 있다. 따라서 애절한 정서의 감각적 이미지화가 나타난다는 이해는 적절하다.

③ ㉢에서 두견이가 우짖는다는 것은 화자의 울고 싶은 마음을 자연물인 두견이에 투영하여 자신의 감정을 간접적으로 드러낸 것이다.

④ ㉣은 이별한 상황에 설상가상으로 낯선 곳에 있으므로 화자의 처지에서 비롯된 안타까움이 드러난다는 이해는 적절하다.

04 ④

(나)의 '달'은 화자가 고향을 떠난 장소인 '객창'에서 바라보는 것이며, '두견이'라는 소재와 정서적으로 연결되어 화자의 정한을 돋우고 있다.

✗ 오답 풀이

① (가)의 '달'은 임과 이별하는 시간적 배경으로 이별의 분위기를 조성할 수 있지만 화자의 마음이 투영된 것으로 보기 어렵고, '달'이 뜨자 임과 이별한 상황이므로 임과 화자를 이어 주는 매개물로 보기 어렵다.

② (가)의 '달'이 화자의 질투심을 유발하는 내용은 찾기 어렵고, 임이 다른 사랑을 찾기 위해 화자와 이별하는지도 알 수 없다.

③ (나)의 '달'에게 화자가 궁금한 점을 묻는 내용은 찾기 어렵고, '달'이 임의 소식을 알려 주는 전달자의 역할도 하지 않는다.

⑤ (다)의 '달'은 '옥적 소리'와 정서적으로 연결되어 '천수만한'이라는 화자의 수심을 불러일으키는 역할을 하고 있다. 따라서 (다)에서 '달'은 화자의 내면을 빗댄 것으로 보기 어렵고, 임을 위한 화자의 정성도 나타나지 않는다.

05 ②

(나)는 '돗는 달'과 '지는 달'에서 '달'이라는 소재를 통해 달이 떠서 질 때까지의 시간 경과를 나타내고 있지만, (다)에서는 소재를 통한 시간의 경과를 나타내는 구절을 찾기 어렵다.

✗ 오답 풀이

① (다)에는 연쇄와 반복이 나타나지 않는다.

③ (나), (다)에서 화자의 시선이 각각 원경에서 근경으로 이동하거나, 근경에서 원경으로 이동하는 것은 나타나지 않는다.

④ (나), (다)에서 화자가 이별의 슬픔이나 고통을 견딘다고 볼 수는 있으나, 재회를 확신하는 모습이 나타나 있지 않다.

⑤ (나)의 경우 서술어 없이 '지는 달만'으로 종결되고 있다. 4음보의 운율을 맞추기 위한 표현으로 볼 수 있다. 하지만 (다)는 종장의 마지막 구절을 완전하게 종결하였다.

06 ②

ⓐ에는 (가)의 '지국총 소리', (나)의 '두견이만 우지진다', (다)의 '옥적 소리'가 해당한다. ⓒ는 (다)의 '천수만한'과 '천리', ⓓ는 (다)의 '잠 못 드러 ᄒᆞ노라'가 해당한다.

✗ 오답 풀이

ⓑ (다)에서 '달'과 같이 의인화된 사물이 있지만 이는 이별로 인한 수심을 불러일으키는 소재이지 이별의 책임을 전가한 것은 아니다.

ⓔ (가)~(다)에 아름다움을 상징하는 사물에 임을 빗대어 표현하는 것은 나타나지 않는다.

23 님으람 회양 금성 오리나무가~ 외 ▶ 본문 060쪽

| 01 ③ | 02 ⑤ | 03 ③ | 04 ③ | 05 ③ |

01 ③

종장의 첫 어절이 3음절로 고정되는 것은 시조라면 원칙적으로 지켜야 하는 것이다. (가)~(라) 모두 시조 양식을 따르고 있으므로 종장의 첫 어절이 3음절로 고정되어 있다는 설명은 적절하다.

✗ 오답 풀이

① (라)는 평시조에 해당하므로 파격적인 형식의 사설체로 자유로운 문학 양식이라는 설명은 적절하지 않다.

② (나)에서 임에 대한 원망의 감정을 '개'에게 전가하면서 '요 개같이 얄미우랴'라고 하며 직접적으로 화자의 감정을 노출하고 있다. 한편 '풍류적'이란 '풍치가 있고 멋스럽게 노는 일', 또는 '속된 것을 버리고 고상한 유희를 하는 것' 등으로 그 뜻이 단순하지는 않지만 고전시가에서는 대체로 자연과 더불어 운치 있게 살아가는 삶의 모습으로 풀이되고 있어, (가)~(라)와 관련하여 풍류적이라고 설명하는 것은 적절하지 않다.

④ (가)~(다)는 중장의 길이가 대체로 길어진 사설시조에 해당하므로 산문 정신을 기반으로 등장하였다고 설명할 수 있지만, (라)는 사설시조가 아니므로 적절한 설명이 아니다.

⑤ (가)~(라)는 임과 함께하고 싶은 마음이나 임에 대한 기다림, 그리움, 임과의 재회에 대한 소망 등을 주제로 삼고 있으므로, 사회 현실에 대한 비판

을 주제로 한 사실적인 내용이라는 설명은 적절하지 않다.

02 ⑤

'외로운 꿈'은 임에 대한 화자의 간절한 그리움을 드러내는 표현이다. (라)에 화자가 떠나간 임을 잊고자 한다는 내용은 나타나 있지 않다.

✘오답 풀이

① 하강의 이미지는 위에서 아래로 떨어지는 느낌을 주는 이미지이므로 '이화우'와 '추풍낙엽'은 하강의 이미지를 환기한다.

② '이화우'는 배꽃이 떨어지는 봄을 의미하고 '추풍낙엽'은 낙엽이 떨어지는 가을을 의미하므로, 이는 계절의 변화를 통해 임과의 이별이 오래 지속되었음을 나타낸다.

③ 화자가 이별한 임을 생각하는 것처럼 '저'도 자신을 생각할까라고 말하고 있다. '이별한 임'과 '저'는 모두 화자가 그리워하는 임을 가리킨다.

④ '천 리'는 오래전 이별한 임과의 공간적 거리감으로 몸이 멀리 떨어져 있어 마음도 멀게 느껴진다는 의미를 담고 있다. 따라서 임과 화자 사이의 정서적 거리감을 드러낸다.

03 ③

ⓒ은 바람이나 구름도 모두 고개를 쉬어 넘는다는 공통점을 드러내고 있다. 따라서 서로 다른 차이점을 언급한 대조되는 장면이라는 설명은 적절하지 않다.

✘오답 풀이

① ㉠에서 화자는 밤낮으로 오리나무에 뒤엉켜 감고 있고 싶다고 하였다. 따라서 화자의 간절한 마음을 비유적인 장면을 연출하여 드러내고 있다는 설명은 적절하다.

② ㉡에서 '요 개'가 얄밉다고 하니 왜 개가 얄밉다고 하는지 궁금증을 유발할 수 있다. 또한 '얄밉다'는 화자의 내면 상태를 직설적으로 표출한 것이다.

④ ㉣에서 아주 험한 고개라도 그 고개 너머 임이 온다고 한다면 자신은 한 번도 안 쉬고 넘는다는 것은 그만큼 임을 많이 그리워하고 있고 빨리 만나고 싶다는 절실한 마음을 과장되게 표현한 것이다.

⑤ ㉤에서 '천 리'라는 공간적인 거리에 해당하는 시어를 사용하여 이별 상황에 대한 심리적 거리감과 임과의 재회를 확신할 수 없는 막막함을 드러내고 있다.

04 ③

(가)의 화자는 한겨울 바람비와 눈서리를 맞아도 임과 떨어지지 않겠다고 하며 임과 함께라면 어떤 시련도 이겨 낼 것이라는 의지를 드러내고, (다)의 화자는 임을 맞이하기 위해 험난한 고개를 단숨에 넘어갈 것이라고 한다. 하지만 (라)는 이별한 임에 대한 그리움을 표현하고 있을 뿐, 임과의 재회를 위한 화자의 적극적인 의지는 보이지 않는다.

✘오답 풀이

① (나)는 '미운 임'과 '고운 임'이라는 대조적인 대상에 대한 개의 행동이 다름을 나타내고 있다. (가)에서 화자는 임은 '오리나무', 자신은 '칡넝쿨'로 변신하기를 바라는데 이는 임과 떨어지지 않고 함께 있기를 바라는 소망을 드러낸 것이므로 대조적인 관계로 보기 어렵다.

② (가)는 '삼사월', '동섯달'과 같이 시간과 관련한 시어가 제시되어, 칡넝쿨이 된 화자가 오리나무로 변신한 임에게 감겨 한겨울 바람비와 눈서리를 맞아도 떨어지지 않겠다고 하며 시간의 흐름에 따라 시상을 전개하고 있다. 하지만 (다)는 임이 온다는 상황을 가정하여 화자의 다짐을 노래하고 있으므로 시간의 흐름과 관련 있다고 보기 어렵다.

④ (가)는 '삼사월', '동섯달'과 같이 계절감이 느껴지는 시어가 등장하고, (라)는 '이화우', '추풍낙엽'과 같이 계절감을 알 수 있는 시어가 등장한다. 하지만 (나)는 계절감을 드러내는 시어가 보이지 않는다.

⑤ (나)의 화자는 임이 오지 않아 기르는 개에게까지 원망하는 마음이 들 정도이므로 임과의 재회를 소망하고 있으며 (다)의 화자는 임이 오기만 한다면 어떤 장애물에도 불구하고 단숨에 달려갈 것이라 하였으므로 임과의 재회를 소망하고 있다고 할 수 있다. 하지만 (가)의 화자는 임과 영원히 헤어지지 않고 함께하기를 바라는 마음을 표현한 것일 뿐, 현재 이별을 전제하고 재회하기를 소망한다고 말하기 어렵다.

05 ③

(나)는 '홰홰', '버둥버둥', '캉캉', 〈보기〉는 '아스슥'과 같이 음성 상징어를 효과적으로 사용하여 대상을 감각적이고 생동감 있게 표현하고 있다.

✘오답 풀이

① (나)는 오지 않는 임에 대한 원망을 '개'와 관련시켜 해학적으로 표현한 사설시조이고, 〈보기〉는 게젓 장수의 현학적인 태도를 풍자적이고 해학적으로 표현한 사설시조이다. 두 편 모두 해학적 표현은 드러나지만, 이별의 슬픔을 무마시키고 있는 내용은 드러나지 않는다.

② (나)는 화자가 임에 대한 원망을 '개'에게 쏟아붓고 있지만, 화자 자신의 잘못에 대한 것을 '개'에게 전가하고 있는 것은 아니다.

④ 〈보기〉는 현학적인 태도를 보이는 게젓 장수의 태도를 풍자하고 있지, 사랑하는 대상에 대한 그리움의 정서를 표현하고 있는 것은 아니다.

⑤ (나)와 〈보기〉 모두 평시조의 형식에서 벗어나 중장이 길어진 형식을 보여 주는 사설시조이다.

III

시조·가사(조선 전기)

▶ 본문 064쪽

도산십이곡

01 ⑤	02 ①	03 ⑤	04 ③	05 ②	06 ④
07 ②	08 ⑤	09 ④	10 ⑤	11 ⑤	12 ③

01 ⑤

화자는 자연을 즐기지 못하고 세속적인 가치를 추구하는 사람을 의미하는 '교교백구'에 대한 안타까움을 표현하고 있다. 따라서 화자와 입장이 다른 '교교백구'에 화자의 감정이 이입되거나 애상적 정서를 드러낸다고 볼 수 없다. 반면 '갈매기'는 자연에 동화된 모습을 보이고 있으므로 이를 감정 이입의 대상이라고 볼 수 있지만 갈매기를 통해 애상적 정서를 드러내었다고 보기는 어렵다.

✖오답 풀이
① '-ᄒ료'라는 어미를 반복하여 자연 속에서 묻혀 사는 삶에 대한 만족감을 강조하고 있다.
② '연하로 집을 삼고 풍월로 벗을 사마'와 같은 대구적 표현을 통해 자연 속에서의 정취를 드러내고 있다.
③ '거짓말'과 '올흔 말'이라는 대조적인 시어로 '순풍'은 죽지 않았고 '인성'이 어질다는 판단을 드러내고 있다.
④ '유란'과 '백운'을 묘사하며 이렇게 아름다운 자연 속에서도 '피미일인', 즉 임금을 잊지 못하는 연군지정을 드러내고 있다.

02 ①

'피미일인'은 아름다운 한 사람이라는 뜻으로, 화자가 아름다운 자연을 구경하면서 임금을 그리워하는 모습을 나타낸다. 하지만 화자는 자연 속에서 만족하며 살고 있으므로, '피미일인'을 통해 화자가 자연 속 삶에 회의를 느낀다고 이해하는 것은 적절하지 않다.

✖오답 풀이
② '무음'은 세속적 가치를 추구하는 사람을 나타내는 '교교백구'가 지닌 마음이므로 자연에서의 삶을 멀리하는 사람의 마음을 나타낸다고 할 수 있다.
③ '사시가흥'은 '사계절의 아름다운 흥취'를 나타내는 말로 화자의 자연애를 집약적으로 보여 준다.
④ ⑤ '흐르며 어약연비 운영천광이야 어찌 끝이 있으리'에서 화자는 물고기가 뛰고 솔개가 날며 구름이 그늘을 짓고 하늘의 빛이 빛나는 자연의 아름다움과 조화로움이 끝이 없다고 말하는데, 이는 화자의 자연에 대한 감탄과 예찬의 표현으로 볼 수 있다.

03 ⑤

'천석고황'은 '자연의 아름다운 경치를 몹시 사랑하고 즐기는 성벽'이라는 뜻으로 자연에서 느끼는 만족감을 뜻하는 말이다. 안개와 노을에 대한 고질병이라는 뜻인 '연하고질'과 동일한 의미로 활용된다.

✖오답 풀이
① '만시지탄'은 '시기에 늦어 기회를 놓쳤음을 안타까워하는 탄식'을 의미한다.
② '입신양명'은 '출세하여 이름을 세상에 떨침'을 의미한다.
③ '양두구육'은 '양의 머리를 걸어 놓고 개고기를 판다'라는 뜻으로, 겉보기만 그럴듯하게 보이고 속은 변변하지 아니함을 이르는 말이다.
④ '권토중래'는 '땅을 말아 일으킬 것 같은 기세로 다시 온다'라는 뜻으로, 한 번 실패하였으나 힘을 회복하여 다시 쳐들어옴을 이르는 말이다.

04 ③

(다)에 나타난 시적 대상은 세상의 순박한 풍습의 의미인 '순풍'과 사람들의 어진 품성인 '인성'이다. 하지만 (라)에서는 '유란'과 '백운' 등 주로 자연을 시적 대상으로 삼고 있다. 따라서 (다)의 시적 대상을 (라)에서도 반복적으로 다루고 있다는 설명은 적절하지 않다.

✖오답 풀이
① (가)에서 화자는 자신을 '초야우생'(초야에 묻혀 사는 어리석은 자)으로 표현하고 '천석고황'을 통해 자연 속에서 만족감을 느끼며 살고자 하는 의지를 드러낸다.
② (나)에서는 자연을 벗 삼아 살아가면서 허물이나 없기를 바라는, 개인적 소망에 대해 노래하고, (다)에서는 세상의 순박한 풍속과 어진 인성을 강조하며 관심을 사회로 확대하는 모습을 보인다.
④ (라)에서는 골짜기의 '유란'과 산의 '백운', (마)에서는 산 앞에 있는 '대'와 대 아래 흐르는 물, 갈매기 등 자신이 바라보고 있는 다양한 풍경을 제시하며 자연이라는 공간의 입체감을 부여하고 있다.
⑤ (바)의 초장에 표현된 봄과 가을의 감흥이 중장에서는 '사시(사계절)'에 느끼는 감흥으로 점층적으로 확대된다. 이어서 종장에서는 자연의 아름다움을 예찬하는 것으로 주제 의식을 집약하고 있다.

05 ②

'천석고황'은 자연을 사랑함이 극에 달하여 마치 불치병에 걸린 듯하다는 뜻으로 자연 속에 묻혀 지내는 삶에 대한 극도의 만족감을 드러내는 말이다. 이는 화자가 이미 자신은 이상적 공간에 위치하고 있다는 인식을 드러낸다. 따라서 '천석고황'이 이상적 공간에 다다르지 못한 것에 대한 아쉬움을 나타낸 말이라는 설명은 적절하지 않다.

✖오답 풀이
① '초야우생'은 '초야에 묻혀 사는 어리석은 자'라는 뜻으로, 이상적 공간인 자연에 묻혀 지내는 화자 자신을 일컫는 말이다.
③ 자연을 상징하는 '연하(안개와 노을)'와 '풍월(바람과 달)'로 집을 짓고 벗을 삼아 산다는 것은 화자가 자연과 합일된 상태임을 드러내는 것이다.
④ '춘풍에 화만산(꽃이 산에 만발하다)ᄒ고 추야에 월만대(달빛이 대에 가

득하다)'라는 봄과 가을의 모습을 통해 조화로운 자연을 드러내고 있다고 볼 수 있다.

⑤ 사계절의 흥취가 사람과 같다는 것은 자연의 이치와 인간이 지향하는 이치가 일치한 상태임을 드러내는 것이다.

06 ④

산의 앞이라는 의미의 '산전'에는 대가 있고 대의 아래의 의미인 '대하'에는 물이 흐르고 있다. 따라서 '산전'과 '대하'는 화자가 위치하고 있는 자연을 의미한다고 볼 수 있다.

✕ 오답 풀이

① 안개와 노을을 뜻하는 '연하'와 바람과 달을 뜻하는 '풍월'은 모두 자연을 상징하는 말이다. 자연 속에서 만족을 느끼고 있는 화자에게 '연하'와 '풍월'은 자족감을 갖게 하는 소재이다.

② 세상의 순박한 풍속을 의미하는 '순풍'과 어진 품성을 의미하는 '인성'은 화자가 바라는 세상의 모습을 말해 준다.

③ 그윽한 향기의 난초를 의미하는 '유란'과 흰 구름을 뜻하는 '백운'은 화자가 만족감을 느끼며 바라보는 대상이다.

⑤ '화만산'은 산에 꽃이 가득 핀 것을 의미하고 '월만대'는 달빛이 가득한 대를 뜻한다. 꽃과 달빛이 가득하다고 표현한 것은 자연 풍경에서 충만감을 느끼는 화자의 마음을 표현한 것이라고 볼 수 있다.

07 ②

(나)는 초장과 중장이 대구를 이루고 있으나 이는 진리 추구에 대한 의지를 강조하는 부분으로, 이를 자연 속에서 풍류를 즐기는 자신의 처지에 대한 자부심을 드러낸다고 설명하는 것은 적절하지 않다.

✕ 오답 풀이

① 화자가 은거하고 있는 '완락재'에 가기 위해서는 '천운대'를 돌아 들어가야 한다. 이는 구체적 장소를 통해 자신이 은거하고 있는 공간을 밝힌 부분이라고 할 수 있다.

③ 초장의 '나도 고인 몯 뵈'는 중장의 '고인을 몯 뵈도'와 연결되고, 중장의 '녀든 길 알픠 잇닉'는 중장의 '녀든 길 알픠 잇거든'과 연결되어 시상이 전개된다. 이러한 연쇄법을 통해 학문 수양에 대한 의지를 드러내고 있다.

④ '녈 딕 무움 마로리'와 같이 '-리'라는 의향이나 의지를 나타내는 어미를 통해 화자가 지향하는 바를 제시하고 있다.

⑤ 늘 푸른 '청산'과 그치지 않고 흐르는 '유수'처럼 자신도 학문 수양에 변함없겠다는 의지를 드러낸다.

08 ⑤

'도산십이곡'의 〈제7수〉~〈제12수〉는 학문 수양의 태도를 강조하는 부분으로 속세와 자연과의 대비가 두드러지지 않는다. 〈보기〉에서도 속세와 자연과의 대비는 드러나지 않는다. 또한 두 작품 모두 현실 비판의 의도가 드러난 부분은 찾을 수 없다.

✕ 오답 풀이

① 이 작품은 자연 속에 머물면서 학문에 정진하겠다는 의지를 드러내고 있다. 〈보기〉 역시 '학주재(주자를 공부함.)'를 통해 학문 수양에 대한 의지를 드러낸다.

② 이 작품은 감탄사를 사용하고 있지 않지만, 〈보기〉는 종장 첫머리에 '어즈버'라는 감탄사를 통해 시상을 전환하고 있다.

③ 이 작품은 학문에 수양하겠다는 내용만 제시되어 있지만, 〈보기〉는 '학주자'를 통해 자신이 공부하고자 하는 학문(주자학)을 직접적으로 제시하고 있다.

④ 이 작품은 '고인', '성인'으로만 제시하고 있지만, 〈보기〉는 '주자'라는 성현의 이름을 제시하여 그를 따르겠다는 의지를 드러내고 있다.

09 ④

ⓔ은 과거에는 학문의 길이 아닌 다른 길을 걸었다는 의미이다. 작가가 벼슬에 올랐던 시기를 말하고 있는 것이기는 하지만 학문 추구의 길을 버릴 수밖에 없었던 구체적인 사유를 제시하고 있지는 않다.

✕ 오답 풀이

① '만권생애(책 속에 파묻혀 사는 삶)'를 살면서도 이따금 '왕래풍류(바깥을 거니는 즐거움)'를 만끽하는 모습을 드러내고 있다.

② '이목총명 남자'로서 '뇌정이 파산'하는 것이나 '백일이 중천'하는 것을 알지 못하는 '농고(귀머거리와 장님)'가 되지 않겠다는 것은 학문 수양을 통해 귀와 눈을 밝게 하여 세상의 이치를 깨닫고자 하는 화자의 의지를 드러낸 것이라 볼 수 있다.

③ ⓒ의 '녀든 길'은 옛 성현들이 행하는 길을 의미한다. 옛 성현은 만날 수 없으나 그들의 뜻은 책 속에 담겨 있기 때문에 독서를 통한 학문 수양을 지향하는 태도를 드러낸 것이라 볼 수 있다.

⑤ '성인도 몯다 ᄒ시니'를 통해 진리를 추구하기 위해 노력하는 삶을 산다는 것은 옛 성현조차 어려워하던 일이라는 인식을 드러낸다.

10 ⑤

(마)에서 늘 푸른 '청산'의 속성과 그치지 않고 흐르는 '유수'의 속성을 학문 수양에 비유하여 자신도 끊임없이 학문 수양을 하겠다는 의지를 드러내고 있다.

✕ 오답 풀이

① 학문 수양에 대한 의지를 반어적 표현을 활용하여 드러내고 있지는 않다.

② 이 작품은 독백체로, 대화 형식을 활용하고 있지 않다.

③ 화자의 감정을 이입한 대상은 나타나 있지 않다.

④ '므슴ᄒ료', '아니 녀고 엇뎔고', '긋디 아니ᄂ고', '긔 아니 어려운가'와 같이 의문형 어구가 나타나기는 하지만, 이것이 화자의 심리적 갈등과는 관련이 없을 뿐만 아니라 작품 전반적으로도 심리적 갈등은 드러나지 않는다.

11 ⑤

(나)의 '농고'는 세상 이치에 어두운 자들을 비유적으로 표현한 말이다. (바)의 '우부'는 학문을 수양하는 사람을 의미하는 말이므로, 이를 학문의 즐거움을 알지 못하는 사람들에 대한 비판적 시각이 담겨 있다고 보기는 어렵다.

✕ 오답 풀이

① (가)의 '낙사ㅣ 무궁'은 책을 읽으며 사는 즐거움이 끝이 없다는 뜻으로, 많은 책 속에 묻혀 사는 것에 만족하고 있는 화자의 태도는 (바)의 늙는

줄도 모르고 학문을 추구하는 모습과 연결된다.

② 옛 성현이 행하던 학문의 길을 따르겠다는 의지를 드러내는 '아니 녀고 엇덜고'는 그치지 않고 학문을 수양하겠다는 의지를 담은 '만고상청'과 연결된다.

③ 학문 수양 외의 일은 마음에 두지 않겠다는 의미의 '년 디 ᄆᆞ옴 마로리'는 '고인'이 행하던 학문 수양의 길을 따르겠다는 것과 연결된다.

④ 학문 수양의 길을 계속하겠다는 의지를 나타낸 '그치디 마라'는 책 속에 파묻혀 지내며 학문 수양에 매진하는 '만권생애'와 연결된다.

12 ③

(마)의 초, 중장에서는 늘 푸른 '청산'과 그치지 않고 흐르는 '유수'를 통해 드러나는 영원불변한 자연의 속성을 학문 수양 태도와 관련짓는다. 이는 자연을 인간이 지향해야 할 대상으로 본 것이라고 할 수 있다. 따라서 이것을 천리를 구현하는 과정에서 겪게 되는 어려움에 대한 한탄을 표현한 것으로 보는 것은 적절하지 않다.

✖ 오답 풀이

① ② '만고애 프르'른 '청산'과 '주야애 긋디 아니'하는 '유수'는 영원불변한 우주 만물의 보편타당한 이치의 속성을 드러낸 것이며, '만고상청호리라'라는 표현을 통해 '청산'과 '유수'를 인간이 지향해야 할 대상으로서의 천리가 구현된 자연물로 볼 수 있다.

④ '청산'과 '유수'를 '우리'와 연결한 것은 자연과 인간을 동일시한 것이다. 이를 통해 화자는 자연에 구현된 천리를 인간이 추구해야 할 이치로 보는 시각을 드러낸다.

⑤ '우리'도 '청산'과 '유수'처럼 '만고상청'하겠다는 것은 자연을 닮고자 하는 노력을 통해 현실 속에서 천리를 구현하고자 하는 태도를 드러내는 것이다.

25 강호사시가

▶ 본문 068쪽

01 ③   02 ④   03 ⑤   04 ②   05 ⑤   06 ⑤

01 ③

각 수의 종장에 '이 몸이 ~하옴도 역군은이샷다'라는 유사한 문장 구조를 반복하여 임금에 대한 충성심을 드러내고 있지만 동일한 후렴구가 나타나지는 않는다.

✖ 오답 풀이

① 네 수가 각각 봄, 여름, 가을, 겨울을 다룸으로써 사계절의 흐름을 표현하고 있다.

② '강호'로 자연을 대신하여 드러냄으로써 자연의 속성을 전달하고 있다.

④ 각 수마다 '강호에 ~이 드니 ~ 이 몸이 ~하옴도 역군은이샷다'라는 동일한 문장 구조를 반복하여 형식을 통일함으로써 강호에서 풍류를 즐기며 임금의 은혜에 감사한다는 주제를 효과적으로 드러내고 있다.

⑤ 〈제2수〉의 중장에서 '유신한 강파'는 강의 물결을 의인화한 표현이다. 이처럼 자연물에 인격을 부여한 표현을 통해 화자가 자연과 하나된 삶을 노래하고 있다.

02 ④

각 수의 ㉣ 자리에 '한가', '서늘', '소일', '춥지 아니'가 제시되어 있는 것으로 볼 때 ㉣에는 계절마다의 생활 모습을 드러냄을 알 수 있다.

✖ 오답 풀이

① ㉠에는 봄, 여름, 가을, 겨울과 같은 계절의 명칭이 제시되어 있다.

② ㉡에는 각 계절에 맞는 흥취를 제시한다.

③ ㉢에는 계절에 따른 생활 모습을 구체적으로 드러낸다.

⑤ ㉤에서는 ㉣를 할 수 있게 해 준 임금의 은혜에 대한 감사를 표하고 있다.

03 ⑤

㉤과 같이 겨울에 누역으로 옷을 삼는 것과 〈보기〉의 '낙엽'에 아무렇게나 앉아 자연을 즐기는 것은 모두 소박한 삶에서 만족감을 느끼는 안빈낙도의 태도를 드러낸다.

✖ 오답 풀이

① ㉠은 자연 속에서 느끼는 흥취를 직접적으로 표현한 부분이다.

② ㉡은 여유롭게 여름을 보내는 화자의 모습을 드러낸 부분이다.

③ ㉢은 강 물결이 바람을 보내 줌을 의인화하여 표현한 부분이다.

④ ㉣은 풍요로운 가을의 모습을 드러내는 부분이다.

04 ②

ㄱ. 각 수 초장 전반부에 '강호에 (계절명)이 드니'를 반복함으로써 계절적 배경을 제시하고 있다.

ㄹ. 각 수 종장의 마지막 어절에 '역군은이샷다'라는 동일한 시어를 반복적으로 배치하여 전체적인 통일성을 확보하고 있다.

✖ 오답 풀이

ㄴ. 〈제2수〉의 '초당', 〈제3수〉의 '고기', 〈제4수〉의 '눈' 등 구체적 사물을 언급하며 내면적 감흥을 드러내고 있지만 〈제1수〉에는 '미친 흥이 절로 난다'로 구체적 사물이 드러나지 않는다.

ㄷ. 자연 풍광 묘사와 그것을 즐기는 화자의 모습이 드러나는 〈제1수〉, 〈제2수〉, 〈제3수〉와는 달리, 〈제4수〉의 '삿갓 빗기 쓰고 누역으로 옷을 삼아'는 화자 자신의 모습을 그리고 있을 뿐 자연에 대한 묘사가 드러나지 않는다.

05 ⑤

자연 속에서 여유롭게 살아가는 사적인 삶이 '역군은이샷다'로 정리되며 공적인 삶과 조화를 이루는 모습을 찾을 수는 있지만, 이것이 유교적 이상을 현실화하기 위한 화자의 노력 때문이라고 볼 수 있는 근거는 나타나 있지 않다.

✖ 오답 풀이

① 각 계절마다 자연을 즐기는 화자의 모습은 화자의 사적인 삶의 모습이라 볼 수 있다.

② 종장의 '이 몸이 ~하옴도'는 자연을 즐기는 화자의 생활 모습을 나타낸 부분이므로 사적인 삶의 모습을 압축하여 제시한 것으로 볼 수 있다.

③ 신하의 입장에서 임금에 대한 감사의 마음을 담은 '역군은이샷다'라는 표현은 신하로서의 공적인 삶과 관련되어 있다고 볼 수 있다.

④ '역군은이샷다'는 자연 속에서 여유를 즐길 수 있게 해 준 임금의 은혜를 칭송하는 표현이다.

06 ⑤

연시조의 형식을 통해 계절의 흐름과 각 계절에 따른 흥취를 드러냄으로써 자연 속에서 살아가는 운치 있는 생활을 그리고 있다.

✗오답 풀이

① 자연에서 한가롭게 사는 모습을 드러내고 있을 뿐, 대조적인 상황은 드러나 있지 않다.

② 색채의 대비는 찾을 수 없다.

③ 계절의 흐름은 나타나 있지만, 세월의 흐름에 따른 자연의 순환 원리는 드러나 있지 않다.

④ 한가로운 모습을 그리고 있을 뿐, 그 이면에 삶의 고통이 깔려 있지는 않다.

---

26 고산구곡가

▶ 본문 070쪽

01 ③   **02** ②   **03** ⑤   **04** ⑤   **05** ③

01 ③

'은병(으슥한 병풍처럼 둘러 있는 절벽)', '조협(낚시하기 좋은 골짜기)' 등 이름에서 보이는 공간의 속성을 풍경에 대응시켜 자연의 아름다움에 대한 예찬이라는 주제 의식을 부각하고 있다.

✗오답 풀이

① 서로 모순되게 진술하는 역설법이 활용된 부분은 찾을 수 없다.

② 대상에 화자의 감정을 이입하는 방식은 활용되지 않았다.

④ 애상적 분위기와는 거리가 있다.

⑤ 대상의 시각적 이미지가 잘 드러나 있지만, 역동적 이미지가 드러나는 부분은 찾을 수 없다.

02 ②

종장의 첫머리에 '어즈버'와 같은 감탄사가 제시된 부분은 〈제1수〉에 한정되어 있으므로 감탄사가 반복되고 있다는 설명은 적절하지 않다.

✗오답 풀이

① 〈제2수〉~〈제10수〉의 초장에 '~은 어듸미오'를 반복하고 있다.

③ 〈제2수〉~〈제10수〉의 초장 '~에(장소 이름) ~다(감상 및 현상)'를 반복하고 있다.

④ '황혼에', '고조를'과 같이 각 수의 종장의 첫 음보에 3음절로 된 말을 반복하고 있다.

⑤ 각 수에서는 '-노라', '-더라', '-리라'와 같은 감탄형 종결 어미를 반복하고 있다.

03 ⑤

'유인은 오지 아니ᄒ고'는 고산구곡의 아름다움을 알지 못하는 사람들에 대한 안타까움을 드러낸 부분이므로 벼슬에서 물러난 작가의 외로움이 드러난다고 보기 어렵다.

✗오답 풀이

① '무이를 상상ᄒ고 학주자를 ᄒ리라'가 무이를 생각하고 주자의 학문을 공부하겠다는 의미를 나타내는 것으로 볼 때, 작가는 이 작품을 주자가 지은 '무이도가'를 본떠 창작했다는 사실을 알 수 있다.

② '원산' 즉, 멀리 있는 산의 경치가 그림과 같다는 것은 풍경을 즐기는 장소로서의 자연에 대한 작가의 인식을 드러낸 것이라 볼 수 있다.

③ 〈보기〉를 통해 '은병'은 작가가 정사를 지었던 실제 지명이라는 사실을 알 수 있다.

④ '강학'은 학문을 닦고 연구한다는 뜻이므로 '강학도 ᄒ려니와'는 자연 속에서 학문을 수양하겠다는 작가의 의지를 드러낸 것이라 할 수 있다.

04 ⑤

'기암괴석'을 덮은 '눈'은 눈 덮인 '문산'의 아름다움을 표현한 것이므로 자연과 합일을 이루려는 인간의 의지를 엿볼 수 있다는 감상은 적절하지 않다.

✗오답 풀이

① 〈보기〉에 제시된 '그가 고산구곡의 곳곳에서 지인들과 교유한 경험'이라는 내용과 〈제1수〉의 '주모복거ᄒ니 벗님ᄂᆡ 다 오신다'라는 부분을 통해 고산구곡은 작가와 '벗님'들의 교유 장소로 활용되었다는 것을 알 수 있다.

② 〈보기〉에서 '고산구곡가'의 창작 이후 고산구곡을 찾는 이들이 더 많아졌다는 내용을 토대로 '학주자'를 하려는 작가의 선택에 대한 사람들의 긍정적 반응을 확인할 수 있다.

③ 〈보기〉에 제시된 '그가 고산구곡에 정사를 건립한 일이 주자가 무이구곡의 은병에서 후학을 양성한 것을 본받았다는 점'을 통해 작가가 주자를 학문적으로 계승하기 위해 '은병'을 선택했다는 사실을 알 수 있다.

④ 〈보기〉의 '자연과 인간이 별개가 아님을 느끼고, 자연으로부터 마음을 바르게 하는 도리를 찾으면 군자의 참된 즐거움을 누릴 수 있다'는 내용을 토대로 '강학'과 '영월음풍', 즉 학문 수양과 자연에서 즐기는 풍류가 서로 어울릴 수 있다고 생각한 작가의 생각을 읽을 수 있다.

05 ③

㉠은 '조협'에서 낚시를 즐기며 물고기와 물아일체가 된 화자의 모습을 보여 주고 있으며 ⓐ는 강가에서 낚시를 하는 화자가 백구(흰 갈매기)와 물아일체가 됨을 드러내고 있다. 따라서 ㉠, ⓐ 모두 화자가 자연에서 느끼는 감흥을 드러내고 있다고 볼 수 있다.

✗오답 풀이

① ㉠, ⓐ 모두 화자가 동경하는 세계를 그리고 있으므로 ⓐ에서 화자가 비판적으로 바라보는 세계를 드러낸다는 것은 적절하지 않다.

② ㉠, ⓐ 모두 화자가 정서를 대상에 투영하여 물아일체의 경지를 보이고 있는 부분으로, ⓐ에 화자와 대상이 대조되고 있다고 보기 어렵다.

④ ㉠, ⓐ 모두 화자의 궁핍함이나 좌절감은 드러나지 않는다.

⑤ ㉠, ⓐ 모두 거스를 수 없는 자연의 섭리에 대한 경외감을 형상화하고 있지 않다.

일편단심(진심에서 우러나오는 변치 아니하는 마음)을 강조하는 것이다.

⑤ 부모와 형 같은 이를 공경하지 않으면 (짐승과) 어디가 다르겠냐며 강조하고 있다.

27 오륜가

▶ 본문 072쪽

| 01 ④ | 02 ③ | 03 ④ | 04 ⑤ | 05 ② |

01 ④

'오륜가'에서 〈제5수〉는 형제간의 우애를 강조하고 있는 부분으로 벗과 벗 사이의 도리는 믿음에 있다는 '붕우유신'과는 거리가 멀다.

✘오답 풀이

① 〈제2수〉는 부모님의 은혜를 보답해야 한다는 내용이므로 '부자유친'과 관련된다.

② 〈제3수〉는 주인인 왕에게 일편단심해야 한다는 내용이므로 '군신유의'와 관련된다.

③ 〈제4수〉는 지어미가 지아비를 어떻게 대해야 하는지에 대한 내용이므로 '부부유별'과 관련된다.

⑤ 〈제6수〉는 어른 공경과 관련된 내용이므로 '장유유서'와 관련된다.

02 ③

'부생모육'은 '부모가 낳고 기름'의 의미를 가진 한자 성어이고, '거안제미'는 '밥상을 눈썹과 가지런하도록 공손히 들어 남편 앞에 가지고 간다'는 뜻으로, 남편을 깍듯이 공경함을 이르는 한자 성어이다.

✘오답 풀이

① '가빈친로'는 '집이 가난하고 어버이가 늙었다'는 뜻으로, 집안의 사정이 여의치 못하여 마땅치 않은 일이라도 해야 하는 상태를 이르는 말이고, '금란지교'는 '친구 사이의 매우 두터운 정'을 이르는 말이다.

② '결초보은'은 '죽은 뒤에라도 은혜를 잊지 않고 갚음'을 이르는 말이고, '백아절현'은 '자기를 알아주는 참다운 벗의 죽음을 슬퍼함'을 이르는 말이다.

④ '양지지효'는 '기른 뜻으로 효를 행한다'는 뜻으로, 항상 부모의 뜻을 따라서 부모를 기쁘게 해 드리는 효행을 이르는 말이고, '후생가외'는 '젊은 후학들을 두려워할 만하다'는 뜻으로, 후진들이 선배들보다 젊고 기력이 좋아 학문을 닦음에 따라 큰 인물이 될 수 있으므로 가히 두렵다는 말이다.

⑤ '반포지효'는 '까마귀 새끼가 자라서 늙은 어미에게 먹이를 물어다 주는 효(孝)'라는 뜻으로, 자식이 자란 후에 어버이의 은혜를 갚는 효성을 이르는 말이다. '금슬지락'은 부부간의 사랑을 뜻하는 말이다.

03 ④

ⓓ는 남편이 손님과 다름이 없다는 말로, 남편을 귀한 손님을 대하듯 지극히 공경해야 한다는 의미를 담고 있다.

✘오답 풀이

① 사람들마다 '이 말삼'을 들어야 한다고 하는 것으로 보아 교화의 대상이 모든 백성임을 알 수 있다.

② 교화되지 않으면 사람이 아니라고 했으므로 교화의 이유가 사람답게 살게 하기 위함임을 알 수 있다.

③ 한 마음에 두 뜻을 가지는 일이 없도록 속이지 말라는 것은 임금에 대한

04 ⑤

이 작품에서는 오륜이라는 교훈적인 내용을 제시하고 있으나, 불가능한 상황을 설정하고 있지는 않다.

✘오답 풀이

① '아바님 날 나흐시고 어머님 날 기르시니', '늙은이는 부모 같고 어른은 형 같으니'와 같은 부분에서 대구법이 사용되었음을 확인할 수 있다.

② 백성들이 오륜을 배워야 하는 이유를 설교적 어조로 표출하고 있다.

③ '손이시나 다르실가', '어디가 다를고'와 같은 부분에서 설의법이 사용되었음을 확인할 수 있다.

④ 벌과 개미가 각각 여왕벌과 여왕개미에게 충성을 다하는 속성을 통해 임금에게 충성해야 함을 표현하고 있다.

05 ②

〈제4수〉에서 아내가 추구해야 할 윤리적 가치를 정당화하고 있기는 하지만, 지아비와 지어미가 묻고 답하는 방식을 활용하고 있지는 않다.

✘오답 풀이

① 〈제3수〉에서는 '벌과 개미'가 여왕벌과 여왕개미에게 충성을 다하는 것으로부터 신하는 임금에게 충성을 다해야 함을 이끌어 내고 있다.

③ 〈제5수〉에서는 자식에 대한 어머니의 사랑을 상징하는 '젖'을 매개로 형제간 대화를 나누는 형식을 취하고 있다.

④ 〈제5수〉에서 언급한 '개돼지'는 〈제1수〉에서 강조하고 있는 '사람이라도 사람 아닌 자'를 의미한 것으로 볼 수 있다.

⑤ 〈제6수〉에서 늙은이는 부모, 어른은 형에 빗대어 이들을 부모나 형과 같이 대해야 한다고 하고 있다. 따라서 사회 윤리를 가정 윤리와 연결하여 생각하고 있음을 알 수 있다.

28 한거십팔곡

▶ 본문 074쪽

| 01 ⑤ | 02 ③ | 03 ⑤ | 04 ② | 05 ⑤ |

01 ⑤

〈제4수〉에서 화자는 강호에 노는 것과 성주를 섬기는 것 사이에서 갈등을 겪었음을 알 수 있다.

✘오답 풀이

① 국가의 미래에 대한 내용은 나타나지 않는다.

② 〈제17수〉에서 성현이 가신 길이 한 가지라고 하며 벼슬하는 것과 은거하는 것이 다르지 않다는 내용을 볼 때, 화자가 둘 중 어떤 길을 가든 성현의 길을 따르는 것이라고 볼 수 있다.

③ 화자는 등용이 늦은 자신의 삶을 안타까워하고 벼슬길과 자연에서의 삶

에서 갈등하였으므로, 화자가 자신의 삶에 대해 만족스런 긍정적인 평가를 했다는 설명은 적절하지 않다.

④ 공명을 이루는 삶과 자연을 벗하며 사는 삶 사이에서 갈등하고 있으며 부귀를 위기로 여기며 '빈천거'한다는 것으로 볼 때 공명을 이루는 삶에 최상의 가치를 부여했다는 설명은 적절하지 않다.

02 ⑤

〈제16수〉에서 '행장유도ᄒ니 버리면 구태 구ᄒ랴'라고 노래하고 있다. 따라서 행장유도하는 삶을 거부한다는 감상은 적절하지 않다.

✘오답 풀이

① 〈제1수〉의 '마음에 ᄒ고져 ᄒ야 십재황황ᄒ노라'에서 화자가 충효를 다 하고자 십 년 동안 노력했음을 확인할 수 있다.

② 〈제1수〉의 '이 두 일(충효) 말면 금수 ㅣ 나 다르리야'에서 충효를 실천하지 않으면 금수와 같다고 하며 충효를 지향하는 것을 인간됨의 요소로 생각함을 드러내고 있다.

③ 〈제4수〉에서 화자는 강호에 노는 것과 성주를 섬기는 것의 기로에 서서 갈 데 몰라 하고 있다. 이를 통해 화자가 강호 한정과 충을 양립할 수 없는 것으로 인식함을 알 수 있다.

④ 〈제8수〉의 '부귀 위기 ㅣ라 빈천거를 ᄒ오리라'에서 화자가 부귀를 지향하는 삶은 위험하다고 생각함을 확인할 수 있다.

03 ⑤

〈보기〉의 밑줄 친 부분에서는 조선 시대 선비들은 관직에 나아가면 임금에게 충을 다하며 백성을 잘 다스렸다고 설명하고 있다. 이를 통해 ㉠에는 '임금에게는 몸을 바쳐 충성하고 백성에게는 혜택을 베푼다'는 의미의 '치군택민'이 적절하다.

✘오답 풀이

① '강호가도'는 조선 시대에, 은자나 시인, 묵객들이 현실을 도피하여 자연을 벗 삼아 지내면서 일으킨 시가 창작의 한 경향이다.

② '반면교사'는 사람이나 사물 따위의 부정적인 면에서 깨달음이나 가르침을 얻음을 이르는 말이다.

③ '상부상조'는 서로서로 돕는다는 의미이다.

④ '읍참마속'은 대의를 위해서라면 측근이라도 가차없이 제거하는 권력의 공정성과 과단성을 일컫는 말이다.

04 ②

〈제17수〉의 '성현의 가신 길'은 자연에 은거함으로써 행하는 도와 세상으로 나감으로써 행하는 도가 서로 다르지 않음을 의미하며, 화자는 이를 깨닫고 강호에서의 삶을 선택한다. 따라서 화자가 공명을 이루기 위해 성현의 가신 길을 따르고자 한다는 설명은 적절하지 않다.

✘오답 풀이

① 〈제2수〉에서 화자가 '부급동남', 즉 여기저기 공부하러 다닌다는 것은 벼슬길에 나가 〈제4수〉에서 언급한 것과 같이 성주를 섬기고자 한 것이다.

③ 〈제4수〉에서 화자는 강호에서의 삶과 성주를 섬기는 삶 사이에서 갈등을 한다. 그리고 결국 〈제8수〉에서 명철한 군자라면 기꺼이 자연을 즐길

수 있어야 하고, 부귀는 위태로우므로 '빈천거'를 하겠다고 밝힌다. 따라서 화자가 '강호'를 선택한 여러 이유 중 하나로 '부귀 위기'를 든 것은 적절하다.

④ 〈제4수〉의 '기로'는 강호에서의 삶과 성주를 섬기는 삶 사이에서의 갈등을 의미한다. 그런데 〈제17수〉에서 화자는 이 두 가지가 다르지 않다고 밝힌다. 따라서 '기로'가 '일도'로 나타난 데에서 화자의 내적 갈등이 해소되었음을 알 수 있다.

⑤ 〈제17수〉에서는 강호에서 노는 삶과 성주를 섬기는 삶이 다르지 않다고 말한다. 따라서 화자는 강호에 은거하여 가난한 삶을 살더라도 성현의 '도'를 실천할 수 있다고 생각하고 있음을 알 수 있다.

05 ⑤

〈보기〉를 통해 권호문은 42세 이후 조정에 천거되어 정치 현실로 나올 것을 권유받았으나 매번 이를 거절했음을 알 수 있다. 〈제16수〉의 '회보미방'은 나라를 지킬 보물을 가졌다는 의미로 화자에게 벼슬을 권유하는 이유에 해당하지 조정의 권유에 대한 화자의 답변이라고 볼 수 없다.

✘오답 풀이

① 〈제1수〉에서 화자는 충효를 실천하고자 벼슬길에 나아가고자 했으나 결국은 강호에서의 삶을 선택한다. 따라서 '충효'는 화자가 추구했던 삶의 덕목임을 알 수 있다.

② 〈제1수〉의 '십재황황'은 마음이 급해서 십 년 동안 허둥지둥했다는 뜻으로 화자가 수차례 과거에 응시했으나 급제하지 못해 허둥지둥하는 모습으로 여기고 있음을 알 수 있다.

③ 〈제16수〉의 '행장유도ᄒ니'는 쓰이면 세상에 나아가 도를 행하고 버려지면 은거한다는 것으로 〈보기〉에 언급된 유교적 출처관에 따른 것으로 볼 수 있다.

④ 〈제16수〉를 통해 화자는 정치 현실로 나올 것을 권유받을 때마다 자신이 병들고 늙었음을 이유로 이를 거절했음을 알 수 있다.

29　사시가

▶ 본문 076쪽

01 ①　　02 ③　　03 ⑤　　04 ②　　05 ③

01 ①

이 작품은 계절의 변화에 따른 자연의 모습, 그리고 자연 속에서 살아가고 있는 화자의 자연 친화적 삶의 모습과 흥취를 노래하고 있다.

✘오답 풀이

② 화자의 시선이 근경에서 원경으로 이동하면서 대상을 제시하고 있지 않다.

③ 유교적 사상을 드러내고 있지 않을 뿐만 아니라 교화를 목적으로 쓴 작품이 아니다.

④ 자연의 모습을 사실적으로 나타내고 있을 뿐, 상황을 과장되게 묘사하여 자신감을 부각하고 있는 부분은 나타나지 않는다.

⑤ 주제 의식은 주로 영탄법, 설의법을 활용하여 강조되고 있으며, 중국 고

사를 인용하고 있지는 않다.

02 ③

〈보기〉의 종장에 제시된 '역군은이샷다'를 통해 화자 자신이 누리는 모든 것을 임금의 은혜로 인식하고 있음을 확인할 수 있다. 그러나 [A]에서는 이러한 점을 발견할 수 없다.

✘오답 풀이
① 〈보기〉에는 '가을'이라는 어휘를 직접 제시하여 계절을 명시적으로 제시했으나, [A]에서는 계절을 명시적으로 제시하고 있지 않다.
② [A]와 〈보기〉 모두 풍류적 삶의 모습을 구체적으로 보여 준다. 〈보기〉에서 낚시를 하는 것은 노동이 아닌 소일거리임을 확인할 수 있다.
④ 〈보기〉의 화자는 '고기마다 살쪄 있다'라고 하며 가을의 풍요로움을 드러내고 그런 가운데 소일하는 여유로운 생활에 집중하고 있다.
⑤ 〈보기〉의 화자는 자신의 한가로운 생활을 임금의 은혜로 생각하며 이를 즐기고 있을 뿐, 한가로운 생활에서 벗어나 다시 벼슬에 나아가기를 소망하지는 않는다.

03 ⑤

눈이 내려 적막해진 강호의 겨울 풍경을 제시하고 있을 뿐, 사람들의 행태를 비유하고 있는 것이 아니다.

✘오답 풀이
① 고전시가에서 '강호'는 대체로 자연을 대유한다. 이 작품에서도 강과 호수로 한정된 것이 아닌 자연 자체를 의미한다고 보는 것이 적절하다.
② '녹음'은 푸른 잎이 우거진 나무나 수풀이라는 의미로 여름의 자연을 가리킨다.
③ 붉게 익은 대추를 통해 무르익은 가을 농촌의 정취를 떠오르게 해 준다.
④ '술'은 자연 속에서 풍류를 즐기는 소재로 활용된다.

04 ②

이 작품은 〈제2수〉의 '깨우는구나', 〈제4수〉의 '깁도다'와 같이 영탄적 표현을 사용하고 있고, 〈보기〉는 〈제3수〉의 '소리로다', 〈제5수〉의 '피었구나' 〈제7수〉의 '거에로다'와 같이 영탄적 표현을 사용하고 있다.

✘오답 풀이
① 〈보기〉는 '아희야', '아희돌아'라는 부르는 말을 활용하고 있으나, 이 작품에는 부르는 말이 나타나 있지 않다.
③ 이 작품과 〈보기〉 모두 상승적 이미지가 나타나 있지 않다.
④ 이 작품과 〈보기〉 모두 문장의 뜻을 점점 강하게 하거나, 크게 하여 절정에 이르도록 하는 점층법이 쓰이지 않았다.
⑤ 이 작품과 〈보기〉 모두 의성어, 의태어 등 음성 상징어가 사용되지 않았다.

05 ③

ⓐ는 '낙딕에 재미가 깁도다'를 통해 화자의 관점에서 현재의 상황(낚시)을 즐기고 있음을 알 수 있고, ⓑ는 '새해 온다 즐겨 마라'를 통해 화자의 관점에서 현재의 상황(새해가 오는 것)을 즐기고 있음을 알 수 있다.

✘오답 풀이
① ⓐ는 자연 속에서의 삶을 즐기고 있는 대상이므로 화자와 상반된 태도를 취한다고 볼 수 없다.
② ⓐ는 낚시의 재미에 빠진 사람으로 풍류를 즐기는 사람이다. 따라서 자연 속에서 한가로운 삶을 추구하는 화자가 원하는 모습을 지니고 있다는 점에서 화자가 추구하는 바를 이루고 있는 대상으로 볼 수는 있지만, 화자가 추구하는 바를 이루어 줄 수 있는 대상으로 보기에는 근거가 약하다. 또한 ⓑ는 화자가 추구하는 바를 이루어 줄 수 있는 대상이라고 볼 수 없다.
④ 새해를 즐거워하다가 화자 자신처럼 백발로 늙는다고 하고 있으므로 ⓑ는 화자가 미래를 예측하게 하는 대상이라고 볼 수 있다. 하지만 ⓐ는 화자가 과거를 돌아보게 하는 대상이 아니다.
⑤ 늙음을 한탄하는 화자 입장에서는 젊은 ⓑ에 대해 긍정적 인식을 가지고 있다고 볼 수도 있다. ⓐ는 화자가 긍정적으로 인식하는 대상이다.

30 어부단가
▶ 본문 078쪽

01 ④ 02 ③ 03 ① 04 ③ 05 ⑤ 06 ①

01 ④

이 작품은 '일엽편주를 만경파에 띄워' 둔 모습, '천심 녹수'와 '만첩청산', '월백', '한운'이 일고 '백구'가 나는 모습 등 주로 시각적 이미지가 활용되었으며, 청각적 이미지는 드러나지 않는다.

✘오답 풀이
① '굽어보면 천심 녹수 돌아보니 만첩청산', '청하에 밥을 싸고 녹류에 고기 꿰어', '산두에 한운 일고 수중에 백구 난다'에서 대구법을 확인할 수 있다.
② '무심하여라', '천 리로다'와 같이 영탄적 어조를 확인할 수 있다.
③ '니즌 스치 있으랴'와 같이 설의적 표현을 사용하여 화자의 태도를 나타내고 있다.
⑤ '녹수', '청산', '월백', '청하', '녹류', '한운', '백구'와 같이 색채 이미지를 통해 화자가 있는 공간을 인상적으로 나타내고 있다.

02 ③

화자는 속세를 떠나 자연 속에서 만족하며 살고 있다. 하지만 〈제5수〉에서는 세상에 대한 근심과 걱정을 잊지 않았다고 토로하고 있다. 이를 통해 화자는 자연 속에 있으면서도 속세를 생각하고 있음을 알 수 있다.

✘오답 풀이
① 화자는 자신이 현실의 문제에 뛰어들 수 없기에 스스로 위로하는 마음으로 '제세현'을 언급하고 있는 것이지, '제세현' 때문에 현실에 대한 관심을 끊을 수 있었던 것은 아니다.
② 화자가 '어주'에 누워서 시름한 이유를 작품에서 확인할 수 없다.
④ 화자가 잊은 적이 없는 대상은 나랏일이지 '제세현'이 아니다. 더욱이 '제세현'과 자신을 동일시하고 있지도 않다.

⑤ 화자가 '북궐이 천 리'라고 한 것은 정서적인 거리감을 나타내는 것으로, 이를 통해 세상으로 돌아가지 않겠다는 의지를 드러내고 있는 것은 아니다.

03 ①

ⓐ의 '일엽편주'는 '한 척의 조그마한 배'를 뜻한다.

✘오답 풀이
② '만경파'는 '만 이랑의 푸른 물결'이라는 뜻으로, 한없이 넓고 넓은 바다를 이르는 말이다.
③ '십장 홍진'은 '십 장이나 될 정도로 높이 쌓인 길이의 붉은 먼지'를 뜻하는 말로 속세를 나타낸다.
④ '노적 화총'은 갈대와 억새풀이 가득한 곳을 뜻한다.
⑤ '일반 청의미'는 '일반적이지만 맑고 의미있는 것'이라는 뜻으로, 자연이 주는 참된 맛을 이르는 말이다.

04 ③

화자는 〈제2수〉에서 '강호에 월백하거든 더욱 무심하여라'라고 노래하고 있다. 이를 통해 화자는 달을 보며 무심한 삶에 대한 지향을 드러내고 있다고 볼 수 있다.

✘오답 풀이
① 달을 대화 상대로 삼고 있지 않을 뿐만 아니라 위안의 대상으로 여기고 있지도 않다.
② '녹수'와 '청산'으로 둘러싸인 강호의 정경을 묘사하고 있지만, 달에 인격을 부여하고 있지는 않다.
④ 시간의 흐름에 따라 색깔이 변하는 달의 특성을 활용하여 계절의 변화를 나타내고 있지 않다.
⑤ 화자는 하늘의 달을 보며 속세의 삶에 신경 쓰지 않는 자연에서의 유유자적한 삶을 바라고 있다. 달과 자신을 동일시하지 않았고, 인간 세계에서 의미 있는 존재가 되고 싶다는 의지와도 관련이 없다.

05 ⑤

〈보기〉에서 어부를 통해 양반들이 즐긴 풍류의 일면을 엿볼 수 있다고 하였다. 이 작품에서 화자는 자연을 벗 삼아 한가롭게 고기잡이를 하는 모습으로 볼 때 고기잡이를 생업으로 하는 '어부'가 아니라 양반으로서 자연을 벗하며 풍류적인 생활을 즐기는 풍류객이라 할 수 있다.

✘오답 풀이
① '날 가는 줄을 아는가', '어느 분이 아실까'와 같이 자연 속에서의 삶에 대한 만족감을 확인할 수 있다.
② '어부'는 '십장 홍진'으로 표현된 세속의 정치 현실에서 벗어나 뱃놀이를 즐기면서 '인세(인간 세상)'의 근심과 시름을 잊고 한가로움을 추구하려고 한다.
③ '녹류에 고기 꿰어'는 어부의 삶과 관련된 행위로, 화자는 이런 생활을 통해 자연이 주는 즐거움을 만끽하고 있다. 즉 자연 속에서 유유자적한 삶을 보내고 있다.
④ '일엽편주'는 나뭇잎 같은 작은 배를 의미하는 것으로 소박하게 풍류를 즐기는 모습을 엿볼 수 있게 해 준다.

06 ①

자연을 즐기니 '인세'를 잊게 되었다는 점에서 '인세'를 부정적으로 인식하고 있는 것은 맞다. 그리고 인세를 잊었기 때문에 '날'이 가는 것을 생각할 필요가 없다고 설의적으로 표현하고 있다. 이런 맥락에서 생각할 때 화자가 '날'을 부정적으로 인식했다는 설명은 적절하지 않다.

✘오답 풀이
② '천심'과 '만첩'은 '녹수'와 '청산'에 대해 실제 측정한 객관적 사실이 아니라 화자가 느끼는 정서나 인식을 '천'이나 '만'과 같은 숫자로 표현하고 있는 것이다.
③ '청하에 밥을 싸고 녹류에 고기 꿰어'는 비슷한 문장 구조가 짝을 이루는 대구적 표현으로, 자연 속에서 살아가는 삶의 모습을 구체적으로 보여 주고 있다. 이 부분을 통해 자연을 벗하며 사는 화자의 삶의 일면을 확인할 수 있다.
④ 산머리에 구름이 한가롭게 떠 있고 물 위에는 갈매기가 날고 있는 자연 경물의 모습을 시각적 이미지로 제시함으로써 한적한 분위기를 조성하고 있다.
⑤ '한운'과 '백구'를 '너'로 지칭하면서 화자가 이들과 관계를 맺고 동화하려는 의지를 '너를 좇아 놀리라'라고 하며 드러내고 있다.

31 관동별곡

▶ 본문 080쪽

01 ②   02 ③   03 ⑤   04 ⑤   05 ②   06 ⑤
07 ②   08 ③   09 ②   10 ④

01 ②

대구와 열거의 표현은 나타나지만 대상을 점층적으로 강조한 부분은 확인할 수 없으며, 이를 통한 시적 긴장감도 찾을 수 없다.

✘오답 풀이
① '은 가튼 무지게 옥 가튼 룡의 초리', '날거든 뛰디 마나 섯거든 솟디 마나', '부용을 고잣는 듯 백옥을 믓것는 듯', '동명을 박차는 듯 북극을 괴왓는 듯'과 같이 대구의 방식에 의한 리듬감을 확인할 수 있다.
③ '섯돌며 뿜는 소리 십 리의 자자시니'와 같이 청각적 심상에 의한 생동감 있는 묘사를 확인할 수 있다.
④ 만폭동 폭포를 '무지게', '룡의 초리', '은', '옥'으로 비유하는 등 비유의 방식을 사용하여 대상이 지닌 속성을 부각하고 있다.
⑤ '어와 성은이야 가디록 망극하다', '어와 조화옹이 헌사토 헌사할사'와 같이 감탄사를 통한 감정의 직접적 표출을 확인할 수 있다.

02 ③

'관동별곡'은 강원도 관찰사로 임명된 화자가 부임 후 관내를 유람하며 견문과 감상을 노래한 작품이다. 〈보기〉에서 화자는 '왕정이 유한하고', 즉 관원의 여정에 제약이 있으므로 돌아가야 하는 상황을 말하고 있다. 위정자의 책임을 느끼고 돌아가야 함을 깨닫지만 싫지 않은 풍경으로 내적 갈등을 느낀다.

✗ 오답 풀이
① '풍경이 못 슬믜니'(풍경이 싫지 않으니)라고 했으므로 화자가 '풍경'에 만족하고 있는 것으로 볼 수 있다.
② 화자가 빨리 돌아가려 하는 모습은 확인할 수 없다.
④ 화자는 금강산의 풍경에 빠진 자신의 상황을 수용하는 것이 아니라, 아름다운 '풍경'을 두고 돌아가야 한다는 사실 때문에 괴로워하고 있다.
⑤ 나그네로서 시름에 잠기게 된 원인은 '왕정이 유한'다는 사실이지만, '왕정이 유한'한 원인은 직접 나타나지 않는다.

03 ⑤

'석경'은 '돌길'이라는 뜻으로 화자가 걷는 길을 의미할 뿐이다. 또한 '영듕이 무사하'다(자신이 관리하는 지역에 별일이 없다)는 진술로 보아, 관찰사로서 해결해야 할 과제가 많다는 설명은 적절하지 않다.

✗ 오답 풀이
① 화자는 죽림에 있던 자신에게 '방면'을 맡긴 임금의 은혜가 '망극하다'고 표현하고 있고 죽림을 떠나 이동하고 있으므로, '방면'이 새로운 공간으로 이동하는 계기가 된다는 진술은 적절하다.
② 외로운 신하인 화자가 한양을 떠나 부임지로 가면서 백발이 많아진다고 했으므로, '백발'은 한양에서 멀어지는 상황에 따른 화자의 심리적 상태를 비유한 것이라는 진술은 적절하다.
③ 옛날의 번성했던 모습과 대비되는, '오작'만 지저귀는 '대궐 터'를 보고, 화자가 '천고 흥망을 아는다 모르는다'라고 말하며 안타까움을 표현하고 있으므로, 무상감을 느낀다는 진술은 적절하다.
④ '회양'이 중국 한나라 때 관리인 급장유가 선정을 베풀었던 곳의 지명과 같음을 떠올리면서 급장유의 풍채를 닮고 싶다고 말하고 있으므로, 화자가 선정에 대한 의지를 드러내고 있다는 진술은 적절하다.

04 ⑤

'망고대'와 '혈망봉'은 '하늘'에 치밀어 올라 무슨 일을 아뢰려는 형상이며 '천만겁'이 지나도록 굽힐 줄을 모르는 모습이다. 이는 임금에게 바른 말을 아뢰는 충신의 모습으로 결국 신하의 도리를 형상화한 소재로 볼 수 있다. 신선처럼 자연을 즐기는 태도와는 거리가 멀다.

✗ 오답 풀이
① '쇼양강 나린 믈이 어드러로 든단 말고'는 소양강 물이 흘러 임금이 있는 한양을 지나간다는 점에 착안하여 임금에 대한 그리움을 간접적으로 표현한 구절로 볼 수 있다.
② 조정을 떠나는 화자 자신을 '고신'으로 표현하면서 근심과 걱정을 상징하는 '백발'이 많아진다고 말하는 것은, 자신이 없는 사이에 조정에서 벌어질 일들을 걱정하는 우국지정의 태도로 볼 수 있다.
③ '동주(철원)의 북관정'에서 한양에 있는 '삼각산 제일봉'이 보일 것 같다고 말하는 것은 부임하는 중에도 임금에 대한 그리움이 끊이지 않음을 강조한 표현으로 볼 수 있다.
④ '궁왕 대궐 터'에서 '오작'에게 '흥망'을 묻는 것은, 자연을 소통의 대상으로 생각하면서 자연과 교감하려는 태도가 드러난 것으로 볼 수 있다.

05 ②

[가]에서는 금강산 봉우리가 '백옥'을 묶어 놓은 것 같다는 표현과 '동명'(동해)을 박차는 것 같다는 표현을 통해 금강산의 아름다움과 웅장한 느낌을 전달하고 있다. 따라서 '백옥'과 '동명'을 통해 금강산의 모습을 표현하고 있을 뿐, 자연의 영속성을 표현하고 있지는 않다.

✗ 오답 풀이
① [가]에서는 금강산의 봉우리가 동해를 박차는 것 같기도 하고 북극을 괴어 놓은 것 같기도 하다면서 금강산의 거대한 모습과 웅장한 느낌을 표현하고 있다.
③ [가]에서는 금강산의 봉우리가 '부용'을 꽂아 놓은 것 같기도 하고 '백옥'을 묶어 놓은 것 같기도 하다면서 연꽃과 하얀 옥에 빗대어 시각적으로 묘사하면서 금강산의 아름다움을 표현하고 있다.
④ [가]의 '날거든 뛰디 마나 섯거든 솟디 마나'는 동일한 구조의 문장을 짝을 맞추어 제시한 것이므로 대구적 표현에 해당하며, 이를 통해 행위를 부각함으로써 봉우리의 역동적인 느낌을 표현하고 있다.
⑤ [가]의 '고잣 듯'과 '박차는 듯'은 상태나 동작을 나타내는 유사한 통사 구조를 보이는 표현으로, 금강산 봉우리가 아름다움과 웅장함 등 다채로운 면모를 가지고 있음을 드러내고 있다.

06 ⑤

이 작품은 금강산과 관동 팔경을 유람하면서 유교적 삶의 실천 의지와 개인적 유흥을 노래한 양반 가사이다. 민중들의 진솔한 생활 감정은 주로 조선 후기 가사에 나타나는데, 이 작품에는 드러나 있지 않다.

✗ 오답 풀이
① 관동 지방의 절경을 유람하며 그 여정에 따라 내용이 전개되는 기행 가사이다.
② 이 작품은 운문이지만 내용상 실제 경험을 담은 수필적 산문의 성격을 지닌 가사이다.
③ '뎌 긔운 흐터 내야 인걸을 만들고쟈'에는 나라를 이끌 뛰어난 인재를 갈망하는 우국지정의 사상이 나타난다.
④ 이 작품에는 '맑거든 조티 마나 조커든 맑디 마나'와 같이 우리말의 아름다움을 잘 살린 표현이 많다.

07 ②

화자는 '개심대'에 올라 금강산의 일만 이천 봉우리를 조망하고, 그에 대한 감흥을 서술하고 있다. 금강산의 봉우리마다 맺혀 있는 맑고 깨끗한 기운을 먼저 묘사한 후, 그 기운을 흩어 내어 인걸을 만들고자 하는 마음을 서술하고 있다.

✗ 오답 풀이
① 화자는 '개심대'에서 '비로봉'을 바라보며 '오르디 못하거니 나려가미 고이할가'라고 하며 오르지 못하는 자신의 한계를 인식하고 인정하고 있을 뿐, 내적 갈등이 나타나지는 않는다.
③ 화자는 '화룡소'를 보며 마치 천 년 묵은 늙은 용이 굽이굽이 서려 있는 것 같다고 묘사하면서 '화룡소'가 넓은 바다와 이어져 있다고 말하고 있

으로, 화자의 시선이 원경에서 근경으로 이동하고 있다는 설명은 적절하지 않다.

④ 화자는 '마하연, 묘길상, 안문재'를 넘어 내려가 '불정대'에 오르고 있다. 따라서 '화룡소'에서 '불정대'까지의 이동 경로는 드러나 있다.

⑤ 화자는 '불정대'에서 금강산의 아름다움에 감탄한 후 '동해'로 이동하며 아름다운 금강산을 떠나는 아쉬운 마음을 드러내고 있다. 따라서 자연에 대한 화자의 태도가 이중적이라는 설명은 적절하지 않다.

08 ③

[A]는 '불정대'의 십이 폭포를 묘사한 부분으로, 십이 폭포의 형상에 대해 '천심 절벽'을 공중에 세워 두고 '은하수'의 큰 굽이를 마디마디 베어 내어 '실'같이 풀어서 '베'같이 걸어 놓았다고 표현하고 있다. 따라서 폭포가 생성된 과정을 비유적으로 표현한 것으로 볼 수 있다. 〈보기〉는 바다에서 일어나는 파도를 묘사하는 부분으로, '노흔 고래', '은산', '백설' 등을 통해 거센 파도의 움직임을 비유적으로 표현하고 있다.

✗오답 풀이

① [A], 〈보기〉 모두 시간의 흐름에 따른 자연의 변화 과정은 나타나지 않는다.

② [A], 〈보기〉 모두 자연의 냉혹함은 드러나지 않는다.

④ [A]에서는 자연의 모습을 관조하고 있다고 볼 수 있지만, 〈보기〉에서 화자가 반성하는 내용은 찾을 수 없다.

⑤ [A]는 '폭포'를 '은하수'에 비유하고 있으므로 자연물을 천문 현상에 비유했다고 볼 수 있지만, 〈보기〉는 천문 현상이 아닌 파도나 물보라를 지상의 동물(고래)과 사물(은산, 백설)로 비유하고 있다.

09 ②

'중향성'을 바라보며 천지가 생겨날 때에 금강산의 일만 이천 봉우리가 저절로 생겨난 것이라고 말하고 있다. 따라서 작가는 자연에 하늘의 이치가 구현된 것이라고 여기는 것일 뿐, 자연의 미가 인간 사회의 영향을 받은 것이라고 인식하고 있는 것은 아니다.

✗오답 풀이

① 맑고 깨끗한 금강산의 기운을 흩어 내어 인걸을 만들겠다는 것은 백성들에게 선정을 베풀 수 있는 뛰어난 인재를 구해야 한다는 사회적 책무를 드러낸 것으로 볼 수 있다.

③ '화룡소'의 물을 의미하는 '천 년 노룡'을 '삼일우'를 내릴 수 있는 존재로 보고 있는데, 이때 '삼일우'는 백성들에게 베푸는 선정을 상징한다. 따라서 이는 화자가 지향하는 이상적 인간상을 자연에 투사한 것으로 볼 수 있다.

④ '불정대'에서 본 폭포를 '은하수'를 베어 '실'처럼 풀어서 '베'처럼 걸어 놓은 것으로 묘사하고 있는데, 이는 구체적인 사물을 활용하여 자연을 사실감 있게 나타내려는 작가의 태도가 반영된 것으로 볼 수 있다.

⑤ '불정대'에서 본 풍경에 대해 이백도 여산 폭포가 더 낫다는 말을 못 할 것이라고 하며 이백의 '여산'과 비교하여 우리 자연의 아름다움을 강조하고 있다. 이는 관념적으로 형상화하는 것이 아닌 현실에서 실제 본 자연의 아름다움을 더 높게 평가하려는 작가의 태도가 드러난 것으로 볼 수 있다.

10 ④

'마하연 묘길상 안문재 너머 디여'는 여정을 열거한 것으로, 지명 뒤에 나올 수 있는 '~지나' 또는 '~거쳐' 등을 생략함으로써 여정을 압축적으로 표현하고 있다.

✗오답 풀이

① '노국 조븐 줄도 우리는 모르거든'은 공자와 달리 우리는 노나라가 좁은 줄도 모른다는 뜻으로, 여행에 대한 경륜과 지식이 부족함을 솔직히 드러낸 것이다.

② '어와 뎌 디위를 어이하면 알 거이고'에서 '뎌 디위'는 공자의 크고 넓은 기상을 가리키는 것으로, 화자 자신에게는 그러한 호연지기가 없음을 의미하는 것이다.

③ '풍운을 언제 어더 삼일우를 디련느냐'에서 '삼일우'는 '음애예 이온 플'을 살려 낼 단비로 '선정'을 상징하는 것이며, '풍운'은 그러한 선정을 베풀 수 있는 기회를 의미하는 것이다.

⑤ '남여완보하야 산영누의 올나하니'는 '남여'라는 가마를 타고 가는 상황을 통해 화자의 권위가 강조되고 있을 뿐, 이동하는 모습을 과장되게 묘사하고 있지는 않다. 오히려 사실적으로 묘사하고 있다고 볼 수 있다.

32	**사미인곡**				▶ 본문 084쪽
01 ④	02 ④	03 ①	04 ⑤	05 ③	06 ②
07 ②	08 ②	09 ①	10 ④		

01 ④

'하늘 모를 일이런가', '눌 위하야 고이 홀고'와 같은 설의적 표현을 사용하여 화자의 정서를 효과적으로 드러내고 있다.

✗오답 풀이

① 고사의 인용은 확인되지 않는다.

② 색채 대비는 나타나지 않는다.

③ 임에게 버림받은 화자의 정서를 바탕으로 사물을 주관적으로 변용하고 있을 뿐, 다양한 관점의 묘사는 찾아볼 수 없다.

⑤ '디느니 눈물이라'와 같은 구절에서 하강의 심상은 보이지만, 상승과 하강의 심상이 반복하고 있다는 설명은 적절하지 않다.

02 ④

이 작품의 화자는 베갯머리를 비추는 달을 보며 임을 떠올리고 있으며, '님이신가 아니신가'라는 독백을 통해 임을 만나고 싶은 간절함을 드러내고 있다. 또한 〈보기〉의 화자는 창밖에서 들리는 소리에 '님이신가'라며 착각하고 일어나 살피고 있는데, 이는 낙엽 소리에도 혹시 임이 왔을까 여기는 간절한 마음을 독백으로 드러낸 것이다.

✗오답 풀이

① 이 작품의 '노여'는 '전혀'의 의미로, 임에 대한 자신의 마음은 어디에 비할 바 없는 절대적인 것임을 강조하는 것이다. 또한 〈보기〉의 '다'는 임을

기다리는 간절함으로 인해 간장이 모두 끊어질 것 같음을 강조하는 것이다. 따라서 원망의 정서와는 거리가 멀다.

② 이 작품의 '흐눈고야'는 세월만 흘러가는 것에 대한 화자의 인식을, 〈보기〉의 '흐노라'는 임에 대한 화자의 간절한 기다림을 드러내고 있다. 따라서 화자의 의지를 드러내는 표현으로 볼 수는 없다.

③ 이 작품의 '므스 일고'는 아직 차가운 날씨임에도 피어난 매화에 대한 감동을 드러내고 있다고 볼 수 있다. 하지만 〈보기〉의 '므스 일고'는 자신의 기대와는 다른 상황에 대한 낙담을 드러낸 것으로, 반가움을 영탄적 어조로 표현한 것으로 볼 수 없다.

⑤ 이 작품의 '미화'는 화자가 임에게 보내고 싶은 것으로, 자신의 변치 않는 마음과 동일시된 대상으로 볼 수 있다. 하지만 〈보기〉의 '혜란'은 난초를 의미할 뿐 의인화되거나 화자와 동일시된 표현으로 볼 수는 없다.

03 ①

㉠은 의문형 진술을 통해 임의 반응에 대한 화자의 불안감과 의구심을 드러내는 것으로 만족감을 드러내고 있다는 설명은 적절하지 않다.

✗ 오답 풀이

② ㉡은 봄에서 여름으로 바뀌는 시간의 흐름을 표현한 것으로 계절적 배경을 나타내고 있다.

③ ㉢은 비단 휘장이 쓸쓸히 걸려 있고 수놓은 장막 안이 텅 비어 있다는 것으로 화자의 외로운 처지를 드러내고 있다.

④ ㉣은 '원앙금'을 베고 '오색선'을 풀어 '금자'로 재단하여 옷을 만드는 과정을 설명한 것으로 화자의 정성을 드러내고 있다.

⑤ ㉤은 자신이 만든 '옷'에 대한 반응으로, 만족감과 자부심을 나타내고 있다.

04 ⑤

'염냥'이 '가는 듯 고텨' 온다는 인식은 임과 떨어져 지내는 가운데 시간의 흐름이 속절없이 빨리 흘러감을 드러내는 것이다. 따라서 지상의 물리적 시간이 심리적으로 지연되어 나타난다는 내용은 적절하지 않다.

✗ 오답 풀이

① 〈보기〉에 따르면 천상의 시간적 질서에서는 끝없는 사랑이 지속되므로, 임과의 '연분'을 '하눌'과 연결 짓는 것이 임과의 사랑이 끝없이 이어지기를 바라는 마음이 반영된 것이라는 설명은 적절하다.

② '졈어 잇고'는 화자가 '광한뎐'에서 임과 행복한 시간을 보내던 과거, 즉 '천상의 시간'에 해당하는 것이며, '늙거야'는 화자가 임과 헤어져 '하계'에서 외로이 지내고 있는 현재, 즉 '지상의 시간'에 해당한다. 따라서 '졈어 잇고'와 '늙거야'를 통해 화자가 천상의 시간에서 벗어나 지상의 시간으로 편입되었음을 알 수 있다는 설명은 적절하다.

③ 〈보기〉를 통해 화자가 지상의 물리적 시간을 심리적으로 변형하여 자신의 심경을 드러낸다는 것을 알 수 있다. 따라서 화자가 임과 함께 '광한뎐'에서 지내던 때를 '엇그제'로 표현한 것이, 임과 함께한 기억이 너무도 선명히 남아 있어 '삼 년'이라는 지상의 물리적인 시간을 심리적으로 압축한 것이라는 설명은 적절하다.

④ 〈보기〉를 통해 천상의 시간적 질서와는 다른 지상의 시간적 질서가 화자를 힘겹게 함을 알 수 있다. 따라서 '인싱은 유호과 '무심호 셰월'이 유한

한 지상의 시간적 질서에 대한 화자의 불안을 드러내는 것이라는 설명은 적절하다.

05 ③

ⓐ의 '둘'은 '님이신가 아니신가'를 통해 화자에게 임을 떠오르게 하는 자연물임을 알 수 있으며, ⓑ의 '미화'는 '님 겨신 디 보내오져'를 통해 화자가 임에 대한 그리움과 정성을 전달하는 자연물임을 알 수 있다.

✗ 오답 풀이

① ⓑ는 대상과 애정 관계를 맺고자 하는 소망이 내포된 것으로 볼 수 있지만, ⓐ는 대상과의 단절에 대한 두려움과 관련이 없다.

② ⓐ는 화자가 도달하고자 하는 목표를 상징한다고 볼 수 있지만, ⓑ는 화자의 심리적 방황 유발과 관련이 없다.

④ ⓐ, ⓑ 모두 외부적 시련과는 거리가 멀다.

⑤ ⓐ, ⓑ 모두 부정적 상황에 대해 체념하는 화자의 현재 모습은 나타나지 않는다.

06 ②

'기러기 우러 녤 제'에서는 화자의 슬픈 심리 상태가 울며 날아가는 '기러기'에 이입되어 표현되고 있다.

✗ 오답 풀이

① 세시 풍속과 관련한 내용은 나타나지 않는다.

③ 화자가 있는 '쇼샹남반'과 임이 있는 '옥누고텨'의 공간적 배경은 대비적으로 제시되었다고 볼 수 있지만, 현재와 과거의 대비는 나타나지 않는다.

④ '뉘라서 추자갈고', '더욱 닐너 므숨흐리'와 같이 설의적 표현은 나타나지만, 이를 통해 현실에 대한 비판적 태도를 드러내고 있지는 않다.

⑤ 가을(서리김, 기러기)부터 겨울(빅셜)까지의 시간의 흐름을 바탕으로 임에 대한 화자의 변함없는 그리움을 표출하고 있을 뿐, 태도 변화는 나타나지 않는다.

07 ②

화자가 '쳥광'을 보내는 이유는 임금이 '쳥광'을 이용하여 선정을 베풀기를 바라는 마음에서이다. 따라서 '쳥광'은 임금에게 도움이 되고 싶은 마음이 드러나는 소재라고 할 수 있다. 하지만 '양츈'은 덜 추운 곳에 있는 화자가 더 추운 곳에 있는 임금을 걱정하여 보내는 따뜻한 봄볕이다. 따라서 '양츈'은 임금의 안위를 생각하는 마음이 드러난 소재일 뿐, 자신의 능력을 각인시키고 싶은 마음을 드러낸 것으로 볼 수 없다.

✗ 오답 풀이

① 화자가 임금에게 '팔황(온 세상)'을 비춰 '졈낫구티(대낮같이)' 만들어 달라고 하는 것은 임금의 선정이 온 세상에 베풀어지기를 바라는 마음으로 볼 수 있다.

③ '심산궁곡'을 고통 받는 백성들이 있는 곳으로 보면, 임금의 선정이 백성들에게 베풀어지기를 바라는 마음을 노래한 것으로 이해할 수 있다. 또한 '심산궁곡'을 화자가 있는 곳으로 보면, 잊혀지지 않고 화자에게 임금의 은총이 내려지기를 바라는 것으로 이해할 수 있다.

④ '쇼샹남반'은 따뜻한 지역인 소상강 남쪽 언덕을 의미하는 말로 화자가

있는 전남 창평을 비유한 공간이며, '옥누고쳐'는 옥황상제가 있는 곳을 의미하는 말로 임금이 있는 대궐을 비유한 것으로 볼 수 있다.

⑤ '모쳠'에 비친 '희'를 '옥누'에 올리고자 하는 것은 임금이 추울까 염려하는 태도로, 임금의 안위를 생각하는 화자의 마음이 드러난 표현으로 볼 수 있다.

08 ②

ⓑ의 '홍샹'은 '붉은 치마'를 뜻하는 말로 화자가 여성임을 알려 준다.

✖ 오답 풀이
① ⓐ의 '슈정렴'은 '구슬을 꿰어 만든 발'로, 화자의 성별과는 관계가 없다.
③ ⓒ의 '취슈'는 '푸른 옷소매'를 뜻하는 말이며 남성의 옷에서도 사용하는 빛깔이므로, 화자의 성별을 알려 주는 소재로 볼 수 없다.
④ ⓓ의 '쳥등'은 '푸른 비단으로 싼 초롱불'로, 화자의 성별과는 관계가 없다.
⑤ ⓔ의 '뎐공후'는 '자개로 장식한 공후', 즉 악기로, 화자의 성별을 알려 주는 소재로 보기 어렵다.

09 ①

'열두 째'와 '셜흔 날'은 하루 온 종일과 한 달을 가리키는 것으로, 화자가 느끼는 시름의 깊이를 부각시키기 위한 표현이다. 이는 화자의 시간이 시름으로 가득 차 있다는 답답함을 의미하는 것으로, 시간이 매우 빠르게 지나가는 것을 의미하는 '세월의 부질없는 흐름'과는 거리가 있다고 할 수 있다.

✖ 오답 풀이
② '골슈의 째텨시니'는 뼛속까지 사무친 아픔을 강조하는 것으로, 화자에게 사무친 '시름'의 정도를 강조하는 표현으로 볼 수 있다.
③ 중국의 명의인 '편작'도 고칠 수 없다는 것은, 화자의 고통이 쉽게 해결될 수 없음을 부각시키는 표현으로 볼 수 있다.
④ '이 병을 엇디ᄒ리'에서 '이 병'은 화자의 임에 대한 사모의 정을 의미한다. 이를 통해 임에 대한 화자의 사모의 정이 깊음을 알 수 있다.
⑤ '범나븨'는 화자가 윤회를 통해 다시 태어난 존재로, 화자의 분신이라 할 수 있으며, '향'은 화자의 곧은 충성심을 상징한다. 따라서 이를 통해 죽음을 초월한 화자의 사랑과 충정을 강조하고 있는 것으로 볼 수 있다.

10 ④

이 작품의 '산'과 '구롬'은 화자와 임 사이를 가로막는 장애물을 의미하는 소재이며, 〈보기〉의 '이화우'는 가슴 아픈 이별 당시의 상황을 묘사하는 소재이다. 따라서 임에 대한 변함없는 화자의 사랑을 반영한 자연물로 볼 수 없다.

✖ 오답 풀이
① 이 작품은 사대부인 정철이 임금을 생각하며 지은 작품이므로 '임'은 임금으로 볼 수 있으며 〈보기 2〉는 작가 자신이 실제 겪었던 경험을 바탕으로 쓴 작품이므로 '임'은 실제 경험 속의 연인으로 해석할 수 있다.
② 〈보기 2〉는 여성 작가 계랑이 자신의 정서를 노래한 작품이지만, 이와 달리 이 작품은 남성 작가 정철이 자신을 여인에 빗대어 표현한 작품이다.
③ 이 작품과 〈보기 2〉 모두 '천 리'라는 시어를 통해 헤어진 임과의 심리적 거리감을 표현하고 있다.

⑤ 이 작품의 화자는 '날인가 반기실가'라고 말하며 자신이 보낸 옷을 받고 임이 반길지를 궁금해하고 있고, 〈보기 2〉의 화자는 '저도 나를 생각하는가'라고 말하며 임이 자신을 그리워하고 있는지를 궁금해하고 있다. 따라서 모두 임을 그리워하는 화자의 모습이 드러난다고 볼 수 있다.

33 속미인곡
▶ 본문 088쪽

01 ④　　02 ⑤　　03 ④　　04 ②　　05 ④

01 ④

'내 몸의 지은 죄 ~ 조믈의 타시로다'에서 화자 자신이 처한 상황을 자신의 탓이라 생각하며 자책하고 운명론적으로 받아들이고 있다.

✖ 오답 풀이
① 다른 가사 작품에 비해 우리말을 많이 사용하여 우리말의 아름다움을 살려 표현하고 있다.
② 이 작품은 4음보의 연속체인 가사이다.
③ 중심 화자인 '을녀'와 보조 화자인 '갑녀'가 대화하는 방식으로 이루어져 있다.
⑤ 중심 화자인 '을녀'는 '백옥경'을 떠난 후에 임(선조)을 그리워하고 있다.

02 ⑤

화자가 꿈에서 임을 만났을 때 마음속에 있는 말을 실컷 말하려고 했지만, 눈물이 계속 쏟아져 제대로 말을 하지 못했다. 따라서 자신의 안타까운 처지를 임금에게 하소연하고 있다고 볼 수 없다.

✖ 오답 풀이
① '천상'은 인간이 아닌 신선과 선녀가 사는 공간으로, 화자가 머물렀던 공간을 '천상'으로 설정한 것으로 보아 자신을 선녀에 비유하고 있음을 알 수 있다.
② '엇딘디 날 보시고 네로다 녀기실시'는 임금이 화자를 특별하게 여겼다는 의미이므로, 화자가 임금에게 은총을 받았음을 알 수 있다.
③ '나도 님을 미더 군ᄠᅳ디 전혀 업서'는 화자도 임을 믿고 딴생각이 전혀 없다는 의미이므로, 임금에 대한 화자의 충성심을 알 수 있다.
④ '이리야 교ᄐᆡ야 어ᄌᆞ러이 구돗ᄯᅥᆫ디'는 화자가 임금에게 아양과 교태를 부리며 지나치게 굴었다는 의미이므로, 이는 화자가 임금에게서 멀어진 이유로 볼 수 있다.

03 ④

㉠에는 '이리야 교ᄐᆡ야 어ᄌᆞ러이 구돗ᄯᅥᆫ디', '내 몸의 지은 죄 뫼ᄀᆞ티 싸혀시니'와 같이 화자가 임과 이별한 상황에 대한 이유가 드러나 있다.

✖ 오답 풀이
① 화자는 임과 이별한 것을 자신 탓으로 돌리며 운명으로 받아들이고 있는데, 이를 자신의 능력의 한계로 보기는 어렵다.

② ③ 임과 이별한 슬픔을 드러내고 있으므로 화자의 흥취나 자신의 업적에 대한 만족감은 제시되어 있지 않다.

⑤ 죽어서라도 임의 곁에 있고 싶다고 하고 있기는 하지만 이는 현실에서 임과 이별한 문제 상황을 극복하려는 노력으로 보기는 어렵다.

04 ②

'내 얼굴 이 거동이 님 괴얌즉 호가마눈'은 '내 모습과 이 행동이 임에게 사랑받음 직한가마는'이라는 뜻으로, 작자가 조정을 떠나기 전의 임금과의 관계에 대한 생각을 드러내고 있다. 따라서 정치적 반대 세력에 의해 처하게 된 자신의 상황에 대한 자책이 드러나 있다는 감상은 적절하지 않다.

✘오답 풀이

① 〈보기〉에서는 이 작품의 임을 임금으로 보고 있다. 이를 통해 볼 때 '천상 백옥경을 엇디호야 이별호고'는 '임금이 계시는 대궐을 어찌하여 이별하고'라는 뜻이므로 임금이 있는 조정을 떠난 상황이 드러나 있다는 감상은 적절하다.

③ '셜워 플터 헤니 조물의 타시로다'는 '설움에 겨워 풀어 생각해 보니 조물주의 탓이로다'라는 뜻이므로 자신의 상황을 운명으로 받아들이는 모습이 드러나 있다는 감상은 적절하다.

④ '어엿븐 그림재 날 조촐 뿐이로다'는 닭소리로 인해 임과 만나는 꿈에서 깨어나고 '가엾은 그림자만이 나를 따르고 있을 뿐이로다'라는 뜻이므로 임금 곁에 머물 수 없는 상황에 대한 탄식이 드러나 있다는 감상은 적절하다.

⑤ '촐하리 싀여디여 낙월이나 되야이셔'는 '차라리 죽어 없어져서 지는 달이나 되어 있어'라는 뜻으로 죽어서라도 임과 함께하고 싶은 마음을 표현하고 있으므로 임금에 대한 변치 않는 충정이 드러나 있다는 감상은 적절하다.

05 ④

ⓐ는 화자의 잠을 깨우는 닭소리로, 꿈속에서 이루어진 임과 화자의 만남을 방해하는 장애물의 기능을 하고 있고, 또한 임은 없고 자신 옆에는 '어엿븐 그림재'만이 있을 뿐이라는 것을 통해 임이 부재하는 화자의 현실 상황을 깨닫게 하는 소재임을 알 수 있다.

✘오답 풀이

① ⓐ는 화자의 소망을 실현시켜 주는 존재가 아니라, 화자의 소망을 방해하는 존재이다.

② ⓐ는 임을 만나고 싶은 화자의 마음을 방해하므로 화자의 감정이 이입된 대상이라고 볼 수 없다.

③ 이 작품에는 임과 함께하고 싶은 마음만이 나타나 있지, 화자의 이상향은 드러나 있지 않다.

⑤ ⓐ로 인해 화자는 닭에 대한 원망을 가지게 될 수 있으므로 자연에 대한 경외감을 보여 준다고 볼 수 없다.

01 ④

이 작품은 한자어와 중국의 고사를 빈번하게 사용한다는 것이 특징이다.

✘오답 풀이

① 이 작품은 본사에서 계절의 변화에 따라 성산의 사계절 풍경을 묘사한다.

② '팔월 보름밤을 모두 어찌 칭찬하는고', '요대 월하에 행여 아니 만나신가'와 같이 의문형 문장을 사용하여 성산의 아름다운 경치와 식영정 주인의 풍류에 대해 예찬하고 있다.

③ '손이 주인더러 이르되 그대 그인가 하노라'에서 화자는 주인을 진선이라고 표현하며 자연 속에서 살아가는 주인의 삶을 예찬하고 있다.

⑤ '가을 칠월', '팔월 보름밤', '삭풍(겨울바람)', '눈'과 같은 시간적 배경이 드러나는 표현을 사용하여 시적 분위기를 형성하고 있다.

02 ④

'고불'과 '손', '주인' 등을 활용하여 자연 속에 묻혀 사는 한가롭고 소박한 삶을 드러내면서, 이와 대비하여 변화가 심한 '인심'과 험난한 '세사'를 언급하고 있다. 이를 통해 세속의 욕망에서 벗어나 자연 속에서 무욕의 삶을 살아가는 가치를 강조하고 있다.

✘오답 풀이

① 상황을 가정한 부분은 제시되어 있지 않다.

② 먼저 경치를 제시하고 그에 대한 화자의 정서를 제시하는 선경 후정의 방식을 활용하고 있지 않으며, 애상적 분위기도 드러나 있지 않다.

③ '가을 칠월', '팔월 보름밤', '삭풍(겨울바람)', '눈'에 계절적 배경이 나타나 있고 '어찌하여 시운이 일락배락 하였는가 / 모를 일도 많거니와 애달픔도 그지없다'에 인간 역사의 덧없음을 드러내고 있지만, 계절적 배경에 의미를 부여하여 삶의 무상함을 드러내고 있는 것은 아니다.

⑤ 대상의 모습을 과거와 현재를 대비하여 나타내거나 변화된 모습에 대한 아쉬움을 드러내고 있지 않다.

03 ④

산옹의 '부귀'는 자연을 벗하며 즐기는 삶으로, 물질적 부귀에 해당하지 않는다.

✘오답 풀이

① ⓐ는 '적벽부'에서 아름답다고 한 칠월의 적벽보다 성산의 팔월 보름밤이 더 아름다움을 나타내고 있다.

② '적선'은 이태백을 가리키며 ⓑ는 이태백의 이야기가 야단스러울 만큼 성산의 달밤 풍경이 아름다움을 드러내고 있다.

③ ⓒ는 '눈'을 '옥'과 '꽃'에 비유하여, 눈 덮인 성산의 아름다운 경치를 표현하고 있다.

⑤ ⓔ는 얼굴이 사람마다 다르듯이 마음도 저마다 달라서, 그 마음을 짐작하기가 어려움을 표현하고 있다.

04 ③

'손'인지 '주인'인지를 잊은 채 거문고를 타며 '풍입송'을 즐기는 모습은 자연 속에서 한가로운 풍류 생활을 하는 것으로 볼 수 있다. 즉 두 사람은 서로 어울리고 있으므로, 화자가 소외감을 느끼거나 소외감이 심화된다고 보는 것은 적절하지 않다.

✗ 오답 풀이

① '산중에 벗이 없어 ~ 호걸도 많고 많다'를 통해 '한기'에서 역사적 인물들을 헤아려 보고 있음을 알 수 있다.

② '시운'이 '일락배락' 하는 것은 시대의 운수가 흥했다가 망했다가 하는 것을 의미하므로 역사의 영광과 고난을 깨닫고 있다고 이해하는 것은 적절하다.

④ '장공에 뜬 학이 ~ 그대 그인가 하노라'에서 '주인'을 '진선'에 비유함을 알 수 있다.

⑤ '기산의 늙은 고불 ~ 조장이 가장 높다'에서 허유(고불)의 고사를 들어 허유의 '조장', 즉 지조 있는 품행이 가장 높다고 한다. 이를 통해 허유를 긍정적으로 인식하고 있음을 알 수 있다.

05 ⑤

〈보기〉에 따르면 식영정 '주인'은 자연 속에 살지만 현실적 시름에 결코 초연할 수 없었다. 식영정 '주인'과 화자는 술을 마시며 시름과 애달픔을 달래고 있는 것이다. 따라서 세상에 대한 만족의 태도로 술을 마신다는 표현은 적절하지 않다.

✗ 오답 풀이

① 식영정 '주인'은 자연 속에서 한가롭게 풍류를 즐기며 살고 있다.

② 인심의 변화가 심하고 세상일이 험난하다고 하며 세속에 대한 부정적인 인식을 드러내고 있는데, 이는 현실에 대한 불만을 표현한 것이라고 볼 수 있다.

③ 자연 속에서 지조 있는 삶을 산 '허유'를 등장시킨 것은 세속적 미련을 버리지 못했음에도 불구하고 자연에서 사는 삶을 합리화하기 위한 명분이라고 볼 수 있다.

④ '어찌하여 시운이 일락배락 하였는가'를 통해 현실에서 밀려난 것을 세상의 운으로 돌리고 있다고 볼 수 있다.

35 상춘곡

▶ 본문 092쪽

| 01 ⑤ | 02 ③ | 03 ② | 04 ③ | 05 ③ | 06 ② |
| 07 ⑤ | 08 ② | 09 ④ | 10 ⑤ | 11 ⑤ | |

01 ⑤

이 작품은 강호 한정을 읊은 가사로, 봄을 완상하는 풍류와 안빈낙도를 추구하는 관념적 주제를 담고 있다.

✗ 오답 풀이

① '도화행화는~중에 프르도다'와 같이 대구법과 영탄법을 사용하였음을 확인할 수 있다.

② '물아일체어니 흥이이 다룰소냐'와 같이 설의적 표현을 사용하여 자연 속에서 흥취를 느끼며 자연과 동화하려는 화자의 삶의 태도를 강조하고 있다.

③ '수풀에 우는 새는 ~ 소리마다 교태로다'에서 '새'에 감정을 이입하여 봄을 맞은 화자의 흥취를 표현하고 있다.

④ 이 작품은 자연 속에서의 삶을 노래하여 송순의 '면앙정가'나 정철의 '성산별곡' 등의 강호 가사에 영향을 주었다.

02 ③

'시비예 거러 보고 정자애 안자 보니'는 사립문 앞을 걸어도 보고 정자 위에 앉아도 본다는 뜻이므로 사립문을 걸어 잠그는 장면으로 표현하는 것은 적절하지 않다.

✗ 오답 풀이

① '수간모옥을 벽계수 앞픠 두고'에 해당한다.

② '도화행화는 석양리예 픠여 잇고'에 해당한다.

④ '녹양방초는 세우 중에 프르도다'에 해당한다.

⑤ '소요음영하야'에 해당한다.

03 ②

㉮에서 화자는 사립문 앞을 걷거나 정자에 앉거나 시를 읊조리면서 자연을 즐기고 있다. 〈보기〉의 화자 역시 전원에서 흥을 느끼고 있으며, 거문고와 책을 벗 삼아 자연의 흥취에 빠져 남은 시간을 보내겠다고 한다. 따라서 ㉮와 〈보기〉 모두 자연 속에서 풍류를 즐기는 화자의 모습이 드러난다고 볼 수 있다.

✗ 오답 풀이

① ㉮와 〈보기〉 모두 아름다운 자연 속에서 흥취를 느끼는 화자의 모습이나 행동을 드러내고 있을 뿐, 과장된 표현을 사용하고 있거나 자연의 아름다움을 직접적으로 예찬하고 있지는 않다.

③ ㉮와 〈보기〉 모두 비유적 표현을 사용하고 있지 않으며, 화자의 모습이나 정서를 드러내고 있을 뿐 대상의 모습을 묘사하고 있지도 않다.

④ 이 작품의 다른 부분에서는 봄이라는 계절적 배경이 드러나 있지만 ㉮에는 계절적 배경이 드러나지 않으며, 〈보기〉에도 드러나지 않는다.

⑤ ㉮와 〈보기〉 모두 현재의 화자의 모습이나 정서만 드러나 있지, 과거에 대한 내용은 나타나 있지 않다.

04 ③

'수풀에 우는 새는 춘기를 못내 계워 소리마다 교태로다'는 화자가 느끼는 봄의 흥취를 새에게 투영한 감정 이입에 해당한다. 따라서 새에 대한 부러움의 감정이 아니므로 적절하지 않다.

✗ 오답 풀이

① '산림에 뭇쳐 이셔 지락을 무를 것가', 즉 자연 속에 묻혀 있어 지극한 즐거움을 모를 것이냐는 데에서 자연 속에서의 삶에 대한 화자의 즐거움이 드러난다.

② '녯사름 풍류를 미출가 못 미출가', 즉 자신의 풍류 생활이 옛사람들의 풍류와 비교해도 손색이 없다고 한 데서 화자의 자부심이 드러나며, 또 '송죽 울울리예 풍월주인 되여셔라', 즉 소나무와 대나무가 울창한 속에서 자신이 자연의 주인이 되었다고 한 데서 자연 속에서의 삶에 대한 화자의 자부심이 드러난다.

④ '이바 니웃드라 산수 구경 가쟈스라', 즉 이웃 사람들에게 산수 구경을 함께 가자고 권유하는 데에서 아름다운 경치를 구경하는 즐거움을 누릴 수

있는 자연 속 삶에 대한 화자의 만족감이 드러난다.
⑤ '답청으란 ~ 조수하새', 즉 풀 밟기는 오늘 하고, 개울에서 목욕하기는 내일하며 아침에 산나물 캐고, 저녁에는 낚시질을 한다는 데에서 자연 속에서 화자가 하고 싶은 일에 대한 기대감이 드러난다.

05 ③
'정자'는 화자가 은거하는 일상적인 생활 공간 주위라고 할 수 있으므로 기행하기 위해 거점으로 삼은 명승지를 의미한다고 볼 수 없다.

✕ 오답 풀이
① '수간모옥'은 작가가 자연 속에서 은거하면서 생활하는 유거를 체험하는 거주지라 할 수 있다.
② '흥이이 다룰소냐'는 작가가 자연 속에 은거하며 자연과 물아일체가 됨에 따라 느낀 만족감을 드러낸 표현이다.
④ '소요음영하야'는 자연 속에서 자유로이 천천히 걸으며 시를 읊조리는 상황이므로 작가가 유거 속에서 생활 공간 주위를 노닐며 즐기는 방식이라 할 수 있다.
⑤ '산수 구경 가쟈스라'는 유거를 통해 익숙해진 주위를 함께 구경 가자고 이웃에게 권유하는 부분으로, 익숙함을 느끼는 공간에서 편안하게 지내는 상황이라고 감상하는 것은 적절하다.

06 ②
화자는 부귀공명을 꺼리고 있으며 청풍명월을 벗 삼아 단표누항의 생활을 하며 소박한 삶에 만족하고 있으므로 세속적 이익을 좇지 않는 삶의 자세가 나타나 있다는 설명은 적절하다.

✕ 오답 풀이
① 그리움의 대상은 제시되어 있지 않으며 그것이 창작의 동기인지는 작품에서 확인할 수 없다.
③ 자연에 묻혀 사는 화자와 공명과 부귀를 추구하는 세속이 대비되고 있다고 할 수 있지만, 인간과 자연의 대비가 드러나지는 않는다.
④ 화자는 자신의 현재의 삶에 만족하고 있다.
⑤ 화자가 현실의 고통을 느끼는 부분은 제시되어 있지 않다.

07 ⑤
이 작품에서 화자는 '수간모옥 → 정자 → 시냇ᄀ → 봉두'의 순으로 공간을 이동하며 봄의 경치를 만끽하고 있다. '검은 들'은 '봉두'에서 바라보는 공간으로, 실제로 화자가 머무르는 공간이 아니다.

08 ②
아침에 산나물을 캐고, 저녁에 낚시를 하는 것은 자연 속에서 한가롭게 지내는 즐거움을 만끽하는 것이므로, 이것을 분주한 농촌의 일상으로 보는 것은 적절하지 않다.

✕ 오답 풀이
① ⓐ에는 겨울에서 봄으로의 계절적 변화가 드러나 있다.
③ ⓒ는 술을 마실 때마다 꽃가지를 꺾어 술잔을 센다는 의미로, 자연 속에서 풍류를 즐기는 모습이 드러나 있다.
④ ⓓ는 맑은 향기는 술잔에 지고 붉은 꽃잎은 옷에 진다는 의미로, 화자가

자연과 동화된 상태, 즉 물아일체의 모습이 드러나 있다.
⑤ ⓔ에는 소박한 생활에도 헛된 생각을 하지 않는 화자의 모습을 드러내고 있다.

09 ④
'도화행화는 석양리예 퓌여 잇고', '녹양방초는 세우 중에 프르도다', '청류롤 굽어보니 써오ᄂᆞ니 도화ㅣ로다', '송간 세로에 두견화롤 부치 들고'와 같이 자연물을 통해 봄이라는 계절적 배경을 시각적으로 드러내고 있다.

✕ 오답 풀이
① 과거를 회상하거나 현실의 덧없음을 환기하는 내용은 나타나지 않는다.
② 봄 경치가 생동감 있게 묘사되어 있지만, 의성어나 의태어인 음성 상징어는 사용되어 있지 않다.
③ 자연물이나 공간에 대한 친밀감이 드러나므로, 대상과의 괴리감을 강조한다고 볼 수 없다.
⑤ 역사적 인물에 대한 내용은 나타나지 않는다.

10 ⑤
[E]의 '검은 들'이 '봄빛'으로 넘치는 것은 겨울 들판에 봄기운이 만연함을 나타내는 것이므로 인간과 자연이 조화로운 합일을 이루어 감을 의미한다는 감상은 적절하지 않다.

✕ 오답 풀이
① 〈보기〉에서 '상춘곡'에는 '절제와 균형'이라는 유교적 세계관에 입각한 조선조 사대부들의 사고가 작용하고 있다고 하였다. [A]에서 석양은 지고 세우는 떨어지므로 하강 이미지이며 꽃은 피고 풀은 돋아나므로 상승 이미지이다. 따라서 [A]에는 '균형'을 추구하는 조선조 사대부들의 사고를 바탕으로 상승 이미지와 하강 이미지의 조화가 이루어졌다고 볼 수 있다.
② 아름다운 봄을 맞아 오늘과 내일에 할 일, 아침과 저녁에 할 일을 나누는 것은 봄놀이를 적절하게 안배하는 것이라고 볼 수 있다.
③ 술을 마실 때마다 꽃가지를 꺾어 센다는 것은 술을 많이 마시지 않고 음미하며 천천히 마신다는 것으로 사대부의 절제된 풍류를 엿볼 수 있다.
④ 술을 마시던 화자가 청향과 낙홍에 취해 흥취가 고조되고 있는데, 이를 '잔에 지고', '옷에 진다'라고 표현하며 고조되는 감정을 절제하여 나타내고 있음을 알 수 있다.

11 ⑤
ⓜ은 공명과 부귀가 날 꺼린다고 말하는 주객전도식 표현을 통해 부귀공명에 대한 화자의 가치관이 드러나므로 주체와 객체를 바꾸어 표현함으로써 자신의 가치관을 나타내고 있다는 설명은 적절하다.

✕ 오답 풀이
① ㉠에서는 '새'라는 자연물에 봄의 경치에 흥취를 느끼는 화자의 감정을 이입하여 드러내고 있다.
② ㉡은 '가쟈스라'라는 청유형 표현을 활용하여 산수 구경을 권유하고 있다.
③ ㉢은 시각적 심상이 나타나 있지만, 공감각적 심상은 나타나지 않는다.
④ ㉣은 이상향에 대한 갈망이 아니라 현재의 공간에 대한 만족감을 드러내고 있다.

36 만분가

▶ 본문 096쪽

01 ①	02 ③	03 ④	04 ①	05 ③	06 ②
07 ④	08 ④	09 ④	10 ②		

01 ①

'오색운 깊은 곳에 자청전이 가렸으니', '약수 가려진 데 구름 길이 험하구나' 등에서 배경 묘사를 통해 임과 단절된 화자의 상황을 드러내고 있는 특징을 발견할 수 있다.

✘ 오답 풀이

② '장안 어젯밤에 무서리 섞여 치니'에서 날씨의 변화가 나타나 있지만 이는 화자가 임의 안위를 걱정하는 배경으로 작용할 뿐, 화자의 내적 갈등을 드러내는 장치로 작동하고 있지 않다.

③ 어조의 전환이 나타나지 않으며 임에 대한 화자의 태도 또한 변화하지 않는다.

④ 화자가 조정의 혼란으로 인해 유배를 온 상황임이 드러나 있지만, 이를 명확히 제시하거나 역순행적 구조를 통해 제시하고 있지 않다.

⑤ 근경에서 원경으로 시선을 확대하여 시상을 전개하고 있지 않다.

02 ③

㉮는 '초객'과 '가태부'에 화자를 비유하고 있다. ㉯는 화자의 상황을 빗대어 나타내고 있으나 화자 자신을 비유하고 있지는 않다.

✘ 오답 풀이

① ㉮는 '초객의 ~ 끝이 없고'와 '가태부의 ~ 무슨 일고'가 서로 대구를 이루고 있으며, ㉯는 화자의 절망적 상황을 강조하고자 '천층랑 – 백척간 – 양각풍 – 억만 장'으로 이어지는 점층적 표현이 사용되고 있다.

② ㉯는 위태로운 상황을 설정하여 간접적으로 자신의 상황과 정서를 표현하고 있는 반면, ㉮는 '상심도 끝이 없고', '한숨은 무슨 일고'와 같이 정서를 직접적으로 표현하고 있다.

④ ㉮와 달리 ㉯에서는 매우 큰 수인 백, 천, 억을 사용해 '천층랑', '백척간', '억만 장'과 같이 과장된 표현을 활용하여 화자의 부정적 현실 인식을 드러내고 있다.

⑤ ㉮는 초객과 가태부에 빗대어 자신의 억울한 상황을, ㉯는 파도와 회오리바람을 만나 못에 깊이 빠져 버린 상황에 빗대어 화자의 암담한 상황을 나타내고 있다.

03 ④

당대에 옷을 짓는 일은 부녀자의 몫이었으므로 '임의 옷'을 짓는 행위는 여성 화자의 목소리로 임에 대한 사랑과 정성을 나타내는 행위로 볼 수 있다. 또한 추운 날 저녁에 대나무에 의지하여 임을 기다리고 있는 여인이 손에 쥐고 있는 '유란'은 임에 대한 고결한 마음을 상징하는 소재이므로 임금에 대한 신하의 충성을 보여 주는 소재라 할 수 있다.

✘ 오답 풀이

'십이루'는 천상 세계를 나타내는 소재이며, '오색운'은 화자가 천상 세계를 볼 수 없게 가리고 있는 소재이다. '백옥'은 임에 대한 화자의 순결한 사랑을, '두견'은 한 맺힌 화자의 마음을 나타내는 소재이다. '약수'는 건널 수 없는 강으로, 화자가 느끼는 임과의 단절감을 나타낸다.

04 ①

전통적으로 한과 슬픔을 상징하는 '두견'을 활용하여 임 곁에서 쫓겨난 한 맺힌 심정을, '구름'을 활용하여 임을 만나고 싶은 마음을, '유란'을 활용하여 임에게 전하고 싶은 마음과 정성을 드러내고 있다.

✘ 오답 풀이

② 반어적 표현이 사용되지 않았으며, 상대방을 희화화하는 특징도 나타나지 않는다.

③ 의성어와 의태어가 사용되어 있지 않다.

④ 중국 고사 속 인물이나 위태로운 상황에 빗대어 유배를 오게 된 억울한 상황을 표현하고 있지만, 풍자적 기법을 활용하지 않으며, 교훈을 전달하고 있지도 않다.

⑤ '오색운 깊은 곳에 자청전이 가렸으니'와 같은 묘사는 나타나 있으나, 대상을 구체적으로 묘사하여 경물(계절에 따라 달라지는 경치)의 변화를 보여 주고 있지 않다.

05 ③

[C]에서는 임을 위해 지킨 자신의 마음을 '백옥'에 빗대어 표현하고 있으므로 옥처럼 순수하다는 뜻이 담겨 있는 것으로 이해할 수 있지만, [나]에서의 '옥'은 임의 얼굴이 지닌 아름다움을 빗대어 표현한 것이다.

✘ 오답 풀이

① [A]의 '차라리 싀여지여 억만 번 변화하여', '두견의 넋이 되어'와 [마]의 '차라리 싀여디여 낙월이나 되어 있어'에서 알 수 있듯이 화자는 죽어서 다른 존재가 되어서라도 임의 곁에 있고 싶은 소망을 이루고자 하는 의지를 드러내고 있다.

② [B]의 '슬커시 사뢰리라'와 [다]의 '슬카장 삷자 하니'에서 알 수 있듯이 화자는 마음에 담아 둔 말을 실컷 전하고 싶은 바람을 지니고 있다.

④ [D]에서 화자는 '일모 수죽'에 '취수'도 '냉박'하다고 표현하고 있고 [가]에서 화자는 '모첨'을 '찬 자리'라고 표현하고 있는데, 이는 임금과 떨어져 있는 고독한 시·공간에서 느끼는 화자의 쓸쓸함이 담긴 표현이라 볼 수 있다.

⑤ [E]에서 화자는 '임 계신 데'를 '바라보'고 있으며, [라]의 화자 또한 '창을 열고 바라보'고 있으므로 먼 곳에 있는 임금을 향한 화자의 그리움을 확인할 수 있다.

06 ②

'고결혼 이내 생애 죽림에나 부치고져'에서 유배 온 화자가 자연에서 고결한 삶을 살겠다고 뜻을 드러내고 있으며, '건덕궁에 가고 지고 / 그려도 혼 무음은 위궐의 둘녀 이셔'에서는 현실에 대한 관심을 끊지 못하는 모습을 보이고 있다. 이를 통해 알 수 있듯이, 이 작품은 자연을 나타내는 '죽림'과 궁궐이나 조정을 나타내는 '건덕궁', '위궐'이라는 대립적 공간을 설정하여 자연에서의 삶을 꿈꾸면서도 정치 현실에 대한 미련을 버리지 못하는 화자의 내적 갈등을 드러내고 있다.

① '설중'에서 흰색이라는 색채 이미지가 드러나기는 하지만 이를 활용하여 외부 세계의 아름다움을 전달하는 것이 아니다.
③ '복희씨'와 '주공'이라는 중국의 역사적 인물을 언급하기는 하지만, 이를 통해 과거를 동경하고 있지는 않다.
④ '이 몸의 타실넌가', '새야 네 아니 아돗더냐' 등 의문형 표현이 등장하고 있으나 미래 상황에 대한 확신을 드러내는 것은 아니다.
⑤ 이 작품은 유배지에서 부르는 노래로, 여정에 따른 공간의 이동은 나타나 있지 않으며 이에 따른 화자의 정서 변화 또한 나타나고 있지 않다.

07 ④

'동풍'은 일반적으로 봄에 부는 바람을 의미하기는 하지만, 이 작품에서는 자연에 고결하게 살고 싶은 마음을 드러내는 역할을 하고 있을 뿐, 봄의 도래를 예고하는 기능을 하고 있지는 않다.

① '만겁'은 불교에서 지극히 오랜 시간을 나타내는 표현으로, 영원히 윤회를 거듭해서라도 학이 되어 임에게 억울함을 호소하고자 하는 화자의 의지를 강조하고 있다.
② 'ㄱ을 돌'은 화자가 '학'이 되어 슬픔을 토로하고자 하는 상황의 배경으로 '가을'과 밤하늘에 홀로 떠 있는 '달'의 이미지가 결합되어 작품의 애상적 분위기를 심화시키고 있다.
③ '설중'은 겨울이라는 계절적 배경을 나타내는 시어로, 추위를 극복하고 피어나는 '매화'의 속성을 부각하는 역할을 하고 있다.
⑤ '백세'와 '만세'는 아주 오랜 세월을 의미하는 것으로, 영원한 교우와 공감을 맹세할 정도로 자신의 억울함을 알아주는 이가 나타나기를 간절히 원하는 화자의 바람을 강조하고 있다.

08 ④

'침변에 시드는'은 화자의 '흔'과 '눈물'로 만들어진 '매화'가 머리맡에 시드는 것이므로 임이 처한 상황을 나타내는 것이 아니라 화자가 처한 상황을 형상화한 것으로 볼 수 있다.

① '옥황상제'는 화자의 삶을 전적으로 결정하는 존재로, 자신의 억울함을 호소할 곳 없는 화자가 지닌 심정을 드러내기 위해 설정한 존재로 볼 수 있다.
② '공산 촉루(아무도 없는 빈 산의 해골)', '외나모(홀로 서 있는 나무)'는 모두 화자의 외로운 심정을 나타내는 소재로 볼 수 있다.
③ 화자가 죽어서 되고자 하는 '만장송'과 '학'은 전통적으로 선비의 절개와 고고함을 상징하는 소재로, 임을 향한 화자의 변치 않는 마음이 투영된 대상으로 볼 수 있다.
⑤ 화자는 자신의 억울함을 자연물인 '산'과 '돌', '비'와 '믈'을 통해 나타내었다.

09 ④

'ㄱ을 돌 볼근 밤'은 화자가 학이 되어 '두어 소리' 울어 임의 귀에 들리기를 바라는 마음을 드러내는 시간적 배경이고, '월중'은 임의 옷에 비친 그림자라도 되고 싶은 화자의 심정이 제시되는 시간적 배경이다. 따라서 이 둘은 모두 임과 재회하고자 하는 화자

의 소망이 반영되어 있는 배경이므로, 임과 재회한 순간을 드러내고 있는 배경이라는 감상은 적절하지 않다.

① 상승의 이미지는 아래에서 위로 올라가는 이미지이다. '임자 업시 구닐'던 '이 몸'이 '학'이 되어 솟아오르고자 하고 있으므로 상승의 이미지를 구현하고 있음을 알 수 있다.
② 사계절 내내 푸르른 '만장송'과 추위 속에서도 피어나는 '매화'는 전통적으로 선비의 절개를 나타내는 소재이므로, 이를 활용하여 임에 대한 변치 않는 사랑을 나타내고 있음을 알 수 있다.
③ '바람비 뿌린 소리'와 '두어 소리'는 모두 소리를 나타낸다는 점에서 청각적 이미지로 볼 수 있으며, 이러한 소리를 임의 귀에 들리고자 하고 있으므로 임에게 알리고 싶은 화자의 심정을 나타내고 있음을 알 수 있다.
⑤ '매화'의 '뿌리'와 '가지'는 임과의 이별로 인한 '흔'과 '눈물'로 만들어진 것이므로, 이를 활용하여 '흔'의 정서를 형상화하였다고 볼 수 있다.

10 ②

개인이 겪는 갈등은 내부에 존재하는 정신적 원인이 작용한 결과라고 주장하는 ⓐ의 입장에서 볼 때, 화자 내부에 존재하는 정신적 원인을 제거해야 화자가 겪고 있는 심리적 문제가 해결될 수 있다. 하지만 '이 몸의 탓'인지를 '이 몸이 전혀 모른다'고 하였으므로 자신이 겪는 문제의 원인을 자신의 탓으로 생각하고 있는 것은 아니기에 이러한 생각을 제거해야 문제가 해결된다는 감상은 적절하지 않다.

① 원인이 있기에 결과가 존재한다고 주장하는 ⓐ의 입장에서는, 화자가 느끼는 슬픔이라는 결과에는 반드시 원인이 존재한다고 볼 수 있다.
③ 개인이 겪는 갈등은 내부에 존재하는 정신적 원인이 작용한 결과라고 주장하는 ⓐ의 입장에서 화자의 마음이 원통함으로 가득 찬 것은 자신의 억울함을 알아주는 사람이 없다는 화자의 생각이 작용한 결과라고 볼 수 있다.
④ 감정을 결정하는 것은 외적 요인이라는 견해를 가지고 있는 ⓑ의 입장에서는 임을 향한 화자의 그리움은 타인인 임이 화자를 반긴다면 해결할 수 있다고 볼 수 있다.
⑤ 희로애락을 결정하는 것은 외적 요인이라고 보는 ⓑ의 입장에서 화자는 자신의 억울함을 풀지 못한 채 운명에 맡겨야 하는 외부 환경으로 인해 '한'을 느끼고 있다고 볼 수 있다.

37 면앙정가
▶ 본문 100쪽

01 ②	02 ③	03 ⑤	04 ③	05 ②	06 ②
07 ⑤	08 ⑤	09 ④	10 ①	11 ⑤	

01 ②

'너븐 길 밧기요~그림가 아닌가'는 면앙정 앞에 펼쳐진 산의 모습이 너무도 아름다워 마치 병풍이나 그림처럼 느껴진다는 의미이므로, 면앙정 내부가 병풍과 그림으로 장식되어 있다는 내용은 적절하지 않다.

✕ 오답 풀이

① '무등산 흔 활기 뫼히 동다히로 버더 이셔 ~ 제월봉의 되어거눌'에서 제월봉이 무등산의 동쪽에 위치하고 있음을 알 수 있다.

③ '옥천산 용천산 느린 믈히 / 정자 압 너븐 들히 올올히 펴진 드시'에서 면앙정 앞 넓은 들에 옥천산과 용천산에서 내려온 물이 흐르고 있음을 알 수 있다.

④ '노픈 둣 ᄂᆞᆫ 둣 긋ᄂᆞᆫ 둣 닛ᄂᆞᆫ 둣'은 면앙정 앞의 산의 모습을 묘사한 부분으로, 높고 낮은 등의 여러 모양의 산세가 펼쳐져 있음을 알 수 있다.

⑤ 제월봉의 가운데 굽이를 묘사한 후, '너르바회 우희 ~ 정자를 안쳐시니'라고 하였으므로 제월봉 가운데 굽이의 넓고 평평한 바위 위에 면앙정이 지어졌음을 알 수 있다.

02 ③

ⓒ은 시냇물의 아름다움을 표현한 구절로, 명령적 어조를 활용하고 있지 않으며, 화자의 이상향을 나타내는 것으로 보기도 어렵다.

✕ 오답 풀이

① ㉠은 '므득므득'이라는 의태어를 활용하여 한데 뭉쳐 모여 있는 듯한 산봉우리의 모양을 묘사하고 있다.

② ㉡은 면앙정의 지붕을 '두 ᄂᆞ릐'로 비유하고 있다.

④ ㉣은 산이 하늘도 두려워하지 않고 우뚝이 서 있다며 산을 두려움의 감정을 느낄 수 있는 사람처럼 표현하고 있다. 이를 통해 하늘에 닿을 듯 높이 솟아 있는 산의 형세를 나타내고 있다.

⑤ ㉤의 '하도 할사'에서 영탄적 어조의 활용을 확인할 수 있으며, 이를 통해 매우 많은 산봉우리들로부터 느끼는 경탄을 표현하고 있다.

03 ⑤

ⓐ는 제월봉 가운데 굽이를 비유한 대상이며 ⓑ는 정자 지붕을 비유한 대상으로, 모두 그 모양과의 유사성을 바탕으로 인식된 것이지만, ⓒ는 화자가 면앙정에서 직접 바라보고 있는 대상일 뿐 다른 대상과의 유사성을 바탕으로 인식된 것이 아니다.

✕ 오답 풀이

① ⓑ가 천 리를 가려는 목적이나 의지를 가진 것처럼 나타내었으므로 의인화되었다고 볼 수도 있으나 ⓐ, ⓒ는 단지 동물로서도 가능한 행위를 하는 것으로 묘사되고 있으므로 의인화되었다고 보기 어렵다.

② ⓒ는 화자가 자연에서 직접 목격하고 있는 대상이지만, ⓐ와 ⓑ는 유사성

을 바탕으로 관찰 대상을 비유한 것이다.

③ ⓐ~ⓒ 모두 그 모습만이 묘사되었을 뿐 이에 대한 화자의 주관적 평가가 드러나 있지 않으므로 화자가 부정적으로 인식하고 있는 대상으로 보기 어렵다.

④ ⓐ와 ⓑ는 관찰 대상을 비유한 것이고, ⓒ는 화자가 관찰하고 있는 대상으로, 모두 화자와 동일시되고 있지 않다.

04 ③

'쌍룡이 뒤트는 닷 ~ 흐르는 닷', '안즈락 ᄂᆞ리락 모드락 흐트락'과 같이 시각적 이미지를 활용하여 강물과 기러기의 운동감을 나타내고 있다.

✕ 오답 풀이

① 이 작품은 면앙정 주변의 경치를 노래하고 있을 뿐 화자의 의지를 드러내는 내용은 나타나 있지 않으며 단호한 어조도 찾아보기 어렵다.

② 화자가 현재 바라본 면앙정의 풍경과 그에 대한 감탄을 드러낼 뿐, 과거와 현재의 대비가 나타나 있지 않으며, 그리움의 정서 또한 발견하기 어렵다.

④ 화자가 자신이 처해 있는 상황을 긍정적으로 인식하고 있다고 짐작할 수는 있지만, 대립적 시각이 나타나 있지 않다.

⑤ 의인법, 직유법, 은유법 등을 사용하여 대상의 의미를 제시하고 있지만, 역설적 표현을 사용하고 있지 않다.

05 ②

ㄴ. '닷ᄂᆞᆫ 둣 ᄯᅩ로ᄂᆞᆫ 둣 밤낫즈로 흐르ᄂᆞᆫ 둣'과 같이 직유를 통해 시각적 인상을 구체화한다.

ㄷ. 4음보의 형식으로 정형적 운율미를 형성하고 있다.

✕ 오답 풀이

ㄱ. 말의 순서를 바꾸는 도치는 나타나지 않는다.

ㄹ. 나타내려고 하는 의미와 반대되는 표현을 하여 그 의미를 강화하는 반어적 표현은 나타나지 않는다.

ㅁ. 영탄적 표현을 통해 자연물에서 얻은 깨달음을 표출하고 있지는 않다.

06 ②

〈보기〉에서는 작가가 객관적 상관물에 인간적 생명력과 의지를 부여하는 방식으로 자신의 이상을 표출했다고 하였다. '늘근 뇽'이 '선좀을 ᄀᆞᆺ 씨야'는 늙은 용이 잠에서 막 깨어났다는 뜻으로, 이상을 펼치기에 이미 늦었다고 여기는 조바심이 아니라 이제부터 무언가를 시작하고자 하는 작가의 의지가 투영된 표현이라고 할 수 있다.

✕ 오답 풀이

① 〈보기〉의 '그는 객관적 자연물에 인간적 생명력과 의지를 부여하는 방식으로 자신의 이상과 세계관을 표출했다.'라는 내용을 참고할 때, '제월봉'이라는 객관적 자연물에 '므슴 짐작'을 할 수 있는 인간적 생명력과 의지를 부여하여 높은 이상을 이루고자 하는 작가의 의지를 투영하였다고 할 수 있다.

③ 〈보기〉의 '면앙우주는 작가에게 천지만물의 이치를 심성의 수양으로 내

면화하는 공간이었다.'라는 내용을 참고할 때, '정자'가 '청학'처럼 '두 나래 버럿는 듯'하다고 하며 날아갈 듯한 모습으로 묘사한 것은 작가가 면앙정을 비상을 위한 심성 수양의 장소로 생각하였다고 할 수 있다.

④ 〈보기〉의 '작가는 자연 세계를 통해 인간 세계의 이치를 읽어 내었다는 내용을 참고할 때, '믈'이 '밤낮즈로 흐'른다고 표현한 것은 작가가 끊임없이 흐르는 물을 보며 자신도 추구하는 바를 쉼 없이 행해야 함을 깨달아 이를 드러내고자 한 것이라 할 수 있다.

⑤ 〈보기〉의 '작가는 자연 세계를 통해 인간 세계의 이치를 읽어 내는 가운데 조화와 합일을 추구했다.'라는 내용을 참고할 때, '추월산'을 비롯한 여러 산들이 '노픈 듯 누즌 듯 긋는 듯 닛는 듯' 서 있다고 표현한 것은 다양한 형세의 산들이 서로 조화를 이루고 있는 조화와 합일을 추구하는 작가의 삶의 태도를 드러내고자 한 것이라고 할 수 있다.

07 ⑤

'호탕정회'는 넓고 끝없는 정과 회포라는 뜻으로, '강산풍월' 즉, 자연에서 풍류를 즐기는 과정에서 화자가 느낀 정서를 직접적으로 표현한 말이다.

✘오답 풀이

① '부롬'과 '돌'은 자연을 즐기기에 바쁜 화자가 쐬려 하고 맞으려 하는 것이므로 화자가 즐기고 있는 자연의 일부로 보는 것이 적절하다.

② '청려장'은 푸른색의 이미지를 지니고 있기는 하지만 화자가 자연을 바삐 돌아다니고 있음을 나타내기 위한 소재일 뿐, 자연의 아름다움을 묘사하고 있는 소재로 보기 어렵다. '푸람'은 휘파람을 의미하는 것으로 색채를 활용하지도, 자연의 아름다움을 묘사하고 있지도 않다.

③ '벗'은 화자와 함께 자연 속에서 술을 마시며 흥취를 즐기고 있는 대상이므로 화자와 대비된다고 보기 어려우며, 일상적 삶을 추구하는 인물로 보기 어렵다.

④ '희황'과 '이태백'은 역사적 인물이기는 하지만, '희황을 모올너니 니젹이야 긔로고야', '호탕정회야 이예서 더홀소냐'에서 지금이 희황 시절, 즉 태평성대이고 자신이 느끼는 호탕정회가 이태백보다 더 클 것이라며 자부심을 드러내고 있으므로, 화자의 겸손함을 부각시키는 역할을 하고 있다고 보기 어렵다.

08 ⑤

'음악에 맞춰 덩실덩실 춤을 추며'를 '누으락 안즈락 구부락 져츠락'이라는 구체적인 행위로 바꾸어 표현하는 과정에서 의태어인 '덩실덩실'은 쓰이지 않았다. 따라서 의태어를 활용하여 상황을 생동감 있게 표현하고자 하였다는 이해는 적절하지 않다.

✘오답 풀이

① '근심과 시름이 다 사라지는구나'를 '근심이라 이시며 시롬이라 브터시랴'라는 대구적 표현으로 바꾸어 운율을 형성하고 있다.

② '천지도 넓고'를 '천지도 넙고 넙고'로 바꾸어 음수율을 지키고 있다.

③ '술이 익어 가니 벗과 함께 마셔야겠구나'라는 표현을 '벗지라 업슬소냐'라는 설의적 표현으로 바꾸어 의미를 강조하여 전달하고 있다.

④ '갖가지 악기를 연주하며'를 악기를 연주하는 행위를 열거한 '블릭며 투이며 혀이며 이아며'로 바꾸어 상황을 보다 구체화하여 전달하고 있다.

09 ④

ⓔ은 쉴 사이 없이 바빠 자연을 즐기느라 다른 사람에게 이곳에 좋은 풍경이 있으니 구경 오라고 길을 가르쳐 줄 틈도 없다는 의미로, 화자의 생활은 드러나고 있지만 역동적인 서술은 나타나 있지 않다.

✘오답 풀이

① ⓐ 자연에서 바쁜 나날을 보내고 있는 화자의 생활을 이것도 보려 하고 저것도 들으려 하고, 밤도 줍고 고기도 낚는 등의 행위를 나열하여 역동적으로 서술하고 있다.

③ 자연 경치를 구경하러 다니는 화자의 생활을 이 산 저 산에 앉아 보기도 하고 걸어 보기도 하는 행위를 통해 역동적으로 서술하고 있다.

⑤ 자연에서 술을 마시며 흥취를 즐기고 있는 화자의 생활을 시를 읊고 휘파람을 불며 마음대로 노는 행위를 나열하여 역동적으로 서술하고 있다.

10 ①

ㄱ. 이 작품의 '이 몸이 이렁굼도 역군은이샷다'와 〈보기 1〉의 '긔 성은인가 ㅎ노라'에서 임금의 은혜를 떠올리며 감사하는 태도를 확인할 수 있다.

ㄴ. 이 작품의 '인간올 쎠나와도 내 몸이 겨를 업다'와 〈보기 1〉의 '강호에 바리연디 십 년 밧기 되어세라'에서 속세와 거리를 두고 지내는 삶의 모습을 확인할 수 있다.

✘오답 풀이

ㄷ. 이 작품은 '술리 닉어거니 벗지라 업슬소냐'에서 자연에서 느끼는 흥취를 벗과 나누려는 마음이 드러나 있지만, 〈보기 1〉은 '백구야 하 즐겨 말고려 세상 알가 ㅎ노라'라며 세상 사람들이 화자가 자연에서 느끼는 흥취를 알지 못하기를 바라는 마음을 드러내고 있다.

ㄹ. 이 작품에는 궁핍한 생활에 대한 내용이 나타나 있지 않으며, 〈보기 1〉은 벼슬을 그만두고 낚시로 소일하는 생활은 나타나 있지만 궁핍한 생활상은 구체적으로 나타나 있지 않다.

11 ⑤

ⓐ는 자연을 즐기느라 바쁜 나날을 보내고 있음을, ⓑ는 자연에서 한가로운 정서를 느끼고 있음을 나타내고 있다. 따라서 이를 관련지어 이해한 것으로 '자연 속에서 이리저리 노니는 한가로운 정서를 즐기기에도 겨를이 없다.'가 가장 적절하다.

✘오답 풀이

① 화자는 자연을 즐기기 바빠 겨를이 없는 것이므로 전원생활에 겨를이 없어 한가롭게 자연을 즐길 틈이 없다고 이해하는 것은 적절하지 않다.

② 화자는 자연에서 그 흥취를 충분히 즐기고 있으므로 흥취를 느낄 겨를이 없다고 이해하는 것은 적절하지 않다.

③ 화자는 한가로운 정서를 느끼고 있으므로 한가롭게 살기 어렵다고 이해하는 것은 적절하지 않다.

④ 화자는 자연 속에서 풍류를 즐기고 있을 뿐 일하는 즐거움을 찾고 있지는 않으므로 적절하지 않다.

38 규원가

▶ 본문 104쪽

01 ④ **02** ② **03** ③ **04** ③ **05** ②

01 ④

화자는 임에 대한 수동적인 기다림의 자세로, 오지 않는 임을 원망만 하고 있는 내용이 대부분이고, 적극적으로 자신의 운명에 맞서서 문제를 해결하고자 하는 의지는 나타나지 않는다. 따라서 대구법을 사용하여 운명에 맞서려는 의지를 보인다는 설명은 적절하지 않다.

✗ 오답 풀이

① 임이 부재한 가운데 독수공방의 처지인 화자가 자신의 서러운 감정을 '새'에 이입하여 '새소리 더욱 섧다'와 같이 표현하고 있다.

② '당시에 마음 쓰기 살얼음 디디는 듯', '봄바람 가을 물이 베올에 북 지나 듯'과 같이 비유적 표현을 사용하여 결혼 생활에서의 화자가 처했던 상황, 세월의 흐름을 나타내고 있다.

③ '스스로 참괴하니 누구를 원망하랴', '박명한 홍안이야 나 같은 이 또 있을까'와 같이 설의적 표현을 사용하여 화자의 정서를 강조하고 있다.

⑤ '소년행락 생각하니 ~ 목이 멘다', '설빈화안 어디 가고 면목가증 되었구나'와 같이 화자는 과거를 되돌아보며 현재 자신의 처지를 한탄하고 있음을 알 수 있다.

02 ②

'부용장'은 '연꽃무늬 휘장'을 의미하는데 이 작품에서는 '연꽃무늬 휘장을 친 방'으로, '적막하니 뉘 귀에 들리소니'로 보아 화자가 임의 부재함을 느끼고 있는 공간임을 알 수 있다.

✗ 오답 풀이

①④ '부용장'은 화자가 독수공방하는 공간이므로 화자가 지향하는 공간 또는 임이 있을 곳으로 추측하는 공간으로 볼 수 없다.

③ '부용장'은 임이 화자를 기다리는 공간이 아니라, 화자가 임을 기다리고 있는 공간이다.

⑤ '부용장'이 화자가 타인들로부터 벗어난 공간임을 제시된 내용으로는 확인할 수 없다.

03 ③

'천연여질'은 '타고난 아름다운 모습'을 의미하므로 꾸며서 가꾼 인위적인 용모를 의미한다는 설명은 적절하지 않다.

✗ 오답 풀이

① '공후배필'에서 '공후'는 높은 서열에 있는 귀족이므로 '높은 벼슬아치의 아내'를 의미한다.

② '장안 유협 경박자'에서 '장안'은 서울이고, '유협'은 호방한 풍류객을, '경박자'란 행동이 속되고 가벼운 사람을 말한다. 따라서 '서울의 호방한 풍류객이자 언행이 가벼운 사람'을 의미한다.

④ '약수'는 신선이 살았다는 중국 서쪽의 전설 속의 강 이름인데, 부력이 매우 약하여 기러기의 털도 가라앉는다고 한다. 따라서 도저히 건널 수 없는 강이므로 '임과의 만남을 방해하는 장애물'을 의미한다.

⑤ '박명한 홍안'에서 '박명'은 복이 없고 팔자가 사납다는 의미이고, '홍안'은 젊어서 혈색이 좋은 붉은 얼굴, 즉 젊은 여자를 의미한다. 따라서 '기구한 운명의 젊은 여자'를 의미한다.

04 ③

'천상의 견우직녀'는 칠월 칠석 때를 놓치지 않고 만나는데 임은 소식도 끊겼다고 하였으므로, 견우직녀가 화자의 처지와 동일하다는 설명은 적절하지 않다.

✗ 오답 풀이

① '서러운 말'에는 화자가 하고 싶은 말, 즉 남편 없이 혼자 지내며 느꼈을 서러움과 한의 정서가 담겨 있다고 할 수 있다.

② '스스로 참괴하니'는 '내 얼굴 내 보거니 어느 임이 날 사랑할까'와 관련지어 볼 때 자신의 변해 버린 모습에 아무도 자신을 사랑해 줄 리 없다고 하며 스스로 부끄럽다는 의미이므로 화자는 남편이 돌아오지 않는 상황에 대해 자조와 자책을 하고 있음을 알 수 있다.

④ '나 같은 이 또 있을까'는 자신과 같은 기구한 운명은 또 없다는 의미의 설의적 표현으로, 이를 통해 화자는 자신의 신세에 대한 자조와 한탄을 이어 가면서 홀로 지내는 자신의 외로움을 강조하고 있다.

⑤ '아마도 이 임의 탓으로 살동말동 하여라'는 임 때문에 살 수 없다는 의미로 돌아오지 않는 남편에 대한 원망을 노골적으로 표현하고 있다.

05 ②

화자는 현실에서 임을 만나기 어렵기 때문에 '꿈'에서나마 일시적으로 임을 만나기를 소망한다. 따라서 ⓒ의 '꿈'은 현실에서 화자가 원하는 대로 문제를 해결할 수 없어 비현실적인 방법으로 선택한 대안이라 할 수 있다.

✗ 오답 풀이

① ㉠은 원하지 않는 배필감을 만났는데 '꿈같이 만나'게 되었다고 했으니, 이때 '꿈같이'란 '너무 좋아서 현실이 아닌 것 같은'의 긍정적 의미가 아니라, '덧없고 허무하게'라는 부정적 의미로 해석된다. 따라서 흐릿한 기억 때문에 혼란스러운 심정을 나타낸다고 이해한 것은 적절하지 않다.

③ ㉠은 화자가 남편을 '경박자'로 보고 원망하는 마음에서 말한 것이므로, 임과의 만남에 대한 기대라는 설명은 적절하지 않다. 또한 ⓒ은 오지 않는 임을 만나기를 바라는 소망에서 말하는 맥락이므로 임과의 이별에 대한 망각에서 비롯된 것이라는 설명은 적절하지 않다.

④ ㉠은 이미 일어난 일에 대해 회상하는 것이라는 설명은 적절하다고 할 수 있으나, ⓒ은 곧 일어날 일에 대해 단정하는 말이 아니므로 적절하지 않다.

⑤ ㉠은 인연의 우연성에 대한 것이라는 설명은 적절하다고 할 수 있으나, ⓒ은 재회에 대한 기대는 될 수 있어도 재회에 대한 필연성이라고 설명하는 것은 적절하지 않다. 또한 각각 우연성이나 필연에 대한 화자의 우려를 드러내고 있다는 설명도 적절하지 않다.

01 ④

이 작품에서 시선의 이동에 따라 시상을 전개한다고 볼 수 있는 근거를 찾기 어렵다.

✕오답 풀이

① '하룻밤 찬 바람에 눈이 왔나 서리 왔나', '어찌하여 온 세상이 백옥경이 되었는가'에서 시각적 이미지를 활용하여 겨울의 계절감을 드러내고 있다고 할 수 있다.

② '먼 봉우리 반쪽 끝에 옛빛이 비치는 듯'과 같이 직유적 표현법을 활용하여 깜깜한 사방에서 달빛이 비치는 시적 상황을 드러내고 있음을 알 수 있다.

③ '본색이 어디 가리'와 같이 설의적 표현 기법을 활용하고 있다.

⑤ '청광'은 임금의 은혜로움, '뜬구름'은 임금의 총명함을 가리는 왜적 등으로, 특정 대상에 의미를 부여하여 주제를 효과적으로 전달하고 있다.

02 ③

ⓒ은 부정적 문제 상황을 인식하고 근심과 걱정을 표현한 구절이다. 여기에서 부정적 상황에 대한 적극적인 대처 의지를 확인할 수는 없다.

✕오답 풀이

① ㉠에서는 눈이 내린 세상 모습을 '백옥경'이라고 표현하고 있다. '백옥경'은 옥황상제가 머문다는 궁궐을 말하는 것으로 그만큼 눈이 내린 경치가 아름다움을 비유적으로 표현한 것이다.

② ㉡은 밝은 달빛이 가슴 곳곳에 비추지 않는 데가 없다는 의미로 환한 달빛을 보고 깊이 감상하여 도취된 분위기를 전달하고 있다고 볼 수 있다. 또는 달빛이 '임금의 총명함, 은혜로움'을 비유한 것이라면 임금의 은혜가 가슴속에 가득 찼다는 의미로 해석할 수 있다.

④ ㉣에서는 화자의 감정 이입이 드러나며 자연물에 자신의 정서를 투영하여 공감대를 형성하고 있다.

⑤ ㉤에서는 차는 일과 이지러지는 일, 쇠하였다 다시 번성하는 일은 하늘과 땅에 끝이 없이 일어남을 나타내고 있다. 따라서 지금은 임금이 피란을 가고 국운이 위태롭지만 자연의 순환 이치를 근거로 긍정적인 미래가 올 것을 기대하고 있다는 설명은 적절하다.

03 ①

ⓐ는 '제 몸만 밝히고 남 비출 줄 모르'는 대상으로 표현하고 있으므로 화자가 비판적으로 인식하고 있는 대상이라는 설명은 적절하다.

✕오답 풀이

② 화자는 ⓐ를 부정적으로 인식하고 있으므로 예찬적 태도로 바라보고 있다는 설명은 적절하지 않다.

③ 화자는 ⓐ를 남 비출 줄 모르는 이기적인 대상으로 보고 있을 뿐, 동병상련의 감정으로 바라보고 있지 않다.

④ ⓐ는 화자의 비참한 처지를 상징하는 것과 무관하다.

⑤ ⓐ가 화자의 과거 모습을 성찰할 수 있는 계기가 되고 있다는 근거는 찾기가 어렵다.

04 ③

'풍운이 변화한들 본색이 어디 가리'라고 하면서 '명월 볼 날 기다리'는 모습에서 나라의 앞날에 대해 낙관적인 기대를 드러내고 있음을 알 수 있다.

✕오답 풀이

① '우리도 단심을 지키어 명월 볼 날 기다리노라'에서 화자의 임금에 대한 변함없는 충정을 확인할 수 있다.

② '청광'이 '폐부'에 흘러들어 아니 비치는 데가 없을 정도라는데, 이는 세상을 밝히는 임금의 덕을 '청광'에 비유하면서 예찬하고 있는 것이라고 할 수 있다.

④ '가뜩이나 시름 많'아서 '긴 밤'을 '전전반측'한다는 것을 통해 화자가 나라 일을 걱정하느라 잠을 이루지 못하고 있음을 알 수 있다.

⑤ 화자는 '명월'을 보기 위해 '비단 부채로 긴 바람 부쳐 내어 이 구름 다 걷고자', '푸른 대나무로 천 길의 비를 매어 저 구름 다 쓸고자' 마음먹었지만 '장공은 만 리'이고 자신은 '진토'라고 밝히고 있다. 이는 화자가 위기에 처한 나라를 위해 자신의 뜻을 펼치기에는 능력이 부족함을 느끼고 있음을 드러내는 것이라고 할 수 있다.

05 ③

'제 몸만 밝히'는 '금작경'은 자신의 안위만 생각하는 이기적인 간신배를 의미한다.

✕오답 풀이

① 임금이 계신 궁궐에서 임금께 '사뢰려' 한 '뜻'은 충신으로서 위태로운 나라의 상황과 관련 있는 내용일 것으로 추측할 수 있다.

② '옛빛'은 달에서 나오는 밝은 빛, 곧 임금의 은총이나 덕망 등 긍정적인 힘을 의미한다. 따라서 '옛빛'이 '점점 아득'하다는 것은 임금의 덕망을 발휘 못하는 부정적인 극한 상황이라고 할 수 있다.

④ '구름'은 나라의 환란을 불러일으키는 부정적인 존재이다. 이 '구름'을 '비단 부채'로 '바람'을 일으켜 걷어 내고 싶다고 한 것은 부정적인 현실을 바꾸고 싶은 소망을 드러내는 것이라고 할 수 있다.

⑤ 화자 자신을 '진토'라고 말하며 자신이 나라에 도움이 못 되는 신분임을 한탄하고 있다. 따라서 '허사'라고 한 것은 자신을 '진토'로 인식한 결과라고 할 수 있다.

IV

시조·가사(조선 후기)

40　어부사시사　　　　　　　▶ 본문 110쪽

| 01 ② | 02 ④ | 03 ① | 04 ⑤ | 05 ④ | 06 ③ |
| 07 ④ | 08 ④ | 09 ⑤ | 10 ③ | | |

01 ②

이 작품은 어촌에서 풍류를 즐기는 현재의 모습과 정서에 초점이 맞춰져 있으며 과거와 미래에 대한 대비는 드러나지 않는다.

✗오답 풀이

① 초장과 중장 사이에 '빈 떠라 빈 떠라', '빈 셰여라 빈 셰여라' 등 출항과 귀항까지의 과정을 보여 주는 여음을 사용하여 흥취를 북돋우고 있으며, 중장과 종장 사이에 '지국총 지국총 어사와'라는 여음을 사용하여 흥취를 북돋우고 있다.

③ 이 작품의 갈래는 시조로 4음보를 규칙적으로 반복하여 리듬감을 형성하고 있다.

④ 이 작품에서 '강촌'은 아름다운 자연 속에서 한가롭게 살아가며 물아일체를 이루는 이상적 공간으로 형상화되어 있다.

⑤ 다양한 시각적 이미지와 청각적 이미지를 활용해서 자연 풍경을 묘사하여 대상의 아름다움을 드러내고 있다.

02 ④

(라)의 화자는 '년닙희 밥', '청약립', '녹사의', 즉 연잎에 싼 밥, 푸른 갈대로 만든 삿갓과 도롱이를 통해 자연 속에서 소박하게 살아가는 삶 속에서의 만족감을 드러낸다. 〈보기〉는 소박한 집인 '뛰집'을 짓고 자연에 은거하며 느끼는 만족감을 드러낸다. 따라서 두 작품 모두 자연 속에서의 소박한 삶에 대한 만족감을 드러내는 '안분지족'의 태도를 읽어 낼 수 있다.

✗오답 풀이

① (라)와 〈보기〉 모두 현실에 대한 비판적 인식은 드러나 있지 않다. 오히려 자신이 처한 상황에 대한 만족감을 드러내고 있다.

② (라)의 '년닙', '청약립(푸른 갈대로 만든 삿갓)'이 여름이라는 계절감을 드러낸다고 볼 수 있지만, 〈보기〉에는 계절적 배경을 드러내는 자연물은 제시되어 있지 않다.

③ 〈보기〉에서 화자는 '그 모른 놈들'이 자연에서 사는 자신의 뜻을 모르고 비웃는다고 하면서 다른 대상과의 대조를 통해 화자의 지향점을 드러낸다고 볼 수 있지만, (라)에는 화자와 다른 대상을 대조하는 내용이 나타나 있지 않다.

⑤ (라)는 '백구'를 통해 물아일체의 삶을 드러내고 있지만 이를 자연 풍경에 대한 경외감을 드러내는 것으로 보기는 어렵다. 〈보기〉에는 자연 풍경에 대한 경외감을 드러내는 객관적 상관물이 제시되어 있지 않다.

03 ①

㉠은 갈매기와 화자(주체와 객체)가 마치 하나가 된 것 같은 느낌이 표현되어 있는데, 이는 자연과 인간이 하나가 되는 경지를 일컫는 '물아일체'로 표현할 수 있다.

✗오답 풀이

② '격세지감'은 오래지 않은 동안에 몰라보게 변하여 아주 다른 세상이 된 것 같은 느낌을 의미한다.

③ '우국충정'은 나랏일을 근심하고 염려하는 참된 마음을 의미한다.

④ '풍수지탄'은 효도를 다하지 못한 채 어버이를 여읜 자식의 슬픔을 이르는 말이다.

⑤ '건곤일척'은 운명을 걸고 단판걸이로 승패를 겨룸을 이르는 말이다.

04 ⑤

'만고심'은 뱃노래 소리에 배어 있는 속세에 대한 근심을 의미한다. 이는 자연 속에서도 혼탁한 현실에 대한 걱정을 드러내는 부분이므로 혼탁한 현실 정치에서 벗어나려는 심정과는 거리가 있다.

✗오답 풀이

① 매 수의 둘째 행의 여음구는 배의 출항과 귀항 과정에서 외치는 소리를 시간 순으로 배치한 것이다.

② '압개예 안기 것고'와 '뒫뫼희 히 비친다'가 비슷한 문장 구조로 대구를 이루면서 자연의 아름다움을 만끽하고 있는 화자의 모습을 드러낸다.

③ '지국총 지국총'은 노를 저을 때 나는 소리를 흉내 낸 음성 상징어로 이를 통해 어촌이라는 배경을 짐작할 수 있다.

④ 낚싯대를 메고 여유를 즐기는 모습을 통해 한가롭게 살아가는 화자의 모습을 드러내고 있다.

05 ④

날이 '져므는 줄' 몰랐다는 것은 자연 속에 머물며 느끼는 감흥으로 시간 가는 줄을 몰랐다는 의미로 자연 속에서 느끼는 흥취를 강조하는 것이다. 이를 언젠가 여유로운 삶이 끝날 것이라는 사실을 암시한다고 이해하는 것은 적절하지 않다.

✗오답 풀이

① '돌'은 화자가 배에 실어 함께 돌아오는 대상으로 자연에 동화된 화자의 모습을 드러내고 있다.

② '낙대'는 비가 그치고 낚시를 하러 가는 어부의 흥취를 드러내는 것으로 자연에서 느끼는 충만감을 고조시키는 역할을 한다고 볼 수 있다.

③ '연강 톕쟝(강 안개와 겹겹의 봉우리)'이 그림과 같이 아름답다는 표현으로 화자를 둘러싼 자연에 대한 긍정적인 인식을 나타내고 있다.

⑤ 화자는 배 위에서 '슈도가(뱃노래)'를 부르는 행위를 통해 자신의 흥을 표현하고 있다. 이를 통해 자연 속에서 풍류를 즐기는 화자의 심리를 드러내고 있다.

06 ③

(라)의 '머흔 구룸 혼티 마라 셰샹을 구리온다 / 파랑셩을 염티 마라 딘훤을 막는도다'와 같이 통사 구조가 유사한 구절을 대응시켜 운율을 형성하고 있다.

✖오답 풀이

① '조선이 좁다 ᄒ나 부세과 얻더ᄒ니', '묽ᄀ의 외로온 솔 혼자 어이 셕셕ᄒ고'에서 의문형 어구가 나타나지만, 이는 속세에서 벗어나 자연에서 사는 삶에 대한 만족감과 자부심을 드러내는 것이므로 화자의 심리적 갈등과는 관련이 없다.

② 대상을 점층적으로 강조하는 점층법이 활용된 부분은 찾을 수 없다.

④ 'ᄀᄂ 눈 쁘린 길 블근 곳 훗더딘 뒤 흣치며 거러가셔'에서 '블근 곳'이라는 색채어가 '눈'이라는 흰색의 색채 이미지를 지닌 시어와 대비되어 화자의 흥겨움을 드러내고 있다. 따라서 색채어를 활용하고 있기는 하지만, 화자와 다른 대상과의 차이를 부각하고 있는 것은 아니다.

⑤ '닫 드러라 닫 드러라(닻 들어라)'와 '닫 디여라 닫 디여라(닻 내려라)'에 상승 이미지와 하강 이미지가 나타나 있으나 이것의 반복을 통해 심리가 변화되는 부분은 제시되어 있지 않다.

07 ④

〈보기〉의 화자는 세상의 시끄러운 소리가 들릴까 봐 '흐르는 물'로 막아 버렸다고 하였다. (라)에서 화자는 '딘훤(티끌과 소음)'으로 상징되는 속세를 막아 주는 '파랑셩'을 긍정적으로 인식하고 있다. 따라서 속세와 화자를 단절시키는 소재라는 점에서 〈보기〉의 '흐르는 물'과 (라)의 '파랑셩'의 기능은 유사하다고 볼 수 있다.

08 ④

'외로온 솔'은 사시사철 푸른 속성을 지니고 있으므로 계절감을 드러내는 소재로 적절하지 않다.

✖오답 풀이

① 'ᄀ올'은 가을을 의미하므로 계절감을 드러낸다.

② '서리'는 가을을 대표하는 소재이다.

③ '천텹옥산'은 수없이 겹쳐 있는 눈 덮인 아름다운 산이라는 뜻으로 겨울의 계절감을 드러낸다.

⑤ '셜월'은 눈 속의 달을 의미하므로 겨울의 계절감을 드러낸다.

09 ⑤

'숑창을 비겨 잇쟈'는 소나무 그림자가 비치는 창에 기대어 있자라는 의미로, 성리학적 도덕의 영향력이 약해진 현실을 외면하고자 하는 것과는 거리가 멀다.

✖오답 풀이

① '인간'은 자연을 상징하는 '수국'과 대조적인 공간으로 화자가 이를 멀수록 더욱 좋은 것으로 인식하고 있으므로 이를 통해 부조리한 현실 공간에 대한 화자의 거리감을 알 수 있다.

② 화자는 살진 고기들이 가득한 '만경 딩파'에서 실컷 즐겨 보자고 하므로 자연에 몰입하여 흥취를 즐기고자 하는 화자의 태도를 알 수 있다.

③ 자신이 있는 작은 '조션(낚싯배)'이 '부세(덧없는 세상)'보다 낫다고 보고 있으므로 화자가 현실을 부조리한 공간으로 인식하고 있음을 알 수 있다.

④ 화자가 아름다운 풍경을 보고 '선계(신선의 세계)'인지 '불계(불교의 세계)'인지 모르겠다고 감탄하고 있으므로 화자가 자연을 이상적 공간으로 보고 있음을 알 수 있다.

10 ③

〈보기〉 속 ⓑ의 '만첩 청산'은 '천심 녹수'와 함께 속세를 상징하는 '십장 홍진'을 차단하는 기능을 한다. 이 작품의 '머흔 구름'과 '파랑셩' 역시 세속적 공간인 '셰샹'과 '딘훤'을 차단하는 기능을 한다.

✖오답 풀이

① ⓐ, ⓑ 모두 역동적인 느낌을 지닌 소재라고 볼 수 없다.

② ⓐ, ⓑ 모두 화자가 도달해야 할 도덕적 가치와는 관련이 없다.

④ ⓑ를 자연 풍경으로 본다면 화자의 감흥을 자아내고 있다고 해석할 수는 있으나 ⓐ가 향수를 유발하고 있다는 것은 적절하지 않다.

⑤ ⓑ는 공간적 배경과 관련이 있지만 ⓐ에서 계절적 배경을 알 수 없다.

41 만흥 ▶ 본문 114쪽

01 ⑤ **02** ② **03** ③ **04** ⑤ **05** ③ **06** ③

01 ⑤

(마)는 자연 속에 사는 것을 운명으로 수용하는 운명론적 세계관이 드러나므로 현실을 극복하고자 하는 의지와는 관련이 없다.

✖오답 풀이

① '어리고 햐암의 뜻의ᄂ 내 분인가 ᄒ노라'에서는 자신은 비록 어리석은 시골뜨기라고 낮추어 말하지만 자연 속에서 은거하는 자신의 처지에 만족하는 태도가 드러나고 있다.

② '보리밥 픗ᄂ몰', '바횟 긋 믉ᄀ'와 같은 구체적 사물을 통해 안빈낙도의 삶의 태도를 드러내고 있다.

③ '먼 뫼'를 바라보며 마치 벗이 온 것처럼 반가워하거나 말씀도 하지 않고 웃음을 짓지 않는 산을 한없이 좋아한다는 것은 이심전심을 통한 자연과 하나가 되는 물아일체의 경지를 드러낸 것이라고 볼 수 있다.

④ 속세를 피해 은거한 고사 속 인물인 '소부 허유'를 통해 자연 속에서 여유를 즐기며 살겠다는 화자의 의지를 드러내고 있다.

02 ②

(바)에서 화자는 자연 속에서 여유를 즐길 수 있는 것도 모두 '님군 은혜'라며 임금에 대한 충의를 나타내고 있다. 〈보기〉 역시 작은 배에서 낚시를 하며 풍류를 즐기는 것을 '역군은이샷다'라며 임금에 대한 충절을 드러내고 있다.

✖오답 풀이

① 〈보기〉는 배 위에 그물을 치는 행위를 제시하고 있으나, (바)는 화자의 구체적인 행위가 드러나지 않는다.

③ 자신의 삶에 대한 화자의 만족감은 (바)와 〈보기〉 모두에서 드러난다.

④ 〈보기〉는 '가을'이라는 계절적 배경이 직접 제시되어 있지만, (바)는 계절적 배경이 뚜렷하게 드러나지 않는다.

⑤ 〈보기〉는 작은 배 위에서 낚시를 하는 소박한 삶에 대한 만족감이 드러나 있다. (바)는 자연 속 삶에 대한 만족감과 그런 자신의 처지가 임금의 덕분이라는 내용이 나타나 있지만, 소박한 삶은 드러나지 않는다.

03 ③

'햐암'은 시골뜨기라는 의미로 자연에 은거하고 있는 자신을 낮춰 일컫는 말이다. 따라서 유배와 낙향을 반복했다는 사실과는 관련이 없다.

✗오답 풀이

① '녀나믄 일'은 자연 속에서 사는 삶과 대비되는 현실을 상징하는 말로 혼탁한 정치적 상황과 관련이 있다.

② '모론 놈들'은 자연에 은거하는 화자를 비웃는 자들로 윤선도를 탄핵하고 모함했던 정적들을 의미한다고 볼 수 있다.

④ '뛰집'은 자신이 은거해 살던 집으로 작가가 추구했던 은둔하는 삶과 관련이 있다.

⑤ '알마초'는 한자가 아닌 우리말을 활용한 것이다.

04 ⑤

'산슈', '뛰집', '보리밥', '픗ᄂ믈', '믉ᄀ', '뫼', '강산' 등은 자연이나 자연 속에서의 삶을 상징하는 시어로 화자가 긍정적으로 인식하는 대상이다. 반면 '그 나믄 녀나믄 일', '인간 만ᄉ' 등은 속세를 의미하는 시어로 화자가 부정적으로 인식하는 대상이다. 화자는 이런 대조적인 시어나 시구를 활용하여 자연 속에서 한가하게 지내고자 하는 주제 의식을 강조하고 있다.

✗오답 풀이

① 화자는 자연 속에 사는 즐거움을 일관되게 드러내고 있을 뿐, 어조가 변화하는 부분은 드러나지 않는다.

② 의미가 점점 강해지게 나타내는 점층적 표현이 드러나는 부분은 찾을 수 없다.

③ 시각적 이미지가 나타나 있다고 볼 수는 있지만, 이를 활용하여 계절의 변화를 나타내는 부분은 찾을 수 없다.

④ 대상을 다양한 관점으로 묘사하는 부분은 찾을 수 없다.

05 ③

'어리고 햐암의 뜻'은 자연 속에서 은거하며 사는 것에 대한 만족감을 강조하기 위해 자신을 어리석고 시골뜨기라고 낮춰 말한 것이다. 따라서 이를 윤선도가 반대파의 탄핵을 받은 이유라고 보기는 어렵다.

✗오답 풀이

① 〈보기〉에 따르면, '산슈 간'은 금쇄동 일대를 뜻하는 것으로 실제 공간이라는 것을 알 수 있다.

② 〈보기〉에 따르면, 윤선도는 금쇄동 일대에 정자와 정원을 조성하였다. 이를 통해 볼 때 '바횟 긋 믉ᄀ'는 윤선도가 조성해 놓은 정원의 바위와 연못을 가리키는 것으로 볼 수도 있다.

④ 〈보기〉에 따르면, 윤선도는 아무도 모르는 금쇄동 일대에서 노닐었다고 하였다. 이를 통해 볼 때 자연을 상징하는 '먼 뫼'는 반대파의 탄핵으로 유배를 당했던 상처를 치유해 줄 수 있는 공간이라고 볼 수도 있다.

⑤ 정쟁으로 유배까지 다녀온 윤선도에게 자연은 다툼이 없는 평화로운 곳

이므로, 'ᄃ토리 업슨 강산'은 현실과 대비되는 공간이라고 할 수 있다.

06 ③

'셩이 게으르'다는 것은 화자가 자연 속에서 은거하는 이유를 겸손하고 완곡하게 표현한 것이라고 볼 수 있다. 따라서 이를 물러남에 있어 떳떳하지 못한 모습으로 설명하는 것은 적절하지 않다.

✗오답 풀이

① '보리밥 픗ᄂ 믈'을 알맞게 먹고 물가에서 실컷 노니는 것은 물러난 화자가 선택한 삶의 방식이라고 볼 수 있다.

② '그 나믄 녀나믄 일'은 자연 속에서 노니는 일 외에 다른 일로 〈보기〉에서 제시된 '나아감'과 관련되어 있는데, 이것을 부러워하지 않겠다고 함으로써 이익을 탐하는 것을 경계하는 화자의 태도를 드러낸다고 할 수 있다.

④ 다툼이 벌어지는 현실에서 물러남을 통해 'ᄃ토리', 즉 다툴 이와 거리를 두는 자세를 알 수 있다.

⑤ 현실에서 물러나 있지만 임금에 대한 충의를 보임으로써 세상을 잊은 것은 아닌 화자의 태도를 드러내고 있다.

42 견회요
▶ 본문 116쪽

01 ③   02 ⑤   03 ②   04 ③   05 ②   06 ③

01 ③

이 작품에서는 충신을 모함하는 정치 현실은 드러나 있지만, 이를 반어적 표현을 활용하여 드러내지는 않는다.

✗오답 풀이

① '슬프나 즐거오나 옳다 하나 외다 하나', '뫼흔 길고 길고 물은 멀고 멀고'와 같이 대구적 표현을 활용하여 운율을 형성하고 있다.

② '그 밧긔 여남은 일이야 분별할 줄 이시랴'에서 설의법을 활용하여 나라를 걱정하는 것 이외의 일은 하지 않을 것이라는 화자의 의지를 드러내고 있다.

④ '추성 진호루 밧긔 울어 예는 저 시내야'에서 시냇물에 말을 건네는 방식을 통해 임금에 대한 충성심을 나타내고 있다.

⑤ 이 작품은 〈제1수〉~〈제3수〉에서 '충'을, 〈제4수〉에서 '효'에 대한 개별적인 진술 뒤에 〈제5수〉에서 이를 통합하는 전개 방식을 취하고 있다.

02 ⑤

〈보기〉의 '시조는 초·중·종 3장의 정형화된 형식 안에 유배객의 삶과 정서를 간결하게 응축해서 전달할 수 있었다.'에서 알 수 있듯이, 이 작품은 시조라는 정형적 시가 형식을 활용하여 유배객으로서 화자의 정서를 응축해서 표현하고 있다.

✗오답 풀이

① 이 작품은 연시조이며, 길이의 조절이 자유로운 연속체를 활용한 것은 가사에 대한 설명이다.

②④ 이 작품의 갈래는 시조이므로 가사와 같이 유배지로 가는 여정을 상

세하게 서술하거나 유배지에서의 삶과 정서를 구체적으로 담아낸 것은
아니다.
③ '정과정곡'은 고려 시대에 창작된 작품인데 이 작품은 조선 시대에 창작
되었으므로 동일한 시대적 배경이라고 볼 수 없다.

03 ②
㉠에 임금을 향한 변함없는 마음을 이입하였고 ㉡에 어버이에
대한 그리움을 이입하였다.

✘오답 풀이
① ㉠, ㉡ 모두 현재와 과거를 연결하는 매개체 역할을 하고 있지 않다.
③ ㉠, ㉡ 모두 임금이나 어버이에 대한 화자의 마음을 드러내는 대상이지,
화자나 어버이의 과거를 비유적으로 표현한 것이라고 볼 수 없다.
④ ㉠은 화자가 지향하는 삶과 관련되어 화자의 마음을 드러낸 것 일 뿐, 화
자가 지향하는 세계 자체를 상징하지는 않는다. ㉡은 지양하는 세계와는
관련이 없다.
⑤ ㉠은 청각적 이미지를 통해 화자의 의지를 드러내고 있다고 볼 수도 있
지만, ㉡은 어버이에 대한 화자의 그리움을 표현한 것이므로 의지와는
관련이 없다.

04 ③
이 작품에서는 아버지의 관직 복직을 염원하는 마음은 나타나 있
지 않다.

✘오답 풀이
① (가)의 '해올 일'은 임금을 위해 해야 할 일이라는 뜻으로, 〈보기〉에서 제
시된 불의를 외면하지 않고 상소를 올린 일과 관련이 있다.
② 윤선도의 입장에서 (나)의 '아무'는 자신을 유배 보내고 그의 아버지를 관
직에서 쫓아낸 간신들을 의미한다고 볼 수 있다.
④ (라)의 '어버이 그린 뜻'은 유배지에서 부모님을 그리워하는 정서와 관련
이 있다.
⑤ (마)의 '임금을 잊으면'은 〈보기〉에서 제시된 불의를 외면하고 불충을 저
지르는 행위와 관련지어 이해할 수 있다.

05 ②
(나)의 망령된 '내 일'은 임을 위한 행위이므로 (다)의 임 향한
'내 뜻'과 상반되는 것으로 이해할 수 있다는 설명은 적절하지
않다.

✘오답 풀이
① 화자의 행위를 '옳다 하나 외다 하나'라고 평가하는 행위는 (나)의 '아무
가'와 같이 임금 주변에서 자신에 대해 추문을 퍼뜨리는 인물들이 하는
행위라고 해석할 수 있다.
③ (다)의 '추성'은 화자가 위치한 곳으로 (라)의 '뫼'와 '물'로 인해 어버이와
멀리 떨어진 공간이다.
④ (라)의 '뜻'은 효와 관련되어 있고 (마)의 '뜻'은 임금을 향한 것으로 '임금
을 잊으면 긔 불효인가 여기노라'라며 효의 대상을 임금으로 확대하고
있다.
⑤ (마)의 '임금 향한 뜻', 즉 임금을 위하는 마음은 (가)의 '내 몸의 해올 일'
을 직접적으로 제시한 것이라 볼 수 있다.

06 ③
㉢는 밤낮으로 그칠 줄 모르고 흐르는 시냇물처럼 임을 향한
충성도 변함없다는 의미로 임금에 대한 변함없는 지조와 절개
를 드러낸다고 볼 수 있다.

✘오답 풀이
① ⓐ는 나라를 걱정하는 것, 신념에 충실하는 것 이외의 일들을 통칭하는
것으로 볼 수 있다.
② ⓑ는 자신이 한 어리석어 보이는 행동도 모두 임을 위한 것이라는 의미
이므로 순수한 본성의 회복을 바라는 것이라고 볼 수 없다.
④ ⓓ는 반복을 통해 어버이에 대한 그리움을 드러낸 것이므로 자연에 귀의
하려는 의지라고 볼 수 없다.
⑤ ⓔ는 임금을 따르는 것은 하늘의 뜻이며 이를 지키겠다는 의미를 내포하
고 있으므로 운명을 거스르다가 좌절하는 이유라고 보는 것은 적절하지
않다.

43 오우가 ▶ 본문 118쪽

| 01 ④ | 02 ③ | 03 ④ | 04 ① | 05 ④ | 06 ⑤ |

01 ④
(마)의 초장에 제시된 '나모'와 '플'은 서로 대조되는 대상이라고
볼 수 없다.

✘오답 풀이
① (가)의 초장에는 '내 버디 몃치나 ᄒᆞ니'라고 묻고 '수석과 송죽이라'라고
답하는 자문자답의 형식을 활용하고 있다.
② (나)의 초장과 중장은 서로 유사한 문장 구조로 반복하는 대구를 이루고
있다.
③ (다)의 초장과 중장에서 제시된 꽃과 풀의 순간성과 가변성은 종장에서
제시된 바위의 영속성, 불변성과 대비된다.
⑤ (바)의 '너만 ᄒᆞ니 또 잇ᄂᆞ냐'에서 의인법을 활용하여 광명이라는 달의 속
성을 드러내고 있다.

02 ③
㉢은 소나무의 곧은 모습을 통해 지조와 절개를 예찬하는 부분
이다.

✘오답 풀이
① ㉠은 깨끗하고도 그치지 않고 흐르는 물의 속성을 활용하여 물의 영속성
을 예찬하는 부분이다.
② ㉡은 변하지 않는 바위의 모습을 통해 바위의 불변성을 예찬하는 부분이
다.
④ ㉣은 곧고 푸른 대나무의 모습을 통해 지조와 절개를 예찬하는 부분이다.
⑤ ㉤은 조용히 세상을 비추는 달의 모습을 통해 달의 과묵함을 예찬하는
부분이다.

03 ④

푸른 듯하다가 누른빛을 띠는 ⓐ는 변하지 않는 '바회'와 대비되는 소재로 활용되었으며, 〈보기〉의 '도리'는 따뜻한 봄에 잠깐 피었다 지는 꽃으로 바람과 서리에도 꽃을 피운 '황국화'와 대비되는 소재로 활용되었다.

✗오답 풀이

① ⓐ와 '도리' 모두 화자의 감정을 표현하기 위해 동원되는 대상인 객관적 상관물로 활용되지 않았다.

② ⓐ는 계절감이 드러나지 않으며 '도리'는 일반적으로 봄에 피는 꽃이지만 작품의 분위기 형성과는 관련이 없다.

③ ⓐ와 '도리' 모두 시간의 흐름을 나타내는 존재와는 관련이 없다.

⑤ ⓐ와 '도리' 모두 과거 회상의 매개체로 활용되지 않았다.

04 ①

(나)에서 '겸기'를 통해 '구름'을, (다)에서 '프르는 듯 누르느니'를 통해 '플'을, (마)에서 '프르니'를 통해 대나무를 감각적으로 묘사하고 있다.

✗오답 풀이

② '또 더ㅎㅇㅑ 머엇ㅎ리', '너만 ㅎ니 또 잇느냐'와 같이 설의적 표현을 활용하고 있지만, 이를 통해 대상에 대한 그리움을 강조하고 있지는 않다.

③ 음성 상징어가 활용된 부분은 찾을 수 없다.

④ 반어적 표현이 사용된 부분은 찾을 수 없다.

⑤ '솔아 너는 얻디 눈서리를 모르는다'에서 말을 건네는 방식을 활용하고 있지만, 이는 대상을 예찬하는 것이지 대상을 비판하고 있는 것이 아니다.

05 ④

D에서 화자는 '달'의 광명과 과묵함에 대한 예찬의 태도를 보이고 있으므로 화자의 시선은 여전히 중심 소재로 향해 있다. 따라서 화자의 시선이 D에서는 내면으로 이동하고 있다고 보는 것은 적절하지 않다.

✗오답 풀이

① A에서 화자는 무생물인 '수석', 생물인 '송죽', 천상의 자연물인 '달'의 순서로 다섯 벗을 소개하고 있다.

② B의 〈제2수〉에서는 물을 구름, 바람과 대조하고 〈제3수〉에서는 바위를 꽃, 풀과 대조함으로써 중심 소재의 속성을 부각하고 있다. 따라서 대조의 방식을 활용하여 중심 소재를 예찬하고 있다고 볼 수 있다.

③ B의 〈제2수〉와 〈제3수〉에서는 각각 초장과 중장이 서로 대구를 이루고 있으며 C에서 〈제4수〉는 초장에서, 〈제5수〉는 초장과 중장에서 각각 대구적 표현이 드러난다. 따라서 B에서 대구로 인해 형성된 운율감이 C까지 이어지고 있다고 보는 것은 적절하다.

⑤ 〈제1수〉에서 물, 바위, 소나무, 대나무, 달의 순서로 언급된 중심 소재를 〈제2수〉~〈제6수〉에서 순차적으로 배치하고 있다.

06 ⑤

'만물'은 '달'이 비추는 '온 세상의 사물'을 의미한다. 따라서 화자가 합일하고자 하는 자연물이라고 보기 어렵다.

✗오답 풀이

① '다섯'은 물, 바위, 소나무, 대나무, 달을 의미하며 이들은 모두 인간의 덕목을 나타내고 있다.

② (나)에서 본받아야 할 대상인 '믈'과 대조적인 존재로 '구룸'이 언급되었고, (다)에서 본받아야 할 대상인 '바회'와 대조적인 존재로 '플'이 제시되어 있다.

③ '솔'은 지조와 절개를 지닌 존재로 형상화되어 있는데, 이는 '충'이라는 유교적 가치를 나타낸다.

④ '그'는 '대나무'를 뜻하며, 화자는 대나무의 겸허함과 절개를 예찬하고 있으므로 화자가 내면화하고 싶은 모습을 지녔다고 볼 수 있다.

44 입암이십구곡 ▶ 본문 120쪽

| 01 ④ | 02 ③ | 03 ③ | 04 ⑤ | 05 ③ | 06 ⑤ |

01 ④

이 작품에서 색채 이미지가 드러난 부분은 찾을 수 없다.

✗오답 풀이

① '오랜 세월 곧게 선 자태 고칠 적이 업느다'와 같이 바위의 속성을 유교적 덕목(곧은 기개와 불변성)과 대응시켜 바위를 예찬하고 있다.

② '무정히 서 있는 바위 유정하여 보이는다'와 같이 자연물인 바위에 인격을 부여하여 친근감 있게 표현하고 있다.

③ '강가에 우뚝 서니 쳐다볼수록 더욱 놉다 / 바람서리에 불변하니 뚫을수록 더욱 굳다'와 같이 대구법을 활용하여 바위에 대한 예찬적 태도를 드러내고 있다.

⑤ '애닯다 가히 사람이오 니 돌마도 못ㅎ랴'에서 '사람'과 '돌'을 대비시켜 자연물, 즉 바위에 대한 긍정적 인식을 드러내고 있다.

02 ③

〈제5수〉에서 화자는 '탁연직립(빼어나게 곧게 섬)'하는 바위의 모습을 많은 사람이 볼 수 있도록 광야에 나아가야 한다고 주장한다. 하지만 바위는 '왕기순인(몸을 낮춰 남을 좇음)'하지 않겠다고 하며 지금의 위치에서 벗어날 생각이 없다고 답한다. 즉 바위의 '탁연직립'을 고수하려는 것이다. 따라서 '탁연직립'하겠다는 것은 화자의 의견이 아니라 바위의 신념이라고 보는 것이 적절하다.

✗오답 풀이

① 〈제5수〉에서 화자는 바위에게 '광야'로 위치를 옮길 것을 제안하지만 〈제6수〉에서 바위는 자신을 반길 리 없는 세상에 나아가기보다는 골짜기에 있겠다며 화자의 제안을 거절한다.

② 〈제5수〉의 '구름 깁흔 골짜기에 알 이 있어 ㅊㅈ오랴'와 〈제6수〉의 '왕기순인ㅎㅇㅑ 내 어디 옮아가리오'에서 설의법이라는 동일한 표현 방법을 활용함으로써 긴밀한 연관성을 지닌다.

④ 〈제5수〉는 바위가 아무도 찾지 않는 깊은 골짜기에 있기 때문에 바위를 알 이가 없다는 아쉬움에 바위에게 광야로 위치를 옮기라고 하고 있다.

⑤ 〈제6수〉는 어지러운 세상이 꼿꼿한 자신을 반길 리 없다고 인식하고 있

는 바위의 입장을 표현한 것으로 볼 수 있다.

03 ③

'세상에 이익되는 세 벗을 사귈 줄 모르노라'는 옛 모양 그대로 변함이 없는 바위를 벗으로 삼으면 세상에 이익이 되는 세 벗을 사귈 필요가 없다는 의미이다. 따라서 이를 세상과 타협하지 않는 바위의 굳은 태도라 보는 것은 적절하지 않다.

✗오답 풀이

① 오랜 세월 곧게 서 있는 바위의 모습을 통해 바위의 영속성을 강조하고 있다.

② 바위의 높은 기상을 예찬하고 있다.

④ '애닯다'를 통해 바위보다 못한 인간들의 태도에 대한 안타까움을 직접적으로 드러내고 있다.

⑤ 산 좋고 물 좋은 골짜기에서 생긴 대로 살겠다는, 즉 자연 속에서 자신의 처지에 만족하며 살겠다는 의지를 드러내고 있다.

04 ⑤

계절적 이미지를 활용하여 시적 분위기를 고조시키고 있는 시어는 찾을 수 없다. 〈제2수〉에서 '서리'가 가을이라는 계절적 이미지를 드러내기는 하지만, 이는 바위에게 가하는 시련의 의미일 뿐이다.

✗오답 풀이

① 〈제1수〉에서 '직립불의(꼿꼿이 섬)'하는 바위의 모습을 통해 교훈적 의미를 확인할 수 있다.

② 〈제1수〉의 '무정'과 '유정', 〈제5수〉의 '탁연직립'과 〈제6수〉의 '왕기순인', 〈제5수〉의 '광야'와 〈제6수〉의 '산 됴코 물 됴흔 골'과 같은 대립적 시어를 통해 주제를 부각하고 있다.

③ '산 됴코 물 됴흔 골'은 혼란스러운 세상과 대조되는 공간으로, 이곳에서 늙겠다는 것은 탈속적 공간을 지향하는 모습이라고 볼 수 있다.

④ '세정이 하 수상ᄒ니 나를 본돌 반길넌가'와 같은 설의적 표현을 통해 자연 속에서 살겠다는 화자의 의지를 강조하고 있다.

05 ③

〈제3수〉에서 화자는 바위를 벗으로 삼으면 다른 벗이 필요 없다고 말하고 있다. 중장에서 바위를 벗 삼아 앉아 있는 화자의 행위가 종장에서 세상에 이익이 되는 세 벗을 사귈 필요가 없다고 말하는 화자의 태도로 이어지고 있는 것으로 볼 수 있다.

✗오답 풀이

① 〈제1수〉의 중장은 인간과의 대비를 통해 곧게 서 있는 바위의 모습을 드러내는 부분으로, 화자의 만족감은 드러나 있지 않다.

② 〈제2수〉의 초장과 중장은 모두 바위의 모습을 예찬하고 있으므로 초장에서 드러난 깨달음이 중장의 화자의 결심을 강화한다고 보는 것은 적절하지 않다.

④ 〈제4수〉의 초장과 중장은 바위의 높은 기상과 곧은 모습을 예찬하는 부분으로, 화자의 의문이나 회의감이 드러나지 않는다.

⑤ 〈제5수〉의 종장은 바위의 모습을 많은 사람이 본받기를 원한다는 의미인데, 이를 자기반성의 계기로 보는 것은 적절하지 않다.

06 ⑤

〈제6수〉의 '세정이 하 수상ᄒ니'는 세태에 대한 부정적 인식이 드러난 부분이며 이에 대한 거부감으로 '산 됴코 물 됴흔 골', 즉 자연에서 생긴 대로 늙겠다고 말한다. 따라서 세속을 이상적 공간으로 정화하려는 의지를 드러내고 있다는 진술은 적절하지 않다.

✗오답 풀이

① 〈제1수〉에서 '유정하여'라고 바위에 인격을 부여한 후 '최령흔 오인도 직립불의 어렵건만'이라고 하며 인간과 대비를 통해 바위를 인간보다 우월한 대상으로 여기고 있다.

② 〈제2수〉의 '강가에 우뚝 서니 쳐다볼수록 더욱 높다 / 바람서리에 불변ᄒ니 뚫을수록 더욱 굳다'를 통해 바위의 높고 불변하는 속성을 예찬하고 있음을 알 수 있다.

③ 〈제3수〉에서는 '고모진태(옛 모습대로의 참된 자태)'를 지니고 있는 바위의 품성을 예찬하며 세상에 이익이 되는 벗들을 사귀지 않고 이러한 바위를 벗으로 삼고자 하는 태도를 보이고 있다.

④ 〈제5수〉에서는 '탁연직립'을 통해 빼어나게 뛰어난 꼿꼿이 선 바위의 자태를 본받을 만한 것으로 인식하고 있다는 것을 알 수 있다.

45 상사곡
▶ 본문 122쪽

| 01 ④ | 02 ③ | 03 ⑤ | 04 ① | 05 ③ |

01 ④

'청조도 아니 오고 백안도 그쳤으니'와 같이 대구법을 활용한 부분이 있지만 상황을 변화시키고자 하는 화자의 의지와는 관련이 없다.

✗오답 풀이

① '행복'과 '불행', '초생'과 '보름'과 같이 대비되는 시어를 통해 임에 대한 그리움을 드러내고 있다.

② '가을밤 아주 긴 때 적막한 방 안에'에서 계절적 이미지가 드러나며 이를 통해 화자의 외로움을 강조하고 있다.

③ '이제나 잊자 한들 눈에 절로 밟히거늘 설워 아니 그리워할쏘냐.', '신혼에 즐거웠거늘 오랜 옛정이 지금이라고 어떠하랴'와 같이 설의법을 통해 임에 대한 변함없는 그리움을 드러내고 있다.

⑤ 고사 속에 등장하는 '청조'와 '백안'을 통해 임과 단절된 상황에 따른 정서를 드러내고 있다.

02 ③

(가)의 '나도 장부로서 모진 마음 지어 내어'를 통해 윗글의 화자는 남성임을 알 수 있다. 반면 〈보기〉의 '올 저기 비슨 머리 헛틀언 디 삼 년일쇠', '연지분 잇닉마는 눌 위ᄒ야 고이 홀고'는 화자가 여성임을 드러낸다.

✗오답 풀이

① 두 작품 모두 독백체를 통해 시상을 전개한다.

② 두 작품 모두 가사이므로 4음보를 반복하여 운율을 형성하고 있다.

④ 윗글에서 동일한 문장을 반복하여 정서를 강화하는 부분은 찾을 수 없으며, 〈보기〉에서 동일한 시어가 반복되는 부분 역시 찾을 수 없다.
⑤ 윗글의 '어둑한 그림자 말 없는 벗이 되어'에 의인화가 나타난다고 볼 수 있지만 〈보기〉에서 객관적 상관물로 활용된 시적 대상은 찾을 수 없다.

03 ⑤
㉤은 젊었을 적에 지녔던 임에 대한 사랑을 늙은 지금에도 여전히 간직하고 있다는 것을 강조하는 것으로 임을 기다리다 늙어 버린 상황에 대한 아쉬움과는 관련이 없다.
✗오답 풀이
① '구름 비'와 같은 하강적 이미지를 통해 임과의 이별한 상황을 부각하고 애상적 분위기를 형성하고 있다고 볼 수 있다.
② '설워 아니 그리워할쏘냐'와 같이 임에 대한 그리움을 의문의 형식을 사용하여 강조하고 있다.
③ '걱정거리로 마음이 괴로워 잠을 이루지 못함'을 의미하는 한자 성어 '전전반측'을 활용하여 그리움에 잠을 이루지 못하는 화자의 상태를 부각하고 있다.
④ 화자는 '달'을 보고 임을 떠올린다. 이를 통해 임에 대한 화자의 간절한 그리움을 엿볼 수 있다.

04 ①
'천지간에 어느 일이~임 그리워 서럽도다'에서 자문자답의 형식이 활용된다. 이는 임에 대한 화자의 그리움을 부각하는 기능을 한다.
✗오답 풀이
② 풍자의 기법이 활용된 부분을 찾을 수 없으며 떠나간 임에 대한 서운함이 드러난 부분도 제시되어 있지 않다.
③ 언어유희가 드러나는 부분은 찾을 수 없다.
④ 임의 부재로 인한 외로움이 형상화되고 있기는 하지만 의태어를 찾을 수 없다.
⑤ 반어적 표현이 활용된 부분을 찾을 수 없으며 임에 대한 애정이 식어 가는 모습을 그린 부분도 드러나지 않는다.

05 ③
'동창을 더디 닫고'는 늦은 밤 홀로 있는 외로움을 드러내는 것으로 임금에 대한 원망의 정서를 드러내는 것과는 관련이 없다.
✗오답 풀이
① 이 작품을 '충신연주지사'로 해석하면 '임 그리워 서럽도다'는 임금에 대한 신하의 간절한 그리움을 표현한 것으로 볼 수 있다.
② '소식도 못 듣거늘'은 소식마저 끊겨 임금과 단절된 상황에 놓여 있음을 보여 준다.
④ '행복과 불행은 하늘의 이치'와 같은 운명론적 세계관을 보여 줌으로써 임금과 이별한 지금의 상황을 겸허하게 받아들이고 기다리는 태도를 드러낸다.
⑤ '신혼에 즐거웠거늘'은 임금의 총애를 받았던 과거의 모습을 비유적으로 표현한 것으로 볼 수 있다.

46 소유정가 ▶ 본문 124쪽
01 ② 02 ⑤ 03 ② 04 ⑤ 05 ②

01 ②
'갈잎에 닻 내리고~희황천지를 오늘 다시 보는구나', '동파 적벽유인들~강호 흥미는 나만 둔가 여기노라' 등에서 풍류를 즐기는 낭만적인 삶의 태도를 확인할 수 있다.
✗오답 풀이
① '추풍', '추월'을 통해 가을이라는 계절적 배경은 나타나지만, 계절적 변화는 나타나지 않는다.
③ 풍류를 즐기는 모습이 나타날 뿐, 유교적 사상과 관념은 나타나지 않는다.
④ 자연을 벗하며 유유자적하는 삶의 태도가 나타날 뿐, 학문 정진의 교훈은 나타나지 않는다.
⑤ 벼슬길에 올랐던 과거의 삶은 나타나지 않는다.

02 ⑤
'희황천지'와 '동파 적벽유'에서 역사적 인물인 복희씨와 소동파를 언급하고 있지만, 이는 자신의 한가로운 삶과 풍류에 대한 만족감을 드러내기 위한 것이지 혼자 즐길 때 누리는 즐거움을 보여 주기 위한 것이 아니다.
✗오답 풀이
① '말술이 다나 쓰나 술병 메고 벗을 불러'에서 확인할 수 있다.
② '바람에 떨어진 갈대꽃 ~ 어지러이 뿌리는데'에서 확인할 수 있다.
③ '갈잎에 닻 내리고 ~ 자린은순 수없이 잡아내어'에서 확인할 수 있다.
④ '푸른 물풀 위로 강풍이 ~ 월중에 돌아오니'에서 확인할 수 있다.

03 ②
㉠에서 '희황천지'는 중국 복희씨 때의 태평스러운 세상을 의미하는 것이며, 화자는 '희황천지'를 오늘 다시 본다고 노래하고 있다. 따라서 화자는 현재의 상황을 태평스러운 세상으로 인식하고 있음을 알 수 있다.
✗오답 풀이
① '태기 넓은 돌에 높이 베고 누웠'다는 것은 자연 속에서 편안하게 쉬고 있는 모습을 노래한 것이며, ㉠는 그런 삶이 희황천지와 같다는 의미이다.
③ '희황천지'는 중국 전설 속의 내용으로 화자가 예전에 경험한 것이 아니다.
④ 전통적 정서의 소중함에 대한 내용은 찾을 수 없다.
⑤ 화자는 자연을 즐기는 자신의 삶에 집중하고 있다. 따라서 조선의 임금을 그리워한다는 진술은 적절하지 않다.

04 ⑤
'강풍'은 '귀범'을 돕는 자연 현상으로서 흥취의 대상을 강에서 산으로 옮겨 가고 있는 것이 아니다. '아득하던 앞산이 뒷산처럼 보이도다'는 배가 빨리 달려 산이 그렇게 보이는 것일 뿐, 화자의 흥취는 강에서 유지되고 있다.

① 화자는 '흰 두건을 젖혀' 쓰고 소정을 타고 뱃놀이를 하고 있다. 뱃놀이를 하던 화자는 '희황천지를 오늘 다시 보는구나'라고 하며 자연 속에서 풍류를 즐기는 삶에 대한 만족감을 표현하고 있다.
② '소정'은 '작은 배'를 의미한다. 이는 화자가 자연 속에서 소박한 뱃놀이를 즐기고 있다는 것을 알려 주는 '어부' 형상과 관련된 소재라고 할 수 있다.
③ '그물로', '수없이 잡아내어', '실컷 먹은'에는 뱃놀이에서 일어나는 여러 상황들이 연결되어 자연 속에서 흥취를 즐기는 삶이 나타나고 있다.
④ 화자는 뱃놀이에 심취한 나머지 돌아가기를 잊었다고 노래하고 있다.

05 ②

ⓛ에서 화자는 벗을 불러 뱃놀이를 가자고 하는 것이므로 벗들과 함께 풍류를 즐기고 싶은 마음이 드러난 것은 맞지만, 이를 통해 벗들과 함께 풍류를 즐겨야 한다는 당위성을 역설하고 있는 것은 아니다.

① '때마침 부는 추풍'을 화자는 반갑게 생각하고 뱃놀이를 가게 되므로, 이는 풍류의 흥취를 돋우는 역할을 하고 있다.
③ '바람에 떨어진 갈대꽃'이라는 자연 경물이 흩날리는 아름다운 풍경을 시각적으로 묘사하고 있다.
④ '-어라'와 같은 명령형 어미를 사용하여 '아이'가 해야 할 '닻'을 들어 올리는 행동을 제시하고 있다.
⑤ 중국 송나라 때 시인 소식(소동파)과의 비교를 통해 소식의 뱃놀이보다 자신이 더 흥이 많다는 자긍심을 드러내고 있다.

47 누항사

▶ 본문 126쪽

| 01 ① | 02 ② | 03 ③ | 04 ② | 05 ⑤ | 06 ⑤ |

01 ①

'수염이 긴 노비는 노주분을 잊었거든' 등에서 화자가 양반임을 확인할 수 있고, '전쟁 오 년에 ~ 몇 백 전을 지냈던고'에서 전쟁에 참가했다가 돌아왔으며 '누항 깊은 곳에 ~ 빈 배 속일 뿐이로다'에서 가난한 상황임을 알 수 있다. 또 그런 가운데 화자는 '안빈 일념'을 품고 있으며 손수 농사를 지으려 한다. 이런 내용으로 볼 때, 이 작품은 전쟁 후 가난하게 사는 양반의 생활과 정서를 노래하고 있다고 할 수 있다.

② '손수 농사짓기가 내 분인 줄 알리로다'에서 화자가 농업을 경시하고 있지 않음을 알 수 있다. 더욱이 당시 사회의 농사에 대한 풍조는 확인할 수 없다.
③ 이 작품은 누항에 묻혀 사는 선비의 궁핍한 삶과 안빈낙도를 노래하고 있다. 이질적인 이야기로 갈등이 증폭되는 내용은 없다.
④ 성급한 일반화를 찾아보기 어려울 뿐만 아니라 당대 현실을 왜곡하고 있는 부분도 찾을 수 없다.
⑤ '안빈 일념'이나 '일단심'과 같은 정신적 가치에 대한 화자의 태도는 확

인할 수 있으나, 그런 정신적 가치보다 현실을 극복한 물질적 가치를 강조하는 부분은 찾을 수 없다.

02 ②

'가을이 부족한데 봄이라 넉넉하며'는 '주머니가 비었는데 병이라고 담겼으랴'와 관련지어 살펴보면 가을에도, 봄에도 부족했음을 알 수 있다.

① '뜻한 바대로 살려 하니 갈수록 어긋난다'에서 현실에서 자신의 뜻을 실천하지 못했음을 확인할 수 있다.
③ '길흉화복을 하늘에 맡겨 두고'에서 운명론적 세계관을 확인할 수 있다.
④ '어리석고 어수룩하기로 나보다 더한 이 없다'에서 자신을 세상 물정에 어두운 사람으로 보고 있음을 확인할 수 있다.
⑤ '전쟁 오 년에 ~ 몇 백 전을 지냈던고'에서 확인할 수 있다.

03 ③

'설 데운 숭늉으로 빈 배 속일 뿐이로다'는 매우 가난함을 의미한다. 매우 가난함을 이르는 한자 성어로는 '삼순구식'이 있다. '삼순구식'은 '삼십 일 동안 아홉 끼니밖에 먹지 못한다'는 뜻으로, 몹시 가난함을 이르는 말이다.

① '금의옥식'은 '비단옷과 흰쌀밥'이라는 뜻으로, 호화스럽고 사치스러운 생활을 이르는 말이다.
② '수주대토'는 한 가지 일에만 얽매여 발전을 모르는 어리석은 사람을 비유적으로 이르는 말이다.
④ '어부지리'는 두 사람이 이해관계로 서로 싸우는 사이에 엉뚱한 사람이 애쓰지 않고 가로챈 이익을 이르는 말이다.
⑤ '와신상담'은 '불편한 섶에 몸을 눕히고 쓸개를 맛본다'는 뜻으로, 원수를 갚거나 마음먹은 일을 이루기 위하여 온갖 어려움과 괴로움을 참고 견딤을 비유적으로 이르는 말이다.

04 ②

'장부 뜻을 바꿀런가', '일단심을 잊을런가'와 같이 화자의 의지적인 태도를 설의적 표현을 사용하여 강조하고 있다.

① 의성어를 통해 대상을 생동감 있게 표현한 부분은 찾을 수 없다. '줌줌이'는 '주먹에 쥘 정도의 양으로 잇따라'라는 뜻으로 의성어로 사용되지 않았다.
③ 화자의 감정을 이입한 대상은 나타나 있지 않다.
④ '연기도 자욱하다' 등에 시각적 심상은 나타나 있지만, 청각적 심상은 나타나 있지 않다.
⑤ 종이 화자에게 해야 할 말과 화자가 종에게 물을 내용에 대해 언급하고 있지만, 대화를 그대로 인용하고 있지는 않다.

05 ⑤

'일단심'은 '일편단심'을 의미하므로, 화자가 '빈곤한 인생' 속에서도 이를 잊지 않겠다고 말하는 것에서 선비로서의 지조와 신

념을 지키며 살겠다는 의지를 확인할 수 있다.

✗오답 풀이

① '길흉화복을 하늘에 맡겨 두고'를 통해 운명론적 세계관이 드러나지만, 나라의 내우외환이 모두 하늘의 탓이라고 비판하고 있지는 않다.

② '누항'은 화자가 전쟁을 치르고 돌아온 공간으로, 선비로서의 뜻을 지키며 살아가는 삶에서 필연적으로 만날 수밖에 없는 현실적 공간이라고 보기 어렵다.

③ '연기도 자욱'은 썩은 짚이 좋은 땔감이 아니기에 화력은 없이 연기만 난다는 의미로, 이는 화자의 가난한 처지를 사실적으로 드러내고 있을 뿐, 나라의 어려운 사정과 관련된 상징적인 표현은 아니다.

④ 화자는 '안빈 일념'의 마음으로 살고자 하는 신념을 보여 주고 있다. 과거의 삶에 얽매여 괴로워하는 모습은 나타나지 않는다.

06 ⑤

㉤은 '화자 자신의 분수'를 뜻하는 표현으로, '내 분인 줄 알리로다'라는 말을 통해 화자는 자신이 처한 상황을 받아들이겠다는 생각을 드러내고 있다. 자신보다 어려운 사람을 배려하는 태도와는 관련이 없다.

✗오답 풀이

① '초라한 음식'을 뜻하는 소재로 화자의 어려움을 드러내고 있다.

② 화자는 '설 데운 숭늉으로 빈 배를 속일' 정도로 어려운 상황 속에서도 '장부 뜻'을 지키고자 하는 의지를 드러내고 있다.

③ 화자는 전쟁에 나가 죽기를 각오하고 '몇 백 전'의 전투에 참가했음을 언급하고 있다. 즉 '몇 백 전'은 화자가 죽음을 무릅쓰고 용감히 싸웠던 전쟁임을 알 수 있다.

④ '경당문노', '손수 농사짓기'를 통해 '봄'은 농사를 시작해야 하는 때임을 알 수 있다.

---

48 산중잡곡
▶ 본문 128쪽

| 01 ⑤ | 02 ③ | 03 ⑤ | 04 ⑤ | 05 ② |

01 ⑤

이 작품은 음성 상징어를 활용하고 있지 않으므로 이를 통해 대상의 형상을 구체화하고 있다고 볼 수 없다.

✗오답 풀이

① '지당에 활수 드니 노는 고기 다 헬로다 / 송음에 청뢰 나니 금슬이 여기 있다', '솔 아래 길을 내고 못 위에 대를 싸니'와 같이 대구법을 사용하여 운율을 형성하고 있음을 알 수 있다.

② '이 몸이 또 어떠하뇨 무릉인인가 하노라'와 같이 자문자답의 형식으로 화자의 정서를 드러냄을 확인할 수 있다.

③ '송음에 청뢰 나니 금슬이 여기 있다'와 같이 청각적 심상을 통해 상황을 생생하게 전달하고 있음을 확인할 수 있다.

④ '돌아갈 줄을 모르노라', '늙는 줄을 모르리라', '무릉인인가 하노라', '많기도 많구나'와 같이 영탄적 어조를 사용하여 화자의 감정을 강조하고 있음을 알 수 있다.

02 ③

〈제3수〉에서 화자는 풍월과 연하가 좌우에서 오고 있고, 자신은 그 사이에 한가롭게 앉아 늙는 줄을 모른다고 노래하고 있다.

✗오답 풀이

① '지당'과 '활수'는 화자가 풍류를 즐기는 산에 있는 것으로 '산중'과 대립되지 않는다.

② '금슬'은 소나무 그늘에서 나는 맑은 바람 소리를 비유한 것이므로 세속적 삶의 모습이 이루어진다는 설명은 적절하지 않다.

④ '맑은 샘'에서 물을 길어 '기장밥'을 짓는 것은 소박한 삶을 보여 줄 뿐 현실의 결핍을 채워 주는 것이라고 볼 수 없다.

⑤ '산중'은 화자가 풍류를 즐기고 있는 현실적 공간이므로 초월적 공간이라는 진술은 적절하지 않다.

03 ⑤

㉤은 붉은 노을이 가득하니 무릉도원이 진정 거기 있다고 말하는 것으로 자연의 아름다움을 예찬하고 있는 부분이다. 과거를 돌아보고 인생무상을 드러내는 것과는 거리가 멀다.

✗오답 풀이

① 노는 고기를 다 헤아릴 수 있겠다는 것은 그만큼 물이 맑다는 것을 나타낸다.

② 화자는 솔 아래 길을 내고 못 위에 대를 쌓는다. 그리고 좌우에서 오는 풍월과 연하를 즐긴다. 즉 '못 위에 대'는 자연을 즐기는 공간이라고 볼 수 있다.

③ 화자가 안분지족하는 소박한 삶을 살아가고 있음을 구체적인 삶의 모습으로 제시하고 있다.

④ 나이가 들어 산중에, 즉 자연에 귀의함을 드러내고 있다.

04 ⑤

'아이야 술 가득 부어라'는 자연 속에서의 삶에 만족하며 풍류를 즐기고 있음을 보여 줄 뿐, 정신적 수양이나 고뇌를 나타낸 것으로 볼 수 없다.

✗오답 풀이

① 화자는 자연 속에서 유유자적한 생활을 하고 있다. 따라서 '풍월'과 '연하'는 화자가 느끼는 한가함의 정서와 조응이 된다고 할 수 있다.

② '이 사이'는 '풍월'과 '연하'가 좌우에서 오는 공간으로 화자가 자연을 즐길 수 있게 해 주고, '산중' 역시 화자가 자연을 즐기는 공간으로 제시되어 있다.

③ 자신이 늙어가는 것도 잊을 정도로 자연과 동화되어 있음을 표현한 것이다.

④ '기장밥'과 '산채갱'은 소박한 밥상을 보여 주는 소재들로 화자가 소박한 삶 가운데서 안분지족하고 있음을 드러낸다.

05 ②

화자는 자신을 '무릉인'이라고 하면서 아름다운 자연을 즐기는 현재의 삶에 만족감을 드러내고 있다.

✗오답 풀이

① 화자는 현재 복숭아꽃이 만발한 무릉도원에 살고 있는 것이 아니다.

③ 화자는 아름다운 경치를 즐기고 있는 것에 자긍심을 드러내고 있을 뿐 이상향을 지향하는 삶의 태도를 강조하고 있지 않다.

④ 화자가 아름다운 자연을 즐기고 있는 것에 자부심을 가지고 있는 것은 맞지만, 일상적 생활 공간에서 벗어나 무릉도원보다 더 나은 이상향을 찾아낸 것에 자부심을 느끼고 있는 것은 아니다.

⑤ 화자는 생활 공간에 안주하지 못하고 여러 여행지를 돌아다니고 있지 않다.

49 지수정가
▶ 본문 130쪽

01 ⑤　　02 ⑤　　03 ④　　04 ⑤　　05 ⑤

01 ⑤

대조적인 시어를 병치하고 있지 않을 뿐만 아니라 화자의 내적 갈등이 드러나지 않는다.

✗오답 풀이

① '맑은 거울 티 없어 산 그림자 잠겨 있다'와 같이 은유법을 사용하여 연못을 맑은 거울에 비유한 것을 확인할 수 있다.

② '이제는 돌아보니 가지가지 다 좋구나', '이 진짜 거기로다'와 같은 영탄적 어조를 확인할 수 있다.

③ '띠 풀로 지붕 이고~필굉 위언의 그림의 것이로다'에서 확인할 수 있다.

④ '벽류는 콸콸 흘러 옥 술잔을 때리는 듯'에서 확인할 수 있다.

02 ⑤

'처음의 이내 뜻은 물 머물게 할 뿐이더니 / 이제는 돌아보니 가지가지 다 좋구나'를 통해 확인할 수 있다.

✗오답 풀이

① '첩첩한 산들은 좌우의 병풍이요 / 빽빽한 소나무는 전후의 울타리로다'와 같이 화자가 있는 곳의 아름다움을 노래하고 있을 뿐 고립되어 답답한 심정을 토로한 것은 아니다.

② '산가 풍수설에 동구 못이 좋다 할새 / 십 년을 경영하여 한 땅을 얻으니 / 형세는 좁고 굵은 암석은 많고 많다'에서 십 년을 경영한 것은 지수정을 지을 땅을 얻기 위한 것임을 알 수 있다.

③ '하물며 바위 벼랑 높은 위에 노송이 용이 되어 구부려 누웠거늘'은 지수정 근처에 있는 소나무를 묘사하고 있는 것일 뿐, 노송과 자신을 동일시하거나 후일을 기약하는 것은 아니다.

④ '천고에 황무지를 아무도 모르더니 / 일조에 진면목을 내 혼자 알았노라'에서 황무지의 아름다움을 하루아침에 알아보게 된 감탄을 노래하고 있지 노동의 즐거움과 풍요로움에 감탄하는 것은 아니다.

03 ④

㉠은 옛 현인이 은거한 거처를 떠올리게 하는 동시에 무릉도원 같은 이상적 공간으로 인식되는 공간이다. 따라서 화자에게는 만족하며 머무는 삶에 대해 생각하게 하는 장소라고 할 수 있다.

✗오답 풀이

① 화자가 자신이 즐길 공간으로 세운 것이므로 일상적인 유용성이 상실된

공간이라고 할 수 없다.

② 현실에서 명예를 실현하려는 의지를 찾아 볼 수 없다.

③ 화자가 '작은 정자'를 통해 자신의 삶을 가다듬고 있다는 내용을 확인할 수 없다.

⑤ '작은 정자'는 화자가 스스로 세운 인공물이라 할 수 있다.

04 ⑤

아름다운 자연 속에 자신의 거처를 정하여 자연에 합일하려는 자세를 드러내고 있다.

✗오답 풀이

① 가상의 상황이 제시되어 있지 않고 환상적 분위기도 드러나지 않는다.

② 현실을 통찰하고 있지 않으며 관용적 삶에 대한 지향을 보여 주고 있지도 않다.

③ 시각적 심상과 청각적 심상은 활용하고 있으나 공감각적 심상은 나타나지 않는다.

④ 부정적인 현실을 비판하거나 좌절을 극복하려는 의지를 보여 주고 있지 않다.

05 ⑤

〈보기〉의 '허물이나 없고자'는 화자가 장차 바라는 바이므로 미래에 대한 화자의 바람을 표현한 것으로 볼 수 있다. 하지만 [A]의 '티 없어'는 산의 모습이 비친 작은 연못을 거울에 비유한 것이므로 대상을 관찰하기 전에 나타난 화자의 심리를 표현한 것이라는 설명은 적절하지 않다.

✗오답 풀이

① [A]에서는 '산 그림자'가 잠긴 '작은 연못'을 맑은 거울에 비유하여 깨끗한 자연의 형상을 보여 주고 있다.

② 〈보기〉의 〈제1수〉 초장은 '이런들'과 '저런들', '어떠하며'와 '어떠하료'와 같이 유사한 어휘의 반복을 통해 리듬감을 형성하고 있다.

③ 〈보기〉의 〈제1수〉 종장에서는 '천석고황을 고쳐 므슴 하료'라고 물어보며 자연 친화적인 모습을 드러내고 있으며, 이런 모습은 자연물에 둘러싸인 모습을 묘사한 〈보기〉의 〈제2수〉 초장에서도 나타난다.

④ [A]의 화자는 '활수를 끌어들여 가는 것을 머물게 하'려 하므로 대상을 가까이 하려는 행동을 제시하고 있다고 볼 수 있다. 또한 〈보기〉에서 '연하로 집을 삼고'와 '풍월로 벗을 삼'는다고 노래하며 화자는 이들과 가까운 관계임을 나타내고 있다.

50 전원사시가
▶ 본문 132쪽

01 ①　　02 ④　　03 ④　　04 ⑤　　05 ⑤

01 ①

'소리로다', '피었구나'와 같이 영탄적 표현을 사용하고 있음을 확인할 수 있다.

✗오답 풀이

② 상승 이미지를 사용하고 있지 않다.

③ 상황이나 정서, 태도 등을 점층적으로 제시하고 있지 않다.
④ 의성어, 의태어 등 음성 상징어를 사용하고 있지 않다.
⑤ 화자가 처한 상황을 제시하기 위해 중국 고사를 인용하고 있지 않다.

02 ④

[A]에서 화자는 '아ᄒ·돌(젊은이들)'에게 새해가 오는 것을 즐거워 말라고 훈계하고 있다. 왜냐하면 세월이 젊음을 앗아가기 때문이다. 〈보기〉에서는 '늘그니'가 다른 '늘그니'를 만나니 반갑고 즐겁다고 말하고 있으므로 같은 처지의 상대방을 만난 기쁨을 드러내고 있다고 할 수 있다.

✗ 오답 풀이
① [A]의 화자는 새해가 온 것을 즐거워 말라고 경계하며 자신도 즐거워하다가 백발이 되었다고 토로하고 있다. 이를 통해 화자는 백발을 부정적으로 인식하고 있음을 알 수 있다.
② 〈보기〉에는 화자와 같은 처지에 있는 대상을 만난 반가움과 즐거움을 노래하고 있을 뿐 젊음과 늙음을 대조하고 있지 않다.
③ 〈보기〉에는 세월의 빠름이 언급되지 않았다.
⑤ [A]에서 화자는 '아ᄒ·돌'처럼 새해를 즐거워하였으나 백발이 되었다고 탄식하고 있을 뿐 책임을 전가하고 있지 않다. 또한 〈보기〉에는 상대를 통해 현재 삶에 대한 깨달음을 얻는 태도가 나타나지 않는다.

03 ④

〈제6수〉에서 화자는 '중양'을 맞아 술이 다 익었는지를 묻고 안주를 장만하라고 한다. 이를 통해 ㉣에서 안줏감으로 언급된 '자해', '황계'는 미각을 돋우는 소재라 할 수 있다.

✗ 오답 풀이
① ㉠의 '양파의 풀'은 화자가 보고 있는 현실의 세계이다.
② ㉡에서 꽃이 진 후에 녹음이 짙어지는 것은 계절의 변화를 말하는 것으로 이에 대한 화자의 안타까움은 나타나 있지 않다.
③ ㉢에서 화자가 계면조를 불러 긴 졸음을 깨고자 한 것은 전원에서의 한가로움을 표현한 것이다.
⑤ ㉤에서는 겨울의 저녁 시간을 말하고 있는 것으로 세속과 타협하지 않으려는 의지가 드러난 것으로 볼 수 없다.

04 ⑤

한 해를 보내며 늙어 가는 것에 대해 안타까워하는 마음은 드러나 있지만 자연의 섭리에 순응하려는 태도는 찾을 수 없다.

✗ 오답 풀이
① 종장에서 화자는 소를 잘 먹여서 논밭 갈게 하라며 독려하고 있다.
② 초장에서 녹음이 우거진 한적한 여름임을, 종장에서 계면조 노래에 긴 졸음을 깨려는 한가한 삶의 모습을 확인할 수 있다.
③ 초장과 중장에서 국화 피고 곡식으로 빚은 술이 익는 가을이라는 것을, 종장에서 안주로 취흥을 즐기려는 모습을 확인할 수 있다.
④ 초장에서 북풍이 몰아치고 눈이 쌓인 겨울을, 종장에서 음식을 먹고 잠을 청하려는 모습을 확인할 수 있다.

05 ⑤

각 연에는 순환하는 자연의 계절적 모습이 제시되어 있고, 그 안에서 한가로움과 흥을 즐기는 화자를 보여 주고 있다. 따라서 순환하는 자연의 이치를 삶에서 구현하지 못하는 인간을 대비하고 있다는 설명은 적절하지 않다.

✗ 오답 풀이
① 〈제2수〉에는 봄을, 〈제3수〉에는 여름을, 〈제5수〉와 〈제6수〉에는 가을을, 〈제7수〉에는 겨울을 제시하며 사계절의 추이를 드러내고 있다.
② 〈제2수〉, 〈제3수〉, 〈제5수〉, 〈제6수〉, 〈제7수〉의 종장에서 '아ᄒ·야'를 사용하여 연 사이의 유기성을 부여하고 있다.
③ 〈제2수〉, 〈제3수〉, 〈제5수〉, 〈제6수〉, 〈제7수〉에서는 자연의 모습을 제시한 후 화자의 반응을 보여 주고 있다.
④ 〈제2수〉의 소를 먹여 논밭을 가는 것과 〈제6수〉의 가을에 올벼로 빚은 술을 찾는 것은 계절에 따라 볼 수 있는 일상의 풍경이라 할 수 있다.

51 월선헌십육경가 ▶ 본문 134쪽

01 ⑤　02 ④　03 ②　04 ⑤　05 ③

01 ⑤

이 작품에서 과장된 표현을 통해 대상의 속성을 제시하고 있는 부분은 찾을 수 없다.

✗ 오답 풀이
① '동녁 두던 밧긔 크나큰 너븐 들희', '호두포'와 같이 공간적 배경이 구체적으로 제시되어 있다.
② '만경 황운', '블근 게', '눌은 닭'을 통해 가을날의 풍요로움을 보여 주고 있다.
③ 가을의 세시 풍속 중 하나인 '중양'을 언급하며 계절감을 드러내고 있다.
④ '이적선'과 관련된 고사를 활용하여 풍류를 즐기고 있는 화자 자신의 정서를 부각하고 있다.

02 ④

'어와 이 청경 갑시 이실 거시런돌 / 젹막히 다든 문애 내 분으로 드려오랴'에서 맑은 경치를 구경하는 데 값을 치러야 한다면 자기의 분수로는 불가능했을 것이라고 밝히고 있다.

✗ 오답 풀이
① '여생이 언마치리 백발이 날로 기니'에서 백발을 보며 자신의 남은 생애가 얼마나 남았는지 생각해 보고 있다. 따라서 남은 생애가 얼마나 남았는지 생각하다 백발이 늘었다는 설명은 적절하지 않다.
② '표연훈 일흥이 져기면 ᄂᆞ리로다 / 이적선 이려ᄒᆞ야 ᄃᆞᆯ을 보고 밋치닷다'에서 기분이 좋아 하늘을 날 것 같다고 하며 이적선의 풍류를 언급하고 있을 뿐이다. 따라서 이적선처럼 하늘을 날아오르고 싶다고 보는 것은 적절하지 않다.
③ '사조 업다 호미 거즌말 아니로다'에서 사사로이 비추는 빛이 없다는 말이 거짓말이 아니라고 말하고 있다.
⑤ '경도 됴커니와 생리라 괴로오랴'에서 자신의 생활이 괴롭지 않음을 강조

하고 있다.

03 ②

ⓒ에는 뱃노래를 부르며 고기를 파는 내용을 언급하고 있다. 이는 전원생활의 일변을 보여 주는 것일 뿐 어부의 고달픈 삶을 드러내고 있는 것은 아니다.

✗오답 풀이

① ㉠에는 게를 잡는 아이들이 그물을 흩어 놓고 있는 가을날의 전원 생활상이 나타나 있다.

③ ㉢에서 화자는 초가를 비추고 있는 빛이 옥루도 비추고 있을 것이라 생각하며 임금에 대한 그리움을 드러내고 있다.

④ ㉣에서 화자는 술을 마시기 위해 잔을 기울이는 것을 술잔에 비치어 있는 달빛을 따라 기울인다고 말하며, 자연 속에서 운치 있게 풍류를 즐기는 모습을 보여 주고 있다.

⑤ ㉤에서 화자는 자연을 완상하는 즐거움 때문에 몸은 한가하지만 귀와 눈이 바쁘다고 말하며 변화하는 자연을 보며 느끼는 즐거움을 나타내고 있다.

04 ⑤

'생리라 괴로오랴'는 생업의 현장에서 느끼는 고단함을 말하는 것이 아니라 생활이 괴롭지 않다는 것, 즉 만족스럽다는 것을 설의적인 표현으로 강조한 것이다.

✗오답 풀이

① '만경 황운'은 넓은 들판에 벼가 누렇게 익은 모습을 비유한 것이다. 즉 풍요로운 결실을 비유한 것이라 할 수 있다.

② 중양절이 다가왔으니 '내노리'를 하자고 권유하며 가을날 전원생활의 여유로움을 전하고 있다.

③ '붉은 게'와 '눌은 둙'은 색채 이미지를 활용하여 전원생활의 풍족함을 드러낸 것이라 할 수 있다.

④ '밤블'을 밝히며 게 잡는 아이들과, '아젹믈이 미러오'는 '호두포'의 모습을 묘사하며 가을날 전원생활의 모습을 현장감 있게 제시하고 있다.

05 ③

화자는 '강호 어조'와 한 맹세가 깊지만 '옥당금마'의 꿈이 섞여 있다고 말하고 있다. 이를 통해 화자는 강호의 은거를 원하면서도 정치 현실에 미련이 있음을 알 수 있다.

✗오답 풀이

① 화자가 늙어 감을 체념하면서도 정치 현실을 지향한다는 점은 나타나지 않는다.

② 화자가 정치 현실에 미련을 가지고 있음은 알 수 있지만 정치 현실로 복귀하려는 의지를 지니고 있음은 확인할 수 없다.

④ 화자는 정치 현실에 대한 미련을 가지고 있지만 경치를 완상하며 정치 현실의 번뇌를 해소하려는 자세를 나타내고 있지는 않다.

⑤ 화자가 임금에게 맹세하는 모습은 나타나지 않는다.

52 월곡답가 ▶ 본문 136쪽

| 01 ④ | 02 ⑤ | 03 ③ | 04 ④ | 05 ① |

01 ④

〈제4수〉의 '청송', '백운'과 같이 시각적 심상을 활용하고 있으나 청각적 심상은 나타나지 않는다.

✗오답 풀이

① '나 혼자 엇디 ᄒᆞ야 녯사ᄅᆞᆷ을 그리ᄂᆞᆫ고', '상산의 영지 캐러 구태여 넷이 가리런가'와 같은 부분에서 확인할 수 있다.

② 〈제1수〉에서 '녯사ᄅᆞᆷ'을 반복함으로써 시적 대상을 부각시키고 있다.

③ '청송으로 울흘 삼고 백운으로 장 두로고', '용추동 밧씨오 구룸ᄃᆞ리 우희로다', '뫼ᄂᆞᆫ 첩첩ᄒᆞ고 구룸은 자자시니'와 같은 부분에서 확인할 수 있다.

⑤ '청송'과 '백운'은 속세와의 단절된 삶을, '용추동' 밖, '구룸ᄃᆞ리'는 '월곡'의 죽음을 의미하는데 이처럼 시적 의미가 유사한 시어를 나열하고 있다.

02 ⑤

상산의 영지를 함께 캐자고 말하며 세상의 어지러운 일을 듣지도 보지도 말자며 세상을 잊고 싶은 마음을 드러내고 있다. 따라서 세상 풍파를 함께 헤쳐 나가길 소망한다는 감상은 적절하지 않다.

✗오답 풀이

① 〈제5수〉에서 '용추동' 밖, '구룸ᄃᆞ리' 위에 있으므로 꿈속에서만 혼자 다녀온다고 말한 것에서 확인할 수 있다.

② 〈제4수〉에서 그가 숨어 지내고 있는 곳을 '초옥삼간'이라고 말하고 있다.

③ 〈제4수〉에서 초옥삼간에 산다는 것은 세속적인 부나 명예를 멀리한다는 것을 보여 주는 것으로 흉중에 사념이 없음과 연결된다.

④ 〈제1수〉에서 '이젯 사ᄅᆞᆷ'과 외모는 비슷하지만 내면은 다름을 말하며 그를 그리워하고 벗으로 여긴다고 노래하고 있다. 이를 통해 작가는 '월곡'에 대해 긍정적 평가를 내리고 있음을 알 수 있다.

03 ③

〈제4수〉에서 '청송으로 울흘 삼고 백운으로 장 두로고 / 초옥삼간이 숨어 겨신 져 내 벗님'이라고 하였다. 이를 통해 자연 속에서 욕심 없이 살아가는 사람임을 알 수 있다.

✗오답 풀이

① 〈제1수〉에서 '이젯 사ᄅᆞᆷ'과 '이목구비'가 같다고 말하고 있을 뿐 이목구비가 뚜렷한 미남형이라고 하지는 않았다.

② 〈제4수〉에서 '초옥삼간이 숨어 겨신 져 내 벗님'은 속세를 떠나 욕심 없이 살아가는 모습을 보여 주는 것이지 사람과 관계를 맺지 않는 고집이 센 사람이라는 근거는 없다.

④ 모진 삶을 겪는 모습은 이 작품에서 찾을 수 없다.

⑤ 책임감을 가지고 세상일에 의무를 다하는 모습을 찾을 수 없다.

04 ④

〈제7수〉에서 첩첩한 '뫼'와 자욱한 '구룸' 때문에 고인의 집터를 볼 수 없다고 노래하고 있다. 따라서 '뫼'와 '구룸'은 친자연적 삶의 가치를 드러내고 있는 것이 아니라 작가와 벗 사이를 가로막는 장애물이라고 할 수 있다.

✗오답 풀이

① 〈제1수〉에서 '월곡'을 '벗'으로 여기며 그를 그리워한다고 노래하는 점을 고려할 때 '월곡'의 삶을 긍정적으로 바라보고 있음을 알 수 있다.

② 〈제4수〉에서 자연 속에서 '사념' 없이 살아가는 벗을 사랑한다고 말함으로써 그의 맑고 깨끗한 삶의 가치를 높이 평가하고 있음을 알 수 있다.

③ 〈제5수〉에서 현실적으로는 갈 수 없는 '구룸ᄃ리' 위를 '쑴' 속에서나마 다녀왔다고 함으로써 벗을 간절하게 만나고 싶어함을 드러내고 있다.

⑤ 〈제9수〉에서 '우리'라는 시어를 사용하여 벗과 자신이 같은 삶을 추구하는 사람으로서의 동질감이 있음을 드러내며, '어즈러온 일'은 듣지도 보지도 말자며 혼탁한 현실을 경계하는 인식을 드러내고 있다.

05 ①

㉠은 지금 사람과 이목구비는 같지만 내면이 훌륭했던 옛 성현을 의미한다. 따라서 지금 사람과는 다른 내면을 가진 존재라는 설명은 적절하다.

✗오답 풀이

②③ ㉡, ㉢은 화자와 벗 사이의 물리적 거리감이나 만남을 방해하는 장애물이 아니라 세속에서 벗어나 은둔하는 삶을 드러내는 소재라 할 수 있다.

④ ㉣은 벗이 사는 곳이지만 현실에서 가기는 어려운 곳이므로 꿈 외에는 만날 길이 없다고 말하고 있다.

⑤ ㉤은 미래에 벗과 함께 지낼 공간이 아니라 화자가 벗과 함께 있기를 원하는 공간이다.

---

53 탄궁가

▶본문 138쪽

| 01 ④ | 02 ④ | 03 ⑤ | 04 ③ | 05 ③ |

01 ④

'봄날이 따뜻하여'에서 봄을 배경으로 제시하고 있음을 알 수 있으며, '동편 이웃 쟁기 얻고~이리하여 어이 살리' 등에서 화자가 처한 상황을 알 수 있다.

✗오답 풀이

① '봄날이 따뜻하여 ~ 이리하여 어이 살리', '시절이 풍년인들 아내가 배부르며', '겨울을 덥다 한들 몸을 어이 가릴꼬'를 통해 계절이 변해도 화자의 가난으로 인한 한탄이 계속 드러남을 알 수 있다.

② 색채의 대비나 화자의 긍지가 나타나는 부분은 찾아볼 수 없다.

③ 계절별로 세시 풍속이 제시되어 있지 않다.

⑤ '하늘이 만드심을 일정 고루 하렴마는'에 운명론적 세계관이 드러나지만 계절의 순환을 보여 주며 그 안에 내재된 운명론적 세계관을 강조하고

있는 것은 드러나지 않는다.

02 ④

화자는 '안표가 자주 빈들 나같이 비었으며 / 원헌의 가난인들 나같이 극심할까'라고 말하며 자신의 처지가 '안표'와 '원헌'보다 더 심각함을 토로하고 있다.

✗오답 풀이

① '술에 음식을 갖추고 이름 불러 전송하여'에서 확인할 수 있다.

② '하늘 만든 이내 가난 설마한들 어이하리'에서 확인할 수 있다.

③ '동편 이웃 쟁기 얻고 서편 이웃 호미 얻고'에서 확인할 수 있다.

⑤ '돌이켜 생각하니 네 말도 다 옳도다'에서 확인할 수 있다.

03 ⑤

[A]에서 화자는 봄이 되어 농사를 지으려 했으나 여의치 않은 상황이 벌어지고, 결국 이로 인해 농사를 짓지 못하게 되었다는 탄식을 하고 있다. [B]에서 화자가 '길한 날 좋은 때에 사방으로 가라'고 하자 가난귀신이 '어려서 지금까지 희로애락을 너와 함께하여~어디 가 뉘 말 듣고 가라 하여 이르느뇨'라고 대답하는 부분에서 화자는 의인화된 가난귀신과 대화하고 있음을 알 수 있다.

✗오답 풀이

① [A]에는 설득적 어조가 나타나지 않는다. [B]에서는 가난귀신이 화자를 설득하는 어조가 나타나지만 이것은 화자의 의지가 아니다.

② [A]에는 쟁기, 호미, 올벼, 기장, 피, 조, 팥과 같이 구체적인 소재만 열거되어 있을 뿐 추상적 소재가 열거되어 있지 않고, [B]에도 추상적 소재가 열거되어 있지 않다.

③ [A]에는 궁핍한 현재 상황이 드러나 있고, [B]에는 가난에서 벗어나고 싶은 화자의 소망과 현재 상황을 수용할 수밖에 없다는 체념의 태도가 드러나 있다.

④ [A]에는 농사일을 할 수 없는 현실의 구체적인 문제들이 열거되고 있으나 문제 해결 과정은 드러나지 않는다. [B]에도 가난귀신을 떠나게 하려는 모습은 보이지만 이것을 실제적인 문제 해결의 과정이라고 볼 수 없다.

04 ③

'이 원수 가난귀신 어이하여 여의려뇨'는 화자가 궁핍한 현실을 벗어나고 싶다는 소망을 드러낸 것으로, 가난한 상황을 미리 대비하지 못한 무능함을 자책하는 것으로 볼 수 없다.

✗오답 풀이

① '올벼 씨 한 말은 반 넘게 쥐 먹었고'라는 표현은 가난한 생활을 사실적으로 보여 주는 표현이다.

② 사대부들이 중요하게 여기는 제사마저도 가난으로 인해 감당하지 못하는 현실을 한탄하고 있음을 알 수 있다.

④ 경제적으로 힘든 상황 속에서 화자가 느끼는 비관적 현실 인식을 엿볼 수 있다.

⑤ 가난을 자신의 분수로 여기며 운명적으로 수용한다는 의미로 화자의 체념적 태도가 드러난다.

05 ③

㉠에서 화자는 하늘이 만든 자신의 가난한 인생에 대해 '이다지도 괴로운고'라며 탄식하고 있고, ㉡에서 화자는 가난을 자신의 분수로 여기며 '서러워해 무엇하리'라며 체념하고 수용한다.

✗ 오답 풀이
① ㉠에는 하늘이 일정하고 고르게 하지 않았음을 원망하는 마음이 담겨 있고, ㉡의 '하늘 만든 이내 가난'은 가난을 운명적으로 수용하는 태도를 담고 있다. 따라서 모든 사람은 평등하다는 화자의 신념이 ㉡에서 강화되었다고 볼 수 없다.
② '갓 하나'는 화자의 상황을 더욱 비참하게 만드는 소재이므로 화자의 인생관이 낙관적 세계관으로 변화되었다고 볼 수 없다.
④ '어이하여 접대할꼬'는 친척과 손님을 접대할 수 있는 처지가 아님을 나타낼 뿐 열등감을 드러낸 것으로 보기 어렵다. 또한 ㉡의 '설마한들 어이하리'는 가난 극복을 체념한 것으로 우월감과는 거리가 멀다.
⑤ '이 얼굴 지녀 있어'는 가난한 상황에 처한 화자의 몰골을 말하고 있는 것이므로 자신감과는 거리가 멀다. 또한 '빈천도 내 분수니'에서는 안빈낙도의 태도가 드러나고 자신감과는 거리가 있다.

---

54 용추유영가
▶ 본문 140쪽

01 ⑤   **02** ⑤   **03** ④   **04** ⑤   **05** ⑤

---

01 ⑤

이 작품은 사계절의 계절적 배경에 따라 달라지는 아름다운 경치와 풍류를 보여 주고 있다.

✗ 오답 풀이
① 내적 갈등이 나타나거나 고조되는 부분은 확인할 수 없다.
② '옛일을 떠올리니'에서 과거 회상이 나타난다고 할 수도 있지만, 현실의 덧없음은 확인할 수 없다.
③ 인간과 자연의 대비는 나타나지 않는다.
④ 초월적 공간에 대한 동경이나 부정적 현실을 극복하는 내용은 나타나지 않는다.

---

02 ⑤

[A]의 '잔'은 '국화'를 띄우는 행동을 통해 자연을 즐기는 화자의 풍류적 태도를 보여 주는 소재이다. 하지만 〈보기〉의 '어적'은 '어부가 부는 피리'로 아름다운 자연의 경치를 즐기는 화자의 흥을 돋우고 있기는 하지만, 화자의 행동을 드러내는 소재로 볼 수 없다.

✗ 오답 풀이
① [A]의 '그늘'과 〈보기〉의 '녹음'은 모두 무성한 나뭇잎의 그늘을 의미하는 것으로 같은 대상을 의미하는 말이다.
② [A]의 '긴 잠'과 〈보기〉의 '긴 조름'은 모두 여름날의 분위기를 보여 주는 풍경이다.
③ [A]의 '기러기'와 〈보기〉의 '된서리'는 모두 가을의 계절감을 나타내는 시어이다.

④ [A]의 '비단'과 〈보기〉의 '금수'는 모두 '단풍 숲'을 비유한 표현이다.

---

03 ④

'옛사람 기상에 미칠까 못 미칠까'에서 '옛사람'을 따르고 싶은 화자의 마음이 드러난다. 따라서 화자가 ⓒ의 '옛사람'을 자신보다 우위에 두고 있음을 알 수 있다.

✗ 오답 풀이
① ⓐ의 '새소리는 노래하는 소리'라는 표현과 ⓑ의 '수풀 꽃'이 '웃음을 머금었다'는 표현을 통해 ⓐ와 ⓑ 모두 의인화가 이루어졌음을 알 수 있다.
② ⓐ와 ⓑ는 모두 화자의 즐거움과 기쁨을 부각시키고 있다. 따라서 ⓐ와 ⓑ 모두 화자의 정서와 일치하는 내용으로 볼 수 있다.
③ ⓐ의 '새소리는 노래하는 소리'에서는 청각적 심상이, ⓑ의 '수풀 꽃은 웃음을 머금었다'에서는 시각적 심상이 두드러진다. 따라서 ⓐ와 ⓑ 모두 감각적 심상이 두드러진 표현이다.
⑤ ⓓ의 '지금 사람'은 '옛사람'의 풍류를 알지 못하는 존재로, 화자를 포함하지 않는 세상 사람일 수도 있고 화자를 포함한 사람일 수도 있다. 반면 ⓒ '옛사람'은 화자가 지향하는 존재로 화자를 포함하지 않는 존재이다. 따라서 ⓓ는 ⓒ와 달리 화자를 포함하지 않는다는 설명은 적절하지 않다.

---

04 ⑤

화자가 '단사표음'을 '내 분'으로 생각하니 '세월도 한가하'다고 느끼는 것은 자연 속에서 안빈낙도하며 유유자적한 삶을 살고자 하는 것으로 볼 수 있다. '자연'이 '안빈낙도'의 공간이면서 동시에 '보상 공간'의 의미를 지닌다는 〈보기〉를 참고할 때, 화자가 삶의 단조로움을 느끼고 있다는 설명은 적절하지 않다.

✗ 오답 풀이
① '이 작은 즐거움'은 속세에서 알 수 없는 자연 속에서 느끼는 소박한 즐거움에 대한 화자의 만족감을 드러낸 것이다. 따라서 자연이 화자에게 현실 소외에 대한 보상 공간으로 의미가 있다는 설명은 타당하다.
② '끝없는 설경'은 자연이 만들어 내는 아름다움을 의미하며, 화자가 이러한 흥취를 '시'를 통해 표출하고자 하는 것을 볼 때, 화자가 자연을 정신적 풍요로움의 대상으로 인식하고 있다는 설명은 타당하다.
③ 자연을 '벗으로 삼'아 두고 '생긴 대로 노는 몸'은 정치·경제적으로 몰락한 화자가 자연 속에서 산새와 산꽃을 벗으로 삼아 즐기는 모습이며, 이를 통해 화자가 자연을 안식처로 여기고 있다는 설명은 타당하다.
④ '공명을 생각하'지 않고 '빈천을 설워'하지 않겠다는 것은 화자가 현실에서 소외된 자신의 처지를 인식하고 자연 속에서 안빈낙도하며 살아가겠다는 의미이며, 이를 통해 화자가 자신의 신념을 지키며 살겠다는 태도를 드러내고 있다는 설명은 타당하다.

---

05 ⑤

㉤의 '닫아라'에서 명령형 어미가 사용되었으며, '사립문 닫아라'는 세속과 단절하려는 화자의 의지를 드러낸 것이다.

✗ 오답 풀이
① ㉠의 '맑은 향기'에서는 후각적 이미지를 통해 자연의 아름다움이 생생하게 드러날 뿐 성현의 삶을 지향하는 심리는 나타나지 않는다.
② ㉡의 '푸른 유리'는 잔잔한 강물을 비유한 표현으로 볼 수 있다. 자연의 역동적인 모습은 나타나지 않는다.

③ ⓒ의 '추위를 어이 알까'에서는 설의적 표현을 통해 추위를 잊을 정도로 화자의 즐거운 삶을 강조하고 있을 뿐 부정적 현실에 대한 안타까움은 나타나지 않는다.

④ ⓔ의 '미칠까 못 미칠까'에서는 의문형 어미를 통해 '옛사람'을 따르고 싶은 마음을 표현하고 있을 뿐 과거의 삶을 자책하는 마음은 나타나지 않는다.

55 율리유곡
▶ 본문 142쪽

| 01 ⑤ | 02 ④ | 03 ③ | 04 ② | 05 ⑤ | 06 ② |

01 ⑤

〈제6수〉에서 화자가 '백구'에게 말을 건네는 듯한 어조를 사용하고 있지만 주고받는 대화가 이루어지고 있지는 않다.

✗ 오답 풀이

① 화자는 '고기'를 엿보는 '백구'를 통해 권력과 부귀영화를 추구하는 세태를 우의적으로 풍자하고 있다.

② '공명도 잊었노라 부귀도 잊었노라'와 같이 대구의 방식을 사용하여 운율감을 형성하고 있다.

③ '~다르랴', '~잊으랴', '바꿀쏘냐', '~부러우랴', '~시원하랴', '~있으랴'와 같은 설의적 표현을 통해 주제 의식을 드러내고 있다.

④ '대 막대'를 '너'로 표현하여 대상과의 정서적 거리를 가깝게 하고 있다.

02 ④

〈제10수〉에서는 '아무리 매인 새 놓았다고 이대도록 시원하랴'라는 표현을 통해 화자의 현재 상황에 대한 만족감을 드러내고 있다. 하지만 자연물에 대한 연민은 확인할 수 없다.

✗ 오답 풀이

① 〈제1수〉에서는 '밤마을 옛 이름이 때마침 같을시고'라는 표현을 통해 도연명이 살던 마을과 화자가 있는 곳이 동일한 지명인 '밤마을'이라는 사실을 이야기하며, 화자가 도연명과 같은 삶을 지향한다는 사실을 드러내고 있다.

② 〈제6수〉에서는 '군마음'이 없는 화자와 대비되는 대상 '백구'를 통해 화자가 추구하는 가치인 무욕의 삶의 자세를 드러내고 있다.

③ 〈제8수〉에서는 '강산'을 '삼공'과 바꿀 수 없다고 표현함으로써 자연의 가치를 부각하고, 조각배에 올라 낚시를 하며 느끼는 '청흥'을 강조하고 있다.

⑤ 〈제17수〉에서는 '최 행수'와 '조 동갑'을 부르며 자연 속에서 누리는 즐거운 삶을 함께하자고 말하고 있다.

03 ③

〈제10수〉에서 '필마'와 '추풍에 채'는 전원으로 돌아오는 화자의 상황과 관련된 표현으로 관직이 박탈된 화자의 상황을 직접적으로 가리키는 말로 볼 수 없다.

✗ 오답 풀이

① 〈제6수〉에서 '고기'는 욕심 많은 '백구'가 엿보는 대상이며, '갈숲'은 그런 '백구'가 서성이는 공간이다. 따라서 혼탁한 정치 현실에 대한 비판적 인식이 투영된 표현으로 볼 수 있다.

② 〈제8수〉에서 '청흥'은 맑은 흥취라는 의미로, 전원으로 돌아온 화자가 느끼는 정서가 집약된 표현으로 볼 수 있다.

④ 〈제17수〉에서 '쑥달임'과 '꽃달임'은 벗들과 함께하는 놀이로 전원에서 누리는 즐거움을 나타내는 소재로 볼 수 있다.

⑤ 〈제17수〉의 '닭찜 게찜 올벼 점심'은 일상의 삶에서 쉽게 접하는 대상으로 전원에서의 삶을 표현하기 위한 사실적인 시어로 볼 수 있다.

04 ②

〈제2수〉에서 화자는 '번우한 일'은 물론 자기 자신조차 잊는 욕심 없는 삶에 대한 지향을 드러내고 있다. 하지만 '남'으로부터 소외된 자신의 존재에 대한 안타까움은 찾아 볼 수 없다.

✗ 오답 풀이

① 〈제2수〉에서는 '공명'과 '부귀'를 잊었다고 말하며 욕심 없는 삶을 지향하고 있다.

③ 〈제5수〉에서는 '팥죽'과 '저리지'의 맛을 '남이 알까 하노라'라고 표현하여 소박한 삶에 대한 만족감을 드러내고 있다.

④ 〈제11수〉에서는 '대 막대'를 '유신하고 반갑다'고 표현하여 대상에 대한 친밀감을 드러내고 있다.

⑤ 〈제11수〉에서는 '아이 적'에 타고 다녔던 '대 막대'를 지금은 지팡이로 사용하며 의지하고 다니는 상황을 통해 세월의 흐름을 드러내고 있다.

05 ⑤

〈보기〉는 물고기와 새우를 잡아먹기 위해 기다리고 있는 '백로'를 겉모습만 보고 사람들이 잘못된 판단을 내리고 있는 상황을 재미있게 노래한 작품이다. 따라서 '백구'와 달리 '백로'는 '사람들'에 의해 '기심을 잊고 서 있'는 것으로 긍정적으로 평가되고 있다. 하지만 이 작품의 '백구'에 대한 사람들의 평가는 확인할 수 없다.

✗ 오답 풀이

① '백구'와 '백로'는 모두 화자에 의해 속마음이 파악되고 있다.

② '백구'는 '고기'를 엿보고 있으며, '백로' 또한 '물고기'와 '새우'를 잡기 위해 기다리고 있다.

③ '백로'는 '사람' 때문에 '물고기'와 '새우'를 잡아먹지 못하고, '가랑비'를 맞으며 기다리고 있다.

④ '백구'는 '군마음'이 없는 화자와 대비되는 존재로 제시되고 있다.

06 ②

㉠은 어린 시절에 대나무로 만든 말을 타고 놀던 상황을 이야기하는 것으로 '대말을 타고 놀던 벗'이라는 뜻으로 어릴 때부터 같이 놀며 자란 벗을 의미하는 '죽마고우'와 관련이 깊다.

✗ 오답 풀이

① '수어지교'는 '물이 없으면 살 수 없는 물고기와 물의 관계'라는 뜻으로 아주 친밀하여 떨어질 수 없는 사이를 비유적으로 이르는 말이다.

③ '우후죽순'은 '비가 온 뒤에 여기저기 솟는 죽순'이라는 뜻으로, 어떤 일이 한때에 많이 생겨남을 비유적으로 이르는 말이다.
④ '지기지우'는 '자기의 속마음을 참되게 알아주는 친구'라는 뜻이다.
⑤ '파죽지세'는 '대를 쪼개는 기세'라는 뜻으로 적을 거침없이 물리치고 쳐들어가는 기세를 이르는 말이다.

▶ 본문 144쪽

01 ④   02 ①   03 ②   04 ①   05 ④

01 ④

〈제5수〉의 '네오 내오 다를소냐'에서 설의적 표현이 나타나지만 〈제8수〉에는 설의적 표현이 나타나지 않으며, 〈제5수〉와 〈제8수〉에서 화자의 반성은 드러나지 않는다.

✘오답 풀이
① 〈제2수〉의 '어디서 품 진 벗님 함께 가자 하는고'와 〈제6수〉의 '어디서 우배초적이 함께 가자 재촉하는고'는 모두 의문형 종결을 통해 농촌 공동체를 살아가는 다른 대상과의 유대감을 나타내고 있는 것으로 볼 수 있다.
② 〈제3수〉의 '둘러내자 둘러내자 우거진 고랑 둘러내자'와 〈제6수〉의 '도라가자 도라가자 해 지거든 도라가자'는 a-a-b-a 형태의 규칙적인 반복을 통해 운율감을 형성하고 있다.
③ 〈제4수〉의 '땀은 듣는 대로 듣고 볕은 쬘 대로 쬔다'와 〈제5수〉의 '행긔에 보리 마오 사발에 콩잎채라'와 같이 대구의 방식으로 시적 상황을 구체화하고 있다.
⑤ 〈제6수〉의 '우배초적이 함께 가자 재촉하는고'는 피리 소리 '우배초적'을 의인화하여 표현한 것으로 볼 수 있으며, 〈제7수〉의 '너희'는 '면화'와 '이른 벼'를 의인화하여 표현한 것이다.

02 ①

〈보기〉에는 '수수 동부 녹두 참깨'와 같이 작물이 나열되어 제시되고 있다. 따라서 〈보기〉와 달리 작물이 나열되어 제시되고 있다는 설명은 적절하지 않다.

✘오답 풀이
② 이 작품의 〈제4수〉 '청풍에 옷깃 열고 긴 휘파람 흘리 불 제'에는 농사일 중에 휴식을 즐기는 여유로움이 그려져 있다.
③ 〈보기〉에는 '수수 동부 녹두 참깨'처럼 먹는 것과 관련한 농사일, '누에치기'와 '목화'처럼 입는 것과 관련한 농사일이 다양하게 나타나 있다.
④ 이 작품과 〈보기〉 모두 농사일을 주된 내용으로 다루고 있으므로 노동의 현장을 주목하고 있다고 볼 수 있다.
⑤ 이 작품과 〈보기〉에 제시된 배경은 농촌으로 모두 농부들의 일상적인 삶을 보여 주는 공간으로 볼 수 있다.

03 ②

ⓒ의 '호미'는 김을 매거나 감자나 고구마 따위를 캘 때 쓰는 농기구의 하나로 농촌의 구체적인 생활상을 의미한다고 볼 수 있다.

✘오답 풀이
① ⓐ의 '구름'은 날이 밝은 아침 풍경의 하나로 자연적 존재일 뿐, 유유자적한 삶을 의미하는 것은 아니다.
③ ⓒ의 '휘파람'은 힘든 작업 가운데 잠시 휴식을 취하는 농부의 여유를 의미하는 것일 뿐, 풍류를 즐기는 사대부의 태도로 보기 어렵다.
④ ⓓ의 '하느님'은 천지 만물을 만든 절대자로 결실의 기쁨을 누리게 해 준 존재일 뿐, 자연 친화의 운명과 관계가 없다.
⑤ ⓔ의 '낚시질'은 저녁 반찬을 준비하기 위한 것으로, 물아일체의 삶과 거리가 멀다.

04 ①

〈제2수〉는 농기구인 호미를 가지고 밭을 매러 가는 과정을 노래하고 있으며, 화자가 '검은 소'에게 '고동 풀'을 뜯어 먹게 하고 있음을 확인할 수 있다. 따라서 농부가 농기구로 풀을 뜯어 버린다는 설명은 적절하지 않다.

✘오답 풀이
② 〈제3수〉의 '쉬 짙은 긴 사래는 마주 잡아 둘러내자'에서 농부들이 함께 잡초를 뽑는 모습을 확인할 수 있다.
③ 〈제4수〉의 '청풍에 옷깃 열고'에서 옷깃을 열고 바람을 쐬고 있는 농부의 모습을 확인할 수 있다.
④ 〈제5수〉의 '내 밥 많으세요 네 반찬 적을세라'에서 농부들이 모여 식사하는 모습을 확인할 수 있다.
⑤ 〈제6수〉의 '해 지거든 도라가자~호미 메고 돌아올 제'에서 해 질 무렵 농사일을 마치고 돌아오는 농부의 모습을 확인할 수 있다.

05 ④

이 작품에 노동의 힘겨움이나 수고로움보다는 배려와 일체감, 즐거움이 극대화되고 있다고 설명하는 〈보기〉를 바탕으로 할 때, 〈제6수〉의 상황을 '비로소 고된 노동에서 벗어난 홀가분한 심경'으로 이해하는 것은 적절하지 않다. 또한 〈제6수〉의 상황은 하루 일과를 마치고 집으로 돌아가는 즐겁고 여유로운 마음이 형상화된 것으로 볼 수 있다.

✘오답 풀이
① 〈제1수〉의 '차례 정한 일이니 매는 대로 매리라'에서 사회적 약속에 대한 존중이 필요함이 드러난다.
② 〈제3수〉의 '쉬 짙은 긴 사래는 마주 잡아 둘러내자'에서 서로 협동하는 향촌 공동체의 작업 과정이 생생하게 드러난다.
③ 〈제5수〉의 '내 밥 많으세요 네 반찬 적을세라'에서 서로 배려하는 향촌 공동체의 따뜻한 마음이 드러나고, '네오 내오 다를소냐'에서 일체감을 확인할 수 있다.
⑤ 〈제8수〉의 '밥 들이고 잔 잡을 때에 흥에 겨워 하노라'에서 가난을 벗어난 이상화된 농촌상의 일면이 드러난다고 할 수 있다.

57 매화사
▶ 본문 146쪽

01 ② 02 ⑤ 03 ⑤ 04 ⑤ 05 ⑤

01 ②

이 작품에서는 '암향', '향기'의 후각적 심상, '찬 기운'의 촉각적 심상, '백설 양춘'과 같은 시각적 심상을 활용하여 매화의 아름다움과 강인함을 형상화하고 있다. 따라서 다양한 감각적 심상을 사용하여 대상을 예찬하고 있다고 볼 수 있다.

✘오답 풀이

① 반어적 표현은 확인할 수 없다.

③ 화자의 감정이 이입된 표현이나 애상감은 찾아볼 수 없다.

④ 명령적 어조와 비판 의식은 찾아볼 수 없다.

⑤ 대상에게 말을 건네듯이 표현하는 것은 있지만, 대상과 말을 주고받는 대화의 형식은 나타나지 않는다.

02 ⑤

〈제2수〉에서는 의인화된 대상 '매화'에게 말을 건네듯이 표현함으로써 대상에 대한 감탄을 드러내고 있지만, 스스로 묻고 대답하는 자문자답의 형식은 나타나지 않는다.

✘오답 풀이

① '촉 잡고 가까이 사랑할 제'에서 대상에 대한 애정을 지니고 가까이 다가감을 알 수 있다.

② '눈 기약 능히 지켜 두세 송이 피었구나'에서 눈 올 때 피겠다는 약속을 지킨 대상의 개화를 놀라움으로 바라보고 있다.

③ '너를 믿지 않았더니'에서 대상에 대해 지녔던 과거의 의구심을 솔직히 고백하고 있다.

④ 그윽한 향기가 떠도는 상황을 드러낸 '암향조차 부동터라'에서 후각적 이미지를 통해 대상의 특징을 표현하고 있다.

03 ⑤

'백설'은 겨울의 흰 눈으로 이 작품에서는 '매화'가 피기 어려운 상황, 즉 시련의 이미지를 지니고 있다. 반면 '매화'는 그러한 시련을 이겨 내고 꽃을 피우는 강인한 존재로 제시되고 있다. 따라서 '백설'과 '매화'를 대조적인 이미지의 시어로 묶을 수 있다.

✘오답 풀이

① '촉'은 '매화'를 더 잘 감상하기 위해 이용하는 수단이며 '암향'은 시적 대상인 '매화'를 후각적 이미지로 표현한 것이다.

② '향기'는 '매화'를 후각적 이미지로 표현한 것이며, '황혼월'은 '매화'를 더 돋보이게 만들어 주는 소재이다.

③ '바람'은 겨울의 추위로 시련을 상징하며, '산창'은 겨울의 추운 공간적 배경에 해당한다.

④ '두견화'는 따뜻한 날씨에서만 피는 연약한 존재이며, '건곤'은 '온 세상'을 뜻하는 시어이다.

04 ⑤

〈제8수〉에서는 따뜻한 날씨에만 꽃이 피는 연약한 자연물 '철쭉', '두견화'와, 추위와 눈 속에서 꽃을 피우는 강인한 시적 대상 '매화'의 대조를 통해 서로 다른 특성을 부각시키고 있다.

✘오답 풀이

① 〈제1수〉에서는 화자가 두세 노인들과 함께 거문고와 노래를 즐기며 술을 권하고 있는 풍류적인 분위기가 제시되고 있다.

② 〈제3수〉에서는 〈제1수〉와 달리 시적 대상인 '매화'를 '너(네)'로 의인화하여 대상의 면모를 강조하고 있다.

③ 〈제6수〉에서는 시련의 상황을 '바람', '눈', '찬 기운'과 같이 제시하여 시련을 이겨 내는 시적 대상 '매화'의 강인한 속성을 부각시키고 있다.

④ 〈제6수〉와 〈제8수〉에서는 '앗을쏘냐', '감히 피리', '뉘 있으리'와 같은 의문의 형식을 통해 대상의 가치를 강조하고 있다.

05 ⑤

'봄뜻'은 추위에 굴하지 않는 '매화'의 강인함을 의미하기도 하지만, 언젠가 겨울이 가고 봄이 온다는 자연의 섭리를 의미한다. 그리고 '매화'는 이러한 봄을 알리는 자연물로서의 의미를 지닌다. 따라서 '봄뜻'을 당대 이념에 국한하여 감상해야 의미를 파악할 수 있다는 설명은 적절하지 않다.

✘오답 풀이

① '거문고와 노래'는 매화 그림자가 비친 창 아래에서 이루어지는 것이므로, '매화'가 불러일으킨 시흥을 즐기기 위한 풍류적 요소로 볼 수 있다.

② '잔 들어 권할 적에'는 흥에 겨워 술잔을 권하는 상황으로, 고조된 흥취를 사람들과 함께하고 싶은 마음을 드러낸 것으로 볼 수 있다.

③ '황혼월'은 저녁에 돋아 오르는 달로, '매화'의 은은한 아름다움을 더욱 돋보이게 도와주는 존재로 볼 수 있다.

④ '아치고절'은 우아한 풍치가 있는 높은 절개라는 의미로, '매화'가 지니고 있는 우아한 아름다움과 고고한 절개를 동시에 드러내는 표현으로 볼 수 있다.

58 병산육곡
▶ 본문 148쪽

01 ⑤ 02 ② 03 ③ 04 ② 05 ④

01 ⑤

〈제4수〉의 '어나 가지 의지하리'에서 설의적 표현을 통해 의지할 곳이 없는 대상에 대한 안타까움을 드러내고 있다. 하지만 시적 상황에 대한 화자의 깨달음이 나타나지는 않는다.

✘오답 풀이

① 〈제1수〉의 '부귀라 구치 말고 빈천이라 염치 마라', 〈제5수〉의 '저 가막이 즞지 마라 이 가막이 좃지 마라'와 같이 유사한 문장 구조가 반복되는 대구법을 활용해 리듬감을 조성하고 있다.

② 〈제1수〉의 '부귀'와 '빈천', 〈제2수〉의 '세간 소식'과 '어조 생애'와 같이 속세의 삶을 의미하는 시어와 자연의 세계를 뜻하는 시어의 대조를 통해 주제 의식을 구체화하고 있다.

③ 〈제1수〉의 '염치 마라', '날지 마라', 〈제4수〉의 '한하지 마라', 〈제5수〉의 '줏지 마라', '좃지 마라'와 같이 명령형 어미 '-라'를 사용하여 화자의 단호한 태도를 강조하고 있다.

④ 〈제1수〉와 〈제2수〉의 '백구', 〈제4수〉의 '두견', '백조' 등은 모두 의인화된 대상으로, 화자의 정서를 간접적으로 드러내는 역할을 하고 있다.

02 ②

〈보기〉의 ⓒ은 화자가 '경요굴 은세계' 같은 아름다운 자연 속에서 누리는 기쁨과 즐거움을 의미하는 것으로 화자가 추구하는 가치로 볼 수 있다. ⓒ을 남에게 전하지 말라는 것은 자연에서의 삶에 대한 만족감을 표현한 것이다. 하지만 이 작품의 ⊙은 화자가 구하지 말라고 하는 것으로 볼 때 화자가 추구하는 가치와 거리가 먼 대상으로 볼 수 있다.

✘ 오답 풀이

① ⓒ은 현재 누리는 즐거움을 의미할 뿐 과거를 극복하게 하는지는 확인할 수 없다.

③ ⊙과 ⓒ 모두 특별한 갈등을 심화하거나 해소하는 역할을 하고 있지 않다.

④ ⊙과 ⓒ 모두 체념적 태도는 나타나지 않으며, 달관적 태도는 ⊙이 아닌 ⓒ과 관련이 있다고 볼 수 있다.

⑤ ⊙은 세속적 욕망으로 인생의 무상함과 관련이 있을 수 있지만 이 작품에서는 확인되지 않으며, ⓒ은 인생의 무상함이 아닌 자연 속에서 사는 즐거움을 느끼게 한다.

03 ③

ⓐ의 '태공 부운'은 넓은 하늘에 뜬 구름이라는 의미로, 자연과 더불어 사는 한가로운 모습을 형상화하고 있다. ⓑ의 '연화'는 피어오르는 연기라는 의미로, 집집마다 저녁을 지어 먹는 평화로운 분위기를 형상화하고 있다.

✘ 오답 풀이

① ⓐ와 ⓑ 모두 현재의 시적 상황을 나타내고 있다.

② ⓐ와 ⓑ 모두 시적 상황과 분위기를 형성하지만, 시상을 고조시키거나 전환하는 역할을 하지는 않는다.

④ ⓑ가 있는 마을이 무릉도원이라고 하는 것으로 보아 ⓑ는 화자가 수용하는 대상이라고 볼 수는 있다. ⓐ는 화자가 한가로운 생활을 하고 있음을 나타내는 소재이므로 화자가 거부하는 대상이라고 볼 수 없다.

⑤ ⓐ와 ⓑ 모두 화자가 실제 바라보는 대상이다.

04 ②

〈제2수〉의 '천심 절벽'은 '일대 장강'과 함께 아름다운 자연을 나타내는 시어로, '어조 생애'의 아름다움과 즐거움을 부각시키는 배경이다. 장애물에 해당한다는 설명은 적절하지 않다.

✘ 오답 풀이

① 〈제1수〉에서 세속적 삶인 '부귀'를 구하지 말고 속세에서 벗어난 삶과 관련된 '빈천'을 싫어하지 말라고 하는 것은, 화자가 속세의 일을 잊는 '망기'를 지향하고 있음을 드러낸다고 볼 수 있다.

③ 〈제4수〉에서 '낙화 광풍', 즉 꽃잎을 떨어뜨리는 강한 바람에 의지할 가지가 없는 '두견'의 울음은 혼탁한 정치 현실에서 슬픔을 느끼는 화자의 정서가

투영된 것이므로, 화자가 '설워 하'는 심정으로 이어진다고 볼 수 있다.

④ 〈제5수〉에서 화자가 '저 가막이'와 '이 가막이'에게 '줏지' 말고 '좃지' 말라고 하는 것으로 볼 때, '가막이'의 행동이 화자가 가엾게 여기는 '편편 고봉'이 처한 부정적 상황과 관련이 있다고 볼 수 있다.

⑤ 〈제6수〉에서 '수삼 어촌'에 대해 화자가 '무릉인가 하노라'라고 표현하는 것으로 볼 때, 화자가 '수삼 어촌'에서 생활하고 있는 삶에 대해 긍정적 태도를 지니고 있다고 볼 수 있다.

05 ④

〈제4수〉에서 의지할 곳 없는 '두견'의 슬픔에 안타까움을 느끼던 화자가 '백조'에게 한하지 말라고 한 것은, '내곳 설워 하노라'라고 하는 것으로 볼 때 화자 역시 서러움을 느끼는 동병상련의 상황에서 건네는 위로의 말로 볼 수 있다. 따라서 이를 통해 작가가 의지적인 삶의 태도를 드러낸다고 보기는 어렵다.

✘ 오답 풀이

① 〈제1수〉에서 '백구'에게 말을 건네며 날지 말고 자신과 함께 속세의 일을 잊자고 하는 것은 화자가 '백구'를 자신과 동일시하는 것으로, 이를 통해 작가가 자연물을 물아일체의 대상으로 보고 있음을 알 수 있다.

② 〈제2수〉에서 화자가 '세간 소식'을 모른 채 살겠다고 하는 것은 작가가 속세를 부정적으로 인식하고 있음을 드러내는 것으로 볼 수 있다.

③ 〈제3수〉에서 화자가 '보리밥 파 생채'와 같은 소박한 음식을 적당한 양만 먹는다는 것은 작가가 소박한 삶을 지향하고 있음을 드러내는 것으로 볼 수 있다.

⑤ 〈제5수〉에서 차가운 안개가 가득한 숲속을 의미하는 '야림 한연'에 날이 저물고 있다고 한 것은 작가가 현재 상황을 암울하게 바라보고 있음을 드러내는 것으로 볼 수 있다.

59 저곡전가팔곡 ▶ 본문 150쪽

| 01 ⑤ | 02 ⑤ | 03 ④ | 04 ① | 05 ⑤ | 06 ③ |

01 ⑤

〈제1수〉에서는 '하는 일이 무엇인고'에 대해 '이 중의 우국성심은 풍년을 원하노라'로 답하며 자문자답을 하고 있다고 볼 수 있다. 하지만 이는 풍년에 대한 기원을 드러낸 것일 뿐, 화자의 안타까움을 부각하는 것과는 거리가 멀다.

✘ 오답 풀이

① 〈제2수〉의 '앞집의 쟁기 잡고 뒷집의 따비 내네'와 〈제5수〉의 '밤에는 새끼를 꼬고 낮에는 띠를 베어'와 같이 대구법을 활용하여 시적 상황을 구체화하고 있다.

② 〈제3수〉의 '어사와 입립신고 어느 분이 아실까', 〈제4수〉의 '이 밖에 천사만종을 부러 무엇하리오', 〈제8수〉의 '이 중의 즐거운 뜻을 일러 무엇하리오'와 같이 설의적 표현으로 종결하여 농사일의 어려움, 부귀영화의 헛됨, 전원에서의 즐거움 등을 나타내고 있다.

③ 〈제5수〉의 '~손 보아라', 〈제7수〉의 '~먹여라'와 같은 명령형 문장을 활용

하여 구체적 행동을 지시하고 있다.
④ 〈제2수〉의 '밭에 가세', 〈제6수〉의 '밭 보러 가자꾸나'와 같은 청유의 방식으로 권유하여 상대방의 행동을 이끌어 내고 있다.

02 ⑤

'풀 끝에 이슬 맺'힐 때는 '서산에 해 지'는 시간이므로 저녁이라는 것을 〈제8수〉에서 알 수 있다. 따라서 일하러 가는 시간이 아니라 호미를 둘러메고 집으로 돌아올 시간으로 볼 수 있다.

✘오답 풀이
① 봄은 겨우내 묵혀 두었던 밭을 갈아야 하는 계절로, 쟁기와 따비를 이용해 밭을 간다는 사실을 〈제2수〉를 통해 알 수 있다.
② '밭고랑'을 매는 작업은 밭에 있는 풀을 뽑는 김매기로, 여름의 '달구어진 땅'에서 이런 일을 한다는 사실을 〈제3수〉를 통해 알 수 있다.
③ 〈제5수〉의 '밤에는 새끼를 꼬고 낮에는 띠를 베어 / 초가집 잡아매고'를 통해 겨울 무렵에 '새끼'와 '띠'로 초가집을 고친다는 사실을 알 수 있다.
④ 〈제6수〉의 '새벽빛 나오자'와 '일어나라 아희들아 밭 보러 가자꾸나'를 통해 날이 밝을 무렵에 일찍 일어나 밭을 보러 간다는 사실을 알 수 있다.

03 ④

ⓐ는 화자가 농부들에게 먹이고 싶어 하는 것으로 농부에 대한 애정이 담겨 있는 소재로 볼 수 있으며, ⓑ는 '풋나물'과 함께 소박한 음식을 나타내므로 화자의 소박한 삶의 태도가 드러난 소재로 볼 수 있다.

✘오답 풀이
① ⓐ, ⓑ 모두 고향을 그리워하는 향수와는 관련이 없다.
② ⓐ, ⓑ 모두 화자와 정서적으로 가까운 소재이다.
③ ⓐ는 농부들의 처지를 걱정하는 마음이 담긴 대상이므로 자연의 흥취와는 거리가 있으며, ⓑ는 안분지족을 나타내는 대상이므로 노동의 기쁨과는 거리가 있다.
⑤ ⓐ에는 배를 곯는 농부들에게 먹일 것이므로 타인을 배려하는 태도가 나타난다고 볼 수 있지만, ⓑ는 자신의 삶에 대한 고뇌와는 관련이 없다.

04 ①

〈제1수〉는 속세를 떠난 화자가 전원에 묻혀 살면서 나라를 걱정하는 마음에서 풍년을 바라고 있음을 드러내고 있다. 하지만 나라를 걱정하는 마음을 정치 현실에 대한 미련으로 볼 근거는 없다.

✘오답 풀이
② 〈제2수〉에서 '두어라 내 집부터 하랴 남 하니 더욱 좋다'는 서로를 배려하는 농민들의 공동체적 삶의 태도가 드러난 것으로 이해할 수 있다.
③ 〈제3수〉의 '밭고랑 매자 하니 땀 흘러 땅에 떨어지네'는 더운 여름에 땀을 흘리며 일하는 농사일의 고단함을 보여 주는 것으로 이해할 수 있다.
④ 〈제4수〉의 '내 힘의 이룬 것이 먹어도 맛이로다'는 '내 힘'으로 수확한 곡식에 대한 만족감을 통해 노동의 가치를 보여 주는 것으로 이해할 수 있다.
⑤ 〈제5수〉 중장의 '농기 좀 손 보아라'와 종장의 '내년에 봄 온다 하거든 결의 종사 하리라'는 농기를 수리하여 봄을 준비하는 모습을 통해 자연의 순환적 질서를 따르는 농촌의 생활을 보여 주는 것으로 이해할 수 있다.

05 ⑤

〈제8수〉의 '서산에 해 지고 풀 끝에 이슬 맺힌다'에서 원경에서 근경으로의 시선 이동이 나타나기는 하지만, 〈제6수〉와 〈제7수〉에서는 시선의 이동이 두드러지게 나타나 있지 않다. 또한 [C]에서는 농촌의 일상을 드러내고 있을 뿐, 자연의 아름다움을 보여 주고 있지는 않다.

✘오답 풀이
① [A]는 '서사'의 성격으로 일 년의 풍년을 바라고 있으며, [B]에는 사계절의 변화가 [C]에는 하루 동안의 시간이 나타나 있다. 따라서 [A]에는 [B]와 [C]를 통해 실현하고 싶은 풍년이라는 화자의 소망이 드러나 있다고 볼 수 있다.
② [B]에는 사계절에 따른 농사의 과정이 나타나 있는데, 봄에는 밭을 갈며 농사를 시작하는 모습이, 여름에는 땀 흘려 김을 매는 모습이, 가을에는 결실을 맺는 모습이, 겨울에는 다음 해의 농사를 준비하는 모습이 드러나 있다.
③ [B]에는 '춘-하-추-동'의 시간의 흐름이 나타나며, 〈제5수〉의 '내년에 봄 온다 하거든'을 통해 또 다시 내년 봄을 준비하고자 하는 화자의 모습이 드러나 있다. 따라서 [B]는 봄부터 겨울을 거쳐 다시 봄으로 이어지는 시간의 순환성을 바탕에 둔 것이라고 볼 수 있다.
④ [C]에는 '새벽-낮-저녁'으로 이어지는 하루 동안의 시간이 나타나 있는데, 밭으로 나가자고 하는 새벽부터 일을 마치고 돌아오는 저녁의 모습까지 농촌의 일상을 담아내고 있다.

06 ③

〈제2수〉는 남 부터 하니 더욱 좋다고 하며 서로를 돕고 배려하는 농민들의 모습을 보여 주므로, 이러한 상황에 맞는 한자 성어는 '서로서로 도움'을 뜻하는 '상부상조'이다.

✘오답 풀이
① '자강불식'은 '스스로 힘써 몸과 마음을 가다듬어 쉬지 아니함'을 뜻한다.
② '자급자족'은 '필요한 물자를 스스로 생산하여 충당함'을 뜻한다.
④ '살신성인'은 '자기의 몸을 희생하여 인(仁)을 이룸'을 뜻한다.
⑤ '솔선수범'은 '남보다 앞장서서 행동해서 몸소 다른 사람의 본보기가 됨'을 뜻한다.

60 비가

▶ 본문 152쪽

01 ② 02 ⑤ 03 ⑤ 04 ④ 05 ④ 06 ②

01 ②

화자가 '꿈'에게 말을 건네는 듯한 방식을 사용하고 있지만, 화자와 시적 대상이 대화를 주고받는 문답의 구조는 확인할 수 없다.

✘오답 풀이
① 화자를 '검불'로 비유하여 무력한 화자의 처지를 나타내고 있다.
③ '묻노라 이내 꿈아'에서 어순을 도치함으로써, 시적 대상인 '꿈'을 부각하고 있다.

④ '뷘 듯ᄒ여라'에서 '-여라', '분별ᄒ시도다'에서 '-도다'와 같은 감탄형 어
미가 쓰인 영탄적 표현을 통해 화자의 고조된 감정을 드러내고 있다.
⑤ '뉘라서 모셔 오리', '학가인들 이즐쏘냐', '긔 아니 조흘쏘냐'와 같은 설의
적 표현을 통해 화자의 정서를 드러내고 있다.

02 ⑤

화자의 '몸'이 '하늘 밖'에 떨어져 있다는 것은 화자가 임금으로부
터 멀리 떨어져 있는 상황을 의미한다. 화자가 '서울'이 어디인지
찾으려 하므로 현실의 고통을 잊으려는 의지를 드러낸다고 보기
어렵다.

✖오답 풀이
① '학가 선객'은 청나라에 볼모로 잡혀간 소현 세자를 의미하는 시어이며,
그런 그를 '꿈'에서 본 듯하다는 것은 소현 세자를 만나고 싶은 화자가
소망을 드러낸 것으로 볼 수 있다.
② '박제상'은 일본에 잡혀간 왕의 아우를 구하고 죽은 신라의 충신으로, 화
자는 '춘궁을 뉘라서 모셔 오리'라고 하며 그러한 충신이 없는 지금의 현
실에 대해 안타까움을 드러내고 있다.
③ '조구리'가 '이미 죽은' 현실, 즉 충신이 없는 현실에 대한 화자의 정서를
'슬프다'라는 단정적 진술로 직접 드러내고 있다.
④ '아는 일'은 병자호란의 치욕을 의미하는 것으로, '아는 일'이 없어 근심
없이 자라는 '풀'과 달리 자신은 시름을 이겨 내지 못하고 있다. 따라서
'아는 일'은 화자가 시름에서 벗어날 수 없는 이유와 화자의 처지를 드러
내는 것으로 볼 수 있다.

03 ⑤

〈보기〉의 '사창'은 화자인 '인조'가 있는 곳으로 볼 수 있다. 〈제
7수〉의 '구중'은 '학가'가 있는 곳이 아니라, '학가'를 그리워하는
임금(인조)이 있는 대궐을 의미한다.

✖오답 풀이
① 〈보기〉는 잡혀간 세자를 그리워하는 인조의 마음을 노래한 작품으로, 〈제
7수〉의 '성려', 즉 임금이 염려하는 것의 일부로 볼 수 있다.
② 〈제7수〉의 '이역'과 〈보기〉의 '천리만향'은 모두 세자가 잡혀 있는 청나
라 땅을 의미하는 것으로 볼 수 있다.
③ 〈보기〉에서 '엽동새'의 울음으로 제시된 '불여귀'는 돌아감만 못하다, 즉
돌아가고 싶다는 의미이다. 따라서 고국으로 돌아가고 싶은 〈제7수〉의
'학가', 즉 세자의 슬픔을 새의 울음으로 형상화한 것으로 볼 수 있다.
④ 〈보기〉의 '그리ᄂ고'는 '천리만향'에서 고국과 임금을 그리워하는 '학가',
즉 세자의 심리를 미루어 짐작한 것으로 볼 수 있다.

04 ④

〈제7수〉의 '달 밝은 밤'은 임금이 잠을 이루지 못하고 근심하는
시간이며, 〈제8수〉의 '봄비'는 화자와 대비되는 '풀'을 자라게 하
는 소재일 뿐이다. 따라서 이를 통해 부정적 현실이 개선되리라
는 화자의 전망과 기대가 나타난다고 볼 수는 없다.

✖오답 풀이
① 〈제1수〉의 '어느덧 다녀온고'는 화자가 꿈속에서 심양에 있는 소현 세자에
게 다녀왔다는 의미이고, 〈제4수〉의 '뉘라서 모셔 오리'는 청나라에 잡혀

있는 세자를 모셔 오기를 바라는 마음을 의미한다. 따라서 모두 세자를
그리워하는 마음이 투영되어 있다고 볼 수 있다.
② 〈제4수〉에서 '박제상'이 죽은 후에 '님의 시름'을 알 이가 없다는 것과 〈제
6수〉에서 '조구리'와 같이 세자를 호위하여 모셔 올 이가 없다는 것은, 문
제를 해결할 충신이 없는 현실에 대한 화자의 애석함을 표현한 것으로 볼
수 있다.
③ 〈제6수〉에서 청나라와 맺은 '화친'을 '신고ᄒ 화친'으로 표현하고 있으며,
'신고'는 치욕스러운 고통을 의미한다. 그리고 〈제7수〉에서 '이역 풍상'은
'학가', 즉 세자가 겪는 것으로 다른 나라에서 겪는 시련과 고난을 의미한
다. 따라서 화자는 '신고ᄒ 화친'으로 인해 세자가 청나라에 끌려가 '이역
풍상'을 겪는다고 판단하는 것으로 볼 수 있다.
⑤ 〈제7수〉에서 화자는 '구중'에서 잠을 자지 못하고 근심에 싸여 있는 임금
을 떠올리고 있으며, 〈제9수〉에서는 '오색구름 깊은 곳에 어느 것이 서울
인고'라고 하며 '서울'을 찾지 못해 애태우는 모습을 보여 주고 있다.

05 ④

㉠의 '풀'은 국가의 치욕적인 현실과 관계없이 잘 자라고 있는 존
재로, 고뇌하는 화자와 대비되는 소재라고 할 수 있다. 반면 ㉡의
'검불'은 바람에 이리저리 날리는 존재로, 갈피를 잡지 못하고 현
실에서 괴로워하는 화자가 무기력한 자신의 모습과 동일시하는
소재로 볼 수 있다.

✖오답 풀이
① ㉠은 화자와 달리 아무 걱정이 없는 존재이고 ㉡은 화자의 부정적인 상황
과 동일시되는 존재이므로, 둘 다 경외감으로 바라보는 소재라고 볼 수
없다.
② ㉠은 근심 없는 존재이고 ㉡은 어디로 날아갈지 방향을 알 수 없는 존재
이지만, 모두 인생의 무상함을 느끼게 하는 소재라고 볼 수는 없다.
③ ㉠은 근심 없이 잘 자라는 존재로 시름에 괴로워하는 화자의 처지와 대비
되어 화자의 울분을 심화하는 소재로 볼 수도 있지만, ㉡은 울분을 완화
하기보다는 화자의 답답한 처지를 비유적으로 드러내는 소재이다.
⑤ 화자는 전란 후의 치욕적인 현실에 대해 이미 인식하고 있으므로 ㉠이 현
재 상황에 대한 인식의 계기가 되었다고 볼 수 없다. 또 ㉡은 과거 사건에
대한 회고의 계기가 아니라 화자의 현재 처지를 비유적으로 드러내는 소
재이다.

06 ②

㉮의 '학가'는 청나라 심양에 볼모로 잡혀가 있는 소현 세자를 가
리키는 말이며, '뉘라서 모셔 오리'라는 표현을 통해 ⓑ의 '춘궁'
또한 세자를 의미하는 말임을 알 수 있다.

✖오답 풀이
① ⓐ의 '님'은 세자를 그리워하는 임금(인조)을 가리킨다.
③ ⓒ의 '무신'은 외적들과 싸워야 하는 신하들을 의미한다.
④ ⓓ의 '우리'는 '풀'과 대비되는, 화자를 포함한 인간, 조선의 백성들을 의미
한다.
⑤ ⓔ의 '조그만 이 한 몸'은 화자를 가리킨다.

01 ⑤

이 작품에서 (가)는 겨울, (다)는 봄, (라)는 여름, (마)는 가을을 계절적 배경으로 하고 있다. 하지만 (나), (바)에는 계절적 배경이 드러나지 않으며, 계절의 흐름에 따라 화자의 태도가 전환되고 있지도 않다.

✗오답 풀이

① (나)의 '섯ᄀ래 기나 즈르나 기동이 기우나 트나'는 대구법이 사용된 부분으로, 이를 통해 운율감을 형성하고 있다.

② (나)와 (마)에서 '어즈버'라는 감탄사를 반복적으로 사용하여 화자의 만족감이나 심적 고통을 강조하고 있다.

③ (가)의 '시비룰 여지 마라 날 ᄎᄌ리 뉘 이스리'에서 설의적 표현을 사용하여 세상과 거리를 두고자 하는 화자의 생각을 부각하고 있다.

④ (마)의 초장에서 '워셕버셕'이라는 음성 상징어를 사용하여 낙엽이 떨어진 가을의 상황과 이러한 작은 소리에도 즉각적으로 반응하는 화자의 상황을 구체화하고 있다.

02 ①

㉠은 자연에 사는 화자와 세상을 연결하는 통로 역할을 하는 소재일 뿐, 화자가 지향하는 세계의 모습을 ㉠으로 묘사하고 있는 것은 아니다.

✗오답 풀이

② 화자는 집의 서까래가 길거나 짧거나 상관하지 않고 만족해하며 자연에서의 삶에 자긍심을 가지고 있다. 따라서 ㉡를 통해 화자가 추구하는 삶의 가치를 드러내고 있다고 볼 수 있다.

③ 때를 알아 피는 ㉢은 오지 않는 임과 대비되어 임을 그리워하는 화자의 슬픔을 부각하게 된다고 볼 수 있다.

④ 화자는 ㉣에서 들리는 낙엽 소리를 임이 오는 소리로 착각한다. 이처럼 화자가 ㉣에서 들리는 소리에 즉각적으로 반응하는 것은 임에 대한 그리움 때문이라고 할 수 있다.

⑤ '시름'이 풀릴 수만 있다면 ㉤을 불러 보겠다는 화자의 생각이 '나도 불러 보리라'라는 시구를 통해 드러나고 있다.

03 ④

'봄빗'은 만물이 소생하는 계절적 배경으로, 임이 오지 않을까 하는 기대를 갖게 만드는 대상이다. 따라서 '봄빗'은 ⑥와 연관된 시어로, 화자에게 임에 대한 그리움을 촉발하는 계기가 된다고 볼 수 있다.

✗오답 풀이

① '눈'은 화자와 세상의 단절을 유발하는 대상이다. 하지만 '눈'은 화자의 의지로 내릴 수 있는 것이 아니므로 화자의 은거가 자발적으로 이루어졌다는 설명은 적절하지 않다.

② '수간모옥'은 방이 몇 칸 되지 않는 작은 집이어도 화자가 만족해 하는 공간이자 '만산 나월'을 즐기는 공간이므로, ⓐ와 연관된 시어이다. 따라서 '수

간모옥'이 화자의 답답한 심정이 투영되어 있는 대상이라는 설명은 적절하지 않다.

③ '만산 나월'은 자연을 의미하는 소재로 화자는 '만산 나월'이 자신의 것이라고 하며 자연에서의 삶에 만족감을 드러내고 있으므로, ⓐ와 연관된 시어이다.

⑤ 화자는 '부용 당반'에서 임을 그리워하며 슬퍼하고 있으므로, '부용 당반'은 ⑥와 연관된 시어이다. 하지만 화자가 연모하는 임과 함께 지내는 공간이 아니라 임과 이별하고 홀로 지내는 공간이다.

04 ③

(다)의 초장과 중장에서는 봄날에 꽃과 버드나무가 피어난 경치를, 종장에서는 오지 않는 임에 대한 그리움의 정서를 노래하고 있다. 따라서 선경 후정의 방식으로 화자의 내면을 드러내고 있다고 볼 수 있다.

✗오답 풀이

① (가)에서 화자는 '시비룰 여지 마라'라고 누군가에 말을 건네고 있다. 그러나 질문을 하고 그에 대한 대답을 하고 있지는 않으므로, 대상과의 문답을 통해 시상을 심화하고 있다고 볼 수 없다.

② (나)에는 화자가 사는 집이 엉성한 상태와 그곳에서 '만산 나월'을 즐기고 있는 현재의 삶이 나타나 있을 뿐, 이를 과거와 대비하고 있지는 않다.

④ (라)에 제시된 대상인 '석류곳', '부용 당반' 등은 모두 화자와 감정이 동일하지 않으므로 화자의 감정이 이입된 대상으로 볼 수 없다. 또한 (다)에서부터 임을 그리워하는 마음을 드러내고 있으므로 (라)에서 화자의 심리 변화가 드러난다고 볼 수 없다.

⑤ (마)에는 '낙엽'을 임으로 착각하고 있을 뿐 의인화하고 있지 않으며, '낙엽'이 가진 속성을 나열하거나 점층적으로 제시하고 있지 않다.

05 ④

(마)의 중장에는 화자의 착각을 야기한 대상인 '낙엽'에 대한 묘사는 나타나 있지 않으며, 〈보기〉의 중장에서는 착각을 야기한 대상 '봉황'의 '그림자'의 모습이 나타나 있을 뿐 그 대상에 대한 비판이 제시되고 있지는 않다.

✗오답 풀이

① (마)의 초장에서는 '워셕버셕'이라는 청각적 자극이, 〈보기〉의 초장에서는 '벽사창이 어론어론커늘'이라는 시각적 자극이 대상에 대한 착각을 유발하고 있다.

② (마)의 초장에서는 '이러 보니', 〈보기〉의 초장에서는 '풀떡 니러나 쑥싹 나셔 보니'를 통해 창밖의 변화에 즉각적으로 반응하는 화자의 모습을 알 수 있다.

③ (마)의 중장에서는 '낙엽', 〈보기〉의 중장에서는 '봉황'의 '그림자'가 화자의 착각을 유발한 대상으로 확인되고 있다.

⑤ (마)의 종장 '유한흔 간장이 다 끈칠싸 ᄒ노라'에서는 화자의 내면적 고통이 드러나고 있으며, 〈보기〉의 종장 '행여 낫이런들 눔 우일 번ᄒ여라'에서는 타인의 평가와 조소를 의식하는 화자의 모습이 드러나고 있다.

01 ①

속세(홍진, 인간의 벗, 풍진 붕우 등)와 자연(백운, 녹수 청산, 물외에 벗, 강호 구로 등)을 상징하는 대조적 소재를 통해 자연 속에서의 삶을 긍정하는 화자의 인식을 드러내고 있다.

✘오답 풀이

② 명령적 어조는 나타나지 않는다.

③ 속세와 자연이라는 공간의 대비는 나타나 있지만, 화자가 공간을 이동하는 시상 전개는 나타나지 않는다.

④ 독백체로 시상이 전개되고 있으며, 구체적인 청자를 설정하고 있지 않다.

⑤ '이제야 작비금시을 씨ᄃᆞ론가 ᄒᆞ노라'에서 과거와 대비되는 현재의 상황이 드러나 있다고 볼 수는 있지만, 계절의 변화는 나타나 있지 않다.

02 ⑤

〈보기〉의 '죠흔 뜻'은 '속세를 떠나 자연에 묻혀 풍류를 즐기며 살아가고자 하는 뜻'으로, '세속을 벗어난 흥취'를 뜻하는 '일흥'과 유사한 의미이다.

✘오답 풀이

① '공맹'은 학문을, ② '홍진'은 속세를, ③ '붕우'는 인간 세상의 친구를, ④ '풍우'는 속세의 시련을 뜻하므로 적절하지 않다.

03 ⑤

〈제9장〉에서 화자는 벼슬을 버리고 떠나는 것이 좋다는 것을 알고도 그만두지 못하는 자신의 마음을 본인도 모르겠다고 표현하고 있다. 따라서 벼슬을 그만두고자 하는 단호한 의지를 드러낸다고 볼 수 없다.

✘오답 풀이

① '이내 몸 쓸틔업ᄉᆞ니'를 보면, 화자는 현실에서 뜻을 이루지 못한 자신에 대해 부정적으로 인식하고 있음을 알 수 있다.

② '홍진에 절교ᄒᆞ고 백운으로 위우ᄒᆞ야'를 보면, 화자는 속세와 인연을 끊고 자연을 친구 삼아 지내고자 함을 알 수 있다.

③ '슬커나 즐겁거나 내 분인가 ᄒᆞ노라'를 보면, 화자는 자연에서 자기 분수를 지키며 사는 삶에 만족하고 있음을 알 수 있다.

④ '이제야 작비금시을 씨ᄃᆞ론가 ᄒᆞ노라'를 보면, 화자는 지난날이 그르고 지금이 옳다는 것을 깨달았음을 알 수 있다.

04 ④

〈제9장〉의 중장에서 화자는 초장에서 언급한 벼슬을 버리고 떠난 도연명과 소광의 처신을 누구나 부러워한다고 말하고 있다. 따라서 중장에서 속세에 미련을 갖게 하는 가치를 언급하고 있다는 진술은 적절하지 않다.

✘오답 풀이

① 〈제1장〉의 초장에서 학문을 하고자 하니 사람이 글자를 알게 되면서부터

근심이 시작되었다는 것으로 보아, 이는 화자가 속세에 대해 체념하고 강호를 선택하게 되는 동기로 볼 수 있다.

② 〈제3장〉의 중장에서는 자연 속에서 시름없이 지낸다는 것으로 보아, 강호를 선택한 삶의 모습이 긍정적으로 드러난다고 할 수 있다.

③ 〈제6장〉의 종장에서는 '슬커나 즐겁거나 내 분인가 ᄒᆞ노라'라고 하며 화자 자신이 분수에 맞는 선택을 했음을 드러내고 있다.

⑤ 〈제9장〉의 종장에서는 벼슬살이를 그만두지 못하는 마음을 드러낸 것으로 보아 갈등하는 화자의 모습이, 〈제11장〉의 종장에서는 세속을 벗어난 흥취를 이기지 못해 즐거워 하는 것으로 보아 자신의 선택에 만족하는 화자의 모습이 드러난다고 할 수 있다.

05 ⑤

'유정코 무심'한 것은 정이 있는 것처럼 보이지만 실제로는 무심함을 의미하는데, '인간의 벗', '붕우'가 이에 해당한다. 반면 '물외에 벗'은 '백운', '구로'와 같은 자연물로, 화자가 이들과 '위우'하고자 하는 이유는 이들이 무심한 듯 보이지만 정이 있기 때문이다.

✘오답 풀이

① '인간의 벗 잇단 말가 나는 알기 슬희여라'라고 하며 인간 세상의 벗을 알기 싫다고 하는 것으로 보아, 화자가 '홍진', 즉 속세와 '절교'하는 대상을 '인간의 벗'으로 본다고 할 수 있다.

② '유정코 무심홀 손 아마도 풍진 붕우'라고 하며 인간 세상의 벗이 정이 있는 듯하지만 무심하다고 하는 것으로 보아, 화자가 '붕우'를 '절교'하고자 하는 대상으로 인식한다고 할 수 있다.

③ '백운으로 위우ᄒᆞ야 / 녹수 청산에 시름업시 늘거 가니 / 이 듕의 무한지락을 헌ᄉᆞ홀가 두려웨라'라고 하며 자연에서 백운을 벗 삼아 살며 무한한 즐거움을 느끼는 것으로 보아, 화자는 '백운'과의 '위우'를 통해 '무한지락'을 느끼고 있다고 할 수 있다.

④ '강호 구로'는 무심한 듯하지만 정이 있는 대상으로 화자가 자연에서 벗으로 삼고자 하는 대상이다. 따라서 '구로'는 '물외에 연하 족'한 곳, 즉 자연의 안개와 노을이 풍족스러운 곳에 있다고 할 수 있다.

01 ③

화자는 자연 속에 혼자 있는 상황이므로, 이웃과 함께 역경을 극복하고자 한다고 볼 수 없다.

✘오답 풀이

① '청풍명월'이나 '송죽'을 '벗'이라 칭하고 있으므로, 자연물을 친구처럼 여기고 있음을 알 수 있다.

② '공명부귀'를 잊었다고 하는 것으로 보아, 세속적 가치를 멀리하며 살고 있음을 알 수 있다.

④ '일장현금'을 연주하면서 자신의 능력을 알아주지 않는 현실을 안타까워하고 있다.

⑤ 자연의 '청유한 흥미'를 느끼고 있으므로, 자연 속에서 그윽한 즐거움을 찾고 있음을 알 수 있다.

02 ④

〈보기〉에서 자연 속에서 유유자적하는 화자의 모습은 나타나 있지만 과거의 삶에 대한 내용은 나타나 있지 않다. 또한 이 작품에서는 화자가 자신의 능력을 인정받지 못해 관리로 등용되지 못하고 자연에 묻혀 살고 있으므로, 화자가 과거 자신의 삶에 자긍심을 지니고 있다고 보는 것은 적절하지 않다.

✘오답 풀이

① 이 작품과 달리 〈보기〉에서는 '봄'과 '여름'이라는 계절이 제시되어 있다.
② 〈보기〉에서는 각 수의 초장에 '강호에 ～이 드니', 종장에 '이 몸이 ～하옴도 역군은이샷다'로 형식을 통일하고 있다. 하지만 이 작품에서는 형식을 통일하고 있는 수는 없다.
③ 〈보기〉와 달리 이 작품에서는 '자기(거문고의 명인인 백아의 친구)'라는 역사적 인물의 이름을 언급하고 있다.
⑤ 이 작품의 '보은이 어려워라'와 〈보기〉의 '역군은이샷다'에서 임금을 향한 화자의 충정을 드러내고 있다.

03 ④

'십장 홍진'은 '열 길이나 되는 붉은 먼지'라는 뜻으로, 보통 '속세'를 의미한다.

✘오답 풀이

① ② ③ ⑤ '청풍명월', '초당', '송죽', '물외'는 모두 화자가 머무르는 공간인 자연과 관련이 있다.

04 ④

'산수간', '청풍명월', '초당', '송죽', '산림', '물외' 등과 같은 자연을 의미하는 시어와 '세상', '십장 홍진' 등과 같은 속세를 의미하는 대조적 시어를 활용하여, 자연 속에 묻혀 지내는 현재 상황에 대한 화자의 만족감을 드러내고 있다.

✘오답 풀이

① 의성어, 의태어와 같은 음성 상징어는 나타나지 않는다.
② '산림에 들어온 지 오래니'에서 시간의 경과가 드러나 있지만, 계절감을 드러내는 표현은 사용하고 있지 않다.
③ 모순되는 진술 속에 진리를 담아내는 역설적 표현은 나타나지 않는다.
⑤ '흩어 타니'를 움직임을 나타내는 표현으로 볼 수도 있지만, 움직임을 나타내는 어휘를 반복하고 있지 않으며 이 작품에서 대상의 역동적인 모습은 나타나지 않는다.

05 ②

ⓑ의 '조그만 이내 몸'은 자연 속에서 생활하는 화자 자신을 겸손하게 표현한 것으로, 화자는 자연 속에서 청풍명월을 벗 삼아 한가로운 삶을 살고 있다. 따라서 ⓑ를 자연 속에서 벗도 없이 심리적 위안을 받지 못하는 화자의 모습으로 볼 수 없다.

✘오답 풀이

① '공명부귀'는 관직에 오름으로써 얻을 수 있는 가치이다.
③ '시시비비'는 속세의 사람들이 서로 옳다고 다투는 것으로, 화자가 이를 모른다고 하는 것에서 이러한 속세에서 벗어나고 싶어 함을 알 수 있다.
④ '일장현금'은 거문고 한 곡조라는 뜻으로, 세상에서 버려진 화자가 자연에서 연주한 것으로, 화자가 관직에서 물러나 자연 속에서 지내며 직접 체험한 것으로 볼 수 있다.
⑤ '송죽'을 벗으로 삼아 자연 속에서 지내며 자연과의 조화를 이루고 있음이 나타난다. 특히 '송죽'을 의인화하여 부르는 것에서 친밀감이 드러난다고 볼 수 있다.

01 ③

〈제5수〉에서 화자는 '단정을 빗기 노하 오락가락 ᄒ난 흥'을 '세상 알가' 걱정하고 있는데, 이는 자연에서의 흥취를 오롯이 자신만이 느끼고 싶을 정도로 만족스럽다는 의미일 뿐 세상과의 소통을 거부하는 모습은 아니다. 또한 화자가 정치 현실 속에서 '만고풍상' 즉, 아주 오랜 세월 동안 많은 고생을 겪었다고 볼 만한 근거는 나타나 있지 않다.

✘오답 풀이

① 화자는 '이제 다 못 죽음도 긔 성은인가 ᄒ노라'라고 하며 임금의 은혜를 떠올리고 있다. 이는 임금을 그리워하는 마음에서 비롯된 것으로 '임금을 그리워하는 마음'을 뜻하는 '연군지정'을 드러내고 있다고 볼 수 있다.
② '안빈낙도'는 '가난한 생활을 하면서도 편안한 마음으로 도를 즐겨 지킴'을 뜻하는 말로, 화자는 '보리 피 구즌 뫼예 찬물이 아조업'는 상황을 불평하지 않고 '그를 노하' 고기를 낚아 반찬을 얻겠다는 긍정적인 모습을 보이고 있다.
④ '물아일체'는 '외물과 자아가 어울려 하나가 됨'을 뜻하는 말로, 화자는 '강호풍취랄 네 디딜 ᄯᅧ 내 디딜 ᄯᅧ'라고 하며 백구와 함께 자연 속에서 한가롭게 흥을 즐기고 있다.
⑤ '안분지족'은 '편안한 마음으로 제 분수를 지키며 만족할 줄을 앎'을 뜻하는 말로, 화자는 벼슬을 그만둔 뒤의 '어조' '생애'를 '아히들은 괴롭다 ᄒ건마논' 자신은 '강호한적이 내 분인가 ᄒ노라'라고 하며 다른 사람들의 생각과는 달리 어부로서의 자신의 삶에 만족하는 태도를 보이고 있다.

02 ④

〈제6수〉의 '강호풍취랄 네 디딜 ᄯᅧ 내 디딜 ᄯᅧ'에서 화자는 자연을 즐기는 흥을 갈매기도 지녔고 자신도 지녔다고 말하고 있으므로 자연의 흥취를 느끼지 못하는 갈매기를 안쓰러워하고 있다는 설명은 적절하지 않다.

✘오답 풀이

① 〈제9수〉에서 화자는 '어조을 생애ᄒ'고 있는 자신의 삶에 대해 '강호한적이 내 분인가 ᄒ노라'라고 하며 만족해하고 있다.
② 〈제5수〉에서 화자는 '돌 붉'은 밤에 '단정'을 타고 '흥'을 느끼고 있음을

알 수 있다.

③ 〈제3수〉에서 화자는 '강호에 바리연디 십 년 밧기 되'었다고 하였고, 〈제9수〉에서 '식록을 긋친 후로 어조를 생애흥'였다고 하였으므로 벼슬에서 물러나 자연에서 십 년 넘게 살고 있음을 알 수 있다.

⑤ 〈제4수〉에서 화자는 '오신 손님'을 대접할 '찬물이 아조업다'면서 '빅 내여 띄워'서 '그믈 노하 보'겠다고 하였다.

03 ②

'연하의 깁픠 든 병'은 '연하고질' 즉, '자연의 아름다운 경치를 몹시 사랑하고 즐기는 성벽'을 의미하는 것으로 자연에 대한 깊은 애정을 표현한 것이다.

✘오답 풀이
① 화자가 자연을 즐기고 있음을 드러내고 있기는 하지만, 자연에 대한 경외감을 드러내고 있지는 않다.
③ 화자가 자연의 이치를 깨닫는 내용은 나타나 있지 않다.
④ 〈제6수〉에서 '너도 날만 못ᄒ리라'라고 하며 자신의 풍류 생활에 대한 자부심을 드러내고 있지만 풍류 생활에 대한 우월감이 드러나지는 않는다.
⑤ 이 작품에서 화자는 달밤에 배를 띄우기도 하고 석양에 갈매기와 함께 풍류를 즐기는 등 자연에서의 즐길거리가 많음을 인식하고 있다.

04 ①

'학생 1'은 야간 유람선을 탔던 일을 토대로 '돌 붉'은 밤에 '단정'을 타며 '흥'을 느끼고 있는 화자의 정서를 이해하고 있으므로 자신의 경험을 바탕으로 이 작품을 감상하였다는 이해는 적절하다.

✘오답 풀이
② 다른 작품과의 연관성을 바탕으로 감상한 것은 '학생 2'이다.
③ ④ '학생 2'는 이 작품과 내용이 유사한 윤선도의 '어부사시사'와 관련짓고 있으므로 다른 작품과의 연관성을 바탕으로 감상하고 있다고 볼 수 있다. 독자에게 미친 영향이나 대상 간의 관계와 관련된 내용을 언급하고 있지는 않다.
⑤ '학생 2'는 당시의 시조들에 나타나는 특징을 통해 당대 사대부들의 세계관과 관련짓고 있으므로 시대적 배경을 바탕으로 이 작품을 감상하고 있다고 볼 수 있지만, '학생 1'은 시대적 배경과 관련된 내용을 언급하고 있지 않다.

05 ③

〈제4수〉를 예로 들어 보면, '전나귀/밧비 모라/다 점은 날/ 오신 손님'과 같이 4음보를 기준으로 전개되며, 종장의 첫 음보는 '아희야'와 같이 3음절을 유지하고 있다. 종장의 둘째 음보는 '빅 내여 띄워라'로 6음절이므로 종장 첫 음보보다 길다는 것을 알 수 있다. 이는 다른 모든 연에도 마찬가지로 해당되는 특징으로 ⓐ는 '4', ⓑ는 '3', ⓒ는 '길게'가 들어가야 한다.

01 ③

'위의도 거룩ᄒ고 예모도 너를시고'와 같이 대구의 형식을 통해 전달하고자 하는 내용을 강조하고 있음을 확인할 수 있다.

✘오답 풀이
① 공간적 배경을 묘사하여 인물의 내면 심리를 드러내고 있는 부분은 제시되어 있지 않다.
② 화자는 '고조'를 아는 이가 없고 '정성'이 사라진 현실을 개탄하고 있을 뿐, 그런 현재의 상황을 과거와 대비하고 있지는 않다.
④ '이 히 져므러시니'에 시간의 경과가 나타나 있으나, 계절감을 드러내는 소재는 나타나 있지 않다.
⑤ 사물에 인격을 부여하는 부분은 나타나 있지 않다.

02 ④

〈제5수〉의 '직사기우'는 '마땅히 그 근심을 생각함'이라는 뜻으로 즐김(풍류)을 지나치게 좋아하여 그것에 빠지게 되는 것을 염려해야 함을 의미한다. 이는 나라를 걱정해야 한다는 의미는 아니므로 우국충정을 잊지 않는 선비로서의 도리를 말하고 있다는 설명은 적절하지 않다.

✘오답 풀이
① 〈제1수〉에서는 '고조'를 '아는 이 전혀 없'고 '정성이 하 아득'한 현실을 개탄하며 이를 '다시 블너 보'고자 하는 의지를 밝히고 있다.
② 〈제3수〉에서는 '해학을 됴하ᄒ나 가혹함이 되'어서는 안 된다며 이를 경계함을 밝히고 있다.
③ 〈제4수〉에서는 '중심을 즐길지니 외모를 위'해서는 안 된다며 겉모습보다 내면의 가치가 중요함을 밝히고 있다.
⑤ 〈제6수〉에서는 '싱전의 다 즐기지 못ᄒ면 뉘우'치게 된다며 생전에 후회 없이 즐기고 놀 것을 권유하고 있다.

03 ③

ⓒ은 '중심'과 '외모'를 대조하고 설의적 문장을 활용하여 중심을 즐기는 것의 중요성을 강조하는 것으로 인과 관계는 나타나지 않는다.

✘오답 풀이
① ㉠에서는 '긔 뉘신고'라며 의문형 문장을 활용하여 독자의 주의를 환기하고 있다.
② ㉡에서는 '해학'이 지나쳐 '가혹함'이 되지 않아야 함을 '되올소냐'라는 설의적 표현을 통해 강조하고 있다.
④ ㉣에서는 '즐기믈 됴하ᄒ나 거칠음'이 되어서는 안 된다는 뜻을 '말지어다'라는 명령형 표현을 통해 전달하고 있다. '–ㄹ지어다'는 '마땅히 그렇게 하여라'의 뜻을 나타내는 명령형 종결 어미이다.
⑤ '싱전의 다 즐기지 못ᄒ면'의 앞 절과 '뉘우칠까 ᄒ노라'의 뒤의 절이 종속적으로 이어져 생전에 후회 없이 풍류를 즐기자는 화자의 생각을 전달하고 있다.

04 ⑤

〈제6수〉에서 화자는 '화옥'이 있어도 때가 지나면 그곳에 들 수 없는 것처럼 '종고금슬'로 즐겨 노는 일도 생전에 너무 늦기 전에 해야 한다고 말하고 있다. 즉, '종고금슬'로 날로 즐겨 노는 것을 '화옥'을 꿈꾸는 어리석은 행동이라 말하고 있는 것은 아니다.

✖오답 풀이

① '고조'와 '정성'은 옳은 소리 또는 옳은 소리를 담은 옛 곡조를 뜻하는 것으로, 화자는 이것을 '아는 이 전혀 없고', '하 아득하'여 '다시 블너 보'겠다는 뜻을 밝히고 있으므로, 옳은 소리를 담은 노래가 사대부에게 필요하다는 화자의 생각이 드러나고 있다고 이해하는 것은 적절하다.

② 화자는 '해학'을 좋아하나 '가혹함'이 되어서는 안 된다고 말하고 있으므로, 현재를 즐기되 그것이 지나쳐서는 안 된다는 절제를 강조하는 낙이불음 사상이 드러나 있다고 이해하는 것은 적절하다.

③ 화자는 '좌상'에 '손'이 있고, '이 회'가 저물었으니 '아니 놀고 어찌하'겠냐며 즐겁게 놀자고 노래하고 있으므로, 자신을 찾아온 손님들과 현재를 즐기고자 한다고 이해하는 것은 적절하다.

④ 화자는 '중심', 즉 마음속을 즐기고 '외모'를 위하지 말라고 말하고 있으므로, 화자가 겉치레보다 마음속을 지키는 것이 사대부의 바람직한 자세라 생각하고 있다고 이해하는 것은 적절하다.

05 ④

'술'은 화자가 풍류를 즐기게 하는 소재이다. 또한 '종고금슬'을 이용하여 '날로 즐겨 놀'자고 하고 있으므로 이 역시 화자가 풍류를 즐기게 하는 소재이다.

✖오답 풀이

① '술'은 화자에게 감흥을 자아내는 역할을 한다고 볼 수도 있지만, '종고금슬'은 화자에게 불안감을 주지 않는다.

② '술'이 화자가 현실에 대응하는 자세를 성찰하도록 이끈다고 보기 어려우며, '종고금슬'로 놀다 보면 근심을 잊을 수도 있겠지만 이 작품에서 화자가 이를 통해 근심을 잊고 있다는 근거를 찾을 수 없다.

③ '종고금슬'을 통해 화자의 놀며 즐기는 삶의 태도를 알 수 있지만, 이 작품에서 '술'을 통해 화자가 소박한 삶을 산다고 볼 만한 근거는 찾을 수 없다.

⑤ '술'과 '종고금슬'에 대해 화자가 경외감을 가지고 있지는 않다.

66 수월정청흥가

▶ 본문 164쪽

01 ④ 02 ④ 03 ④ 04 ④ 05 ④

01 ④

'안빈 희분하여 부귀공명 모르노라'에서 화자는 부귀공명과 거리가 먼 생활을 하고 있다는 것을 알 수 있다. 화자는 부귀공명을 멀리하고 안분지족하는 삶을 살고 있기 때문에 부귀공명과 거리가 먼 생활을 후회하고 있다는 설명은 적절하지 않다.

✖오답 풀이

① '평생에 위군부애정이야 일각인들 잊으리까'에서 화자는 자연에서 생활하면서도 한 순간이라도 임금을 위하는 마음을 잊은 적이 없다고 하였으므로, 화자가 자연생활 속에서도 연군지정을 품고 있다는 설명은 적절하다.

② '백구'를 자신의 벗이라고 칭하고 그 벗이 '인간 시비를 모르고 늙으소서'라고 일러 준다고 하였는데, 결국 이 말은 자신이 지향하는 삶의 태도라고 볼 수 있다. 따라서 화자가 자연물을 통해 자신의 의도를 드러내고 있다는 설명은 적절하다.

③ '우리는 한 말도 아니되 검다 세다 하뇌다'에서 별말을 하지 않아도 세상 사람들이 이렇다 저렇다, 누가 옳다 그르다 한다고 한탄하고 있다. 따라서 화자가 복잡한 세상일에 비판적 태도를 취하고 있다고 설명한 것은 적절하다.

⑤ 화자는 부귀공명을 멀리하고 '수월정 뜻을 두고 대산에 몸을 두니'라고 하였으므로 자연 친화적 삶의 태도를 가지고 있다는 설명은 적절하다.

02 ④

〈제9수〉와 〈제14수〉에 '백구'가 등장하며, 그중 〈제14수〉의 '율령천 백구들'이 화자에게 '인간 시비를 모르고 늙으소서'라고 하고 있다. 인간 세상의 복잡한 관계로 인해 옳고 그름을 따지며 세상 욕심을 부리지 말고 유유자적한 자연 친화적 삶을 살자는 화자 자신의 다짐을 '백구'를 통해 전달 받는 방식으로 표현한 것이다. 따라서 '백구'는 화자의 대리인 역할로 화자에게 당부의 말을 전하는 대상으로 볼 수 있다.

✖오답 풀이

① '백구'는 화자가 강호에서 유일한 벗으로 여기며 자연에서 함께 즐기며 노는 대상이지만 경외하는 마음은 드러나지 않는다.

② 화자는 자연 속에서의 삶에 만족하며 즐기려는 태도를 취하고 있다. '탈속'은 '부나 명예와 같은 현실적인 이익을 추구하는 마음으로부터 벗어남. 또는 속세를 벗어남'의 뜻이므로, 화자가 머무는 수월정에서의 생활을 탈속적 세계에 속한다고 볼 수 있지만 '백구'가 탈속적 세계를 폄하하고 있다는 내용은 찾기 어렵다.

③ 화자는 '백구'를 자연생활에서 유일하게 벗할 수 있는 존재로 여기고 있을 뿐 '백구'가 화자에게 공감을 표현하며 위로를 해 주는 내용은 찾기 어렵다.

⑤ 화자가 과거의 사건을 회고하는 내용이 제시되어 있지 않으므로 '백구'를 과거의 사건을 회고하는 계기가 되는 대상으로 판단하는 것은 적절하지 않다.

03 ④

'검다 세다 하뇌다'는 '옳다 그르다 하노라' 정도로 해석되므로 '싫고 좋은 것을 말하지 않아도 알아준다'는 뜻으로 볼 수 없다. 오히려 이는 화자가 세상 사람들이 잘잘못을 따지는 행위에 대하여 부정적으로 인식하고 있음을 드러낸다.

✖오답 풀이

① ⓐ의 '세상의 번우한 벗'이란 화자 자신과 같이 속세를 떠나 자연 친화적 삶 속에서 마음의 여유를 가지는 친구가 아니라 세상일에 집착과 미련으로 걱정이 많은 친구를 뜻한다고 볼 수 있다.

② ⓑ의 '이 몸이 다만 하나이니 오락가락 하노라'는 '수월정 뜻을 두고 대산

에 몸을 두니'에서 알 수 있듯이 자연생활을 즐기기에 바쁘므로 여기저기 왔다 갔다 한다는 의미로 해석된다. 따라서 화자가 강호한정을 즐기기에 바쁘다는 의미로 볼 수 있다.
③ ⓒ의 '헌사를 마라'라고 백구에게 말한 것은 자신의 강호한정하는 생활을 남들에게 소문내지 말라는 의미로 볼 수 있다. 따라서 화자가 백구에게 '헌사를 마라'라고 한 것은 자연에서의 즐거움을 유난스럽게 남들에게 알리지 말라고 당부하는 것으로 설명할 수 있다.
⑤ ⓔ의 '일각인들 잊으리까'는 설의적 표현이므로, 잠시라도 잊은 적이 없다는 뜻으로 해석할 수 있다.

04 ④

〈제5수〉의 '이 몸이 둘이면 갈라 두고 아니 놀랴'는 설의적 표현으로 '둘을 갈라 두고 놀 정도로 자연에서 충분히 즐기며 놀 것이다'라는 화자의 정서를 부각시키고 있다. 〈제20수〉의 '~일각인들 잊으리까' 역시 의문의 형식을 활용하여 '잠시라도 잊지 않았다'는 화자 자신의 내면 상태를 강조한 것이다.

✗ 오답 풀이
① 이 작품은 연시조에 해당하지만 후렴구는 찾을 수 없다. 따라서 후렴구를 활용하여 음악적 효과를 드러내고 있다는 설명은 적절하지 않다.
② 이 작품에서 연쇄의 방식을 활용한 구절을 찾기 어렵다. 따라서 연쇄의 방식으로 대상의 속성을 부각하고 있다는 설명은 적절하지 않다.
③ 이 작품에서 '~처럼, ~인 듯이, ~인 양' 등을 사용해 직유의 방식을 사용한 부분은 찾기 어렵다. 따라서 직유법을 활용하여 대상의 가치를 나타내고 있다는 설명은 적절하지 않다.
⑤ 이 작품에서 상승과 하강 이미지가 반복된 부분을 찾기 어렵다. 따라서 상승과 하강 이미지 반복을 통해 주제를 부각하고 있다는 설명은 적절하지 않다.

05 ④

'율령천'에서 '세상의 번우한 벗'을 떠올린 것은 화자가 느끼는 자연 친화적 삶의 즐거움을 번잡하게 살아가는 세상 사람들은 모를 것이라며 자신의 자부심을 드러내는 부분이라고 할 수 있다. 따라서 화자가 '세상의 번우한 벗'을 떠올리는 것을 강호에서도 세상을 걱정하는 것으로 이해하거나 자연을 화자의 번민이 심화되는 공간으로 해석하는 것은 적절하지 않다.

✗ 오답 풀이
① 화자는 '율령천'에서 낚시로 소일하고 아침 식사 후 졸기도 하며 한가로운 생활을 보내며 만족감에 젖어 있다. 세상 사람들이 추구하는 부귀공명과 다르게 화자는 자연 속에서 안분지족의 가치를 추구하고 있다.
② '율령천'에서 지내며 '아침밥'을 먹은 후 졸음이 나온 상황은 매우 일상적이며 구체적인 생활 모습이다. 화자가 머무는 자연은 세상과 동떨어져 비현실적인 공간이거나 도를 닦는 수련의 장 같은 곳이 아니라 일상의 시간을 보내는 매우 현실적인 공간이다.
③ '긴 감소'는 깊은 연못을, '낚대'는 낚시 도구를 의미한다. 화자가 낚싯대를 들고 한가로이 걸어 다니는 모습은 자연 친화적 삶을 즐기는 상황으로, 여기에서 자연은 화자의 흥취를 유발하는 공간으로 해석할 수 있다.
⑤ 탈속적인 자연에 머물면서도 마음 한편으로는 임금에 대한 변치 않는 충성심을 지니고 있는 것은 조선조 사대부 양반의 이중적인 모습으로, 이

는 〈제20수〉 '대산 상상봉'에서 '위군부애정'을 생각하는 상황을 통해 드러난다. 따라서 자연은 화자가 지닌 사대부로서의 이념이 드러나는 대상으로 나타나고 있다는 설명은 적절하다.

---

67 고산별곡 ▶ 본문 166쪽

01 ④ 02 ③ 03 ④ 04 ④ 05 ②

01 ④

화자는 세속적 욕망에서 비롯된 '시름'을 '술'로 잊고자 하는 것이다. 따라서 세속적 욕망을 실현할 방법이 없어 술을 선택한 것이라는 설명은 적절하지 않다.

✗ 오답 풀이
① 〈제1수〉에서 석양 무렵 뜬 '신월'은 자연생활에 해당하고, 〈제9수〉에서는 '일륜명월'을 벗으로 삼아 거문고를 탄다고 하였으므로 '달'은 화자에게 위로가 되는 소재라 할 수 있다.
② 〈제3수〉에서 화자는 '강산'이 눈에 익고 '세로'가 낯이 설다고 하였다. 이는 두 대상을 자연에서의 삶과 세속적인 삶으로 각각 인식하고 있음을 알 수 있다.
③ 〈제4수〉에서 '말'은 '불고정'이 좋아 그곳에서 살아가는 자신의 삶의 방식에 대하여 모르고 함부로 말하는 사람들의 평가를 뜻한다.
⑤ 〈제9수〉에서 백아와 종자기에 관한 고사를 인용하고 있다. 거문고의 대가였던 백아가 어떤 심정으로 거문고를 켜고 있는지 나무꾼인 종자기만 유일하게 맞추었다고 하는데, 그런 종자기가 세상을 먼저 떠나자 백아는 거문고 줄을 끊어버리고 다시는 연주하지 않았다고 한다. 따라서 화자는 종자기처럼 자신의 재능과 능력을 알아주는 이가 없음을 한탄하고 있음을 알 수 있다.

02 ③

이 작품에서 화자는 자연에 은거하며 풍류를 즐기는 삶에 만족감을 드러내고 있다. 〈제6수〉에는 '술'을 통해 자연과 더불어 살면서 음풍농월하는 삶의 모습이 제시되어 있다.

✗ 오답 풀이
① '술이 다만 세 병', '흔 병', '쏘 흔 병', '나믄 병'과 같이 대상을 열거하는 방식을 취하였다고 볼 수 있으나, 이를 통해 자연의 아름다움을 묘사하고 있는 것은 아니다.
② 시선의 이동에 따른 구성 방식은 나타나지 않으므로 시선의 이동에 따라 변화하는 자연의 모습을 형상화하고 있다는 설명은 적절하지 않다.
④ '술'이나 '달'과 같은 중심 소재가 등장하지만 그것을 빗대어 자연의 섭리가 제시되어 있다고 보기 어렵다. 따라서 자연의 섭리에 대한 경외감을 표출하고 있다는 설명은 적절하지 않다.
⑤ 시각적 이미지는 나타나지만, 자연이 지닌 역동적 생명력을 강조하고 있는 구절은 없다. 화자가 '달의 논들 엇더리'라고 하였지만 여기에서 자연의 역동적인 모습이 나타나는 것은 아니다.

03 ④

ⓓ의 '옥경헌 평생행장'은 옥경헌에서 보내는 평생 삶의 모습을 의미한다. 앞서 '흰 술 흔두 잔의 프른 글귀 뿐'이라며 자연에서의 담백하고 소박한 자신의 삶에 만족감을 표현하고 있는 것으로 보아, 술을 벗 삼아 지내던 과거의 삶에 대한 회한을 표현한 것이라는 설명은 적절하지 않다.

✘ 오답 풀이

① ⓐ의 '굽닐손고'는 '남에게 인사하거나 겸손한 태도를 보이다'라는 긍정적 의미로 해석하면 문맥상 부자연스러워 적절하지 않다. 여기에서는 목적을 위해 비굴하게 허리를 굽힌다, 즉 '남에게 굴복하다'는 부정적 의미로 보는 것이 적절하다. 따라서 '굽실거릴 것인가'로 설명하는 것은 적절하다.

② ⓑ의 '일존주 삼척금'을 '한 동이의 술과 석 자 크기 거문고'로 이해한 것은 적절하다.

③ ⓒ의 '검다 셰다'는 '옳다 그르다'의 뜻으로 시비를 가리려고 서로 따지며 다투는 세상 사람들의 부정적 행태를 비판하는 표현이다.

⑤ ⓔ의 '칠현이 냉냉ᄒ니'는 '거문고 소리가 맑고 청아하게 울리니'의 의미이다.

04 ④

〈제7수〉에서 화자는 자신의 생애가 고통스럽고, 세상을 사는 맛도 무미건조하다고 여기고 있다. 화자는 '고초'하고 '담박'했던 생애를 긍정하고 있지 않다. 이를 〈보기〉와 연결하면 출사의 기회를 얻지 못한 채 특별히 이루어 놓은 일 없이 말년에 접어든 자신의 삶에 대한 안타까움을 보여 주는 것이라 할 수 있다.

✘ 오답 풀이

① 〈제1수〉에서 화자는 '청산', '녹수', '석양', '신월' 등을 통해 자연에서 살아가는 모습을 드러냄으로써 자연에 대한 긍정적인 인식을 보여 주면서도, 한편으로는 '일존주'를 통해 이룬 것 없이 만년에 이른 자신의 '시름'을 풀고자 한다고 말하고 있다.

② 〈제3수〉에서 '강산'은 자연을, '셰로'는 속세를 의미한다. 화자는 출세를 위해 누군가에게 허리를 굽실거려야 하는 '셰로'의 삶 대신에 '강산'에서 '백년소일' 하겠다고 말하고 있으며, '호리라'를 통해 이러한 삶을 계속하겠다는 의지를 드러내고 있다.

③ 〈제4수〉에서 화자는 자신이 '고산 불고정'에 기거하는 이유를 그곳이 좋아서라고 말하며 '놈', '손'의 평가와 상관없이 자신의 삶에 대한 만족감을 드러내고 있다.

⑤ 〈제9수〉에서 화자는 '종기'를 언급하며 '이 곡조 게 뉘 알이'와 같은 표현으로 자신을 알아주는 사람이 없는 현실에 대한 아쉬움을 드러내고 있고, 하늘의 '일륜명월'을 바라보며 이런 마음을 달래고 있다.

05 ②

'안젼의 일존주 가지고 시롭 프자 ᄒ노라'에서 알 수 있듯이 '술'을 통해 현실에서 해소하기 힘든 시름을 잊고자 하는 태도가 드러나 있다. 더불어 '거문고'를 타면서 음풍농월의 삶을 추구하고자 하는 것은 현실적 근심, 걱정을 덜기 위한 방안으로 선택한 것이라 할 수 있다.

✘ 오답 풀이

① 인간의 유한성에 관련하여 언급된 구절을 찾기 어렵다. 따라서 유한한 삶에 대해 안타까워하는 태도가 드러나 있다는 설명은 적절하지 않다.

③ 자연에 은거하며 사는 삶에 대한 화자의 만족감이 드러나고 있지 불우한 환경에서 벗어날 수 있으리라 기대하는 태도를 보이는 것은 아니다.

④ 세속적 권력에 굽신거리며 욕망을 채우거나 시비를 따지는 세태 등 현실에 대한 비판적 인식은 보이나 현재 자신의 처지를 개선하겠다고 언급한 부분은 찾기 어렵다. 또한 '일륜명월이 뉘 버진가'에서 안분지족하는 태도가 보이므로 주위 사람들에게 인정받으려는 태도가 드러나 있다는 설명은 적절하지 않다.

⑤ '옥경헌 평생행장이 이 밧긔논 업세라'에서 전원생활에서 풍류를 즐기며 만족하는 모습을 확인할 수 있다. 따라서 문제 상황을 '술'과 '거문고'로 잊고자 했다고는 볼 수 있으나 문제 상황을 해소하기 위해 다방면으로 노력하고자 하는 의지가 드러난다는 설명은 적절하지 않다.

---

68 사우가
▶ 본문 168쪽

| 01 ③ | 02 ② | 03 ② | 04 ⑤ | 05 ④ |

01 ③

〈제4수〉의 '온갖 꽃'은 쉽게 시들어 지는 꽃을 의미하므로 화자가 부정적으로 생각하는 대상이라고 할 수 있다. 반면 〈제2수〉의 '내 벗'은 국화로, 화자는 국화가 된서리 내리는 가을에 혼자 피는 것에서 그 맑고 고결한 속성을 발견하고 '사우(四友)' 중의 하나로 여긴다. 그러므로 '내 벗'은 화자가 부정적으로 생각하는 대상이라고 볼 수 없다.

✘ 오답 풀이

① 〈제1수〉의 '풍상'은 '바람과 서리'로 소나무에게 위협이 되는 존재이고, 〈제2수〉의 '엄상'은 '아주 혹한 서리, 된서리'로 국화에게 부정적인 영향을 끼치는 대상이다. 따라서 모두 시련과 고난을 상징하는 소재로, 그런 상황에서도 의연한 소나무와 국화의 처지를 강조하고 있다.

② 〈제1수〉의 '봄빛'은 소나무가 항상 푸른 모습인 것을 나타내는 것으로 소나무가 풍상을 겪더라도 변하지 않고 지향해야 하는 가치임을 의미한다. 하지만 〈제2수〉의 '춘광'은 국화가 마다하는 것이므로 국화가 지향하는 바를 드러내고 있지 않다.

④ 〈제3수〉의 '매화'는 '눈 속에 꽃이 피어 한 빛'이라는 표현에서 시각적 이미지가, '그윽한 향기'라는 표현에서 후각적 이미지가 형상화되어 있다. 〈제4수〉의 '대'는 백설 오는 날에 '대숲'이 푸르다는 것과 청풍을 반겨 '흔덕흔덕'한다는 표현에서 시각적 이미지로 형상화되어 있음을 알 수 있다.

⑤ 〈제4수〉에서는 흰 '백설'과 푸르른 '대숲'을 색채 대비하여 추운 겨울날에도 변하지 않고 푸르른 '대'의 지조와 절개를 드러내고 있다. 따라서 '대'의 긍정적 속성을 환기하고 있다고 볼 수 있다.

02 ②

역설적인 표현이란 어떤 주장이나 의미가 겉보기에는 모순되는 것 같으나 그 속에 중요한 진리가 함축되어 있는 것을 말하는데, 이 작품에서 그러한 표현이라고 할 만한 구절을 찾기 어렵다.

① '어즈버 ~ 하노라'와 같이 영탄적 표현을 사용하여 사우의 고결한 속성을 예찬하고 있다.

③ 〈제4수〉에서 '흔덕흔덕'이라는 의태어를 사용하여 생동감 있게 대나무의 이미지를 부각하고 있다.

④ 〈제2수〉의 '춘광'과 '엄상', 〈제4수〉의 '대'와 '온갖 꽃'과 같이 대조적인 자연물의 속성을 제시하여 시적 의미를 강조하고 있다고 할 수 있다.

⑤ 〈제2수〉의 '어즈버 청고한 내 벗이 다만 넨가 하노라'에서 '국화'에게 말을 건네는 방식을 활용하여 대상과의 친밀감을 드러내고 있다.

03 ②

ⓑ의 '풍상'은 '사우' 중 소나무의 시련을 상징한다. ⓐ, ⓒ, ⓓ, ⓔ는 화자가 예찬하는 자연물, '사우'를 가리킨다.

04 ⑤

〈제1수〉에서 '봄빛'은 소나무가 지니고 있는 속성이고, 〈제2수〉에서 '춘광'은 국화가 마다하는 것으로 오히려 '엄상'에서 피는 국화의 속성을 대조적으로 돋보이게 한다. 또 〈제3수〉에서 '눈 속'은 매화가 피어나는 시간과 공간적 배경으로 매화의 고결함을 부각하는 기능을 하며, 〈제4수〉에서 '백설'은 대나무의 푸르름과 색채 대비를 이루며 더욱 대나무의 속성을 강조한다. 이러한 시어들은 모두 계절감을 나타내는 소재로 '사우'의 긍정적 속성을 드러내는 역할을 한다고 할 수 있다.

① 〈제4수〉에서는 '흔덕흔덕'이라는 음성 상징어를 활용하여 '사우' 중 하나인 대나무의 동작을 묘사하고 있지만, 〈제1수〉에서는 음성 상징어를 활용한 부분을 찾기 어렵다.

② 〈제2수〉와 〈제3수〉에서 상승과 하강의 이미지를 교차하는 부분을 찾기 어렵다.

③ 〈제4수〉에서는 '백설'과 푸른 '대숲'이 색채 대비를 보이고 있지만, 〈제3수〉에서는 색채 대비를 활용한 부분을 찾기 어렵다. 또한 〈제3수〉나 〈제4수〉 모두 '사우'의 단점을 제시하지 않는다.

④ 반어적 표현은 나타내고자 하는 의미와 반대로 표현하는 것으로, 〈제1수〉부터 〈제4수〉까지 모두 반어적 표현을 활용한 부분을 찾기 어렵다.

05 ④

'눈 속'에서 핀 '매화'가 눈과 '한 빛'이라고 한 것은 매화가 눈 속에서 꽃을 피우는데 그 꽃이 눈과 같은 하얀 빛깔을 띤다는 뜻으로 고난을 극복하고 꽃을 피우는 매화의 강인한 모습을 드러낸다고 할 수 있다. 따라서 눈과 매화가 같은 빛깔이라고 한 것이 당대의 정치 현실에 변화가 일어났다는 것을 의미한다고 보는 것은 적절하지 않다.

① '풍상'은 '솔'에게 시련을 주는 존재이다. 따라서 '풍상'을 겪는 '솔'의 모습을 통해 당시 정치 상황 속에서 시련을 겪는 작가의 상황을 제시한 것이라고 볼 수 있다.

② '봄빛'은 '풍상'과 같은 시련 속에서도 변하지 않는 속성으로 지조와 절개

등 소나무가 지향하는 가치를 의미한다. 따라서 작가의 고결한 정신이라고 볼 수 있는데, 이는 자신의 뜻을 바꾸는 속된 선비들에게 요구되는 가치관이라고 할 수 있다.

③ '춘광'은 꽃 피우기에 좋은 환경 조건이다. 그러나 '국화'는 이 '춘광'을 마다하고 '엄상' 같은 시련과 고통이 있더라도 꽃을 피운다. 이는 자신의 신념과 가치관을 지키는 것으로 시류에 영합하지 않겠다는 작가 자신의 고고한 정신을 표현한 것이라고 볼 수 있다.

⑤ '백설이 잦은 날' 부는 찬바람은 혹한 추위를 동반하므로 대나무의 푸르름을 유지하는 데 방해적인 요소가 되지만 대나무는 오히려 그 찬바람을 '청풍'이라 여기면서 흔들흔들 반긴다. 이는 시련을 온몸으로 받아들이고 능동적으로 이겨 내려는 작가의 씩씩한 기상을 상징하는 것이라고 볼 수 있다.

69 매호별곡
▶ 본문 170쪽

01 ④   02 ①   03 ④   04 ④   05 ③

01 ④

'득실(이익과 손해를 아울러 이르는 말)'은 이해관계와 관련된 표현이고, '영욕(영예와 치욕을 아울러 이르는 말)'은 타인의 평가와 관련된 말로 볼 수 있다. 따라서 '득실'도 모르며 '영욕'은 더욱 모른다고 한 것은 이해관계나 타인의 평가로부터 자유롭다는 말을 달리 표현한 것이라 할 수 있다.

① 이 작품에서 인간의 유한한 삶에 대해 한탄하는 부분은 찾을 수 없다.

② 화자는 현재 자신의 삶에 대해 만족감을 드러내고 있다. 이상과 현실이 괴리된 삶에 대한 회의적 태도는 드러나지 않는다.

③ 화자는 자연에 은거하며 한가롭게 살아가는 자신의 삶에 대해 만족하고 있다.

⑤ 화자는 자연과 더불어 살아가는 삶을 즐기고 있다. 이 과정에서 세속적 삶에서 벗어나려는 마음을 드러내고 있지만 절망적 현실을 냉소적으로 비판하는 태도는 드러나지 않는다.

02 ①

㉠의 '산수'는 자연을 즐기는 버릇이 있는 화자가 자연 속으로 들어가 즐기며 지내는 공간이므로 지향하는 삶의 모습이 실현된 공간으로 볼 수 있다.

② '산수'는 화자가 은거하고 있는 자연을 일컫는 말로 '궁핍한 생활을 해결하고자 노력하는 공간'이 아니라, 궁핍한 삶이라도 만족하며 살아가는 공간으로 볼 수 있다.

③ '산수' 속에서 즐거움과 흥겨움을 느끼며 살고 있으므로 고뇌가 이어지는 괴로운 공간이라는 설명은 적절하지 않다.

④ 화자는 현실로의 복귀를 염원하고 있지 않다.

⑤ 세속적 삶에서의 욕구를 충족하려는 의지는 나타나지 않는다.

03 ④

ⓓ에는 화자의 의지를 표출하고 있는 영탄적 표현이 쓰이지 않았다. 영탄적 표현은 놀람, 감탄 등 화자의 고조된 정서를 감탄의 형태로 표현하는 방법인데, ⓓ에서는 '갖춘 것 부족ᄒᆞ디 경기는 그지업다'라고 하며 자신이 자연에 묻혀 살면서 '갖춘 것은 부족하지만 경치는 끝이 없다'라는 정서를 표현하고 있다.

✘ 오답 풀이
① ⓐ의 '뉘라 ᄉᆞ양ᄒᆞ며 닷토리 뉘 이시리'는 '나라고 사양하겠으며, 나와 다툴 사람이 누가 있겠느냐'라는 의미로 설의적 표현을 통해 자연에 은거하여 누리는 삶에 대한 화자의 생각이 강조되고 있다.
② ⓑ의 '옥 ᄀᆞᄐᆞᆫ 여흘'과 '비단 편 ᄐᆞᆺ 흘러 있다'에서 대상에 대한 화자의 인상을 비유적으로 표현하고 있다.
③ ⓒ의 '대도 ᄐᆞᆺ그러니 정주도 지으려니'는 대구의 표현 방식으로, 자연에 은거한 화자가 그곳에서 살아가기 위한 공간을 마련하는 자신의 행위를 제시한 것이다.
⑤ ⓔ의 '늙고 병들고 게으른 이 성품이'는 자신의 성품을 '늙고', '병들고', '게으르다'고 열거하며 화자 자신에 대해 서술한 것이다.

04 ④

이 작품에서 화자는 쓸쓸하고 적막한 방에서 '책 속의 성현 말씀'을 스승으로 삼을 만한 벗으로 여기며, '천지신명'을 마음에 비친 것으로 여기고 있다. '타고난 성품을 저버리지 말고 주어진 것에 순응하며 살아가자'는 생각은 '책 속의 성현의 말씀'과 '천지신명'이 마음에 비친 것이라고 하며 화자가 현재 지향하게 된 태도를 나타낸다.

✘ 오답 풀이
① '갑 업손 풍월과 임직 업손 강산'은 자연을 가리키는 것으로 화자가 떠나온 곳이 아니라 화자가 현재 지내는 곳이다. 또한 이 대상은 '동천'과 대조적 성격을 지니는 것이 아니라 서로 비슷한 의미이다.
② 화자는 자연을 조물이 자신에게 허락한 곳이라고 여기고 자연 속에 은거하려고 '상주 동쪽 두둑'과 '낙동강 서쪽 물가'를 찾아 들고 있다. 그곳에서 마주한 것이 '맑은 연못 깊흔 곳의 노프니는 절벽'이다. 따라서 '맑은 연못 깊흔 곳'에서 벗어나고자 한다는 설명은 적절하지 않다.
③ '산수에 벽이 이셔'에서 '벽'은 '무엇을 치우치게 즐기는 성벽'이다. 즉 화자가 '산수'로 표현되는 '자연'을 치우치게 즐긴다는 의미이다. '빈천 기한'은 화자가 속세의 삶에서 겪은 삶의 궁핍을 의미한다고 할 때, 자연에 묻혀 사는 삶을 의미하는 '산수에 벽이 이셔'는 극복의 대상으로 볼 수 없다.
⑤ '거친 밥 마실 물'은 화자가 자연에 묻혀 살아가면서 있든지 없든지 분별하지 않는 대상이다. 또한 '작은 방'에서 '쓸쓸하게 지내는 삶 역시 화자는 '용슬을 ᄒᆞ덧 마덧'하기에 상관하지 않고 있다. 따라서 화자가 궁극적으로 얻고자 하는 것이라는 설명은 적절하지 않다.

05 ③

'산수에 벽이 이셔'에서 '벽'은 '집이나 방 따위의 둘레를 막은 수직 건조물'이라는 의미 혹은 '극복하기 어려운 한계나 장애를 비유적으로 이르는 말'이 아니라 '무엇을 치우치게 즐기는 성벽'이

라는 의미로 쓰인 말이다. 따라서 화자는 자연에서 즐거움을 충분히 느끼고 있으므로, 이를 자신과 분리된 공간으로 인식하는 것은 적절하지 않다.

✘ 오답 풀이
① '공명부귀도 구하기에 재주 없어 / 빈천 기한을 일성의 겨고 이셔'는 공명부귀를 구하기에 재주가 없고 춥고 배고픔을 평생토록 겪었다는 의미로, 힘든 삶을 살아왔다는 화자의 인식이 드러난다.
② '낙천지명'은 하늘의 뜻에 순응하여 자신의 처지에 만족한다는 의미이고, '거친 밥 마실 물도 잇든지 못 잇든지'는 거친 밥과 마실 물이 있거나 없거나 안분지족하며 살겠다는 의미로 자신의 삶을 수긍하고 담담하게 살아가려는 마음이 투영되어 있다고 볼 수 있다.
④ 화자는 세상 근심과 공명부귀에 대한 욕심을 버리고 자연 속에 묻혀 살고자 한다. '영욕'과 '출척'은 모두 정치 현실에서 비롯된 삶을 보여 주는 시어로, 화자가 이를 모르거나 잊었다고 말하는 것은 현실의 삶에서 벗어나고 싶어 하는 마음으로 볼 수 있다.
⑤ '타고난 성품을 저버리지 마자 ᄒᆞ니'는 타고난 성품대로 살아가야 한다는 깨달음을 표현한 것이다. 이를 통해 화자가 자신의 처지를 분수에 맞게 살아가는 삶이라고 인식하고 있음을 알 수 있다.

70 자도사 ▶ 본문 172쪽

01 ④   02 ④   03 ③   04 ③   05 ②

01 ④

'만호천문이 차례로 연다 하되 / 자물쇠를 굳게 잠가 동방을 닫았으니'에서 보통 사람들과 대비하여 화자의 태도를 드러내고 있으나, 자연과 인간의 대비를 통해 화자의 삶의 태도를 드러내는 부분은 찾을 수 없다.

✘ 오답 풀이
① '뒤집힌 동이에 비칠쏘냐'와 같은 설의적 표현을 통해 현재의 상황이 쉽사리 바뀌지 않을 것임을 비유적으로 강조하고 있다.
② 4음보를 기본으로 하여 시상을 전개하고 있다.
③ '아녀자 깊은 정을'을 통해 화자가 여성 화자임을 짐작할 수 있다.
⑤ '옥 같은 얼굴을 외오 두고 그리는고'에서 임에 대한 그리움을, '천 줄기 원루는 피 되어 솟아나고'와 '은쟁을 꺼내어 원곡을 슬피 타니'에서 임에 대한 원망과 자신의 억울함을, '주현 끊어져 다시 잇기 어려워라'에서 자신을 알아줄 사람이 없는 것에 대한 한탄을 찾아볼 수 있다.

02 ④

'반벽청등'은 빛조차 어둡다고 표현되어 있다. 이는 늦은 밤까지 임을 기다리는 화자의 외로운 처지를 드러내므로 화자의 고독감을 심화시키는 역할을 한다고 할 수 있다. 따라서 '반벽청등'을 임과의 재회에 대한 화자의 믿음이 투영되었다고 이해하는 것은 적절하지 않다.

✗오답 풀이

① 화자는 '건곤이 얼어붙어 삭풍이 몹시 부'는 추위가 계속 되자 '하루 찐다 한들 열흘 추위 어찌할꼬'라며 탄식하고 있다. 따라서 '열흘 추위 어찌할 꼬'에는 '추위'로 표현된 현실에 대한 화자의 부정적 인식이 드러난다고 할 수 있다.

② 화자는 '눈 위에 서리'가 얼마나 녹았는지, '뜰 가의 매화'가 몇 송이나 피 었는지 바깥의 상황을 모른다고 표현하고 있다. 따라서 '눈 위에 서리'와 '뜰 가의 매화'는 외부의 상황과 단절되어 외부의 상황을 알지 못하는 고 립된 화자의 상황을 표현하는 역할을 하고 있다.

③ '천 줄기 원루'가 '피 되어 솟아'난다는 표현은 과장된 표현으로 화자가 임과 이별한 후에 한을 지니고 살아가고 있음을 드러낸다. 즉, 임에 대한 그리움과 원망감을 표현한 것으로 볼 수 있다.

⑤ '백일이 무정하니 뒤집힌 동이에 비칠쏘냐'에서 '백일'은 임을 표현한 것 이고 '뒤집힌 동이'는 임과 이별한 화자의 처지를 비유한 것이다. 이는 '아무리 해가 밝아도 엎어 놓은 물동이는 비출 수 없다'는 뜻으로 임에게 버림받은 화자의 사정이 쉽사리 변화되지 않을 것임을 드러낸 표현이라 할 수 있다.

03 ③

'동방'은 임의 부재로 인해 화자가 외로움을 느끼는 공간이므로 암울한 분위기의 장소라고 할 수 있다.

✗오답 풀이

① '언제'는 임이 화자의 깊은 정을 알아주기를 바라는 시간이므로, 과거의 어느 시기가 아니라 미래의 어느 시기이라고 할 수 있다.

② 동짓날 자정이 돌아오자 사람들은 문을 차례로 연다고 한다. 하지만 화자 는 자물쇠를 굳게 잠가 동방을 닫고 있다. 따라서 '돌아오니'라는 표현은 외부와 단절하는 태도와 관계가 있으므로 화자로 하여금 새로운 상황에 대한 기대감을 갖게 한다는 설명은 적절하지 않다.

④ '자규'는 '피눈물 울어 내'는 화자의 감정이 이입된 자연물이다. 이에 비해 '잔월'은 '오경'(새벽 3시~5시), 즉 새벽달을 나타내는 표현일 뿐 화자의 감정이 이입되어 있지는 않다.

⑤ '임의 잠'을 깨우고자 하는 것은 임에 대한 그리움과 원망의 감정, 억울함 을 호소하고자 하는 화자의 마음을 나타내는 것이므로, 꿈을 통해서라도 소망을 실현하기 위한 매개로 보는 것은 적절하지 않다.

04 ③

이 작품과 〈보기〉 모두 화자와 대상 간의 대화는 드러나지 않는 다. 두 작품 모두 화자의 독백으로 시상을 전개하고 있다.

✗오답 풀이

① 이 작품과 〈보기〉 모두 '차라리 죽어서'라고 하여 죽음을 가정하고 있다.

② 이 작품의 '자규'와 〈보기〉의 '호랑나비'는 모두 화자가 죽어서 되고 싶은 것으로 임에게 버림받은 화자의 분신이라는 점에서 공통된다.

④ 이 작품의 '자규'는 '피눈물'로 '울어 내어' '임의 잠을 깨우'는 존재로 표현 되어 있다. 그 점을 고려하면 '자규'는 화자의 억울한 하소연을 담고 있는 대상이라 할 수 있다. 이와 달리 〈보기〉의 '호랑나비'는 '향 묻은 날개로 임 의 옷에 옮'기고 싶은 존재이다. 이는 좋은 향기를 임에게 전하고 싶어 한다 는 점에서 임에 대한 화자의 사랑을 담고 있는 대상이라 할 수 있다.

⑤ 이 작품의 화자는 '임의 잠을 깨우'겠다는 표현을 통해 자신의 억울함에 대해 호소하고 임의 각성을 소망하고 있다. 〈보기〉의 화자 역시 '향'을

'임의 옷에 옮'기겠다는 표현을 통해 임에 대한 변함없는 충절을 전하고 싶어 한다.

05 ②

'음력 섣달 거의로다 새봄이면 늦으리라'라는 표현은 겨울이 다 지나기 전에 임의 옷을 깁고자 하는 마음이 담겨 있다고 볼 수 있다. 새봄을 맞이하여 이별의 슬픔을 극복하기 위해 마음을 다잡으려 노력하는 모습으로 이해하는 것은 적절하지 않다.

✗오답 풀이

① '천문구중'에 가는 길이 아득한 것은 화자의 입장에서 임이 계신 곳에 가 기가 아득하다는 의미이므로 임과 만날 가능성이 희박하다는 인식이 담 긴 것으로 볼 수 있다.

③ '간장이 다 썩어 넋조차 그쳤으니'는 임에 대한 사무치는 그리움으로 자 신의 간장이 다 썩고 넋조차 사라졌다는 의미로 스스로를 애도하는 상황 을 나타낸 것으로 볼 수 있다.

④ '백일'은 임을 나타낸 비유적 표현이고, '뒤집힌 동이'는 화자의 처지를 나 타낸 비유적 표현이다. 따라서 '백일이 무정하니 뒤집힌 동이에 비칠쏘 냐'는 임이 무정하여 '뒤집힌 동이'와 같은 화자를 더 이상 사랑하지 않음 을 의미한다. 즉 임이 무정하여 자신의 처지가 바뀔 가능성이 없음을 나 타낸 표현이라고 할 수 있다.

⑤ '은쟁'은 악기를 말하고, '원곡'은 원망하는 마음을 담은 노래를 의미한다. 따라서 '은쟁을 꺼내어 원곡을 슬피 타니'는 임에 대한 원망의 마음을 음 악으로 표현하여 죽음에 견줄 만큼 큰 내면의 슬픔을 토로하고 있다고 할 수 있다.

71 **고공답주인가** ▶ 본문 174쪽

01 ③ **02** ② **03** ④ **04** ③ **05** ③

01 ③

자신의 직무에 태만한 인간의 모습이 나타나 있으나 이를 자연 물과 대비하고 있지는 않다.

✗오답 풀이

① 이 작품은 허전의 '고공가'에 답을 하는 형식의 가사이다.

② '크나큰 기운 집 마누라 혼자 앉아 ~ 옥 가튼 얼굴이 편하실 적 몇 날이 리'를 통해 '어른 종'이 주인의 외롭고 힘든 처지를 염려하고 있음을 알 수 있다.

④ '몸 사릴 뿐이로다', '마누라 타시로다' 등에서 영탄적 어조로 현실에 대한 비판적인 인식을 드러내고 있다.

⑤ '혬 없는 종의 일은 ~ 마누라 타시로다'에서 문제 상황에 대한 원인을 제 시하고 있으며, '집 일을 곳치거든 ~ 어른종을 미드쇼셔'에서 문제 상황 에 대한 해결 방법을 제시하며 해결을 촉구하고 있다.

02 ②

집안을 고치려거든 종들을 휘어잡고 종들을 휘어잡으려거든 상과 벌을 밝히고 상과 벌을 밝히려거든 어른 종을 믿으라고 말하며 가도를 일으킬 수 있는 방안을 내놓고 있다.

✗오답 풀이

① '비 새여 셔근 ~ 뉘라셔 힘써 할고'를 통해 기울어진 나라를 걱정하는 모습을 알 수 있다.

③ '쇼 먹이는 아이들이 상마름을 능욕하고'를 통해 하급 관리가 상급 관리를 능욕하고 있음을 알 수 있다.

④ '플치거니 맺히거니 ~ 몸 사릴 뿐이로다'를 통해 제 소임을 다하지 못하는 관리들에 대한 비판이 담겨 있음을 알 수 있다.

⑤ '혬 없는 종의 일은 ~ 마누라 타시로다'를 통해 나태한 관리뿐만 아니라 임금에게도 책임이 있다고 보고 있음을 알 수 있다.

03 ④

이 작품에서 화자는 '마누라(임금)'가 새끼를 꼬고 있을 것이 아니라 자신의 충언을 받아들여 서둘러 실천하기를 바라고 있다. '삿 꼬기'를 화자가 청자에게 당부하는 시급하고 중요한 행위로 보는 것은 적절하지 않다.

✗오답 풀이

① ㉠에 이어지는 구절 '제 소임 다 바리고 몸 사릴 뿐이로다'로 볼 때, '바깥마름'이 직분을 망각하여 화자의 비판을 받고 있는 존재로 이해한 내용은 적절하다.

② '불한당 구멍 도적'이 멀지 않은 곳에 다니고 있다고 하였으므로, 이들을 '가까운 곳에 있으며 화자에게 불안감을 주고 있는 세력'으로 이해한 내용은 적절하다.

③ 화자는 임금이 하인들을 다스리기 위해서 우선적으로 해야 할 일을 설득하고 있으므로 '내 항것'을 설득의 대상으로 이해한 내용은 적절하다.

⑤ 화자는 주인이 '상벌'을 밝게 하기를 설득하고 있으므로, '상벌'을 화자가 공정하고 엄중하게 시행되기를 바라는 일로 이해한 내용은 적절하다.

04 ③

이 작품은 국가의 살림살이를 농사짓는 주인과 종의 관계에 비유하여 임진왜란 이후의 황폐해진 나라의 상황이 우의적으로 나타나 있지만, 정서 변화는 나타나 있지 않다. 이 작품은 자신의 소임을 다하지 않는 종들과 이를 관리하지 못한 주인에 대해 비판적 태도를 드러내고 있을 뿐, 화자의 정서나 태도 변화는 나타나지 않는다.

✗오답 풀이

① 소 먹이는 아이들이 상마름을 능욕하고 어린 손들이 양반을 희롱하고 종들이 세간 살림을 돌보지 않는 것 등은 모두 임진왜란 직후의 피폐한 나라의 모습을 표현한 것이라고 할 수 있다.

② '집 일을 곳치든 ~ 어른종을 미드쇼셔'에서 임진왜란 이후 흐트러진 국가의 기강을 바로잡기 위한 방안을 제시하고 있다.

④ '한집의 많은 일을 뉘라셔 힘써 할고'에서 보듯이, 신하들이 국사를 돌보지 않고 당쟁만 일삼는 현실을 자신의 소임을 다하지 않는 종들에 빗대어 비판하면서 내용을 전개하고 있다.

⑤ '혬 없는 종의 일은 ~ 마누라 타시로다'에서 자신의 소임을 다하지 않는 종들과 이를 관리하지 못한 주인에 빗대어 정사에 힘쓰지 않는 나태한 신하들을 비판하고 임금의 잘못을 지적하고 있다.

05 ③

이 작품에서는 '집일을 곳치거든 종들을 휘오시고 / 종들을 휘오거든 상벌을 발키시고 / 상벌을 발키거든 어른종을 미드쇼셔'에서 연쇄의 표현 기법이 쓰였고, '뉘라셔 힘써 할고', '뉘라셔 곳쳐'가 반복되어 있다. 이와 달리 〈보기〉에는 연쇄와 반복의 표현 기법이 쓰이지 않았다.

✗오답 풀이

① 이 작품과 〈보기〉 모두 색채어가 쓰이지 않았다.

② 이 작품과 〈보기〉 모두 현실 상황에 대한 탄식이 표현되어 있다. 과거와 현재의 대비를 통해 시상이 전환되고 있지는 않다.

④ 이 작품에서는 '내 왼줄 내 몰라도 남 왼줄 모롤넌가'와 같이 설의적 표현 기법을 사용하여 안타까움의 정서를 강조하고 있다.

⑤ 〈보기〉에서는 '동량재', '기운 집' 등 직유가 아닌 은유의 방식을 사용하고 있다. 이 작품에서는 '옥 가튼 얼굴'과 같은 직유의 방식을 사용하고 있다.

---

72 농가월령가 ▶ 본문 176쪽

| 01 ③ | 02 ④ | 03 ⑤ | 04 ② | 05 ④ |

01 ③

이 작품은 농가에서 해야 할 일들을 월별로 노래한 월령체 가사로 농사일을 권장하고 세시 풍속과 지켜야 할 예절을 소개하고 있는 교훈적인 노래다. 따라서 농촌 생활의 한가함과 여유로움을 노래한 것이라 볼 수 없다.

✗오답 풀이

① 월령체 가사로 농민들이 해야 할 일, 교훈적 내용 등을 제시하는 점에서 계몽적 성격을 지니고 있다고 볼 수 있다.

② 농민들의 부지런한 활동들이 사실적으로 나타나 있다.

④ 각 달에 해야 할 농사일을 농민들에게 권장하고 있다.

⑤ 농기구, 곡식, 옷감 등 농촌에서의 생활상이 드러나는 어휘가 많이 나타나 있다.

02 ④

〈팔월령〉에서는 '귀뚜라미 맑은 소리가 벽 사이에서 들리는구나', '서풍에 익는 빛은 황운이 이는 듯하다'와 같은 감각적 이미지를 통해 시적 상황을 나타내고 있다.

✗오답 풀이

① ② 〈사월령〉은 절기 소개와 화자의 감상, 농사일 등이 구체적으로 나타나고 있는데, 의성어나 수미 상관의 방식은 사용되고 있지 않다.

③ ⑤ 〈팔월령〉에서는 직유법, 색채어의 사용 등 다양한 표현법이 나타나고 있으나, 우화적 방식이나 반어적 표현은 찾아볼 수 없다.

03 ⑤

이 작품의 자연은 절기에 따라 농사일을 하는 곳으로 노동의 공간이다. 〈보기〉의 자연은 금서 즉 거문고와 책을 다스리는 공간이며 남은 해를 보내는 흥취의 공간, 즉 풍류의 공간이라 할 수 있다.

✗ 오답 풀이

① ② ③ ④ 이 글의 자연은 농민들이 농사일을 하는 공간이므로 풍류의 공간이나 수양의 세계는 아니다. 〈보기〉는 거문고와 책으로 소일하는 공간이므로 학문의 세계와 관조의 공간으로 볼 수는 있지만, 노동의 공간이 아니다.

04 ②

이 작품은 농민들의 생활상을 현장감 있게 드러내고 있으나, 〈보기〉는 생활상을 그린 것이 아니라 임에 대한 그리움을 표현하고 있다.

✗ 오답 풀이

① 이 작품과 〈보기〉 모두 1월부터 12월까지 시간의 흐름에 따라 시상을 전개한 월령체 노래이다.

③ 이 작품은 농민이 해야 할 일들에 대한 정보를 전달하고 있으며, 〈보기〉는 임에 대한 그리움을 표현하고 있다.

④ 이 작품은 '떡갈잎 퍼질 때에 뻐꾹새 자주 울고', '꾀꼬리 노래한다', '귀뚜라미 맑은 소리가 벽 사이에서 들리는구나'와 같이 청각적 이미지가, '서풍에 익는 빛은 황운이 이는 듯하다'와 같이 시각적 이미지가 나타난다. 〈보기〉는 '나릿물', '등불', '진달래꽃'과 같이 시각적 이미지를 드러내고 있다.

⑤ 이 작품은 '무논을 써을이고 이른모를 내어 보세', '안팎 마당 닦아 놓고 발채 옹구 장만하소'와 같이 농사일에 대한 정보 전달의 성격이 강하여 직설적 표현이 많으며, 〈보기〉는 '등불', '진달래꽃'과 같이 임의 모습을 빗댄 비유적 표현이 드러나 있다.

05 ④

이 작품은 각 달과 절기에 따른 농사일과 농촌 풍속 등을 제시하여 실생활에 도움이 되도록 구성한 작품이지만 노동요로서의 기능을 가지고 있다고 판단할 근거는 찾을 수 없다. 양반인 작가가 농민들에게 농사일을 장려하고 윤리적 덕목을 실천하기를 권장하는 노래이므로 농민들이 일을 할 때 부르는 민요적인 노동요라고 보기는 어렵다.

✗ 오답 풀이

① 이 작품에는 기본적으로 4음보 율격이 나타나 있다. 이와 유사한 리듬을 찾아본다는 내용은 적절하다.

② ③ 당대 농촌의 생활상과 풍속을 소개하고 있는데, 먼저 절기를 제시한 다음 절기에 맞는 농사일을 소개하는 구성 방식을 취하고 있다. 따라서 이런 특성을 바탕으로 한 심화 감상 내용은 적절하다.

⑤ 〈팔월령〉에는 가을을 맞는 풍성함이 드러나 있지만, 농민들의 심정은 나타나 있지 않다. 따라서 서민의 감정을 사실적으로 그린 작품을 찾아본다는 내용은 적절하다.

---

73 만언사 ▶ 본문 178쪽

▶ 본문 178쪽

01 ② 02 ② 03 ③ 04 ④ 05 ④

01 ②

'어와 내 일이야 가련히도 되었고나'에 화자가 자신을 연민의 시선으로 보고 있음이 직접적으로 드러난다. 또 '말하니 살았으나 모양은 귀신일다', '도로혀 생각하니 어이없어 웃음 난다'와 같이 화자가 유배를 온 자신의 처지에 대해 자조적으로 인식하고 있음을 알 수 있다.

✗ 오답 풀이

① 화자는 '농부의 저런 흥미 이런 줄 알았더면 / 공명을 탐치 말고 농사를 힘쓸 것'이라고 하면서 벼슬길을 택하고 농사일을 하지 않는 것에 대한 후회의 심정을 드러내면서 농부를 부러워하고 있다. 자신의 우월한 신분에 대한 자긍심은 나타나지 않는다.

③ 상대방의 존재로 농부를 설정하고 있지만 농부의 처지를 부러워하고 있을 뿐, 농부가 자신의 기대를 충족하지 못한다는 내용은 나타나지 않는다.

④ 유배를 온 현재의 상황에 대한 반성의 태도는 드러나지만, 책임을 남에게 미루며 그를 냉소적으로 바라보고 있지는 않다.

⑤ 현재의 처지에서 벗어나려는 화자의 노력이나 더 깊은 곤경에 처하는 상황은 나타나지 않는다.

02 ②

신세 한탄에 초점을 두어 화자 자신을 향하던 시선이 ㉠을 기점으로 화자 외부의 정경으로 옮겨 가면서 농부의 삶과 화자 자신의 삶을 대비하는 것으로 시상이 전환되고 있다.

✗ 오답 풀이

① '어와'라는 감탄사를 활용한 영탄적 표현은 나타나 있으나, 이 작품이 유배 가사라는 점을 감안할 때 ㉠에 주제 의식이 집약되어 있다고 보기는 어렵다.

③ 뒤에 이어지는 내용으로 볼 때, 농부의 삶에 대한 부러움은 드러나 있으나 자연 친화적 태도를 찾기는 어렵다.

④ ㉠은 혼잣말로 다른 인물에게 말을 건네는 것이 아니며, 화자의 교체 또한 확인되지 않는다.

⑤ '어와 보리가을 되었는가'라는 물음은 문득 계절의 변화를 깨달은 화자의 감탄을 드러낸 것일 뿐, 기대감을 표현한 것은 아니다.

03 ③

'함포고복'은 '잔뜩 먹고 배를 두드린다'는 뜻으로, 먹을 것이 풍족하여 즐겁게 지냄을 이르는 말이다.

✗ 오답 풀이

① '단표누항'의 의미이다.

② '일취월장'의 의미이다.

④ '일장춘몽'의 의미이다.

⑤ '안빈낙도'의 의미이다.

04 ④

'도로혀 생각하니 어이없어 웃음 난다'라는 부분이 있지만 여기서의 웃음은 자신의 처지에 대한 자조적인 웃음을 의미한다.

✗오답 풀이

① '어와 내 일이야 가련히도 되었고나'를 통해 유배 생활 속에서 화자가 자신의 처지에 대해 한탄하고 있음을 알 수 있다.

② '공명을 탐치 말고 농사를 힘쓸 것을'을 통해 화자가 유배 생활 중 자신의 과거 삶에 대해 반성하고 있음을 알 수 있다.

③ '말하니 살았으나 모양은 귀신일다'를 통해 화자가 유배 생활을 하는 자신의 행색을 '귀신'에 빗대고 있음을 알 수 있다.

⑤ '등 밀어 내치는 집 구차히 빌어 있어'를 통해 유배를 간 곳의 주민들에게 화자가 환영받지 못하는 신세임을 알 수 있다.

05 ④

'손잡고 반기는 집', '옥식 진찬', '금의 화복'과 같이 떠나온 곳에 대한 아쉬움을 드러내고 있으며(ⓑ), 더운 여름에 의복으로 인한 괴로움과 유배지에서 홀대받는 상황을 구체적으로 묘사하고 있다(ⓔ).

✗오답 풀이

ⓐ ⓒ ⓓ '자신을 고발한 자들에 대한 원망과 분노', '유배를 떠나게 된 이유', '형벌의 가혹함에 대한 호소'는 찾을 수 없다.

---

74 별사미인곡
▶ 본문 180쪽

01 ②	02 ④	03 ④	04 ②	05 ④

01 ②

'조물이 시기했나 귀신이 훼방했나 / 내 팔자 그만하니 사람을 원망할가', '차생의 이러커든 후생을 어이 알고'를 통해 임과의 만남, 임과의 관계 회복에 대한 긍정적 인식은 아님을 알 수 있다.

✗오답 풀이

① 이 작품은 임금과 신하의 관계를 남녀 관계에 빗대어 표현하고 있으며, 화자는 임을 그리워하는 여성으로 설정되어 여성적 어조를 드러내고 있다.

③ '내 얼골 이 거동이 무엇으로 임 사랑할가 / 길쌈을 모르거니 가무야 더 이를가'에서 임의 사랑을 받지 못하는 원인이 자신의 외모와 행동이 못나고 재주가 없기 때문이라며 자격을 갖추지 못한 자신의 탓이라고 진술하고 있다.

④ 임과 이별한 '저 각시'와의 비교를 통해 임의 사랑을 받아보지도 못한 화자의 처지를 강조하고 있다.

⑤ 임이 계신 곳을 천상의 '백옥경'으로 제시하여 '임'을 이상적인 대상으로 표현하고 있다.

02 ④

[A]의 '내 얼골 이 거동이 무엇으로 임 사랑할가', '길쌈을 모르거니 가무야 더 이를가'를 통해 화자가 자신의 외모, 행동, 재주가 임의 사랑을 받기에는 부족하다며 한탄하고 있음을 알 수 있다.

✗오답 풀이

① '원앙침 비취금에 뫼셔 본 적 전혀 업네'에서 화자는 임을 모셔 본 적이 없음을 드러내고 있다.

② 화자는 '내 얼골 이 거동이 무엇으로 임 사랑할가 / 길쌈을 모르거니 가무야 더 이를가'에서 알 수 있듯이 자신이 부족하여 임의 사랑을 받지 못한 것이지 참소를 당해 임의 사랑을 받지 못했다고 하지 않았다. 또한 임에게 직접 하소연하는 것이 아니라 '저 각시'에게 하소연하고 있다.

③ '부용화 옷'과 '목난 주머니'는 화자가 정성을 다해 만들고자 하는 물건으로 이를 통해 임을 섬기고자 하는 소망을 드러냈으나 그 소망은 이루어지지 않았다. 따라서 화자가 이것들을 임에게 전달하고 난 뒤에 안도하고 있다고 볼 수 없다.

⑤ 성현의 가르침은 '임 향한 한 조각 이 마음' 즉, 일편단심이다. 그런 마음을 배워서 자신도 임금을 그렇게 모시고 싶었으나 그럴 기회조차 주어지지 않았음을 한탄하고 있다. 풍류 의식과 성현의 가르침 사이에서 고뇌하고 있다는 언급은 내용과 일치하지 않는다.

03 ④

ⓐ의 '부용화 옷'을 짓고 목난으로 주머니를 삼아 임을 섬기는 것이 소원이라고 하는 것을 볼 때, '부용화 옷'은 임을 향한 화자의 정성과 사랑을 나타내는 소재라고 할 수 있다.

✗오답 풀이

① 화자가 '부용화 옷'을 통해 자신의 과거 일을 떠올리고 있는 것은 아니다.

② 화자는 임을 한 번도 모셔 본 적이 없다고 했으므로 화자와 임이 약속했다는 것은 적절하지 않다.

③ '부용화 옷'이 화자의 부정적 현실을 나타내는 것은 아니다.

⑤ 정성을 다해 '부용화 옷'을 지어 임을 모시고 싶은 마음이 드러나 있을 뿐, 임의 안녕을 기원하고 있는 것은 아니다.

04 ②

'인연인들 한가지며 이별인들 같을손가', '백옥경 내 알던가', '길쌈을 모르거니 가무야 더 이를가', '임 향한 이 마음이 변할손가', '나도 모르거니 남이 어이 알겠는가'와 같이 설의적 표현을 사용하여 화자의 정서를 강조하고 있다.

✗오답 풀이

① 음성 상징어는 의성어나 의태어 등과 같이 소리나 움직임을 표현한 말을 말한다. 이 작품에서는 음성 상징어가 쓰이지 않았다.

③ 연쇄법이란 앞 구절의 끝 어구를 다음 구절의 첫머리에 이어받아 의미나 이미지를 강조하는 수사법이다. 이 작품에서는 연쇄법이 쓰이지 않았다.

④ 이 작품은 시간의 흐름에 따라 시상이 전개되고 있지 않다. 또한 시적 대상은 임인데, 임의 변화 과정을 묘사하고 있지도 않다.

⑤ 이 작품에서 화자는 자신의 처지를 '저 각시'와 비교하며 임을 곁에서 모시고 싶었으나 모시지 못했음을 한탄하고 있는데, 근경에서 원경으로 화자의 시선이 이동하는 부분은 나타나지 않는다.

05 ④

'목난(목련)'은 봄, '하일 청음(여름의 시원한 그늘)'은 여름이라는 계절을 나타내는 소재이기는 하지만, '목난'으로 만든 주머니는 임에 대한 정성이나 애정을 나타내며, '하일 청음'은 임이 있는 공간을 나타낼 뿐이다. 그리고 '광한전 어디인가 백옥경 내 알던가'와 '뫼셔 본 적 전혀 업네'를 통해서, 화자는 임을 모시고 싶어 했으나 모시지 못했음을 알 수 있다. 따라서 '목난'과 '하일 청음'을 통해 임과의 추억을 회상하고 있다는 내용은 적절하지 않다.

✖오답 풀이

① '광한전 백옥경'은 각각 선녀가 사는 달 속의 궁전, 옥황상제가 거처하는 하늘의 궁전을 일컫는 말로, 임이 계신 곳을 천상계로 설정하고 있음을 보여 준다.

② 〈보기〉에서 '사미인곡'과 '속미인곡'은 작가 자신을 임과 이별한 여인으로 그리고 있다고 하였는데, 이 작품은 '뫼셔 본 적 전혀 업네'에서 알 수 있듯이 모셨던 임과 이별한 상황이 아니라 임을 한 번도 모셔 보지 못한 상황이다. 따라서 '사미인곡'과 '속미인곡'에서 임과 이별한 상황과는 차이가 있다. 또한 〈보기〉에서 김춘택이 벼슬을 하지 못했다고 하였으므로, '뫼셔 본 적 전혀 업네'는 김춘택이 벼슬을 하지 못했던 자신의 처지를 표현한 것으로 볼 수 있다.

③ '차라리 싀여져 구름이나 되어서 / 상광 오색이 임 계신 데 덮였으면'에서는 임을 모시고 싶은 소망을 현생에서 이루지 못했기에 죽어서 구름이라도 되어 이루려 하는 마음을 드러내고 있다. 또 '그도 마소 하면 바람이나 되어서 / 하일 청음의 임 계신 데 불어서'라고 하며 죽어서 구름이 되지 못하면 바람이 되어서라도 임 계신 곳에 있고 싶은 마음을 드러내고 있다.

⑤ '이보소 저 각시님'이라고 하며 '저 각시'라는 청자를 부르는 말로 시작하므로 '속미인곡'과 같이 화자가 청자에게 말을 건네는 형식을 취하고 있음을 알 수 있다.

75 연행가

▶ 본문 182쪽

01 ④   02 ②   03 ⑤   04 ②   05 ①

01 ④

이 작품에서 연행에 참여한 화자는 청나라에서 자명종, 자명악과 같은 낯선 풍물을 접하고 청나라 사람들과 말이 통하지 않아 필담을 나누기도 한다. 그리고 황궁의 연회에 참석해 느낀 바를 드러낸 뒤, 조선으로 귀환할 때 '시원하고 상연하구나'라고 연행에 참여했던 심정을 서술하고 있다.

✖오답 풀이

① 자연의 경이로운 풍광에 대한 장황한 표현이 주를 이루고 있지 않다. '자명종', '자명악' 등의 새 문물에 대한 신기함, 청나라 사람들과 필담을 나눈 경험, 황제로부터 상을 받은 일, '상마연'에 참석한 경험, 35일 동안 중국에 머물다가 조선으로 돌아가는 일을 이야기하고 있다.

② '당연에 먹을 갈아 ~ 시전지를 빼어 들고'에서 학문과 관련된 사물을 나열한 것으로 볼 수도 있지만, 상황으로 볼 때 이것은 필담을 나누기 위한 준비 과정을 제시한 것이므로 화자의 입신양명에 대한 관심과는 관련이 없다.

③ 청나라 황궁의 공식적인 행사인 '상마연'에 참여한 경험을 제시하고 있지만, 행사에 참석한 다양한 사람들의 외양과 감정을 표현하고 있지는 않다.

⑤ '추칠월 십일일'이라는 구체적인 시간이 제시되어 있지만, 이는 귀환 날짜로 청나라를 떠나 조선으로 귀국하는 날의 날짜이다. '회환하여 떠나오니'라는 표현으로 보아 화자가 조선으로 귀국을 시작한 것이지 여정이 마무리된 것은 아니다.

02 ②

이 작품은 청나라에 사신으로 간 화자가 자신이 경험한 것을 토대로 낯선 문물을 소개하는 사행 가사이자 기행 가사이다. 청나라 사람들과 마주한 상황, '상마연'에 나온 잔칫상 등을 관찰하고 그 내용을 자세하게 묘사하고 있으며(ㄱ), '상마연'에 마련된 상차림에 대해 '푸닥거리 상 벌이듯 좌우에 떠벌였다'라고 하거나 '비위가 뒤집혀서 먹을 것이 전혀 없네'라고 하는 등의 표현에서는 청나라에서 경험한 '상마연'에 대한 주관적인 견해가 드러나고 있다(ㄷ). 또한 '상마연'에 참석하여 황제에게 인사를 하는 모습과 귀환 날짜를 정하는 일, 귀환을 준비하는 과정, 장계를 올리고 선래 군관이 먼저 떠나는 일 등에서는 사신의 일행으로 참여한 화자가 업무에 대해 기록하고 있음을 확인할 수 있다(ㄹ).

✖오답 풀이

ㄴ. 청나라의 문물에 관심을 가지고 있는 것은 맞지만, 실용적인 기술을 구체적으로 소개하며 이를 익혀야 한다고 강조하고 있지는 않다.

ㅁ. 자신의 음식 문화와 다른 청나라의 음식을 마주했을 때, '푸닥거리 상 벌이듯 좌우에 떠벌였다', '비위가 뒤집혀서 먹을 것이 전혀 없네'라며 부정적으로 표현하고 있다. 이는 다른 문화에 대한 포용력이 부족한 모습으로 다른 문화에 대한 개방적인 태도를 중시하는 견해가 드러난다고 볼 수 없다.

03 ⑤

ⓜ의 '한 달 닷새'는 중국에 와서 머물렀던 시간을 구체적으로 표현한 것이고 '시원하고 상연하구나(상쾌하구나)'는 청나라를 떠나는 화자의 심정을 표현한 것이므로, ⓜ은 다시 조선으로 돌아가게 된 기쁨을 드러냈다고 할 수 있다.

✖오답 풀이

① ⓐ의 '절로 울어 소리하며'에서 청각적 이미지를 사용하고 있는데, 이는 '자명종'과 '자명악'이라는 신문물을 접한 화자의 신기함을 표현한 것이지, 대상이 지닌 슬픔을 표현한 것은 아니다.

② ⓑ의 '이편저편'이라는 표현은 '지시적 표현'으로 볼 수 있다. 그러나 이

표현은 상대와의 친밀감을 드러내는 상황이 아니라 중국에서 처음 만난 사람들이 고급 목재로 된 의자에 마주 앉은 상황을 나타낸 것이다. 이어지는 '거기 사람 처음 인사 차 한 그릇 갖다 준다'라는 표현을 보면 이 자리에 마주 앉은 사람들이 처음 만난 사이임을 알 수 있다.

③ ©은 상마연의 잔칫상에 음식들을 차려 놓은 모습을 비유한 것으로, 이를 통해 성대한 연회임을 알 수 있지만 화자가 연회를 즐기고 있음을 드러내지는 않는다. 오히려 화자는 성대하게 차려 놓은 음식이 입에 맞지 않아 '비위가 뒤집혀서 먹을 것이 전혀 없다'고 말하고 있다.

④ ㉣은 '상마연'을 마치고 관소로 돌아와 귀국 준비를 위해 짐을 싸느라 바쁜 상황을 표현한 것이다. 특히 '분분하고'라는 표현은 '떠들썩하고 뒤숭숭한 상황'을 표현한 말로 여유로운 분위기를 드러내고 있지 않다.

04 ②

〈보기〉에는 머문 '공간'인 '처소'에 대해 상세히 설명하면서 '낮이면 손님 접대 걸터앉기 가장 좋다'라며 실용성을 높이 평가하고 있다. 하지만 이 작품에서는 중국 사람들과 마주하게 된 실내 공간의 모습을 언급하긴 했지만 그 공간이 실용성이 있는지에 대해서는 평가하고 있지 않다.

✘오답 풀이

① 이 작품에서 화자는 '상마연'에 나온 음식에 대해 '비위가 뒤집혀서 먹을 것이 전혀 없네'라고 하며 거부감을 드러내고 있다. 〈보기〉에서도 '처소'에 대해 '집 제도가 우습도다'라고 하거나 '완자창과 석회 바른 벽돌담'에 대해 '미천한 호인들이 집 꾸밈이 분수에 넘치구나'라고 하며 거부감을 드러내고 있다.

③ 이 작품에서 화자는 '자명종과 자명악' 소리가 나며 '좌우에 당전 깔고 담 방석과 백전요', '화류교의'가 있는 등 자신이 방문한 곳의 실내 모습을 서술하고 있다. 〈보기〉에서 화자는 '집 제도' 또는 '방 제도', 즉 집의 구조를 서술하고 있다.

④ 이 작품에서는 '상마연'에 마련된 '상차림'에 대해 '푸닥거리 상 벌이듯 좌우에 떠벌였다', '비위가 뒤집혀서 먹을 것이 전혀 없네' 등의 표현을 통해 청나라에서 경험한 음식을 부정적으로 표현하고 있다. 이에 비해 〈보기〉에서는 청나라 사람들의 집 구조를 서술하면서 '집 제도가 우습도다', '미천한 호인들이 집 꾸밈이 분수에 넘치구나'라고 직접적으로 표현하여 청나라 문물을 무시하는 태도를 드러내고 있다.

⑤ 이 작품에서 화자가 청나라에서 새로 경험한 대상에 대해 우리나라의 문물과 관련지어 설명하고 있는 내용은 나타나 있지 않다. 하지만 〈보기〉에서 화자는 새로 경험한 청나라의 '방 제도'를 '우리나라 부뚜막'과 관련지어 자세히 설명하고 있다.

05 ①

[A]의 '간담을 상응하여'는 말이 통하지 않아 '귀머거리 벙어리 듯' 앉아 있던 사람들이 '필담'을 통해 의사소통을 하게 되면서 마음을 터놓게 된 상황이므로 상대방에 대한 경계심을 드러내는 것으로 볼 수 없다. [B]의 '뜰에 내려 북향하여'는 '상마연'에 참석한 후 청나라 황제에게 사례하는 모습을 나타낸 것이다. '북향'은 황제가 있는 방향을 상징하며 그 방향을 향해 아홉 번 머리를 조아려 감사를 표했으므로 상대방에 대한 거부감을 드러낸 것으로 볼 수 없다.

✘오답 풀이

② [A]의 '거기 사람 처음 인사 차 한 그릇 갖다 준다'에서는 '거기 사람'이 처음 보는 '우리들'에게 인사로 '차 한 그릇'을 대접하고 있음을 알 수 있으며, [B]의 '황상이 상을 주사 예부상서 거행한다'에서는 청나라 황제가 내린 상을 예부 상서가 삼 사신 일행에게 하사하고 있음을 알 수 있다.

③ [A]에서는 '귀머거리 벙어리 듯' 앉아 있던 사람들이 '필담'을 통해 '정곡 상통', 즉 간곡한 정이 통하고 있으므로, 이를 통해 의사소통의 어려움을 해결하고 있음을 알 수 있다. [B]의 '구고두'는 아홉 번 머리를 조아린다는 의미로 청나라에서 황제에게 머리를 조아려 예의를 표하는 공식적 예법이 행해졌음을 알 수 있다. 이는 '황상(황제)'이 조선 사신 일행에게 상을 주고 잔치를 베풀어 준 것에 대해 의례적인 감사를 표하는 모습으로 볼 수 있다.

④ [A]의 '글귀 절로 오락가락'은 필담을 나누면서 비로소 서로 간의 의사소통이 이루어졌음을 나타낸다. [B]의 '비위가 뒤집혀서'는 '상마연'에 차려 놓은 음식들이 입에 맞지 않아 먹을 것이 없는 난감한 상황을 드러낸 것이다.

⑤ [A]의 '귀머거리 벙어리 듯'은 청나라 사람들과 마주 앉았으나 '언어가 같지 않아' 의사소통이 이루어지지 못하는 상황을 표현한 것이다. [B]의 '메밀떡에 밀다식에 겉밤'은 '상마연'에 차려 놓은 음식들을 나열한 것으로 '상마연'에서 여러 가지 음식이 차려진 상황을 표현한 것이다.

---

76 일동장유가

▶ 본문 184쪽

01 ④ **02** ④ **03** ④ **04** ② **05** ④

01 ④

이 작품은 화자가 일본의 사신으로 가면서 바다에서 폭풍을 만난 일, 일출 광경을 본 일, 일본의 전승산과 필담을 나눈 이야기 등을 구체적으로 제시하고 있는 기행 가사이다. 현재 상황만이 나타나 있을 뿐, 과거 상황과 대조하고 있지는 않다.

✘오답 풀이

① '열두 발 쌍돛대는 차아처럼 굽어 있고 / 쉰두 폭 초석 돛은 반달처럼 배불렀네 / 굵은 우레 잔 벼락은 등 아래서 진동하고 / 성난 고래 동한 용은 물속에서 희롱하니'와 같이 유사한 문장 구조를 활용하여 리듬감을 살리고 있다.

② '태산 같은 성난 물결', '하늘에 올랐다가'와 같이 과장된 표현을 사용하여 거친 파도와 요동치는 배의 움직임을 생동감 있게 나타내고 있다.

③ 이 작품은 시간의 흐름에 따라 내용이 전개되고 있는데, 이를 통해 바다에 풍랑이 일어나고 가라앉는 상황 변화가 자연스럽게 드러나고 있다.

⑤ '열두 발 쌍돛대는 차아처럼 굽어 있고'와 '쉰두 폭 초석 돛은 반달처럼 배불렀네'와 같은 시각적 심상, '배 방 넓은 잎잎이 우는구나'와 같은 청각적 심상을 활용하여 화자가 바다를 건너며 겪은 일을 효과적으로 표현하고 있다.

02 ④

이 작품에서 전반부는 바다를 건너는 동안 겪은 풍랑과 아침에 맞이한 해돋이의 장관을 보며 느낀 바를, 후반부는 일본인 '전승산'과 필담으로 나눈 대화 장면을 실감 나게 드러내고 있다. '전승산'과의 필담을 제시할 때 화자는 그와의 대화(필담)를 직접 인용하고 있지만, 전승산의 외모를 묘사하고 있지는 않다.

✗ 오답 풀이

① 이 작품은 조선 후기 장편 기행 가사를 대표하는 작품으로 평가받는데, 작가가 일본 통신사의 일행으로 사행에 참여한 경험을 담고 있다.

② 이 작품의 제목은 '일동장유가'로 '일본의 동쪽 지방을 장쾌하게 유람한 소감을 적은 노래(가사)'라는 뜻이다. 제목에서 보듯이, 이 작품은 일본 통신사의 일행으로 사행에 나선 작가가 자신이 여행에서(여정) 보고 듣고(견문) 느낀 바(감상)를 적절히 혼합하여 서술하고 있다.

③ '태산 같은 성난 물결 천지에 자욱하니 / 크나큰 만곡주가 나뭇잎 불리이듯'에는 직유법이, '사면을 돌아보니 어와 장할시고 / 인생 천지간에 이런 구경 또 있을까'에는 영탄법이 사용되어 있다. 또 '열두 발 쌍돛대는 차아처럼 굽어 있고 / 쉰두 폭 초석 돛은 반달처럼 배불렀네', '굵은 우레 잔 벼락은 등 아래서 진동하고 / 성난 고래 동한 용은 물속에서 희롱하니'에는 대구법이 사용되어 있다. 이러한 다양한 표현법을 구사하여 바다를 건너 일본으로 가는 배 안에서 풍랑을 만난 일과 아침에 일출을 본 일 등 여행 중에 겪은 사건이나 정황을 실감 나게 묘사하고 있다.

⑤ '배 방에 누워 있어 내 신세를 생각하니 / 가뜩이 심란한데'라는 부분에서 여행객으로서 느끼는 객수가 진솔하게 표현되어 있다.

03 ④

㉠의 '이런 구경'은 화자가 밤새 치던 풍랑 끝에 선실(배 방)에서 나와 목격하게 된 일출 광경이다. 따라서 '이런 구경'에는 해돋이를 본 화자의 감탄이 담겨 있다. ㉡의 '장한 구경'은 일본인 문인 '전승산'이 '나(퇴석)'가 글 짓는 것을 보게 된 상황에서 한 말이다. 따라서 '장한 구경'에는 '나'의 글솜씨에 대한 '전승산'의 감탄이 담겨 있다.

✗ 오답 풀이

① ㉠은 해돋이 풍광을 바라보는 것을 의미하고, ㉡ 역시 '나'의 글에 대한 '전승산'의 감탄을 담고 있으므로 둘 다 고난 극복의 의지와는 관련이 없다.

② ㉠은 화자가 해돋이를 보고 이에 대해 표현한 것이고, ㉡은 '나'가 글 짓는 것을 보고 '전승산'이 감탄하며 한 말이다. 따라서 ㉠과 ㉡이 대상의 실체를 은폐하고 있다는 것은 적절하지 않다.

③ ㉡에는 '나'의 글솜씨에 대한 '전승산'의 평가가 담겨 있으므로 화자의 창조력에 대한 타인의 평가가 담겨 있다고 볼 수 있다. 하지만 ㉠은 화자가 자신이 직접 본 풍경에 대해 표현한 것이므로 화자가 본 것에 대한 자신의 평가가 담겨 있는 것이지, 화자의 관찰력에 대한 타인의 평가가 담겨 있는 것이 아니다.

⑤ ㉠은 해돋이를 본 화자의 감탄이므로 화자의 만족감이 드러난다고 볼 수 있다. 이에 비해 ㉡은 '나'의 글솜씨를 본 '전승산'의 감탄을 담고 있다. 따라서 ㉡이 대상에 대한 화자의 아쉬움을 드러내고 있다는 것은 적절하지 않다.

04 ②

일본으로 가는 배 안에서 풍랑을 만난 화자는 '성난 고래 동한 용은 물속에서 희롱하니'라는 표현을 통해 파도가 요동치는 상황을 제시하고 있다. 이는 동물의 역동성을 이용하여 풍랑 상황을 효과적으로 드러내고 있는 것이다. 하지만 이는 화자가 처한 상황이 매우 위태롭다는 것을 말해 주는 것으로, 이를 통해 공간적 분위기를 긍정적으로 바꾸고 있다고 보는 것은 적절하지 않다.

✗ 오답 풀이

① '태산 같은 성난 물결'은 기상 상황이 악화되어 물결이 태산처럼 높이 솟구치고 있음을 표현한 것이다. 악화된 기상 상황을 '태산'이라는 거대한 자연물을 통해 나타내고 있다.

③ '크나큰 만곡주가 나뭇잎 불리이듯'은 화자가 타고 있는 배인 '만곡주'가 풍랑으로 흔들리는 것을 '나뭇잎'이 바람에 날린다고 표현한 것이다. 이는 풍랑을 만난 화자의 위태로운 상황을 식물의 연약한 속성을 활용하여 나타내고 있는 것이다.

④ 배가 물결에 따라 높이 올랐다가 다시 내려앉는 긴장된 상황을 '하늘에 올랐다가 지함에 내려지니'라는 표현을 통해 보여 주고 있다. 이같은 상승과 하강의 이미지를 대비하여 눈앞에 닥친 화자의 위기 상황을 강조하고 있다.

⑤ '필담으로 써서 뵈되', '승산이 다시 하되'를 통해 '전승산'의 행동을, '내 웃고 써서 뵈되', '놀랍고 어이없어 종이에 써서 뵈되'를 통해 화자의 행동을 시간의 흐름에 따라 열거하며 두 사람의 필담을 구체적으로 보여 주고 있다.

05 ④

'귀한 별호 퇴석'에서 '퇴석'은 이 작품의 작가인 김인겸의 호이다. '전승산'은 화자의 글솜씨를 보고 전해 듣기만 하던 '퇴석 선생'이 지금 자신 앞에 있는 사람이라는 것을 깨닫고 감탄하고 있다. 따라서 [B]의 '귀한 별호 퇴석'은 이 작품의 화자인 '나'를 지칭하는 것이다. 또 [D]의 '소국의 천한 선비'는 '전승산'이 '퇴석' 앞에서 자기 자신을 낮추어 표현한 말이다. 따라서 '귀한 별호 퇴석'과 '소국의 천한 선비'는 동일한 인물이 아니라 '나'와 '전승산'을 각각 지칭하는 말이다.

✗ 오답 풀이

① [A]는 '전승산'이 '나'가 글을 쓰는 것을 바라보고 있는 장면이다. 이어서 '전승산'은 '나'에게 필담을 써서 보여 줌으로써 '나'와 '전승산' 사이에 필담이 시작되므로, [A]는 [B]~[D]의 필담이 시작되는 계기라고 할 수 있다.

② [B]에서 '전승산'은 '나'의 글솜씨를 '빠른 재주'라 표현하며 높게 평가하고 있다. [C]에서는 '나'가 '전승산'의 칭찬에 대해 자신의 글을 '늙고 병든 둔한 글'이라고 표현하며 겸손한 입장을 보이고 있다.

③ [B]의 '필담으로 써서 뵈되'는 '전승산'의 행위이고, [C]의 '내 웃고 써서 뵈되'는 '나'의 행위이다. 이처럼 '나'와 '전승산'은 필담을 통해 서로 묻고 대답하며 의사소통을 하고 있다.

⑤ [D]에서 '전승산'이 '장한 구경'이라고 한 것은 '나'의 뛰어난 글솜씨에 대해 찬사를 보낸 것이다. 한편 [E]에서 '나'가 '그 뜻은 감격하나 의에 크게 가하지 않아'라고 한 것은 '전승산'이 글 값으로 가져온 '은화'는 의에 어긋난다며 거절하고 있는 것이다.

01 ③   02 ①   03 ②   04 ④   05 ⑤

01 ③

화자는 '천지만물 중'에서 '네 홀노' 다른 '가마괴'를 보면서 '소의 호상으로 개복들 하야스라'라고 말하고 있다. 온 세상이 모두 눈으로 뒤덮인 세계에서 '가마괴'가 홀로 검은빛을 띠고 있어서 '눈빛을 더러일샤' 염려하고 '가마괴'에게 '소의 호상', 즉 희고 깨끗한 옷으로 바꿔 입으라고 권유하고 있는 것이다. 따라서 '가마괴'는 화자가 권고의 말을 건네는 대상이라고 할 수 있다.

✖오답 풀이

① 화자는 '가마괴'가 눈빛을 더럽힐까 염려하고 있다. 따라서 '가마괴'는 화자를 위로하는 대상이 아니라 화자를 불안하게 만드는 존재이다.
② '가마괴'는 화자가 예찬하는 눈으로 덮인 세계에 균열을 일으키는 존재에 해당한다. 따라서 경외감을 가지는 대상이 아니라 부정적으로 바라보는 대상이다.
④ 병을 앓고 있는 화자에게 '흰 눈'은 자신의 고통을 위무해 주는 존재이다. 이에 비해 '가마괴'는 눈과 다르게 검은색을 띤 존재로서 화자에게 불안감을 주는 대상이다. 따라서 '가마괴'가 현실적 한계를 초월하고자 설정한 대상이라는 설명은 적절하지 않다.
⑤ 화자는 '가마괴'를 통해 과거의 사건을 떠올리고 있지 않다.

02 ①

'경실', '흰 띠', '창힐서', '옥룡'은 모두 눈과 관련하여 사용된 시어이지만, '소년'은 봄과 여름의 푸른 산을 비유한 표현으로 눈이 내린 산과 대비되는 의미로 쓰인 시어이다.

✖오답 풀이

② '경실'은 옥으로 만든 집이라는 뜻으로 눈으로 덮인 집을 의미한다.
③ '흰 띠'는 눈 내린 길 위를 지나간 수레의 바퀴 자국을 의미한다.
④ '창힐서'는 눈 위에 찍힌 새의 발자국을 의미한다. '창힐'은 새와 짐승의 발자국을 본떠서 처음으로 문자를 만들었다고 전해지는 인물이다.
⑤ '옥룡'은 옥으로 만든 용이라는 뜻으로 눈이 쌓인 나뭇가지를 의미한다.

03 ②

'만가 천항'에 '낭자'한 '경요'를 '습유를 아니하니'라고 하고 있다. 여기서 '만가 천항'은 '만 개의 거리와 천 개의 거리'라는 뜻으로 모든 거리를 의미하고, '낭자한 경요'는 '여기저기 흩어져 있는 옥구슬'이라는 뜻으로 거리에 내리는 눈을 비유한 것이다. 이 구슬을 '습유(줍지) 아니'한다고 하였으므로 구슬을 줍는 화자의 모습을 보여 준다는 내용은 적절하지 않다.

✖오답 풀이

① '내 집도 찬란하니'에서 화자의 집이 눈으로 덮여 빛나고 있음을 알 수 있으므로 적절한 내용이다.
③ '집마다 경실이오'에서 '경실'은 옥으로 만든 집이라는 의미로 집들이 눈으로 덮여 있음을 나타내고, '만가 천항의 경요가 낭자하대'에서 마을의

거리가 눈으로 덮여 있음을 나타내므로 적절한 내용이다.
④ '말발의 은잔은 개개히 두렷하니'에서 눈이 쌓인 길 위에 말발굽이 찍혀 있음을 '은잔'에 비유하고 있으므로 적절한 내용이다.
⑤ '수레바퀴 흰 띠는 쌍으로 비껴가고'에서 화자가 눈이 내린 거리에 나란히 남아 있는 수레바퀴 자국을 표현하고 있으므로 적절한 내용이다.

04 ④

'억만 창생을 사치케 하닷말가'에서 의문형 문장을 통해 눈이 온 경치를 아름답게 생각하는 화자의 정서를 드러내고 있고, '맹영이 잇도던들 날도 아니 신선이라 할 거이고'에서도 의문형 문장을 통해 자신의 모습을 신선과 같다고 생각하는 화자의 내면을 드러내고 있다.

✖오답 풀이

① 이 작품에는 후렴구가 활용되어 있지 않다.
② 이 작품에는 연쇄법이 사용되어 있지 않다.
③ '종남산 묽은 남긔 쓸닌듯 ㅎ야시니'에서 직유의 표현법이 사용되어 있는데, 이는 종남산의 맑은 푸르스름한 기운이 쓸린 것 같다는 의미로 눈이 내려 온 세상이 푸른 기운이 사라지고 하얗게 변한 모습을 표현한 것이지 대상의 가치를 나타내는 것은 아니다.
⑤ '운우를 언제 얻어 벽공의 오르려니'에 상승적 이미지가 나타나 있다고 볼 수 있지만, 상승과 하강의 이미지가 반복되고 있지는 않다.

05 ⑤

화자는 나뭇가지에 눈이 쌓인 것을 '옥룡'이라 표현하고 그 '옥룡'을 타고 '벽공'에 올라 달나라의 계수나무를 꺾고 싶다고 말하고 있다. 이는 화자의 열망을 표현한 것으로, 〈보기〉에 제시된 작가의 상황과 관련지어 보면 질병에서 벗어나고 싶은 내면의 표현이라고 할 수 있다. 특히 눈 내린 풍경을 보면서 흥취가 깊어져 '질병을 다 잊을다'라고 하는 것은 병마에서 벗어나고 싶은 마음이므로 자신의 죽음을 예감한 표현이라고 감상한 것은 적절하지 않다.

✖오답 풀이

① '청산'을 '엇그제 소년'으로 표현하고 눈 덮인 산의 모습을 '백두옹'으로 표현한 것은 질병 때문에 쇠약해진 자신의 모습을 비유한 것이라고 볼 수 있다.
② '종남산 묽은 남긔 쓸닌듯 ㅎ야시니'와 '삼각산 창취논 뉘라셔 곰촌 말고'는 종남산과 삼각산의 푸른 기운이 사라졌다는 의미로 푸른빛을 잃은 산의 모습을 보며 병으로 생기를 잃은 자신의 모습을 연상한 것이라고 할 수 있다.
③ 눈이 덮여 눈부시게 빛나는 거처의 모습을 좋아하면서도 '선비에게 과분하니 심중이 불안하다'라고 표현한 것은 경치가 자신의 분수에 넘칠 정도로 아름다워서 도리어 불안감을 느낀다는 의미이다. 여기서 '불안하다'는 〈보기〉에 제시된 작가의 상황과 관련해 살펴보면, 병마에 시달리는 화자의 불안감을 담은 표현이라고 할 수 있다.
④ '저 가마괴'가 '눈빛을 더러일샤'라는 표현에는 온 세상이 모두 하얀빛인 상황에서 가마귀의 검은빛이 '눈빛'을 더럽힐까 염려하는 마음이 담겨 있다. 따라서 이는 자신이 원하는 바가 훼손될까 봐 두렵고 불안해하는 내면을 표현한 것이라고 할 수 있다.

01 ②

'지팡이를 느슨히 집고 나더러 닐온 말이 ~ 청려장 바삐 집고 갈 대로 가쟈스라'는 봄 경치를 구경하러 가자고 권유하는 뒤 절 중의 말을 인용한 것으로, 이를 계기로 화자가 유람을 떠나게 된다.

✕오답 풀이

① 〈중략〉 앞부분은 화자가 중의 권유를 받아 봄 경치 구경에 나서는 장면이고, 〈중략〉 뒷부분에서는 별이실 마을에서 하룻밤을 보낸 소감과 별이실 마을에서 본 높은 고개와 그 너머에 있는 큰 바다를 본 장면이다. 그 과정에서 자연물을 의인화하여 표현한 내용은 나타나지 않는다.

③ '도원이 여기보다 낫단 말 못하려니', '위태코 높은 고개 촉도난이 이러턴가'에서 다른 대상과의 비교가 나타나 있지만, 이러한 비교는 각각 별이실 마을이 무릉도원과 같이 아름답다는 것, 고개의 높음을 나타내기 위한 것으로 대상의 역동성과는 거리가 멀다.

④ 이 작품에는 대구법을 통해 현실에 대한 화자의 고뇌를 강조한 부분을 찾을 수 없다.

⑤ 화자는 봄 경치를 구경하는 과정에서 보고 느낀 것을 서술하고 있는데, '도원이 여기보다 낫단 말 못하려니'와 같이 현재 경치를 보며 느끼는 만족감을 드러내고 있다. 그러나 과거를 회상하며 자신의 삶을 성찰하고 있지는 않다.

02 ②

'대지 산악을 일야의 흔드는 듯'에서 대상인 바다의 크고 웅장함을 과장하여 강조하고 있다.(ㄱ) '위태코 높은 고개 촉도난이 이러턴가'라는 구절은 '고개'를 넘는 어려움을 '촉도난(촉나라로 가는 험한 길의 어려움)'에 빗대어 표현한 것이므로 비교의 방식을 활용하여 대상인 '고개'의 높음을 강조하고 있다.(ㄷ)

✕오답 풀이

ㄴ. [A]에서는 빛깔을 나타내는 색채어가 사용되어 있지 않다.

ㄹ. '망망대양이 그 앞에 둘러 있어 / 대지 산악을 일야의 흔드는 듯'에서 시각적 심상을 활용하고 있지만, 청각적 심상은 나타나 있지 않다.

03 ①

'새끼 곰 큰 호랑이 목 갈아 우는 소리 / 산골에 울려 있어 기염도 흘난할샤 / 칼 빼어 곁에 놓고 이 밤을 겨우 새워'를 통해 화자가 외딴 마을에서 짐승들의 울음소리에 불안감을 느껴 밤을 새우고 있음을 알 수 있다.

✕오답 풀이

② 화자의 여정이 산속임을 감안할 때 '걸어가는 길이 평탄했다'고 이해하는 것은 적절하지 않다.

③ 화자는 별이실 마을에 들러 해가 쉬이 넘어가자 시골 마을 인가의 봉당

에 잠자리를 마련한 상황이다. 인가에 머무르지 못해 야외에서 잠자리를 찾으며 탄식하는 내용은 찾아볼 수 없다.

④ 화자는 '하늘에 돋은 별을 저기면 만질노다'라고 했지만 하늘의 별을 바라보며 부재하는 임에 대한 그리움을 드러내고 있지는 않다.

⑤ 화자는 '망망대양이 그 앞에 둘러 있어'에서 알 수 있듯이 바다를 바라보고 있다. 따라서 높은 산들로 인해 시야가 차단되어 있다거나 바다를 보지 못하게 되어 아쉬워했다고 이해하는 것은 적절하지 않다.

04 ④

의성어나 의태어와 같은 음성 상징어를 활용하여 대상을 생동감 있게 묘사한 부분은 나타나 있지 않다.

✕오답 풀이

① '대지 산악을 일야의 흔드는 듯'에서 직유적 표현을 사용하여 바다의 특성을 부각하고 있다.

② 이 작품은 기행 가사로 '외딴 마을', '고개'와 같이 공간을 이동하며 시상을 전개하고 있다.

③ 4음보 율격을 기본 율격으로 사용하고 있으며 이를 통해 운율감을 형성하고 있다.

⑤ '산골에 울려 있어 기염도 흘난할샤'에서 산골 마을에서 느끼는 화자의 두려운 감정을 '흘난할샤(어지럽구나)'와 같은 영탄적 표현을 활용하여 드러내고 있다.

05 ②

ⓛ의 '청려장 바삐 집고 갈 대로 가쟈스라'는 화자가 거처하고 있는 공간을 떠나 자연 속으로 여행을 떠나자고 촉구하는 말이다. 하지만 ⓛ은 화자가 주변 사람들에게 촉구하는 말이 아니라, 뒤 절 중이 화자에게 권유하는 말이다.

✕오답 풀이

① ㉠의 '네 병을 내 모르랴 수석의 고황이라'는 뒤 절의 중이 화자에게 하는 말이므로 '네 병'은 화자의 병이다. 여기서 '수석의 고황'은 '천석고황'과 관련된 표현으로 '자연을 사랑하는 마음이 고칠 수 없는 병(고황)이 됨'이라는 의미이다. 따라서 ㉠은 자연에 대한 화자의 사랑이 깊음을 뜻한다.

③ ㉢의 '청풍이 건듯 불고 새소리 지지괼 제'는 앞 구절 '결의 니러 안자 창을 열고 바라보니'와 관련지어 볼 때 화자가 자신의 거처에서 창을 열고 내다본 자연의 풍광이다. 따라서 이 풍광은 화자가 유람을 떠나게 되는 자연의 분위기를 표현한 것이라고 할 수 있다.

④ ㉣의 '별이실 외딴 마을 해는 어이 쉬 넘거니'는 별이실 마을의 공간적 특징을 보여 준다. 해가 빨리 진다는 것은 산이 높아서 해가 일찍 지는 산속 마을의 특성으로 이는 화자가 '별이실' 마을에서 머물게 된 이유로 볼 수 있다. 해가 일찍 지고 빨리 어두워지는 특성으로 인해 화자가 '별이실' 마을에서 하룻밤 묵게 되는 것이다.

⑤ ㉤의 '하늘에 돋은 별을 저기면 만질노다'는 화자가 본 '고개'의 높이가 매우 높음을 나타낸 것이다. 이는 하늘의 별을 조금만 더하면 만질 것 같다고 과장해 표현한 것으로, 고개의 높이에 대한 화자의 주관적 감상이다.

01 ③   02 ③   03 ①   04 ⑤   05 ③

01 ③

이 작품은 화자가 단양 팔경을 유람하고 쓴 기행 가사로 단양 팔경을 유람하며 느낀 감회를 밝히고 있다. '선현'은 '단구동문' 을 새긴 퇴계 이황으로, 화자는 이황을 떠올리고 있을 뿐 여행 중에 만난 사람을 언급한 내용은 없다.

✘오답 풀이

① 단양 팔경의 경치를 생생하게 묘사하고 있다.

② 화자는 석문 주변을 보고 '우리 백성 농사를 권하여 수역의 올니고져'라 는 생각을 표현하고 있으며, '구담'을 보고는 '돌노 싱긴 저 거북은 명구 를 직히는가'라고 하며 보고 느낀 바를 표현하는 등 여행지에서 보고 느 낀 바를 솔직히 표현하고 있다.

④ 화자는 공간을 이동하며 그곳에서 본 경치와 감회를 드러내고 있다.

⑤ 화자가 단양 팔경을 돌아보고 쓴 기행 가사이다.

02 ③

'제불이 공립흔 듯 중선이 나니는 듯'은 구담 주변에 병풍처럼 둘 러쳐진 산세와 바위의 모습을 여러 부처가 함께 서 있는 것 같고 신선의 무리가 나는 것 같다고 표현한 것이다. 이는 구담을 본 황홀한 느낌일 뿐 부처와 신선에 빗대어 자연 속에서 풍류를 즐 기는 화자의 자부심을 표현한 것은 아니다.

✘오답 풀이

① 석문 주변을 '신선이 농사짓던 열두 배미'라고 하며 풀만 남아 있으니 '우 리 백성 농사를 권하여 수역의 올니고져'라고 하여 백성들이 풍요롭게 살기를 바라는 마음을 노래하고 있다. 즉 백성을 잘살게 하고 싶다는 선 정에의 포부를 담아 표현한 것이다.

② 은주암을 보며 화자는 '작은 고깃배로 드러가면 처사 종적'을 그 누가 알 겠느냐고 하고, 팔판동의 흰 구름 낀 모습을 보며 '인거는 어디인지'라고 하여 사람이 있는 곳을 알 수 없다고 표현하였다. 이는 속세와 단절된 느 낌을 드러낸 것으로 볼 수 있다.

④ '호천대 올나 안자 전체를 대강 바라보고'라고 하였으므로 호천대 위에서 조망한 것을. 또한 '창하정 잔을 드러 풍연을 희롱타가'라고 하였으므로 창하정에서의 술과 풍류를 노래하고 있음을 알 수 있다. 그러는 중에 '홀 연히 도라보니 이 몸이 등선흘 듯'이라고 표현하여 자신이 신선이 된 듯 한 마음을 노래하고 있다.

⑤ '옥순봉이 쏘다시 신기이흐다'라고 노래하고 있고 '단구동문'이라고 새겨 진 글자를 보고 글자를 새긴 선현을 떠올리며 '신선의 땅을 중히 여겨 경 계를 정흐신가'라고 하여 단구동문을 새긴 뜻을 헤아려 보고 있다.

03 ①

㉠의 '우리 백성 농사를 권하여 수역의 올니고져'에는 백성들을 잘살게 하고 싶은 선정에의 포부가 담겨 있다. 도교 사상보다는 유자, 목민관으로서의 유교적 세계관이 담겨 있다.

✘오답 풀이

② ㉡에서 '무릉'은 동양의 이상향으로 도교 사상이 담긴 곳이며 팔판동을 묘사하는 부분은 인간의 흔적이 없는 탈속적 공간으로 그려지고 있으므 로 도교 사상의 영향을 짐작할 수 있다.

③ ㉢의 '이 몸이 등선흘 듯'은 하늘로 올라가 신선이 된 듯하다는 의미로 신선 사상을 엿볼 수 있다.

④ ㉣의 '화표는 우뚝 서서 백학이 넘노는 듯'은 백학이 넘노는 화표를 묘사 하고 있는 대목이다. 옛부터 백학이 넘나드는 곳을 선계(仙界)로 보았는 데, 옥순봉의 모습을 선계(仙界)로 그려 내고 있는 것이다.

⑤ ㉤의 '신선의 땅을 중히 여겨 경계를 정흐신가'는 '단구동문'이라고 글씨 를 새긴 선현의 행위를 신선의 땅인 단양과 속세와의 경계를 정한 것으 로 생각한 표현으로 도교 사상의 영향이 담겨 있다.

04 ⑤

'단구동문 새긴 글주 선현의 필적이라'에서 화자가 선현을 떠올 리고 있음은 나타나 있으나, 높은 학문의 경지에 도달한 화자의 상황은 나타나 있지 않다.

✘오답 풀이

① 석문의 모습을 보고 산봉우리에 뚫린 구멍이라고 표현하며 놀랍다고 한 것은 일상에서 볼 수 없는 경치에서 느낀 놀라움을 드러낸 것이라 할 수 있다.

② '오로봉 진면목은 부용이 소사는 듯'은 여행 중에 바라본 '오로봉'의 아름 다움을 '부용', 즉 연꽃에 비유하여 묘사한 것이다.

③ 창하정에서 화자는 술잔을 들어 즐기며 공중의 흐릿한 기운을 즐겼다고 표현하며 창하정의 풍경을 즐기는 자신의 흥취를 드러내고 있다.

④ '이 떨기 열매 열면 봉황이 먹으리라'는 화자가 '북극'을 괴고 있는 '하늘 기둥'과 '백학'이 넘노는 '화표', '벽옥낭간'에 비유한 옥순봉에서 열매가 열린다면 봉황이 먹을 것이라고 표현한 것으로, '하늘 기둥'과 '백학', '봉 황' 등 신기한 대상들을 동원하여 화자가 옥순봉 모습에서 신기함을 느끼 고 있음을 드러낸 것이다.

05 ③

[C]에서 화자는 '은주암'과 '팔판동'을 '작은 고깃배'로 들어가면 '처사의 종적'을 알 수 없을 만큼 속세와 단절된 곳이라고 인식 하고 있다. 이는 화자가 은주암과 팔판동에서 속세와 동떨어져 탈속적인 공간이라는 느낌을 받은 것으로, 자신의 종적을 다른 사람이 알까 두렵다는 마음을 느낀 것은 아니다.

✘오답 풀이

① [A]에서는 '석문'을 '수문'과 '산창'에 비유하여 표현하고 있으며, 초월적인 존재인 '용문산을 쏜린 도끼'와 '거대한 신령의 큰 손바닥'이 만들었다고 여길 만큼 석문의 모습이 신기하다는 생각을 드러내고 있다.

② [B]에서 화자는 '신선이 농사짓던 열두 배미' 좋은 땅에서 백성들이 농사 를 짓도록 권하며 '수역의 올니고져'라고 말하고 있다. 여기서 '수역'은 다 른 곳에 비하여 오래 사는 사람이 많은 지역이란 뜻으로 풍요롭고 즐겁 게 사는 삶을 비유적으로 이르는 말로, 백성들의 삶이 나아지기를 바라는 마음을 드러내고 있는 것이다.

④ [D]에서 화자는 '호천대'에 올라서 '전체를 대강 바라보고', '창하정'에서 술을 마시고 공중에 서린 흐릿한 기운을 즐기다가 신선이 된 듯한 마음

⑤ [E]에서 화자는 '옥순봉'의 모습을 북극을 괴고 있는 하늘 기둥과 백학이 넘노는 화표, 벽옥낭간에 비유하고, 옥순봉에서 열매가 열린다면 봉황이 먹을 것이라고 함으로써 화자가 바라보는 옥순봉의 풍경에 대한 신이함을 드러내고 있다.

80 상사별곡

▶ 본문 192쪽

01 ⑤　**02** ②　**03** ④　**04** ②　**05** ⑤　**06** ②

01 ⑤

'옛일'은 화자가 임을 다시 만나, 임과 이별해 그리워하며 괴로워하는 현재의 상황을 '옛일' 삼아 이야기하며 즐거워하는 날이 오기를 바라고 있는 것과 관련된다.

✘오답 풀이

① '운산'은 구름이 겹겹이 낀 산으로, 화자와 임과의 만남을 방해하고 임에 대한 소식을 전달받기 어렵게 하는 장애물이다.

② 임과의 이별로 심리적 고통을 겪고 있는 화자의 심리 상태를 '불'이라는 구체적 소재로 형상화하고 있다.

③ '흉중의 불'은 임과 이별하고 임을 그리워하는 애타는 심정을 의미하는데, '불'을 끌 수 있는 '물'로도 이 '흉중의 불'을 끌 수 없다는 것은 임에 대한 화자의 사랑이나 그리움이 '물'로도 끌 수 없을 만큼 크다는 것을 말해 준다. 따라서 '물'은 임에 대한 화자의 그리움의 정도를 나타낸다고 할 수 있다.

④ '글발'은 임과 편지를 주고받으며 다정했던 순간과 관련된다.

02 ②

[A]의 '져도 나를 그리련이'는 임도 나를 그리워할 것이라며 화자 자신의 생각을 드러낸 것이다. [B]의 'ㅈ네 사정 닉가 알고 닉 사정 ㅈ네 알니'는 'ㅈ네'와 '닉', 즉 [A]와 [B]의 두 화자가 서로의 사정을 알고 있다는 것이다. 따라서 이를 [A]와 [B]의 두 화자가 서로를 그리워한다고 이해하는 것은 적절하지 않다.

✘오답 풀이

① [A]의 '이별'이라는 표현에서, [B]는 '별니'라는 표현을 통해 [A]와 [B]의 두 화자 모두 이별한 처지임을 알 수 있다.

③ [A]의 '구든 언약 깁흔 정', [B]의 '초셩빅년 서로 밍세'는 모두 화자와 임 사이의 약속으로 사랑을 영원히 함께하고 싶은 화자의 기대감이 담긴 표현으로 볼 수 있다.

④ [A]의 '운산이 머럿쓰니 소식인들 쉬울손가'에서 '운산'이라는 장애물 때문에 임의 소식이 닿기 어려운 상황임을 표현하고 있다. [B]의 '오는 글발 가는 수연 ㅈㅈ획획 다정턴이'에서 과거에 오가던 편지가 글자마다 다정했음을 표현하고 있다. 이러한 편지가 끊어진 현재 상황에 대해 화자는 안타까워하고 있다.

⑤ [A]에서 '흉중의 불'은 이별한 임을 그리워하는 상황에서 그 괴로운 심정을 표현한 것이고, [B]에서 '병'은 임에 대한 그리움으로 인해 현재 마음이 아프고 괴롭다는 것을 표현한 것이다.

03 ④

④는 꿈에서 깨어나 꿈속 장면을 떠올리는 것이 아니라, 봄에 경치 좋은 곳을 찾아다니며 임과 행복하게 지냈던 과거를 회상하는 부분이다.

✘오답 풀이

① 황매가 피는 봄에 임이 떠난 이후, 단풍이 드는 가을이 왔는데도 임이 돌아오지 않음을 표현한 것으로 자연의 변화를 통해 임과 이별한 지가 오래되었음을 나타내고 있다.

② '뇌 가삼 티우는 불'은 사랑하는 임에 대한 그리움을 나타낸다. 그런데 물로 못 끄는 불이 없지만 이 '뇌 가삼 티우는 불'은 물로도 끌 수 없다는 것은 치유할 수 없는 사랑의 아픔을 강조한 것이다.

③ 날이 저문 저녁 무렵에 들리는 기러기 울음소리는 임과 이별한 화자의 슬픔과 어우러져 애상적 분위기를 형성한다.

⑤ 신농씨는 중국 고대의 전설상의 제왕으로 농업과 제약의 방법을 백성에게 가르쳤다고 전하는 인물이다. '만병회춘 무불통지 임 이즐 약 웨 모르고'는 신농씨가 여러 가지 풀을 씹어서 맛본 후에 약초를 찾아 많은 병을 낫게 했는데 임을 잊게 할 약은 왜 모르느냐는 의미이다. 따라서 임에 대한 그리움에서 오는 자신의 아픔을 치유할 약이 없다는 표현으로 자신의 심적 고통을 강조한 것이다.

04 ②

이 작품에는 공간적 배경이 뚜렷이 나타나 있지 않으며, 따라서 공간의 이동도 드러나 있지 않다.

✘오답 풀이

① 'ㅈ네 사정 닉가 알고 닉 사정 ㅈ네 알니', '못보와도 병이 되고 더듸 와도 성화로세'와 같이 대구의 방식을 활용하고 있으며, 이를 통해 리듬감을 형성하고 있다.

③ '흉중의 불이 나니 구회간장 다타간다'와 같이 임을 그리워하는 화자의 애타는 마음을 '불'에 빗대어 표현해 화자의 심정을 부각하고 있다.

④ '소소상풍 송안성'에서 '송안성'은 기러기 울음소리를 의미하므로 청각적 심상을 활용한 것이며 '상수몽 놀라 씌여'는 이 울음소리에 잠을 깬 화자의 정황으로, 청각적 심상을 통해 화자의 상황을 드러내고 있다.

⑤ '어이 이졋슬가'는 설의적 표현으로, 이를 통해 임과의 굳은 약속과 깊은 정을 잊지 않았다는 화자의 생각이 강조되고 있다.

05 ⑤

'오는 글발 가는 수연'은 임과 주고받던 편지의 내용으로, 뒤에 이어지는 'ㅈㅈ획획 다정턴이'라는 표현으로 볼 때 다정했었음을 알 수 있다. 따라서 '글발'과 '수연'을 임과의 이별 원인으로 파악하는 것은 적절하지 않다.

✘오답 풀이

① '황미시절 떠난 이별 만학단풍 느졋스니'에서 화자가 임과 이별한 상황임을 알 수 있다. 이러한 이별의 상황을 '인간의 일이 만코 조물이 시긔런지'에서 '인간의 일'이나 '조물'과 같은 외적 요인 때문이라고 말하고 있다.

② '삼츈삼추 지나가고 낙목한쳔 또 되엿닉', 즉 여름 세 번, 가을 세 번이 지나가고 나뭇잎 다 떨어져 겨울이 다시 왔다는 내용을 보면 계절의 흐름이 드러나 있으며, 이를 통해 임과 이별한 상황이 지속되고 있음을 알 수 있다.

③ '틱인난 긴 한숨의 눈물은 몇때런고'를 보면 임을 기다리는 화자가 한숨을 쉬며 한탄하고 있고 그때마다 눈물을 흘리고 있다. 따라서 이를 통해 오지 않는 임을 기다리는 화자의 상사의 아픔을 느낄 수 있다.

④ '청산녹수 증인두고 초싱빅년 서로 밍세'에서 화자와 임 사이에 맹세가 있었음을 알 수 있으며, 그 앞 구절인 '일부일 월부월의 운우지락 협흡할제'를 보면 임과 함께 했던 행복했던 시간을 그리워하고 있음을 알 수 있다.

06 ②

㉠은 임을 그리워하다 화자의 마음속에 생겨난 것으로 임과 이별한 화자의 애타는 상황을 상징하는 시어이다. 그리고 화자는 임을 그리워하며 애타고 괴로운 상황을 해결하기 위해 '불'을 끄는 '물'로 자신의 마음의 '불'을 꺼 보려 하지만 끌 수 없다고 했으므로 ㉡은 화자의 상황이 해결되기 어려움을 나타내는 소재라고 할 수 있다.

✗ 오답 풀이

① ㉠은 임을 그리워하다 마음속에 생겨난 것이다. 과거를 잊게 하는 것이 아니라 오히려 과거를 더 생각나게 하는 소재라고 보는 것이 적절하다. ㉡은 화자의 마음속 '불'을 꺼 보려는 대상이다. 그러나 마음의 불이므로 물리적인 '물'로는 끌 수 없다고 했다. 따라서 화자가 처한 현재 상황이 해결되기 어렵다는 것을 나타낸다.

③ ㉠은 화자의 애타는 상황을 나타낼 뿐, 화자에게 부정적 인식을 심어 주는 역할을 하지는 않는다. 또 ㉡을 통해 화자는 자신의 부정적 상황이 바뀔 수 없음을 확인하게 되므로 ㉡은 화자의 인식을 긍정적으로 바꾸는 것과는 관련이 없다.

④ ㉠은 임을 그리워하는 애타는 심정과 괴로운 상황을 나타내므로 화자의 소망을 실현시켜 준다고 볼 수 없다. 또 화자는 '물'을 통해 그러한 마음의 '불'을 끌 수 없다고 보고 있으므로 ㉡은 화자의 소망을 실현시켜 주는 소재로 볼 수 없다.

⑤ ㉠과 ㉡ 모두 자연에 대한 경외감과는 거리가 멀다.

81 덴동 어미 화전가
▶ 본문 194쪽

| 01 ③ | 02 ⑤ | 03 ① | 04 ④ | 05 ④ |

01 ③

이 작품은 부녀자들이 화전놀이를 가서 나누는 대화를 바탕으로 내용을 전개하고 있다. 부녀자들이 봄을 맞아 화전놀이를 즐기고 있는데, 그 가운데 눈물을 흘리는 '청춘과녀'를 보고 '한 부인'이 그 이유를 묻고 '청춘과녀'가 자신의 인생사를 토로하고, 그것을 들은 '덴동 어미'가 자신의 인생사를 토로하며 '청춘과녀'의 재가를 말리고 있는 내용을 담고 있다.

✗ 오답 풀이

① 이 작품은 봄에 여인들의 놀이인 화전놀이를 소재로 하는데 계절의 변화는 나타나지 않는다.

② 이 작품에서 고사를 인용한 내용은 나타나지 않는다.

④ 이 작품에서는 화전놀이 장면과 '청춘과녀'의 신세 한탄, 그리고 '덴동 어미'의 사연을 통해 당시 서민 여성들의 삶이 드러나 있으므로, 사대부 집안 여성의 생활상이 중심이 된다고 보기 어렵다.

⑤ 이 작품은 부녀자들이 향유한 노래이지만, 유교적 정조 관념에 대한 여성들의 비판 의식이 싹트고 있음을 보여 주는 내용은 나오지 않는다. '청춘과녀'의 이야기는 일찍 남편을 잃은 자신의 신세 한탄으로 유교적 정조 관념을 비판하고 있지는 않다. '덴동 어미'가 개가를 반대하는 이유도 정조 관념에 대한 비판 의식 때문이라기보다 비극적 운명은 피할 수 없으니 수용하고 마음먹기에 달렸다는 인식 때문이다.

02 ⑤

순흥에서 살던 덴동 어미는 예천으로 시집을 간다. 그런데 남편이 단옷날 그네를 타다가 그넷줄이 끊어져 떨어져 죽는데, 남편이 그네를 탄 것은 처가에 갔을 때이므로 예천에서 죽음을 맞이한 것은 아니다.

✗ 오답 풀이

① ③ '나도 본디 순흥 읍내 임 이방의 딸일러니 / 우리 부모 사랑하사 어리 장고리장 키우다가 / 열여섯에 시집가니'에서 덴동 어미가 중인 집안의 딸로 곱게 자랐으며 순흥에서 살다가 열여섯에 시집갔음을 알 수 있다.

② '시집가니 예천 읍내 그중 큰 집에 / 치행 차려 들어가니 장 이방의 집일러라'에서 덴동 어미의 남편이 예천의 읍내 집안 출신임을 알 수 있다.

④ '서방님을 잠깐 보니 준수비범 풍후하고'에서 덴동 어미의 남편이 재주와 풍채가 뛰어나고 너그러워 보이는 데가 있었음을 알 수 있다.

03 ①

[B]는 '덴동 어미'의 첫 번째 남편이 그네를 타다 죽게 된 과거를 떠올리는 내용으로, 화전놀이의 즐거운 분위기와는 거리가 멀다.

✗ 오답 풀이

② [B]에서 '덴동 어미'는 '청춘과녀'의 재혼을 말리기 위해 자신의 이야기를 시작하고 있으므로, '청춘과녀'를 감화시켜 태도 변화에 영향을 미칠 수 있다고 추론할 수 있다.

③ [A]에서는 '청춘과녀'가 중심 화자가 되어 자신의 처지를 한탄하고 있다.

④ [B]에서는 '덴동 어미'가 첫 번째 남편과 혼인하고 사별한 사건이 구체적으로 드러나고 있다.

⑤ [A]에는 '내칙 편', '칠월 편', '화전가' 등 부녀자들이 읊고 부르는 화전놀이의 내용이 구체적으로 언급되어 있지만, [B]에서는 그러한 부분을 찾을 수 없다.

04 ④

'덴동 어미'가 '청춘과녀'에게 '신명 도망 못할지라'라고 말한 것은 '신이 내린 운명은 피할 수 없다'는 의미이다. 〈보기〉를 참고하면 이는 상부와 개가를 반복한 덴동 어미 자신의 경험을 토대로 한 견해로, 팔자나 운명은 피할 수 없다는 의미이다. 따라서 덴동 어미가 자신의 비극적인 운명을 바꾸고자 하는 의지를 이끌어 내고 있다고 볼 수 없다.

✗ 오답 풀이

① '내칙 편을 외'고 '칠월 편을 노래하'는 것은 〈보기〉에 제시된 풍월 놀이에

해당하므로 화전놀이의 내용이 반영된 것을 확인할 수 있다.
② '청춘과녀'가 '한 부인'과의 대화에서 남편과 일찍 사별하고 외로운 자신의 신세를 드러내는 것은 〈보기〉에서 언급한 외부 이야기에 해당한다.
③ '덴동 어미'의 '이내 말을 들어 보소' 뒤에 나오는 '나도 본디 ~'를 시작으로 덴동 어미의 일생담이 전개된다. 따라서 〈보기〉를 참고할 때 이 말을 표지로 외부 이야기에서 내부 이야기로 전환되고 있다고 볼 수 있다.
⑤ '덴동 어미'의 '추천 줄이 떨어지며', '그만에 박살이라'라는 말을 통해 첫 번째 남편이 사망한 사연이 전개된다. 따라서 〈보기〉에서 언급한 '내부 이야기'의 내용을 확인할 수 있다.

05 ④

㉠은 자신의 운명이나 팔자에서 도망치지 못한다는 의미이다. 따라서 비록 자연에서는 도망칠 수 있어도 정해진 팔자에서는 도망칠 수 없다는 뜻으로, 타고난 팔자란 어쩔 수 없음을 이르는 '산천 도망은 해도 팔자 도망은 못한다'가 ㉠과 어울리는 속담이다.

✕오답 풀이
① '산 입에 거미줄 치랴'는 아무리 가난하여 식량이 떨어져도 사람은 그럭저럭 먹고 살아가기 마련이라는 의미이다.
② '팔자는 길들이기로 간다'는 습관이 천성이 되어 사람의 일생을 좌우할 수 있다는 의미이다.
③ '여편네 팔자는 뒤웅박 팔자라'는 뒤웅박의 끈이 떨어지면 어찌할 도리가 없듯이, 여자의 운명은 남편에게 매인 것이나 다름없다는 의미이다.
⑤ '여자가 한을 품으면 오뉴월에도 서리가 내린다'는 여자가 한 번 마음이 틀어져 미워하거나 원한을 품으면 오뉴월에도 서릿발이 칠 만큼 매섭고 독하다는 의미이다.

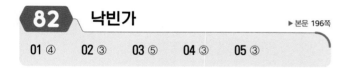

82 낙빈가 ▶ 본문 196쪽

01 ④ 02 ③ 03 ⑤ 04 ③ 05 ③

01 ④

이 작품에는 자연 속에서 가난하지만 안분지족하며 사는 화자의 모습이 드러나 있다. 이런 소박한 삶은 '부귀를 하직하고 빈천을 낙을 삼아', '기산영천에 소허의 몸이 되야 / 천사를 냉소하니 만종이 초개로다' 등에서 처럼 속세와의 대비를 통해 부각되고 있다. 자연과의 대비를 통해 가난한 화자의 처지가 강조되고 있는 것이 아니다.

✕오답 풀이
① '무심한 구름은 ~ 갈매기는 백사에 버려 있다'와 같이 자연을 감각적으로 묘사하고 있다.
② '부귀를 하직하고 빈천을 낙을 삼아'와 같이 속세의 삶과 자연에 은거하는 삶을 대조하며 주제를 강조하고 있다.
③ '서호매학은 겨루지 못하여도 / 증점영귀야 이에서 더할소냐 / 기산영천에 소허의 몸이 되야', '무회씨젹 백성인가 갈천씨젹 사람인가'와 같이 속세를 떠나 자연에 은거한 인물이나 태평성대를 이룬 제왕과 관련된 고사

를 인용함으로써 자연에 은거하여 한가롭고 평화롭게 사는 삶의 모습을 드러내고 있다.
⑤ '삼순구식을 먹으나 못 먹으나 / 십년일관을 쓰거나 못 쓰거나', '무회씨젹 백성인가 갈천씨젹 사람인가'와 같이 유사한 문장 구조를 반복하여 자연에서 사는 삶을 만족해하는 화자의 태도를 엿볼 수 있다.

02 ③

'서호매학은 겨루지 못하여도 / 증점영귀야 이에서 더할소냐'에서 화자는 자신의 삶을 '서호매학', '증점'과 비교하여 자신의 삶이 '서호매학'의 임포와는 겨루지 못해도 '증점'보다는 더 낫다고 하며 자신의 삶에 대한 만족감을 표현하고 있다.

✕오답 풀이
① 화자는 자연 속에서 사는 현재의 삶을 긍정하고 있으나, '성상'을 모시고 '부귀'를 좇았던 과거의 삶을 반성하는 모습은 나타나 있지 않다.
② 이 작품에서 화자가 대상과 일체가 되려는 의지는 드러나지 않는다. 자연물이 소개되고는 있으나 화자가 묻혀 사는 대상으로서 '자연'의 의미를 지닐 뿐 자연과 일체가 되려는 의지를 담고 있지는 않다.
④ '부귀를 하직하고 빈천을 낙을 삼아', '기산영천에 소허의 몸이 되야 / 천사를 냉소하니 만종이 초개로다'를 통해 화자가 속세의 삶을 부정적으로 바라본다고 판단할 수 있으나, 현실을 비판하려는 의도가 드러나고 있지는 않다.
⑤ 화자는 벼슬에서 물러나며 '부귀를 하직하고 빈천을 낙을 삼아' 살아가겠다고 말하고 있다. 하지만 가난해진 삶을 운명이라고 여기며 수용하는 것은 아니다. 오히려 '천사를 냉소하니 만종이 초개로다'라는 표현을 통해 자신의 의지로 가난한 삶을 즐기고 있음을 알 수 있다.

03 ⑤

'소허의 몸'은 고사에 나오는 '소부와 허유'를 일컫는 말이고, '천사를 냉소하니'라는 표현은 '말 사천 마리' 또는 '네 마리 말이 끄는 수레 천 대'를 뜻하는 '천사', 즉 화려하고 호화로운 속세의 삶을 비웃는다는 것이다. 따라서 '소허의 몸'이 되어 '천사를 냉소'하는 것은 자신의 뜻을 알아주지 않는 속세를 떠나 자연에서 살고자 하는 화자의 태도를 드러낼 뿐, 이러한 자신의 뜻을 속세에서 알아주길 바라는 화자의 태도를 드러낸 것은 아니다.

✕오답 풀이
① '이 몸이 쓸듸 업셔' 버림받았다는 것은 화자가 벼슬살이에서 멀어진 것을 의미한다. 따라서 정치 현실을 떠난 상황임을 짐작할 수 있다.
② '산수'는 자연을 의미하고, 그 '산수간'에서 '만사를 다 잊으니 일신이 한가하다'라고 했으니 화자가 산수간에서 속세의 일을 잊고 한가하게 지내는 것을 알 수 있다. 이는 화자가 세속적 가치에 구애받지 않고 사는 모습이라고 볼 수 있다.
③ 현재 화자는 '부귀를 하직하고', '산수간'에서 살고 있다. 즉 속세를 떠나 자연으로 돌아와 살면서 자신이 있는 그곳, 즉 '여기'를 이상향을 의미하는 '무릉'이라고 표현하고 있다. 자신이 있는 곳이 이상향과 같다고 한 것은 화자가 자연으로 돌아온 자신의 삶에 대해 만족하는 것으로 볼 수 있다.
④ '아침에 캐온 취'를 먹으며 '일없이 노'니는 모습은 자연에서 취나물을 캐어 먹고 (속세의) 일과는 상관없이 지내는 모습을 표현한 것이므로 소박한 생활을 영위하는 화자의 모습으로 볼 수 있다.

04 ③

'분별이 없어거니 시름인들 있을소냐', '증점영귀야 이에서 더할 소냐'에서 속세를 떠나 자연에서 사는 삶의 의미를 설의적 표현으로 강조하고 있다.

✕ 오답 풀이

① 모순된 진술 속에 깊은 의미를 담아 나타내는 역설적 표현은 나타나지 않는다.

② 언어유희는 재미를 위해 언어의 형태를 다양하게 조작하거나 형태를 반복하는 것인데, 그러한 표현은 나타나 있지 않다.

④ 대상을 부르는 말은 나타나지 않는다.

⑤ 청자에게 무엇을 하도록 요구하는 명령적 어조는 나타나지 않는다.

05 ③

이 작품의 화자는 자신을 '임포'나 '증점'과 같은 인물들과 비교한다. 화자는 자신의 삶이 '서호매학'의 임포와는 겨루지 못해도 '증점'보다는 더 낫다고 한다. 〈보기〉의 화자도 자신을 '신선', '이태백'과 비교한다. '신선'이 자신이며 '이태백'이 돌아온다 해도 자신보다 더하지는 않다고 한다. 따라서 이런 인물들은 화자가 자신의 삶에 대한 자부심을 드러내기 위해 동원한 대상이라고 할 수 있다.

✕ 오답 풀이

① 〈보기〉는 '이 몸이 이렁굼도 역군은이샷다'에서 자연에서 누리는 여유로운 삶이 임금의 은혜 덕분이라며 감사하는 마음을 드러내고 있다. 하지만 이 작품에서는 '성상이 바리시니'라고 하여 화자가 자연으로 오게 된 이유를 임금과 관련지어 드러내고 있지만, 임금의 은혜 덕분이라는 화자의 생각은 나타나 있지 않다.

② 이 작품의 '증점'과 〈보기〉의 '이태백'은 모두 '이에서 더하겠느냐'의 대상이다. 즉 화자의 삶이 그들의 삶보다 더 낫다고 보고 있으므로 '자신의 삶에 비해서 훌륭하다는 의미를 지닌다'라는 설명은 적절하지 않다.

④ 〈보기〉의 '푸람'은 자연에서 한가롭게 살아가며 그런 삶을 즐기는 화자가 부는 '휘파람'이다. 이 작품의 '산가촌적'은 '산 노래와 피리 소리'라는 뜻으로 화자가 '어부사'로 화답하는 대상이다. 이를 통해 자연에서 한가롭게 살아가고 있음을 알 수 있다. 따라서 '푸람'과 '산가촌적' 모두 자연에 묻혀 한가로운 삶을 즐기고 있는 화자의 모습이 드러나 있다고 볼 수 있다.

⑤ 〈보기〉의 '일월도 혼가ㅎ다'는 세월도 한가하다는 의미로, 이에는 한가함을 수용하고 즐기는 화자의 태도가 담겨 있다. 이 작품에도 자연에 묻혀 살아가는 자신의 삶에 대해 '만사를 다 잊으니 일신이 한가하다'라고 하여 한가한 삶을 수용하고 누리는 태도가 드러나 있다.

83 관등가
▶ 본문 198쪽

01 ② 　 02 ② 　 03 ⑤ 　 04 ④ 　 05 ④

01 ②

'우리 임은 어듸 가고 답교할 줄 모로난고', '우리 임은 어듸 가고 추천할 줄 모로난고'와 같이 즐겁게 놀이하는 사람들의 모습과 그렇지 못한 화자의 모습이 대조를 이루어 화자의 외로움과 임에 대한 그리움을 드러내고 있다. 또 '우리 임은 어듸 가고 춘기 든 줄 모로난고'에서 봄이 되어 소생하는 자연물과 돌아오지 않는 임이 대조되어 화자의 외로움을 강조하고 있다. '우리 임은 어듸 가고 관등할 줄 모로난고'에서 밝고 화려한 등불들의 모습과 임 없이 혼자 외롭게 있는 화자의 모습이 대조를 이루며 화자의 외로운 심정이 드러나고 있다.

✕ 오답 풀이

① 한 사회의 세시 풍속을 그리고는 있지만 임을 향한 화자 개인의 그리움을 노래하고 있을 뿐, 사회적 문제를 다루고 있는 것은 아니다.

③ 화자는 과거를 회상하거나 반성하고 있지 않다.

④ 자연물과의 교감을 통해 교훈을 얻는 모습은 나타나지 않는다.

⑤ 미래를 부정적으로 보고 있다고 단정할 만한 근거는 없다. 화자는 봄이 되어 피어난 꽃이나 돌아오는 새와 달리 돌아오지 않는 임으로 인해 고독감이 깊어지고 있는데, 이를 근거로 화자가 자신과 임의 미래를 부정적으로 보고 있다고 판단하기는 어렵다.

02 ②

이 작품에서 화자가 처한 이별의 상황은 달마다 달라지는 세시 풍속이나 계절의 모습과 관련되어 부각되지만, 역설적 발상이 담긴 표현은 찾을 수 없다.

✕ 오답 풀이

① '어룡등 봉학등과 ~ 칠성등 버러난듸'에서 비슷한 사물들을 나열하여 사월 초파일에 관등 행사가 펼쳐지고 있는 상황을 구체적으로 제시하고 있다.

③ '잔듸잔듸 속입 나니 / 만물이 화락한듸', '강남서 나온 제비 왓노라 현신하고', '이화도화 만발하고 행화방초 훗날린다'에서 봄을 구체적으로 묘사하고 있다. 또한 '속입나니', '화락한듸', '만발하고', '훗날린다' 등의 표현에서 봄의 생동감이 느껴진다.

④ 이 작품은 '우리 임은 어듸 가고 ~줄 모로난고'를 후렴구로 반복하여 각 달의 구분을 자연스럽게 이루어 내고 있다.

⑤ '상원일, 청명일, 삼일 날, 초파일, 단오일, 유두일'의 풍속과 관련된 삶의 현장, 즉 '답교, 화유, 관등, 추천' 등을 묘사하고 있어 당대의 삶에 대한 흥미를 유발하고 있다.

03 ⑤

'석양'은 비스듬히 해가 지고 있는 시간적 배경을 제시할 뿐, 화자의 정서나 분위기와 관련된 객관적 상관물은 아니다.

✕ 오답 풀이

① 정월 대보름에 '소년들'은 답교를 하며 즐겁게 노는 데 반해, 화자는 임과 함께하지 못한 채 대보름을 즐기지 못하고 있는 상황이다. 따라서 소년

들의 모습과 화자의 모습이 대조되고 있다.

② '나무'마다 봄기운이 돌고 있지만, 임은 '춘기'가 든 줄도 모르고 어디 가서 오지 않고 있다. 따라서 춘기가 든 '나무'의 모습과 화자의 처지가 대조를 이루고 있다.

③ 겨울에 남쪽으로 떠났던 '제비'가 삼월 삼일 날에 다시 돌아오지만 임은 올 기미를 보이지 않는다. 이런 제비를 보는 화자의 외로운 정서는 더욱 고조되고 있다.

④ 봄이 되어 '이화도화', 즉 배꽃과 복숭아꽃이 활짝 피고 있지만, 임은 봄이 되어도 오지 않는다. 이러한 상황의 대비는 화자의 외로운 정서를 더욱 두드러지게 한다.

04 ④

〈보기〉에 따르면, '애정요' 계통의 월령체 노래는 놀며 즐기는 유락적 요소를 지녔다고 하였다. 이 작품이 이별의 정한을 노래한 것은 맞지만, 그러한 유락적 요소를 통해 이별의 정한이 해소될 것이라고 기대했다는 것은 적절하지 않다. 이별의 정한을 노래함으로써 잠시나마 이별의 슬픔을 위로받을 수는 있지만 이별의 상황이 해소되지 않을뿐더러 임과의 재회가 이루어진다고 볼 수 없다.

✗ 오답 풀이

① 〈보기〉에서 '애정요'의 성격을 지닌 월령체 노래가 놀며 즐기는 유락적 요소를 지녀 서민들이 보다 즐겨 감상하였다고 설명하고 있다. 이 작품에는 답교, 화유(꽃놀이), 관등, 추천과 같이 유락적 요소가 드러나 있으므로 서민들이 많이 감상하였다고 짐작할 수 있다.

② 〈보기〉에서 '농사요' 계통의 월령체는 의식의 충족을 위한 실용적 측면을 지닌다고 설명하고 있다. 이 작품에서는 답교, 관등, 추천과 같은 세시 풍속이 제시되어 있는데, 이와 관련해서는 이를 즐기지 못하는 화자의 모습과 정서가 드러나 있다. 따라서 의식의 실용적인 측면보다는 의식과 관련해 개인의 정서가 부각되어 있다고 볼 수 있다.

③ 〈보기〉에서 '농사요' 계통의 월령체는 달의 변화에 따른 농사 일정을 고려하여 농민들에게 필요한 농사일을 장려한다고 설명하고 있다. 하지만 이 작품은 각 달의 세시 풍속과 관련해 임에 대한 그리움을 드러내고 있을 뿐, 농민들이 농사일을 하는 데 필요한 정보를 제공하고 있지는 않다.

⑤ 〈보기〉에서 '애정요' 계통의 월령체 노래는 각 연에서 매월의 세시 풍속을 상사의 매개로 삼는다고 설명하고 있다. 이 작품에서 화자는 각 달의 세시 풍속을 보며 임에 대한 그리움을 드러내고 있다. 즉 '우리 임은 어디 가고 답교할 줄 모로난고', '우리 임은 어디 가고 관등할 줄 모로난고', '우리 임은 어듸 가고 추천할 줄 모로난고'와 같이 세시 풍속이 상사의 정한을 자아내는 계기가 되고 있다.

05 ④

[A]에서 화자는 사월 초파일의 관등 행사에 사용된 다양한 '등'을 나열하고 있다. 화자의 눈에 비친 곳곳에 매달려 있는 등불을 제시하면서 관등 행사가 펼쳐지고 있는 정경을 묘사하고 있다.

✗ 오답 풀이

① [A]에서 화자는 천상의 존재도 아니고, 지상의 관등 행사에 쓰인 다양한 '등'을 바라보고 있을 뿐 지상의 사물을 동경하고 있지도 않다.

② [A]에서 화자는 부재하는 임을 그리워하며 임이 돌아오기를 바라고 있지

만, 임과의 재회를 확신하고 있는 것은 아니다.

③ [A]에서 '임고대하니'로 볼 때 화자는 관등을 위해 높은 곳에 오르는 것이지, 상상의 공간으로 이동하는 것이 아니다.

⑤ [A]에서 '동령의 월상하고 곳고지 불을 현다'를 자연과 '등불'이 조화를 이룬 상태로 볼 수 있지만, 화자가 자연물과 조화를 이룬 상황은 나타나 있지 않다.

---

84 추풍감별곡 ▶ 본문 200쪽

01 ②   02 ⑤   03 ⑤   04 ③   05 ⑤

01 ②

'찬 기운이 새로워라', '삼춘에 즐기던 일 예련가 꿈이련가', '지이 인하는 조물의 탓이로다', '웅봉자접이 애연히 흩단 말가', '금롱에 잠긴 앵무 다시 희롱 어려워라', '못 잊어 원수로다', '천수만한 가득한데 끝끝치 느끼워라' 등에서 영탄법을 사용하여 임과 이별한 화자의 슬픔과 임에 대한 그리움을 드러내고 있다.

✗ 오답 풀이

① '창창한 만리장공'에 푸른색의 색채 이미지가 나타나 있지만, 색채와 색채가 대비되는 표현은 나타나 있지 않다.

③ '여름 구름이 흩어지고 / 천연한 이 강산에 찬 기운이 새로워라', '실 같은 버들 남쪽 봄 꾀꼬리 이미 돌아가고 ~ 가을 잔나비 슬피운다'에서 계절의 변화가 드러나는데, 이는 임과 이별한 화자의 슬픔을 부각하고 있을 뿐, 화자의 소망을 부각하고 있지는 않다.

④ '무너지기 의외어든 끊어질 줄 짐작하리'와 같이 설의적 표현을 사용하고 있지만, 이는 임과의 언약이 깨어질 줄 몰랐음을 나타내고 있을 뿐 화자의 의지를 강조한 것은 아니다.

⑤ '정원에 부는 바람 이한을 알리는 듯 / 추국에 맺힌 이슬 별루를 머금은 듯'에서 직유법을 사용하고 있지만, 가을이라는 계절이 화자의 슬픈 심정을 더욱 심화시킴을 나타낼 뿐 임과의 재회에 대한 기대를 표현하고 있지는 않다.

02 ⑤

[E]에서는 '아해'라는 대상이 제시되어 있지만 '아해'는 화자의 처지와 대비되는 대상이 아니라 화자에게 '술'을 따라 주는 대상으로 제시되어 있다.

✗ 오답 풀이

① [A]에서는 '창창한 만리장공 여름 구름이 흩어지고'에서 시각적 이미지를, '찬 기운'에서 촉각적 이미지를 활용하여 계절 변화에 따른 화자의 정서를 표현하고 있다.

② [B]에서는 '정원에 부는 바람 이한을 알리는 듯'과 '추국에 맺힌 이슬 별루를 머금은 듯'에서 동일한 문장 구조를 반복하여 임을 떠나보낸 화자의 정서와 쓸쓸한 가을 분위기를 조응시켜 시적 분위기를 자아내고 있다.

③ [C]에서는 화자의 정서가 투영된 '가을 잔나비'를 의인화하여 화자의 슬픈 정서를 우회적으로 표현하고 있다.

④ [D]에서는 '삼춘에 즐기던 일 예련가 꿈이련가'에서 회상의 방식을 사용하여 임과 함께하던 과거와는 달라진 현재 상황에서 느끼는 외로움의 정서를 부각하고 있다.

03 ⑤

ⓜ의 '추풍'은 임과의 이별로 슬픈 화자에게 '별회를 부쳐내'는 존재이다. 따라서 ⓜ은 임을 그리워하는 화자의 이별 정서를 심화시키는 자연물이라고 할 수 있다.

✘오답 풀이
① ㉠은 임과의 만남을 가능하게 하는 통로가 아니라, 임의 부재에서 오는 화자의 막막함을 일시나마 해소하려는 화자의 태도가 반영된 대상으로 볼 수 있다.
② ㉡은 화자가 임과 함께 보냈던 과거의 시간을 가리키는 시어이다.
③ ㉢은 수벌과 암나비로 구슬프게 흩어지는 대상이다. 따라서 이별을 겪은 화자의 상황이 투영된 자연물이지, 화자와 대비되는 대상이 아니다.
④ ㉣은 임을 원망하는 화자의 심정이 아니라 임에 대한 화자의 사랑을 나타내는 시어라고 할 수 있다.

04 ③

이 작품에는 사랑하는 임과 이별한 화자가 부재하는 임을 그리워하는 태도가 드러나 있다.

✘오답 풀이
① 화자가 세상 사람들에게 인정받지 못한 모습이 제시되어 있지 않으며, 세상에 대한 화자의 냉소적인 태도도 드러나 있지 않다.
② 사랑하는 사람과 이별한 것은 맞지만 외면당한 것은 확인하기 어렵다. 또한 화자가 자신의 현실을 슬퍼하고 안타까워하지만, 현실을 체념하는 태도를 보이고 있지는 않다.
④ 화자가 사모하는 대상을 지키지 못한 모습은 나타나 있지 않으며, 자신의 행동에 대해 후회하는 태도도 드러나 있지 않다.
⑤ 화자가 인생의 덧없음을 느끼는 모습이나 삶의 의미를 찾기 위해 자신을 성찰하는 태도는 드러나 있지 않다.

05 ⑤

'천수만한 가득한데 끝끝치 느끼워라'에는 임과 이별한 화자가 슬픔과 한이 가득하여 흐느끼는 모습이 담겨 있다. 따라서 이를 불확실한 상황에서 현재의 관계를 이어 가려는 화자의 의지를 드러낸다고 이해한 것은 적절하지 않다.

✘오답 풀이
① '삼춘에 즐기던 일'은 임과 함께하던 즐거운 시간을 회상하고 있는 것이다.
② '실 같은 버들 남쪽 봄 꾀꼬리 이미 돌아가고'는 버드나무는 지고 봄 꾀꼬리가 돌아갔다는 뜻이다. 이 '봄'이 임과 함께한 시간을 의미한다고 볼 때 이미 가 버린 시간, 돌아오지 않을 시간에 대한 아쉬움이 담겨 있다고 할 수 있다.
③ '양신에 다마함은 예부터 있건마는'은 좋은 일에는 흔히 방해되는 일이 많다는 뜻으로 '호사다마'의 의미를 지닌다. 따라서 임과 함께하는 행복한 시간이 계속될수록 이별과 같은 불행이 언제 닥쳐올지 모른다는 불안감이 담겨 있다는 것으로 볼 수 있다.

④ '금롱에 잠긴 앵무 다시 희롱 어려워라'는 새장에 든 앵무새와 다시 놀기 어려울 것 같다는 뜻이다. 즉, 계속해서 즐거운 시간을 갖고 싶지만 어려울 것 같다는 의미로 사랑이 계속되기를 바라지만 그럴 수 없을 것 같다는 불안한 예감을 표현한 것으로 볼 수 있다.

✦ MEMO ✦

[고전. 무조건 이기는 3단 감상법]

1단계 스스로 현대어 풀이를 해 보며 작품 읽기

↓

2단계 문해력 UP 감상 패턴으로 작품 익히기

↓

3단계 내신형 & 수능형 문항으로 실전 대비하기

화자

기출 point   표현

고전시가 패턴화 Top Secret

고전시가 필수 개념 '화자'와 '표현'
+
내신&수능 기출 point

내신과 수능을
한번에 잡자!

꿈틀 국어 교재 목록

고등 국어 기초 실력 완성
고고 시리즈
고등 국어 공부. 내신과 수능 대비에 필요한 모든 내용을
알차게 정리한 교재

기본
문학
독서
문법

일목요연한 필수 작품 정리
모든 것 시리즈
새 문학 교과서와 EBS 교재 수록 작품. 그 밖에 수능에 나올
만한 작품들을 총망라한 교재

현대시의 모든 것 | 고전시가의 모든 것
현대산문의 모든 것 | 고전산문의 모든 것
문법·어휘의 모든 것

수능 학습의 나침반
첫 기본완성 시리즈
수능의 기본 개념과 핵심 유형별 문제를 수록한 수능의
기본서

수능 국어 기본완성
수능 문학 기본완성
수능 비문학 기본완성

밥 먹듯이 매일매일 국어 공부
밥 시리즈
기출 공부를 통해 수능 필살기를 익힐 수 있도록 돕는
친절한 학습 시스템

처음 시작하는 문학 | 처음 시작하는 비문학 독서
문학 | 비문학 독서
언어와 매체 | 화법과 작문
어휘력

문학 영역 갈래별 명품 교재
명강 시리즈
수능에 출제될 만한 주요 작품과 실전 문제가 갈래별로
수록된 문학 영역 심화 학습 교재

고전시가
고전산문

국어 기본 실력 다지기
국어 개념 완성
국어 공부에 꼭 필요한 개념을 예시 작품을 통해 완성할
수 있는 교재

문이과 통합 수능 실전 대비
국어는 꿈틀 시리즈
문이과 통합 수능 경향을 반영하여 수능 실전에 대비할
수 있도록 구성한 교재

문학
비문학 독서
단기 언어와 매체

내신·수능 대비
고등 국어 통합편
고1 국어 교과서 핵심 내용을 한 권으로 총정리하는 교재

문학 비책
필수&빈출 문학 작품 194편을 한 권으로 총정리하는 교재

고전시가 비책
고전시가 최다 작품의 필수 지문을 총정리한 고전시가 프리미엄 교재